中国指数研究院简介

中国指数研究院是由国内外几十位专家和多家学术机构共建的全方位服务于中国房地产行业的研究机构，下设华北地区、华东地区、华南地区、华中地区和西南地区五个分院。

主要历程

1994年建立中国房地产指数系统（CREIS），覆盖全国17个主要城市。

2000年建立搜房研究院，集合国内外房地产行业研究领域及实战精英。

2002年建立中国别墅指数系统，首次量化房地产别墅市场价格走势。

2002年成立中国房地产TOP10研究组，系统、客观研究最具影响力的房地产企业和最具开发投资潜力的市场。

……

2004年8月整合中房指数系统、搜房研究院、中国别墅指数系统、中国房地产TOP10研究组等研究资源。

2005年对已运行10年的中国房地产指数系统进行了全面改进。

2006年建立中国土地价格指数系统。

中国指数研究院目前主要致力于：

房地产的基础研究、专题研究和研究顾问服务；

实时监测房地产市场的变化，为产业发展提供客观、真实、庞大的数据库和科学的理论依据；

依托客观、真实的数据，分析房地产市场价格走势和评价行业领先企业群体；

集合专家智慧，以全方位、前瞻性的眼光为企业发展和项目投资制定策略。

主要业绩

◆ 十年来定期发布中国十几个主要城市的房地产价格指数以及住宅、写字楼、别墅各分物业指数。建立了目前中国最完善的房地产及土地数据库系统，发展了数百个研究会员；

◆ 为中国各城市政府及国内外开发投资企业提供全方位的顾问咨询服务，包括制定土地资源利用方案和建立市场监测系统，为北京CBD、成都CBD、太湖小城镇等大型区域性开发项目的市场定位提供顾问服务；建立了房地产行业专业市场调查品牌——“中指调查”，提供项目市场顾问服务累计逾千万平方米，并为多家著名房地产企业制定企业发展战略和业务发展规划；

◆ 中国房地产TOP10研究组已完成多项专题研究：

“2003、2004、2005、2006中国房地产上市公司10强研究”

“2004、2005、2006中国房地产百强企业研究”

“2004、2005中国房地产经纪百强研究”

“2003、2004、2005中国最具投资潜力城市10强研究”

“2004、2005中国房地产品牌价值研究”

“2004中国10大新地标建筑研究”

……

共建支持

中国房地产业协会、国务院发展研究中心企业研究所、清华大学房地产研究所、北京大学不动产鉴定中心和美国国际数据集团（IDG）。

平台基础

搜房网(www.SouFun.com)成立于1999年6月，早期由全球最大的IT资讯机构——美国国际数据集团（IDG）和全球最具声誉的投资银行——美国高盛（Goldman Sachs）投资扶持。目前覆盖中国香港、台湾、北京、上海、深圳、广州、天津、重庆、成都、武汉、济南、杭州、南京等41个城市和地区，是中国和全球华人规模最大、访问量最高、房产家居资讯最全的网络媒体。

专家研究员

王石、冯仑、冯长春、李山、许明义、李加林、刘洪玉、李启明、任志强、杨治中、杨慎、陆克华、孟晓苏、张泓铭、林增杰、胡存智、莫天全、柴强、顾云昌、桑荣林、秦海荣、谢家谨、潘石屹、Derek Nicoles、Phillip Jennings

中国房地产TOP10研究组办公室
中国指数研究院总院
地址：北京市东城区建国门内大街8号中粮广场B座311室　　邮编：100005
电话：010-65278581　　传真：010-85188152

中国房地产TOP10研究组

“中国房地产TOP10研究组”由国务院发展研究中心企业研究所、清华大学房地产研究所、中国指数研究院（原搜房研究院）三家研究机构于2002年发起，2003年1月10日正式成立。致力于对中国规模最大、效益最佳、品牌最优房地产企业群体和房地产市场进行客观、公正的研究。

联席组长：
陈小洪：国务院发展研究中心企业研究所所长
刘洪玉：清华大学房地产研究所所长
莫天全：中国指数研究院院长

主要成员：
黄　瑜：中国指数研究院常务副院长/中国房地产TOP10研究组办公室主任
汪　勇　博士：中国房地产TOP10研究组项目负责人
张政军　博士：国务院发展研究中心企业研究所
清华大学房地产研究所：
郑思齐博士、翁少群、王松涛、任荣荣、张宇、任放
中国指数研究院：
张秋芳、张玉芹、杨翔、周恒、许东卫、李雪梅、安戎、赵丽一、陈晟、侯瑞波、毛治、林建晖

自2003年1月10日成立之日起，“中国房地产TOP10研究组”一直致力对中国规模最大、效益最佳、品牌最优房地产企业群体和最具开发投资潜力的房地产市场进行客观、公正的研究。“中国房地产TOP10研究组”本着客观、公正、准确、全面的基本原则，排除主观因素的影响，以客观数据为唯一依据，综合考虑国内排名规则和国际排名经验，充分借鉴国外TOP10研究的理论框架和操作实务，结合中国房地产产业发展特点，展开系列TOP10研究工作。已取得的研究成果包括：

中国房地产百强企业研究：2004～2006年连续三年对中国主要城市优秀房地产开发企业进行了综合评价。依据开发规模与经营业绩相结合、成长性与开发潜力相结合、资产负债结构与盈利能力相结合、税金捐赠与社会责任感相结合的原则，运用主成分分析法及相关数学模型，对全国500家入选的房地产企业（集团）的规模性、成长性、盈利性和社会责任感共计18个指标进行了深入的分析研究，评价产生了“2006中国房地产综合实力百强企业”。这一研究成果被国内外投资机构及各级政府广泛运用。

中国房地产策划代理百强企业研究：2005～2006年连续两年对中国房地产优秀策划代理企业进行综合评价。TOP10研究组以近三年代理物业面积10万平方米为入选门槛值，优选出400家房地产策划代理企业作为研究对象，从企业的销售能力、策划能力及可持续发展能力三方面，运用主成分分析法和相关数学模型，定量分析计算房地产策划代理企业的综合实力，评价产生了“2006中国房地产策划代理百强企业”。

中国房地产上市公司10强研究：2003～2006年连续四年对沪深两市及在香港上市的近100家中国大陆房地产公司进行研究。在上市公司10强研究中，TOP10研究组沿用了反映上市公司规模实力和财富创造能力（EVA）的基本指标体系，并结合上市公司的经营特征、资本市场特征和财务特征，评价产生了2006中国房地产上市公司“综合实力10强”、“财富创造能力10强”和“地产绩优股10强”。

中国房地产品牌价值研究：2004～2005年连续两年对中国房地产行业优秀企业、项目的品牌价值进行研究。在2005年的研究中，TOP10研究组在充分借鉴国外著名品牌价值评估机构的研究经验和操作实务的基础上，结合中国宏观经济发展条件和房地产行业发展特点，基于现金流折现法（DCF）和无形资产评估的理论方法，建立了一套实操性较强的研究体系，客观、全面地评价房地产品牌价值，评价产生了“中国房地产行业领导品牌”、“中国房地产公司品牌TOP10”及“中国房地产项目品牌TOP10”等。这一研究成果是国外投资机构选择中国房地产行业合作伙伴的重要依据。

中国城市房地产开发投资吸引力10强研究：2003～2006年连续四年对中国省会城市及计划单列的35个大中城市的房地产开发投资吸引力进行了公正、客观、全面的研究。TOP10研究组从潜在需求、当前需求满足程度、市场表现和潜在供给等4个方面对城市的住宅、办公楼、商业用房分别设计相应的评价指标体系，运用因子分析法和相关数学模型，定量分析计算三大分物业的开发投资潜力得分，评价产生“住宅开发投资吸引力10强城市”、“写字楼开发投资吸引力10强城市”、“商业用房开发投资吸引力10强城市”、“房地产市场投资环境吸引力10强城市”，最后根据房地产市场不同分物业投资结构比例加权产生“中国城市房地产开发投资吸引力10强”。

中国房地产TOP10研究组办公室
中国指数研究院总院
地址：北京市东城区建国门内大街8号中粮广场B座311室　　邮编：100005
电话：010-65278581　　传真：010-85188152

中国房地产指数系统（China Real Estate Index System，简称CREIS）是一套以价格指数形式反映全国及各主要城市房地产市场发展变化轨迹和当前市场状况的指标体系和分析方法。它最早由国务院发展研究中心、中国房地产业协会、中国房地产开发集团等于1994年发起，并于1995年通过由国务院发展研究中心主持的国家级鉴定。中国房地产指数系统（CREIS）目前覆盖全国17个主要城市，定期发布中国主要城市的房地产价格指数，是国际国内房地产投资与开发的主要依据，被称为中国房地产市场的“晴雨表”和引导投资置业的“风向标”。为了更有效的服务于全行业，由中国指数研究院运营和管理的中国房地产指数系统自2004年1月起进行了全面的技术改进，并于2005年6月通过了由国务院发展研究中心、建设部、国土资源部、中国银监会、中国房地产业协会、清华大学和北京大学等单位的著名专家学者组成的鉴定委员会对中国房地产指数系统改进成果的学术鉴定。

常规研究

城市房地产市场月度数据报告

◆ 主要包括城市月度的经济运行、房地产开发经营、新增供应（新批准上市量、分物业上市量、各区县对比、各板块对比等），交易情况（整体情况、分物业对比、各区县对比、各板块对比、销售TOP10等），价格状况（整体价格走势、分物业价格状况、各区县价格、各板块价格等），客户构成等数据，并对数据进行系统整理。

城市房地产市场季度监测报告

◆ 系统梳理城市季度经济运行、城市建设、房地产市场供求状况、价格走势、需求动向、土地与政策热点等信息，包括市场运行概述、新增供应分析、交易状况分析、重点区域分析、销售额TOP10分析、最新购房需求调查分析、广告监测以及最新土地、政策、热点分析等。

城市房地产市场年度总结报告

◆ 在系统回顾和总结过去一年城市房地产市场运行状况的基础上，分析年度市场的运行轨迹、突出特点、最新变化等，并结合现实和潜在供求关系、政策导向、需求意向、专家访谈等，对来年城市房地产市场的发展趋势进行预测。

专项调查

◆ 土地价值和开发投资潜力评估
◆ 房地产项目可行性研究
◆ 房地产项目市场定位研究
◆ 房地产项目经济测算和财务评估
◆ 城市区域开发经营策略研究
◆ 房地产企业发展战略研究

深度研究

◆ 房地产项目及竞争结构调查
◆ 房地产消费者调查
◆ 房地产项目业主满意度调查
◆ 房地产企业品牌调查
◆ 房地产企业家信心调查
◆ 地块投资可行性调研
◆ 城市和区域房地产投资潜力调研

2006中国房地产百强优秀企业展示

2006中国房地产百强优秀企业展示

RiseSun荣盛

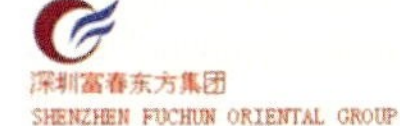

2006中国房地产上市公司十强企业展示

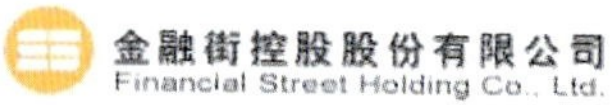

2006中国典型地产指数系统优秀样本项目展示

首创·A-Ztown 爱这城

我的家园

Evian 达華 依雲莊園

2006中国典型地产指数系统优秀样本项目展示

碧海尚城

东特星中环

康派

林语家话

2006中国别墅优秀企业/项目展示

别墅是居住皇冠上的明珠。无论是自然山水别墅、高尔夫景观别墅，还是城市别墅，最讲究建筑与景观的统一、人与建筑的和谐。在中国人居环境的发展里程中，别墅对房地产的发展起着先锋作用。

为了让人们有机会更好地了解中国别墅，让优秀的中国别墅为世界所瞩目，由中国别墅指数系统、《别墅》杂志、大中华别墅网主办的第三届中国别墅节于2006年6月30日在中华世纪坛隆重举行。在第三届中国别墅节盛大颁奖典礼上，共有46个全国优秀的别墅项目获奖。以下是部分别墅节获奖项目展示：

2006中国别墅优秀企业/项目展示

山湖林海 · 西银湖

中国房地产统计年鉴

（2005～2006）

CHINA REAL ESTATE STATISTICS YEARBOOK

国 家 统 计 局
中国指数研究院 编

经济管理出版社

图书在版编目（CIP）数据

中国房地产统计年鉴. 2005~2006/国家统计局，中国指数研究院编. —北京：经济管理出版社，2006
ISBN 7-80207-676-5

Ⅰ. 中… Ⅱ. ①国… ②中… Ⅲ. 房地产业—统计资料—中国—2005~2006—年鉴 Ⅳ. F299.233-54

中国版本图书馆CIP数据核字（2006）第101982号

出版发行：经济管理出版社
北京市海淀区北蜂窝8号中雅大厦11层
电话：(010)51915602　　邮编：100038

印刷：三河市海波印务有限公司　　经销：新华书店

责任编辑：勇　生
技术编辑：杨　玲

880mm×1230mm/16　　51.25印张　1309千字
2006年10月第1版　　2006年10月第1次印刷
印数：1—3000册　　定价：500.00元
书号：ISBN 7-80207-676-5/F·592

《中国房地产统计年鉴（2005～2006）》编委会名单

前　言

为了全面、准确、及时反映中国房地产市场的发展状况和展现中国房地产行业取得的巨大成就，为行业内提供一个全面、系统、客观研究房地产市场的辅助工具，帮助大家有效透析房地产投资、开发、交易等运作过程，也为了便于学术界对房地产市场进行深入的量化分析，中国指数研究院联合国家统计局组织、编辑、出版了《中国房地产统计年鉴（2005~2006）》。

中国的房地产在不断的发展，要准确地把握市场机会需要冷静地沉淀和理性地梳理。《中国房地产统计年鉴》是反映与真实记载中国房地产市场发展状况的综合性资料年刊，创刊于1999年，至今已经连续出版5年。《中国房地产统计年鉴（1999）》由中国指数研究院和国家统计局合作出版，是当时国内第一部全方位汇集我国房地产业发展状况的统计资料工具书，出版后得到了行业内的普遍好评。此后又陆续出版了《中国房地产统计年鉴（2000）》、《中国房地产统计年鉴（2001）》、《中国房地产统计年鉴（2002~2003）》、《中国房地产统计年鉴（2004）》。在总结历年房地产年鉴出版经验的基础上，我们对近年的数据又做了细致和扎实的整理，并联合国家统计局推出了这本《中国房地产统计年鉴（2005~2006）》。

《中国房地产统计年鉴（2005~2006）》是以房地产发展状况为核心内容的资料，收录了2003~2004年全国各地区及35个大中城市的房地产经济统计数据以及2005年房地产开发投资快报数据。其中，2004年房地产开发完成投资、资金来源、土地开发与购置和主要面积等指标采用房地产开发快报数据，房地产开发财务及物业、中介和其他房地产业指标采用2004年度房地产普查数据。

本年鉴以房地产业的统计数据为主，还收集了与房地产业相关联的其他经济统计资料。全书内容共分为五个部分：全国及各地区篇、大中城市篇、各省市与分城市篇2005年房地产开发快报篇和附录。

（说明：年鉴中的全国性的统计数据，除行政区划、国土面积等数据外，均不包括香港、澳门及台湾。统计数据中所使用的度量衡单位为国际统计标准计量单位，其中部分数据的合成数或相对数由于计量单位取舍差异而造成的计算误差，一般未作硬

性调整。

统计表中符号“#”表示为该表中的主要项。

附录部分包括:《2005 年中国房地产品牌价值 TOP10 研究报告》、《2006 年中国房地产百强企业研究报告》、《2006 年中国房地产上市公司 10 强研究报告》、《2005 年中国房地产品牌价值 TOP10 研究报告(开发+策划)》,历年中国房地产指数变化情况、主要统计指标解释。)

中国指数研究院长期以来跟踪调查和实时监控全国及各重要城市房地产市场,力求用科学的方法预测房地产市场走势,并且多年来致力于对中国房地产指数系统管理、运行、发布。《中国房地产统计年鉴(2005～2006)》也是中国指数研究院在长期对房地产市场跟踪调查和连续几年出版《中国房地产统计年鉴》经验积累的基础上,通过扎实而细致的准备工作、反复核对计算,以及认真编排后推出的。

首先感谢年鉴编辑部的全体成员:黄瑜、汪勇、王玮、赵丽一、张秋芳、上官建华、张英、缪小霞、杨帆、张化学、蒋云峰、陈晟、毛治、侯婕、李峰、侯瑞波、孙剑、葛海峰、张伟、林建晖、陈友根、许东卫、安戎、杨翔、周恒、李雪梅、陈茜、何田、吴剑雄、张志杰、周瑞蓉、黄春兰、张伟、徐璐、古伊、董海龙、刘雯倩、丁虹、张静、刘珍珍、王轩等。他们对庞大的房地产统计数据进行收集、整理、计算、分类,没有他们的辛苦细致的工作就不可能有如今比较完备的房地产数据库和中国房地产指数系统资料库,也就不可能编辑完成本书的很多章节。他们查阅、汇总了大量的专业资料和行业数据,并进行了细致地整理、编辑。正是他们严谨、周密的工作态度使本书得以更新和完善,以满足不断发展的行业研究需求。

特别感谢我们的合作单位——国家统计局及其领导和成员:汲凤翔、贾海、翟善清、许春伟。在《中国房地产统计年鉴(2005～2006)》出版过程中,他们作为我们的顾问和学术指导,提出了许多非常有帮助的意见和建议,使我们的工作得以不断完善。

还要特别感谢一直支持搜房研究体系的全国房地产开发企业和策划代理企业:万科企业股份有限公司、中国海外发展有限公司、复地(集团)股份有限公司、上海中建房产(集团)有限公司、上海大众房地产开发经营公司、浙江宏润控股有限公司、上海策源置业顾问有限公司、上海农工商房地产(集团)有限公司、绿城房地产集团有限公司、上海城投置地(集团)有限公司、上实地产、上海同策房产咨询有限公司、上海富阳物业咨询有限公司、上海普润房地产顾问有限公司、上海华燕置业策划有限公司、江苏新城房产股份有限公司、宁波银亿集团有限公司、上海凯迪企业(集团)

有限公司、杭州宋都房地产集团有限公司、上海城开（集团）有限公司、上海中邦房地产营销有限公司、上海天地行房地产营销有限公司、上海房屋销售（集团）有限公司、浙江金昌房地产集团有限公司、上海三盛宏业投资集团、大华（集团）有限公司、南京栖霞建设股份有限公司、上海城建（集团）公司、旭辉集团有限公司、上海三湘(集团)有限公司、苏垦机构.美地置业、上海开启房地产投资咨询有限公司、武汉福星惠誉房地产有限公司、武汉宏宇实业集团、武汉地产集团、百步亭集团有限公司、重庆市金科实业（集团）有限公司、重庆渝能产业（集团）有限公司、福建融侨集团有限公司、广州百嘉信集团有限公司、广州恒大实业集团有限公司、深圳富春东方（集团）有限公司、世联、合生创展集团有限公司、商局地产、力维斯投资有限责任公司、荣盛房地产发展股份有限公司、吉林亚泰房地产开发有限公司、北京泰跃房地产开发有限责任公司、北京首都开发控股（集团）有限公司、沿海绿色家园有限公司、保利房地产（集团）股份有限公司、福建正荣集团有限公司、宝龙集团发展有限公司、厦门建发房地产集团有限公司、福建冠亚集团有限公司、天地源股份有限公司、凌峻（地产）中国有限公司、山东鲁能置业集团有限公司、中远房地产开发有限公司、青岛伟东置业集团、香港太平洋国际集团投资顾问有限公司、北京永泰房地产开发有限公司、北京市乾元房地产开发有限公司、北京金融街经纪有限公司、广西东方航洋、天津凯成房地产咨询有限公司等，他们对本书资料收集工作提供了许多方便，让我们更好地完善了各类信息和数据。

我们力求本书中所有的数据翔实、客观，但鉴于所载内容涉及面广，数据量浩大，且各省、市、自治区采集的样本资料及其内容特点各异，结构体系也不尽相同，因此，书中难免出现遗漏及不足，敬请读者及业内人士谅解，并提出宝贵意见，以便在今后编写下一年度《中国房地产统计年鉴》时予以修正。

中国指数研究院　院长

莫天全

2006 年 7 月

总　目　录

第一部分　全国及各地区篇

第二部分　大中城市篇

第三部分 各省市与分城市篇

第四部分 2005年房地产开发快报篇

附 录

第一部分　全国及各地区篇

第一章 房地产业综合（2003）

1－1 全国房地产开发投资综合统计

指　　标	2001年	2002年	2003年
一、项目建设规模与投资完成情况（亿元）			
计划总投资	26179.48	32189.10	38171.68
实际需要总投资	27552.59	33953.72	40055.27
自开始建设至本年底累计完成投资	15580.22	18998.76	22691.60
#本年完成投资	6344.11	8764.23	10153.80
累计新增固定资产	7349.86	7790.92	9561.36
未完工程	7203.11	8728.58	10692.32
全部建成尚需投资	11972.36	14954.97	17363.67
未完工程百分比（%）	113.50	112.00	105.30
二、本年完成投资额（亿元）			
合计	6344.11	7790.92	10153.80
1.按构成分			
建筑安装工程	4273.20	5202.72	6742.73
设备工器具购置	122.68	139.75	141.00
其他费用	1948.24	2448.46	3270.07
#土地购置费	1038.77	1445.81	2055.17
2.按用途分			
住宅	4216.68	5227.76	6776.69
#别墅、高档公寓	369.92	516.96	632.99
#经济适用房屋	599.65	589.04	621.98
办公楼	307.95	381.00	508.34
商业营业用房	755.30	933.61	1302.35
其他	1064.19	1248.55	1566.43
3.商品房屋建设和土地开发			
#商品房建设投资	4717.49	5767.23	7356.60
#土地开发投资	495.97	559.28	746.32
商品房建设投资额比重(%)	74.4	74.0	72.5
4.资金来源及构成			
本年资金来源小计	7696.39	9749.95	13196.92
国家预算内资金	13.63	11.80	11.36
国内贷款	1692.20	2220.34	3138.27
债券	0.34	2.24	0.55
利用外资	135.70	157.23	170.00
#外商直接投资	106.12	124.13	116.27
自筹资金	2183.96	2738.45	3770.69
其他资金来源	3670.56	4619.90	6106.05

1－1 续表 1

指　　标	2001年	2002年	2003年
三、本年新增固定资产（亿元）	4489.02	5384.84	6494.82
四、土地开发及购置（平方米）			
本年完成开发土地面积	15315.85	19415.95	22166.26
正在开发的土地面积	9076.48		
待开发土地面积	14582.13	19178.65	21782.58
本年购置土地面积	23408.99	31356.78	35696.48
五、商品房屋建筑面积（万平方米）			
1.施工房屋面积	79411.68	94104.01	117525.99
住宅	61582.99	73208.65	91390.49
#别墅、高档公寓	3734.88	5009.23	5796.55
#经济适用房屋	10949.51	10681.62	10139.54
办公楼	4120.00	4392.30	5088.41
商业营业用房	9573.81	11501.45	14708.90
其他	4134.88	5001.61	6338.19
2.新开工房屋面积	37394.18	42800.52	54707.53
住宅	30532.72	34719.35	43853.88
#别墅、高档公寓	1456.69	2278.17	2349.29
#经济适用房屋	5795.97	5279.68	5330.58
办公楼	1072.98	1254.24	1466.89
商业营业用房	4105.40	4926.48	6706.80
其他	1683.08	1900.45	2679.96
3.竣工房屋面积	29867.36	34975.75	41464.06
住宅	24625.40	28524.70	33774.61
#别墅、高档公寓	1183.56	1625.58	1735.87
#经济适用房屋	5801.27	5409.97	4538.51
办公楼	974.03	1013.65	1077.14
商业营业用房	3111.66	3939.75	4825.06
其他	1156.27	1497.65	1787.25
六、商品房屋销售			
1.实际销售面积（万平方米）	22411.90	26808.29	33717.63
#外销（租）	75.71	230.96	134.97
#个人	20118.90	25221.28	31873.32
住宅	19938.75	23702.31	29778.85
#别墅、高档公寓	878.19	1241.26	1449.87
#经济适用房屋	4021.47	4003.61	4018.87

1－1 续表 2

指　标	2001 年	2002 年	2003 年
#个人	18250.77	22793.69	28714.61
办公楼	502.57	538.92	630.49
商业营业用房	1696.15	2218.58	2833.10
其他	274.44	348.47	475.19
2. 实际销售额（亿元）	4862.75	6032.34	7955.66
#外销（租）	44.68	59.97	34.53
#个人	4220.52	5548.39	7395.97
住宅	4021.15	4957.85	6543.45
#别墅、高档公寓	381.84	515.57	600.90
#经济适用房屋	498.68	513.69	554.76
#个人	3675.36	4757.01	6310.07
办公楼	230.56	233.66	264.53
商业营业用房	555.24	773.97	1041.20
其他	55.80	66.87	106.48
3. 实际销售价格（元/平方米）	2170	2250	2359
#外销（租）	5902	2597	2559
#个人	2098	2200	2320
住宅	2017	2092	2197
#别墅、高档公寓	4348	4154	4145
#经济适用房屋	1240	1283	1380
#个人	2014	2087	2198
办公楼	4588	4336	4196
商业营业用房	3274	3489	3675
其他	2033	1919	2241
七、利润总额（亿元）	177.72	298.75	505.59

1－2　房地产价格指数

（上年=100）

项　　目	2001年	2002年	2003年
一、房屋销售价格指数	**102.2**	**103.7**	**104.8**
1.商品房	101.8	103.4	105.0
住宅	101.9	104.0	105.7
# 经济适用房	102.1	101.8	102.6
普通住宅	102.0	104.3	106.2
多层住宅	102.8	105.5	106.8
高层住宅	101.5	103.0	106.1
豪华住宅	101.0	101.7	104.0
别墅	101.8	102.1	104.3
高档公寓	100.6	101.5	103.8
非住宅	101.2	101.3	102.7
写字楼	100.8	99.8	103.4
商业用房	102.0	102.4	102.3
其他	100.3	102.1	103.7
2.公房	101.3	101.9	100.4
# 住宅	101.3	101.9	100.4
3.私房	105.3	105.9	105.2
# 住宅	103.7	108.6	105.8
# 非住宅	109.6	101.1	104.1
二、土地交易价格指数	**101.7**	**106.9**	**108.3**
1.居民住宅用地	102.2	107.7	112.4
豪华住宅用地	102.4	101.9	105.9
普通住宅用地	102.1	108.4	113.0
2.工业用地	100.8	100.4	101.3
3.商业、旅游、娱乐用地	101.2	107.0	104.9
4.其他用地	101.7	106.9	104.4
三、房屋租赁价格指数	**102.8**	**100.8**	**101.9**
1.住宅	108.1	102.0	107.5
公房	112.5	101.9	101.1
私房	99.9	102.3	113.9
2.办公用房	100.6	99.5	99.9
高标准写字楼	99.3	101.1	100.2
普通办公用房	101.4	98.6	99.7
3.商业用房	100.2	100.2	99.6
4.厂房仓库	99.2	100.7	100.5
工业厂房	101.9	101.3	102.0
仓库	96.7	100.2	98.7

1－3 各地区按登记注册类型分的房地产开发企业（单位）个数

单位：个

地区	总计	内资	国有	集体	股份合作	国有联营	集体联营
全国总计	**37123**	**33107**	**4558**	**2205**	**680**	**95**	**42**
北京	1056	849	111	30	11	3	1
天津	761	701	148	37	6	4	2
河北	749	705	108	14	19		
山西	711	688	141	28	6	1	
内蒙古	687	685	45	10	15		
辽宁	1800	1629	116	41	20		
吉林	457	438	55	4	1		
黑龙江	776	734	144	21	14		
上海	2199	1945	282	136	24	10	8
江苏	2580	2311	373	264	73	7	4
浙江	2301	2199	189	110	57	7	3
安徽	1388	1303	218	83	26	2	2
福建	1900	1235	253	96	46	19	4
江西	1217	1035	172	53	53		
山东	2152	1986	330	227	67	6	2
河南	1430	1320	200	78	9		3
湖北	1309	1145	222	53	25	5	2
湖南	1157	1038	178	43	46	6	
广东	4171	3370	487	536	40	16	5
广西	749	641	132	46	15	2	1
海南	186	154	22	5	2	3	
重庆	1597	1486	81	36	22		1
四川	2014	1936	148	92	33	2	1
贵州	1157	1095	91	46	13		1
云南	393	374	67	7	4		
西藏	4	4	2				
陕西	622	592	103	32	11		
甘肃	721	654	91	58	13	1	1
青海	170	162	13	3	4	1	
宁夏	217	213	3	10	2		
新疆	492	480	33	6	3		1

1－3 续表 1

单位：个

地区	内资						
	国有与集体联营	其他联营	国有独资公司	其他有限责任公司	股份有限公司	私营独资	私营合伙
全国总计	**49**	**80**	**245**	**11197**	**2801**	**306**	**150**
北京	2	1	8	486	61		
天津		1	4	208	38	11	1
河北			4	218	114	5	5
山西		1	1	207	59	2	
内蒙古	1		1	306	34	18	4
辽宁			11	706	149	16	4
吉林			3	187	64	2	3
黑龙江	2	1	1	272	131	4	3
上海	16	8	27	723	60	3	3
江苏	5	2	5	638	213	22	9
浙江	2	3	26	1051	158	2	9
安徽	2	2	10	410	144	20	8
福建	1	19	10	294	102	7	20
江西	2	3	1	190	154	33	20
山东		1	12	653	185	14	2
河南		1	7	526	61	6	4
湖北	2	1	5	330	159	14	7
湖南		2	12	313	128	12	7
广东	7	23	39	909	148	41	9
广西	1	1	4	136	67	5	2
海南				93	14	3	
重庆	1	3	16	573	85	4	5
四川		2	3	582	171	6	4
贵州	1	3	10	303	79	25	15
云南	2	1	1	118	39	9	3
西藏				1			
陕西	1		9	170	35	8	1
甘肃	1	1		187	102	9	
青海			3	67	20	1	1
宁夏			8	112	8	1	1
新疆			4	228	19	3	

1－3 续表 2

单位：个

地区	内资					港澳台投资	合资经营	合作经营
	私营有限责任公司	私营股份有限公司	个体户	个人合伙	其他内资企业			
全国总计	**9375**	**1141**	**12**	**19**	**152**	**2840**	**1308**	**616**
北　　京	119	13			3	146	62	77
天　　津	221	13			7	37	23	6
河　　北	172	42		1	3	30	25	4
山　　西	221	19			2	16	10	
内 蒙 古	215	26		3	7	1	1	
辽　　宁	478	85	1		2	93	71	5
吉　　林	101	17			1	14	10	
黑 龙 江	114	25			2	25	16	2
上　　海	614	18			13	161	104	13
江　　苏	598	84	1	2	11	186	129	26
浙　　江	526	53			3	57	47	3
安　　徽	317	42	1	2	14	53	27	1
福　　建	301	47			16	455	95	38
江　　西	266	78	2	2	6	114	55	2
山　　东	402	76	3		6	120	74	9
河　　南	400	18		1	6	74	52	4
湖　　北	264	49	1	1	5	107	62	5
湖　　南	236	48	2	3	2	88	56	5
广　　东	1022	74	1	2	11	692	170	386
广　　西	196	30			3	81	44	20
海　　南	7	3		2		23	8	
重　　庆	596	53			10	78	43	5
四　　川	791	94			7	58	37	3
贵　　州	449	57			2	45	19	1
云　　南	105	17			1	15	13	
西　　藏	1							
陕　　西	200	20			2	20	17	1
甘　　肃	166	21			3	37	27	
青　　海	39	9			1	4	3	
宁　　夏	63	5				2	2	
新　　疆	175	5			3	8	6	

1－3 续表 3

单位：个

地　区	港澳台投资		外商投资				
	独　资	股份有限		合资经营	合作经营	独　资	股份有限
全国总计	**848**	**68**	**1176**	**600**	**142**	**391**	**43**
北　京	5	2	61	25	35	1	
天　津	7	1	23	17	2	3	1
河　北		1	14	10		2	2
山　西	5	1	7	6		1	
内蒙古			1				1
辽　宁	12	5	78	58	8	10	2
吉　林	4		5	4	1		
黑龙江	5	2	17	13	1	2	1
上　海	44		93	44	8	41	
江　苏	28	3	83	56	8	18	1
浙　江	7		45	36	3	6	
安　徽	21	4	32	17	1	12	2
福　建	317	5	210	46	9	153	2
江　西	43	14	68	34	2	20	12
山　东	32	5	46	29	6	11	
河　南	18		36	24	1	9	2
湖　北	36	4	57	32	3	21	1
湖　南	22	5	31	16	2	10	3
广　东	131	5	109	40	43	22	4
广　西	14	3	27	14	5	5	3
海　南	15		9	3		6	
重　庆	29	1	33	22		10	1
四　川	15	3	20	11	2	5	2
贵　州	25		17	7		10	
云　南	1	1	4	3		1	
西　藏							
陕　西	1	1	10	8	1		1
甘　肃	9	1	30	20		9	1
青　海	1		4	2		2	
宁　夏			2		1	1	
新　疆	1	1	4	3			1

1－4 各地区按资质等级分的房地产开发企业（单位）个数

单位：个

地 区	总 计	一级	二级	三级
全国总计	**37123**	**413**	**2989**	**14171**
北 京	1056	41	64	37
天 津	761	29	67	133
河 北	749	3	50	141
山 西	711	2	56	170
内 蒙 古	687	2	33	172
辽 宁	1800	24	111	1116
吉 林	457	9	24	142
黑 龙 江	776	11	105	503
上 海	2199	40	221	317
江 苏	2580	39	249	1735
浙 江	2301	27	178	999
安 徽	1388	21	118	483
福 建	1900	16	50	629
江 西	1217	6	104	447
山 东	2152	21	90	510
河 南	1430	10	104	509
湖 北	1309	13	171	472
湖 南	1157	6	96	638
广 东	4171	48	392	1135
广 西	749	3	19	317
海 南	186		12	41
重 庆	1597	9	204	1043
四 川	2014	10	167	1225
贵 州	1157	3	65	279
云 南	393	5	26	93
西 藏	4		2	2
陕 西	622	3	76	268
甘 肃	721	1	45	353
青 海	170	1	22	69
宁 夏	217	3	23	70
新 疆	492	7	45	123

1－4 续表 1

单位：个

地　区	四级	暂定	其他
全国总计	**9365**	**6212**	**3973**
北　京	24	118	772
天　津	476	56	
河　北	389	153	13
山　西	281	194	8
内蒙古	377	60	43
辽　宁	89	408	52
吉　林	187	83	12
黑龙江	28	89	40
上　海			1621
江　苏	333	198	26
浙　江	726	294	77
安　徽	463	288	15
福　建	515	630	60
江　西	388	238	34
山　东	816	544	171
河　南	405	379	23
湖　北	412	222	19
湖　南	238	162	17
广　东	1057	740	799
广　西	144	247	19
海　南	41	85	7
重　庆	153	153	35
四　川	435	133	44
贵　州	574	231	5
云　南	189	69	11
西　藏			
陕　西	197	57	21
甘　肃	129	178	15
青　海	45	29	4
宁　夏	78	39	4
新　疆	176	135	6

1－5 各地区按登记注册类型分的房地产开发企业（单位）从业人数

单位：人

地 区	总 计	内 资					
			国 有	集 体	股份合作	国有联营	集体联营
全国总计	**1205355**	**1086923**	**179614**	**72400**	**23097**	**2588**	**936**
北 京	52269	41180	8124	1661	576	109	36
天 津	20126	18275	4357	744	117	67	35
河 北	30892	29453	5529	346	714		
山 西	24967	24144	6712	866	229	28	
内 蒙 古	17594	17533	1007	123	742		
辽 宁	49497	45890	4199	1055	593		
吉 林	15331	14570	2191	82	15		
黑 龙 江	27465	26773	4029	679	287		
上 海	73322	60423	10685	3772	585	174	99
江 苏	65913	60069	14024	6759	1719	174	103
浙 江	54035	51217	5275	2188	1516	177	55
安 徽	40289	37782	6917	2333	732	21	53
福 建	39641	26720	6193	2098	2066	557	77
江 西	36589	32140	8263	1559	1520		
山 东	83454	78402	19951	9263	2377	118	99
河 南	43698	39544	7405	1285	161		17
湖 北	59504	54597	10497	2865	902	149	22
湖 南	41700	38417	7499	1651	1821	486	
广 东	126518	105841	13913	19693	1488	293	194
广 西	22750	19372	4209	1040	495	118	20
海 南	5560	4238	1378	96	41	47	
重 庆	54148	49072	2903	964	651		25
四 川	103331	101044	7608	6731	1277	49	15
贵 州	30160	28861	3127	1296	922		27
云 南	14659	13274	3283	150	137		
西 藏	398	398	87				
陕 西	25957	24885	5039	1188	573		
甘 肃	19461	17903	3548	1448	181	1	58
青 海	5464	5231	688	60	141	20	
宁 夏	6627	6498	44	250	54		
新 疆	14036	13177	930	155	465		1

1－5 续表 1

单位：人

地区	内				资		
	国有与集体联营	其他联营	国有独资公司	其他有限责任公司	股份有限公司	私营独资	私营合伙
全国总计	**2382**	**1682**	**11208**	**350227**	**103865**	**9129**	**4766**
北京	61	20	1249	20794	2671		
天津		13	289	4524	1981	199	18
河北			302	9765	4604	173	90
山西		37	25	7802	1604	170	
内蒙古	9		26	7388	886	314	26
辽宁			2009	17477	4465	710	85
吉林			156	5870	1748	114	64
黑龙江	15		42	14500	4302	47	46
上海	651	167	1351	19653	4167	100	41
江苏	118	36	302	14640	5569	491	208
浙江	35	90	627	25274	4494	18	127
安徽	36	45	375	11369	4535	353	522
福建	35	258	159	4887	3010	102	321
江西	71	90	2	4916	3745	1192	714
山东		8	616	24098	5794	741	45
河南		37	245	17300	1565	65	72
湖北	90	29	227	17201	9887	524	1033
湖南		154	294	10294	5971	270	373
广东	1138	483	960	26640	6146	1619	93
广西	51	20	297	3800	2522	229	33
海南				1901	358	122	
重庆	20	59	483	19604	3623	85	243
四川		26	193	24952	10412	109	241
贵州	9	39	187	7395	2639	575	266
云南	15	70	27	3844	1533	101	58
西藏				268			
陕西	12		242	7874	1304	217	12
甘肃	16	1		4679	2558	420	
青海			83	2188	825	5	2
宁夏			226	3359	187	11	33
新疆			214	5971	760	53	

1－5 续表 2

单位：人

地　区	内		资			港澳台投资	合资经营	合作经营
	私营有限责任公司	私营股份有限公司	个体户	个人合伙	其他内资企业			
全国总计	**285938**	**33603**	**322**	**692**	**4474**	**79397**	**37335**	**18344**
北　京	5065	741			73	7419	2279	4262
天　津	5563	253			115	998	514	249
河　北	6733	1044		5	148	1127	897	212
山　西	6320	326			25	619	507	
内蒙古	6218	692		53	49	16	16	
辽　宁	13195	2069	5		28	1697	1124	246
吉　林	3109	1207			14	389	250	
黑龙江	2131	659			36	307	154	11
上　海	17955	510			513	7243	5101	274
江　苏	13086	2432	15	25	368	3928	2666	513
浙　江	10317	971			53	1264	1072	49
安　徽	9033	877	165	52	364	1535	751	30
福　建	5964	743			250	8569	1445	788
江　西	7974	1956	41	24	73	3255	1120	17
山　东	11618	3504	54		116	3453	2271	210
河　南	9993	417		26	956	2716	1452	601
湖　北	9767	1251	15	14	124	3283	1605	432
湖　南	7545	1582	17	430	30	2141	1387	207
广　东	31068	1719	10	37	347	17379	5038	8847
广　西	5678	784			76	2009	1098	529
海　南	171	98		26		468	180	
重　庆	18754	1355			303	4075	2312	697
四　川	44925	4353			153	1533	941	113
贵　州	10960	1393			26	939	549	17
云　南	3201	837			18	395	346	
西　藏	43							
陕　西	7394	941			89	677	590	40
甘　肃	4422	493			78	1051	796	
青　海	1016	193			10	78	60	
宁　夏	2227	107				55	55	
新　疆	4493	96			39	779	759	

1－5 续表 3

单位：人

地　区	港澳台投资		外商投资				
	独资	股份有限		合资经营	合作经营	独　资	股份有限
全国总计	**21522**	**2196**	**39035**	**19507**	**5881**	**11424**	**2223**
北　京	449	429	3670	1576	2066	28	
天　津	229	6	853	533	106	107	107
河　北		18	312	245		26	41
山　西	107	5	204	192		12	
内蒙古			45				45
辽　宁	249	78	1910	1523	155	212	20
吉　林	139		372	357	15		
黑龙江	108	34	385	264	79	24	18
上　海	1868		5656	2263	1175	2218	
江　苏	719	30	1916	1040	176	678	22
浙　江	143		1554	617	84	853	
安　徽	487	267	972	350	22	300	300
福　建	6274	62	4352	745	110	3451	46
江　西	1605	513	1194	614	58	386	136
山　东	814	158	1599	1039	223	337	
河　南	663		1438	1088	32	254	64
湖　北	1183	63	1624	970	195	449	10
湖　南	444	103	1142	417	43	338	344
广　东	3352	142	3298	1170	1053	617	458
广　西	292	90	1369	624	134	121	490
海　南	288		854	740		114	
重　庆	1043	23	1001	606		379	16
四　川	360	119	754	491	81	140	42
贵　州	373		360	194		166	
云　南	35	14	990	980		10	
西　藏							
陕　西	16	31	395	347	20		28
甘　肃	254	1	507	375		124	8
青　海	18		155	95		60	
宁　夏			74		54	20	
新　疆	10	10	80	52			28

1－6 各地区按资质等级分的房地产开发企业（单位）从业人数

单位：人

地区	总计	一级	二级	三级
全国总计	**1205355**	**45820**	**171620**	**473550**
北京	52269	5808	4446	1354
天津	20126	2765	3533	3628
河北	30892	324	4812	5888
山西	24967	107	4211	6057
内蒙古	17594	60	1451	6252
辽宁	49497	3497	4936	28572
吉林	15331	736	1096	5935
黑龙江	27465	2334	5179	15310
上海	73322	5416	13282	9451
江苏	65913	2741	11890	42131
浙江	54035	2068	8192	24680
安徽	40289	1282	4864	16231
福建	39641	1385	2269	13752
江西	36589	254	4776	13442
山东	83454	2855	6782	21938
河南	43698	670	6886	18964
湖北	59504	1507	10579	23504
湖南	41700	635	4455	22743
广东	126518	4596	18099	40295
广西	22750	474	1744	10174
海南	5560		593	1613
重庆	54148	2434	13025	30950
四川	103331	882	15462	69046
贵州	30160	524	3449	9334
云南	14659	349	2742	3132
西藏	398		277	121
陕西	25957	396	6346	10875
甘肃	19461	40	1788	9805
青海	5464	12	1066	2506
宁夏	6627	517	1169	2444
新疆	14036	1152	2221	3423

1—6 续表 1

单位：人

地　区	四级	暂定	其他
全国总计	**249246**	**146893**	**118226**
北　京	1099	4863	34699
天　津	9383	817	
河　北	14947	4703	218
山　西	9895	4514	183
内 蒙 古	7563	1343	925
辽　宁	2714	8951	827
吉　林	5403	1739	422
黑 龙 江	1030	1408	2204
上　海			45173
江　苏	5223	3365	563
浙　江	11925	5185	1985
安　徽	10740	6876	296
福　建	8264	13205	766
江　西	12175	5040	902
山　东	30773	17493	3613
河　南	8106	8661	411
湖　北	16997	6192	725
湖　南	8337	5055	475
广　东	29887	14793	18848
广　西	3332	6667	359
海　南	1579	1672	103
重　庆	3131	3540	1068
四　川	12588	4140	1213
贵　州	12740	4046	67
云　南	5624	2498	314
西　藏			
陕　西	5765	1712	863
甘　肃	2857	4352	619
青　海	1184	597	99
宁　夏	1629	808	60
新　疆	4356	2658	226

第二章 房地产开发投资与资金状况（2003）

2－1 各地区房地产开发企业（单位）投资规模与完成情况

单位：万元

地 区	计划总投资	实际需要总投资	自开始建设至本年底累计完成投资	#本年完成投资
全国总计	**381716816**	**400552688**	**226916028**	**101538009**
北 京	45923798	50248302	27600786	12024763
天 津	7188352	7833257	4371925	2113876
河 北	6756210	7052688	4094826	2512674
山 西	3088073	3288479	1999840	950740
内 蒙 古	1814912	1859230	1229686	907881
辽 宁	16825007	17597769	10023356	4863947
吉 林	3523764	3546509	1958659	1392394
黑 龙 江	3826743	3903147	2447840	1632806
上 海	45737304	46019387	30407502	9012427
江 苏	23623914	24313873	14305995	8099636
浙 江	32475777	33460469	18969121	9800514
安 徽	8579058	8735641	4074845	2406505
福 建	15071076	16209362	8647248	3620657
江 西	5030795	5403983	2886839	1774707
山 东	19675044	20355146	10034501	5818758
河 南	6947968	7184454	3651512	1855555
湖 北	9767866	10680252	5857310	2390412
湖 南	7902119	8044224	4362650	2300324
广 东	62793536	67531640	40461409	12335231
广 西	4823055	5043296	2916042	1203112
海 南	1258497	1261824	598815	366131
重 庆	14710940	15433761	6814244	3278881
四 川	12885989	13221788	7252640	4508670
贵 州	4479788	4713594	2184797	1049510
云 南	3848654	4118994	2501127	1149688
西 藏	70400	70400	28235	20005
陕 西	6586459	6727745	3471771	1883082
甘 肃	2066328	2114724	986526	508029
青 海	777365	784394	407061	223121
宁 夏	793135	833120	636304	509065
新 疆	2864890	2961236	1732616	1024908

2－1 续表 1

单位：万元

地　区	累计新增固定资产	未完工程	全部建成尚需投资	未完工程占用率（%）
全国总计	**95613551**	**106923193**	**173636660**	**105.3**
北　京	7629505	19679989	22647516	163.7
天　津	2170678	1940799	3461332	91.8
河　北	2077594	1263584	2957862	50.3
山　西	895100	692723	1288639	72.9
内蒙古	673762	517784	629544	57.0
辽　宁	4617415	4590991	7574413	94.4
吉　林	1170277	748937	1587850	53.8
黑龙江	1170205	1098745	1455307	67.3
上　海	11863344	10745330	15611885	119.2
江　苏	5408801	7904146	10007878	97.6
浙　江	7428439	9977900	14491348	101.8
安　徽	1940355	1180014	4660796	49.0
福　建	3583810	4170841	7562114	115.2
江　西	1467668	947095	2517144	53.4
山　东	5034411	4152445	10320645	71.4
河　南	1778994	1533683	3532942	82.7
湖　北	2572607	1533579	4822942	64.2
湖　南	1982903	2165035	3681574	94.1
广　东	19071153	19368778	27070231	157.0
广　西	1339906	1467806	2127254	122.0
海　南	213079	385736	663009	105.4
重　庆	2594115	2952404	8619517	90.0
四　川	3123491	2893630	5969148	64.2
贵　州	952477	1097625	2528797	104.6
云　南	1356073	832034	1617867	72.4
西　藏	16115	12120	42165	60.6
陕　西	1404420	1816798	3255974	96.5
甘　肃	322882	435107	1128198	85.6
青　海	221034	176729	377333	79.2
宁　夏	391082	173142	196816	34.0
新　疆	1141856	467664	1228620	45.6

2−2　各地区按资质等级分的房地产开发企业（单位）实际需要总投资

单位：万元

地　区	总　计	一级	二级	三级
全国总计	**400552688**	**29146590**	**80576786**	**121821319**
北　京	50248302	6269592	5067337	844956
天　津	7833257	1547891	1945319	1204632
河　北	7052688	53400	1074422	1633946
山　西	3288479	46672	934723	915835
内蒙古	1859230	75000	258550	482872
辽　宁	17597769	1038273	2212701	8669794
吉　林	3546509	425353	336398	1098418
黑龙江	3903147	189045	753027	1829563
上　海	46019387	2850726	7701345	5689084
江　苏	24313873	1645417	6130359	13678025
浙　江	33460469	2374938	5857219	15401275
安　徽	8735641	398386	1441910	3034160
福　建	16209362	690569	1521606	5583436
江　西	5403983	66160	1707859	1398099
山　东	20355146	1274680	2354329	6257881
河　南	7184454	429252	2069857	2771959
湖　北	10680252	1567767	3660183	3073171
湖　南	8044224	90426	2109895	4068840
广　东	67531640	5730711	18465733	20477454
广　西	5043296	150961	548542	2220479
海　南	1261824		93727	257733
重　庆	15433761	1104972	5803976	6400754
四　川	13221788	460140	2955687	7010791
贵　州	4713594	97100	933312	1322662
云　南	4118994	142375	840726	1035353
西　藏	70400		10000	60400
陕　西	6727745	45844	2139925	3212258
甘　肃	2114724	3000	589251	874089
青　海	784394	3670	272568	271746
宁　夏	833120	39920	258557	255070
新　疆	2961236	334350	527743	786584

2-2 续表 1

单位：万元

地区	四级	暂定	其他
全国总计	**37472727**	**53987086**	**77548180**
北京	646000	4230291	33190126
天津	2873198	262217	
河北	2844269	1246081	200570
山西	932618	436070	22561
内蒙古	767493	218895	56420
辽宁	202003	4817432	657566
吉林	631932	883517	170891
黑龙江	41288	928864	161360
上海			29778232
江苏	945467	1483892	430713
浙江	4099485	4492898	1234654
安徽	1175445	2563818	121922
福建	2626955	5431741	355055
江西	803424	1334366	94075
山东	4821518	4495354	1151384
河南	442291	1356767	114328
湖北	605525	1578009	195597
湖南	593671	1117802	63590
广东	5125563	9371589	8360590
广西	445944	1523704	153666
海南	219879	685985	4500
重庆	265251	1829193	29615
四川	1695819	560344	539007
贵州	1705494	654316	710
云南	1224448	719878	156214
西藏			
陕西	826940	385606	117172
甘肃	131041	419026	98317
青海	142191	86171	8048
宁夏	159929	94931	24713
新疆	477646	778329	56584

2-3 各地区房地产开发企业（单位）完成投资和新增固定资产

单位：万元

地区	本年计划投资额	本年完成投资额	本年新增固定资产	固定资产交付使用率（%）
全国总计	**128985931**	**101538009**	**64948164**	**64.0**
北京	15035271	12024763	6800051	56.6
天津	2745484	2113876	1553772	73.5
河北	2999484	2512674	1628829	64.8
山西	1213711	950740	580179	61.0
内蒙古	1065416	907881	591803	65.2
辽宁	6572291	4863947	3396614	69.8
吉林	1761451	1392394	967027	69.5
黑龙江	1864730	1632806	1067546	65.4
上海	12652588	9012427	8125554	90.2
江苏	10280795	8099636	4247113	52.4
浙江	12338908	9800514	5550752	56.6
安徽	3003746	2406505	1286258	53.4
福建	4150374	3620657	2090111	57.7
江西	2268928	1774707	1005207	56.6
山东	7886497	5818758	3336734	57.3
河南	2481054	1855555	1088263	58.6
湖北	2853162	2390412	1610839	67.4
湖南	2987263	2300324	1392836	60.5
广东	15047583	12335231	9068043	73.5
广西	1623979	1203112	496232	41.2
海南	447079	366131	213079	58.2
重庆	4064637	3278881	1936672	59.1
四川	5943921	4508670	2607866	57.8
贵州	1406100	1049510	682060	65.0
云南	1133560	1149688	818367	71.2
西藏	43275	20005	16115	80.6
陕西	2268141	1883082	965008	51.2
甘肃	736268	508029	286273	56.3
青海	303003	223121	159032	71.3
宁夏	547408	509065	381121	74.9
新疆	1259824	1024908	998808	97.5

2－4 各地区按登记注册类型分的房地产开发企业（单位）完成投资额

单位：万元

地区	总计	内资					
			国有	集体	股份合作	国有联营	集体联营
全国总计	**101538009**	**88802316**	**11400073**	**3534176**	**1554895**	**170692**	**107128**
北京	12024763	10163942	1354904	273563	144266	18192	1402
天津	2113876	1943394	481722	40807	4068	3038	1392
河北	2512674	2338914	384901	19451	43389		
山西	950740	904224	144204	19339	15013	14000	
内蒙古	907881	906131	75226	14980	10331		
辽宁	4863947	4221694	154234	40947	15301		
吉林	1392394	1330194	138543	7848	3000		
黑龙江	1632806	1572369	226096	17641	4899		
上海	9012427	7535418	812635	455487	55754	3673	12120
江苏	8099636	7290438	1629448	534532	217474	6260	39525
浙江	9800514	9348805	890877	268014	213687	15556	2649
安徽	2406505	2256503	369623	71395	54587	1532	1813
福建	3620657	2472788	576938	208738	69398	22982	14003
江西	1774707	1506681	237804	26592	69163		
山东	5818758	5265147	922501	362404	186473	14802	14024
河南	1855555	1613133	199376	28317	5247		300
湖北	2390412	2094380	325646	32898	26492	11963	5983
湖南	2300324	2024121	348235	37153	81249	12943	
广东	12335231	9514997	491783	686987	92473	36784	6622
广西	1203112	994007	138863	54911	17808	2175	185
海南	366131	304532	31631	1596	8020	1280	
重庆	3278881	2990147	125923	29359	39682		550
四川	4508670	4296119	482494	115075	103956	4501	87
贵州	1049510	992448	79590	34298	9526		913
云南	1149688	1051384	151772	17983	5957		
西藏	20005	20005	14638				
陕西	1883082	1764699	449050	86106	31192		
甘肃	508029	438248	77397	25669	3207		5560
青海	223121	208856	16854	5844	5779	1011	
宁夏	509065	491210	19372	10456	6500		
新疆	1024908	947388	47793	5786	11004		

2－4 续表 1

单位：万元

地　区	内					资	
	国有与集体联营	其他联营	国有独资公司	其他有限责任公司	股份有限公司	私营独资	私营合伙
全国总计	**172733**	**256088**	**1269901**	**36076485**	**8670128**	**579192**	**263425**
北　京	8609	27125	414760	5831611	920014		
天　津			12514	587102	171857	12876	
河　北			18188	790032	539835	13893	8735
山　西		1600	775	280345	80879	3140	
内蒙古			79	447038	35680	14446	2007
辽　宁			69119	2037632	420425	49236	2270
吉　林			27511	620953	127761	4138	3400
黑龙江	145		2429	681559	327699	10800	2898
上　海	109371	7000	185832	2699023	216580		8668
江　苏	18592	5814	33666	2311438	675798	82102	30084
浙　江	5386	2795	151290	5013708	811642	942	21301
安　徽	980	1315	40266	809829	277094	19607	17038
福　建	863	17734	41448	548559	213077	48756	48815
江　西	9372	8100		394516	249691	26127	27259
山　东		3185	21658	1884351	657701	41230	2493
河　南		993	9968	781320	95781	7239	2911
湖　北	2368	14824	56061	716122	384697	17079	6503
湖　南		3890	14513	791326	259383	15780	9570
广　东	5862	153341	61569	3562856	952829	98203	10909
广　西	70	3500	9457	275566	103063	7311	1737
海　南				182374	41901	6101	
重　庆	5000	1986	26179	1252196	197228	4801	16115
四　川		750	1825	1482844	391385	4695	23182
贵　州	4235	1180	2896	312560	88135	13799	7930
云　南	400	956	1800	410594	157317	8824	7186
西　藏				1200			
陕　西	1480		36614	455935	105426	49470	900
甘　肃				132953	68237	7575	
青　海			3102	93097	34551	830	
宁　夏			10341	212132	14414	7603	1514
新　疆			16041	475714	50048	2589	

2－4 续表 2

单位：万元

地　区	内			资		港澳台投资	合资经营	合作经营
	私营有限责任公司	私营股份有限公司	个体户	个人合伙	其他内资企业			
全国总计	**22076204**	**2201159**	**26053**	**33791**	**410193**	**8620365**	**4076009**	**2363602**
北　京	1099485	67974			2037	1165321	355056	666152
天　津	600963	4923			22132	83697	65583	1950
河　北	402746	100437		1050	16257	126509	114841	11299
山　西	325364	19329			236	41305	26558	
内蒙古	266759	31685		330	7570	800	800	
辽　宁	1262672	167638	500		1720	206246	102741	35783
吉　林	350045	44445			2550	51531	43750	
黑龙江	251788	42435			3980	24522	12712	
上　海	2803967	85918			79390	845270	565106	155319
江　苏	1474302	163258	1500	2000	64645	574538	395160	74203
浙　江	1711633	223922			15403	290312	236674	12724
安　徽	505821	55255	1500	13920	14928	98955	55188	2987
福　建	575273	61862			24342	751668	144385	59155
江　西	365775	87701	1780	1900	901	165013	87754	1450
山　东	950400	173933	16173		13819	389284	230446	15924
河　南	444917	13909		700	22155	148312	92802	13091
湖　北	406235	73902	4200	1366	8041	184152	85955	42803
湖　南	352103	87524	400	7336	2716	202554	122896	10399
广　东	3183211	142309		1540	27719	2433940	795832	1181690
广　西	315828	60094			3439	109409	71307	17676
海　南	24131	3849		3649		47473	15764	
重　庆	1127869	119543			43716	224820	134943	48350
四　川	1527364	148436			9525	136967	68582	8629
贵　州	384632	49642			3112	36058	29137	540
云　南	243627	44231			737	82409	54000	
西　藏	4167							
陕　西	451375	90711			6440	67052	57774	3478
甘　肃	109581	4619			3450	43382	29601	
青　海	40669	7119				10664	2960	
宁　夏	201227	7651				2328	2328	
新　疆	312275	16905			9233	75874	75374	

2－4 续表 3

单位：万元

地　区	港澳台投资		外商投资				
	独　资	股份有限		合资经营	合作经营	独　资	股份有限
全国总计	**1908092**	**272662**	**4115328**	**2063211**	**823842**	**1133970**	**94305**
北　京	63444	80669	695500	308107	384689	2704	
天　津	16164		86785	29125	2730	18345	36585
河　北		369	47251	28742		8220	10289
山　西	14747		5211	5211			
内蒙古			950				950
辽　宁	9261	58461	436007	274145	71587	88165	2110
吉　林	7781		10669	10669			
黑龙江	11260	550	35915	18609	17306		
上　海	124845		631739	359253	80994	191492	
江　苏	104875	300	234660	179045	6406	48809	400
浙　江	40914		161397	115419	22192	23786	
安　徽	35378	5402	51047	13125	300	22122	15500
福　建	543600	4528	396201	79554	3171	310878	2598
江　西	62831	12978	103013	66776	1810	23357	11070
山　东	100873	42041	164327	79328	32984	52015	
河　南	42419		94110	58214	7000	28476	420
湖　北	51534	3860	111880	60856	11822	39202	
湖　南	59229	10030	73649	27449	4500	39168	2532
广　东	445823	10595	386294	120870	139122	125112	1190
广　西	14844	5582	99696	60900	20418	11202	7176
海　南	31709		14126	3897		10229	
重　庆	40517	1010	63914	16957		45607	1350
四　川	56858	2898	75584	55738	920	18926	
贵　州	6381		21004	8861		12143	
云　南	20	28389	15895	9895		6000	
西　藏							
陕　西	1300	4500	51331	46555	3391		1385
甘　肃	13781		26399	25015		1384	
青　海	7704		3601			3601	
宁　夏			15527		12500	3027	
新　疆		500	1646	896			750

2－5 各地区按资质等级分的房地产开发企业（单位）完成投资额

单位：万元

地　区	总　计	一级	二级	三级
全国总计	**101538009**	**7507321**	**18691030**	**33171561**
北　京	12024763	1901179	1043401	290707
天　津	2113876	322503	551584	327796
河　北	2512674	19316	412921	533887
山　西	950740	14561	224455	261415
内蒙古	907881	2000	121669	269883
辽　宁	4863947	365985	647438	2554196
吉　林	1392394	128740	106483	485559
黑龙江	1632806	33368	305379	783943
上　海	9012427	640880	1529158	1234587
江　苏	8099636	534877	1888869	4785914
浙　江	9800514	627867	1504425	4692748
安　徽	2406505	111745	388267	860206
福　建	3620657	143441	383757	1366374
江　西	1774707	15195	459432	507814
山　东	5818758	247132	583008	1758468
河　南	1855555	52592	430467	820042
湖　北	2390412	273406	793508	753938
湖　南	2300324	27886	507254	1161260
广　东	12335231	1440683	2853353	3089076
广　西	1203112	24496	122422	494811
海　南	366131		34741	60437
重　庆	3278881	147608	1338629	1521537
四　川	4508670	182936	766063	2473284
贵　州	1049510	32070	147627	344253
云　南	1149688	50690	268939	257013
西　藏	20005		5543	14462
陕　西	1883082	12521	733184	721825
甘　肃	508029	1900	107912	235516
青　海	223121	1500	59804	66253
宁　夏	509065	22331	149940	168347
新　疆	1024908	127913	221398	276010

2-5 续表 1

单位：万元

地 区	四级	暂定	其他
全国总计	**12418083**	**13074595**	**16675419**
北 京	190083	964797	7634596
天 津	839048	72945	
河 北	1027780	478008	40762
山 西	282722	161162	6425
内 蒙 古	372024	104327	37978
辽 宁	83439	1145094	67795
吉 林	348894	296727	25991
黑 龙 江	29403	380877	99836
上 海			5607802
江 苏	426843	405861	57272
浙 江	1592638	1108520	274316
安 徽	409944	594421	41922
福 建	524627	1086210	116248
江 西	347575	409979	34712
山 东	1666715	1250423	313012
河 南	162944	374810	14700
湖 北	253188	280459	35913
湖 南	225356	345603	32965
广 东	1298794	1830004	1823321
广 西	123512	422071	15800
海 南	50584	219155	1214
重 庆	73444	184556	13107
四 川	638360	204070	243957
贵 州	393114	131955	491
云 南	356017	174463	42566
西 藏			
陕 西	258820	115093	41639
甘 肃	57339	91432	13930
青 海	53141	38066	4357
宁 夏	103360	49121	15966
新 疆	228375	154386	16826

2-6 各地区按隶属关系分的房地产开发企业（单位）完成投资额

单位：万元

地区	合计	中央属	地方属	省属	地市属	县属	其他
全国总计	**101538009**	**1462898**	**100075111**	**7472121**	**28986455**	**15909381**	**47707154**
北京	12024763	253731	11771032	1999263	1713825	42041	8015903
天津	2113876	31924	2081952	333770	217497	49972	1480713
河北	2512674	23640	2489034	91341	1050080	587985	759628
山西	950740	4180	946560	42822	384790	122027	396921
内蒙古	907881	3077	904804	44516	235113	185616	439559
辽宁	4863947	55303	4808644	265905	1096559	974607	2471573
吉林	1392394	26747	1365647	35896	316251	178057	835443
黑龙江	1632806	89773	1543033	284226	529362	176232	553213
上海	9012427	125802	8886625	977803	3466641	10237	4431944
江苏	8099636	20900	8078736	112494	2207147	3001497	2757598
浙江	9800514	46832	9753682	506405	2285382	2681600	4280295
安徽	2406505	23405	2383100	146037	750850	391071	1095142
福建	3620657	14621	3606036	229721	1564142	824921	987252
江西	1774707	32012	1742695	157303	540326	329687	715379
山东	5818758	18496	5800262	312170	1656246	1506861	2324985
河南	1855555	22196	1833359	76456	607606	245832	903465
湖北	2390412	30531	2359881	299108	984829	221214	854730
湖南	2300324	13959	2286365	151481	693196	463417	978271
广东	12335231	478110	11857121	317179	4979039	1943688	4617215
广西	1203112	3244	1199868	63672	603645	107873	424678
海南	366131	2119	364012	24901	99714	1709	237688
重庆	3278881	13025	3265856	233981	333784	377752	2320339
四川	4508670	26131	4482539	206061	1109333	597859	2569286
贵州	1049510	27333	1022177	41760	58872	109379	812166
云南	1149688	3068	1146620	167937	247908	161942	568833
西藏	20005		20005	5367	14638		
陕西	1883082	24232	1858850	149303	773026	278938	657583
甘肃	508029	15925	492104	79740	84104	70439	257821
青海	223121		223121	8880	181360	21815	11066
宁夏	509065	3628	505437	77580	96425	70472	260960
新疆	1024908	28954	995954	29043	104765	174641	687505

2-7　各地区按构成分的房地产开发企业（单位）完成投资额

单位：万元

地　区	本年完成投资额	建筑安装工　程	设备工器具购　置	其他费用	#土地购置费
全国总计	**101538009**	**67427301**	**1410004**	**32700704**	**20551715**
北　京	12024763	7162225	242855	4619683	2132279
天　津	2113876	1322478	40638	750760	301758
河　北	2512674	1808885	33498	670291	382481
山　西	950740	709910	16357	224473	140670
内蒙古	907881	699349	8970	199562	155644
辽　宁	4863947	3198149	68635	1597163	1024229
吉　林	1392394	1056394	15690	320310	188938
黑龙江	1632806	1140727	30641	461438	265734
上　海	9012427	5576117	112883	3323427	1733080
江　苏	8099636	5093240	67256	2939140	2206642
浙　江	9800514	5576285	72256	4151973	3389979
安　徽	2406505	1586469	31667	788369	558485
福　建	3620657	2590441	26659	1003557	707419
江　西	1774707	1264785	16837	493085	385814
山　东	5818758	4124338	38647	1655773	1054525
河　南	1855555	1305490	16117	533948	385511
湖　北	2390412	1668500	32463	689449	404811
湖　南	2300324	1580238	33185	686901	396649
广　东	12335231	8669704	252571	3412956	2145440
广　西	1203112	835897	20173	347042	211307
海　南	366131	282702	9954	73475	51968
重　庆	3278881	2249134	82885	946862	474297
四　川	4508670	3213944	44495	1250231	875403
贵　州	1049510	708079	14566	326865	145776
云　南	1149688	799077	8415	342196	234044
西　藏	20005	14437	94	5474	966
陕　西	1883082	1390521	37671	454890	297531
甘　肃	508029	403702	7868	96459	73161
青　海	223121	185280		37841	29861
宁　夏	509065	397309	1842	109914	64365
新　疆	1024908	813495	24216	187197	132948

2-8 各地区按用途分的房地产开发企业（单位）完成投资额

单位：万元

地区	本年完成投资	住宅	#别墅、高档公寓	#经济适用房屋	办公楼	商业营业用房	其他
全国总计	**101538009**	**67766861**	**6329872**	**6219833**	**5083372**	**13023473**	**15664303**
北京	12024763	6329718	995141	686695	1427491	613455	3654099
天津	2113876	1509252	176977	434000	77808	242564	284252
河北	2512674	1642136	34416	288197	87301	348012	435225
山西	950740	473991	2110	160506	53641	211630	211478
内蒙古	907881	514832	8373	75702	55181	258169	79699
辽宁	4863947	3434716	151660	234820	131670	866730	430831
吉林	1392394	977740	3590	143422	60698	291525	62431
黑龙江	1632806	886210	2630	259567	63710	351126	331760
上海	9012427	6762825	1066623		666736	678172	904694
江苏	8099636	5966854	622235	407726	275428	1092992	764362
浙江	9800514	7158355	600408	367706	481362	1454305	706492
安徽	2406505	1656236	79178	161681	78679	439252	232338
福建	3620657	2376658	118573	68852	106394	382660	754945
江西	1774707	1085084	36311	134782	25820	316210	347593
山东	5818758	4088581	191406	311485	186966	765754	777457
河南	1855555	1350953	52682	215342	52989	235413	216200
湖北	2390412	1719094	87411	226013	81061	176634	413623
湖南	2300324	1457959	173471	480846	73970	479640	288755
广东	12335231	8274350	871841	152244	440832	1369168	2250881
广西	1203112	732095	41615	29314	17572	159421	294024
海南	366131	298856	63465	29301	9586	31619	26070
重庆	3278881	1774341	116952	163154	118569	508227	877744
四川	4508670	3269725	530376	230457	137719	789550	311676
贵州	1049510	565984	7213	107116	51155	151162	281209
云南	1149688	815444	175397	155670	33316	88964	211964
西藏	20005	16461	6317	10144	200	2378	966
陕西	1883082	1234696	71986	227873	146057	245935	256394
甘肃	508029	343764	13705	121278	16702	67793	79770
青海	223121	154551	2097	53411	21610	21251	25709
宁夏	509065	347630	5501	38878	21652	96866	42917
新疆	1024908	547770	20212	243651	81497	286896	108745

2－9　各地区按规模分的房地产开发企业（单位）完成投资额

地　　区	500万元以下	500 万元～1000 万元	1000 万元～3000 万元	3000 万元～5000 万元
全国总计	**384991**	**1206793**	**6646676**	**6624730**
北　京	2013	4338	59895	98492
天　津	698	5018	81620	118377
河　北	7773	24971	215139	203457
山　西	8295	16903	111602	108998
内蒙古	22443	59859	226567	123769
辽　宁	11936	50312	324164	303300
吉　林	8327	24766	174428	146077
黑龙江	2983	24400	172096	167579
上　海	2615	13149	108579	156792
江　苏	24285	79872	477292	669023
浙　江	10048	36331	298227	409574
安　徽	24187	66857	342056	275749
福　建	9144	36560	239467	230503
江　西	19557	71361	279831	232388
山　东	14226	62894	510795	629088
河　南	17773	49291	212691	209130
湖　北	29843	71672	268306	173294
湖　南	18173	54542	263043	217332
广　东	35991	109955	463020	409391
广　西	10311	27400	137789	123531
海　南	340	4230	34867	50689
重　庆	10221	40126	245147	325745
四　川	27444	94982	602486	559580
贵　州	24617	61104	222954	132198
云　南	8368	15844	68496	95742
西　藏				1200
陕　西	8691	31783	131899	111800
甘　肃	10222	21238	100516	76932
青　海	457	3788	48104	28250
宁　夏	5043	15365	88860	94487
新　疆	8967	27882	136740	142263

2-9 续表 1

地　区	5000万元～1亿元	1亿元～5亿元	5亿元～10亿元	10亿元以上
全国总计	**13634361**	**40638179**	**14216639**	**18185640**
北　京	361067	3887497	2545686	5065775
天　津	268853	920334	287171	431805
河　北	444815	1324967	237104	54448
山　西	225748	382454	61720	35020
内蒙古	168868	265495	40880	
辽　宁	608060	2005092	731168	829915
吉　林	282826	509394	55336	191240
黑龙江	304557	479925	165926	315340
上　海	571814	3706302	2224411	2228765
江　苏	1304917	3877292	1004127	662828
浙　江	1109355	4500946	1856388	1579645
安　徽	484681	933274	256526	23175
福　建	640867	1664452	510746	288918
江　西	352124	561828	146296	111322
山　东	1183263	2621268	459265	337959
河　南	410414	758366	137506	60384
湖　北	284353	887798	226150	448996
湖　南	471022	1100545	91433	84234
广　东	973396	4342514	1994018	4006946
广　西	287616	532918	68214	15333
海　南	92745	163663	11607	7990
重　庆	577218	1288453	351679	440292
四　川	950336	1617886	182050	473906
贵　州	270208	276674	55435	6320
云　南	220763	501377	166309	72789
西　藏	4343	14462		
陕　西	333130	701746	251773	312260
甘　肃	112285	150820	24000	12016
青　海	42285	92533	7704	
宁　夏	103335	165659	36316	
新　疆	189097	402245	29695	88019

2－10　各地区房地产开发企业（单位）完成的商品房建设与土地开发投资

单位：万元

地　区	本年完成投资额	#商品房建设投资	#土地开发投资	商品房建设投资额比重（%）
全国总计	**101538009**	**73565984**	**7463200**	**72.5**
北　京	12024763	6309206	395461	52.5
天　津	2113876	1582894	264776	74.9
河　北	2512674	1838167	193688	73.2
山　西	950740	659897	78202	69.4
内蒙古	907881	738064	50567	81.3
辽　宁	4863947	3797186	513630	78.1
吉　林	1392394	1030104	94520	74.0
黑龙江	1632806	1117147	176485	68.4
上　海	9012427	8248859	424360	91.5
江　苏	8099636	5985138	883699	73.9
浙　江	9800514	6190556	404286	63.2
安　徽	2406505	1661424	261088	69.0
福　建	3620657	2752228	332255	76.0
江　西	1774707	1202183	209005	67.7
山　东	5818758	4358712	552406	74.9
河　南	1855555	1425323	180624	76.8
湖　北	2390412	1590231	359309	66.5
湖　南	2300324	1377433	300718	59.9
广　东	12335231	9036177	693144	73.3
广　西	1203112	1138352	54469	94.6
海　南	366131	359145	1956	98.1
重　庆	3278881	2247433	341766	68.5
四　川	4508670	4145427	48978	91.9
贵　州	1049510	742897	121668	70.8
云　南	1149688	754994	174881	65.7
西　藏	20005	3465	966	17.3
陕　西	1883082	1434193	178311	76.2
甘　肃	508029	329210	53038	64.8
青　海	223121	193202	10956	86.6
宁　夏	509065	460419	22357	90.4
新　疆	1024908	856318	85631	83.6

2－11 各地区按登记注册类型分的房地产开发企业（单位）住宅完成投资

单位：万元

地　区	总　计	内　资					
			国　有	集　体	股份合作	国有联营	集体联营
全国总计	**67766861**	**59618804**	**8299695**	**2633510**	**1016609**	**95441**	**89301**
北　京	6329718	5582274	706524	183107	78857	1974	1402
天　津	1509252	1384018	287069	32592	3735	2838	1392
河　北	1642136	1534570	310678	15024	20688		
山　西	473991	455061	102871	14165	11967		
内蒙古	514832	513613	37674	14220	3369		
辽　宁	3434716	2952827	119007	30900	9579		
吉　林	977740	931102	113973	7208	2880		
黑龙江	886210	857184	159410	10851	2576		
上　海	6762825	5733679	632028	384199	39839	227	8662
江　苏	5966854	5361266	1216705	426662	166331	4073	35925
浙　江	7158355	6814779	705194	185370	144289	11020	2459
安　徽	1656236	1549910	278087	56764	23038	1014	1613
福　建	2376658	1644238	423541	172642	52733	15393	12135
江　西	1085084	928190	191298	20036	35429		
山　东	4088581	3724436	743122	278333	140821	10409	12787
河　南	1350953	1178729	146926	23900	3912		300
湖　北	1719094	1499867	271995	21866	16152	10882	4983
湖　南	1457959	1317548	239256	27549	42886	11664	
广　东	8274350	6300638	359650	499680	62173	22760	3674
广　西	732095	596750	86719	32607	8797	1712	85
海　南	298856	246894	27953	896	7790	1280	
重　庆	1774341	1622032	67389	16297	20334		400
四　川	3269725	3131718	430318	73269	70163		71
贵　州	565984	552556	52159	21044	6873		913
云　南	815444	750009	112771	16936	3578		
西　藏	16461	16461	12494				
陕　西	1234696	1149218	345045	36612	20132		
甘　肃	343764	299526	60732	19411	2289		2500
青　海	154551	146060	10825	4518	3749	195	
宁　夏	347630	342920	16275	5514	4446		
新　疆	547770	500731	32007	1338	7204		

2－11 续表 1

单位：万元

地　区	内			资			
	国有与集体联营	其他联营	国有独资公司	其他有限责任公司	股份有限公司	私营独资	私营合伙
全国总计	**131828**	**198230**	**752998**	**23849521**	**5521816**	**375807**	**181725**
北　京	8609	20356	168374	3208978	315943		
天　津			12182	448041	113561	11936	
河　北			1438	470869	364875	5484	6975
山　西		290	775	153777	44967	360	
内蒙古				262172	20783	1503	1100
辽　宁			57208	1444114	235183	30054	400
吉　林			18764	434111	84156	3915	2000
黑龙江			2400	326269	181985	4000	1967
上　海	90412	3141	145286	2036230	165982		7557
江　苏	14536	3608	27166	1721612	486736	61249	20593
浙　江	5015	2052	119404	3718644	581737		15409
安　徽	730	900	15819	579379	164642	13831	10769
福　建	693	15262	35491	301462	153045	29738	42320
江　西	20	5800		275823	126375	19236	19551
山　东		3185	18293	1271075	453826	28244	493
河　南		862	7853	564762	69781	6104	1075
湖　北	1680	14824	22394	523870	248202	14405	5020
湖　南		370	8636	525907	159008	6513	5758
广　东	5095	122276	36254	2231912	683863	70873	7665
广　西	70	1670	6775	143928	68333	6229	251
海　南				141057	40094	5307	
重　庆	3700	1313	12941	649393	105561	3611	15389
四　川		635	1725	1092060	299842	3040	11517
贵　州	1000	1017	1668	163963	58192	7248	5234
云　南	268	669	1500	298410	105001	2656	682
西　藏							
陕　西			11103	287267	85435	30549	
甘　肃				87384	49227	6437	
青　海			582	77958	23738	830	
宁　夏			3735	157494	8232	691	
新　疆			15232	251600	23511	1764	

2－11 续表 2

单位：万元

地　区	内		资					
	私营有限责任公司	私营股份有限公司	个体户	个人合伙	其他内资企业	港澳台投资	合资经营	合作经营
全国总计	**14679929**	**1481972**	**21376**	**27117**	**261929**	**5629546**	**2541428**	**1579756**
北　京	822889	63229			2032	481669	71087	319006
天　津	451185	3215			16272	48697	39679	1279
河　北	279280	47172		840	11247	83900	79196	4438
山　西	123024	2865				15202	10217	
内蒙古	142935	23868		305	5684	269	269	
辽　宁	913611	111051			1720	154084	63542	31898
吉　林	229165	32380			2550	44814	37033	
黑龙江	140999	22748			3979	10424	2464	
上　海	2085672	67146			67298	636951	422004	126812
江　苏	1035356	124850	1500	1000	13364	413287	290935	46909
浙　江	1146804	169636			7746	230103	182673	9741
安　徽	341287	34819	600	13100	13518	69357	39750	
福　建	331841	43698			14244	462146	92756	28285
江　西	182453	50115	860	970	224	111841	55407	900
山　东	619621	119798	14216		10213	251743	154767	11067
河　南	324980	9675		200	18399	107144	55627	12379
湖　北	285302	50976	4200	1366	1750	133238	56319	36909
湖　南	223715	59873		6313	100	120622	59153	9499
广　东	2074015	103822		1374	15552	1723924	490823	910606
广　西	210218	27868			1488	73313	51172	12169
海　南	17236	3632		1649		42356	12784	
重　庆	622379	70093			33232	120298	80839	12925
四　川	1043090	97480			8508	96789	46078	2785
贵　州	209049	21914			2282	7132	4952	289
云　南	173574	33643			321	62264	35409	
西　藏	3967							
陕　西	267986	64519			570	52399	48424	1860
甘　肃	66946	2350			2250	22628	10077	
青　海	21593	2072				5460	1000	
宁　夏	141879	4654				2099	2099	
新　疆	147878	12811			7386	45393	44893	

2－11 续表 3

单位：万元

地　　区	港澳台投资		外商投资				
	独　　资	股份有限		合资经营	合作经营	独　　资	股份有限
全国总计	**1333924**	**174438**	**2518511**	**1244231**	**475595**	**724393**	**74292**
北　　京	48065	43511	265775	123291	142484		
天　　津	7739		76537	20062	2190	17700	36585
河　　北		266	23666	18116		550	5000
山　　西	4985		3728	3728			
内 蒙 古			950				950
辽　　宁	4394	54250	327805	197729	60907	67289	1880
吉　　林	7781		1824	1824			
黑 龙 江	7640	320	18602	7246	11356		
上　　海	88135		392195	203186	63448	125561	
江　　苏	75143	300	192301	143231	6000	43070	
浙　　江	37689		113473	86411	14503	12559	
安　　徽	28245	1362	36969	7719	300	17125	11825
福　　建	340135	970	270274	52804	2453	212439	2578
江　　西	47126	8408	45053	34709	1695	4989	3660
山　　东	67804	18105	112402	58650	26382	27370	
河　　南	39138		65080	31077	5700	27925	378
湖　　北	39758	252	85989	40348	11822	33819	
湖　　南	42260	9710	19789	9712	2114	6200	1763
广　　东	316716	5779	249788	64233	106022	78633	900
广　　西	8391	1581	62032	33064	17639	4253	7076
海　　南	29572		9606	2747		6859	
重　　庆	26047	487	32011	14607		17403	1
四　　川	47926		41218	30622	580	10016	
贵　　州	1891		6296	3992		2304	
云　　南	18	26837	3171	971		2200	
西　　藏							
陕　　西	315	1800	33079	32133			946
甘　　肃	12551		21610	21123		487	
青　　海	4460		3031			3031	
宁　　夏			2611			2611	
新　　疆		500	1646	896			750

2-12 各地区按资质等级分的房地产开发企业（单位）住宅完成投资

单位：万元

地区	总计	一级	二级	三级
全国总计	**67766861**	**5082230**	**13020147**	**23040099**
北京	6329718	1039875	539088	220270
天津	1509252	213950	363731	238223
河北	1642136	12809	281517	365601
山西	473991	6811	113723	108206
内蒙古	514832		65943	174535
辽宁	3434716	285429	398183	1870286
吉林	977740	81519	91349	330750
黑龙江	886210	19650	166083	481961
上海	6762825	511397	1215763	977079
江苏	5966854	405168	1461117	3478462
浙江	7158355	486030	1132181	3355401
安徽	1656236	69086	247737	610169
福建	2376658	117911	280473	906562
江西	1085084	6551	314106	332592
山东	4088581	198700	413470	1288739
河南	1350953	45648	313445	610973
湖北	1719094	226969	557983	537866
湖南	1457959	21196	310734	779835
广东	8274350	902464	2198230	2120495
广西	732095	20880	79704	331786
海南	298856		31734	51500
重庆	1774341	77084	723574	845500
四川	3269725	164006	555316	1734869
贵州	565984	23568	76664	196264
云南	815444	30825	217288	187920
西藏	16461		3570	12891
陕西	1234696	11518	542250	409548
甘肃	343764	1600	65661	169797
青海	154551	1500	41448	44753
宁夏	347630	11738	89108	133365
新疆	547770	88348	128974	133901

2－12 续表 1

单位：万元

地　区	四级	暂定	其他
全国总计	**8749401**	**7652262**	**10222722**
北　京	164148	414484	3951853
天　津	653898	39450	
河　北	714253	245559	22397
山　西	154342	88549	2360
内蒙古	190790	61962	21602
辽　宁	62367	780579	37872
吉　林	257592	195698	20832
黑龙江	24100	118044	76372
上　海			4058586
江　苏	346248	252264	23595
浙　江	1186795	805111	192837
安　徽	310612	409916	8716
福　建	362021	656942	52749
江　西	208423	211562	11850
山　东	1235183	734204	218285
河　南	115379	255470	10038
湖　北	190879	176512	28885
湖　南	140600	180653	24941
广　东	865527	1063055	1124579
广　西	82147	210690	6888
海　南	37620	177919	83
重　庆	36337	83713	8133
四　川	464939	135822	214773
贵　州	217260	51904	324
云　南	246563	99790	33058
西　藏			
陕　西	198404	38657	34319
甘　肃	42827	56084	7795
青　海	39717	24113	3020
宁　夏	75106	24921	13392
新　疆	125324	58635	12588

2－13　各地区房地产开发企业（单位）的资金状况

单位：万元

地　区	本年资金来源合计	上年末结余资金	本年资金来源小计	本年各项应付款合计
全国总计	**152577205**	**20607981**	**131969224**	**16990262**
北　京	22091512	3377627	18713885	1131106
天　津	3642129	417992	3224137	639505
河　北	2913489	281793	2631696	403796
山　西	1332234	133982	1198252	226938
内蒙古	864826	24838	839988	98992
辽　宁	6430888	847896	5582992	978987
吉　林	1464026	97230	1366796	226608
黑龙江	1721670	113689	1607981	296126
上　海	15793405	2845713	12947692	2068288
江　苏	10784076	1179619	9604457	1362342
浙　江	15687368	1846094	13841274	991260
安　徽	3402234	400007	3002227	378743
福　建	6235711	1104327	5131384	515500
江　西	2025677	184596	1841081	355457
山　东	7679940	887000	6792940	930233
河　南	2473398	318148	2155250	229173
湖　北	3603462	523386	3080076	633050
湖　南	2853922	316177	2537745	267467
广　东	19808158	2971332	16836826	2698880
广　西	1811330	220061	1591269	115095
海　南	460221	58393	401828	41898
重　庆	4793499	570236	4223263	494480
四　川	6152127	720014	5432113	663864
贵　州	1545201	231347	1313854	258266
云　南	1881827	328813	1553014	221272
西　藏	46469	523	45946	1500
陕　西	2283375	303511	1979864	367155
甘　肃	738748	116411	622337	102919
青　海	237908	7220	230688	18762
宁　夏	550185	29475	520710	74694
新　疆	1268190	150531	1117659	197906

2-14 各地区房地产开发企业（单位）的资金来源及其构成

单位：万元

地　区	本年资金来源 小计	国家预算内资金	国内贷款	债　券
全国总计	**131969224**	**113631**	**31382699**	**5460**
北　京	18713885		5868594	
天　津	3224137		911374	
河　北	2631696	7644	384960	
山　西	1198252	1250	278140	
内蒙古	839988	600	83040	
辽　宁	5582992	3388	1332891	
吉　林	1366796		171010	
黑龙江	1607981	350	260166	
上　海	12947692		2827047	
江　苏	9604457		2565988	
浙　江	13841274	200	3941332	850
安　徽	3002227	4472	568264	
福　建	5131384	18491	986461	1000
江　西	1841081		339321	
山　东	6792940		1355450	
河　南	2155250	60	397800	
湖　北	3080076	41782	673144	
湖　南	2537745	13620	561418	119
广　东	16836826	4012	3708234	1000
广　西	1591269		369154	
海　南	401828		65455	
重　庆	4223263	1000	949504	
四　川	5432113	150	1026278	
贵　州	1313854		260061	
云　南	1553014	89	403185	
西　藏	45946		9000	
陕　西	1979864	14185	564856	
甘　肃	622337	2193	145674	391
青　海	230688		41998	2100
宁　夏	520710	145	124552	
新　疆	1117659		208348	

2－14 续表 1

单位：万元

地区	利用外资	# 外商直接投资	自筹资金	其他资金来源
全国总计	**1700040**	**1162667**	**37706891**	**61060503**
北京	332107	99981	3758456	8754728
天津	38315	30463	900460	1373988
河北	23715	23715	1131948	1083429
山西	1000	1000	468939	448923
内蒙古	375	375	554774	201199
辽宁	55561	46434	2273464	1917688
吉林	1500	510	790184	404102
黑龙江	4050	4050	870635	472780
上海	341438	171810	3139075	6640132
江苏	74815	62230	2585426	4378228
浙江	45555	45555	2534602	7318735
安徽	15038	15038	985305	1429148
福建	121847	119243	1252934	2750651
江西	65347	61059	753751	682662
山东	70733	67774	2464375	2902382
河南	10841	8941	764412	982137
湖北	18406	12114	995289	1351455
湖南	66913	60310	971465	924210
广东	307852	232805	4240624	8575104
广西	23017	19910	421576	777522
海南	6172	4677	159983	170218
重庆	41458	41208	1371847	1859454
四川	6627	6527	1801966	2597092
贵州	7414	6994	451268	595111
云南	10415	10415	385852	753473
西藏			27159	9787
陕西	4352	4352	708451	688020
甘肃	300	300	224966	248813
青海	3550	3550	97984	85056
宁夏	1327	1327	171280	223406
新疆			448441	460870

2－15　各地区按资质等级分的房地产开发企业（单位）利用外资

单位：万元

地　区	总　计	一级	二级	三级
全国总计	**1700040**	**38528**	**173116**	**312391**
北　京	332107	14690	200	
天　津	38315	15600		2933
河　北	23715	28	3960	154
山　西	1000			1000
内蒙古	375			375
辽　宁	55561			11756
吉　林	1500			
黑龙江	4050			4050
上　海	341438		33258	
江　苏	74815	4760	13219	38579
浙　江	45555			1227
安　徽	15038	350	319	527
福　建	121847		11895	40747
江　西	65347		2080	24306
山　东	70733		497	28205
河　南	10841		3820	5013
湖　北	18406		962	1352
湖　南	66913		6600	44717
广　东	307852	3100	57089	80670
广　西	23017			8425
海　南	6172			1287
重　庆	41458		31910	5177
四　川	6627			5346
贵　州	7414		1250	420
云　南	10415		3830	500
西　藏				
陕　西	4352		900	2450
甘　肃	300			
青　海	3550			3175
宁　夏	1327		1327	
新　疆				

2－15 续表 1

单位：万元

地　区	四级	暂定	其他
全国总计	**125509**	**346183**	**704313**
北　京	664	3285	313268
天　津	7720	12062	
河　北	4127	12250	3196
山　西			
内 蒙 古			
辽　宁	16	43789	
吉　林		1500	
黑 龙 江			
上　海			308180
江　苏		17457	800
浙　江	8902	35426	
安　徽	1645	12197	
福　建	14703	50177	4325
江　西	8530	30431	
山　东	11949	24992	5090
河　南		2008	
湖　北	815	6077	9200
湖　南	5587	10009	
广　东	55652	51937	59404
广　西	1256	13336	
海　南		4885	
重　庆	50	4321	
四　川	1181		100
贵　州		5744	
云　南	2240	3095	750
西　藏			
陕　西	472	530	
甘　肃		300	
青　海		375	
宁　夏			
新　疆			

第三章　房地产开发开竣工面积（2003）

3－1 各地区按用途分的房地产开发企业（单位）的施工房屋面积

单位：平方米

地　区	施工房屋面积	住　宅	#别墅、高档公寓	#经济适用房屋	办公楼	商业营业用房	其他
全国总计	**1175259899**	**913904886**	**57965495**	**101395362**	**50884113**	**147088953**	**63381947**
北　京	90706560	63528634	7049536	8024789	9013055	5576562	12588309
天　津	23144250	19534984	1418086	5681925	858720	1948410	802136
河　北	29086817	23846886	362968	4965285	728199	3984174	527558
山　西	12945950	9534026	41320	3152725	812984	2323049	275891
内蒙古	11760178	8013219	66385	1018161	489413	2943706	313840
辽　宁	53141090	41478418	1525516	3281987	1689759	7888708	2084205
吉　林	14377363	10807109	30900	1931773	582667	2608218	379369
黑龙江	19000320	13111334	179581	3938712	792962	4154636	941388
上　海	82675106	67820931	8477326		4178281	5640375	5035519
江　苏	89247443	72785533	5511339	5699452	2980482	9749268	3732160
浙　江	108047647	84408868	5129394	5024120	4374222	12365454	6899103
安　徽	31400974	24010627	862088	2269154	1140569	5425581	824197
福　建	48910382	37910000	1794108	1299753	2026368	5618698	3355316
江　西	25779467	19887398	365044	2995112	394112	4700270	797687
山　东	72468053	59141527	2274700	6150252	2034721	9536826	1754979
河　南	32102602	27412168	541054	4116121	883557	3368512	438365
湖　北	32521582	27306958	1133361	3342017	1252158	2614392	1348074
湖　南	31188733	23325553	1947549	6917433	982704	5462939	1417537
广　东	128549757	97220204	7419604	2908884	5775789	15586149	9967615
广　西	19297800	15672535	629620	770487	319901	2296178	1009186
海　南	4591125	3927428	377356	506527	179586	415613	68498
重　庆	52878032	37473392	1151054	3844963	2237306	9492373	3674961
四　川	68379489	54259029	6179629	4108382	1568478	10348525	2203457
贵　州	21040073	15803669	209990	2516418	983396	3384049	868959
云　南	13632060	11576165	1793774	3688092	269162	1232995	553738
西　藏	173651	146580	49336	97244	730	26341	
陕　西	22743642	17458582	623322	4487970	2332913	2350811	601336
甘　肃	9978473	8001503	497720	2442907	404880	1286954	285136
青　海	4120773	3094563	82500	1238021	385447	565347	75416
宁　夏	7549114	5778174	76680	804179	329856	1208761	232323
新　疆	13821393	9628889	164655	4172517	881736	2985079	325689

3－2　各地区按用途分的房地产开发企业（单位）的竣工房屋面积

单位：平方米

地　区	竣工房屋面　积	住　宅	#别墅、高档公寓	#经济适用房屋	办公楼	商业营业用　房	其 他
全国总计	**414640610**	**337746052**	**17358721**	**45385119**	**10771445**	**48250637**	**17872476**
北　京	25936478	20807480	1279268	3227669	935912	1175350	3017736
天　津	9112742	7506732	525040	1814786	414909	894302	296799
河　北	12072712	10117502	157582	1681752	262210	1464251	228749
山　西	4825718	3701272	9370	1388572	282752	741483	100211
内蒙古	6159137	4793795	565	545202	123842	1170035	71465
辽　宁	21396962	17390284	241405	1630744	580282	2639599	786797
吉　林	7109851	5383728	30900	1123908	189393	1350399	186331
黑龙江	8834762	6590471	13431	1902039	257897	1573139	413255
上　海	24918375	21399853	2573006		631542	1630066	1256914
江　苏	31202334	26206900	1705448	2928994	733905	3133725	1127804
浙　江	32148543	25717176	1177714	1496024	1016869	3766372	1648126
安　徽	13262104	10398744	272125	1365344	361712	2149560	352088
福　建	13629517	10742900	450602	431815	459775	1423690	1003152
江　西	10554546	7944380	166670	1190640	88352	2306308	215506
山　东	26887875	22695531	642388	2744012	615100	3027086	550158
河　南	10055211	8876435	167297	1649737	188935	812419	177422
湖　北	13325135	11787338	615034	2059619	320246	828422	389129
湖　南	11423020	8764214	691981	3384682	198866	2014559	445381
广　东	43836759	35583623	2797194	1345680	785815	4644907	2822414
广　西	5587286	4726179	180673	307174	109449	445375	306283
海　南	1149577	1026876	153141	203743	48765	73936	
重　庆	16769688	12317498	241088	1307377	591596	2870460	990134
四　川	28640972	23610054	1881433	2501978	506076	3994600	530242
贵　州	6553549	5122548	51304	871608	219227	1013142	198632
云　南	5865919	5125902	852299	1587625	92761	486191	161065
西　藏	125585	113514	16270	97244	730	11341	
陕　西	7095412	6168522	249258	2126414	229207	399506	298177
甘　肃	2606730	2257471	74382	998218	49700	228720	70839
青　海	1569854	1375395		452117	56201	136065	2193
宁　夏	4072811	3228779	37057	451356	149473	581417	113142
新　疆	7911446	6264956	104796	2569046	269946	1264212	112332

3-3　各地区按用途分的房地产开发企业（单位）的新开工房屋面积

单位：平方米

地区	新开工房屋面积	住宅	#别墅、高档公寓	#经济适用房屋	办公楼	商业营业用房	其他
全国总计	**547075321**	**438538828**	**23492874**	**53305776**	**14668903**	**67067990**	**26799600**
北京	34337485	25034616	2331527	3411352	2590860	2260398	4451611
天津	8381730	7215103	621972	2201460	179394	599829	387404
河北	15294936	13045366	87286	2549191	224975	1761970	262625
山西	6853265	5244111	38960	1577209	272544	1201235	135375
内蒙古	7959143	5447264	65820	719122	208209	2032626	271044
辽宁	26176322	21160487	194113	1834090	604916	3475389	935530
吉林	9602758	7657772	20700	1331284	316374	1398445	230167
黑龙江	11104078	7612926	167850	2151120	229011	2620739	641402
上海	31345308	26131859	3355427		860994	2483681	1868774
江苏	51433090	42963204	2766601	3771255	1089343	5367951	2012592
浙江	49887015	39817136	2495247	2443037	1607894	5344463	3117522
安徽	16555632	12983209	416533	1017711	405946	2719352	447125
福建	19030034	15713929	516541	768537	220921	1941899	1153285
江西	14841658	11282165	198496	1665043	124574	2872373	562546
山东	40399282	33821725	1022894	3687510	598683	5031078	947796
河南	14864727	12845394	219490	1928074	359752	1473874	185707
湖北	15423442	13400159	347487	2100677	328642	1101380	593261
湖南	14767518	11104480	797000	3548374	450895	2591865	620278
广东	43281904	34179889	2549384	1136769	1223850	4624846	3253319
广西	10581824	8722069	323976	387617	159232	1174495	526028
海南	1706657	1546936	292982	67432	1682	131576	26463
重庆	20982371	15800358	504421	1877484	502198	3123135	1556680
四川	36467715	29257971	2545749	2250212	620280	5239104	1350360
贵州	9029378	7150928	103236	1257512	195259	1308253	374938
云南	7012275	6000990	812302	1940309	66591	670633	274061
西藏	173651	146580	49336	97244	730	26341	
陕西	9440941	7833405	130211	2156418	487854	931793	187889
甘肃	4624513	3797965	378261	1481888	61743	692214	72591
青海	2363376	1853441		690431	170017	308402	31516
宁夏	5325512	4194579	40774	653128	176716	801372	152845
新疆	7827781	5572812	98298	2604286	328824	1757279	168866

3-4 各地区按资质等级分的房地产开发企业（单位）的施工房屋面积

单位：平方米

地区	总计	一级	二级	三级
全国总计	**1175259899**	**69606760**	**211398421**	**426658805**
北京	90706560	17915586	7779105	1890564
天津	23144250	2864577	5818058	4815581
河北	29086817	240080	4581053	6349839
山西	12945950	251500	3061076	3188049
内蒙古	11760178	112400	1590718	3206764
辽宁	53141090	2539328	6133269	31357817
吉林	14377363	875670	877868	5388239
黑龙江	19000320	521112	4146937	10732861
上海	82675106	6562045	16204180	12284045
江苏	89247443	4858059	20771525	50714442
浙江	108047647	5694821	18403049	50143142
安徽	31400974	1479371	5220268	11631174
福建	48910382	1672916	4583120	18189137
江西	25779467	227259	5341516	8318187
山东	72468053	2626684	6162085	21087236
河南	32102602	1010723	6665284	14997133
湖北	32521582	2925013	9004577	11223735
湖南	31188733	437399	5337115	17182000
广东	128549757	8912628	24370738	35365897
广西	19297800	470554	2134238	8500150
海南	4591125		671989	954534
重庆	52878032	2213575	17930897	27641035
四川	68379489	929982	12375996	39850619
贵州	21040073	647110	3293420	7032411
云南	13632060	575527	3258540	3364115
西藏	173651		65500	108151
陕西	22743642	298913	7738703	9277129
甘肃	9978473	21000	1624977	4534439
青海	4120773	47000	1472453	1204103
宁夏	7549114	294208	1896482	2665516
新疆	13821393	2381720	2883685	3460761

3－4 续表 1

单位：平方米

地区	四级	暂定	其他
全国总计	**178081408**	**145862608**	**143651897**
北京	1754694	7042501	54324110
天津	8909602	736432	
河北	13201808	4273192	440845
山西	4177408	2203106	64811
内蒙古	4922054	1355042	573200
辽宁	1197224	10910609	1002843
吉林	4224697	2669732	341157
黑龙江	330533	2159472	1109405
上海			47624836
江苏	6508237	5650125	745055
浙江	18868066	11792495	3146074
安徽	6165836	6400834	503491
福建	9158808	13924893	1381508
江西	6598596	4643728	650181
山东	23571321	14318446	4702281
河南	3039202	6121127	269133
湖北	4928261	4016687	423309
湖南	4143602	3736790	351827
广东	20895779	19136318	19868397
广西	1988894	5892920	311044
海南	783726	2177876	3000
重庆	2229100	2635099	228326
四川	8689058	2782340	3751494
贵州	7633475	2421457	12200
云南	4494158	1664385	275335
西藏			
陕西	3490843	1238689	699365
甘肃	983542	2626034	188481
青海	708296	621190	67731
宁夏	1594406	848560	249942
新疆	2890182	1862529	342516

3－5　各地区按资质等级分的房地产开发企业（单位）的竣工房屋面积

单位：平方米

地　区	总　计	一级	二级	三级
全国总计	**414640610**	**27659152**	**74284354**	**157898675**
北　京	25936478	7334507	2520962	663411
天　津	9112742	850990	2523915	1927371
河　北	12072712	144171	1589332	3157146
山　西	4825718	29700	1196122	1066729
内蒙古	6159137		911866	1965191
辽　宁	21396962	1541454	3697588	11954923
吉　林	7109851	525469	380355	2887372
黑龙江	8834762	220996	2150434	4944677
上　海	24918375	2144085	5434744	5094083
江　苏	31202334	1892985	5943518	18873252
浙　江	32148543	1905858	5439284	13971631
安　徽	13262104	599502	2319446	5386823
福　建	13629517	264579	1802805	5370934
江　西	10554546	133076	1835644	3440731
山　东	26887875	1173490	2743737	8201835
河　南	10055211	391141	2017114	4903766
湖　北	13325135	1310839	3595902	4677751
湖　南	11423020	217187	1561046	6103758
广　东	43836759	3648271	6709872	13452234
广　西	5587286	165662	809758	2573383
海　南	1149577		222960	118878
重　庆	16769688	625748	5250380	9259259
四　川	28640972	430005	4868400	16552385
贵　州	6553549	131800	859602	2243252
云　南	5865919	250960	1413002	1649564
西　藏	125585		50500	75085
陕　西	7095412	45124	2566335	2502133
甘　肃	2606730	15000	326165	1264674
青　海	1569854		616603	401422
宁　夏	4072811	126986	980000	1537668
新　疆	7911446	1539567	1946963	1677354

3－5 续表 1

单位：平方米

地 区	四级	暂定	其他
全国总计	**73902837**	**40517742**	**40377850**
北 京	711026	2184361	12522211
天 津	3582518	227948	
河 北	5500246	1465774	216043
山 西	1862966	647297	22904
内 蒙 古	2296398	631365	354317
辽 宁	512879	3396208	293910
吉 林	2186931	947783	181941
黑 龙 江	197324	860732	460599
上 海			12245463
江 苏	2944740	1288915	258924
浙 江	7319734	2536972	975064
安 徽	2704262	1989725	262346
福 建	3127166	2469401	594632
江 西	2990962	1711539	442594
山 东	8776202	4582945	1409666
河 南	1343957	1200953	198280
湖 北	2591861	975700	173082
湖 南	1989335	1305728	245966
广 东	8359530	5312717	6354135
广 西	654733	1318533	65217
海 南	246683	558056	3000
重 庆	834962	603512	195827
四 川	3904182	1093423	1792577
贵 州	2743597	569128	6170
云 南	1819044	530896	202453
西 藏			
陕 西	1291352	312758	377710
甘 肃	434815	502182	63894
青 海	337289	188555	25985
宁 夏	922315	368982	136860
新 疆	1715828	735654	296080

3－6 各地区按资质等级分的房地产企业（单位）的新开工房屋面积

单位：平方米

地区	总计	一级	二级	三级
全国总计	**547075321**	**27981021**	**94680099**	**200956308**
北京	34337485	6593690	3161543	807367
天津	8381730	1000117	2504531	1537428
河北	15294936	72569	2318889	3219194
山西	6853265	72013	1303127	1782813
内蒙古	7959143	53800	974139	2280773
辽宁	26176322	1407576	2883708	15119573
吉林	9602758	265909	611420	3377783
黑龙江	11104078	239387	2167930	5851379
上海	31345308	2106855	7165226	4349256
江苏	51433090	2858450	11885313	28177327
浙江	49887015	2681285	6328370	23115733
安徽	16555632	671600	2733290	5854573
福建	19030034	1108830	1654075	6591124
江西	14841658	56680	2536934	4961669
山东	40399282	1387326	3060851	11803608
河南	14864727	386667	3095628	6651664
湖北	15423442	1454569	3987963	5240638
湖南	14767518	183537	2789914	7566216
广东	43281904	1723144	8886567	10014049
广西	10581824	238718	1115350	4457420
海南	1706657		223319	331990
重庆	20982371	1035939	6707849	11425214
四川	36467715	443149	6683158	21197901
贵州	9029378	255900	1106573	3148340
云南	7012275	402439	1781068	1365064
西藏	173651		65500	108151
陕西	9440941	70900	3040545	3436807
甘肃	4624513	15000	675896	2198054
青海	2363376	47000	479007	795314
宁夏	5325512	194003	1201824	1986278
新疆	7827781	953969	1550592	2203608

3－6 续表 1

单位：平方米

地　区	四级	暂定	其他
全国总计	**89194844**	**78159192**	**56103857**
北　京	848245	2499471	20427169
天　津	3047854	291800	
河　北	6784806	2625246	274232
山　西	1953928	1680073	61311
内蒙古	3344465	862794	443172
辽　宁	896669	5474546	394250
吉　林	3085772	2003458	258416
黑龙江	252858	1635647	956877
上　海			17723971
江　苏	4609282	3408829	493889
浙　江	9542460	7103801	1115366
安　徽	3043239	4041046	211884
福　建	3563351	5394663	717991
江　西	3696407	3104116	485852
山　东	12882239	8851199	2414059
河　南	1293372	3365861	71535
湖　北	2806555	1770988	162729
湖　南	2078852	1916313	232686
广　东	8247296	8017031	6393817
广　西	1042074	3559303	168959
海　南	269849	878499	3000
重　庆	606603	1113267	93499
四　川	4512973	1719283	1911251
贵　州	3078665	1427700	12200
云　南	2045929	1240468	177307
西　藏			
陕　西	1686310	668120	538259
甘　肃	632148	1060843	42572
青　海	442807	548217	51031
宁　夏	1079332	670502	193573
新　疆	1820504	1226108	73000

3-7　各地区按资质等级分的房地产开发企业（单位）的住宅竣工面积

单位：平方米

地　区	总　计	一级	二级	三级
全国总计	**337746052**	**22889803**	**61011099**	**129782638**
北　京	20807480	5908958	2099132	520613
天　津	7506732	642985	1975609	1695190
河　北	10117502	130470	1284531	2706340
山　西	3701272	19200	874099	857411
内蒙古	4793795		789324	1559417
辽　宁	17390284	1421822	2750078	9868590
吉　林	5383728	315273	361727	2077305
黑龙江	6590471	169183	1706707	3596190
上　海	21399853	1826562	4761609	4503352
江　苏	26206900	1556907	5128327	15886866
浙　江	25717176	1557189	4514152	11312173
安　徽	10398744	450566	1802752	4335078
福　建	10742900	193164	1593225	4439412
江　西	7944380	123457	1444610	2738148
山　东	22695531	1026645	2389853	7050475
河　南	8876435	362184	1760203	4347015
湖　北	11787338	1148224	3024669	4293440
湖　南	8764214	205877	1286978	4808777
广　东	35583623	3069655	5480249	11089528
广　西	4726179	146606	661017	2178566
海　南	1026876		221360	113033
重　庆	12317498	446307	3749816	6924009
四　川	23610054	392098	3979371	13363620
贵　州	5122548	99300	655926	1752432
云　南	5125902	212522	1361883	1396951
西　藏	113514		42000	71514
陕　西	6168522	40204	2070668	2305992
甘　肃	2257471	15000	258243	1101661
青　海	1375395		530106	337161
宁　夏	3228779	108781	748415	1253367
新　疆	6264956	1300664	1704460	1299012

3－7 续表 1

单位：平方米

地区	四级	暂定	其他
全国总计	**60105257**	**31626533**	**32330722**
北京	502399	1934024	9842354
天津	2982224	210724	
河北	4672217	1196220	127724
山西	1403511	524147	22904
内蒙古	1725120	507905	212029
辽宁	405945	2769607	174242
吉林	1758153	734603	136667
黑龙江	175123	567666	375602
上海			10308330
江苏	2457707	1016401	160692
浙江	5580153	1967831	785678
安徽	2168892	1498189	143267
福建	2451921	1867970	197208
江西	2354613	1030182	253370
山东	7394124	3739342	1095092
河南	1128353	1085999	192681
湖北	2326770	866003	128232
湖南	1455033	807470	200079
广东	7002930	3986612	4954649
广西	587506	1087267	65217
海南	196838	494145	1500
重庆	577793	462653	156920
四川	3232816	879113	1763036
贵州	2155281	454959	4650
云南	1539388	422734	192424
西藏			
陕西	1160911	222160	368587
甘肃	385948	434045	62574
青海	314088	168555	25485
宁夏	739489	249871	128856
新疆	1270011	440136	250673

3－8 各地区按资质等级分的房地产开发企业（单位）别墅、高档公寓竣工面积

单位：平方米

地 区	总 计	一级	二级	三级
全国总计	**17358721**	**1035654**	**2709274**	**7039961**
北 京	1279268	64293		
天 津	525040		104995	158152
河 北	157582	7780		
山 西	9370			7100
内蒙古	565			565
辽 宁	241405	4776	31297	107332
吉 林	30900		12200	10200
黑龙江	13431			13431
上 海	2573006	400560	498278	317778
江 苏	1705448	60452	140301	1234802
浙 江	1177714	141297	316676	441778
安 徽	272125		37750	135352
福 建	450602	53128	162303	128511
江 西	166670	36368		71682
山 东	642388	44000	64300	116775
河 南	167297		74113	44811
湖 北	615034	115000	147950	308635
湖 南	691981		94484	555312
广 东	2797194	5033	252890	1532916
广 西	180673	32961	2588	107589
海 南	153141		34151	41074
重 庆	241088		208476	31292
四 川	1881433		310072	1226562
贵 州	51304		12616	38688
云 南	852299	70006	123405	192431
西 藏	16270		14100	2170
陕 西	249258		45408	98065
甘 肃	74382			23524
青 海				
宁 夏	37057		20921	959
新 疆	104796			92475

3-8 续表 1

单位：平方米

地区	四级	暂定	其他
全国总计	**2356667**	**1439703**	**2777462**
北京	219230	312205	683540
天津	261893		
河北	119059	30743	
山西	2270		
内蒙古			
辽宁		98000	
吉林	8500		
黑龙江			
上海			1356390
江苏	179773	90120	
浙江	95233	148359	34371
安徽	69542	29481	
福建	36378	63917	6365
江西	35220	23400	
山东	188668	71578	157067
河南	18548	28825	1000
湖北	11400	32049	
湖南	8385	33800	
广东	379480	234506	392369
广西	1550	35985	
海南		77916	
重庆	1320		
四川	307636	37163	
贵州			
云南	279481	83156	103820
西藏			
陕西	105785		
甘肃	10818	8500	31540
青海			
宁夏	4177		11000
新疆	12321		

3-9　各地区按资质等级分的房地产开发企业（单位）经济适用房竣工面积

单位：平方米

地　区	总　计	一级	二级	三级
全国总计	**45385119**	**5209018**	**7706815**	**16777633**
北　京	3227669	2855928	228153	
天　津	1814786	63600	750806	308003
河　北	1681752		47737	429967
山　西	1388572	19200	338985	287773
内蒙古	545202			201655
辽　宁	1630744	614985	335356	465056
吉　林	1123908	71896	61932	506030
黑龙江	1902039		443595	1107174
上　海				
江　苏	2928994	299940	300687	1785810
浙　江	1496024	133064	487502	717789
安　徽	1365344	39978	332995	670829
福　建	431815		22739	240988
江　西	1190640		491546	405241
山　东	2744012	85349	186065	833240
河　南	1649737	31708	376226	1042208
湖　北	2059619	400000	281220	761818
湖　南	3384682	152300	448797	1466226
广　东	1345680	3600		657000
广　西	307174	1168	69660	35251
海　南	203743		37668	31681
重　庆	1307377	34073	294249	942655
四　川	2501978		211223	626405
贵　州	871608		106821	167830
云　南	1587625		214638	700047
西　藏	97244		27900	69344
陕　西	2126414		427753	926298
甘　肃	998218		209135	471874
青　海	452117		117337	169611
宁　夏	451356		15745	144889
新　疆	2569046	402229	840345	604941

3−9 续表 1

单位：平方米

地　区	四级	暂定	其他
全国总计	**9359268**	**3249335**	**3083050**
北　京		41255	102333
天　津	692377		
河　北	885267	218668	100113
山　西	570497	149213	22904
内蒙古	334960		8587
辽　宁	30273	154493	30581
吉　林	222189	258261	3600
黑龙江	23150	35458	292662
上　海			
江　苏	424029	19100	99428
浙　江	79027	33642	45000
安　徽	219268	87074	15200
福　建	63476	69966	34646
江　西	266635	6367	20851
山　东	988633	580725	70000
河　南	57646	104168	37781
湖　北	529501	42868	44212
湖　南	861785	361368	94206
广　东	604900	52055	28125
广　西	27293	119033	54769
海　南	50186	84208	
重　庆	24750	11650	
四　川	155453	49897	1459000
贵　州	434674	162283	
云　南	492151	143932	36857
西　藏			
陕　西	372374	46010	353979
甘　肃	169287	127922	20000
青　海	29046	136123	
宁　夏	123118	59388	108216
新　疆	627323	94208	

3-10 各地区房地产开发企业（单位）建设的成套住宅和其他类房屋竣工面积

地 区	住宅竣工套数合计（套）	#别墅、高档公寓	#经济适用房屋	其他类房屋竣工面积（平方米）	#拆迁还建	#统建代建
全国总计	**3021134**	**108525**	**447678**	**40911789**	**21815285**	**14789307**
北 京	193270	7497	27790	4759489	2418562	500425
天 津	78954	3914	26441	708466	128586	541044
河 北	84787	946	16258	949221	353632	569822
山 西	34321	35	13232	981560	552848	372953
内蒙古	47689	3	5034	763666	514827	186298
辽 宁	182464	3403	17297	3235474	1663443	1327097
吉 林	56079	311	11309	731235	349930	334842
黑龙江	74099	334	23105	633030	444226	185103
上 海	168338	11920		322451	64961	162789
江 苏	218232	8162	29182	4419318	3202275	1096174
浙 江	192040	5719	13994	3251578	1849659	1090223
安 徽	101500	1953	14333	1583490	1022160	427765
福 建	91302	2397	3257	1563399	992050	519271
江 西	65383	1494	12461	671223	385448	164780
山 东	212253	6183	27559	3002733	1423308	1428925
河 南	74297	2339	15605	532526	229628	282946
湖 北	91942	3293	16278	729403	254123	380640
湖 南	76655	5827	32580	1702482	253389	1393416
广 东	334499	16586	13335	1272233	877188	96751
广 西	41578	1040	3703	185173	36614	78529
海 南	8117	1108	2242			
重 庆	111026	1837	12418	2408933	1231704	1001983
四 川	212712	12877	29237	2740032	1834207	753822
贵 州	46323	477	6896	475225	255052	219552
云 南	39952	5102	12097	453375	86070	351749
西 藏	728	55	624			
陕 西	52682	2080	15783	765648	409344	299594
甘 肃	22149	624	9732	310155	103617	187174
青 海	13024		4069	549196	94059	455137
宁 夏	30740	233	4862	776713	593081	168646
新 疆	63999	776	26965	434362	191294	211857

3－11 各地区按资质等级分的房地产开发企业（单位）住宅竣工套数

单位：套

地 区	总 计	一级	二级	三级
全国总计	**3021134**	**198487**	**532987**	**1158120**
北 京	193270	53987	21421	4665
天 津	78954	7679	19909	18941
河 北	84787	973	10927	24571
山 西	34321	160	8181	8324
内 蒙 古	47689		7207	15763
辽 宁	182464	16129	27111	106703
吉 林	56079	3344	3127	20739
黑 龙 江	74099	1248	17952	42227
上 海	168338	13046	40123	33921
江 苏	218232	14559	42390	130200
浙 江	192040	9684	30203	87202
安 徽	101500	3724	16996	42819
福 建	91302	1475	12708	38723
江 西	65383	874	11667	22126
山 东	212253	7629	20883	65439
河 南	74297	2278	15094	36863
湖 北	91942	8540	22068	32930
湖 南	76655	1592	12592	40996
广 东	334499	25852	52276	98495
广 西	41578	1465	4810	20039
海 南	8117		1979	690
重 庆	111026	3635	33848	62896
四 川	212712	3778	34449	116659
贵 州	46323	898	5179	16258
云 南	39952	1811	10802	10687
西 藏	728		199	529
陕 西	52682	322	18061	19164
甘 肃	22149	100	2492	10884
青 海	13024		4505	3648
宁 夏	30740	876	6523	11736
新 疆	63999	12829	17305	13283

3－11 续表 1

单位：套

地　区	四级	暂定	其他
全国总计	**541614**	**281829**	**308097**
北　京	4823	16125	92249
天　津	30518	1907	
河　北	37755	9381	1180
山　西	12899	4521	236
内蒙古	17734	4797	2188
辽　宁	4123	26387	2011
吉　林	18855	8045	1969
黑龙江	2122	4923	5627
上　海			81248
江　苏	20769	8843	1471
浙　江	44543	14177	6231
安　徽	21775	14420	1766
福　建	19886	16174	2336
江　西	19952	8633	2131
山　东	71195	35016	12091
河　南	9719	8773	1570
湖　北	20517	6417	1470
湖　南	12808	7080	1587
广　东	59439	38892	59545
广　西	4650	10060	554
海　南	1602	3805	41
重　庆	5256	4080	1311
四　川	29079	7906	20841
贵　州	20232	3715	41
云　南	12644	2772	1236
西　藏			
陕　西	10314	1580	3241
甘　肃	4213	4010	450
青　海	2934	1684	253
宁　夏	7759	2661	1185
新　疆	13499	5045	2038

3－12 各地区按资质等级分的房地产开发企业（单位）别墅、高档公寓套数

单位：套

地区	总计	一级	二级	三级
全国总计	**108525**	**7240**	**17255**	**42387**
北京	7497	341		
天津	3914		647	716
河北	946	15		
山西	35			30
内蒙古	3			3
辽宁	3403	402	140	1767
吉林	311		135	153
黑龙江	334		184	150
上海	11920	1737	1920	1412
江苏	8162	404	936	5567
浙江	5719	756	1851	1667
安徽	1953		263	981
福建	2397	276	794	535
江西	1494	210	502	377
山东	6183	692	212	932
河南	2339	297	875	530
湖北	3293	633	628	1238
湖南	5827		900	4530
广东	16586	75	1377	8844
广西	1040	230	8	488
海南	1108		461	148
重庆	1837		1598	235
四川	12877	628	2003	8047
贵州	477		49	428
云南	5102	544	1005	1666
西藏	55		47	8
陕西	2080		528	1249
甘肃	624			180
青海				
宁夏	233		142	5
新疆	776		50	501

3－12 续表 1

单位：套

地区	四级	暂定	其他
全国总计	**16262**	**10407**	**14974**
北京	1938	1403	3815
天津	2551		
河北	634	297	
山西	5		
内蒙古			
辽宁	366	728	
吉林	23		
黑龙江			
上海			6851
江苏	925	330	
浙江	401	951	93
安徽	648	61	
福建	197	560	35
江西	174	231	
山东	1962	1518	867
河南	120	457	60
湖北	58	736	
湖南	37	360	
广东	2748	1070	2472
广西	12	302	
海南	102	396	1
重庆	4		
四川	1706	493	
贵州			
云南	1125	356	406
西藏			
陕西	303		
甘肃	66	74	304
青海			
宁夏	16		70
新疆	141	84	

3－13　各地区按资质等级分的房地产开发企业（单位）经济适用房套数

单位：套

地　区	总　计	一级	二级	三级
全国总计	**447678**	**49524**	**76048**	**161677**
北　京	27790	24273	2113	
天　津	26441	2489	10008	3383
河　北	16258		509	3926
山　西	13232	160	3241	2840
内蒙古	5034			2019
辽　宁	17297	7796	929	7321
吉　林	11309	1050	484	4965
黑龙江	23105		5130	13387
上　海				
江　苏	29182	2884	3049	18413
浙　江	13994	1407	3727	7323
安　徽	14333	288	3179	6535
福　建	3257		247	1698
江　西	12461	60	3278	4730
山　东	27559	850	2326	8625
河　南	15605	260	3970	9513
湖　北	16278	2023	2415	5680
湖　南	32580	1352	5980	13251
广　东	13335	85		6395
广　西	3703	20	713	536
海　南	2242		846	196
重　庆	12418	342	2995	8773
四　川	29237		2334	6565
贵　州	6896		497	1930
云　南	12097		1948	4636
西　藏	624		152	472
陕　西	15783		3362	5256
甘　肃	9732		2068	4718
青　海	4069		993	1694
宁　夏	4862		150	1582
新　疆	26965	4185	9405	5315

3－13 续表 1

单位：套

地　区	四级	暂定	其他
全国总计	**94402**	**32192**	**33835**
北　京		345	1059
天　津	10561		
河　北	8748	2115	960
山　西	5331	1424	236
内蒙古	2925		90
辽　宁	151	833	267
吉　林	2484	2251	75
黑龙江	257	418	3913
上　海			
江　苏	3633	217	986
浙　江	728	346	463
安　徽	2436	1823	72
福　建	511	683	118
江　西	3369	806	218
山　东	9342	5922	494
河　南	435	1017	410
湖　北	5029	282	849
湖　南	8151	3204	642
广　东	6235	408	212
广　西	261	1761	412
海　南	446	714	40
重　庆	188	120	
四　川	1623	477	18238
贵　州	3115	1354	
云　南	4278	911	324
西　藏			
陕　西	4039	408	2718
甘　肃	1571	1355	20
青　海	345	1037	
宁　夏	1438	673	1019
新　疆	6772	1288	

3-14 各地区按用途分的房地产开发企业（单位）的竣工房屋价值

单位：万元

地　区	竣工房屋价　值	住　宅	#别墅、高档公寓	#经济适用房屋	办公楼	商业营业用　房	其 他
全国总计	**52799528**	**41289403**	**3413634**	**3861036**	**2179823**	**6707887**	**2622415**
北　京	4618258	3440234	382786	367270	285632	257957	634435
天　津	1199770	953018	71264	223727	72580	140920	33252
河　北	1314185	1001590	24805	150594	49188	239980	23427
山　西	544055	360540	1988	134330	49720	122270	11525
内蒙古	530759	391959	97	47309	12709	119567	6524
辽　宁	2301203	1749216	34378	156548	90434	350416	111137
吉　林	820176	577434	3511	107018	28268	191152	23322
黑龙江	869686	596891	2232	158430	38596	184413	49786
上　海	7452427	6393083	861403		409433	404596	245315
江　苏	3261003	2648536	259453	233972	113617	374706	124144
浙　江	4781533	3674520	259427	179421	229687	645892	231434
安　徽	1094037	791453	25400	93479	39010	226959	36615
福　建	1517270	1169686	74223	35602	76898	171372	99314
江　西	782784	533945	15683	73620	8262	225914	14663
山　东	2799368	2310827	101644	212201	83064	348287	57190
河　南	859132	716243	17320	107824	18435	105594	18860
湖　北	1434262	1213737	109713	141099	52144	123781	44600
湖　南	1114571	771566	91868	245383	23150	287580	32275
广　东	7301472	5813700	532767	131535	173940	813474	500358
广　西	426733	347564	13951	19240	10217	40827	28125
海　南	192314	169886	34335	18819	12150	10278	
重　庆	1572467	1018810	51929	77966	73583	366477	113597
四　川	2321414	1786895	241999	204876	51049	433370	50100
贵　州	545722	378567	7938	53704	25239	119728	22188
云　南	602198	528130	117191	122899	11075	47110	15883
西　藏	16115	14799	2653	12146	184	1132	
陕　西	861591	708915	45937	173058	50184	54247	48245
甘　肃	257506	210652	6703	82859	7956	27133	11765
青　海	152522	126586		40666	9223	16284	429
宁　夏	344124	249221	3905	31278	19087	58701	17115
新　疆	910871	641200	17131	224163	55109	197770	16792

3-15　各地区房地产开发企业（单位）建造的房屋面积和造价

地　区	施工房屋面积（平方米）	竣工房屋面积（平方米）	房屋建筑面积竣工率（%）	竣工房屋价值（万元）	竣工房屋造价（元/平方米）
全国总计	**1175259899**	**414640610**	**35.3**	**52799528**	**1273**
北　京	90706560	25936478	28.6	4618258	1781
天　津	23144250	9112742	39.4	1199770	1317
河　北	29086817	12072712	41.5	1314185	1089
山　西	12945950	4825718	37.3	544055	1127
内蒙古	11760178	6159137	52.4	530759	862
辽　宁	53141090	21396962	40.3	2301203	1075
吉　林	14377363	7109851	49.5	820176	1154
黑龙江	19000320	8834762	46.5	869686	984
上　海	82675106	24918375	30.1	7452427	2991
江　苏	89247443	31202334	35.0	3261003	1045
浙　江	108047647	32148543	29.8	4781533	1487
安　徽	31400974	13262104	42.2	1094037	825
福　建	48910382	13629517	27.9	1517270	1113
江　西	25779467	10554546	40.9	782784	742
山　东	72468053	26887875	37.1	2799368	1041
河　南	32102602	10055211	31.3	859132	854
湖　北	32521582	13325135	41.0	1434262	1076
湖　南	31188733	11423020	36.6	1114571	976
广　东	128549757	43836759	34.1	7301472	1666
广　西	19297800	5587286	29.0	426733	764
海　南	4591125	1149577	25.0	192314	1673
重　庆	52878032	16769688	31.7	1572467	938
四　川	68379489	28640972	41.9	2321414	811
贵　州	21040073	6553549	31.1	545722	833
云　南	13632060	5865919	43.0	602198	1027
西　藏	173651	125585	72.3	16115	1283
陕　西	22743642	7095412	31.2	861591	1214
甘　肃	9978473	2606730	26.1	257506	988
青　海	4120773	1569854	38.1	152522	972
宁　夏	7549114	4072811	54.0	344124	845
新　疆	13821393	7911446	57.2	910871	1151

3-16 各地区房地产开发企业（单位）建造的住宅面积和造价

地区	施工住宅面积（平方米）	竣工住宅面积（平方米）	住宅建筑面积竣工率（%）	竣工住宅价值（万元）	竣工住宅造价（元/平方米）
全国总计	**913904886**	**337746052**	**37.0**	**41289403**	**1222**
北京	63528634	20807480	32.8	3440234	1653
天津	19534984	7506732	38.4	953018	1270
河北	23846886	10117502	42.4	1001590	990
山西	9534026	3701272	38.8	360540	974
内蒙古	8013219	4793795	59.8	391959	818
辽宁	41478418	17390284	41.9	1749216	1006
吉林	10807109	5383728	49.8	577434	1073
黑龙江	13111334	6590471	50.3	596891	906
上海	67820931	21399853	31.6	6393083	2987
江苏	72785533	26206900	36.0	2648536	1011
浙江	84408868	25717176	30.5	3674520	1429
安徽	24010627	10398744	43.3	791453	761
福建	37910000	10742900	28.3	1169686	1089
江西	19887398	7944380	39.9	533945	672
山东	59141527	22695531	38.4	2310827	1018
河南	27412168	8876435	32.4	716243	807
湖北	27306958	11787338	43.2	1213737	1030
湖南	23325553	8764214	37.6	771566	880
广东	97220204	35583623	36.6	5813700	1634
广西	15672535	4726179	30.2	347564	735
海南	3927428	1026876	26.1	169886	1654
重庆	37473392	12317498	32.9	1018810	827
四川	54259029	23610054	43.5	1786895	757
贵州	15803669	5122548	32.4	378567	739
云南	11576165	5125902	44.3	528130	1030
西藏	146580	113514	77.4	14799	1304
陕西	17458582	6168522	35.3	708915	1149
甘肃	8001503	2257471	28.2	210652	933
青海	3094563	1375395	44.4	126586	920
宁夏	5778174	3228779	55.9	249221	772
新疆	9628889	6264956	65.1	641200	1023

第四章　房地产市场（2003）

4－1 各地区商品房屋实际销售面积

单位：平方米

地 区	房屋合计	#外销（租）	#个人	住宅	办公楼	商业营业用房	其他
全国总计	**337176253**	**1349734**	**318733244**	**297788465**	**6304886**	**28330983**	**4751919**
北 京	18957685		17803846	17710533	381181	508180	357791
天 津	7864957	108340	7428732	7206404	157156	288897	212500
河 北	9394345	56541	8724112	8380169	110103	822031	82042
山 西	3595970	12900	3084151	2994270	169364	417701	14635
内蒙古	5479687		5362713	4339660	97211	1000938	41878
辽 宁	14990788	1023	14191009	13202908	259593	1335753	192534
吉 林	5011405	103315	4680365	4363248	122582	460298	65277
黑龙江	8146447		7655193	6731129	146593	1154425	114300
上 海	23764001		22881671	22244744	451774	780477	287006
江 苏	27215735	62153	26443506	23643161	607812	2596409	368353
浙 江	27818419		26795364	23567831	619359	2727929	903300
安 徽	10932684	2200	10390652	9063492	228282	1484730	156180
福 建	12501032	89222	11696095	10837936	346375	1048611	268110
江 西	8658299	155	8328824	6935256	60890	1555190	106963
山 东	22515242	23673	20763236	20050334	249285	2008372	207251
河 南	8627149		7977706	7957767	96252	518458	54672
湖 北	10734754	149193	9644417	10150363	164520	323604	96267
湖 南	8484713	136024	7826142	7252769	118355	1008570	105019
广 东	30613227	369901	28886034	27396036	535316	2073380	608495
广 西	5053103		4864088	4516658	161938	294491	80016
海 南	1126417		1089626	1089534	21698	12771	2414
重 庆	13168269	138384	12152998	11329535	319978	1359323	159433
四 川	24578526		23810467	21818222	264953	2368509	126842
贵 州	5543351	54742	5293506	4944548	105713	463146	29944
云 南	5219653	8597	4949041	4805185	55411	326854	32203
西 藏	103157		103157	101979		1178	
陕 西	5800471	29371	5347583	5319779	160614	295694	24384
甘 肃	2247738		2073756	2088741	25724	126314	6959
青 海	835083	4000	692700	703417	41427	82702	7537
宁 夏	2323780		2214071	1878060	72445	351612	21663
新 疆	5870166		5578483	5164797	152982	534436	17951

4－2　各地区商品住宅实际销售面积

单位：平方米

地　区	住　宅	#别　墅、高档公寓	#经济适用房屋
全国总计	**297788465**	**14498736**	**40188655**
北　京	17710533	1318952	3200176
天　津	7206404	392874	2146479
河　北	8380169	113537	1395932
山　西	2994270	7100	932823
内蒙古	4339660	645	871398
辽　宁	13202908	147892	1104043
吉　林	4363248	2099	997971
黑龙江	6731129	22275	2338350
上　海	22244744	2176603	
江　苏	23643161	1216838	1956853
浙　江	23567831	927393	1009663
安　徽	9063492	286359	1299822
福　建	10837936	663697	398017
江　西	6935256	72813	990599
山　东	20050334	647501	2157822
河　南	7957767	144028	1683891
湖　北	10150363	421506	1867190
湖　南	7252769	657980	2349507
广　东	27396036	2189212	1064580
广　西	4516658	208032	281282
海　南	1089534	126394	209104
重　庆	11329535	261214	1266921
四　川	21818222	1620551	2332051
贵　州	4944548	32793	785202
云　南	4805185	559987	1562242
西　藏	101979	20809	81170
陕　西	5319779	112649	2643642
甘　肃	2088741	46769	372010
青　海	703417	29104	209864
宁　夏	1878060	26972	349837
新　疆	5164797	44158	2330214

4-3 各地区按资质等级分的房地产开发企业（单位）商品房销售面积

单位：平方米

地　区	总　计	一级	二级	三级
全国总计	**337176253**	**20976508**	**57527382**	**132599161**
北　京	18957685	5340780	2114770	491968
天　津	7864957	789970	1732569	1838260
河　北	9394345	112923	1378270	2440646
山　西	3595970	343	904328	902162
内 蒙 古	5479687	140057	660719	1518728
辽　宁	14990788	1007374	2224733	9024085
吉　林	5011405	385761	414067	1895777
黑 龙 江	8146447	408271	1720144	4835466
上　海	23764001	1694496	5098601	4937061
江　苏	27215735	1398687	5270660	17154663
浙　江	27818419	1675362	4907584	11706056
安　徽	10932684	509927	1554409	4547127
福　建	12501032	352869	1243069	4829647
江　西	8658299	95146	1533193	2912100
山　东	22515242	859287	2023626	7502147
河　南	8627149	446809	1792331	4261800
湖　北	10734754	1212561	2638940	3992434
湖　南	8484713	106914	1411407	4753070
广　东	30613227	1528744	3743941	9839449
广　西	5053103	164682	647498	2386573
海　南	1126417		264608	250489
重　庆	13168269	465973	3762544	7877650
四　川	24578526	307571	4546561	13930604
贵　州	5543351	78594	582561	2039208
云　南	5219653	124373	1337652	1341909
西　藏	103157		12456	90701
陕　西	5800471	22453	1624178	1715652
甘　肃	2247738	13200	288368	1117541
青　海	835083	21000	226654	371081
宁　夏	2323780	117168	535138	714171
新　疆	5870166	1595213	1331803	1380936

4－3 续表 1

单位：平方米

地　区	四级	暂定	其他
全国总计	**61302085**	**31174085**	**33597032**
北　京	516003	1586662	8907502
天　津	3360621	143537	
河　北	3919049	1421230	122227
山　西	1310581	439290	39266
内蒙古	2452630	384274	323279
辽　宁	395736	2168144	170716
吉　林	1672487	508660	134653
黑龙江	191242	456124	535200
上　海			12033843
江　苏	2034001	1012699	345025
浙　江	6600594	2094525	834298
安　徽	2196394	1895413	229414
福　建	2910564	2839189	325694
江　西	2419976	1318858	379026
山　东	7329658	3700764	1099760
河　南	1048303	971890	106016
湖　北	2077435	678288	135096
湖　南	1365070	724152	124100
广　东	7295757	3772872	4432464
广　西	550672	1240169	63509
海　南	213042	393478	4800
重　庆	461931	436894	163277
四　川	3143992	893376	1756422
贵　州	2491257	345561	6170
云　南	1824684	461806	129229
西　藏			
陕　西	1282195	200420	955573
甘　肃	406709	365396	56524
青　海	127251	67198	21899
宁　夏	624217	210155	122931
新　疆	1080034	443061	39119

4-4 各地区按资质等级分的房地产开发企业（单位）住宅销售面积

单位：平方米

地 区	总 计	一级	二级	三级
全国总计	**297788465**	**19387827**	**51988832**	**116537244**
北 京	17710533	5233782	2054747	465666
天 津	7206404	697572	1620528	1713340
河 北	8380169	111175	1256542	2197050
山 西	2994270		736700	763353
内 蒙 古	4339660	106850	598629	1208119
辽 宁	13202908	954201	1934877	7959288
吉 林	4363248	303280	398922	1652159
黑 龙 江	6731129	355766	1501712	3930632
上 海	22244744	1650509	4825150	4666817
江 苏	23643161	1232626	4741530	14915975
浙 江	23567831	1440164	4340925	9942155
安 徽	9063492	410776	1298665	3856869
福 建	10837936	292797	1164113	4184495
江 西	6935256	94601	1216070	2490119
山 东	20050334	770327	1901308	6802427
河 南	7957767	435062	1625706	3926642
湖 北	10150363	1175974	2464076	3762353
湖 南	7252769	105617	1259567	4119837
广 东	27396036	1443373	3356367	8938284
广 西	4516658	155356	626652	2067464
海 南	1089534		259719	242266
重 庆	11329535	422387	3288329	6776186
四 川	21818222	289656	4081451	12162850
贵 州	4944548	69908	554904	1822730
云 南	4805185	116769	1284912	1227481
西 藏	101979		12456	89523
陕 西	5319779	22453	1453001	1534542
甘 肃	2088741	13200	278022	1037749
青 海	703417	21000	185269	305301
宁 夏	1878060	89049	400635	575083
新 疆	5164797	1373597	1267348	1200489

4－4 续表 1

单位：平方米

地　区	四级	暂定	其他
全国总计	**52969271**	**26772046**	**30133245**
北　京	401398	1522915	8032025
天　津	3053047	121917	
河　北	3445797	1275093	94512
山　西	1101962	352989	39266
内蒙古	1869854	340788	215420
辽　宁	339830	1873668	141044
吉　林	1451177	455457	102253
黑龙江	162678	348055	432286
上　海			11102268
江　苏	1630185	807168	315677
浙　江	5377446	1746285	720856
安　徽	1801864	1563690	131628
福　建	2412714	2484959	298858
江　西	1976352	915673	242441
山　东	6436876	3245893	893503
河　南	957057	907884	105416
湖　北	1974288	641661	132011
湖　南	1167222	499323	101203
广　东	6560874	3303647	3793491
广　西	513734	1090655	62797
海　南	205979	376770	4800
重　庆	365553	342856	134224
四　川	2783031	768370	1732864
贵　州	2190727	301629	4650
云　南	1667405	382135	126483
西　藏			
陕　西	1171937	186427	951419
甘　肃	383815	330797	45158
青　海	119077	50871	21899
宁　夏	520786	173595	118912
新　疆	926606	360876	35881

4－5　各地区按资质等级分的房地产开发企业（单位）别墅、高档公寓销售面积

单位：平方米

地　区	总　计	一级	二级	三级
全国总计	**14498736**	**560957**	**2829655**	**5448423**
北　京	1318952	59132	133554	10808
天　津	392874	31993	40850	149854
河　北	113537	1525		
山　西	7100			7100
内蒙古	645			645
辽　宁	147892	14353	15939	67822
吉　林	2099			2099
黑龙江	22275			22275
上　海	2176603	158339	460999	206380
江　苏	1216838	3466	131093	933969
浙　江	927393	80421	282984	298064
安　徽	286359	760	28924	142887
福　建	663697	54278	164199	74224
江　西	72813	10687		25689
山　东	647501	20322	58577	71209
河　南	144028		86352	18163
湖　北	421506	85467	182601	149206
湖　南	657980	741	76049	522708
广　东	2189212	1334	268689	1305719
广　西	208032	21717	65330	83725
海　南	126394		81078	32386
重　庆	261214		255065	3704
四　川	1620551		280666	1047557
贵　州	32793			28245
云　南	559987	16422	122035	113169
西　藏	20809		630	20179
陕　西	112649		46734	39645
甘　肃	46769		3053	24839
青　海	29104		29104	
宁　夏	26972		15150	7835
新　疆	44158			38318

4－5 续表 1

单位：平方米

地　区	四级	暂定	其他
全国总计	**1727807**	**1513698**	**2418196**
北　京	155283	346237	613938
天　津	170177		
河　北	104461	7551	
山　西			
内蒙古			
辽　宁		49449	329
吉　林			
黑龙江			
上　海			1350885
江　苏	69428	78882	
浙　江	84071	150126	31727
安　徽	47018	66770	
福　建	39047	331949	
江　西	15920	20517	
山　东	220236	118104	159053
河　南	16289	23124	100
湖　北	4232		
湖　南	15488	42994	
广　东	287627	143617	182226
广　西	3121	34139	
海　南	9198	3732	
重　庆	2445		
四　川	268048	20600	3680
贵　州	4548		
云　南	175078	67907	65376
西　藏			
陕　西	26270		
甘　肃	1051	8000	9826
青　海			
宁　夏	2931		1056
新　疆	5840		

4－6 各地区按资质等级分的房地产开发企业（单位）经济适用房销售面积

单位：平方米

地 区	总 计	一级	二级	三级
全国总计	**40188655**	**4701130**	**6694262**	**14534057**
北 京	3200176	2852730	203714	
天 津	2146479	92120	614131	424338
河 北	1395932		71765	511978
山 西	932823		233635	134925
内蒙古	871398		29937	223115
辽 宁	1104043	366534	200002	444643
吉 林	997971	91323	72993	438816
黑龙江	2338350	30648	345787	1583226
上 海				
江 苏	1956853	155000	429708	1022066
浙 江	1009663	115900	429139	367050
安 徽	1299822	58211	280444	682569
福 建	398017	18487	29240	230594
江 西	990599	6100	297210	385047
山 东	2157822	49150	173553	791332
河 南	1683891	50970	315336	991430
湖 北	1867190	419153	248751	701476
湖 南	2349507	4760	452415	1101596
广 东	1064580	3600		520135
广 西	281282	1168	70346	43756
海 南	209104		53115	25879
重 庆	1266921	34073	338982	864291
四 川	2332051		178498	532061
贵 州	785202		55581	303818
云 南	1562242		181499	612100
西 藏	81170		11826	69344
陕 西	2643642		543857	539584
甘 肃	372010		44769	94612
青 海	209864		57675	116666
宁 夏	349837		15205	92668
新 疆	2330214	351203	715149	684942

4－6 续表 1

单位：平方米

地 区	四级	暂定	其他
全国总计	**8177517**	**2349958**	**3731731**
北 京		55137	88595
天 津	975883	40007	
河 北	600332	133157	78700
山 西	444385	80612	39266
内 蒙 古	584058	21701	12587
辽 宁	10273	60091	22500
吉 林	253919	140920	
黑 龙 江	20570	30922	327197
上 海			
江 苏	43617	10243	296219
浙 江	50731	39715	7128
安 徽	176600	89198	12800
福 建	47098	40752	31846
江 西	267232	14388	20622
山 东	723089	388698	32000
河 南	81246	222993	21916
湖 北	442311	12218	43281
湖 南	576129	200666	13941
广 东	380302	70516	90027
广 西	18598	97397	50017
海 南	49602	75708	4800
重 庆	24775	4800	
四 川	125061	37431	1459000
贵 州	366095	59708	
云 南	602520	150947	15176
西 藏			
陕 西	579917	46010	934274
甘 肃	123945	87684	21000
青 海	22000	12900	623
宁 夏	101820	31928	108216
新 疆	485409	93511	

4－7 各地区商品房屋预售面积

单位：平方米

地 区	房屋合计	#外销（租）	住宅	办公楼	商业营业用房	其他
全国总计	**152154466**	**640679**	**136685593**	**3246576**	**10604567**	**1617730**
北 京	6334022		5611980	418084	90769	213189
天 津	2767656	58165	2573952	34451	59696	99557
河 北	3499474		3215535	23853	225891	34195
山 西	963266		799080	12243	137363	14580
内蒙古	349252		304487	521	41880	2364
辽 宁	2749241	30465	2382161	71609	271547	23924
吉 林	174107	15920	157761		15456	890
黑龙江	489242		396143	11566	74976	6557
上 海	17698152		17071414	257053	330287	39398
江 苏	16758930	10241	14895531	376906	1316719	169774
浙 江	24027514		20864508	779260	1888577	495169
安 徽	3621902	37891	3078108	33741	495215	14838
福 建	7502858	27648	6860970	66114	477849	97925
江 西	1874675		1292064	71681	494305	16625
山 东	7077233		6237830	100126	686447	52830
河 南	2755826	3187	2337615	11940	404489	1782
湖 北	3875125	25776	3618679	81545	163859	11042
湖 南	3879334	5707	3250979	94124	509264	24967
广 东	16650374	271612	15480954	342088	714630	112702
广 西	4248485		3978005	21705	201393	47382
海 南	612507	282	545694	6066	60747	
重 庆	6494798	32901	5826257	130562	493503	44476
四 川	8962018	128	8013990	142231	764636	41161
贵 州	2785572	32093	2440991	53654	267688	23239
云 南	2289616	73515	2149754	1854	113758	24250
西 藏	38044		29544		8500	
陕 西	1522616	2900	1406908	14742	100966	
甘 肃	587029	12248	519786	26430	38197	2616
青 海	303529		255354	36374	11284	517
宁 夏	466773		409791	879	54322	1781
新 疆	795296		679768	25174	90354	

4－8　各地区商品住宅预售面积

单位：平方米

地　区	住　宅	#别墅、高档公寓	#经济适用房屋
全国总计	**136685593**	**10455804**	**9213208**
北　京	5611980	982382	1368706
天　津	2573952	227895	434426
河　北	3215535	31303	747379
山　西	799080	4079	239198
内蒙古	304487	4100	87043
辽　宁	2382161	53222	101200
吉　林	157761		53361
黑龙江	396143	25580	133371
上　海	17071414	2153327	
江　苏	14895531	1279997	285416
浙　江	20864508	1272616	348520
安　徽	3078108	104703	228528
福　建	6860970	353443	192292
江　西	1292064	68182	192866
山　东	6237830	503433	471066
河　南	2337615	31049	491538
湖　北	3618679	80340	257296
湖　南	3250979	182713	760476
广　东	15480954	1105280	209640
广　西	3978005	132116	115220
海　南	545694	47348	69487
重　庆	5826257	291484	488266
四　川	8013990	1086582	81829
贵　州	2440991	31304	352209
云　南	2149754	250603	617788
西　藏	29544	13470	16074
陕　西	1406908	92754	359029
甘　肃	519786	25336	185156
青　海	255354		65001
宁　夏	409791	8013	42135
新　疆	679768	13150	218692

4－9　各地区商品房屋出租面积

单位：平方米

地　区	房屋合计	#外销（租）	#个人	住宅	办公楼	商业营业用房	其他
全国总计	**29976665**	**219045**	**8178420**	**4673116**	**6064163**	**13286721**	**5952665**
北　京	2462925		204489	451053	1356732	460201	194939
天　津	522941	93467	132354	59782	18758	286188	158213
河　北	379598		166100	179259	9238	185291	5810
山　西	234286	610	135095	51202	37417	140554	5113
内蒙古	183095		132120	3286	4432	175377	
辽　宁	485792	4919	69235	83150	112253	278065	12324
吉　林	35257		7628	150	9634	25473	
黑龙江	127028		6184	3112	3000	120856	60
上　海	6537769		361672	768351	1936642	1554760	2278016
江　苏	1774742	1568	579812	210748	104794	618691	840509
浙　江	822045		370675	95373	154782	419383	152507
安　徽	665565	8651	297737	96321	79140	409661	80443
福　建	1342081	13350	378275	143977	221260	472851	503993
江　西	81276		47649	5929	500	70847	4000
山　东	593851	10650	193994	90062	74631	390049	39109
河　南	373836		103043	24484	144842	201716	2794
湖　北	883447	42929	208227	303621	134730	313214	131882
湖　南	544951	1900		82472	67598	359907	34974
广　东	7314261	27865	2523284	1302504	1175316	3608013	1228428
广　西	261954		181918	11386	26370	199244	24954
海　南	75124		18280	22163	5851	41006	6104
重　庆	1482791	3574	542422	162705	133534	1099038	87514
四　川	1013026	5800	682112	99092	103131	756394	54409
贵　州	333309		159741	84632	17874	203757	27046
云　南	231057		136819	33307	29222	154276	14252
西　藏	2500					2500	
陕　西	206795	679	94969	75269	18690	98896	13940
甘　肃	294600	3083	104098	23546	22316	247559	1179
青　海	70786		6877	37000	456	33330	
宁　夏	116642		80667	30284	11765	68037	6556
新　疆	523335		252944	138896	49255	291587	43597

4－10　各地区商品住宅出租面积

单位：平方米

地　　区	住　宅	#别墅、高档公寓	#经济适用房屋	#个　人
全国总计	**4673116**	**840553**	**98220**	**1924035**
北　　京	451053	320965		125906
天　　津	59782	1530	10829	29841
河　　北	179259	1133		53959
山　　西	51202		1103	35764
内 蒙 古	3286			
辽　　宁	83150	68916	500	16583
吉　　林	150			150
黑 龙 江	3112			
上　　海	768351	304210		250676
江　　苏	210748	15135	17868	86829
浙　　江	95373	20752	3200	61052
安　　徽	96321	1600		10399
福　　建	143977			41395
江　　西	5929		1029	4449
山　　东	90062	2922	6454	36017
河　　南	24484			1411
湖　　北	303621	38972	3200	38252
湖　　南	82472	11359	24916	
广　　东	1302504	50555	4000	805993
广　　西	11386			9904
海　　南	22163			11664
重　　庆	162705			45810
四　　川	99092	2504	500	93530
贵　　州	84632		600	19390
云　　南	33307		15625	26972
西　　藏				
陕　　西	75269		1855	19164
甘　　肃	23546		514	12412
青　　海	37000			
宁　　夏	30284			25318
新　　疆	138896		6027	61195

4－11 各地区商品房屋实际销售额

单位：万元

地 区	房屋合计	#外销（租）	#个 人	住 宅	办公楼	商业营业用 房	其 他
全国总计	**79556627**	**345330**	**73959687**	**65434492**	**2645314**	**10412039**	**1064782**
北 京	8979571		7927040	7891587	405762	517792	164430
天 津	1980448	21370	1833253	1724256	98804	119637	37751
河 北	1374568	6237	1284842	1125134	25191	216733	7510
山 西	579177	2827	450024	378205	69183	130930	859
内蒙古	696144		684336	467570	12660	210565	5349
辽 宁	3434521	619	3192665	2813999	87307	488483	44732
吉 林	788764	13272	738571	631448	28936	111072	17308
黑龙江	1465500		1352461	1091465	44346	302190	27499
上 海	12163398		11507878	11098649	438725	504334	121690
江 苏	5979054	6317	5736251	4768819	251402	905491	53342
浙 江	7613003		7310976	5776372	218300	1415911	202420
安 徽	1654143	180	1564204	1219565	50499	364449	19630
福 建	2871627	24961	2655116	2224564	100421	505790	40852
江 西	1047243	135	948183	668583	12351	350696	15613
山 东	3823732	4230	3555447	3255188	53586	490657	24301
河 南	1197375		1124994	1025863	20033	142892	8587
湖 北	1616159	20985	1472742	1473462	40734	89290	12673
湖 南	1198667	12243	1090421	861836	23853	303181	9797
广 东	9781005	212440	8969817	8201276	282714	1135226	161789
广 西	951643		917767	767366	35144	133522	15611
海 南	237092		227885	219783	8493	8604	212
重 庆	2102260	11573	1882264	1499915	79299	497706	25340
四 川	3493680		3370480	2681965	45698	746942	19075
贵 州	727889	3729	663160	564928	26987	132341	3633
云 南	982134	1436	901480	853008	14250	104409	10467
西 藏	18088		18088	17794		294	
陕 西	890059	2476	827040	739693	66030	80695	3641
甘 肃	286528		252730	245323	6060	31865	3280
青 海	122365	300	101912	94398	8807	18820	340
宁 夏	434150		401553	284466	19565	126943	3176
新 疆	1066640		996107	768012	70174	224579	3875

4－12　各地区商品住宅实际销售额

单位：万元

地　区	住　宅	#别墅、高档公寓	#经济适用房屋	#个人
全国总计	**65434492**	**6009049**	**5547601**	**63100660**
北　京	7891587	978154	910681	7532401
天　津	1724256	159210	479340	1685078
河　北	1125134	25356	156564	1050915
山　西	378205	1420	90091	342817
内蒙古	467570	120	87737	465897
辽　宁	2813999	47711	185315	2723701
吉　林	631448	722	141211	607096
黑龙江	1091465	8100	337149	1060864
上　海	11098649	1423347		10813276
江　苏	4768819	394291	281564	4724578
浙　江	5776372	396532	214342	5710794
安　徽	1219565	55604	147451	1193976
福　建	2224564	221909	55067	2122534
江　西	668583	10332	66114	649916
山　东	3255188	223280	230872	3073395
河　南	1025863	18376	153219	987487
湖　北	1473462	107709	218770	1374113
湖　南	861836	128950	205285	804833
广　东	8201276	939814	159463	7726259
广　西	767366	49526	39138	756388
海　南	219783	35968	27502	218480
重　庆	1499915	87790	112781	1432077
四　川	2681965	468750	267432	2640460
贵　州	564928	8803	65421	549551
云　南	853008	141233	202099	809617
西　藏	17794	5213	12581	17794
陕　西	739693	39451	290281	696875
甘　肃	245323	6502	42923	223429
青　海	94398	4741	26150	89787
宁　夏	284466	7950	34690	283920
新　疆	768012	12185	306368	732352

4－13 各地区商品房屋实际销售价格

单位：元/平方米

地区	房屋合计	#外销（租）	#个人	住宅	办公楼	商业营业用房	其他
全国总计	**2359**	**2559**	**2320**	**2197**	**4196**	**3675**	**2241**
北京	4737		4452	4456	10645	10189	4596
天津	2518	1972	2468	2393	6287	4141	1777
河北	1463	1103	1473	1343	2288	2637	915
山西	1611	2191	1459	1263	4085	3135	587
内蒙古	1270		1276	1077	1302	2104	1277
辽宁	2291	6051	2250	2131	3363	3657	2323
吉林	1574	1285	1578	1447	2361	2413	2651
黑龙江	1799		1767	1622	3025	2618	2406
上海	5118		5029	4989	9711	6462	4240
江苏	2197	1016	2169	2017	4136	3487	1448
浙江	2737		2728	2451	3525	5190	2241
安徽	1513	818	1505	1346	2212	2455	1257
福建	2297	2798	2270	2053	2899	4823	1524
江西	1210	8710	1138	964	2028	2255	1460
山东	1698	1787	1712	1624	2150	2443	1173
河南	1388		1410	1289	2081	2756	1571
湖北	1506	1407	1527	1452	2476	2759	1316
湖南	1413	900	1393	1188	2015	3006	933
广东	3195	5743	3105	2994	5281	5475	2659
广西	1883		1887	1699	2170	4534	1951
海南	2105		2091	2017	3914	6737	878
重庆	1596	836	1549	1324	2478	3661	1589
四川	1421		1416	1229	1725	3154	1504
贵州	1313	681	1253	1143	2553	2857	1213
云南	1882	1670	1822	1775	2572	3194	3250
西藏	1753		1753	1745		2496	
陕西	1534	843	1547	1390	4111	2729	1493
甘肃	1275		1219	1175	2356	2523	4713
青海	1465	750	1471	1342	2126	2276	451
宁夏	1868		1814	1515	2701	3610	1466
新疆	1817		1786	1487	4587	4202	2159

4－14　各地区商品住宅实际销售价格

单位：元/平方米

地　区	住　宅	#别　墅、高档公寓	#经济适用房屋	#个　人
全国总计	**2197**	**4145**	**1380**	**2198**
北　京	4456	7416	2846	4379
天　津	2393	4052	2233	2376
河　北	1343	2233	1122	1348
山　西	1263	2000	966	1257
内蒙古	1077	1860	1007	1078
辽　宁	2131	3226	1679	2135
吉　林	1447	3440	1415	1461
黑龙江	1622	3636	1442	1620
上　海	4989	6539		4956
江　苏	2017	3240	1439	2017
浙　江	2451	4276	2123	2473
安　徽	1346	1942	1134	1350
福　建	2053	3344	1384	2044
江　西	964	1419	667	951
山　东	1624	3448	1070	1643
河　南	1289	1276	910	1320
湖　北	1452	2555	1172	1478
湖　南	1188	1960	874	1191
广　东	2994	4293	1498	2941
广　西	1699	2381	1391	1704
海　南	2017	2846	1315	2034
重　庆	1324	3361	890	1330
四　川	1229	2893	1147	1235
贵　州	1143	2684	833	1140
云　南	1775	2522	1294	1742
西　藏	1745	2505	1550	1745
陕　西	1390	3502	1098	1407
甘　肃	1175	1390	1154	1142
青　海	1342	1629	1246	1372
宁　夏	1515	2948	992	1514
新　疆	1487	2759	1315	1476

第五章 土地开发与购置(2003)

5－1　各地区房地产开发企业（单位）的土地开发及其购置

单位：平方米

地　　区	本年完成开发土 地 面 积	待 开 发土地面积	本年购置土地面积
全国总计	**221662582**	**217825774**	**356964845**
北　京	10844359	19572543	13912567
天　津	7404474	4367913	10932652
河　北	5595804	2665509	10403237
山　西	1964436	1181529	3642975
内蒙古	2840110	75959	5212968
辽　宁	10628982	7218702	16686606
吉　林	2411354	69947	3562670
黑龙江	4163647	2024355	4943627
上　海	6055079	2059215	14690982
江　苏	16002825	20601874	32192557
浙　江	17909338	15093335	34079357
安　徽	7765190	8275545	16073808
福　建	10198092	6696739	15193654
江　西	7721586	4320262	15044259
山　东	20104829	15820985	36619451
河　南	5537116	3630703	10817866
湖　北	7747275	12718194	15364377
湖　南	9807749	10660016	15505924
广　东	27139797	41480413	24680812
广　西	4139595	4790402	5997793
海　南	137637	15000	987522
重　庆	8423528	16229445	16371897
四　川	7039420	2258922	872080
贵　州	3751645	3869255	6242443
云　南	4267256	1171450	7497214
西　藏	72185	406413	80000
陕　西	3938610	3156480	5945366
甘　肃	2190432	1379390	2635877
青　海	1088228	406175	1180081
宁　夏	948005	1104046	2951520
新　疆	3823999	4505058	6642703

5-2 各地区按资质等级分的房地产开发企业（单位）的本年完成土地开发面积

单位：平方米

地区	总计	一级	二级	三级
全国总计	**221662582**	**6786974**	**33120626**	**77745185**
北京	10844359	1090883	1189807	944078
天津	7404474	717718	1948485	1332094
河北	5595804	21133	1322243	938666
山西	1964436	40912	253642	610262
内蒙古	2840110		199165	821523
辽宁	10628982	843618	1298970	5028722
吉林	2411354	115000	179959	736625
黑龙江	4163647		914119	2272595
上海	6055079	42442	454030	615491
江苏	16002825	770515	3614119	9275827
浙江	17909338	551646	2269213	7480267
安徽	7765190	211970	1103368	2654816
福建	10198092	3751	188362	2015000
江西	7721586	55626	1358139	2218323
山东	20104829	486539	1224178	5431278
河南	5537116	80000	831043	2257520
湖北	7747275	468948	2102266	3080960
湖南	9807749	92019	3513440	3859467
广东	27139797	199174	2010447	8930334
广西	4139595		151000	1702321
海南	137637			
重庆	8423528	188591	2789451	3820488
四川	7039420		211881	6454825
贵州	3751645	215590	394789	1015704
云南	4267256	75300	902979	1088498
西藏	72185			72185
陕西	3938610		1478003	1225882
甘肃	2190432		359921	588546
青海	1088228		118500	203234
宁夏	948005		50056	254313
新疆	3823999	515599	689051	815341

5-2 续表 1

单位：平方米

地　区	四级	暂定	其他
全国总计	**45461166**	**41324302**	**17224329**
北　京	180425	1766293	5672873
天　津	2945020	461157	
河　北	2570346	740081	3335
山　西	626824	431378	1418
内蒙古	1423852	353253	42317
辽　宁	269530	3053155	134987
吉　林	726313	603527	49930
黑龙江	67408	668402	241123
上　海			4943116
江　苏	1355183	900918	86263
浙　江	3788660	3535240	284312
安　徽	1482874	2180170	131992
福　建	2621176	3223401	2146402
江　西	1655270	2245640	188588
山　东	5988445	5962231	1012158
河　南	582093	1693809	92651
湖　北	843813	1222208	29080
湖　南	736280	1544367	62176
广　东	10876770	3753205	1369867
广　西	813823	1410303	62148
海　南	136137		1500
重　庆	188935	1123248	312815
四　川	197906	76808	98000
贵　州	1245828	878054	1680
云　南	1389240	638166	173073
西　藏			
陕　西	778372	430969	25384
甘　肃	190836	1023496	27633
青　海	519530	233556	13408
宁　夏	351875	291761	
新　疆	908402	879506	16100

5－3 各地区按资质等级分的房地产开发企业（单位）待开发土地面积

单位：平方米

地　区	总　计	一级	二级	三级
全国总计	**217825774**	**14009711**	**37364547**	**72617380**
北　京	19572543	1614196	3813982	46426
天　津	4367913	543400	136537	966375
河　北	2665509	6000	148384	318514
山　西	1181529		275089	266239
内蒙古	75959			19846
辽　宁	7218702	1390307	694889	1769658
吉　林	69947			
黑龙江	2024355		95000	860571
上　海	2059215	50000	270569	394517
江　苏	20601874	1361902	3951310	12181985
浙　江	15093335	278403	2079599	6296958
安　徽	8275545	438397	1516385	2931243
福　建	6696739	43926	1217880	1876920
江　西	4320262	70556	409157	906303
山　东	15820985	293901	1744876	5761228
河　南	3630703	172352	252296	1857752
湖　北	12718194	2494895	4199677	2718021
湖　南	10660016	508080	3137348	4739287
广　东	41480413	1255123	5778451	15515867
广　西	4790402		54400	2007638
海　南	15000			
重　庆	16229445	692331	4523708	6377925
四　川	2258922	70223	295616	1455400
贵　州	3869255	993289	203789	492282
云　南	1171450	390000	191086	66672
西　藏	406413			406413
陕　西	3156480		1516259	1009281
甘　肃	1379390		208594	174702
青　海	406175			156767
宁　夏	1104046	304327	504100	249936
新　疆	4505058	1038103	145566	792654

5-3 续表 1

单位：平方米

地　区	四级	暂定	其他
全国总计	**32080439**	**40433844**	**21319853**
北　京	236219	2721240	11140480
天　津	1998439	723162	
河　北	1733317	459294	
山　西	574419	51549	14233
内蒙古	30564	25549	
辽　宁	75234	3219722	68892
吉　林	15500		54447
黑龙江		733053	335731
上　海			1344129
江　苏	1443996	1641181	21500
浙　江	2425159	3811926	201290
安　徽	781719	2504466	103335
福　建	677203	2736080	144730
江　西	787286	2083080	63880
山　东	3342399	3808423	870158
河　南	384242	818764	145297
湖　北	1041027	1581319	683255
湖　南	914644	1284391	76266
广　东	10268937	3420008	5242027
广　西	1036213	1431527	260624
海　南			15000
重　庆	142215	4079645	413621
四　川	437683		
贵　州	1353810	826085	
云　南	278228	245464	
西　藏			
陕　西	423871	173735	33334
甘　肃	58215	850255	87624
青　海	102405	147003	
宁　夏	41683	4000	
新　疆	1475812	1052923	

5-4 各地区按资质等级分的房地产开发企业（单位）的本年土地购置面积

单位：平方米

地区	总计	一级	二级	三级
全国总计	**356964845**	**14405500**	**54497647**	**117320973**
北京	13912567	1575170	952841	946199
天津	10932652	3373445	3493911	1312767
河北	10403237	6000	1606520	1837378
山西	3642975	40912	482113	932461
内蒙古	5212968		487377	1346557
辽宁	16686606	324197	1263187	7782087
吉林	3562670	113507	632393	1004441
黑龙江	4943627	17947	777283	2395800
上海	14690982	269518	1982125	1591674
江苏	32192557	2018727	5574677	18675476
浙江	34079357	1288620	3607761	15367958
安徽	16073808	489843	1829199	6232119
福建	15193654	585098	1072887	4524863
江西	15044259	13219	1765581	4563845
山东	36619451	926381	2836065	9389244
河南	10817866	170362	3259871	3281753
湖北	15364377	479549	4800871	4859618
湖南	15505924	17334	3290917	6852261
广东	24680812	1454230	2361357	6196361
广西	5997793		290206	2133674
海南	987522		3300	43156
重庆	16371897	663791	5008015	7072258
四川	872080	28710	162765	493104
贵州	6242443	375344	666253	1490263
云南	7497214		1559434	1545369
西藏	80000			80000
陕西	5945366		1663368	2471429
甘肃	2635877		412199	686467
青海	1180081		179778	297261
宁夏	2951520	107793	1221371	649985
新疆	6642703	65803	1254022	1265145

5-4 续表 1

单位：平方米

地　　区	四级	暂定	其他
全国总计	**60201796**	**80235198**	**30303731**
北　　京	41227	2517056	7880074
天　　津	2494690	257839	
河　　北	4514309	2379862	59168
山　　西	1547439	611584	28466
内 蒙 古	2405168	707803	266063
辽　　宁	481638	6688874	146623
吉　　林	618768	1177561	16000
黑 龙 江	58348	1435790	258459
上　　海			10847665
江　　苏	2211932	3269279	442466
浙　　江	6978622	6009769	826627
安　　徽	2494627	4868720	159300
福　　建	2859777	3671998	2479031
江　　西	4006285	4094622	600707
山　　东	9040379	12220034	2207348
河　　南	1040531	2834768	230581
湖　　北	1304128	3136621	783590
湖　　南	1474379	3779998	91035
广　　东	7328931	5570759	1769174
广　　西	988990	2395384	189539
海　　南	213747	693559	33760
重　　庆	262893	3109577	255363
四　　川	125643	51134	10724
贵　　州	1914876	1793547	2160
云　　南	1408927	2674175	309309
西　　藏			
陕　　西	1086070	653581	70918
甘　　肃	288242	983336	265633
青　　海	513313	164588	25141
宁　　夏	584821	358083	29467
新　　疆	1913096	2125297	19340

第六章 房地产开发企业经营状况（2003）

6-1 各地区房地产开发企业（单位）经营收入及其构成

单位：万元

地区	经营收入	土地转让收入	商品房屋销售收入	房屋出租收入	其他收入
全国总计	**91372734**	**2797200**	**81536881**	**1643335**	**5395318**
北京	9005234	499302	7923321	385244	197367
天津	2130358	62295	1854575	27783	185705
河北	1409743	10617	1201363	2437	195326
山西	552574	15781	465074	5207	66512
内蒙古	701717	2459	688429	1816	9013
辽宁	3675534	43475	3518507	15173	98379
吉林	926212	90	783755	1168	141199
黑龙江	1202999	1462	1177070	3417	21050
上海	15539532	785285	12272310	586598	1895339
江苏	6765976	349411	6226388	56421	133756
浙江	8317021	40285	8054015	21397	201324
安徽	1658421	23753	1530878	10953	92837
福建	3183222	55978	2869595	20932	236717
江西	857459	28676	815100	999	12684
山东	4350857	68114	4152972	16226	113545
河南	1455785	21397	1368253	18096	48039
湖北	1579605	14434	1439571	15652	109948
湖南	1330404	105646	1159731	11273	53754
广东	14705884	435521	13287783	299798	682782
广西	995439	66252	840738	36676	51773
海南	230178	10530	181920	2451	35277
重庆	2469860	37242	1914342	43603	474673
四川	3801311	76880	3576630	15053	132748
贵州	718363	7996	639360	10515	60492
云南	1031761	12337	964364	8785	46275
西藏	17948		17868	80	
陕西	850467	19981	783870	5273	41343
甘肃	302309	529	284706	7254	9820
青海	117130		112345	681	4104
宁夏	414250	319	377835	960	35136
新疆	1075181	1153	1054213	11414	8401

6-1 续表 1

单位：万元

地 区	商品房屋销售收入	#销售给个人	销售给个人占比重（%）	#商品住宅销售收入	#销售给个人	销售给个人占比重（%）
全国总计	**81536881**	**73856759**	**90.6**	**65818844**	**63128189**	**95.9**
北 京	7923321	6658710	84.0	6625419	6218535	93.9
天 津	1854575	1534271	82.7	1253008	1212081	96.7
河 北	1201363	1112308	92.6	993596	956663	96.3
山 西	465074	434022	93.3	352606	333037	94.5
内蒙古	688429	671394	97.5	460867	444586	96.5
辽 宁	3518507	3158544	89.8	2742144	2673984	97.5
吉 林	783755	749936	95.7	634959	621977	98.0
黑龙江	1177070	1038813	88.3	831134	776886	93.5
上 海	12272310	11510896	93.8	11221614	10862542	96.8
江 苏	6226388	5910684	94.9	5201017	5098514	98.0
浙 江	8054015	7364110	91.4	6087198	5842715	96.0
安 徽	1530878	1406013	91.8	1064475	1016363	95.5
福 建	2869595	2556348	89.1	2085586	1962357	94.1
江 西	815100	760510	93.3	554096	541353	97.7
山 东	4152972	3580042	86.2	3115624	2942659	94.4
河 南	1368253	1192368	87.1	1074823	979703	91.2
湖 北	1439571	1078926	74.9	916919	764766	83.4
湖 南	1159731	1006591	86.8	741844	669366	90.2
广 东	13287783	12279131	92.4	11428662	11085332	97.0
广 西	840738	801349	95.3	723842	715479	98.8
海 南	181920	168951	92.9	160000	159600	99.8
重 庆	1914342	1743775	91.1	1506346	1424493	94.6
四 川	3576630	3358171	93.9	2649143	2568741	97.0
贵 州	639360	600205	93.9	498586	484498	97.2
云 南	964364	910910	94.5	877546	850687	96.9
西 藏	17868	17868	100.0	17868	17868	100.0
陕 西	783870	716879	91.5	645780	602494	93.3
甘 肃	284706	243851	85.7	240539	218354	90.8
青 海	112345	95925	85.4	91964	88820	96.6
宁 夏	377835	356102	94.2	285983	282441	98.8
新 疆	1054213	839156	79.6	735656	711295	96.7

6－2　各地区按登记注册类型分的房地产开发企业（单位）的利润总额

单位：万元

地　区	总　计	内　资					
			国　有	集　体	股份合作	国有联营	集体联营
全国总计	**5055882**	**4186963**	**349557**	**97418**	**89120**	**25955**	**-702**
北　京	174327	312130	23964	-15143	-4624	1020	228
天　津	139765	133705	32704	1432	399	-279	-8
河　北	19121	19485	-506	555	-1173		
山　西	-15187	-13396	-998	-276	1508		
内蒙古	382	346	350	306	549		
辽　宁	-32804	-2298	-882	-2074	-2312		
吉　林	244	-2840	-547	328			
黑龙江	-25475	-17533	-1615	-940	2460		
上　海	1901129	1462803	148363	30744	9357	-2461	-343
江　苏	450523	300628	61353	22147	17117	795	-672
浙　江	741098	666607	85581	25903	30483	3133	315
安　徽	47782	48712	4134	2281	3611	25	7
福　建	74647	-6833	25206	-3216	3405	700	155
江　西	13392	19323	6199	729	-313		
山　东	154430	146288	2755	9787	9115	1105	-1517
河　南	-33501	-32200	-9457	-664	65		-10
湖　北	14084	33468	-3269	-2142	1587	-650	17
湖　南	-1266	-910	1	90	-178	59	
广　东	1248410	845550	-17390	48378	14234	24071	-9
广　西	27986	-5021	3353	-12940	-1082	645	-19
海　南	-11898	-10692	-12409	-513	4	-92	
重　庆	72736	70552	-5334	-3867	-813		-649
四　川	143327	150887	-6311	-157	2935	-2117	-42
贵　州	-166282	-29812	-528	-1987	8		148
云　南	42578	31646	-1030	1089	243		
西　藏	1992	1992	1505				
陕　西	-5557	548	12200	-1434	2313		
甘　肃	1760	4471	-67	-396	-226		1697
青　海	-7353	-7240	-270	-5	-1689	1	
宁　夏	9004	9486	1008	-420	29		
新　疆	76488	57111	1494	-177	2108		

6-2 续表 1

单位：万元

地 区	内					资	
	国有与集体联营	其他联营	国有独资公司	其他有限责任公司	股份有限公司	私营独资	私营合伙
全国总计	**19024**	**21599**	**106164**	**1777076**	**718049**	**-4951**	**4264**
北 京	-370	-420	4287	178571	89284		
天 津			1413	25832	30553	3324	
河 北			-72	8393	10478	-3875	1343
山 西		-44		-5597	1792	-628	
内 蒙 古	61		14	5339	27	-60	8
辽 宁			-2003	-19316	2752	4261	394
吉 林			-1085	3882	-2102	-135	
黑 龙 江	4		133	-11655	448	-277	-40
上 海	19586	9676	81970	677072	163966	315	6
江 苏	960	114	2684	81762	38417	-295	-1620
浙 江	205	172	8429	321811	86084	-101	1003
安 徽	-15	-179	529	14269	12582	-18	354
福 建	-78	70	1473	-101482	15411	-4027	5366
江 西	-529	25		11317	-4668	1292	-1342
山 东		173	493	60090	32820	1073	186
河 南		-170	159	-19158	5459	102	-178
湖 北	117	-347	-560	8508	30314	-50	-1584
湖 南			18	-168		-168	
广 东	401	11810	2016	398389	167652	-4428	-1676
广 西	95	2	1068	1444	5584	102	-70
海 南				3324	-2254	647	
重 庆	-537	428	216	36885	7575	-10	2087
四 川		308	-79	76290	19410	117	-176
贵 州	-832	4	148	-13063	1981	-402	519
云 南	4	-23	345	17004	1680	-233	-290
西 藏				-34			
陕 西	-37		1841	1408	-972	-1573	-10
甘 肃	-11			2614	-551	151	
青 海			-278	-922	106	10	
宁 夏			-236	3966	444	2	-16
新 疆			3241	10301	3777	-67	

6-2 续表 2

单位：万元

地　　区	内资					港澳台投资		
	私营有限责任公司	私营股份有限公司	个体户	个人合伙	其他内资企业	港澳台投资	合资经营	合作经营
全国总计	**941649**	**31158**	**384**	**1564**	**9635**	**514445**	**263126**	**23880**
北　　京	35756	74			-497	-104597	-39507	-52024
天　　津	38028	587			-280	441	185	1769
河　　北	2710	917		10	705	112	290	-233
山　　西	-8869	-262			-22	-835	-881	
内 蒙 古	-7025	366		183	228	-56	-56	
辽　　宁	17680	-794			-4	-17765	-16270	-5882
吉　　林	-4670	1482			7	3464	-591	
黑 龙 江	-8780	2829			-100	-2880	-524	31
上　　海	326471	-3227			1308	196310	141315	-455
江　　苏	75745	1486		13	622	126681	120344	9720
浙　　江	98215	4973			401	35535	35087	-1805
安　　徽	9964	69	72	1688	-661	1999	-1415	3981
福　　建	40420	8272			1492	64598	18815	10894
江　　西	6814	293		-578	84	423	773	162
山　　东	28591	1617	386		-386	9591	6266	-71
河　　南	-8658	401		17	-108	-3641	-3167	-1289
湖　　北	332	1276	-50	2	-33	-15511	-7145	1361
湖　　南	-547	-17				-262	-262	
广　　东	191812	8004	-24	361	1949	301080	82215	58669
广　　西	-5405	2370			-168	36855	36525	1509
海　　南	598	135		-132		-394	-437	
重　　庆	24398	5123			5050	-774	1954	1709
四　　川	56950	3650			109	-6971	-4205	-3729
贵　　州	-13743	-1992			-73	-137001	-136543	-129
云　　南	14407	-1631			81	14495	14781	
西　　藏	521							
陕　　西	-8893	-4065			-230	-5044	-4630	-308
甘　　肃	861	394			5	-927	617	
青　　海	-2235	-2020			62	-12	-12	
宁　　夏	3830	879				-52	-52	
新　　疆	36371	-31			94	19583	19656	

6-2 续表 3

单位：万元

地区	港澳台投资		外商投资				
	独资	股份有限		合资经营	合作经营	独资	股份有限
全国总计	**216835**	**10604**	**354474**	**145735**	**32590**	**161150**	**14999**
北京	-18845	5779	-33206	-25355	-7333	-518	
天津	-1513		5619	-6426	26	1546	10473
河北		55	-476	-313		-167	4
山西	66	-20	-956	-966		10	
内蒙古			92				92
辽宁	-4020	8407	-12741	-2771	-4186	-5618	-166
吉林	4055		-380	-100	-280		
黑龙江	-1829	-558	-5062	-1895	-1972	-1139	-56
上海	55450		242016	107883	41548	92585	
江苏	-3465	82	23214	4952	559	17705	-2
浙江	2253		38956	43301	-197	-4148	
安徽	640	-1207	-2929	-1612	-61	-1193	-63
福建	34158	731	16882	3494	819	12607	-38
江西	-607	95	-6354	-6500	241	57	-152
山东	6731	-3335	-1449	-3511	-2888	4950	
河南	815		2340	2336	-272	295	-19
湖北	-9642	-85	-3873	-1196	1997	-4668	-6
湖南			-94	-94			
广东	159388	808	101780	31687	7108	57236	5749
广西	-1261	82	-3848	890	-1780	-2547	-411
海南	43		-812	-539		-273	
重庆	-4411	-26	2958	4038		-983	-97
四川	846	117	-589	1361	-589	-1265	-96
贵州	-329		531	2078		-1547	
云南	-61	-225	-3563	-2557		-1006	
西藏							
陕西	-10	-96	-1061	-1013	-11		-37
甘肃	-1544		-1784	-1390		-377	-17
青海			-101			-101	
宁夏			-430		-139	-291	
新疆	-73		-206	-47			-159

6-3 各地区按资质等级分的房地产开发企业（单位）的利润总额

单位：万元

地 区	总 计	一级	二级	三级
全国总计	**5055882**	**852681**	**1684627**	**1102763**
北 京	174327	80461	79842	-20000
天 津	139765	24488	66601	10824
河 北	19121	2246	17362	5285
山 西	-15187	256	-4026	-7386
内蒙古	382	-618	1345	-7153
辽 宁	-32804	-1306	10115	-26803
吉 林	244	2059	2767	-1643
黑龙江	-25475	1685	-419	-25997
上 海	1901129	216869	442365	198464
江 苏	450523	52914	160572	225792
浙 江	741098	91119	150256	299776
安 徽	47782	6196	16232	30151
福 建	74647	24179	15953	56182
江 西	13392	968	12481	-4381
山 东	154430	12330	6390	71035
河 南	-33501	2024	8963	-20321
湖 北	14084	12903	20924	5668
湖 南	-1266		-477	-296
广 东	1248410	295187	479565	215639
广 西	27986	2367	7218	27434
海 南	-11898		-2242	-9265
重 庆	72736	10390	76456	-6526
四 川	143327	5226	47708	79421
贵 州	-166282	716	5922	-2027
云 南	42578	-13398	32235	15403
西 藏	1992		-20	2012
陕 西	-5557	196	12655	-16698
甘 肃	1760	1835	-3640	-1408
青 海	-7353	-3	2379	-7047
宁 夏	9004	3872	3437	583
新 疆	76488	17520	15708	16045

6-3 续表 1

单位：万元

地　区	四级	暂定	其他
全国总计	**237781**	**-67123**	**1245153**
北　京	12044	-3199	25179
天　津	36279	1573	
河　北	5563	-9552	-1783
山　西	-573	-3289	-169
内 蒙 古	4962	931	915
辽　宁	-1875	-12321	-614
吉　林	-4404	1252	213
黑 龙 江	-596	-2876	2728
上　海			1043431
江　苏	13723	-416	-2062
浙　江	138691	27925	33331
安　徽	961	-6191	433
福　建	39177	-62924	2080
江　西	943	2786	595
山　东	48048	7897	8730
河　南	-7009	-16957	-201
湖　北	-974	-23366	-1071
湖　南	-24	-469	
广　东	86788	58366	112865
广　西	1326	-11317	958
海　南	1612	-2310	307
重　庆	-611	-6406	-567
四　川	11879	3736	-4643
贵　州	-165564	-5373	44
云　南	13118	-2968	-1812
西　藏			
陕　西	2374	-4233	149
甘　肃	211	3626	1136
青　海	-685	-2022	25
宁　夏	-342	501	953
新　疆	2739	473	24003

6-4 各地区房地产开发企业（单位）的资产负债

单位：万元

地区	实收资本合计	#国家资本金	资产总计	累计折旧	#本年折旧	负债总计	所有者权益	资产负债率(%)
全国总计	**84710226**	**4082557**	**404864877**	**4508222**	**968337**	**306985556**	**97879321**	**75.8**
北京	8312715	562812	57038522	404198	101164	46691607	10346915	81.9
天津	2535110	139652	11185740	114693	20143	8203420	2982320	73.3
河北	842334	23604	4315288	60067	18608	3339524	975764	77.4
山西	761357	31157	2885712	47924	8363	2068570	817142	71.7
内蒙古	419701	8558	1557572	20856	5005	1063707	493865	68.3
辽宁	3084611	238463	16167966	227282	47510	13121864	3046102	81.2
吉林	628942	23426	3042905	42229	8374	2340331	702574	76.9
黑龙江	1189064	42082	4973235	65822	12201	3787027	1186208	76.1
上海	16626838	1162839	70243992	551438	113120	49781553	20462439	70.9
江苏	7946750	284000	24833778	197567	39534	20183408	4650370	81.3
浙江	4172708	99907	32362708	176753	47079	27093839	5268869	83.7
安徽	1644394	36764	5877267	76841	19996	4096093	1781174	69.7
福建	3794572	44020	15725909	185687	30921	11375776	4350133	72.3
江西	984170	28142	2595427	33599	12831	1699858	895569	65.5
山东	3071876	65847	14807523	188464	41143	11313769	3493754	76.4
河南	1455042	42641	5510446	102740	19951	4038378	1472068	73.3
湖北	2393068	135675	8230872	130759	18862	5852668	2378204	71.1
湖南	1882443	48650	6751863	108075	50346	4114324	2637539	60.9
广东	11839072	711672	67872403	890978	161437	51557439	16314964	76.0
广西	867679	31184	4170909	42586	9164	3247403	923506	77.9
海南	484964		1702798	34023	3780	1347173	355625	79.1
重庆	2895894	121331	12968949	206505	42805	9257357	3711592	71.4
四川	2717345	49905	12115331	298546	56015	8326672	3788659	68.7
贵州	893982	49191	3322298	58911	20910	2442491	879807	73.5
云南	497803	17097	3127228	62227	20950	2484467	642761	79.4
西藏	13800		48890	525	148	40677	8213	83.2
陕西	1205042	18628	4486674	66220	15384	3292541	1194133	73.4
甘肃	570089	12426	1935812	38051	5718	1337161	598651	69.1
青海	130100	10608	321307	8827	1254	184704	136603	57.5
宁夏	255150	22949	1214750	20320	4328	929885	284865	76.5
新疆	593611	19327	3470803	45509	11293	2371870	1098933	68.3

6－5　按登记注册类型分的房地产开发企业（单位）的资产负债

单位：万元

登记注册类型	实收资本合计	#国家资本金	资产总计
全国总计	**84710226**	**4082557**	**404864877**
一、内资	59988798	3185299	319259248
国有	12069959		68295859
集体	2660435		12192674
股份合作	850430	15988	4859236
国有联营	128620		993041
集体联营	41318		274284
国有与集体联营	97066	23931	556128
其他联营	182368	15520	1041636
国有独资公司	2121758		13654719
其他有限责任公司	19822019	1763134	112167154
股份有限公司	7242982	1342590	34023765
私营独资	326005		1282180
私营合伙	254528		726810
私营有限责任公司	12611254		62656381
私营股份有限公司	1271247	13796	5278585
个体户	9390		28339
个体合伙	12442		63789
其他内资企业	286977	10340	1164668
二、港澳台投资	14959572	758448	62393462
合资经营	5859584	669665	24679539
合作经营	4877706	86336	22491607
独资	3883340		13628495
股份有限	338942	2447	1593821
三、外商投资	9761856	138810	23212167
合资经营	2807952	112664	11299946
合作经营	1080845	15947	4694583
独资	5798295		6952540
股份有限	74764	10199	265098

6-5 续表 1

单位：万元

登记注册类型	累计折旧	#本年折旧	负债总计	所有者权益	资产负债率（%）
全国总计	**4508222**	**968337**	**306985556**	**97879321**	**75.8**
一、内资	3272511	715922	242111078	77148170	75.8
国有	717546	102895	51496018	16799841	75.4
集体	192822	34001	9729642	2463032	79.8
股份合作	61800	11903	3801346	1057890	78.2
国有联营	6376	1170	722429	270612	72.7
集体联营	1673	258	230109	44175	83.9
国有与集体联营	3149	547	451997	104131	81.3
其他联营	4594	1641	842644	198992	80.9
国有独资公司	173603	56745	9745617	3909102	71.4
其他有限责任公司	898509	226644	88507974	23659180	78.9
股份有限公司	488087	81447	23585212	10438553	69.3
私营独资	18482	5251	932620	349560	72.7
私营合伙	5035	1558	534471	192339	73.5
私营有限责任公司	622935	166695	46694936	15961445	74.5
私营股份有限公司	69593	23464	3835129	1443456	72.7
个体户	189	65	18341	9998	64.7
个体合伙	442	119	40016	23773	62.7
其他内资企业	7676	1519	942577	222091	80.9
二、港澳台投资	837462	160512	47583331	14810131	76.3
合资经营	338224	73938	18731213	5948326	75.9
合作经营	299543	46056	17724652	4766955	78.8
独资	190719	38454	10086316	3542179	74.0
股份有限	8976	2064	1041150	552671	65.3
三、外商投资	398249	91903	17291147	5921020	74.5
合资经营	186075	30817	8682425	2617521	76.8
合作经营	88286	25698	3662817	1031766	78.0
独资	120731	33761	4806002	2146538	69.1
股份有限	3157	1627	139903	125195	52.8

6－6　各地区按资质等级分的房地产开发企业（单位）的资产

单位：万元

地　区	总　计	一级	二级	三级
全国总计	**404864877**	**42000976**	**87630730**	**114508606**
北　京	57038522	9030945	5666665	1419977
天　津	11185740	2595638	2932244	1344723
河　北	4315288	60020	907884	1088189
山　西	2885712	40862	950092	790746
内蒙古	1557572	61086	204727	491154
辽　宁	16167966	1508853	2358414	8621306
吉　林	3042905	421750	389386	1081959
黑龙江	4973235	501500	1001916	2413675
上　海	70243992	8980397	19816104	6374614
江　苏	24833778	1878982	6767785	13798921
浙　江	32362708	2817116	6460869	15223112
安　徽	5877267	356252	1074250	2247984
福　建	15725909	1442511	1307223	5044851
江　西	2595427	47772	762805	860336
山　东	14807523	1483796	1554753	4784456
河　南	5510446	402374	1312413	2408001
湖　北	8230872	795916	2732373	2937495
湖　南	6751863	119137	2286159	3328656
广　东	67872403	6041334	16647916	18793265
广　西	4170909	156106	452271	1864477
海　南	1702798		209427	609416
重　庆	12968949	712100	4354487	6543861
四　川	12115331	839462	2740698	6310614
贵　州	3322298	149016	654900	1175156
云　南	3127228	398515	711374	699214
西　藏	48890		2961	45929
陕　西	4486674	67195	1751160	1793552
甘　肃	1935812	3755	421524	1016064
青　海	321307	1650	69471	100494
宁　夏	1214750	151594	322928	441105
新　疆	3470803	935342	805551	855304

6－6 续表 1

单位：万元

地　区	四级	暂定	其他
全国总计	**34490359**	**38574241**	**87659965**
北　京	839004	4346295	35735636
天　津	4023539	289596	
河　北	1590389	567589	101217
山　西	749811	342750	11451
内蒙古	642461	119628	38516
辽　宁	191418	2748357	739618
吉　林	664556	462898	22356
黑龙江	38792	705803	311549
上　海			35072877
江　苏	881749	1239656	266685
浙　江	4129421	2799234	932956
安　徽	858307	1301002	39472
福　建	2565936	5042102	323286
江　西	459197	433668	31649
山　东	3394460	2516973	1073085
河　南	429907	925965	31786
湖　北	567748	1082143	115197
湖　南	409195	532057	76659
广　东	6452081	8326000	11611807
广　西	326280	1288421	83354
海　南	366123	511456	6376
重　庆	294800	819318	244383
四　川	1367975	405128	451454
贵　州	1038941	301931	2354
云　南	906752	238366	173007
西　藏			
陕　西	458208	393927	22632
甘　肃	141757	319919	32793
青　海	52156	95528	2008
宁　夏	175983	72696	50444
新　疆	473413	345835	55358

6－7 各地区按资质等级分的房地产开发企业（单位）的负债

单位：万元

地 区	总 计	一级	二级	三级
全国总计	**306985556**	**31131519**	**64180763**	**88450639**
北 京	46691607	7435260	4651996	1206870
天 津	8203420	1778083	2238676	1000216
河 北	3339524	39120	690572	915670
山 西	2068570	30391	758566	557857
内蒙古	1063707	50432	143963	289039
辽 宁	13121864	1309041	1886944	7059678
吉 林	2340331	329375	299200	883005
黑龙江	3787027	349735	704999	1831404
上 海	49781553	5830851	12078866	5145411
江 苏	20183408	1548756	5349969	11467578
浙 江	27093839	2457220	5524354	12689957
安 徽	4096093	270389	810996	1545471
福 建	11375776	1157688	972456	3685264
江 西	1699858	26494	550283	581345
山 东	11313769	1121953	1274524	3856486
河 南	4038378	287869	1018148	1825992
湖 北	5852668	664061	2040767	1992325
湖 南	4114324	96796	1361331	2011160
广 东	51557439	3739710	12801451	14433197
广 西	3247403	97749	359666	1519416
海 南	1347173		154206	541987
重 庆	9257357	603759	3091457	4648812
四 川	8326672	698868	1836356	4221815
贵 州	2442491	88578	498263	917641
云 南	2484467	338452	593981	517443
西 藏	40677		2257	38420
陕 西	3292541	51383	1319210	1315994
甘 肃	1337161	2905	291265	729295
青 海	184704	1353	40625	62835
宁 夏	929885	129474	237879	347104
新 疆	2371870	595774	597537	611952

6-7 续表 1

单位：万元

地　区	四级	暂定	其他
全国总计	**25901663**	**28480341**	**68840631**
北　京	691246	3435251	29270984
天　津	3019286	167159	
河　北	1224330	395482	74350
山　西	500194	215301	6261
内蒙古	456829	97313	26131
辽　宁	151488	2104729	609984
吉　林	525293	286928	16530
黑龙江	31687	597259	271943
上　海			26726425
江　苏	678744	962247	176114
浙　江	3308414	2306053	807841
安　徽	576668	865252	27317
福　建	1771508	3587474	201386
江　西	287536	239425	14775
山　东	2632928	1655753	772125
河　南	275548	607927	22894
湖　北	278211	798862	78442
湖　南	249746	336140	59151
广　东	5217092	6584216	8781773
广　西	219447	977394	73731
海　南	264385	382891	3704
重　庆	217732	505028	190569
四　川	972739	237400	359494
贵　州	740990	195775	1244
云　南	708304	176682	149605
西　藏			
陕　西	325803	263919	16232
甘　肃	102805	187143	23748
青　海	31642	47242	1007
宁　夏	119879	47069	48480
新　疆	321189	217027	28391

6-8 各地区按资质等级分的房地产开发企业（单位）的所有者权益

单位：万元

地　区	总　计	一级	二级	三级
全国总计	**97879321**	**10869457**	**23449967**	**26057967**
北　京	10346915	1595685	1014669	213107
天　津	2982320	817555	693568	344507
河　北	975764	20900	217312	172519
山　西	817142	10471	191526	232889
内蒙古	493865	10654	60764	202115
辽　宁	3046102	199812	471470	1561628
吉　林	702574	92375	90186	198954
黑龙江	1186208	151765	296917	582271
上　海	20462439	3149546	7737238	1229203
江　苏	4650370	330226	1417816	2331343
浙　江	5268869	359896	936515	2533155
安　徽	1781174	85863	263254	702513
福　建	4350133	284823	334767	1359587
江　西	895569	21278	212522	278991
山　东	3493754	361843	280229	927970
河　南	1472068	114505	294265	582009
湖　北	2378204	131855	691606	945170
湖　南	2637539	22341	924828	1317496
广　东	16314964	2301624	3846465	4360068
广　西	923506	58357	92605	345061
海　南	355625		55221	67429
重　庆	3711592	108341	1263030	1895049
四　川	3788659	140594	904342	2088799
贵　州	879807	60438	156637	257515
云　南	642761	60063	117393	181771
西　藏	8213		704	7509
陕　西	1194133	15812	431950	477558
甘　肃	598651	850	130259	286769
青　海	136603	297	28846	37659
宁　夏	284865	22120	85049	94001
新　疆	1098933	339568	208014	243352

6－8 续表 1

单位：万元

地　区	四级	暂定	其他
全国总计	**8588696**	**10093900**	**18819334**
北　京	147758	911044	6464652
天　津	1004253	122437	
河　北	366059	172107	26867
山　西	249617	127449	5190
内蒙古	185632	22315	12385
辽　宁	39930	643628	129634
吉　林	139263	175970	5826
黑龙江	7105	108544	39606
上　海			8346452
江　苏	203005	277409	90571
浙　江	821007	493181	125115
安　徽	281639	435750	12155
福　建	794428	1454628	121900
江　西	171661	194243	16874
山　东	761532	861220	300960
河　南	154359	318038	8892
湖　北	289537	283281	36755
湖　南	159449	195917	17508
广　东	1234989	1741784	2830034
广　西	106833	311027	9623
海　南	101738	128565	2672
重　庆	77068	314290	53814
四　川	395236	167728	91960
贵　州	297951	106156	1110
云　南	198448	61684	23402
西　藏			
陕　西	132405	130008	6400
甘　肃	38952	132776	9045
青　海	20514	48286	1001
宁　夏	56104	25627	1964
新　疆	152224	128808	26967

6-9　各地区按资质等级分的房地产开发企业（单位）的资产负债率

单位：%

地　区	总　计	一级	二级	三级
全国总计	**75.8**	**74.1**	**73.2**	**77.2**
北　京	81.9	82.3	82.1	85.0
天　津	73.3	68.5	76.3	74.4
河　北	77.4	65.2	76.1	84.1
山　西	71.7	74.4	79.8	70.5
内蒙古	68.3	82.6	70.3	58.8
辽　宁	81.2	86.8	80.0	81.9
吉　林	76.9	78.1	76.8	81.6
黑龙江	76.1	69.7	70.4	75.9
上　海	70.9	64.9	61.0	80.7
江　苏	81.3	82.4	79.1	83.1
浙　江	83.7	87.2	85.5	83.4
安　徽	69.7	75.9	75.5	68.7
福　建	72.3	80.3	74.4	73.1
江　西	65.5	55.5	72.1	67.6
山　东	76.4	75.6	82.0	80.6
河　南	73.3	71.5	77.6	75.8
湖　北	71.1	83.4	74.7	67.8
湖　南	60.9	81.2	59.5	60.4
广　东	76.0	61.9	76.9	76.8
广　西	77.9	62.6	79.5	81.5
海　南	79.1		73.6	88.9
重　庆	71.4	84.8	71.0	71.0
四　川	68.7	83.3	67.0	66.9
贵　州	73.5	59.4	76.1	78.1
云　南	79.4	84.9	83.5	74.0
西　藏	83.2		76.2	83.7
陕　西	73.4	76.5	75.3	73.4
甘　肃	69.1	77.4	69.1	71.8
青　海	57.5	82.0	58.5	62.5
宁　夏	76.5	85.4	73.7	78.7
新　疆	68.3	63.7	74.2	71.5

6－9 续表 1

单位：%

地　　区	四级	暂定	其他
全国总计	**75.1**	**73.8**	**78.5**
北　　京	82.4	79.0	81.9
天　　津	75.0	57.7	
河　　北	77.0	69.7	73.5
山　　西	66.7	62.8	54.7
内 蒙 古	71.1	81.3	67.8
辽　　宁	79.1	76.6	82.5
吉　　林	79.0	62.0	73.9
黑 龙 江	81.7	84.6	87.3
上　　海			76.2
江　　苏	77.0	77.6	66.0
浙　　江	80.1	82.4	86.6
安　　徽	67.2	66.5	69.2
福　　建	69.0	71.2	62.3
江　　西	62.6	55.2	46.7
山　　东	77.6	65.8	72.0
河　　南	64.1	65.7	72.0
湖　　北	49.0	73.8	68.1
湖　　南	61.0	63.2	77.2
广　　东	80.9	79.1	75.6
广　　西	67.3	75.9	88.5
海　　南	72.2	74.9	58.1
重　　庆	73.9	61.6	78.0
四　　川	71.1	58.6	79.6
贵　　州	71.3	64.8	52.8
云　　南	78.1	74.1	86.5
西　　藏			
陕　　西	71.1	67.0	71.7
甘　　肃	72.5	58.5	72.4
青　　海	60.7	49.5	50.1
宁　　夏	68.1	64.7	96.1
新　　疆	67.8	62.8	51.3

第七章 房地产业综合（2004）

7－1　全国房地产开发投资综合统计

指　　标	2002年	2003年	2004年
一、项目建设规模与投资完成情况（亿元）			
计划总投资	32189.10	38171.68	50570.39
实际需要总投资	33953.72	40055.27	
自开始建设至本年底累计完成投资	18998.76	22691.60	
#本年完成投资	8764.23	10153.80	13158.25
累计新增固定资产	7790.92	9561.36	
未完工程	8728.58	10692.32	
全部建成尚需投资	14954.97	17363.67	
未完工程百分比（%）	112.00	105.30	
二、本年完成投资额（亿元）			
合计	7790.92	10153.80	13158.25
1.按构成分			
建筑安装工程	5202.72	6742.73	8825.27
设备工器具购置	139.75	141.00	192.93
其他费用	2448.46	3270.07	4140.04
#土地购置费	1445.81	2055.17	2574.47
2.按用途分			
住宅	5227.76	6776.69	8836.95
#别墅、高档公寓	516.96	632.99	
#经济适用房屋	589.04	621.98	606.39
办公楼	381.00	508.34	652.20
商业营业用房	933.61	1302.35	1723.72
其他	1248.55	1566.43	1945.38
3.商品房屋建设和土地开发			
#商品房建设投资	5767.23	7356.60	9348.83
#土地开发投资	559.28	746.32	715.37
商品房建设投资额比重(%)	74.0	72.5	71.0
4.资金来源及构成			
本年资金来源小计	9749.95	13196.92	17168.77
国家预算内资金	11.80	11.36	11.81
国内贷款	2220.34	3138.27	3158.41
债券	2.24	0.55	0.19
利用外资	157.23	170.00	228.20
#外商直接投资	124.13	116.27	142.56
自筹资金	2738.45	3770.69	5207.56
其他资金来源	4619.90	6106.05	8562.59

注：2004年投资与资金来源数据为快报口径，下表同。

7－1 续表 1

指 标	2002年	2003年	2004年
三、本年新增固定资产（亿元）	5384.84	6494.82	6871.01
四、土地开发及购置（平方米）			
本年完成开发土地面积	19415.95	22166.26	19740.17
正在开发的土地面积			
待开发土地面积	19178.65	21782.58	
本年购置土地面积	31356.78	35696.48	39784.66
五、商品房屋建筑面积（万平方米）			
1.施工房屋面积	94104.01	117525.99	140451.39
住宅	73208.65	91390.49	108196.54
#别墅、高档公寓	5009.23	5796.55	
#经济适用房屋	10681.62	10139.54	8987.08
办公楼	4392.30	5088.41	5982.43
商业营业用房	11501.45	14708.90	18293.23
其他	5001.61	6338.19	7979.20
2.新开工房屋面积	42800.52	54707.53	60413.86
住宅	34719.35	43853.88	47949.01
#别墅、高档公寓	2278.17	2349.29	
#经济适用房屋	5279.68	5330.58	4257.49
办公楼	1254.24	1466.89	1704.19
商业营业用房	4926.48	6706.80	7790.81
其他	1900.45	2679.96	2969.85
3.竣工房屋面积	34975.75	41464.06	42464.87
住宅	28524.70	33774.61	34677.18
#别墅、高档公寓	1625.58	1735.87	
#经济适用房屋	5409.97	4538.51	3325.69
办公楼	1013.65	1077.14	1034.60
商业营业用房	3939.75	4825.06	4945.95
其他	1497.65	1787.25	1807.14
六、商品房屋销售			
1.实际销售面积（万平方米）	26808.29	33717.63	38231.64
#外销（租）	230.96	134.97	
#个人	25221.28	31873.32	36312.98
住宅	23702.31	29778.85	33819.89
#别墅、高档公寓	1241.26	1449.87	
#经济适用房屋	4003.61	4018.87	3261.80

7－1 续表 2

指　　　　标	2002年	2003年	2004年
#个人	22793.69	28714.61	32682.12
办公楼	538.92	630.49	692.84
商业营业用房	2218.58	2833.10	3100.29
其他	348.47	475.19	618.62
2. 实际销售额（亿元）	6032.34	7955.66	10375.71
#外销（租）	59.97	34.53	
#个人	5548.39	7395.97	9680.06
住宅	4957.85	6543.45	8619.37
#别墅、高档公寓	515.57	600.90	
#经济适用房屋	513.69	554.76	502.82
#个人	4757.01	6310.07	8313.09
办公楼	233.66	264.53	383.32
商业营业用房	773.97	1041.20	1229.54
其他	66.87	106.48	143.48
3. 实际销售价格（元/平方米）	2250	2359	2778
#外销（租）	2597	2559	
#个人	2200	2320	2666
住宅	2092	2197	2608
#别墅、高档公寓	4154	4145	5576
#经济适用房屋	1283	1380	1482
#个人	2087	2198	2544
办公楼	4336	4196	5744
商业营业用房	3489	3675	3884
其他	1919	2241	2235
七、利润总额（亿元）	298.75	505.59	857.97

7－2 房地产价格指数

（上年=100）

项目	2001年	2002年	2003年	2004年
一、房屋销售价格指数	**102.2**	**103.7**	**104.8**	**109.7**
1.商品房	101.8	103.4	105.0	109.0
住宅	101.9	104.0	105.7	109.4
# 经济适用房	102.1	101.8	102.6	103.2
普通住宅	102.0	104.3	106.2	109.8
多层住宅	102.8	105.5	106.8	109.9
高层住宅	101.5	103.0	106.1	109.7
豪华住宅	101.0	101.7	104.0	110.0
别墅	101.8	102.1	104.3	109.6
高档公寓	100.6	101.5	103.8	110.3
非住宅	101.2	101.3	102.7	107.1
写字楼	100.8	99.8	103.4	108.1
商业用房	102.0	102.4	102.3	107.0
其他	100.3	102.1	103.7	103.9
2.公房	101.3	101.9	100.4	100.4
# 住宅	101.3	101.9	100.4	100.4
3.私房	105.3	105.9	105.2	113.3
# 住宅	103.7	108.6	105.8	115.0
# 非住宅	109.6	101.1	104.1	107.6
二、土地交易价格指数	**101.7**	**106.9**	**108.3**	**110.1**
1.居民住宅用地	102.2	107.7	112.4	111.6
豪华住宅用地	102.4	101.9	105.9	107.6
普通住宅用地	102.1	108.4	113.0	111.8
2.工业用地	100.8	100.4	101.3	104.3
3.商业、旅游、娱乐用地	101.2	107.0	104.9	110.4
4.其他用地	101.7	106.9	104.4	105.5
三、房屋租赁价格指数	**102.8**	**100.8**	**101.9**	**101.4**
1.住宅	108.1	102.0	107.5	102.2
公房	112.5	101.9	101.1	100.9
私房	99.9	102.3	113.9	103.3
2.办公用房	100.6	99.5	99.9	100.2
高标准写字楼	99.3	101.1	100.2	99.9
普通办公用房	101.4	98.6	99.7	100.8
3.商业用房	100.2	100.2	99.6	102.0
4.厂房仓库	99.2	100.7	100.5	100.9
工业厂房	101.9	101.3	102.0	102.2
仓库	96.7	100.2	98.7	99.9

7－3 各地区按登记注册类型分的房地产开发企业（单位）个数

单位：个

地　区	总　计	内　资					
			国　有	集　体	股份合作	国有联营	集体联营
全国总计	**59242**	**53495**	**4775**	**2390**	**766**	**114**	**55**
北　京	2733	2402	147	31	5	2	1
天　津	1007	891	129	40	6	5	3
河　北	1653	1574	101	16	41		
山　西	1053	1027	132	34	13		
内蒙古	958	947	28	12	10	1	
辽　宁	2867	2566	150	49	53	1	
吉　林	807	769	78	4	3		
黑龙江	1009	974	118	15	16		1
上　海	5000	4491	409	273	32	34	14
江　苏	4100	3655	251	214	59	10	2
浙　江	3685	3488	178	82	25	8	3
安　徽	2013	1901	181	65	51	6	1
福　建	2693	1887	253	99	29	9	3
江　西	1756	1581	178	49	51		1
山　东	3201	2983	291	194	59	6	1
河　南	2047	1927	194	67	20		
湖　北	1917	1701	229	52	36	3	3
湖　南	2112	1933	211	52	46	4	1
广　东	5982	4940	541	726	45	14	9
广　西	1674	1488	215	54	22	3	3
海　南	832	695	105	27	11	5	3
重　庆	1828	1714	71	24	17		
四　川	2753	2636	147	84	47	2	
贵　州	1480	1414	99	38	19		
云　南	969	924	88	11	15		2
西　藏	28	27	5		2		
陕　西	967	931	116	24	15		2
甘　肃	800	745	82	37	8		2
青　海	291	271	7	7	10	1	
宁　夏	318	315	9	3			
新　疆	709	698	32	7			

7－3 续表 1

单位：个

地区	内					资	
	国有与集体联营	其他联营	国有独资公司	其他有限责任公司	股份有限公司	私营独资	私营合伙
全国总计	**63**	**114**	**447**	**18208**	**3130**	**529**	**327**
北京	2	1	26	1318	103		
天津	3		9	272	43	4	5
河北			2	536	203	9	7
山西	1	8	3	375	10	29	7
内蒙古			1	409	53	11	9
辽宁	1	2	17	820	125	45	7
吉林			12	281	90	7	5
黑龙江		2	4	400	137	6	5
上海	18	21	52	1393	76	20	27
江苏	4	3	26	1105	192	38	20
浙江	2	1	38	1339	61	6	8
安徽	1	6	15	529	159	30	20
福建	3	4	23	519	82	15	27
江西	1	3	4	401	155	61	36
山东	2	5	11	1168	228	46	10
河南		2	10	716	161	19	19
湖北	5	5	14	511	167	24	16
湖南		2	43	711	190	19	7
广东	11	31	35	1347	190	50	31
广西		4	10	386	97	13	15
海南	4	3	5	241	40	9	4
重庆		6	19	611	57	5	3
四川	1	3	10	842	233	11	7
贵州	1	1	16	416	69	19	14
云南	3		4	277	59	8	6
西藏				7	2	1	
陕西			8	385	79	9	2
甘肃			3	371	53	9	3
青海		1	8	102	3	5	2
宁夏			14	108	5		2
新疆			5	312	8	1	3

7－3 续表 2

单位：个

地　　区	内资			港澳台投资		
	私营有限责任公司	私营股份有限公司	其他内资企业		合资经营	合作经营
全国总计	**20553**	**1908**	**116**	**7278**	**3372**	**1164**
北　　京	726	40		370	154	202
天　　津	340	28	4	120	84	10
河　　北	571	85	3	98	80	4
山　　西	378	35	2	42	26	2
内 蒙 古	376	36	1	10	10	
辽　　宁	1157	131	8	318	230	24
吉　　林	243	43	3	46	30	
黑 龙 江	222	42	6	46	34	2
上　　海	2054	67	1	586	312	44
江　　苏	1619	111	1	592	372	60
浙　　江	1672	65		224	172	4
安　　徽	742	89	6	112	64	10
福　　建	742	78	1	1030	202	40
江　　西	490	151		228	104	6
山　　东	885	76	1	270	154	22
河　　南	656	63		136	82	4
湖　　北	541	85	10	274	148	12
湖　　南	521	107	19	248	142	8
广　　东	1820	88	2	1514	396	654
广　　西	608	48	10	236	138	24
海　　南	211	19	8	160	36	
重　　庆	798	87	16	166	110	4
四　　川	1119	130		146	84	16
贵　　州	632	80	10	86	36	2
云　　南	397	50	4	66	54	4
西　　藏	10					
陕　　西	271	20		46	38	4
甘　　肃	159	18		62	46	
青　　海	99	26		32	22	2
宁　　夏	168	6		2	2	
新　　疆	326	4		12	10	

7－3 续表 3

单位：个

地区	港澳台投资		外商投资				
	独资	股份有限		合资经营	合作经营	独资	股份有限
全国总计	**2650**	**92**	**6324**	**3090**	**1140**	**1983**	**111**
北京	14		438	171	240	21	6
天津	26		168	114	18	36	
河北	10	4	90	75	6	6	3
山西	14		15	15			
内蒙古			18	12		6	
辽宁	56	8	426	297	33	87	9
吉林	16		45	39		6	
黑龙江	10		36	21		15	
上海	222	8	648	321	81	237	9
江苏	154	6	447	234	48	156	9
浙江	48		255	192	6	57	
安徽	38		168	105	6	48	9
福建	772	16	873	204	81	573	15
江西	116	2	183	105	6	63	9
山东	92	2	249	165	27	57	
河南	46	4	156	111	3	39	3
湖北	108	6	237	126	3	99	9
湖南	90	8	165	84	21	57	3
广东	450	14	855	222	483	141	9
广西	70	4	204	111	54	39	
海南	120	4	171	54	3	105	9
重庆	52		93	63		27	3
四川	44	2	132	90	3	39	
贵州	48		69	27	3	36	3
云南	6	2	36	27	6	3	
西藏			3	3			
陕西	4		39	36	3		
甘肃	16		72	42	3	24	3
青海	6	2	12	9		3	
宁夏			6		3	3	
新疆	2		15	15			

7－4 各地区按资质等级分的房地产开发企业（单位）个数

单位：个

地 区	总 计	一级	二级	三级
全国总计	**59242**	**532**	**3995**	**17739**
北 京	2733	65	108	104
天 津	1007	20	69	152
河 北	1653	3	64	220
山 西	1053	2	55	222
内蒙古	958		49	185
辽 宁	2867	32	159	1240
吉 林	807	8	47	178
黑龙江	1009	15	123	603
上 海	5000	51	220	604
江 苏	4100	38	454	2124
浙 江	3685	36	265	1435
安 徽	2013	17	149	641
福 建	2693	17	78	640
江 西	1756	3	152	583
山 东	3201	28	133	707
河 南	2047	14	125	590
湖 北	1917	12	240	662
湖 南	2112	11	121	1211
广 东	5982	83	355	1191
广 西	1674	3	28	370
海 南	832	4	55	71
重 庆	1828	16	271	936
四 川	2753	15	258	1608
贵 州	1480	4	57	277
云 南	969	7	52	152
西 藏	28	1	6	5
陕 西	967	8	112	353
甘 肃	800	2	44	321
青 海	291	3	60	101
宁 夏	318	6	34	86
新 疆	709	8	52	167

7－4 续表 1

单位：个

地区	四级	暂定	其他
全国总计	**12529**	**17169**	**7278**
北　京	34	1932	490
天　津	472	221	73
河　北	861	448	57
山　西	428	304	42
内蒙古	523	123	78
辽　宁	111	793	532
吉　林	368	192	14
黑龙江	69	169	30
上　海	23	2596	1506
江　苏	410	765	309
浙　江	756	824	369
安　徽	566	542	98
福　建	563	1033	362
江　西	558	376	84
山　东	940	1032	361
河　南	452	673	193
湖　北	479	482	42
湖　南	327	374	68
广　东	1419	1105	1829
广　西	274	894	105
海　南	126	253	323
重　庆	194	380	31
四　川	436	321	115
贵　州	758	352	32
云　南	401	307	50
西　藏	9	6	1
陕　西	356	105	33
甘　肃	183	220	30
青　海	78	33	16
宁　夏	117	70	5
新　疆	238	244	

7－5　各地区按登记注册类型分的房地产开发企业（单位）从业人数

单位：人

地　区	总　计	内　资					
			国　有	集　体	股份合作	国有联营	集体联营
全国总计	**1585428**	**1429291**	**163495**	**58514**	**22022**	**1851**	**980**
北　京	83032	67921	6911	1134	193	79	11
天　津	32167	27844	4157	1008	126	107	37
河　北	51472	49395	5409	393	968		
山　西	29295	28625	5641	1067	458		
内蒙古	24290	23924	676	179	304	35	
辽　宁	59960	54269	4803	712	978	5	
吉　林	24708	23323	6034	55	29		
黑龙江	33076	32225	4199	403	699		12
上　海	113406	92245	9151	4184	452	580	186
江　苏	90000	80694	7866	3951	1054	103	23
浙　江	72385	68744	4712	1230	548	214	30
安　徽	52305	49930	6033	2942	2278	70	40
福　建	54856	40117	11893	1360	746	103	58
江　西	48625	44260	5930	1425	1335		15
山　东	111595	105290	13537	9513	1858	118	103
河　南	55885	51912	7505	1389	538		
湖　北	68970	62802	10058	2313	1271	33	29
湖　南	75573	69376	6790	5235	1901	62	4
广　东	147856	123661	13436	12532	1395	226	156
广　西	39407	34986	5000	697	445	34	82
海　南	15009	11761	1915	297	130	54	26
重　庆	70708	64903	3648	859	696		
四　川	87813	84659	5150	2440	2084	22	
贵　州	32966	31720	2803	725	404		
云　南	22576	21324	1673	254	217		110
西　藏	1226	1221	212		53		
陕　西	31834	30558	5044	714	500		36
甘　肃	21524	19991	2162	1099	126		22
青　海	8447	7906	202	245	236		
宁　夏	9028	8765	184	28			
新　疆	15434	14940	761	131			

7－5 续表 1

单位：人

地　区	内					资	
	国有与集体	其他联营	国有独资公司	其他有限责任公司	股份有限公司	私营独资	私营合伙
全国总计	**1453**	**2646**	**16972**	**500611**	**105097**	**12427**	**6970**
北　京	39	3	1589	36129	3648		
天　津	22		853	7511	2770	113	93
河　北			63	16146	7435	278	127
山　西	15	205	139	10245	250	616	233
内 蒙 古			34	9502	1715	702	633
辽　宁	23	3	667	17563	3185	931	101
吉　林			361	6654	2732	134	103
黑 龙 江		125	100	14060	5489	154	164
上　海	636	331	1767	32390	4745	226	486
江　苏	68	78	496	26689	4381	393	372
浙　江	54	9	886	28382	1976	65	136
安　徽	43	145	815	14269	3416	829	300
福　建	57	75	644	9573	1412	323	428
江　西	8	151	65	11506	4286	1659	799
山　东	66	69	668	41209	8711	1208	265
河　南		50	245	18757	4361	551	280
湖　北	123	374	407	18239	7521	581	373
湖　南		30	1840	25337	6642	380	165
广　东	202	665	1035	37581	10073	729	688
广　西		87	255	9254	2355	504	262
海　南	19	29	269	5186	587	81	23
重　庆		149	1809	25287	2930	140	72
四　川	14	36	256	28784	6963	208	176
贵　州	31	6	365	9629	1992	658	229
云　南	33		80	6698	1517	127	257
西　藏				440	173	38	
陕　西			184	11142	2202	270	30
甘　肃			105	9243	1248	450	87
青　海		26	265	2623	52	74	35
宁　夏			507	3003	207		7
新　疆			203	7580	123	5	46

7-5 续表 2

单位：人

地区	内资			港澳台投资	合资经营	合作经营
	私营有限责任公司	私营股份有限公司	其他内资企业			
全国总计	**486623**	**46622**	**3008**	**95646**	**47662**	**16174**
北京	17452	733		8291	2501	5396
天津	10392	585	70	2410	1646	172
河北	16335	2189	52	1444	1256	29
山西	8902	758	96	549	401	12
内蒙古	9497	640	7	243	243	
辽宁	22549	2642	107	2807	1931	383
吉林	5971	1175	75	600	366	
黑龙江	4843	1609	368	379	245	5
上海	35701	1409	1	10065	5597	820
江苏	33261	1949	10	6296	3977	590
浙江	29299	1203		2124	1555	34
安徽	16700	1985	65	1154	727	85
福建	12316	1126	3	9777	1829	287
江西	13894	3187		2832	1397	39
山东	25290	2665	10	3680	2464	175
河南	16368	1868		1929	1099	115
湖北	19128	2051	301	3935	2111	452
湖南	15390	5008	592	4983	3541	203
广东	43255	1672	16	17197	5355	6485
广西	14911	822	278	2838	1701	254
海南	2800	217	128	2207	752	
重庆	25634	3140	539	4168	3088	153
四川	34888	3638		1438	695	189
贵州	13177	1481	220	813	430	21
云南	9386	902	70	956	714	151
西藏	305					
陕西	10057	379		756	609	92
甘肃	4808	641		1055	823	
青海	3449	693		370	269	32
宁夏	4615	214		18	18	
新疆	6050	41		332	322	

7－5 续表 3

单位：人

地　区	港澳台投资		外商投资				
	独资	股份有限		合资经营	合作经营	独　资	股份有限
全国总计	**29920**	**1890**	**60491**	**30922**	**13105**	**15138**	**1326**
北　京	394		6820	3011	3068	255	486
天　津	592		1913	1020	345	548	
河　北	126	33	633	534	42	42	15
山　西	136		121	121			
内蒙古			123	96		27	
辽　宁	364	129	2884	2327	153	354	50
吉　林	234		785	708		77	
黑龙江	129		472	225		247	
上　海	3530	118	11096	4420	3747	2689	240
江　苏	1682	47	3010	1793	197	973	47
浙　江	535		1517	1171	31	315	
安　徽	342		1221	851	34	307	29
福　建	7465	196	4962	1119	395	3303	145
江　西	1386	10	1533	822	69	584	58
山　东	1021	20	2625	1770	317	538	
河　南	680	35	2044	1559	17	449	19
湖　北	1281	91	2233	1343	7	862	21
湖　南	1091	148	1214	557	134	501	22
广　东	5246	111	6998	1954	3767	1148	129
广　西	797	86	1583	1082	272	229	
海　南	603	852	1041	490	94	447	10
重　庆	927		1637	1351		259	27
四　川	544	10	1716	1215	44	457	
贵　州	362		433	104	55	258	16
云　南	90	1	296	151	57	88	
西　藏			5	5			
陕　西	55		520	505	15		
甘　肃	232		478	295	20	151	12
青　海	66	3	171	161		10	
宁　夏			245		225	20	
新　疆	10		162	162			

7-6　各地区按资质等级分的房地产开发企业（单位）从业人数

单位：人

地　区	总　计	一级	二级	三级
全国总计	**1585428**	**62571**	**214260**	**529421**
北　京	83032	6978	5835	4605
天　津	32167	2576	5316	5428
河　北	51472	672	5836	8383
山　西	29295	110	4098	9022
内蒙古	24290		2087	6248
辽　宁	59960	3352	6194	26542
吉　林	24708	737	2333	6736
黑龙江	33076	2636	6166	16414
上　海	113406	5734	12866	16066
江　苏	90000	2321	16165	46236
浙　江	72385	2504	10275	32420
安　徽	52305	1179	6768	18751
福　建	54856	1905	4050	14517
江　西	48625	81	7725	18390
山　东	111595	4376	10772	33727
河　南	55885	919	7217	19346
湖　北	68970	1727	14167	22291
湖　南	75573	2232	9414	44638
广　东	147856	13401	16683	34641
广　西	39407	394	3048	11317
海　南	15009	45	1292	2519
重　庆	70708	3197	21053	31441
四　川	87813	1358	13374	55037
贵　州	32966	577	2907	8780
云　南	22576	498	3046	4819
西　藏	1226	18	403	136
陕　西	31834	703	6145	11452
甘　肃	21524	133	2481	10286
青　海	8447	165	2404	2775
宁　夏	9028	668	1909	2623
新　疆	15434	1375	2231	3835

7-6 续表 1

单位：人

地区	四级	暂定	其他
全国总计	**288563**	**374837**	**115776**
北京	1201	54604	9809
天津	11801	5976	1070
河北	24505	10546	1530
山西	9987	5597	481
内蒙古	10987	3037	1931
辽宁	2185	14076	7611
吉林	11097	3448	357
黑龙江	1763	5060	1037
上海	789	53826	24125
江苏	6717	15254	3307
浙江	10684	12630	3872
安徽	13826	10236	1545
福建	7879	23028	3477
江西	13227	7909	1293
山东	26786	28272	7662
河南	9477	14137	4789
湖北	17620	12328	837
湖南	7954	10048	1287
广东	30870	21076	31185
广西	4935	18339	1374
海南	3512	5061	2580
重庆	4494	9921	602
四川	8972	7611	1461
贵州	14873	5314	515
云南	8751	4959	503
西藏	462	197	10
陕西	10584	2256	694
甘肃	3924	4182	518
青海	2177	685	241
宁夏	2531	1224	73
新疆	3993	4000	

7－7 各地区按登记注册类型分的物业管理企业个数

单位：个

地区	总计	内资					
			国有	集体	股份合作	国有联营	集体联营
全国总计	**31682**	**30717**	**3071**	**2401**	**700**	**76**	**52**
北京	3219	3089	397	278	97	5	2
天津	657	626	51	57	11		
河北	549	546	90	33	15	2	
山西	463	460	58	19	2		
内蒙古	433	430	23	13	7		1
辽宁	1861	1797	312	170	65		
吉林	599	598	77	16	14		
黑龙江	829	824	90	30	27	1	
上海	2645	2465	224	262	32	16	10
江苏	1972	1930	123	141	31	3	2
浙江	1518	1502	131	61	7		2
安徽	1002	994	104	68	27	5	2
福建	1074	992	76	68	12	3	4
江西	397	390	96	25	12		
山东	1395	1377	151	169	23	2	4
河南	661	656	59	41	9	1	2
湖北	1066	1047	149	116	22	1	2
湖南	596	586	60	68	13		
广东	4868	4622	367	541	183	32	15
广西	539	523	24	13	2		
海南	416	400	43	19	11	1	
重庆	974	961	39	32	11	2	
四川	1572	1552	55	55	38	2	
贵州	406	399	37	16	4		
云南	372	365	15	14	4		1
西藏	8	8	4				
陕西	432	425	61	15	8		1
甘肃	383	381	46	31	5		3
青海	168	166	25	10	6		1
宁夏	177	177	17	9	1		
新疆	431	429	67	11	1		

7－7 续表 1

单位：个

地　　区	内资						
	国有与集体联营	其他联营	国有独资公司	其他有限责任公司	股份有限公司	私营独资	私营合伙
全国总计	**54**	**70**	**213**	**10299**	**1332**	**527**	**274**
北　　京	9	4	30	1111	85	15	9
天　　津		1	1	199	20	11	2
河　　北	1			190	52	10	6
山　　西			2	215		7	8
内 蒙 古		2		158	29	8	6
辽　　宁			8	478	60	81	15
吉　　林		1	6	176	33	35	4
黑 龙 江	2	1	7	334	107	9	5
上　　海	16	5	20	841	29	21	30
江　　苏	2	4	8	634	82	37	22
浙　　江	1	2	8	642	19	11	6
安　　徽	2		12	338	57	21	13
福　　建	3	3	9	290	43	9	12
江　　西				101	26	12	5
山　　东	1	1	4	478	103	33	11
河　　南			6	246	34	5	6
湖　　北	5	2	8	326	68	22	16
湖　　南		1	6	200	63	12	8
广　　东	10	34	31	1281	111	68	42
广　　西			3	196	23	7	2
海　　南		2	1	135	18	12	6
重　　庆	1		7	290	60	26	10
四　　川		4	8	533	98	24	13
贵　　州		1	6	136	27	5	4
云　　南	1		3	120	21	3	7
西　　藏			1	3			
陕　　西		2	6	150	35	10	5
甘　　肃			1	182	21	6	1
青　　海			3	66	1	5	
宁　　夏			2	92	3	1	
新　　疆			6	158	4	1	

7－7 续表 2

单位：个

地　区	内资			港澳台投资	合资经营	合作经营
	私营有限责任公司	私营股份有限公司	其他内资企业			
全国总计	**10326**	**843**	**479**	**563**	**238**	**66**
北　京	977	63	7	74	51	11
天　津	206	15	52	13	4	1
河　北	117	20	10	3	1	
山　西	127	22		2	2	
内蒙古	158	17	8	2		
辽　宁	547	53	8	29	18	2
吉　林	212	18	6			
黑龙江	166	24	21	2	1	
上　海	894	34	31	102	51	12
江　苏	760	53	28	26	9	5
浙　江	593	16	3	13	10	2
安　徽	287	33	25	3	2	
福　建	411	36	13	52	7	2
江　西	88	20	5	5	3	
山　东	337	21	39	9	4	1
河　南	228	8	11	1		
湖　北	261	27	22	12	4	1
湖　南	120	28	7	7	1	
广　东	1738	94	75	160	51	26
广　西	230	16	7	10	7	
海　南	128	13	11	8	1	1
重　庆	390	70	23	11		1
四　川	627	68	27	9	6	
贵　州	137	22	4	2	1	
云　南	152	18	6	3	1	
西　藏						
陕　西	102	10	20	3	2	1
甘　肃	70	11	4			
青　海	41	6	2	1	1	
宁　夏	48	3	1			
新　疆	174	4	3	1		

7－7 续表 3

单位：个

地 区	港澳台投资		外商投资				
	独 资	股份有限		合资经营	合作经营	独 资	股份有限
全国总计	**247**	**12**	**402**	**190**	**62**	**135**	**15**
北 京	11	1	56	27	13	16	
天 津	7	1	18	9	2	6	1
河 北	2						
山 西			1	1			
内 蒙 古	2		1			1	
辽 宁	9		35	24	1	10	
吉 林			1	1			
黑 龙 江		1	3	2	1		
上 海	38	1	78	35	17	24	2
江 苏	12		16	7		8	1
浙 江	1		3			3	
安 徽	1		5	3			2
福 建	42	1	30	9	1	18	2
江 西	2		2			1	1
山 东	3	1	9	6		3	
河 南	1		4	2		2	
湖 北	7		7	3		3	1
湖 南	5	1	3	2		1	
广 东	81	2	86	37	23	23	3
广 西	2	1	6	4		2	
海 南	5	1	8	2	1	5	
重 庆	9	1	2	1		1	
四 川	3		11	5		4	2
贵 州	1		5	3	1	1	
云 南	2		4	3		1	
西 藏							
陕 西			4	3	1		
甘 肃			2			2	
青 海			1		1		
宁 夏							
新 疆	1		1	1			

7-8　各地区按资质等级分的物业管理企业个数

单位：个

地　区	总　计	一级	二级	三级	其他
全国总计	**31682**	**357**	**1427**	**13914**	**15984**
北　京	3219	51	112	1268	1788
天　津	657	21	30	348	258
河　北	549	3	34	174	338
山　西	463		4	226	233
内蒙古	433	3	11	73	346
辽　宁	1861	29	41	539	1252
吉　林	599		13	251	335
黑龙江	829	8	41	569	211
上　海	2645	33	140	1122	1350
江　苏	1972	13	99	1032	828
浙　江	1518	17	60	779	662
安　徽	1002	2	20	515	465
福　建	1074	6	38	563	467
江　西	397	1	47	108	241
山　东	1395		53	763	579
河　南	661	7	25	234	395
湖　北	1066	9	47	453	557
湖　南	596	6	49	313	228
广　东	4868	96	225	1287	3260
广　西	539	1	8	276	254
海　南	416	4	25	228	159
重　庆	974	32	137	579	226
四　川	1572	5	36	926	605
贵　州	406	1	10	270	125
云　南	372	1	10	249	112
西　藏	8		1	2	5
陕　西	432		22	156	254
甘　肃	383	3	17	224	139
青　海	168	1	44	60	63
宁　夏	177		10	41	126
新　疆	431	4	18	286	123

7−9　各地区按登记注册类型分的物业管理企业从业人数

单位：人

地　区	总　计	内　资					
			国　有	集　体	股份合作	国有联营	集体联营
全国总计	**1434219**	**1345168**	**190317**	**93058**	**22888**	**5189**	**1313**
北　京	184130	164436	24512	11865	2647	223	62
天　津	29746	28447	1739	2211	180		
河　北	25902	25662	6613	1100	366	52	
山　西	17579	17509	2429	597	18		
内蒙古	13005	12971	1704	270	619		5
辽　宁	59579	56284	14331	3951	1616		
吉　林	19083	19068	4276	435	499		
黑龙江	52947	52158	19150	5119	752	13	
上　海	164683	140327	18880	11480	2139	728	175
江　苏	70646	68542	5738	3930	991	144	88
浙　江	64199	63790	7726	2806	342		14
安　徽	32317	32020	4401	1708	408	182	10
福　建	42651	37763	3827	2537	470	72	66
江　西	13829	13692	4847	636	310		
山　东	44800	44151	7584	4860	601	42	51
河　南	30370	30023	2717	1980	322	10	13
湖　北	37281	36374	10228	1899	404	23	38
湖　南	26163	25869	4265	1911	676		
广　东	278921	253417	21734	23791	6447	3534	641
广　西	20321	19795	1178	490	16		
海　南	12509	12183	2044	461	463	5	
重　庆	41699	40709	2724	993	330	94	
四　川	62231	61416	4283	1866	1379	67	
贵　州	12002	11856	1200	896	185		
云　南	16190	15874	1071	978	107		10
西　藏	1121	1121	806				
陕　西	13286	13095	2836	399	160		77
甘　肃	16233	15917	2138	2261	78		41
青　海	5218	5160	990	395	334		22
宁　夏	8238	8238	1083	597	13		
新　疆	17340	17301	3263	636	16		

7-9 续表 1

单位：人

地 区	内					资	
	国有与集体联营	其他联营	国有独资公司	其他有限责任公司	股份有限公司	私营独资	私营合伙
全国总计	**2488**	**4899**	**22673**	**553746**	**56693**	**10057**	**5268**
北 京	342	1892	2325	79150	4281	143	117
天 津		46		13173	677	386	63
河 北	278			11112	1522	164	160
山 西			257	9839		124	175
内 蒙 古		11		5340	1055	132	41
辽 宁			681	16808	1529	1091	204
吉 林		3	837	6122	735	892	25
黑 龙 江	32	65	1502	14107	4466	170	114
上 海	693	405	2399	66785	892	990	585
江 苏	55	104	383	27143	3178	359	648
浙 江	50	25	427	31572	326	632	79
安 徽	23		5339	10129	1376	251	137
福 建	89	15	385	13604	1454	337	281
江 西				3921	1034	203	61
山 东	17	5	255	16867	3467	276	94
河 南			1225	9054	739	54	137
湖 北	261	25	417	10950	1708	385	413
湖 南		10	342	9693	1991	449	219
广 东	454	1758	3893	106132	15096	1235	915
广 西			445	8835	672	146	42
海 南		17	5	4771	756	457	61
重 庆	37		173	14214	3097	528	182
四 川		441	522	25228	3331	291	214
贵 州		3	129	4581	988	48	61
云 南	157		44	6234	745	16	117
西 藏			40	275			
陕 西		74	173	4749	733	134	77
甘 肃			22	8116	653	48	46
青 海			52	2375	26	76	
宁 夏			43	5021	103	25	
新 疆			358	7846	63	15	

7－9 续表 2

单位：人

地　区	内资			港澳台投资	合资经营	合作经营
	私营有限责任公司	私营股份有限公司	其他内资企业			
全国总计	**337485**	**24264**	**14830**	**51977**	**26037**	**5794**
北　京	34536	2031	310	12019	8350	2017
天　津	6742	416	2814	578	358	56
河　北	3599	451	245	240	84	
山　西	3616	454		32	32	
内蒙古	3375	308	111	29		
辽　宁	13637	1635	801	1177	625	191
吉　林	4624	548	72			
黑龙江	4966	526	1176	610	573	
上　海	31462	1089	1625	14782	7674	1320
江　苏	23476	1280	1025	1261	860	50
浙　江	19224	528	39	368	268	94
安　徽	6867	692	497	137	127	
福　建	13328	1071	227	3142	466	85
江　西	2229	368	83	126	33	
山　东	8851	418	763	370	145	21
河　南	13328	171	273	61		
湖　北	8160	1100	363	429	137	34
湖　南	5086	944	283	171	21	
广　东	63973	2157	1657	14092	5389	1387
广　西	7025	723	223	392	327	
海　南	2609	423	111	156	93	19
重　庆	15518	2098	721	943		489
四　川	21166	2089	539	480	325	
贵　州	3220	452	93	37	26	
云　南	4801	1313	281	226	60	
西　藏						
陕　西	3239	211	233	84	53	31
甘　肃	2197	222	95			
青　海	678	101	111	11	11	
宁　夏	1253	82	18			
新　疆	4700	363	41	24		

7－9 续表 3

单位：人

地　区	港澳台投资		外商投资				
	独资	股份有限		合资经营	合作经营	独　资	股份有限
全国总计	**18935**	**1211**	**37074**	**24624**	**4998**	**6874**	**578**
北　京	888	764	7675	5757	1350	568	
天　津	96	68	721	398	78	235	10
河　北	156						
山　西			38	38			
内 蒙 古	29		5			5	
辽　宁	361		2118	1790	40	288	
吉　林			15	15			
黑 龙 江		37	179	139	40		
上　海	5771	17	9574	6803	699	2041	31
江　苏	351		843	653		188	2
浙　江	6		41			41	
安　徽	10		160	49			111
福　建	2526	65	1746	639	11	1024	72
江　西	93		11			6	5
山　东	179	25	279	258		21	
河　南	61		286	248		38	
湖　北	258		478	180		229	69
湖　南	100	50	123	73		50	
广　东	7155	161	11412	7071	2605	1487	249
广　西	64	1	134	81		53	
海　南	28	16	170	37	100	33	
重　庆	447	7	47	28		19	
四　川	155		335	127		179	29
贵　州	11		109	58	16	35	
云　南	166		90	72		18	
西　藏							
陕　西			107	95	12		
甘　肃			316			316	
青　海			47		47		
宁　夏							
新　疆	24		15	15			

7－10 各地区按资质等级分的物业管理企业从业人数

单位：人

地 区	总 计	一级	二级	三级	其他
全国总计	**1434219**	**103084**	**227825**	**621482**	**481828**
北 京	184130	13559	22871	83121	64579
天 津	29746	6093	3192	14432	6029
河 北	25902	52	6164	6065	13621
山 西	17579		455	9095	8029
内 蒙 古	13005	98	1253	2743	8911
辽 宁	59579	3389	3886	19414	32890
吉 林	19083		492	9005	9586
黑 龙 江	52947	3796	17057	21466	10628
上 海	164683	20282	29918	78184	36299
江 苏	70646	1934	11758	38491	18463
浙 江	64199	2734	6422	38090	16953
安 徽	32317	355	6916	14541	10505
福 建	42651	1190	5565	26756	9140
江 西	13829	4	4629	3038	6158
山 东	44800		6792	24396	13612
河 南	30370	744	5395	11279	12952
湖 北	37281	2685	3899	14980	15717
湖 南	26163	145	5820	13103	7095
广 东	278921	36128	48381	69710	124702
广 西	20321	286	1316	12494	6225
海 南	12509	607	2114	7281	2507
重 庆	41699	7177	11707	17744	5071
四 川	62231	1324	7011	37791	16105
贵 州	12002	80	944	8260	2718
云 南	16190	33	1258	11795	3104
西 藏	1121		108	167	846
陕 西	13286		1996	4997	6293
甘 肃	16233	55	3708	8747	3723
青 海	5218	196	1857	1558	1607
宁 夏	8238		1388	2636	4214
新 疆	17340	138	3553	10103	3546

7－11　各地区按登记注册类型分的中介服务企业个数

单位：个

地　区	总　计	内　资					
			国　有	集　体	股份合作	国有联营	集体联营
全国总计	**20040**	**19717**	**912**	**523**	**412**	**14**	**9**
北　京	1809	1767	49	30	45		1
天　津	458	442	33	22	3	1	
河　北	254	254	28	12	10	1	
山　西	232	232	18	5	5		
内蒙古	65	65	4	2			
辽　宁	757	755	43	16	17	1	
吉　林	106	105	7	3	1		
黑龙江	319	319	25	3	10		
上　海	4070	3947	53	47	30	5	3
江　苏	1799	1783	57	42	19	2	
浙　江	1855	1850	60	13	85		
安　徽	376	375	42	26	17		
福　建	544	534	18	11	2		
江　西	200	200	35	8	13		
山　东	761	755	44	29	12	1	
河　南	327	327	50	27	6		2
湖　北	562	559	50	27	16		
湖　南	153	151	27	9	6		
广　东	2864	2788	83	93	62	3	1
广　西	359	358	50	20	6		
海　南	105	104	1	4	3		
重　庆	311	306	9	6	10		
四　川	700	694	45	18	13		
贵　州	123	123	21	15	3		
云　南	441	437	22	24	9		2
西　藏							
陕　西	107	105	12	2	2		
甘　肃	106	106	5	6	4		
青　海	32	32	8	1	2		
宁　夏	67	66	4				
新　疆	178	178	9	2	1		

7－11 续表 1

单位：个

地区	内资						
	国有与集体联营	其他联营	国有独资公司	其他有限责任公司	股份有限公司	私营独资	私营合伙
全国总计	**9**	**20**	**36**	**2852**	**417**	**1599**	**798**
北京			3	290	22	10	20
天津	2			85	12	31	8
河北			2	60	17	9	7
山西		1		63		5	12
内蒙古		1		21	3	1	5
辽宁			1	108	16	26	15
吉林			1	21	7	1	1
黑龙江		1	1	84	43	8	4
上海	4	1	2	295	14	1030	102
江苏		2	1	180	34	128	45
浙江			4	218	7	53	370
安徽		1	2	63	15	10	13
福建			2	79	9	36	10
江西		1		42	20	1	9
山东		1	1	115	19	37	13
河南	1			62	10	3	11
湖北		2	2	83	30	27	24
湖南			1	41	8	4	4
广东	1	5	6	381	34	105	67
广西			1	66	16	7	16
海南		1		28	4	2	2
重庆	1			91	9	14	4
四川			2	148	27	23	13
贵州		1		29	2	9	5
云南		1	1	65	21	10	4
西藏							
陕西				42	9	2	4
甘肃				51	7		6
青海			1	5			1
宁夏				9		5	2
新疆		1	2	27	2	2	1

7－11 续表 2

单位：个

地　区	内资			港澳台投资		
	私营有限责任公司	私营股份有限公司	其他内资企业		合资经营	合作经营
全国总计	**11257**	**676**	**183**	**174**	**47**	**16**
北　京	1232	65		19	9	3
天　津	218	13	14	7	3	
河　北	86	19	3			
山　西	108	15				
内蒙古	26	1	1			
辽　宁	479	28	5	1		
吉　林	58	4	1			
黑龙江	108	25	7			
上　海	2274	61	26	68	18	4
江　苏	1218	45	10	8	1	
浙　江	997	42	1	5	2	
安　徽	161	19	6			
福　建	343	16	8	6		1
江　西	57	12	2			
山　东	444	25	14	1		
河　南	118	12	25			
湖　北	258	36	4	2		
湖　南	39	7	5	1		
广　东	1803	120	24	45	12	7
广　西	161	11	4			
海　南	52	4	3	1		
重　庆	147	11	4	3		
四　川	367	34	4	4	2	1
贵　州	34	4				
云　南	246	29	3	1		
西　藏						
陕　西	24	3	5	2		
甘　肃	19	5	3			
青　海	9	4	1			
宁　夏	46					
新　疆	125	6				

7－11 续表 3

单位：个

地　区	港澳台投资		外商投资				
	独　资	股份有限		合资经营	合作经营	独　资	股份有限
全国总计	**108**	**3**	**149**	**59**	**17**	**70**	**3**
北　京	7		23	8	1	13	1
天　津	4		9	6		3	
河　北							
山　西							
内蒙古							
辽　宁	1		1	1			
吉　林			1	1			
黑龙江							
上　海	45	1	55	13	6	36	
江　苏	5	2	8	2		5	1
浙　江	3						
安　徽			1	1			
福　建	5		4	3			1
江　西							
山　东	1		5	3		2	
河　南							
湖　北	2		1	1			
湖　南	1		1	1			
广　东	26		31	13	10	8	
广　西			1	1			
海　南	1						
重　庆	3		2	1		1	
四　川	1		2	1		1	
贵　州							
云　南	1		3	2		1	
西　藏							
陕　西	2						
甘　肃							
青　海							
宁　夏			1	1			
新　疆							

7－12　各地区按登记注册类型分的中介服务企业从业人数

单位：人

地　区	总　计	内　资					
			国　有	集　体	股份合作	国有联营	集体联营
全国总计	**235470**	**213650**	**14794**	**7297**	**3885**	**228**	**60**
北　京	23697	22289	787	197	370		4
天　津	6308	5434	449	150	19	11	
河　北	3359	3359	475	232	69	5	
山　西	2413	2413	278	95	42		
内 蒙 古	851	851	81	11			
辽　宁	6704	6622	516	215	147	34	
吉　林	1842	1817	37	34	2		
黑 龙 江	2521	2521	201	19	75		
上　海	48515	40388	915	648	257	60	27
江　苏	15271	14752	807	328	183	34	
浙　江	14721	14447	676	157	309		
安　徽	5570	5539	853	452	262		
福　建	6314	6171	466	67	10		
江　西	2916	2916	780	49	341		
山　东	8505	8338	758	774	112	10	
河　南	5856	5856	1474	294	104		15
湖　北	7049	7016	1338	889	180		
湖　南	2751	2693	742	249	52		
广　东	38865	29502	1285	1314	751	74	8
广　西	5224	5208	547	266	33		
海　南	1032	992	12	30	17		
重　庆	5492	4931	144	66	220		
四　川	8900	8866	379	280	137		
贵　州	1737	1737	257	248	41		
云　南	2962	2921	138	146	73		
西　藏							
陕　西	1330	1319	104	3	13		
甘　肃	1089	1089	67	45	44		
青　海	574	574	36	8	14		
宁　夏	692	679	21				
新　疆	2410	2410	171	31	8		

7－12 续表 1

单位：人

地　区	内					资	
	国有与集体联营	其他联营	国有独资公司	其他有限责任公司	股份有限公司	私营独资	私营合伙
全国总计	**94**	**417**	**484**	**42745**	**6114**	**6665**	**4188**
北　京			5	5268	212	45	133
天　津	3			1462	105	110	24
河　北			10	1261	177	46	20
山　西		9		830		19	87
内蒙古		1		230	33	6	50
辽　宁			91	1000	114	84	93
吉　林			30	456	207	1	1
黑龙江		53	3	779	358	27	12
上　海	11	3	9	5225	1015	3813	781
江　苏		5	1	2893	280	353	211
浙　江			31	2721	61	237	1173
安　徽		22	19	1009	107	54	78
福　建			30	1018	71	181	80
江　西		7		664	193	3	73
山　东		6	4	1784	190	188	88
河　南	27			776	867	16	146
湖　北		28	23	934	284	111	139
湖　南			16	773	245	11	27
广　东		192	114	4585	504	928	497
广　西			1	941	235	33	147
海　南		7		421	69	7	14
重　庆	47			1618	129	55	70
四　川			65	2569	311	127	67
贵　州		69		468	85	51	81
云　南		4	8	462	90	83	10
西　藏							
陕　西				819	48	8	19
甘　肃				637	95		29
青　海			7	233			9
宁　夏				186		42	21
新　疆		11	17	723	29	26	8

7－12 续表 2

单位：人

地　区	内资 私营有限责任公司	私营股份有限公司	其他内资企业	港澳台投资	合资经营	合作经营
全国总计	**118556**	**6424**	**1699**	**14787**	**3961**	**2158**
北　京	14622	646		909	511	37
天　津	2944	100	57	195	45	
河　北	863	170	31			
山　西	938	115				
内蒙古	429	5	5			
辽　宁	4123	181	24	55		
吉　林	922	121	6			
黑龙江	779	184	31			
上　海	26560	925	139	5305	561	154
江　苏	9323	266	68	202	38	
浙　江	8546	532	4	274	14	
安　徽	2346	277	60			
福　建	3980	199	69	101		44
江　西	653	143	10			
山　东	4190	142	92	130		
河　南	1746	125	266			
湖　北	2661	289	140	29		
湖　南	488	53	37	18		
广　东	18066	950	228	7240	2781	1915
广　西	2809	149	47			
海　南	320	35	60	40		
重　庆	2312	166	104	233		
四　川	4616	286	29	26	11	8
贵　州	384	53				
云　南	1641	139	121	19		
西　藏						
陕　西	239	21	45	11		
甘　肃	124	26	22			
青　海	201	62	4			
宁　夏	409					
新　疆	1322	64				

7－12 续表3

单位：人

地　区	港澳台投资		外商投资				
	独资	股份有限		合资经营	合作经营	独　资	股份有限
全国总计	**8593**	**75**	**7033**	**1921**	**579**	**4498**	**35**
北　京	361		499	121	23	349	6
天　津	150		679	663		16	
河　北							
山　西							
内蒙古							
辽　宁	55		27	27			
吉　林			25	25			
黑龙江							
上　海	4566	24	2822	470	123	2229	
江　苏	113	51	317	28		281	8
浙　江	260						
安　徽			31	31			
福　建	57		42	21			21
江　西							
山　东	130		37	33		4	
河　南							
湖　北	29		4	4			
湖　南	18		40	40			
广　东	2544		2123	387	433	1303	
广　西			16	16			
海　南	40						
重　庆	233		328	29		299	
四　川	7		8	2		6	
贵　州							
云　南	19		22	11		11	
西　藏							
陕　西	11						
甘　肃							
青　海							
宁　夏			13	13			
新　疆							

7－13　各地区按登记注册类型分的其他房地产业企业个数

单位：个

地　区	总　计	内　资					
			国　有	集　体	股份合作	国有联营	集体联营
全国总计	**18079**	**17743**	**4568**	**6227**	**797**	**39**	**37**
北　京	1021	1001	203	165	74	2	1
天　津	74	74	19	9			
河　北	254	253	162	59			
山　西	219	217	62	44	8		2
内蒙古	113	113	35	12	1		
辽　宁	582	552	290	137	14	1	
吉　林	81	79	44	2	2		
黑龙江	600	598	258	130	20		
上　海	203	198	59	13	6		1
江　苏	861	829	111	216	10	1	
浙　江	1179	1164	470	208	46	1	
安　徽	307	304	117	87	14		1
福　建	596	564	214	201	13	3	4
江　西	660	653	343	227	2		
山　东	214	213	81	49	2		
河　南	287	285	180	37	4		1
湖　北	731	722	182	223	62	2	
湖　南	657	652	368	166	10	2	1
广　东	6195	6060	296	3450	404	17	18
广　西	611	608	353	137	9	1	4
海　南	263	249	83	64	2	6	
重　庆	295	292	56	94	8	1	1
四　川	505	498	132	93	12		
贵　州	330	329	154	97	15		1
云　南	497	494	98	164	44		2
西　藏	2	2	1			1	
陕　西	342	341	102	86	9		
甘　肃	70	70	33	6	2		
青　海	12	12	3	1	1		
宁　夏	46	46	13	10	1		
新　疆	272	271	46	40	2	1	

7－13 续表 1

单位：个

地　区	内			资			
	国有与集体联营	其他联营	国有独资公司	其他有限责任公司	股份有限公司	私营独资	私营合伙
全国总计	**28**	**23**	**112**	**1831**	**357**	**215**	**132**
北　京	4		7	187	15	3	4
天　津			2	14		2	
河　北				9	6	7	
山　西	1		2	38		2	3
内蒙古				26	4	1	4
辽　宁			2	29	6	16	2
吉　林			1	10	7	1	
黑龙江	2	2	6	79	25	14	2
上　海	1			53	1	3	2
江　苏	3	1	5	97	17	24	37
浙　江			10	147	3	29	10
安　徽			4	32	4	3	2
福　建	1		6	41	9	7	3
江　西			1	29	8	5	3
山　东			1	33	4	2	
河　南			3	27	4	2	1
湖　北	4		3	98	35	6	4
湖　南			7	48	18	3	3
广　东	10	13	19	407	107	40	19
广　西	1		2	36	9	4	1
海　南	1	3	1	36	15	4	3
重　庆		1	14	48	11		2
四　川		1	6	92	22	9	9
贵　州			3	28	4	4	
云　南			2	50	10	7	5
西　藏							
陕　西		2	1	55	8	7	9
甘　肃				12	3	3	1
青　海							
宁　夏				12			1
新　疆			4	58	2	7	2

7－13续表2

单位：个

地　区	内资			港澳台投资	合资经营	合作经营
	私营有限责任公司	私营股份有限公司	其他内资企业			
全国总计	**2547**	**210**	**620**	**194**	**82**	**30**
北　京	310	25	1	12	9	1
天　津	12	1	15			
河　北	6	2	2	1		
山　西	48	7		1	1	
内蒙古	30					
辽　宁	51	1	3	14	10	2
吉　林	10	2		1		
黑龙江	47	7	6			
上　海	55	1	3	4	1	
江　苏	283	15	9	17	4	4
浙　江	229	10	1	6	4	1
安　徽	32	3	5			
福　建	57	5		19	2	
江　西	19	8	8	3	3	
山　东	37	2	2			
河　南	17	3	6	2	2	
湖　北	76	14	13	7	3	
湖　南	19	3	4	4	2	
广　东	694	53	513	85	35	21
广　西	45	4	2	2	1	
海　南	27	2	2	9	3	
重　庆	45	8	3	1	1	
四　川	106	11	5	4		1
贵　州	16	6	1	1		
云　南	99	7	6			
西　藏						
陕　西	50	6	6			
甘　肃	6		4			
青　海	6	1				
宁　夏	9					
新　疆	106	3		1	1	

7－13 续表 3

单位：个

地　区	港澳台投资		外商投资				
	独　资	股份有限		合资经营	合作经营	独　资	股份有限
全国总计	**78**	**4**	**142**	**61**	**25**	**56**	
北　京	1	1	8	4	2	2	
天　津							
河　北	1						
山　西			1	1			
内蒙古							
辽　宁	2		16	9	5	2	
吉　林	1		1			1	
黑龙江			2	2			
上　海	3		1			1	
江　苏	8	1	15	5	2	8	
浙　江	1		9	2		7	
安　徽			3	1		2	
福　建	15	2	13	2		11	
江　西			4	1		3	
山　东			1	1			
河　南							
湖　北	4		2		1	1	
湖　南	2		1	1			
广　东	29		50	23	15	12	
广　西	1		1			1	
海　南	6		5	2		3	
重　庆			2	2			
四　川	3		3	2		1	
贵　州	1						
云　南			3	3			
西　藏							
陕　西			1			1	
甘　肃							
青　海							
宁　夏							
新　疆							

7－14　各地区按登记注册类型分的其他房地产业企业从业人数

单位：人

地　区	总　计	内　资					
			国　有	集　体	股份合作	国有联营	集体联营
全国总计	**700604**	**688172**	**128899**	**265299**	**41300**	**596**	**350**
北　京	27717	23102	7293	4367	1802	4	12
天　津	664	664	423	31			
河　北	9778	9738	6709	1631			
山　西	5978	5937	1741	1625	139		23
内蒙古	2210	2210	593	248	7		
辽　宁	16674	15968	10156	2304	549	10	
吉　林	1563	1538	1000	31	27		
黑龙江	16088	16070	9994	3299	216		
上　海	5104	4623	1464	410	223		1
江　苏	15858	15003	3448	3555	42	21	
浙　江	17476	17147	8365	2817	338	29	
安　徽	7650	7594	3581	2243	208		20
福　建	8670	8335	2994	3542	218	77	19
江　西	10117	9878	6515	1740	34		
山　东	6839	6836	3799	1203	37		
河　南	11796	11729	7213	1465	59		28
湖　北	20498	20273	8043	5736	847	63	
湖　南	22874	22764	12576	4166	148	81	11
广　东	419550	415806	7642	210113	33114	159	114
广　西	11148	11090	6840	1630	190	8	58
海　南	4881	4755	2481	877	41	72	
重　庆	7436	7293	1674	1958	725	3	13
四　川	11833	11683	3353	2444	283		
贵　州	8257	8244	4191	1676	247		16
云　南	12270	12234	1904	3151	1610		35
西　藏	92	92	27			65	
陕　西	9893	9887	2646	2251	165		
甘　肃	1155	1155	779	41	17		
青　海	174	174	104	7	2		
宁　夏	1000	1000	417	158	3		
新　疆	5361	5350	934	580	9	4	

7－14 续表 1

单位：人

地　　区	内				资		
	国有与集体联　营	其他联营	国有独资公　　司	其他有限责任公司	股份有限公　　司	私营独资	私营合伙
全国总计	**406**	**752**	**3446**	**142122**	**45181**	**1789**	**1286**
北　　京	70		193	3859	762	17	32
天　　津				141		6	
河　　北				607	255	50	
山　　西	16		198	880		46	84
内 蒙 古				371	65	5	179
辽　　宁			230	1296	238	111	30
吉　　林			7	116	93	5	
黑 龙 江	25	45	107	962	469	163	14
上　　海	10			1808	8	33	41
江　　苏	24	10	143	1869	183	148	188
浙　　江			177	2832	86	105	41
安　　徽			83	799	193	33	10
福　　建	6		90	585	155	29	5
江　　西			2	411	609	16	12
山　　东			23	840	209	12	
河　　南			47	2242	83	18	21
湖　　北	107		284	2707	898	78	23
湖　　南			148	1028	472	29	134
广　　东	137	182	526	105860	37744	513	151
广　　西	7		205	1117	151	14	28
海　　南	4	22	4	434	181	48	20
重　　庆		57	227	1095	292		28
四　　川		10	205	2537	753	122	67
贵　　州			52	554	167	20	
云　　南			275	2516	802	80	37
西　　藏							
陕　　西		426	173	2349	230	40	89
甘　　肃				158	28	9	5
青　　海							
宁　　夏				276			39
新　　疆			47	1873	55	39	8

7－14 续表 2

单位：人

地 区	内 资			港澳台投资		
	私营有限责任公司	私营股份有限公司	其他内资企 业		合资经营	合作经营
全国总计	**38689**	**5419**	**12638**	**8751**	**2494**	**757**
北 京	4409	267	15	4037	315	11
天 津	30	6	27			
河 北	426	46	14	40		
山 西	1113	72		3	3	
内 蒙 古	742					
辽 宁	734	14	296	376	337	36
吉 林	137	122		23		
黑 龙 江	556	172	48			
上 海	589	2	34	479	170	
江 苏	4257	139	976	374	50	267
浙 江	2315	40	2	64	54	8
安 徽	341	27	56			
福 建	600	15		174	73	
江 西	393	84	62	62	62	
山 东	354	4	355			
河 南	371	93	89	67	67	
湖 北	1165	250	72	213	93	
湖 南	243	47	3681	73	40	
广 东	10484	3030	6037	2504	1148	416
广 西	767	60	15	8	5	
海 南	549	15	7	106	46	
重 庆	1017	169	35	20	20	
四 川	1696	172	41	104		19
贵 州	716	65	540	13		
云 南	1606	93	125			
西 藏						
陕 西	1037	396	85			
甘 肃	92		26			
青 海	58	3				
宁 夏	107					
新 疆	1785	16		11	11	

7－14 续表 3

单位：人

地　区	港澳台投资		外商投资				
	独资	股份有限		合资经营	合作经营	独　资	股份有限
全国总计	**2150**	**3350**	**3681**	**2059**	**519**	**1103**	
北　京	372	3339	578	225	113	240	
天　津							
河　北	40						
山　西			38	38			
内蒙古							
辽　宁	3		330	189	124	17	
吉　林	23		2			2	
黑龙江			18	18			
上　海	309		2			2	
江　苏	53	4	481	427	10	44	
浙　江	2		265	206		59	
安　徽			56	11		45	
福　建	94	7	161	37		124	
江　西			177	4		173	
山　东			3	3			
河　南							
湖　北	120		12		5	7	
湖　南	33		37	37			
广　东	940		1240	656	267	317	
广　西	3		50			50	
海　南	60		20	6		14	
重　庆			123	123			
四　川	85		46	43		3	
贵　州	13						
云　南			36	36			
西　藏							
陕　西			6			6	
甘　肃							
青　海							
宁　夏							
新　疆							

第八章　房地产开发投资与资金状况（2004）

注：本章数据来源为2004年房地产开发统计快报。

8－1　各地区按用途分的房地产开发企业（单位）完成投资额

单位：万元

地　区	本年完成投资	住　宅	#经济适用房屋	办公楼	商业营业用房	其他
全国总计	**131582516**	**88369532**	**6063880**	**6521963**	**17237192**	**19453829**
北　京	14732859	7759890	725690	1878924	947604	4146441
天　津	2639165	1752377	341183	157504	282388	446896
河　北	3158980	2235263	361155	78672	360778	484267
山　西	1257891	721492	178253	81391	292859	162149
内蒙古	1113775	688362	96761	50520	311122	63771
辽　宁	7011192	4805953	223165	181866	1198753	824620
吉　林	1599314	1127218	148646	64259	319339	88498
黑龙江	2140702	1397332	251740	85409	403541	254420
上　海	11754647	9006660		832433	789321	1126233
江　苏	12697793	9609373	504834	441332	1739884	907204
浙　江	12952409	9780058	439043	600824	1681506	890021
安　徽	3502733	2422492	118657	103166	559787	417288
福　建	4777941	3084475	73714	91476	439281	1162709
江　西	2428351	1519366	123784	60061	407609	441315
山　东	7647864	5499000	468083	205920	1076599	866345
河　南	2588214	1750223	206910	59299	424303	354389
湖　北	3372808	2282551	129789	77635	374470	638152
湖　南	3348655	2070314	308452	102742	632844	542755
广　东	13558422	8894210	89492	670010	1615084	2379118
广　西	1923476	1127413	11344	25953	350986	419124
海　南	559917	469841	53699	7468	48100	34508
重　庆	3930919	2086851	107489	109706	598537	1135825
四　川	5100803	3381974	171633	141174	1035102	542553
贵　州	1216603	709741	108404	54512	169815	282535
云　南	1499305	1003094	169519	21885	187613	286713
西　藏	53934	52734	26550		1200	
陕　西	2311719	1503766	236311	191243	345785	270925
甘　肃	720818	469005	107852	16176	93012	142625
青　海	262394	165598	37770	27959	35841	32996
宁　夏	671912	418136	48958	37020	169218	47538
新　疆	1047001	574770	195000	65424	344911	61896

注：数据来源2004年房地产开发统计快报，下表同。

8-2　各地区按构成分的房地产开发企业（单位）完成投资额

单位：万元

地　区	本年完成投资额	建筑工程	安装工程	设备工器具购置	其他费用
全国总计	**131582516**	**82545448**	**5707300**	**1929338**	**41400430**
北　京	14732859	8573483	147956	354306	5657114
天　津	2639165	1511837	96744	50340	980244
河　北	3158980	2171836	151902	26796	808446
山　西	1257891	823013	104077	22256	308545
内蒙古	1113775	848642	22122	13680	229331
辽　宁	7011192	4530773	296428	78768	2105223
吉　林	1599314	1140092	51611	16862	390749
黑龙江	2140702	1510806	28624	66980	534292
上　海	11754647	6723167	548090	173044	4310346
江　苏	12697793	8236735	412005	108721	3940332
浙　江	12952409	7307392	489903	102767	5052347
安　徽	3502733	2138320	163625	31305	1169483
福　建	4777941	3207033	162234	26028	1382646
江　西	2428351	1650432	89342	20230	668347
山　东	7647864	4940278	483408	133999	2090179
河　南	2588214	1567384	137446	19172	864212
湖　北	3372808	2106602	168706	37915	1059585
湖　南	3348655	2236380	104518	49528	958229
广　东	13558422	8353664	1179799	296064	3728895
广　西	1923476	1329431	30966	42085	520994
海　南	559917	391318	31725	12251	124623
重　庆	3930919	2435888	221689	77206	1196136
四　川	5100803	3185454	218359	53254	1643736
贵　州	1216603	821220	18151	15028	362204
云　南	1499305	1056130	48387	6626	388162
西　藏	53934	47844	4490	400	1200
陕　西	2311719	1626537	171861	63928	449393
甘　肃	720818	530865	42725	12281	134947
青　海	262394	210544	11461	2960	37429
宁　夏	671912	525119	16152	1822	128819
新　疆	1047001	807229	52794	12736	174242

8－3 各地区按登记注册类型分的房地产开发企业（单位）完成投资额

单位：万元

地区	总计	内资					
			国有	集体	股份合作	国有联营	集体联营
全国总计	**131582516**	**114227623**	**11107304**	**3866504**	**2059913**	**200944**	**135580**
北京	14732859	12438023	1383116	369251	130964	32443	1024
天津	2639165	2403228	537313	54608	7980	8335	713
河北	3158980	2981840	301221	21235	52042		
山西	1257891	1192637	132000	22273	22241	5973	
内蒙古	1113775	1106429	63863	17699	3800		
辽宁	7011192	5983186	128176	23963	7395		
吉林	1599314	1474291	217321	4140	13668	1052	
黑龙江	2140702	2015763	241592	25382	127647		
上海	11754647	9041211	908848	600580	143903	11448	26877
江苏	12697793	11233174	1599797	509725	301927	7960	35497
浙江	12952409	12318669	771684	257110	283327	8296	1087
安徽	3502733	3236214	382705	76553	45496	4616	2900
福建	4777941	3220979	517559	210558	53034	58015	3567
江西	2428351	2066113	238377	36186	93591	6485	700
山东	7647864	7039603	951597	386260	197220	13516	42197
河南	2588214	2288408	294017	26531	23525		
湖北	3372808	2947050	359722	38420	28426	19470	8201
湖南	3348655	3050477	298838	61954	139460		670
广东	13558422	10708146	505593	772464	36518	14953	8962
广西	1923476	1598171	209977	53729	20615	485	1197
海南	559917	456194	38378	600	16282	1734	
重庆	3930919	3524267	155615	43749	70982		40
四川	5100803	4622646	225494	67096	152057	2469	224
贵州	1216603	1153425	81055	33022	11349		
云南	1499305	1416676	136374	9958	28743		
西藏	53934	53934	26111		2500		
陕西	2311719	2191665	241976	104123	22889		
甘肃	720818	602285	77217	19321	1187		1724
青海	262394	229339	29423	818	4741	3694	
宁夏	671912	645964	16656	15765	4565		
新疆	1047001	987616	35689	3431	11839		

8-3 续表 1

单位：万元

地　区	内			资			
	国有与集体联营	其他联营	国有独资公司	其他有限责任公司	股份有限公司	私营	其他
全国总计	**231893**	**305723**	**1407842**	**48515647**	**11602198**	**32727517**	**2066558**
北　京	2196	17715	320813	7660481	973829	1467263	78928
天　津	1500		38287	548288	158540	526115	521549
河　北			0	1134118	549181	924043	
山　西		6217	6736	473219	107575	415042	1361
内蒙古			0	567756	58621	389280	5410
辽　宁			121168	2654487	872433	2163945	11619
吉　林			2459	649598	129505	374053	82495
黑龙江			2164	657843	612518	334309	14308
上　海	180923	40306	162868	3262695	342550	2467835	892378
江　苏	7636	2000	34717	3664585	790130	4172073	107127
浙　江	14188	978	197265	6902571	993832	2863322	25009
安　徽		1135	55577	1300159	352766	974281	40026
福　建	568	14152	110020	869908	229755	1117949	35894
江　西	10732	3100	0	673601	354839	647622	880
山　东		4850	20995	2842947	971507	1547579	60935
河　南			18488	1026780	162417	692695	43955
湖　北	2041	21377	87907	1043275	564519	768862	4830
湖　南	0	600	26229	1347134	410419	737415	27758
广　东	10590	190941	31760	4085178	1181779	3856619	12789
广　西		2059	10804	459620	177072	649558	13055
海　南			800	319522	38383	38450	2045
重　庆	278	290	54059	1542200	213690	1411202	32162
四　川			2585	1724841	560010	1860037	27833
贵　州	515	3	11983	404973	104238	504590	1697
云　南	726		4656	550356	174631	503344	7888
西　藏				1200		24123	
陕　西			58385	950644	348216	456207	9225
甘　肃				251871	83416	164324	3225
青　海			3335	66620	32086	86445	2177
宁　夏			11211	258680	32727	306360	
新　疆			12571	620497	21014	282575	

8－3 续表 2

单位：万元

地　　区	港澳台投　资	合资经营	合作经营	独　资	股份有限
全国总计	**14679929**	**1481972**	**21376**	**2541428**	**1579756**
北　　京	822889	63229		71087	319006
天　　津	451185	3215		39679	1279
河　　北	279280	47172		79196	4438
山　　西	123024	2865		10217	
内 蒙 古	142935	23868		269	
辽　　宁	913611	111051		63542	31898
吉　　林	229165	32380		37033	
黑 龙 江	140999	22748		2464	
上　　海	2085672	67146		422004	126812
江　　苏	1035356	124850	1500	290935	46909
浙　　江	1146804	169636		182673	9741
安　　徽	341287	34819	600	39750	
福　　建	331841	43698		92756	28285
江　　西	182453	50115	860	55407	900
山　　东	619621	119798	14216	154767	11067
河　　南	324980	9675		55627	12379
湖　　北	285302	50976	4200	56319	36909
湖　　南	223715	59873		59153	9499
广　　东	2074015	103822		490823	910606
广　　西	210218	27868		51172	12169
海　　南	17236	3632		12784	
重　　庆	622379	70093		80839	12925
四　　川	1043090	97480		46078	2785
贵　　州	209049	21914		4952	289
云　　南	173574	33643		35409	
西　　藏	3967				
陕　　西	267986	64519		48424	1860
甘　　肃	66946	2350		10077	
青　　海	21593	2072		1000	
宁　　夏	141879	4654		2099	
新　　疆	147878	12811		44893	

8-3 续表 3

单位：万元

地 区	外商投资	合资经营	合作经营	独 资	股份有限
全国总计	**6337522**	**3238708**	**1193524**	**1809049**	**96241**
北 京	886588	347977	538611		
天 津	85644	76967	277	8400	
河 北	45183	42693			2490
山 西	11649	11649			
内蒙古	800	800			
辽 宁	623509	355031	69657	195591	3230
吉 林	13533	7718	0	5815	
黑龙江	99811	14605	9088	76118	
上 海	1434474	971560	167612	295302	
江 苏	429312	322682	21532	82298	2800
浙 江	170604	122543	10363	34148	3550
安 徽	134953	59627	459	59734	15133
福 建	506765	86545	3236	404641	12343
江 西	126986	83992	11674	30400	920
山 东	237161	67859	66009	99766	3527
河 南	177179	100567	6260	56076	14276
湖 北	159510	74832	18602	66047	29
湖 南	107085	30192		65741	11152
广 东	467065	120055	216769	117901	12340
广 西	122767	61891	39026	11554	10296
海 南	39401	33669		5732	
重 庆	61396	35665		24854	877
四 川	206396	101769	121	104506	
贵 州	15968	6879		9089	
云 南	28446	17446		11000	
西 藏					
陕 西	69581	37551	728	28024	3278
甘 肃	41817	39299		2518	
青 海	8610	6210		2400	
宁 夏	20294		13500	6794	
新 疆	5035	435		4600	

8－4 各地区房地产开发企业（单位）计划投资和新增固定资产

单位：万元

地 区	计 划 总投资	本年计划 投资额	本年新增 固定资产
全国总计	**505703865**	**169258029**	**68710116**
北 京	53932198	16724305	8552507
天 津	12208701	3196390	947872
河 北	9046382	3927268	1261891
山 西	4087603	1589996	675619
内 蒙 古	2807671	1269864	674416
辽 宁	21671653	8826176	3182128
吉 林	4145707	2100924	681921
黑 龙 江	5676636	2753794	1351368
上 海	56902837	14556789	8252269
江 苏	42006858	16815014	6173625
浙 江	44161246	16699247	5413159
安 徽	14485374	4707068	1850203
福 建	19003766	5734285	2211868
江 西	8564778	3365496	1040865
山 东	26864955	11149598	3340875
河 南	9225237	3143005	1363634
湖 北	15083826	4495455	1939660
湖 南	12696316	5046276	1791439
广 东	71482434	18256918	8794023
广 西	7471479	2579044	921659
海 南	2041861	765981	215998
重 庆	20888340	5502005	1877377
四 川	14514018	6419498	2205430
贵 州	4807601	1565654	667835
云 南	5547663	1528198	629042
西 藏	87617	62424	24208
陕 西	8147438	2785199	892013
甘 肃	2955908	1123294	405133
青 海	882987	253709	194077
宁 夏	1126049	811421	417184
新 疆	3178726	1503734	760818

8－5　各地区房地产开发企业（单位）完成的商品房建设与土地开发投资

单位：万元

地区	本年完成投资额	#商品房建设投资	#土地开发投资	商品房建设投资额比重（%）
全国总计	**131582516**	**93488316**	**7153723**	**71.0**
北京	14732859	7977593	365430	54.1
天津	2639165	1774920	210506	67.3
河北	3158980	2329083	86014	73.7
山西	1257891	912048	122213	72.5
内蒙古	1113775	895205	44304	80.4
辽宁	7011192	5321679	486156	75.9
吉林	1599314	1176718	60389	73.6
黑龙江	2140702	1660292	160948	77.6
上海	11754647	9542359	677679	81.2
江苏	12697793	9412708	1097225	74.1
浙江	12952409	8176698	415645	63.1
安徽	3502733	2343938	399394	66.9
福建	4777941	3306080	212003	69.2
江西	2428351	1739278	132515	71.6
山东	7647864	5270460	312294	68.9
河南	2588214	1977000	221118	76.4
湖北	3372808	2301346	251711	68.2
湖南	3348655	1581802	396298	47.2
广东	13558422	10371528	591895	76.5
广西	1923476	1816526	82876	94.4
海南	559917	514363	18823	91.9
重庆	3930919	2738211	360520	69.7
四川	5100803	4415121	51521	86.6
贵州	1216603	845429	42684	69.5
云南	1499305	972042	118159	64.8
西藏	53934	21934	21850	40.7
陕西	2311719	1865085	97881	80.7
甘肃	720818	510294	56197	70.8
青海	262394	199943	32917	76.2
宁夏	671912	605208	1909	90.1
新疆	1047001	913425	24649	87.2

8－6 各地区房地产开发企业（单位）的资金状况

单位：万元

地区	本年资金来源合计	上年末结余资金	本年资金来源小计
全国总计	**202421291**	**30733622**	**171687669**
北京	28724861	4693234	24031627
天津	4733583	660593	4072990
河北	3888679	473969	3414710
山西	1785799	284034	1501765
内蒙古	1074488	24611	1049877
辽宁	9099241	1052132	8047109
吉林	1622683	82965	1539718
黑龙江	2246559	125602	2120957
上海	21371402	4373536	16997866
江苏	17465315	2257937	15207378
浙江	21089164	2949896	18139268
安徽	4850733	713120	4137613
福建	8304963	1530552	6774411
江西	3031838	445034	2586804
山东	9907131	1347089	8560042
河南	3601926	386872	3215054
湖北	5352094	887507	4464587
湖南	4146251	439352	3706899
广东	22779321	4140467	18638854
广西	2833034	440268	2392766
海南	764613	94471	670142
重庆	6224295	909850	5314445
四川	7165065	903521	6261544
贵州	1767248	273542	1493706
云南	2477973	473335	2004638
西藏	61561	1395	60166
陕西	2771139	370088	2401051
甘肃	947426	147715	799711
青海	308406	43086	265320
宁夏	714641	31604	683037
新疆	1309859	176245	1133614

8－7　各地区房地产开发企业（单位）的资金来源及其构成

单位：万元

地　区	本年资金来源 小　计	国家预算内 资　金	国内贷款	债　券
全国总计	**171687669**	**118148**	**31584126**	**1900**
北　京	24031627		5499571	
天　津	4072990		835002	
河　北	3414710	2375	438138	
山　西	1501765	620	203550	
内蒙古	1049877		72865	
辽　宁	8047109	1500	1275976	
吉　林	1539718	1500	102310	
黑龙江	2120957	2300	269497	
上　海	16997866		3586790	
江　苏	15207378		2981073	
浙　江	18139268	177	3889597	
安　徽	4137613		623491	1100
福　建	6774411	19026	1001313	
江　西	2586804	233	355497	400
山　东	8560042	11499	1478357	
河　南	3215054	1718	394970	
湖　北	4464587	41216	858527	
湖　南	3706899	17320	654181	200
广　东	18638854	2800	3340770	200
广　西	2392766		492054	
海　南	670142	1672	63888	
重　庆	5314445	6422	826863	
四　川	6261544		838606	
贵　州	1493706	60	326334	
云　南	2004638	3970	309591	
西　藏	60166		4100	
陕　西	2401051	1300	384406	
甘　肃	799711	2170	181513	
青　海	265320		56284	
宁　夏	683037	270	122047	
新　疆	1133614		116965	

8－7 续表 1

单位：万元

地　区	利用外资	# 外　商直接投资	自筹资金	其他资金来　源
全国总计	**2282001**	**1425587**	**52075627**	**85625867**
北　京	485334	228958	4345419	13701303
天　津	56508	38314	1246887	1934593
河　北	14721	6100	1519222	1440254
山　西	6554	5055	615435	675606
内 蒙 古	1500		783608	191904
辽　宁	84172	44057	3568048	3117413
吉　林	1200	800	845901	588807
黑 龙 江	48816	48816	1106090	694254
上　海	282544	142140	4177964	8950568
江　苏	157849	94291	4510345	7558111
浙　江	68349	63386	3557825	10623320
安　徽	31623	31623	1676941	1804458
福　建	155106	138931	1963369	3635597
江　西	81058	66674	1127570	1022046
山　东	71700	54459	3455281	3543205
河　南	41717	37967	1309099	1467550
湖　北	14821	13402	1563924	1986099
湖　南	79835	63367	1618523	1336840
广　东	382557	233703	5061859	9850668
广　西	43485	41503	674736	1182491
海　南	9690	5740	340005	254887
重　庆	117279	39926	1716637	2647244
四　川	16931	4931	2020961	3385046
贵　州	2890	1628	488870	675552
云　南	4146		583450	1103481
西　藏			6552	49514
陕　西	16536	15536	1047788	951021
甘　肃	2180	2180	298118	315730
青　海	800		117616	90620
宁　夏	2100	2100	225220	333400
新　疆			502364	514285

8－8 各地区房地产开发企业（单位）的各项应付款情况

单位：万元

地 区	本年各项应付款合计	# 工程款	# 设备器材款
全国总计	**18722938**	**11158493**	**668461**
北 京	617142	315197	7557
天 津	593934	307879	25751
河 北	351475	234352	13142
山 西	346952	229228	12036
内 蒙 古	89336	73896	1320
辽 宁	916639	619958	33651
吉 林	224103	214626	1958
黑 龙 江	206269	161287	7571
上 海	2136070	1267312	70763
江 苏	1616401	1027608	66648
浙 江	1132255	808258	18716
安 徽	474603	347795	28466
福 建	414694	235228	4342
江 西	462002	328745	14212
山 东	1223234	791628	47971
河 南	371026	277565	14291
湖 北	614013	345697	31728
湖 南	324031	205563	17813
广 东	3747310	1374972	102083
广 西	204432	107431	3733
海 南	65605	54876	2095
重 庆	525276	358037	33814
四 川	677811	436627	33513
贵 州	221966	151766	6292
云 南	202855	125253	15918
西 藏	3917	3917	
陕 西	437955	310346	27363
甘 肃	158752	120252	14716
青 海	23088	13617	2033
宁 夏	96983	94206	637
新 疆	242809	215371	8328

第九章 房地产开发开竣工面积与土地开发情况（2004）

注：除竣工套数数据来自于2004年经济普查外，其他指标数据均来自2004年房地产开发统计快报。

9－1　各地区按用途分的房地产开发企业（单位）的施工房屋面积

单位：平方米

地　区	施工房屋面积	住　宅	#经济适用房屋	办公楼	商业营业用房	其他
全国总计	**1404513926**	**1081965424**	**89870760**	**59824283**	**182932254**	**79791965**
北　京	99313115	67594235	7931856	11225355	6418281	14075244
天　津	28655499	23529757	4167283	1341873	3026503	757366
河　北	32686529	27597609	4488129	850749	3678237	559934
山　西	16037222	11687138	2811674	937355	3072492	340237
内蒙古	14291998	9640146	1469550	548373	3588572	514907
辽　宁	61231924	45470259	2518078	1576328	9358046	4827291
吉　林	15451939	11579098	1609196	601249	2768197	503395
黑龙江	22601069	15998074	3039424	886718	4826974	889303
上　海	94816073	76313089		5206544	7255926	6040514
江　苏	123161751	99454916	5446631	3816849	14886333	5003653
浙　江	138589497	107127948	6077554	6159606	15522439	9779504
安　徽	43623311	34275969	2535405	1312885	6761223	1273234
福　建	57956915	45669172	1763112	1758442	6703525	3825776
江　西	33251961	24929707	2396228	635996	6381835	1304423
山　东	82839217	66681943	6169937	2261872	11275593	2619809
河　南	39406352	33044980	3786762	1034081	4573142	754149
湖　北	40552188	33541909	2468157	1181069	4194432	1634778
湖　南	40717876	29994766	4216407	1191489	8041534	1490087
广　东	139115542	105188023	1514930	6469513	16473702	10984304
广　西	29989128	23220636	409936	429800	4832895	1505797
海　南	6839509	5944769	514102	103560	643116	148064
重　庆	61600431	44858325	3052874	2101990	10224560	4415556
四　川	72784728	56314794	3836715	1824929	11945663	2699342
贵　州	24432771	18293385	2925127	1223107	3739828	1176451
云　南	18287298	15058211	3488755	305417	1963138	960532
西　藏	384251	374130	203000		10121	
陕　西	24905292	18928107	3813787	2713145	2828106	435934
甘　肃	14480761	11615251	2692993	478398	1773226	613886
青　海	4267301	3188599	687491	424250	550121	104331
宁　夏	9419449	6486418	1071523	417187	2151748	364096
新　疆	12823029	8364061	2764144	806154	3462746	190068

9-2 各地区按用途分的房地产开发企业（单位）的竣工房屋面积

单位：平方米

地区	竣工房屋面积	住宅	#经济适用房屋	办公楼	商业营业用房	其他
全国总计	**424648675**	**346771822**	**33256857**	**10345969**	**49459532**	**18071352**
北京	30669879	23439521	2988261	1539298	2252584	3438476
天津	11081319	10144575	1515711	324021	432414	180309
河北	8207034	7101446	1373774	128192	807725	169671
山西	4771168	3947710	977713	173137	575888	74433
内蒙古	6143769	4786476	633302	182031	1096221	79041
辽宁	20644433	17410204	995501	310295	2254887	669047
吉林	4845788	3716022	751215	161636	830504	137626
黑龙江	9428651	6992934	1609682	218125	1934938	282654
上海	34430213	30761947		730500	1657267	1280499
江苏	39063255	32170853	2990451	634169	4579813	1678420
浙江	31953450	25333619	1822237	989754	3953119	1676958
安徽	16850020	13040899	1020308	576039	2865921	367161
福建	15239066	12605536	551480	299327	1544290	789913
江西	11557208	9081185	852776	158581	1936907	380535
山东	23968896	19447902	1645692	474268	3174474	872252
河南	11353160	9676037	1520971	186804	1329534	160785
湖北	15323905	13297992	1203406	313893	1360663	351357
湖南	14591132	11730396	2521634	303098	2099719	457919
广东	34078328	27762855	499435	577773	3515101	2222599
广西	8845123	7412001	186083	60387	964315	408420
海南	1053097	1000533	100534		49331	3233
重庆	15345804	11872308	1055998	390889	2261264	821343
四川	23987032	19115773	1291477	413693	3768121	689445
贵州	6444751	5292801	710868	154479	792726	204745
云南	4732138	4042318	837654	33573	533564	122683
西藏	91921	81800			10121	
陕西	5384074	4313091	920717	447023	452420	171540
甘肃	3213108	2558339	562788	170286	426860	57623
青海	1498577	1131454	340000	143251	177161	46711
宁夏	4282518	3251338	459934	96234	705727	229219
新疆	5569858	4251957	1317255	155213	1115953	46735

9－3　各地区按用途分的房地产开发企业（单位）的新开工房屋面积

单位：平方米

地　区	新开工房屋面积	住　宅	#经济适用房屋	办公楼	商业营业用房	其他
全国总计	**604138587**	**479490088**	**42574858**	**17041907**	**77908103**	**29698489**
北　京	30542682	22071508	3116574	2622402	1869781	3978991
天　津	12165797	10016183	1996540	419854	1359056	370704
河　北	16368194	13901351	1896550	288308	1841762	336773
山　西	7536887	5636382	1235343	393839	1364962	141704
内蒙古	9015990	6429258	975767	274239	2101955	210538
辽　宁	29386109	22641767	1270615	490114	4201880	2052348
吉　林	10560515	8348953	1097559	254984	1701238	255340
黑龙江	12429286	9846416	1853867	396416	1736024	450430
上　海	31961870	26688382		896141	2503468	1873879
江　苏	65076326	52875678	3142663	1699734	8353206	2147708
浙　江	54873659	42710610	2351140	2208760	6102601	3851688
安　徽	21914925	17878330	1564478	325512	3005598	705485
福　建	19116272	15295647	872480	189484	2461220	1169921
江　西	16984709	12630670	938207	239793	3396085	718161
山　东	40174463	33000963	3229454	642029	5291986	1239485
河　南	18792324	15653714	1511064	497148	2319594	321868
湖　北	20268952	17037736	1527121	481930	1824766	924520
湖　南	18971418	14067155	1909304	274078	3995770	634415
广　东	49216304	39236919	643346	1669421	4671121	3638843
广　西	13139661	9925331	49412	138942	2444254	631134
海　南	2543617	2209597	154828	16556	297231	20233
重　庆	21448419	16669112	936761	520769	2791275	1467263
四　川	31468386	25165959	1813378	464446	4942721	895260
贵　州	8778038	6790160	988598	313950	1262745	411183
云　南	9481827	7755139	1614394	96731	1150002	479955
西　藏	300500	300500	203000			
陕　西	8978443	7635214	1422662	438296	822260	82673
甘　肃	6933834	5717660	1701545	127239	759579	329356
青　海	1859344	1621850	292357	86938	118222	32334
宁　夏	6021688	4014911	569126	248732	1496421	261624
新　疆	7828148	5717033	1696725	325122	1721320	64673

9－4　各地区房地产开发企业（单位）竣工住宅套数

单位：平方米

地　　区	住宅竣工套数合计（套）	#别墅、高档公寓	#经济适用房屋
全国总计	**4042219**	**144949**	**497501**
北　　京	241991	13794	27328
天　　津	100326	2882	10815
河　　北	120008	410	20601
山　　西	39661	377	12864
内 蒙 古	52621		7597
辽　　宁	206294	4876	12757
吉　　林	65572	278	16963
黑 龙 江	95558	1650	25349
上　　海	246082	1531	
江　　苏	359115	15454	46510
浙　　江	231586	7757	22467
安　　徽	177375	2900	17628
福　　建	128915	7067	10122
江　　西	105329	3992	17800
山　　东	301157	10317	35025
河　　南	237477	3223	16261
湖　　北	127671	9978	22056
湖　　南	122925	9027	31059
广　　东	330067	19290	21778
广　　西	77234	3351	6505
海　　南	11848	2423	5088
重　　庆	107341	1486	11734
四　　川	214933	11091	14820
贵　　州	74790	2056	12054
云　　南	51928	4410	12798
西　　藏	2231	252	1916
陕　　西	64374	1302	17490
甘　　肃	38174	941	10715
青　　海	18357	804	6880
宁　　夏	40063	399	3707
新　　疆	51216	1631	18814

9-5　各地区按资质等级分的房地产开发企业（单位）住宅竣工套数

单位：套

地　区	总　计	一级	二级	三级
全国总计	**4042219**	**252573**	**746119**	**1411803**
北　京	241991	45994	27072	20009
天　津	100326	8693	19858	30422
河　北	120008	2651	19228	33607
山　西	39661	306	7759	12082
内蒙古	52621		7174	13622
辽　宁	206294	11627	23589	95714
吉　林	65572	3662	7842	17452
黑龙江	95558	7203	17739	49558
上　海	246082	22733	44687	60926
江　苏	359115	22254	106678	175370
浙　江	231586	14223	44691	116186
安　徽	177375	4893	26291	46965
福　建	128915	5950	21636	38323
江　西	105329		24919	43644
山　东	301157	14966	46834	91048
河　南	237477	4644	21120	37255
湖　北	127671	8674	36890	48360
湖　南	122925	1641	26233	76035
广　东	330067	27248	35917	80352
广　西	77234	1399	12545	26637
海　南	11848		700	1780
重　庆	107341	8464	41154	45695
四　川	214933	6639	54012	123077
贵　州	74790	1954	8919	31449
云　南	51928	5368	10953	16095
西　藏	2231	70	1453	168
陕　西	64374	5155	20504	20266
甘　肃	38174	1660	5447	19571
青　海	18357	2539	6085	7483
宁　夏	40063	2931	7286	18013
新　疆	51216	9032	10904	14639

9-5 续表 1

单位：套

地　区	四级	暂定	其他
全国总计	**653014**	**815246**	**163464**
北　京	2276	134806	11834
天　津	32253	8378	722
河　北	49951	12859	1712
山　西	16870	2444	200
内蒙古	23142	5235	3448
辽　宁	8621	48874	17869
吉　林	23116	13342	158
黑龙江	4572	9576	6910
上　海	36	109545	8155
江　苏	19735	32529	2549
浙　江	29984	21841	4661
安　徽	72911	22448	3867
福　建	23161	37557	2288
江　西	27835	8080	851
山　东	80824	55775	11710
河　南	11158	158252	5048
湖　北	23014	10186	547
湖　南	10447	7509	1060
广　东	66337	49909	70304
广　西	7897	26846	1910
海　南	6143	2691	534
重　庆	4944	6964	120
四　川	17712	11538	1955
贵　州	29189	3155	124
云　南	15593	3490	429
西　藏	284	172	84
陕　西	14571	2667	1211
甘　肃	7548	3142	806
青　海	1952	100	198
宁　夏	8836	797	2200
新　疆	12102	4539	

9－6　各地区按资质等级分的房地产开发企业（单位）别墅、高档公寓套数

单位：套

地　区	总　计	一级	二级	三级
全国总计	**144949**	**10463**	**32372**	**49953**
北　京	13794	564	3108	360
天　津	2882	251	1928	106
河　北	410	83		66
山　西	377		81	223
内蒙古				
辽　宁	4876	887		2174
吉　林	278	119		147
黑龙江	1650		371	1279
上　海	1531			
江　苏	15454	153	4410	8638
浙　江	7757	934	504	4656
安　徽	2900	49	787	794
福　建	7067	1919	477	1392
江　西	3992		2394	1397
山　东	10317		1331	3997
河　南	3223		665	1400
湖　北	9978	2833	3602	2063
湖　南	9027		3114	4556
广　东	19290	285	1121	6127
广　西	3351	463	502	1429
海　南	2423		670	443
重　庆	1486		1110	323
四　川	11091	1136	3381	3413
贵　州	2056	87	715	632
云　南	4410		960	2119
西　藏	252		72	85
陕　西	1302		155	587
甘　肃	941		6	735
青　海	804		320	288
宁　夏	399	30	315	37
新　疆	1631	670	273	487

9－6 续表 1

单位：套

地区	四级	暂定	其他
全国总计	**14653**	**30262**	**7246**
北京		8721	1041
天津	597		
河北	177	84	
山西	46	27	
内蒙古			
辽宁		1784	31
吉林	12		
黑龙江			
上海		1531	
江苏	511	1560	182
浙江	488	1175	
安徽	817	444	9
福建	382	2723	174
江西	133	68	
山东	2651	2049	289
河南	227	817	114
湖北	116	1364	
湖南	158	1199	
广东	4058	2451	5248
广西	147	810	
海南	925	385	
重庆	13	40	
四川	1157	2004	
贵州	572	50	
云南	577	754	
西藏	24	71	
陕西	402		158
甘肃	164	36	
青海	96	100	
宁夏	17		
新疆	186	15	

9－7　各地区按资质等级分的房地产开发企业（单位）经济适用房套数

单位：套

地　区	总　计	一级	二级	三级
全国总计	**497501**	**41314**	**99807**	**168678**
北　京	27328	15524	958	
天　津	10815	327	2204	4036
河　北	20601		1027	5710
山　西	12864		2126	4649
内蒙古	7597		420	3475
辽　宁	12757	1793	376	3214
吉　林	16963	601	1667	8732
黑龙江	25349	786	3954	9637
上　海				
江　苏	46510	7803	14778	17304
浙　江	22467	1755	5649	9419
安　徽	17628	95	2437	6677
福　建	10122		370	2142
江　西	17800		8123	4550
山　东	35025	1042	5349	11533
河　南	16261	990	2756	8807
湖　北	22056	262	7692	5494
湖　南	31059	1028	8970	16033
广　东	21778		454	3950
广　西	6505	407		2471
海　南	5088			928
重　庆	11734	2937	5102	3695
四　川	14820		3031	8556
贵　州	12054	425	1722	6233
云　南	12798		5613	2717
西　藏	1916	70	1381	20
陕　西	17490		6177	5053
甘　肃	10715		1971	4021
青　海	6880	1363	2008	2511
宁　夏	3707	707	442	1112
新　疆	18814	3399	3050	5999

9-7 续表 1

单位：套

地　区	四级	暂定	其他
全国总计	**99723**	**60560**	**27419**
北　京		10846	
天　津	2848	1400	
河　北	9859	2971	1034
山　西	4931	1088	70
内蒙古	2957	229	516
辽　宁	1377	2243	3754
吉　林	4000	1883	80
黑龙江	1528	4474	4970
上　海			
江　苏	2692	3780	153
浙　江	2100	3144	400
安　徽	6850	1516	53
福　建	4386	3019	205
江　西	4340	572	215
山　东	6043	5777	5281
河　南	2046	770	892
湖　北	6690	1534	384
湖　南	3364	1114	550
广　东	8125	3601	5648
广　西	510	2009	1108
海　南	2218	1410	532
重　庆			
四　川	1049	2184	
贵　州	2504	1158	12
云　南	3261	823	384
西　藏	260	101	84
陕　西	5573	162	525
甘　肃	3199	1152	372
青　海	816		182
宁　夏	1431		15
新　疆	4766	1600	

9－8 各地区房地产开发企业（单位）建造的房屋面积和造价

地 区	施工房屋面积（平方米）	竣工房屋面积（平方米）	房屋建筑面积竣工率（%）	竣工房屋价值（万元）	竣工房屋造价（元/平方米）
全国总计	**1404513926**	**424648675**	**30.2**	**59524820**	**1402**
北 京	99313115	30669879	30.9	5526218	1802
天 津	28655499	11081319	38.7	2492781	2250
河 北	32686529	8207034	25.1	992051	1209
山 西	16037222	4771168	29.8	580712	1217
内 蒙 古	14291998	6143769	43.0	627004	1021
辽 宁	61231924	20644433	33.7	2417812	1171
吉 林	15451939	4845788	31.4	534146	1102
黑 龙 江	22601069	9428651	41.7	1028423	1091
上 海	94816073	34430213	36.3	10349159	3006
江 苏	123161751	39063255	31.7	4893539	1253
浙 江	138589497	31953450	23.1	4849211	1518
安 徽	43623311	16850020	38.6	1649797	979
福 建	57956915	15239066	26.3	1778061	1167
江 西	33251961	11557208	34.8	885712	766
山 东	82839217	23968896	28.9	2797890	1167
河 南	39406352	11353160	28.8	1009398	889
湖 北	40552188	15323905	37.8	1646044	1074
湖 南	40717876	14591132	35.8	1335734	915
广 东	139115542	34078328	24.5	6167473	1810
广 西	29989128	8845123	29.5	835891	945
海 南	6839509	1053097	15.4	201173	1910
重 庆	61600431	15345804	24.9	1547167	1008
四 川	72784728	23987032	33.0	1979784	825
贵 州	24432771	6444751	26.4	599877	931
云 南	18287298	4732138	25.9	496494	1049
西 藏	384251	91921	23.9	13360	1453
陕 西	24905292	5384074	21.6	708387	1316
甘 肃	14480761	3213108	22.2	386734	1204
青 海	4267301	1498577	35.1	173896	1160
宁 夏	9419449	4282518	45.5	397845	929
新 疆	12823029	5569858	43.4	623047	1119

9-9 各地区房地产开发企业（单位）的土地开发及其购置

单位：平方米

地区	本年完成开发土地面积	土地购置费用（万元）	本年购置土地面积
全国总计	**197401650**	**25744743**	**397846589**
北京	6341720	2758426	15724588
天津	5354376	482232	10591128
河北	3359044	484484	12642339
山西	2548368	175027	4568186
内蒙古	4139423	178438	7405698
辽宁	9967660	1304291	21388709
吉林	1708416	246472	4859919
黑龙江	4094095	302887	5441586
上海	6727620	1721343	10387569
江苏	20324835	2901892	41271810
浙江	15838489	4103900	23393744
安徽	7688266	881757	21737219
福建	6323649	1034001	14191380
江西	7839014	459250	16297746
山东	15691102	1491173	35037617
河南	5895537	593317	15172412
湖北	8022636	657767	15893031
湖南	9455506	557458	15652694
广东	22271894	2127073	29562195
广西	6095576	325752	10105924
海南	414787	66427	1253967
重庆	8633573	626244	11024426
四川	2584069	1238911	20239117
贵州	2779798	157199	6574870
云南	3808475	307147	8222239
西藏	42443	0	0
陕西	3695970	221126	4576734
甘肃	1552438	94236	2243686
青海	930882	31437	1026929
宁夏	635490	91929	4059110
新疆	2636499	123147	7300017

第十章　房地产市场销售与空置情况（2004）

注：除出租、预售面积实际销售价格来自于2004年经济普查外，其他指标数据均来自2004年房地产开发统计快报。

10－1 各地区按用途分商品房实际销售面积

单位：平方米

地　区	房屋合计	住宅	#经济适用房	办公楼	商业营业用房	其他
全国总计	**382316415**	**338198867**	**32617954**	**6928364**	**31002940**	**6186244**
北　京	24720323	22858245	3062785	924963	602106	335009
天　津	8470342	7960899	1442379	168802	327106	13535
河　北	8648534	7878817	1346517	65936	552367	151414
山　西	3991341	3502355	880866	65836	385579	37571
内蒙古	6539550	5309081	882907	93468	1089008	47993
辽　宁	17487770	15780987	1032293	144790	1246740	315253
吉　林	4018787	3465933	794698	93503	398977	60374
黑龙江	8571492	6937786	1678590	155427	1239862	238417
上　海	33008197	30595298		802099	1148685	462115
江　苏	31789124	27594058	2564207	525113	3119513	550440
浙　江	27942504	23697250	1434563	819648	2567642	857964
安　徽	14292383	11796622	920381	360977	2028165	106619
福　建	13848290	12246093	743403	218761	1003910	379526
江　西	11688704	9869235	741980	88232	1538083	193154
山　东	25251697	22072822	2021223	414189	2499326	265360
河　南	10435078	9381978	1557512	81700	912262	59138
湖　北	13429177	12453788	734704	199396	588946	187047
湖　南	11887942	10303510	2473443	218844	1222999	142589
广　东	33460228	30085869	751843	423450	2064059	886850
广　西	8203624	7497943	185666	61370	539687	104624
海　南	1257598	1182450	226032	5154	69952	42
重　庆	13171222	11382630	941971	291366	1214276	282950
四　川	21019791	18390229	843306	203746	2138923	286893
贵　州	5543351	4944548	785202	105713	463146	29944
云　南	5381137	4795263	1055856	31204	475806	78864
西　藏	95644	95644	6744			
陕　西	5093582	4729280	909506	133933	204223	26146
甘　肃	2614714	2351930	383297	59041	198804	4939
青　海	938519	836500	250921	49522	50588	1909
宁　夏	3082070	2675524	326459	35181	314000	57365
新　疆	6433700	5526300	1638700	87000	798200	22200

10－2 各地区按用途分商品房实际销售给个人面积

单位：平方米

地 区	房屋合计	住宅	#经济适用房	办公楼	商业营业用 房	其 他
全国总计	**363129779**	**326821186**	**31452779**	**3429291**	**27719354**	**5159948**
北 京	23254954	22486317	3061976	177487	354709	236441
天 津	7734989	7368765	1306680	109414	243416	13394
河 北	8024220	7324341	1344505	48536	501613	149730
山 西	3584295	3233327	813866	21333	297857	31778
内蒙古	6276536	5198642	846727	25753	1007148	44993
辽 宁	17061378	15592204	1032293	70612	1141265	257297
吉 林	3909752	3413501	768256	53129	383768	59354
黑龙江	7920077	6710002	1665882	60898	1021273	127904
上 海	30719568	29315068		328494	705648	370358
江 苏	30939843	27009983	2563378	410063	2999205	520592
浙 江	26163696	22421626	1427439	545780	2365309	830981
安 徽	13499383	11391840	896152	196653	1843534	67356
福 建	13135176	11771242	718550	131488	913597	318849
江 西	11435475	9738449	714967	86160	1458580	152286
山 东	24027081	21361122	1916739	128382	2302180	235397
河 南	9989171	9049746	1434258	48937	854679	35809
湖 北	12487827	11806450	676638	74730	530503	76144
湖 南	11040277	9661607	2243676	139020	1142654	96996
广 东	32013486	29032999	672172	301130	1871860	807497
广 西	8126474	7470557	185666	35859	523046	97012
海 南	1207391	1160534	220909	4405	42410	
重 庆	12212230	10907899	941683	145212	933653	225466
四 川	20533598	18197790	816006	82900	2035607	217301
贵 州	5293506	4818962	729404	40250	409003	25291
云 南	5179482	4647981	975620	6734	453178	71589
西 藏	95644	95644	6744			
陕 西	4703341	4453488	909506	65960	169747	14146
甘 肃	2493387	2288961	377068	25855	174670	3901
青 海	881597	823178	250790	13031	43479	1909
宁 夏	3021745	2654961	326459	13668	304878	48238
新 疆	6164200	5414000	1608770	37418	690885	21897

10－3 各地区按用途分商品房预售面积

单位：平方米

地　区	房屋合计	住宅	#经济适用房	办公楼	商业营业用房	其他
全国总计	**222279405**	**197637119**	**12743425**	**5225774**	**16795384**	**2621128**
北　京	14882794	13416159	3120452	921408	317068	228159
天　津	4357499	3952738	691110	56563	300144	48054
河　北	4558789	4208021	582460	13475	308847	28446
山　西	1391645	1212480	248269	11751	167414	
内蒙古	666882	438827	93670	16279	211776	
辽　宁	4249392	3816914	110612	22402	381989	28087
吉　林	637914	554333	39335	3944	68528	11109
黑龙江	1851231	1460577	225167	58883	322812	8959
上　海	22723381	21467560		467501	699917	88403
江　苏	23442424	20804763	459801	648277	1808662	180722
浙　江	28805641	24808229	845243	1066402	2142099	788911
安　徽	6377612	5577717	230977	124478	648384	27033
福　建	11299541	10056278	400822	130537	867875	244851
江　西	3972250	3220099	70939	74768	576042	101341
山　东	12619725	10365300	1006534	201169	2026227	27029
河　南	5385629	4794792	452993	57776	482170	50891
湖　北	4947493	4599238	335742	96935	215639	35681
湖　南	5628599	4878238	556504	87235	601822	61304
广　东	20393631	18597327	557215	554630	1034171	207503
广　西	6630628	6052901	101630	73674	433379	70674
海　南	1053443	885268	126113	8125	150154	9896
重　庆	8986058	8165385	295939	84992	649712	85969
四　川	12798311	11456182	398440	108214	1189286	44629
贵　州	4552937	3862603	371121	169659	472477	48198
云　南	3744422	3421683	336209	10135	163282	149322
西　藏	17880	9750	3750	3750	4380	
陕　西	2938954	2693363	378131	47586	198005	
甘　肃	1169367	971687	141753	65071	111832	20777
青　海	642838	573864	193161	28961	34333	5680
宁　夏	810530	744907	212663		46123	19500
新　疆	741965	569936	156670	11194	160835	

10－4 各地区按用途分商品房实际销售额

单位：万元

地 区	房屋合计	住 宅	#经济适用房	办公楼	商业营业用 房	其他
全国总计	**103757069**	**86193667**	**5028217**	**3833223**	**12295363**	**1434815**
北 京	12491009	10851129	904416	992102	505937	141841
天 津	2638180	2348737	405069	93726	189548	6169
河 北	1388455	1171163	169587	16747	182096	18449
山 西	719729	551246	92209	25796	139265	3422
内蒙古	915948	650278	104752	14410	243806	7454
辽 宁	4218102	3654318	208307	47231	441851	74702
吉 林	755534	609468	118915	20831	109741	15494
黑龙江	1662004	1174228	250361	52064	371398	64314
上 海	19326299	17626596		774407	724633	200662
江 苏	8428602	6671818	385776	272780	1407596	76408
浙 江	8685073	6601289	365459	444456	1439202	200126
安 徽	2547107	1853336	124175	111809	568439	13523
福 建	3544719	2812572	92605	67242	579936	84969
江 西	1352025	998018	53809	6617	332375	15015
山 东	5164698	4162655	242003	211235	751943	38865
河 南	1641333	1354109	161562	20118	260611	6495
湖 北	2244914	1991522	84494	63261	158283	31848
湖 南	1795722	1286178	266863	60874	428849	19821
广 东	11649177	9923214	95197	241932	1229167	254864
广 西	1708474	1414252	26668	19560	254899	19763
海 南	302438	281444	25807	1558	19428	
重 庆	2326352	1789982	129672	72439	406172	57759
四 川	3304781	2485324	70104	51954	726257	41246
贵 州	767763	584163	87364	20768	151674	11158
云 南	1064125	892088	117963	9634	146243	16160
西 藏	26279	26279	1387			
陕 西	881716	755576	98385	53056	68377	4707
甘 肃	458543	376538	47777	14035	67488	482
青 海	148556	118396	28036	12304	17531	325
宁 夏	579551	445577	45910	12331	117514	4129
新 疆	1019861	732174	223585	27946	255104	4637

10－5 各地区按用途分商品房销售给个人实际销售额

单位：万元

地　区	房屋合计	住宅		办公楼	商业营业用房	其他
			#经济适用房			
全国总计	**96800619**	**83130914**	**4866519**	**1758199**	**10724721**	**1186786**
北　京	11222961	10618612	904125	234066	277592	92691
天　津	2406681	2187791	368414	52764	159986	6140
河　北	1314671	1109303	163687	15438	171505	18425
山　西	617380	499412	85838	7276	107542	3150
内蒙古	864919	636243	104452	4791	216731	7154
辽　宁	4113617	3620846	208307	29255	406328	57188
吉　林	733441	601947	115849	10883	105262	15349
黑龙江	1460049	1116325	247961	18632	292435	32657
上　海	17913991	16994806		316717	444918	157550
江　苏	8037618	6417413	385692	222001	1326823	71381
浙　江	8191993	6355302	354715	297985	1342517	196189
安　徽	2364804	1773276	122909	64458	516528	10542
福　建	3349553	2705803	88753	48145	522088	73517
江　西	1315827	982976	51227	4357	314239	14255
山　东	4855774	4077100	232104	72842	671072	34760
河　南	1541312	1289121	148017	11108	237409	3674
湖　北	2040051	1855722	82473	24052	145710	14567
湖　南	1657782	1198411	245208	42480	403206	13685
广　东	10872156	9429332	83599	150177	1059695	232952
广　西	1682328	1409085	26668	10314	245631	17298
海　南	286977	270725	23917	1381	14863	
重　庆	2115807	1717043	129612	35056	315488	48220
四　川	3200874	2458985	70087	18300	689500	34089
贵　州	713207	567253	80789	9555	132105	4295
云　南	1016077	860663	104574	2058	138429	14927
西　藏	26279	26279	1387			
陕　西	785415	700309	94261	27791	53703	3612
甘　肃	437758	367471	47722	5613	64304	370
青　海	135055	116528	28016	2340	15862	325
宁　夏	564603	443636	45910	4391	113372	3204
新　疆	961659	723196	220246	13973	219878	4612

10－6 各地区按用途分商品房平均销售价格

单位：元/平方米

地 区	房屋合计	住宅	#别墅、高档公寓	#经济适用房	办公楼	商业营业用房	其他
全国总计	**2778**	**2608**	**5576**	**1482**	**5744**	**3884**	**2235**
北 京	5243	4972	9493	2972	9517	8220	4522
天 津	3155	2965	3458	2553	5673	5426	3698
河 北	1612	1482	1904	1210	2147	2887	1124
山 西	1777	1534	4116	1092	3495	3403	1177
内蒙古	1389	1217	1931	1193	1642	2201	1534
辽 宁	2417	2316	5061	1914	2930	3444	2514
吉 林	1695	1549	2401	1514	2488	2635	2174
黑龙江	1903	1665	2638	1409	2859	2885	2756
上 海	6639	6361	9564		12813	8827	4722
江 苏	2613	2397	3640	1420	5110	4132	1515
浙 江	3108	2752	4113	2326	5305	5737	2367
安 徽	1751	1591	2286	1049	2673	2712	1097
福 建	2590	2332	3156	1295	3212	5295	1820
江 西	1382	1216	2204	843	1038	2419	1209
山 东	1988	1856	2755	1250	4791	2465	2109
河 南	1593	1431	2414	1107	2694	3146	972
湖 北	1950	1899	2560	1050	2726	2649	1526
湖 南	1464	1242	2110	961	2196	3290	1026
广 东	3763	3597	4342	1524	7178	5888	2585
广 西	2026	1812	3319	973	3248	4386	1981
海 南	2311	2154	3031	1265	2202	4215	1556
重 庆	1756	1573	5221	1374	2429	3285	1758
四 川	1593	1351	3120	1088	2910	3520	1285
贵 州	1378	1156	3000	1061	2131	3515	1787
云 南	2005	1881	2486	1140	3753	3007	2817
西 藏							
陕 西	1846	1756	4201	1334	3204	2649	2688
甘 肃	1616	1453	1604	938	2686	3447	1001
青 海	1653	1467	2160	1239	2621	2995	1533
宁 夏	1869	1636	2809	1346	3486	3660	1311
新 疆	1741	1457	2418	1301	2638	3468	1700

10－7 各地区按用途分商品房出租面积

单位：平方米

地区	房屋合计	住宅	#经济适用房	办公楼	商业营业用房	其他
全国总计	**43882016**	**6746730**	**177466**	**8697769**	**19602749**	**8834768**
北京	4221048	576784		2020508	1277291	346465
天津	820748	196567		94788	263506	265887
河北	384244	86859	2500	14519	260215	22651
山西	191280	2170		44214	138165	6731
内蒙古	198453	14720	1380	15909	128672	39152
辽宁	830201	164117		157035	406458	102591
吉林	370252	125131	1148	40586	197652	6883
黑龙江	162076	5300		63011	89334	4431
上海	9184058	1070633		2961815	2215219	2936391
江苏	2510929	271832	7300	230029	963111	1045957
浙江	1612950	165316	2400	239637	815184	392813
安徽	633293	44997		67877	427617	92802
福建	1823775	342860	13766	174358	948114	358443
江西	325621	38554		13006	267161	6900
山东	1076185	52485	350	155668	628975	239057
河南	622005	76984	2184	78742	448327	17952
湖北	1021837	444748	21023	95181	460977	20931
湖南	1565510	299758	31481	96208	943244	226300
广东	8446394	1252745	4542	1371647	3971469	1850533
广西	726859	55610	11775	14360	617261	39628
海南	646245	107003		18528	54784	465930
重庆	1531379	104948		109266	1219189	97976
四川	2711243	806217	3400	190289	1587184	127553
贵州	503355	166168	39800	58545	260701	17941
云南	451184	33754	4197	176993	224329	16108
西藏	15254				15254	
陕西	151941	68880	2155	30133	45004	7924
甘肃	292336	12160	505	11967	221174	47035
青海	104693	5290	1341	27030	72173	200
宁夏	93702	6164		4012	81689	1837
新疆	652966	147976	26219	121908	353316	29766

10－8　各地区按用途分商品房空置面积

单位：平方米

地　区	房屋合计	住　宅	#经济适用房	办公楼	商业营业用　房	其他
全国总计	**123257908**	**74046049**	**6662701**	**8161548**	**31415000**	**9635311**
北　京	10441082	7238483	122311	1100680	1237610	864309
天　津	1646762	1179491	373120	131161	286085	50025
河　北	2199993	1495627	206498	157937	505345	41084
山　西	1043896	539000	56173	128449	293270	83177
内蒙古	2119565	1378593	247379	61424	620896	58652
辽　宁	14770952	11104237	531128	407556	2766127	493032
吉　林	3988240	2886209	687262	140040	825338	136653
黑龙江	6486029	4014694	1238854	194593	2065843	210899
上　海	3593928	1264933		880622	575744	872629
江　苏	4906918	3034754	165030	309658	1288490	274016
浙　江	3293193	1353540	104404	211887	1411637	316129
安　徽	2654073	1288060	124696	196409	1056872	112732
福　建	3603583	1254822	13655	389305	1329411	630045
江　西	1719667	943382	70533	48952	674691	52642
山　东	4749811	3066878	158399	358569	1103935	220429
河　南	2920926	2285479	157421	119115	423634	92698
湖　北	2585597	1797544	135590	183186	529627	75240
湖　南	2121972	1373508	158571	75253	536554	136657
广　东	21429686	12177671	213494	1307149	5184710	2760156
广　西	1604050	837569	8400	64408	410068	292005
海　南	700055	511624	26431	52773	87268	48390
重　庆	5676791	1911576	44587	487483	2463943	813789
四　川	6259264	2975456	131263	355148	2435007	493653
贵　州	2168981	1154203	115283	141034	733537	140207
云　南	860063	444679	78644	82809	252382	80193
西　藏						
陕　西	1347046	1059005	385945	138604	132040	17397
甘　肃	1671504	1104509	148717	168597	363296	35102
青　海	207650	164811	51625	20597	22242	
宁　夏	2535689	1644868	142765	112583	634525	143713
新　疆	3950942	2560844	764523	135567	1164873	89658

10－9 各地区按用途分空置一到三年（含一年）的商品房面积

单位：平方米

地区	房屋合计	住宅	#经济适用房	办公楼	商业营业用房	其他
全国总计	**50164575**	**29248551**	**2889549**	**3201992**	**13886680**	**3827352**
北京	2267817	1681420	4278	284600	162320	139477
天津	955858	699138	257330	38325	179302	39093
河北	1014787	587839	48458	59087	344007	23854
山西	509462	289969	33435	41283	134463	43747
内蒙古	1077066	637243	213719	26635	391793	21395
辽宁	7882515	5867395	275086	160635	1538828	315657
吉林	1567445	1173548	195322	40713	297953	55231
黑龙江	2670787	1618030	592525	86872	860780	105105
上海	1380667	496852		329890	242408	311517
江苏	2044884	1211905	63394	160041	558424	114514
浙江	1010578	328009	36316	89791	472063	120715
安徽	1047128	381629	22050	108720	532064	24715
福建	1343539	398806	11909	109712	617877	217144
江西	582960	270805	36718	20918	270084	21153
山东	2066362	1266271	44352	241295	507859	50937
河南	1361048	1068130	76700	81183	184282	27453
湖北	1129693	847232	94464	18502	225891	38068
湖南	651545	372815	89479	26562	217590	34578
广东	8814562	4940044	96807	464610	2190326	1219582
广西	428519	230901	1966	37674	86035	73909
海南	276160	200501	20520	11279	24567	39813
重庆	2674253	654096	31653	269229	1336132	414796
四川	2662591	1229144	65597	131577	1103160	198710
贵州	911282	466770	25885	61957	338610	43945
云南	434980	219632	34457	37272	134309	43767
西藏						
陕西	622226	406964	57826	113849	92028	9385
甘肃	598989	379402	68631	69796	128902	20889
青海	57045	48908	31939	2576	5561	
宁夏	394006	241023		36519	99657	16807
新疆	1725821	1034130	358733	40890	609405	41396

10－10　各地区按用途分空置三年以上（含三年）的商品房面积

单位：平方米

地　区	房屋合计	住宅	#经济适用房	办公楼	商业营业用房	其他
全国总计	**12500903**	**5775563**	**271121**	**1638984**	**3776045**	**1310311**
北　京	720368	585093	436	69592	39318	26365
天　津	256786	181789	20864	37550	35515	1932
河　北	157174	114219	31014	26974	15249	732
山　西	39532	27795	2973	1250	9641	846
内蒙古	48759	20998	3059	836	25655	1270
辽　宁	811961	455435	13818	68024	267626	20876
吉　林	193858	116298	52487	26892	49278	1390
黑龙江	503259	252562	57711	2264	226227	22206
上　海	848194	261550		277469	108149	201026
江　苏	397492	152857	462	63727	147274	33634
浙　江	186893	37183		56344	60609	32757
安　徽	256086	78295	12382	32103	141410	4278
福　建	734355	181171	1746	153759	257791	141634
江　西	64104	5211		848	55439	2606
山　东	238070	86404	1052	9772	114256	27638
河　南	107938	61648	11803	18639	11918	15733
湖　北	247100	93470	8227	58480	89392	5758
湖　南	77881	27008	7578	3418	44495	2960
广　东	5004072	2503998	22701	465983	1422685	611406
广　西	84277	28512		2310	43449	10006
海　南	182330	100737	4871	38842	35562	7189
重　庆	520569	102175	1426	104650	273526	40218
四　川	413574	136350	1340	77483	134157	65584
贵　州	64353	6118		11285	38704	8246
云　南	94412	44794	1600	15638	25928	8052
西　藏						
陕　西	14324	13318	8075		1006	
甘　肃	80842	32511		900	47231	200
青　海	6009	3085			2924	
宁　夏	60069	17317	93	2943	29230	10579
新　疆	86262	47662	5403	11009	22401	5190

第十一章　物业管理及中介服务市场（2004）

11－1 各地区按登记注册类型分的物业管理企业在管物业占地面积

单位：平方米

地区	总计	内资	国有	集体	股份合作	国有联营	集体联营
全国总计	**1765615680**	**1683079406**	**253935982**	**109524338**	**21032366**	**4939396**	**1352103**
北京	179492598	155604922	33027356	12508042	1792310	35520	133506
天津	41184420	40950290	3006674	2819377	153975		
河北	39350124	38548324	9850154	2105597	514372	86260	
山西	23493080	23470620	4437210	1249337	58500		
内蒙古	20446035	20393035	1660909	677128	312038		2100
辽宁	97435693	92544136	21008641	7694763	2166992		
吉林	25839106	25785106	6632255	749480	593868		
黑龙江	86938707	86665978	39103316	4008494	621038	100000	
上海	194012643	178031747	20014380	21601581	1605285	610373	154676
江苏	145446212	142255250	9983448	7702206	1111005	229900	61614
浙江	115839674	115283804	11938278	4099578	363898		52740
安徽	68556861	68446141	7434088	4598830	1527616	366318	192000
福建	46342896	40884884	5656428	4323612	238944	11959	18542
江西	16571023	16368726	4354854	1075945	275928		
山东	85306640	84180965	11062002	6239264	2181714	35817	389660
河南	36075343	35681361	7227440	1677261	324896		9000
湖北	37594230	37159575	5360072	958781	383628		767
湖南	32434603	32269406	5510367	849054	158335		
广东	234591503	213317354	19904646	15871226	5018007	3446172	145288
广西	29196331	28052277	1301990	758067			
海南	14321911	14000857	1301202	680409	338424		
重庆	29189562	28795171	1402243	308231	195649	14597	
四川	49332308	48912964	2688698	1269589	560151	2480	
贵州	8459854	8440063	1319202	273614	4000		
云南	24243745	24036977	5028688	1297956	84669		25000
西藏	56612	56612	12818				
陕西	13785774	13730668	3133072	373674	223600		10000
甘肃	13896367	13123042	1282958	735503	99153		156840
青海	6040969	5963343	759453	1080631	84340		370
宁夏	17584512	17584512	2553242	1445566	40000		
新疆	32556344	32541296	5979898	491542	31		

11－1 续表 1

单位：平方米

地　　区	内					资	
	国有与集体联营	其他联营	国有独资公司	其他有限责任公司	股份有限公司	私营独资	私营合伙
全国总计	**3336774**	**3502347**	**30306083**	**712255613**	**64762302**	**14907580**	**8731517**
北　京	353577	529338	2786563	69463348	3729802	135730	3927
天　津		1070800		18469688	1734193	1498150	234762
河　北	157000			15111822	3158104	410027	405999
山　西			824100	10401917		117960	72724
内蒙古		20000		8851385	2119524	308020	130214
辽　宁			263959	33138271	2291609	2435794	322227
吉　林		10000	1184520	6611997	967541	1864989	38000
黑龙江	97000	100000	1831256	23553695	5728426	238750	213014
上　海	1044214	10122	1820805	80029876	944323	814979	2241564
江　苏	6251	256000	195783	60976873	10268878	691539	1199982
浙　江		26620	775291	57600532	1025785	1876607	135946
安　徽	112000		12052369	21543934	2756260	398307	308343
福　建	112679	5000	611196	14543211	1184941	46846	358764
江　西				5707936	1069558	403617	66530
山　东	173000	34000	1559912	29162111	7136294	1109288	166684
河　南			1714268	12468607	1123887	30418	166227
湖　北	300802	24300	261589	17626903	2314991	411618	442825
湖　南		12759	1079265	12960038	3041512	334310	72544
广　东	720062	1343599	1227839	102369285	4242943	380494	1541520
广　西			175968	16524981	724481	91214	68400
海　南		35500		7244918	785396	334801	9972
重　庆			109946	13722068	987794	375018	68561
四　川		19613	300671	21351236	3355860	241313	173190
贵　州			150472	3204733	899033	21300	24710
云　南	260189		55516	8926856	988826	36499	187330
西　藏			8620	35174			
陕　西		4696	378015	4786757	940359	83421	65058
甘　肃			23130	8008228	1119333	100612	12500
青　海			66914	2742156	2664	38100	
宁　夏			114604	11012659	58865	45859	
新　疆			733512	14104418	61120	32000	

11－1 续表 2

单位：平方米

地　区	内资			港澳台投资	合资经营	合作经营
	私营有限责任公司	私营股份有限公司	其他内资企业			
全国总计	**407701327**	**29602062**	**17189616**	**48731006**	**28097557**	**4808796**
北　京	30116096	731988	257819	20333756	16379538	3487231
天　津	7626564	569699	3766408	116889	42154	2978
河　北	5622305	821750	304934	801800	560000	
山　西	5948093	360779		19310	19310	
内蒙古	5521027	548933	241757	49000		
辽　宁	20797514	2110923	313443	850736	608080	2500
吉　林	6505728	547728	79000			
黑龙江	8948500	1199957	922532	235450	195000	
上　海	43650326	1084796	2404447	6752574	4182880	172746
江　苏	44703013	3776918	1091840	1303287	857855	21595
浙　江	35935696	1366538	86295	525720	494722	30998
安　徽	13923866	1387857	1844353	33760	33760	
福　建	12553325	1059666	159771	4653148	174277	87282
江　西	2915537	485158	13663	164156	3900	
山　东	22513554	1249851	1167814	939350	60550	
河　南	10703750	128472	107135	130000		
湖　北	7997519	930885	144895	192895	1175	
湖　南	6924083	962158	364981	61354	6000	
广　东	53786601	1612097	1707575	9812412	4085115	985643
广　西	6982264	1347312	77600	1105036	108881	
海　南	2524985	685512	59738	109059	94489	2093
重　庆	9054625	2006024	550415	181891		12940
四　川	16945311	1738587	266265	274335	137367	
贵　州	2246604	254495	41900	15833	14000	
云　南	4644666	2181944	318838	17961		
西　藏						
陕　西	3354717	96299	281000	18806	16016	2790
甘　肃	1255874	120629	208282			
青　海	962006	69799	156910	22488	22488	
宁　夏	2132579	91138	90000			
新　疆	10904599	74170	160006	10000		

11－1 续表 3

单位：平方米

地区	港澳台投资		外商投资				
	独资	股份有限		合资经营	合作经营	独资	股份有限
全国总计	**14932412**	**892241**	**33805268**	**21821340**	**4199604**	**7431697**	**352627**
北京	142777	324210	3553920	3040185	458915	54820	
天津	66762	4995	117241	55223	6471	19547	36000
河北	241800						
山西			3150	3150			
内蒙古	49000		4000			4000	
辽宁	240156		4040821	3251862	299372	489587	
吉林			54000	54000			
黑龙江		40450	37279	27279	10000		
上海	2394245	2703	9228322	5519394	747925	2956848	4155
江苏	423837		1887675	1522664		361511	3500
浙江			30150			30150	
安徽			76960	61960			15000
福建	4316589	75000	804864	212668	4800	563472	23924
江西	160256		38141			27000	11141
山东	747800	131000	186325	137934		48391	
河南	130000		263982	263982			
湖北	191720		241760	16133		40049	185578
湖南	55342	12	103843	5843		98000	
广东	4437454	304200	11461737	7310821	2453642	1637225	60049
广西	993484	2671	39018	35130		3888	
海南	12477		211995	6054	163341	42600	
重庆	161951	7000	212500	300		212200	
四川	136968		145009	72146		59583	13280
贵州	1833		3958	1958		2000	
云南	17961		188807	181306		7501	
西藏							
陕西			36300	36300			
甘肃			773325			773325	
青海			55138		55138		
宁夏							
新疆	10000		5048	5048			

11－2　各地区按资质等级分的物业管理企业在管物业占地面积

单位：平方米

地　区	总　计	一级	二级	三级	其他
全国总计	**1765615680**	**129375307**	**307595494**	**857196276**	**471448603**
北　京	179492598	29661734	23207298	89568794	37054772
天　津	41184420	6455746	11341783	18366428	5020463
河　北	39350124	338900	4517736	13816374	20677114
山　西	23493080		586998	12620777	10285305
内蒙古	20446035	136650	1276374	4828459	14204552
辽　宁	97435693	7189220	4424975	33419502	52401996
吉　林	25839106		904070	13506095	11428941
黑龙江	86938707	4476680	36057410	35531766	10872851
上　海	194012643	22651090	43782008	91709203	35870342
江　苏	145446212	3349516	26749774	85996993	29349929
浙　江	115839674	5939751	14896596	72088038	22915289
安　徽	68556861	1925100	17942804	32270346	16418611
福　建	46342896	862127	6950553	28696270	9833946
江　西	16571023	18000	6251662	4007426	6293935
山　东	85306640		14085639	51780301	19440700
河　南	36075343	1996431	2419471	15805024	15854417
湖　北	37594230	1494015	4169567	24307061	7623587
湖　南	32434603	71071	6660684	16561587	9141261
广　东	234591503	35798189	41803764	71444277	85545273
广　西	29196331	2922838	2370117	16815788	7087588
海　南	14321911	836007	5769437	6317158	1399309
重　庆	29189562	2695440	9081348	14721853	2690921
四　川	49332308	361364	5799452	32367065	10804427
贵　州	8459854	7800	560955	6276276	1614823
云　南	24243745		1517661	18763782	3962302
西　藏	56612		8500	26674	21438
陕　西	13785774		1292435	5716194	6777145
甘　肃	13896367	30800	2472333	9011772	2381462
青　海	6040969	48500	3407411	1719660	865398
宁　夏	17584512		2194842	6630228	8759442
新　疆	32556344	108338	5091837	22505105	4851064

11－3　各地区按登记注册类型分的物业管理企业在管房屋建筑面积

单位：平方米

地　区	总　计	内　资	国　有	集　体	股份合作	国有联营	集体联营
全国总计	**2882522107**	**2753816221**	**390900374**	**157117727**	**31419013**	**11538419**	**2478818**
北　京	255512908	232358270	45151099	16222934	2673016	41018	137354
天　津	64714629	62227678	6377954	3225510	386788		
河　北	47157139	46889739	10788849	1836199	692828	140688	
山　西	31870525	31811589	5822765	2307807	60800		
内蒙古	26196678	26130501	2253183	854572	596200		2100
辽　宁	170993667	162858467	40922851	12020505	4150453		
吉　林	46605285	46547285	16142466	883300	973701		
黑龙江	123412006	122509038	40425087	3809102	1399035	80000	
上　海	410850773	381095801	49701657	39482905	3432850	1653516	319159
江　苏	208233060	204634242	16509271	10213278	1650582	262491	83860
浙　江	207992287	206868539	26776743	5883760	494289		30216
安　徽	77484325	77352874	9444250	5962335	1606613	435993	121400
福　建	90164705	83283754	8755920	4660203	555187	141132	69020
江　西	23984379	23563429	5400626	1385301	277605		
山　东	104103224	102669983	12905027	9984494	2278889	122245	550000
河　南	46919261	45833550	5558967	2033602	600140		23700
湖　北	55179300	51917386	8106310	1008335	447600		1118
湖　南	42011900	41138045	4701279	1205937	335981		
广　东	430202359	390475103	38307915	21712550	6191410	8469099	965624
广　西	40819071	40060059	2582727	878219			
海　南	24023050	23681744	2220558	1318369	441050		
重　庆	86781172	85865608	5289190	837220	356067	21837	
四　川	98680287	97643981	5711915	2323026	1165852	170400	
贵　州	22504366	22391234	2504503	1012693	20000		
云　南	32141404	31799193	3296680	1720200	119090		55000
西　藏	136393	136393	102767				
陕　西	20151313	19981538	3441687	486721	237915		9000
甘　肃	29096253	27681280	2425454	1185124	141895		110897
青　海	6249047	6131625	683919	459743	68080		370
宁　夏	22326754	22326754	2563451	1450112	65000		
新　疆	36024587	35951539	6025304	753671	97		

11－3 续表 1

单位：平方米

地　　区	内					资	
	国有与集体联营	其他联营	国有独资公司	其他有限责任公司	股份有限公司	私营独资	私营合伙
全国总计	**6111336**	**6679046**	**41742346**	**1179889907**	**103193804**	**23722305**	**14181447**
北　京	468573	789335	5476877	111087249	4475837	430512	27550
天　津		969300		30054351	3085820	1525948	237204
河　北	156300			19798549	3372610	501998	427800
山　西			489500	15937491		244649	70110
内蒙古		17000		10833843	2213844	400944	220214
辽　宁			580479	56074903	3993812	3700819	612646
吉　林		24000	1313250	10927350	1982739	2057407	70454
黑龙江	110000	300000	2452054	45956018	9845118	474693	660840
上　海	3472504	24670	5993078	175772847	2053457	2072403	2860157
江　苏	62387	420000	473724	87278001	13835753	1133142	1801607
浙　江	39791	78514	1481792	100201469	1713660	2546631	244348
安　徽	125000		5858427	28327226	2789486	656718	625020
福　建	173434	30110	999026	23838206	3467754	108942	795640
江　西				9718214	1161402	468224	21700
山　东	104990	30000	1546460	38747650	8381008	1386584	252695
河　南			2375509	17242647	1268552	78070	135657
湖　北	215160	44000	551125	20935419	4068053	653229	959486
湖　南		29533	1597264	16736668	4762952	422500	130596
广　东	917638	3626983	7295092	182551280	7920456	1033517	2643702
广　西			164776	19180261	819560	152566	74000
海　南		35546		10693008	2340243	626804	67141
重　庆			377942	27509801	4421259	2060451	388631
四　川		231255	623056	41439868	6477994	538170	341297
贵　州			412649	8275284	2278328	73800	69599
云　南	265559		177025	13639674	1559831	63650	263854
西　藏			10964	22662			
陕　西		28800	436118	7264241	1638279	91142	124499
甘　肃			61988	16871885	3136797	50500	55000
青　海			104039	3050432	1180	60298	
宁　夏			259510	14654804	65900	75638	
新　疆			630622	15268606	62120	32356	

11－3 续表 2

单位：平方米

地　区	内资			港澳台投资	合资经营	合作经营
	私营有限责任公司	私营股份有限公司	其他内资企业			
全国总计	**703946001**	**49862748**	**31032930**	**69987963**	**35086872**	**7695250**
北　京	43377735	1661602	337579	17567887	10747382	4874721
天　津	11385974	844986	4133843	283047	98015	18040
河　北	7358974	1324459	490485	267400	44000	
山　西	6249504	628963		37936	37936	
内蒙古	7815407	663981	259213	63177		
辽　宁	36432405	2851109	1518485	1843114	1199256	76427
吉　林	11142378	899138	131102			
黑龙江	12946357	1726346	2324388	748300	621300	
上　海	84524412	2404303	7327883	14971409	8625654	1151824
江　苏	65264832	4173602	1471712	1525579	914407	95548
浙　江	64403382	2821501	152443	1053453	1006451	47002
安　徽	17683273	1867490	1849643	39032	39032	
福　建	37159227	2246929	283024	4726927	491626	61852
江　西	4277291	834749	18317	336450	17000	
山　东	23896553	971730	1511658	1019557	150189	
河　南	16037654	224655	254397	300000		
湖　北	12388641	2020335	518575	669218	19600	
湖　南	9338330	1388684	488321	507264	8500	
广　东	102792676	3358245	2688916	21601215	10174578	1180283
广　西	14232940	1640492	334518	670157	183169	
海　南	4680260	1085107	173658	130618	94489	10953
重　庆	36338587	5728346	2536277	676164		163600
四　川	33935772	4117568	567808	585406	449143	
贵　州	6218803	1406075	119500	73882	69882	
云　南	8116959	1896330	625341	112508		
西　藏						
陕　西	5660599	193080	369457	87775	72775	15000
甘　肃	3167200	360239	114301			
青　海	1229502	242423	231639	22488	22488	
宁　夏	2987258	113081	92000			
新　疆	12903116	167200	108447	68000		

11－3 续表 3

单位：平方米

地　区	港澳台投资		外商投资				
	独　资	股份有限		合资经营	合作经营	独　资	股份有限
全国总计	**23832432**	**3373409**	**58717923**	**39291396**	**6617029**	**10005876**	**2803622**
北　京	531715	1414069	5586751	4421445	729844	435462	
天　津	112382	54610	2203904	2031629	96000	64275	12000
河　北	223400						
山　西			21000	21000			
内 蒙 古	63177		3000			3000	
辽　宁	567431		6292086	4654970	997907	639209	
吉　林			58000	58000			
黑 龙 江		127000	154668	120668	34000		
上　海	5191931	2000	14783563	10614623	1010634	3139398	18908
江　苏	515624		2073239	1899593		171346	2300
浙　江			70295			70295	
安　徽			92419	48263			44156
福　建	4098449	75000	2154024	654848	19200	1430394	49582
江　西	319450		84500			80000	4500
山　东	763368	106000	413684	367004		46680	
河　南	300000		785711	778114		7597	
湖　北	649618		2592696	63918		261194	2267584
湖　南	498756	8	366591	36591		330000	
广　东	8696588	1549766	18126041	12887848	3518271	1395530	324392
广　西	460712	26276	88855	68855		20000	
海　南	19996	5180	210688	58849	116239	35600	
重　庆	499064	13500	239400	1000		238400	
四　川	136263		450900	192267		178433	80200
贵　州	4000		39250	30200		9050	
云　南	112508		229703	194663		35040	
西　藏							
陕　西			82000	82000			
甘　肃			1414973			1414973	
青　海			94934		94934		
宁　夏							
新　疆	68000		5048	5048			

11－4　各地区按资质等级分的物业管理企业在管房屋建筑面积

单位：平方米

地　区	总　计	一级	二级	三级	其他
全国总计	**2882522107**	**252644837**	**539959931**	**1401718677**	**688198662**
北　京	255512908	48416372	40817815	119255281	47023440
天　津	64714629	13088825	14670968	29313468	7641368
河　北	47157139	470900	4283644	17819662	24582933
山　西	31870525		1170174	21037503	9662848
内蒙古	26196678	83605	784562	6206821	19121690
辽　宁	170993667	12778864	13353825	57104239	87756739
吉　林	46605285		1224268	22738765	22642252
黑龙江	123412006	9683960	36222262	64110650	13395134
上　海	410850773	42917441	99637889	199304908	68990535
江　苏	208233060	4701636	41633251	125118281	36779892
浙　江	207992287	14561164	24760134	126949597	41721392
安　徽	77484325	2296700	12978058	41544350	20665217
福　建	90164705	1641314	21414787	52023874	15084730
江　西	23984379	11000	7597012	7452059	8924308
山　东	104103224		19214986	62369388	22518850
河　南	46919261	626972	3546737	21811449	20934103
湖　北	55179300	1782171	10807830	31022790	11566509
湖　南	42011900	226724	10714469	24484375	6586332
广　东	430202359	76487997	98129534	124727565	130857263
广　西	40819071	1800000	2759153	26946075	9313843
海　南	24023050	3994538	7000587	11291410	1736515
重　庆	86781172	13789654	26183666	40259503	6548349
四　川	98680287	2971589	11622548	66318281	17767869
贵　州	22504366	67000	1945453	16663817	3828096
云　南	32141404		3228111	24167246	4746047
西　藏	136393		8000	14662	113731
陕　西	20151313		2892498	8746056	8512759
甘　肃	29096253	35700	5222864	20253946	3583743
青　海	6249047	48500	3182418	1935987	1082142
宁　夏	22326754		5663998	7276496	9386260
新　疆	36024587	162211	7288430	23450173	5123773

11－5　各地区按登记注册类型分的物业管理企业在管住宅建筑面积

单位：平方米

地　区	总　计	内　资					
			国　有	集　体	股份合作	国有联营	集体联营
全国总计	**2149598932**	**2073744164**	**300406619**	**122066559**	**21791369**	**6896243**	**1591552**
北　京	189197582	178680761	37905153	13833998	2235781	15000	126992
天　津	47713775	46979114	5503939	2416654	210900		
河　北	37893184	37663884	9433629	1294750	630600	123988	
山　西	26453161	26416161	4660141	2228951	58000		
内蒙古	20692013	20634509	1843853	650610	325520		
辽　宁	142662109	139090653	35566951	10686494	3523613		
吉　林	34587024	34535924	9900938	794840	868815		
黑龙江	97700229	96878229	31046535	2549302	853974	55000	
上　海	333814291	312580498	41218285	32753553	2903366	1102055	260061
江　苏	156174676	154322023	14800583	8053363	739294	133904	70000
浙　江	150817556	150032503	19536482	4066351	266102		27706
安　徽	59516049	59449674	7125504	5074337	1082031	429793	101000
福　建	56871289	52582795	7132197	3028152	461830	103493	21330
江　西	15894688	15610688	3993609	1116339	151206		
山　东	79218698	78120020	10344370	7761361	1690336	95000	459570
河　南	38370169	37677648	4358811	1665152	520754		21000
湖　北	38676045	36230860	5118219	735483	338614		
湖　南	29645544	29287118	3142621	830669	280675		
广　东	278462908	254835466	21070706	13143728	2864529	4675010	440893
广　西	30911092	30372696	984558	819949			
海　南	18171840	18055469	1696297	1217142	275270		
重　庆	61812471	61421750	4216636	665227	263459		
四　川	73697808	73323747	4672330	1265132	751228	163000	
贵　州	16053810	15997310	1530407	852529	18000		
云　南	23651348	23592357	1243685	1400526	97830		54000
西　藏	81111	81111	57752				
陕　西	16036183	15984422	2709428	359835	171870		9000
甘　肃	23540200	22203401	1897105	809446	83000		
青　海	4778750	4668044	575620	277712	61680		
宁　夏	17458239	17458239	2224292	1041026	63000		
新　疆	29045090	28977090	4895983	673948	92		

11－5 续表 1

单位：平方米

地区	内					资	
	国有与集体联营	其他联营	国有独资公司	其他有限责任公司	股份有限公司	私营独资	私营合伙
全国总计	**4535972**	**4321311**	**31527315**	**886634667**	**77488427**	**18937733**	**10989870**
北京	376359	649079	4447158	82794683	3224107	267817	17530
天津		87100		22702216	2772892	1458276	227204
河北	151000			14945047	2740231	443205	395688
山西			375100	13486701		205160	53926
内蒙古		17000		8821772	1834447	364337	120000
辽宁			458181	47352454	3524203	3383377	494389
吉林		22500	995788	8982365	1534033	1852905	63115
黑龙江	86000	250000	2224727	39462074	7477408	382196	415010
上海	2423641		4744494	141331397	1467635	1685457	2720555
江苏	45700	250000	151180	60466767	11363883	1003845	1595069
浙江	31616	68514	961350	73346458	1264248	1869252	187858
安徽	92060		5190897	23052536	2180441	404277	542956
福建	164634	26110	735520	16462917	2884396	91147	485720
江西				5302798	1024355	273592	13115
山东	104600	26000	1135800	30871852	6030996	1179271	152820
河南			2311707	14559586	814796	49670	107893
湖北	212560	36800	475401	14767362	3102416	257269	270374
湖南		25518	1217264	11745671	3483130	217000	63400
广东	627803	2585399	3618665	120285511	4203813	753711	2057426
广西			59423	15154162	690970	120904	
海南		33291		7672568	1719398	540855	49465
重庆			331527	18609512	3016028	1529819	257814
四川		216000	306112	30533001	5014716	303156	312202
贵州			327015	6367904	1286765	60600	51857
云南	219999		124900	11192087	1214847	24056	211484
西藏			700	22659			
陕西		28000	392376	5735652	1344343	71292	75000
甘肃			61988	14308038	2209800	5400	48000
青海			65000	2404567		53500	
宁夏			245700	11412405	24000	55638	
新疆			569342	12481945	40130	30749	

11－5续表2

单位：平方米

地　　区	内资			港澳台投资	合资经营	合作经营
	私营有限责任公司	私营股份有限公司	其他内资企业			
全国总计	**524673405**	**38155393**	**23727729**	**41928550**	**21702469**	**1365399**
北　京	31467783	1122937	196384	7959269	6818215	230806
天　津	7419581	490691	3689661	120633	22000	6961
河　北	5956722	1165783	383241	229300	38000	
山　西	4825495	522687		37000	37000	
内蒙古	6100150	333920	222900	57504		
辽　宁	30409632	2229877	1461482	1234292	728837	
吉　林	8758296	651353	110976			
黑龙江	9131156	1205969	1738878	685000	592000	
上　海	71098225	2141418	6730356	10340080	5823797	597404
江　苏	50622659	3739882	1285894	705125	319619	5000
浙　江	46433343	1851637	121586	741853	718389	23464
安　徽	11441065	1191168	1541609	28032	28032	
福　建	18835657	1914590	235102	2783862	337947	22971
江　西	3005787	726887	3000	210000		
山　东	16092291	861158	1314595	869962	119564	
河　南	12905358	212659	150262	150000		
湖　北	9229608	1291963	394791	613594	6430	
湖　南	7045755	983286	252129	87408	6000	
广　东	74805828	2701856	1000588	13816569	5767447	469787
广　西	11270629	1037269	234832	486786	86786	
海　南	3980783	718860	151540	79971	55969	9006
重　庆	26957226	4775799	798703	316521		
四　川	26148868	3276407	361595	191969	98617	
贵　州	4812356	590877	99000	51500	51500	
云　南	5740506	1586526	481911	18000		
西　藏						
陕　西	4613891	155600	318135	29761	29761	
甘　肃	2368876	325482	86266			
青　海	878158	148890	202917	16559	16559	
宁　夏	2266020	54158	72000			
新　疆	10051701	145804	87396	68000		

11－5 续表 3

单位：平方米

地区	港澳台投资		外商投资				
	独资	股份有限		合资经营	合作经营	独资	股份有限
全国总计	**16844032**	**2016650**	**33926218**	**21343869**	**4285325**	**6410233**	**1886791**
北京	66223	844025	2557552	2044065	355021	158466	
天津	59669	32003	614028	550447	22500	41081	
河北	191300						
山西							
内蒙古	57504						
辽宁	505455		2337164	1653315	269041	414808	
吉林			51100	51100			
黑龙江		93000	137000	103000	34000		
上海	3918879		10893713	7967394	895239	2014572	16508
江苏	380506		1147528	1033993		113535	
浙江			43200			43200	
安徽			38343	38343			
福建	2422944		1504632	458563	1200	999759	45110
江西	210000		74000			74000	
山东	650398	100000	228716	213424		15292	
河南	150000		542521	542521			
湖北	607164		1831591	44850		24194	1762547
湖南	81402	6	271018	11018		260000	
广东	6640719	938616	9810873	6432301	2610777	755169	12626
广西	400000		51610	46610		5000	
海南	14996		36400		3400	33000	
重庆	307521	9000	74200			74200	
四川	93352		182092	122000		10092	50000
贵州			5000			5000	
云南	18000		40991	8925		32066	
西藏							
陕西			22000	22000			
甘肃			1336799			1336799	
青海			94147		94147		
宁夏							
新疆	68000						

11－6 各地区按资质等级分的物业管理企业在管住宅建筑面积

单位：平方米

地 区	总 计	一级	二级	三级	其他
全国总计	**2149598932**	**179627939**	**398800703**	**1088595508**	**482574782**
北 京	189197582	36420402	29902883	93098255	29776042
天 津	47713775	9016568	11971993	20708762	6016452
河 北	37893184	438900	3802817	13253334	20398133
山 西	26453161		922418	17757036	7773707
内 蒙 古	20692013	68000	634660	5109671	14879682
辽 宁	142662109	11584909	12305981	47487475	71283744
吉 林	34587024		1119697	19072450	14394877
黑 龙 江	97700229	8743820	27484830	51521002	9950577
上 海	333814291	33477201	82997572	169567895	47771623
江 苏	156174676	3610682	32823974	94619958	25120062
浙 江	150817556	11711394	18747896	94868320	25489946
安 徽	59516049	2012000	9747173	32465554	15291322
福 建	56871289	1384371	7503523	38024602	9958793
江 西	15894688		5330062	5913805	4650821
山 东	79218698		13800784	48951139	16466775
河 南	38370169	510461	2656842	18564647	16638219
湖 北	38676045	657159	8918697	21898809	7201380
湖 南	29645544	111099	8208448	17869501	3456496
广 东	278462908	43991297	59915864	89867947	84687800
广 西	30911092	980193	2217525	20935589	6777785
海 南	18171840	3408738	5068822	8620361	1073919
重 庆	61812471	9173256	18777502	29270503	4591210
四 川	73697808	2139746	9285289	50003324	12269449
贵 州	16053810		1594889	11618118	2840803
云 南	23651348		2811731	17725193	3114424
西 藏	81111		8000	14659	58452
陕 西	16036183		2393453	6975306	6667424
甘 肃	23540200	14200	4594983	16376292	2554725
青 海	4778750	48500	2501387	1544368	684495
宁 夏	17458239		4569121	5977010	6912108
新 疆	29045090	125043	6181887	18914623	3823537

11－7　各地区按登记注册类型分的物业管理企业在管办公用房建筑面积

单位：平方米

地　区	总　计	内　资	国　有	集　体	股份合作	国有联营	集体联营
全国总计	**249981375**	**229310461**	**34664041**	**10024826**	**2324528**	**1340008**	**530397**
北　京	35681133	29649456	3560717	969782	344634	25700	10362
天　津	4893680	4545573	427333	357517	33611		
河　北	1585940	1583770	356927	101657	14447	5400	
山　西	2100444	2078508	682653	2632			
内蒙古	1230045	1229546	148171	118633	3010		
辽　宁	11540953	9772811	3261025	517994	170629		
吉　林	5086960	5086060	3442837	26180	38252		
黑龙江	7528282	7447314	2211207	839291	120630	10000	
上　海	31684948	26657324	3319715	1796440	231932	288704	18487
江　苏	16689387	16070026	944843	968246	258051	109811	1100
浙　江	19131753	18966781	1999915	456874	31700		210
安　徽	4724990	4687358	650046	297604	114607	4200	20200
福　建	7965243	6968180	476751	283524	32579	35448	47690
江　西	2630062	2627723	287202	25475	21330		
山　东	9706762	9482591	893553	1014354	337714	27245	29800
河　南	3728067	3382901	264460	50328	18172		
湖　北	4439048	4006222	691141	36896	6897		234
湖　南	4617114	4495197	821743	73155	15140		
广　东	40577486	36705584	6773742	1206590	300355	828840	394035
广　西	3138941	3049156	186239	32352			
海　南	2641888	2582833	316256	61127	57435		
重　庆	7274140	7134148	324550	55456	1947	1060	
四　川	8425490	8231625	511663	287766	134949	3600	
贵　州	2036750	2027038	104675	87692			
云　南	2578236	2556103	407020	18993	21260		500
西　藏	12974	12974	12871				
陕　西	1873833	1821833	306785	68762	10400		
甘　肃	2412096	2407096	211453	117508	4347		7779
青　海	463615	463615	38317	28678			
宁　夏	1163662	1163662	257124	100599	500		
新　疆	2417453	2417453	773107	22721			

11－7 续表 1

单位：平方米

地　区	内			资			
	国有与集体联营	其他联营	国有独资公司	其他有限责任公司	股份有限公司	私营独资	私营合伙
全国总计	**367852**	**521322**	**3041023**	**107039232**	**9185647**	**1300126**	**614936**
北　京	26008	103238	324572	16539096	403517	32394	8808
天　津		14400		2333831	308501	48000	
河　北	1200			543016	340062	10830	6000
山　西			1263	706884		35289	7070
内蒙古				481471	71663	9179	20030
辽　宁			13532	3674907	219305	14960	2868
吉　林			31461	566296	82019	70197	60
黑龙江	15000		2000	1800381	431134	38897	15640
上　海	211596	9352	410276	14484684	254510	225640	33274
江　苏	1858	20000	294110	7465965	1223345	50314	16339
浙　江	2705		199712	9164318	44403	6140	7250
安　徽	140		353627	1643644	194356	36000	50690
福　建	7642		146225	3229259	171035	30	79920
江　西				1949623	14996	1735	100
山　东	390	1000	59460	3467927	1039399	99560	25700
河　南			38202	736103	103204	2000	13500
湖　北	2600	6450	52258	1673000	173239	54050	51088
湖　南		120	30803	2041433	626518	91300	12050
广　东	86653	355051	850446	18009650	757091	63629	147216
广　西			768	1682137	67977	19051	
海　南				1482248	388194	20876	
重　庆			9132	3188382	580596	279795	78085
四　川		11711	56356	4447616	453660	69320	11532
贵　州			60179	748186	624031	8340	246
云　南	12060		31100	1033359	49099	180	17470
西　藏			100	3			
陕　西			33476	754360	95876	6300	10000
甘　肃				1378206	456451	2500	
青　海			10040	262998		3620	
宁　夏			8245	608387	5500		
新　疆			23680	941862	5966		

11－7 续表 2

单位：平方米

地　　区	内资 私营有限责任公司	资 私营股份有限公司	其他内资企　业	港澳台投　资	合资经营	合作经营
全国总计	**52855973**	**3462316**	**2038234**	**11648329**	**5714410**	**2412897**
北　京	6808746	449390	42492	4455220	2134913	1442845
天　津	696224	30746	295410	31244	2302	
河　北	173593	19310	11328	2170	2000	
山　西	565021	77696		936	936	
内蒙古	362194	11495	3700	499		
辽　宁	1836912	57479	3200	370714	269326	76427
吉　林	762093	61727	4938			
黑龙江	1432425	54679	476030	63300	29300	
上　海	4947227	127863	297624	2804041	1303554	384524
江　苏	4409947	180932	125165	209280	95351	61000
浙　江	6542133	508221	3200	164822	164822	
安　徽	977474	281153	63617	6000	6000	
福　建	2304180	133172	20725	612945	148678	34604
江　西	310446	16000	816	2000		
山　东	2396546	60034	29909	78625	30625	
河　南	2057565	5500	93867	150000		
湖　北	1016356	210716	31297	19921	11070	
湖　南	557023	123970	101942	44260		
广　东	6502058	176252	253976	2305273	1351338	358897
广　西	871827	128100	60705	86554	38440	
海　南	192015	48368	16314	31700	31520	
重　庆	2399389	185062	30694	84392		54600
四　川	1986498	236331	20623	93482	82343	
贵　州	287308	94881	11500	7892	7892	
云　南	805299	159433	330	19059		
西　藏						
陕　西	530466	2100	3308	4000	4000	
甘　肃	212226	8591	8035			
青　海	109811	920	9231			
宁　夏	169448	1059	12800			
新　疆	633523	11136	5458			

11－7 续表 3

单位：平方米

地　区	港澳台投资		外商投资				
	独　资	股份有限		合资经营	合作经营	独　资	股份有限
全国总计	**2850460**	**670562**	**9022585**	**6323645**	**794571**	**1472921**	**431448**
北　京	348940	528522	1576457	1168002	243566	164889	
天　津	23971	4971	316863	236182	58000	22681	
河　北	170						
山　西			21000	21000			
内蒙古	499						
辽　宁	24961		1397428	1327648	31000	38780	
吉　林			900	900			
黑龙江		34000	17668	17668			
上　海	1114463	1500	2223583	1652123	92720	477652	1088
江　苏	52929		410081	374800		34981	300
浙　江			150			150	
安　徽			31632	9920			21712
福　建	354663	75000	384118	93010		286636	4472
江　西	2000		339				339
山　东	48000		145546	145546			
河　南	150000		195166	194834		332	
湖　北	8851		412905	19068		13800	380037
湖　南	44260		77657	7657		70000	
广　东	594925	113	1566629	958101	368691	239837	
广　西	21838	26276	3231	3231			
海　南		180	27355	26761	594		
重　庆	29792		55600	1000		54600	
四　川	11139		100383	14824		62059	23500
贵　州			1820	1370		450	
云　南	19059		3074	2000		1074	
西　藏							
陕　西			48000	48000			
甘　肃			5000			5000	
青　海							
宁　夏							
新　疆							

11－8　各地区按资质等级分的物业管理企业在管办公用房建筑面积

单位：平方米

地　区	总　计	一级	二级	三级	其他
全国总计	**249981375**	**27034510**	**49135053**	**106866635**	**66945177**
北　京	35681133	5137736	7573764	14433548	8536085
天　津	4893680	1404208	816370	1885952	787150
河　北	1585940	20000	62745	510053	993142
山　西	2100444		199056	1311920	589468
内蒙古	1230045		33037	267954	929054
辽　宁	11540953	462424	280403	4641920	6156206
吉　林	5086960		77465	1183834	3825661
黑龙江	7528282	187252	3018628	2845946	1476456
上　海	31684948	4504992	7066422	11481816	8631718
江　苏	16689387	656220	4137044	8958572	2937551
浙　江	19131753	1123660	1748482	10431545	5828066
安　徽	4724990	152000	565038	2688120	1319832
福　建	7965243	31846	564344	5602887	1766166
江　西	2630062		360641	292275	1977146
山　东	9706762		3115016	4806431	1785315
河　南	3728067	20000	454572	1292697	1960798
湖　北	4439048	450415	1242835	1967466	778332
湖　南	4617114	70494	1374368	2324980	847272
广　东	40577486	10319857	10009716	10702878	9545035
广　西	3138941	160591	96192	2016528	865630
海　南	2641888	426200	1094343	903540	217805
重　庆	7274140	1115884	2160331	3675125	322800
四　川	8425490	681900	1049969	4928612	1765009
贵　州	2036750	67000	276340	1516262	177148
云　南	2578236		124062	1713641	740533
西　藏	12974			3	12971
陕　西	1873833		196825	792680	884328
甘　肃	2412096	12700	414319	1784520	200557
青　海	463615		207256	148855	107504
宁　夏	1163662		214618	293302	655742
新　疆	2417453	29131	600852	1462773	324697

11－9　各地区按登记注册类型分的物业管理企业在管商业营业用房建筑面积

单位：平方米

地　区	总　计	内　资					
			国有	集体	股份合作	国有联营	集体联营
全国总计	**211406476**	**197243279**	**19290562**	**10430843**	**3225336**	**645492**	**171660**
北　京	10762080	8890793	1858150	421020	43632		
天　津	3098511	1763069	68658	98671	91277		
河　北	2347326	2317026	188860	29576	38330	11300	
山　西	1546574	1546574	174284	75724	2800		
内蒙古	3107068	3098894	165272	64029	267267		2100
辽　宁	13019647	11554822	1742154	702930	431103		
吉　林	3268265	3262265	542459	41000	66251		
黑龙江	9082402	9082402	1840692	185309	80291	15000	
上　海	16119501	14257257	1206836	2020965	65155	36929	27946
江　苏	10917636	10557026	396019	424542	401638	17200	2760
浙　江	14834438	14726519	990983	435745	154614		2300
安　徽	9371959	9344515	838318	428131	134414	2000	200
福　建	7259600	6380567	385723	843177	51428	2191	
江　西	3308733	3175622	599979	242487	60159		
山　东	8975506	8948535	659087	772488	236507		23630
河　南	2406247	2358223	208870	56376	47082		2700
湖　北	4281069	4027146	352014	116496	14889		884
湖　南	4316199	3939853	532943	113037	40166		
广　东	42643817	38596174	3806145	2711663	602335	536295	13485
广　西	3497818	3369316	233854	15600			
海　南	1493184	1443329	158531	39670	36844		
重　庆	11920170	11563914	657004	65576	86847	20777	
四　川	10115458	9757879	266916	234273	157411	3800	
贵　州	2056879	2023209	171738	52287	2000		
云　南	2301041	2044954	392132	23756			500
西　藏	42308	42308	32144				
陕　西	1512916	1446902	221031	24188	55645		
甘　肃	2276377	2212203	212694	131503	49346		94785
青　海	681290	674574	56213	16718	6400		370
宁　夏	2014123	2014123	54149	21314	1500		
新　疆	2828334	2823286	276710	22592	5		

11－9 续表 1

单位：平方米

地区	内				资		
	国有与集体联营	其他联营	国有独资公司	其他有限责任公司	股份有限公司	私营独资	私营合伙
全国总计	**246709**	**348993**	**2578841**	**75813104**	**8814681**	**1932166**	**1680086**
北京	8213	16000	163237	3598569	199347	80151	620
天津				1020708	4427	15700	
河北	4100			1101134	59279	8106	4112
山西			5000	656885		3300	9114
内蒙古				1096817	294841	27428	80000
辽宁			61400	4130994	197506	260226	111884
吉林		1500	219823	872083	277148	122681	7278
黑龙江	9000	50000	225327	3458973	941745	53600	229990
上海	70623	164	181512	5936835	235444	133048	69068
江苏	2317		28434	3936071	505838	54167	128704
浙江	2760	1000	211651	7413677	303401	53865	13590
安徽	32800		180223	2238584	300374	75801	30104
福建	1158	4000	107281	2306758	223459	17670	28000
江西				1065261	101840	192897	8485
山东		3000	351200	3004123	1147768	77482	19725
河南			25600	940307	118649	26400	6409
湖北		750	8006	1286956	354154	56310	281024
湖南		3894	68197	1137099	360636	74500	55146
广东	82239	263398	430791	16307317	903663	120001	377047
广西			100484	1156430	46213	9559	74000
海南		1299		566953	191996	16153	17676
重庆			31443	3763931	647297	226813	52732
四川		3188	62462	3651559	612538	145494	14086
贵州			15797	645391	215604	3028	17495
云南	33499		19025	563897	178993	1972	10900
西藏			10164				
陕西		800	7766	509816	109819	9179	25897
甘肃				917733	259025	41850	7000
青海			25218	214147	1180	3178	
宁夏			1200	1548197	8200	20000	
新疆			37600	765899	14297	1607	

11－9续表 2

单位：平方米

地　区	内资			港澳台投资	合资经营	合作经营
	私营有限责任公司	私营股份有限公司	其他内资企业			
全国总计	**64890829**	**5135629**	**2038348**	**7272795**	**3278068**	**975256**
北　京	2474177	27677		1241266	687321	483971
天　津	436579	12899	14150	77929	43186	
河　北	731171	112388	28670	30300		
山　西	591387	28080				
内蒙古	1008823	78304	14013	5174		
辽　宁	3311040	551782	53803	218108	181093	
吉　林	997526	99328	15188			
黑龙江	1516952	403261	72262			
上　海	3931794	104363	236575	916537	719976	57934
江　苏	4423049	190884	45403	292280	180544	29548
浙　江	4819233	310434	13266	90989	69213	21776
安　徽	4594978	289008	199580	5000	5000	
福　建	2280913	101613	27196	633790	5000	4277
江　西	804646	91862	8006	122950	15500	
山　东	2508339	50538	94648	18970		
河　南	909287	6496	10047			
湖　北	1084757	451612	19294	30923		
湖　南	1207630	274288	72317	368787	2500	
广　东	11281858	315824	844113	2528363	1092223	252483
广　西	1458763	235433	38980	95569	56695	
海　南	316795	94808	2604	15167	7000	1267
重　庆	5301767	632280	77447	246656		109000
四　川	4137676	397089	71387	189155	157384	
贵　州	821166	78703		14490	10490	
云　南	787304	26476	6500	70449		
西　藏						
陕　西	436765	35380	10616	54014	39014	15000
甘　肃	452101	26166	20000			
青　海	239046	92613	19491	5929	5929	
宁　夏	340163	12200	7200			
新　疆	1685144	3840	15592			

11－9 续表 3

单位：平方米

地区	港澳台投资		外商投资				
	独资	股份有限		合资经营	合作经营	独资	股份有限
全国总计	**2825338**	**194133**	**6890402**	**3731355**	**1265551**	**1435263**	**458233**
北京	28452	41522	630021	395390	126936	107695	
天津	23742	11001	1257513	1245000		513	12000
河北	30300						
山西							
内蒙古	5174		3000			3000	
辽宁	37015		1246717	502576	649866	94275	
吉林			6000	6000			
黑龙江							
上海	138127	500	945707	450244	7487	486814	1162
江苏	82188		68330	65000		3330	
浙江			16930			16930	
安徽			22444				22444
福建	624513		245243	99075	18000	128168	
江西	107450		10161			6000	4161
山东	12970	6000	8001	8001			
河南			48024	40759		7265	
湖北	30923		223000			123000	100000
湖南	366285	2	7559	7559			
广东	1058049	125608	1519280	589921	462475	155118	311766
广西	38874		32933	17933		15000	
海南	1900	5000	34688	32088		2600	
重庆	133156	4500	109600			109600	
四川	31771		168424	55443		106281	6700
贵州	4000		19180	15580		3600	
云南	70449		185638	183738		1900	
西藏							
陕西			12000	12000			
甘肃			64174			64174	
青海			787		787		
宁夏							
新疆			5048	5048			

11－10 各地区按资质等级分的物业管理企业在管商业营业用房建筑面积

单位：平方米

地区	总计	一级	二级	三级	其他
全国总计	**211406476**	**11038533**	**32230089**	**98636242**	**69501612**
北京	10762080	1338429	1245219	3713318	4465114
天津	3098511	123942	514172	2296759	163638
河北	2347326	12000	247936	555176	1532214
山西	1546574		35600	1034971	476003
内蒙古	3107068	15605	70865	518816	2501782
辽宁	13019647	556861	688573	4208326	7565887
吉林	3268265		25146	1560218	1682901
黑龙江	9082402	743400	978947	6113263	1246792
上海	16119501	867720	3071915	7033033	5146833
江苏	10917636	434734	1165170	6452745	2864987
浙江	14834438	962377	1264228	9142942	3464891
安徽	9371959	90000	2192960	4628489	2460510
福建	7259600	12221	945707	4271082	2030590
江西	3308733		600774	980897	1727062
山东	8975506		1933833	5111349	1930324
河南	2406247	40937	105200	973969	1286141
湖北	4281069	49137	478530	2236825	1516577
湖南	4316199	45131	787042	2258097	1225929
广东	42643817	4041343	9238642	12894396	16469436
广西	3497818	19500	158566	2094537	1225215
海南	1493184	145600	514538	552595	280451
重庆	11920170	1507067	3579353	5496869	1336881
四川	10115458	15704	588844	6926412	2584498
贵州	2056879		59949	1505996	490934
云南	2301041		88455	1651158	561428
西藏	42308				42308
陕西	1512916		224820	661444	626652
甘肃	2276377	8800	194520	1475632	597425
青海	681290		245726	155018	280546
宁夏	2014123		779064	430220	804839
新疆	2828334	8025	205795	1701690	912824

11－11　各地区按登记注册类型分的物业管理企业在管厂房建筑面积

单位：平方米

地区	总计	内资					
			国有	集体	股份合作	国有联营	集体联营
全国总计	**131431718**	**121622752**	**21179828**	**7113817**	**2473311**	**2169065**	**49239**
北京	3591470	3341870	602705	175592	12905		
天津	2688679	2688679	49602	43730			
河北	299460	295460	66752	12800			
山西	528849	528849	68050	500			
内蒙古	270902	270902	6409	1200	403		
辽宁	3102158	1779631	313139	77417	25019		
吉林	182724	182724	21066	5110	380		
黑龙江	5743628	5743628	3983883	212600	6310		
上海	13827287	13203615	1747804	317381	72391	112117	7906
江苏	15959774	15193581	150933	435750	157440	1576	10000
浙江	7805148	7805148	1923866	539043			
安徽	2374968	2374968	428851	88153	255267		
福建	3318973	2909648	623795	391588			
江西	1463288	1463288	393292		300		
山东	2539646	2539646	263377	230011			
河南	593533	593533	41600	18500			
湖北	3710598	3673598	1783165	91582			
湖南	1858421	1850984	194414	184421			
广东	49948672	43684299	5526983	3633011	1939397	2055372	23000
广西	1782990	1782990	1075406				
海南	1203165	1090920	10177	430	3499		
重庆	2110554	2106960	420	20959			
四川	2136569	2136569	197199	416008			
贵州	202635	202635	135776				
云南	2292875	2292875	1251583	66924			
西藏							
陕西	345042	345042	190343	13204			
甘肃	305540	296540	59043	6666			8333
青海	194717	194717	9605	112727			
宁夏	535261	535261	27883	1300			
新疆	514192	514192	32707	17210			

11－11 续表 1

单位：平方米

地区	内					资	
	国有与集体联营	其他联营	国有独资公司	其他有限责任公司	股份有限公司	私营独资	私营合伙
全国总计	**246709**	**348993**	**2578841**	**75813104**	**8814681**	**1932166**	**1680086**
北京	8213	16000	163237	3598569	199347	80151	620
天津				1020708	4427	15700	
河北	4100			1101134	59279	8106	4112
山西			5000	656885		3300	9114
内蒙古				1096817	294841	27428	80000
辽宁			61400	4130994	197506	260226	111884
吉林		1500	219823	872083	277148	122681	7278
黑龙江	9000	50000	225327	3458973	941745	53600	229990
上海	70623	164	181512	5936835	235444	133048	69068
江苏	2317		28434	3936071	505838	54167	128704
浙江	2760	1000	211651	7413677	303401	53865	13590
安徽	32800		180223	2238584	300374	75801	30104
福建	1158	4000	107281	2306758	223459	17670	28000
江西				1065261	101840	192897	8485
山东		3000	351200	3004123	1147768	77482	19725
河南			25600	940307	118649	26400	6409
湖北		750	8006	1286956	354154	56310	281024
湖南		3894	68197	1137099	360636	74500	55146
广东	82239	263398	430791	16307317	903663	120001	377047
广西			100484	1156430	46213	9559	74000
海南		1299		566953	191996	16153	17676
重庆			31443	3763931	647297	226813	52732
四川		3188	62462	3651559	612538	145494	14086
贵州			15797	645391	215604	3028	17495
云南	33499		19025	563897	178993	1972	10900
西藏			10164				
陕西		800	7766	509816	109819	9179	25897
甘肃				917733	259025	41850	7000
青海			25218	214147	1180	3178	
宁夏			1200	1548197	8200	20000	
新疆			37600	765899	14297	1607	

11－11 续表 2

单位：平方米

地　　区	内资			港澳台投资	合资经营	合作经营
	私营有限责任公司	私营股份有限公司	其他内资企业			
全国总计	**18832504**	**575348**	**706871**	**2599129**	**1640685**	**40741**
北　　京	746573	3300	400	249600	247000	
天　　津	215927		134600			
河　　北	55771		306	4000	4000	
山　　西	1644					
内 蒙 古	36242					
辽　　宁	664080	800		20000	20000	
吉　　林	19121	2088				
黑 龙 江	331027	28437				
上　　海	1656001	12951	2229	207289	186500	8420
江　　苏	3234218	30213	13270	318893	318893	
浙　　江	2169653	65000	1000			
安　　徽	313917	23120				
福　　建	371105	63915		402458		
江　　西	87730					
山　　东	1449402		10000			
河　　南	111488		211			
湖　　北	159233		430			
湖　　南	102913			6400		
广　　东	5327193	45812	543925	1386895	864292	32321
广　　西	312008	500				
海　　南	15667	189000	500			
重　　庆	776234	9713		3594		
四　　川	192805	28575				
贵　　州	7663	9200				
云　　南	217160	60484				
西　　藏						
陕　　西	40541					
甘　　肃	36520					
青　　海						
宁　　夏	55043	2240				
新　　疆	125625					

11－11 续表 3

单位：平方米

地　区	港澳台投资		外商投资				
	独　资	股份有限		合资经营	合作经营	独　资	股份有限
全国总计	**660816**	**256887**	**7209837**	**6558723**	**180945**	**443169**	**27000**
北　京	2600						
天　津							
河　北							
山　西							
内蒙古							
辽　宁			1302527	1163181	48000	91346	
吉　林							
黑龙江							
上　海	12369		416383	272383	4000	140000	
江　苏			447300	425800		19500	2000
浙　江							
安　徽							
福　建	402458		6867	4200		2667	
江　西							
山　东							
河　南							
湖　北			37000			12000	25000
湖　南	6400		1037	1037			
广　东	233395	256887	4877478	4692122	16700	168656	
广　西							
海　南			112245		112245		
重　庆	3594						
四　川							
贵　州							
云　南							
西　藏							
陕　西							
甘　肃			9000			9000	
青　海							
宁　夏							
新　疆							

11－12　各地区按资质等级分的物业管理企业在管厂房建筑面积

单位：平方米

地　区	总　计	一级	二级	三级	其他
全国总计	**131431718**	**16213080**	**26442368**	**44599761**	**44176509**
北　京	3591470	176871	197168	1339311	1878120
天　津	2688679	1160000	750302	573465	204912
河　北	299460		300	140140	159020
山　西	528849		13100	80186	435563
内蒙古	270902			89084	181818
辽　宁	3102158	24170	43700	601665	2432623
吉　林	182724		1960	66723	114041
黑龙江	5743628	9488	4355254	986015	392871
上　海	13827287	1497392	3048266	5375756	3905873
江　苏	15959774		1560994	10070791	4327989
浙　江	7805148		683762	4002191	3119195
安　徽	2374968	33000	323649	1141565	876754
福　建	3318973	28842	103065	2386553	800513
江　西	1463288		1019558	91083	352647
山　东	2539646		181940	695447	1662259
河　南	593533	12000	15000	331718	234815
湖　北	3710598	625460	166294	1623617	1295227
湖　南	1858421		306203	1241640	310578
广　东	49948672	12507057	11486919	6125855	19828841
广　西	1782990			1486351	296639
海　南	1203165	14000	216583	815627	156955
重　庆	2110554		1249773	672960	187821
四　川	2136569	124800	338959	1396261	276549
贵　州	202635			42218	160417
云　南	2292875		200000	2001599	91276
西　藏					
陕　西	345042		2000	143928	199114
甘　肃	305540		12038	145068	148434
青　海	194717		150178	41009	3530
宁　夏	535261		2800	415366	117095
新　疆	514192		12603	476569	25020

11－13　各地区中介服务企业主要指标完成情况

地　区	房屋代理销售成交合同面积（平方米）	房屋代理销售成交合同金额（万元）	房屋代理销售成交合同数（个）	房屋代理出租成交合同面积（平方米）	房屋代理出租成交合同金额（万元）	房屋代理出租成交合同数（个）
全国总计	**86619829**	**505225371**	**816211**	**42470991**	**28755609**	**482538**
北　京	9948923	45221223	82021	3428722	1215824	43734
天　津	2121715	5980611	32976	662145	90974	10581
河　北	358468	4046310	4215	365232	350742	9201
山　西	174544	166640	1420	276443	9764	2217
内蒙古	80703	57791	478	6900	6580	97
辽　宁	2304823	3262394	28544	1391478	112091	22884
吉　林	160567	445282	1502	36616	12106	769
黑龙江	710856	964581	8068	264010	312600	5755
上　海	20661665	259048263	187212	13118582	15924537	108874
江　苏	6458480	18767432	67810	2790816	460725	39646
浙　江	9244682	42507128	85276	2791913	663592	37777
安　徽	3098135	4278949	27454	462537	80460	4813
福　建	2564975	5957807	23917	869396	318274	9500
江　西	526853	827571	5004	528569	6459	4473
山　东	1909134	11892300	23894	757488	265684	12303
河　南	694572	872332	6409	501581	972426	7817
湖　北	753938	1915248	10965	360035	188277	5299
湖　南	1413253	497526	13448	363926	104345	4811
广　东	13721071	65589827	97868	10355452	3804224	106945
广　西	2489445	4170324	26103	116703	164646	1459
海　南	195456	6829681	1999	18849	5486	262
重　庆	2571958	12494662	31113	539067	1337585	5756
四　川	1627981	4041018	19732	1096994	1855270	12806
贵　州	424257	542575	5553	362101	211590	9925
云　南	1111206	1540745	7748	404909	46423	5889
西　藏						
陕　西	578628	1269878	4557	175637	28564	1281
甘　肃	190029	1171899	4836	163164	160037	2243
青　海	75652	42414	2026	39696	6197	1493
宁　夏	102058	207682	1080	72451	21468	1406
新　疆	345802	615278	2983	149579	18659	2522

11－14 各地区按登记注册类型分的中介服务企业房屋代理销售成交合同面积

单位：平方米

地区	总计	内资					
			国有	集体	股份合作	国有联营	集体联营
全国总计	**86619829**	**76216683**	**4135676**	**725727**	**1000651**	**5170**	**2220**
北京	9948923	9265235	217143	51178	73544		
天津	2121715	1690244	162768	1360	5914		
河北	358468	358468	3576	25371			
山西	174544	174544		1568			
内蒙古	80703	80703	26037	14400			
辽宁	2304823	2204316	894476	9795	132381	1300	
吉林	160567	152567	15340	85800	600		
黑龙江	710856	710856	107964	569	3198		
上海	20661665	16387690	146249	81089	100218	3870	1220
江苏	6458480	6449609	497584	101698	73813		
浙江	9244682	9240342	135749	12306	282183		
安徽	3098135	3085135	190205	24494	79357		
福建	2564975	2476378	118310	638			
江西	526853	526853	95055	6348	2820		
山东	1909134	1843763	331026	14453	11606		
河南	694572	694572	132798	500	9846		850
湖北	753938	723938	5106	5531	13992		
湖南	1413253	1368253	17696	500	10360		
广东	13721071	9404688	395785	97802	9187		
广西	2489445	2489445	277868	28300	850		
海南	195456	187256		16000	5986		
重庆	2571958	2254667	21790	1000	71456		
四川	1627981	1621681	234191	10008	17420		
贵州	424257	424257	35415	588			
云南	1111206	1110081	4687	110684	93920		150
西藏							
陕西	578628	577628	38203	1560	2000		
甘肃	190029	190029	27795	11739			
青海	75652	75652	2860	10448			
宁夏	102058	102031					
新疆	345802	345802					

11－14 续表 1

单位：平方米

地　区	内			资			
	国有与集体联营	其他联营	国有独资公司	其他有限责任公司	股份有限公司	私营独资	私营合伙
全国总计	**7200**	**37113**	**52319**	**18418207**	**2068247**	**1352227**	**1768800**
北　京				4664559	94881		218
天　津				190368	6680	14919	300
河　北			1050	107313	14285	2740	21900
山　西				75178		225	26000
内 蒙 古				34000			
辽　宁			1995	163361	7136	14348	21250
吉　林				4490	13990		
黑 龙 江		192		173944	105377	1442	4762
上　海		90	45	2565835	804132	581193	223672
江　苏				859001	94402	66109	151985
浙　江			19725	1847585	27315	114634	560297
安　徽			819	832573	115130	19328	29718
福　建				753878	6909	149142	4798
江　西				122912	12588		73030
山　东			170	320653	36370	140000	4700
河　南				112464	8000	280	
湖　北		6280	1800	140082	30481	31644	8414
湖　南				157622	100350	1710	40000
广　东	7200	27309	7200	2476164	94654	80966	471440
广　西				346904	105410	1979	21320
海　南				55545	56000		
重　庆				896434	122070	31620	16800
四　川				335359	56675	43009	54281
贵　州		3242		299529		956	12753
云　南				203103	97719	8126	780
西　藏							
陕　西				427681	47693		7582
甘　肃				108275	10000		12800
青　海			19320				
宁　夏						47857	
新　疆							

11－14 续表 2

单位：平方米

地　区	内资			港澳台投资	合资经营	合作经营
	私营有限责任公司	私营股份有限公司	其他内资企业			
全国总计	**44470263**	**1671987**	**500876**	**6460281**	**1118076**	**1988042**
北　京	3999396	164316		519135	198061	8338
天　津	1306762	1	1172	59471		
河　北	152635	26598	3000			
山　西	71371	202				
内蒙古	6266					
辽　宁	919551	38553	170	97807		
吉　林	32347					
黑龙江	279374	20479	13555			
上　海	11668347	123758	87972	2506657	803327	18284
江　苏	4463129	31701	110187	8560		
浙　江	5628230	610738	1580	4340		
安　徽	1629733	143728	20050			
福　建	1397968	8523	36212	71697		67593
江　西	201008	12972	120			
山　东	841585	36260	106940			
河　南	355741	37419	36674			
湖　北	452231	28377		30000		
湖　南	1039684	331		45000		
广　东	5481390	238652	16939	2956565	116688	1892527
广　西	1660498	46316				
海　南	15645		38080	8200		
重　庆	1039957	37340	16200	144424		
四　川	838705	30133	1900	6300		1300
贵　州	57502	14272				
云　南	577492	11720	1700	1125		
西　藏						
陕　西	47360	2724	2825	1000		
甘　肃	19420					
青　海	31184	6240	5600			
宁　夏	49096					
新　疆	206656	634				

11－14 续表 3

单位：平方米

地 区	港澳台投资		外商投资				
	独 资	股份有限		合资经营	合作经营	独 资	股份有限
全国总计	**3349736**	**4427**	**3942865**	**1301217**	**460157**	**2164280**	**17211**
北 京	312736		164553	87050		77503	
天 津	59471		372000	372000			
河 北							
山 西							
内蒙古							
辽 宁	97807		2700	2700			
吉 林			8000	8000			
黑龙江							
上 海	1680619	4427	1767318	227123	15436	1524759	
江 苏	8560		311				311
浙 江	4340						
安 徽			13000	13000			
福 建	4104		16900				16900
江 西							
山 东			65371	65371			
河 南							
湖 北	30000						
湖 南	45000						
广 东	947350		1359818	525106	444721	389991	
广 西							
海 南	8200						
重 庆	144424		172867	840		172027	
四 川	5000						
贵 州							
云 南	1125						
西 藏							
陕 西	1000						
甘 肃							
青 海							
宁 夏			27	27			
新 疆							

11－15 各地区按登记注册类型分的中介服务企业房屋代理销售成交合同金额

单位：万元

地区	总计	内资	国有	集体	股份合作	国有联营	集体联营
全国总计	**50522537**	**34453537**	**746154**	**486238**	**529531**	**3221**	**468**
北京	4522122	4055109	73125	18645	25714		
天津	598061	464857	43291	1	985		
河北	404631	404631	451	344529			
山西	16664	16664		314			
内蒙古	5779	5779	61	648			
辽宁	326239	323348	100993	708	14061	65	
吉林	44528	44414	29319	8696	2		
黑龙江	96458	96458	11331	108	445		
上海	25904826	11826563	90250	49692	84205	3156	438
江苏	1876743	1872206	57636	18712	11856		
浙江	4250713	4247832	54875	2891	67381		
安徽	427895	427716	14029	2681	7275		
福建	595781	559005	34310	10			
江西	82757	82757	7005	983	693		
山东	1189230	1160670	34254	101	262		
河南	87233	87233	14343	30	417		
湖北	191525	186722	604	450	579		
湖南	49753	49753	700	50	525		
广东	6558983	5356963	87531	16610	292401		
广西	417032	417032	49932	2128	2		
海南	682968	682936		180	801		
重庆	1249466	1143339	1992		14300		
四川	404102	403010	14169	606	2991		
贵州	54258	54258	13614	2			
云南	154074	153849	263	8996	4426		30
西藏							
陕西	126988	126708	2969	312	210		
甘肃	117190	117190	8872	7363			
青海	4241	4241	235	794			
宁夏	20768	20767					
新疆	61528	61528					

11－15 续表 1

单位：万元

地　区	内					资	
	国有与集体联营	其他联营	国有独资公司	其他有限责任公司	股份有限公司	私营独资	私营合伙
全国总计	**350**	**5222**	**13065**	**9363334**	**1039781**	**499010**	**408785**
北　京				1876199	48667		44
天　津				67282	1728	1275	6
河　北			225	9253	4397	568	256
山　西				2617		29	2300
内蒙古				3504			
辽　宁			112	20286	944	1863	2109
吉　林				911	228		
黑龙江		42		20848	13522	737	931
上　海		41	20	2335857	540567	322328	151062
江　苏				290275	34557	21940	56442
浙　江			9821	1075849	6423	39217	152466
安　徽			95	17362	3267	1650	640
福　建				193573	2096	3563	1596
江　西				40703	2444		899
山　东			69	98372	315071	5195	1200
河　南				32131	600	345	
湖　北		12	240	9019	4323	1938	3188
湖　南				19663	324	2226	13
广　东	350	4605	920	1588958	6289	15549	17661
广　西				63092	1819	281	10323
海　南				673516	112		
重　庆				492271	6633	54429	2604
四　川				154545	21165	8592	2693
贵　州		523		27266		69	1390
云　南				12603	20497	841	576
西　藏							
陕　西				109349	4106		68
甘　肃				99858	2		320
青　海			1546				
宁　夏				12		16375	
新　疆			19	28161			

11－15 续表 2

单位：万元

地　区	内资			港澳台投资		
	私营有限责任公司	私营股份有限公司	其他内资企业		合资经营	合作经营
全国总计	**20072178**	**691048**	**595153**	**13685213**	**860523**	**227079**
北　京	1965489	47227		378538	183950	5575
天　津	350085	11	193	6724		
河　北	18534	26000	420			
山　西	11365	40				
内蒙古	1567					
辽　宁	179352	2847	9	2756		
吉　林	5258					
黑龙江	45022	921	2551			
上　海	8091103	100309	57535	12577750	636894	19061
江　苏	1359935	9969	10884	4280		
浙　江	2540986	297487	438	2881		
安　徽	336082	43995	641			
福　建	316277	2573	5007	29476		26373
江　西	28222	1805	1			
山　东	201893	3194	501060			
河　南	31114	2643	5612			
湖　北	161921	4449		4803		
湖　南	26201	50				
广　东	3191329	130903	3857	626227	39680	175952
广　西	287511	1944				
海　南	2899	5	5423	33		
重　庆	564837	6038	234	50148		
四　川	194136	3961	152	1092		118
贵　州	10921	474				
云　南	101933	3364	320	225		
西　藏						
陕　西	9064	216	414	280		
甘　肃	775					
青　海	757	507	403			
宁　夏	4379					
新　疆	33234	115				

11－15 续表 3

单位：万元

地　区	港澳台投资		外商投资				
	独　资	股份有限		合资经营	合作经营	独　资	股份有限
全国总计	**12592480**	**5131**	**2383787**	**601869**	**199279**	**1575082**	**7557**
北　京	189014		88475	26115		62360	
天　津	6724		126480	126480			
河　北							
山　西							
内蒙古							
辽　宁	2756		135	135			
吉　林			114	114			
黑龙江							
上　海	11916664	5131	1500513	180830	12831	1306852	
江　苏	4280		257				257
浙　江	2881						
安　徽			179	179			
福　建	3103		7300				7300
江　西							
山　东			28560	28560			
河　南							
湖　北	4803						
湖　南							
广　东	410595		575793	239241	186448	150103	
广　西							
海　南	33						
重　庆	50148		55980	213		55767	
四　川	974						
贵　州							
云　南	225						
西　藏							
陕　西	280						
甘　肃							
青　海							
宁　夏			2	2			
新　疆							

11－16　各地区按登记注册类型分的中介服务企业房屋代理销售成交合同数

单位：个

地　区	总　计	内　资	国　有	集　体	股份合作	国有联营	集体联营
全国总计	**81621**	**74525**	**5790**	**773**	**935**	**6**	**2**
北　京	8202	7822	124	64	91		
天　津	3298	2665	406	3	11		
河　北	422	422	3	101			
山　西	142	142		3			
内蒙古	48	48	3	12			
辽　宁	2854	2765	1118	8	175	1	
吉　林	150	146	13	94	1		
黑龙江	807	807	91	1	6		
上　海	18721	15675	155	93	39	5	1
江　苏	6781	6772	1288	88	63		
浙　江	8528	8523	101	11	216		
安　徽	2745	2733	291	15	63		
福　建	2392	2303	111	1			
江　西	500	500	31	16	3		
山　东	2389	2377	542	28	8		
河　南	641	641	89	1	13		
湖　北	1097	1094	6	5	25		
湖　南	1345	1299	14	2	8		
广　东	9787	7384	367	90	11		
广　西	2610	2610	259	27	1		
海　南	200	198		20	5		
重　庆	3111	2784	15		81		
四　川	1973	1951	244	9	57		
贵　州	555	555	332	1			
云　南	775	774	7	68	57		
西　藏							
陕　西	456	455	21	1	2		
甘　肃	484	484	153	1			
青　海	203	203	6	12			
宁　夏	108	96					
新　疆	298	298					

11－16 续表 1

单位：个

地　区	内						资
	国有与集体联营	其他联营	国有独资公司	其他有限责任公司	股份有限公司	私营独资	私营合伙
全国总计	**2**	**31**	**57**	**16976**	**2375**	**1305**	**1394**
北　京				4269	10		
天　津				178	48	27	1
河　北			2	64	17	11	18
山　西				42			20
内蒙古				29			
辽　宁			2	169	11	17	27
吉　林				1	7		
黑龙江				208	98	2	7
上　海		1		2560	1243	722	220
江　苏				1011	80	81	134
浙　江			19	1635	41	104	545
安　徽				149	44	23	11
福　建				689	8	21	5
江　西				245	17		7
山　东				289	40	56	3
河　南				111	11		
湖　北		3	2	120	28	55	14
湖　南				201	80	7	2
广　东	2	23		1809	84	69	215
广　西				274	115	3	13
海　南				51	73		
重　庆				1552	96	46	16
四　川				475	70	19	26
贵　州				137		1	15
云　南				83	100	15	1
西　藏							
陕　西				333	53		3
甘　肃				225	2		90
青　海			28				
宁　夏				7		24	
新　疆			4	62			

11－16 续表 2

单位：个

地　区	内资					
	私营有限责任公司	私营股份有限公司	其他内资企　业	港澳台投　资	合资经营	合作经营
全国总计	**42261**	**1865**	**753**	**3479**	**276**	**1039**
北　京	3138	126		315	29	6
天　津	1990		1	12		
河　北	162	40	4			
山　西	77					
内蒙古	4					
辽　宁	1200	36		87		
吉　林	30					
黑龙江	362	16	16			
上　海	10420	155	60	1384	246	19
江　苏	3970	44	14	9		
浙　江	5149	701	2	4		
安　徽	2013	116	8			
福　建	1426	9	34	66		61
江　西	167	14				
山　东	888	16	506			
河　南	340	42	35			
湖　北	735	100		3		
湖　南	986			46		
广　东	4469	224	21	1409	1	952
广　西	1855	64				
海　南	13		35	2		
重　庆	939	37	3	118		
四　川	969	80	2	22		2
贵　州	50	17				
云　南	425	16	2	1		
西　藏						
陕　西	29	3	10	1		
甘　肃	13					
青　海	150	8				
宁　夏	65					
新　疆	231	1				

11－16 续表 3

单位：个

地　区	港澳台投资		外商投资				
	独　资	股份有限		合资经营	合作经营	独　资	股份有限
全国总计	**2161**	**3**	**3617**	**1321**	**9**	**2263**	**23**
北　京	280		65	1		64	
天　津	12		620	620			
河　北							
山　西							
内蒙古							
辽　宁	87		2	2			
吉　林			4	4			
黑龙江							
上　海	1116	3	1662	180	7	1476	
江　苏	9						
浙　江	4						
安　徽			12	12			
福　建	5		23				23
江　西							
山　东			13	13			
河　南							
湖　北	3						
湖　南	46						
广　东	456		994	478	2	514	
广　西							
海　南	2						
重　庆	118		210	1		209	
四　川	20						
贵　州							
云　南	1						
西　藏							
陕　西	1						
甘　肃							
青　海							
宁　夏			12	12			
新　疆							

11－17 各地区按登记注册类型分的中介服务企业房屋代理出租成交合同面积

单位：平方米

地区	总计	内资	国有	集体	股份合作	国有联营	集体联营
全国总计	**42470991**	**32993434**	**2695209**	**692462**	**326545**	**67961**	**1060**
北京	3428722	2858613	91548	30444	21290		
天津	662145	355837	15336	45838	6000		
河北	365232	365232	14680	2500	140		
山西	276443	276443	2200	750	320		
内蒙古	6900	6900					
辽宁	1391478	1381236	954541	18573	17100		
吉林	36616	35116	110	300	120		
黑龙江	264010	264010	68719	3164	800		
上海	13118582	7151262	741176	28520	33997	66061	
江苏	2790816	2779597	112492	27895	8590		
浙江	2791913	2748563	52125	4000	53468		
安徽	462537	462537	38145	98848	3870		
福建	869396	848561	75	41125			
江西	528569	528569	63470	8067	1621		
山东	757488	757488	20102	3761	26030		
河南	501581	501581	23791	69328	15462		
湖北	360035	360035	17463	6453	9241		
湖南	363926	363926	19910	3130	26090		
广东	10355452	7832401	327738	129024	39887	1900	
广西	116703	116703	10869	2000	400		
海南	18849	15649		1450	387		
重庆	539067	518793	328	4640	19283		
四川	1096994	1096994	2330	73642	38299		
贵州	362101	362101	446	6475			
云南	404909	404825	7650	15766	3740		1060
西藏							
陕西	175637	175637	12835	54540			
甘肃	163164	163164		5804			
青海	39696	39696	1770				
宁夏	72451	72386					
新疆	149579	149579	95360	6425	410		

11－17 续表 1

单位：平方米

地　区	内						资
	国有与集体联营	其他联营	国有独资公司	其他有限责任公司	股份有限公司	私营独资	私营合伙
全国总计	**6234**	**26514**	**25046**	**5618960**	**702316**	**2004213**	**680645**
北　京			2102	1228579	22767	46530	2000
天　津				52253	3440	18536	680
河　北			1400	80119	3420	25558	300
山　西				130545		600	200
内蒙古		2000		4230			
辽　宁				79612	16485	19760	7590
吉　林				1585	20		
黑龙江				33701	8384	20543	2102
上　海	3234	100	266	632307	357506	889209	163873
江　苏				496910	27471	109399	36359
浙　江				661875	1800	104392	306593
安　徽			612	98235	6400	41500	9831
福　建			7336	70363	700	75950	9670
江　西				44010	30330		2500
山　东			2400	107740	14230	49960	18860
河　南				100896	11086	560	
湖　北				40188	10041	57488	5371
湖　南				191850	2070	2140	
广　东		3360	10735	1012377	44002	194200	68100
广　西				35034	1025	2490	
海　南				561		1000	
重　庆	3000			107971	76403	36600	
四　川				196988	32603	27440	11404
贵　州		21054		10122		276283	2500
云　南				56003	15974	3005	1762
西　藏							
陕　西				39553	4159	60	30000
甘　肃				84050	6000		950
青　海				1500			
宁　夏				12420		1010	
新　疆			195	7383	6000		

11－17 续表 2

单位：平方米

地　　区	内资			港澳台投资	合资经营	合作经营
	私营有限责任公司	私营股份有限公司	其他内资企业			
全国总计	**18624100**	**917841**	**604328**	**7065378**	**72903**	**1917725**
北　　京	1244994	168359		237042	36573	12450
天　　津	211632	990	1132	19308		
河　　北	207424	26491	3200			
山　　西	141628	200				
内 蒙 古	670					
辽　　宁	230415	37044	116	10242		
吉　　林	32981					
黑 龙 江	98644	19810	8143			
上　　海	4110149	123423	1441	4715418	23670	12753
江　　苏	1921875	34802	3804	3820	3200	
浙　　江	1354121	209836	353	43350		
安　　徽	149436	3900	11760			
福　　建	607988	19309	16045	19485		8577
江　　西	113108	5315	260148			
山　　东	477095	7064	30246			
河　　南	244262	10963	25233			
湖　　北	202362	9628	1800			
湖　　南	114736		4000			
广　　东	5629040	153848	218190	2009413	9460	1883945
广　　西	54085	10800				
海　　南	11099		1152	3200		
重　　庆	259810	750	10008	4100		
四　　川	689659	23429	1200			
贵　　州	43139	2082				
云　　南	280718	17020	2127			
西　　藏						
陕　　西	30430		4060			
甘　　肃	60520	5670	170			
青　　海	10309	26117				
宁　　夏	58956					
新　　疆	32815	991				

11－17 续表 3

单位：平方米

地　区	港澳台投资		外商投资				
	独　资	股份有限		合资经营	合作经营	独　资	股份有限
全国总计	**5072548**	**2202**	**2412179**	**616100**	**958814**	**836494**	**771**
北　京	188019		333067	16742		316325	
天　津	19308		287000	287000			
河　北							
山　西							
内蒙古							
辽　宁	10242						
吉　林			1500	1500			
黑龙江							
上　海	4676793	2202	1251902	41568	877511	332823	
江　苏	620		7399	2628		4000	771
浙　江	43350						
安　徽							
福　建	10908		1350	1350			
江　西							
山　东							
河　南							
湖　北							
湖　南							
广　东	116008		513638	264747	81303	167588	
广　西							
海　南	3200						
重　庆	4100		16174	416		15758	
四　川							
贵　州							
云　南			84	84			
西　藏							
陕　西							
甘　肃							
青　海							
宁　夏			65	65			
新　疆							

11－18 各地区按登记注册类型分的中介服务企业房屋代理出租成交合同金额

单位：万元

地区	总计	内资					
			国有	集体	股份合作	国有联营	集体联营
全国总计	**2875561**	**1585995**	**69082**	**184427**	**20491**	**1157**	**1**
北京	121582	118960	6943	1424	292		
天津	9097	8658	197	163	1		
河北	35074	35074	30109	1	20		
山西	976	976	31	60	3		
内蒙古	658	658					
辽宁	11209	11149	5900	324	123		
吉林	1211	1141	5	16	2		
黑龙江	31260	31260	461	30	8		
上海	1592454	388211	13502	968	1572	1081	
江苏	46072	45752	2821	388	153		
浙江	66359	66236	456	250	240		
安徽	8046	8046	494	465	53		
福建	31827	31172	36	328			
江西	646	646	175	13	6		
山东	26568	26568	1035	79	337		
河南	97243	97243	363	85931	8		
湖北	18828	18828	371	182	233		
湖南	10435	10435	364	7531	129		
广东	380422	299470	3817	3343	7016	76	
广西	16465	16465	258	2	1		
海南	549	544		35	1		
重庆	133759	133687	20	207	33		
四川	185527	185527	78	81775	10211		
贵州	21159	21159	22	342			
云南	4642	4642	6	36	27		1
西藏							
陕西	2856	2856	1379	257			
甘肃	16004	16004		37			
青海	620	620	38				
宁夏	2147	2143					
新疆	1866	1866	203	240	24		

11－18 续表 1

单位：万元

地　区	内			资			
	国有与集体联营	其他联营	国有独资公司	其他有限责任公司	股份有限公司	私营独资	私营合伙
全国总计	**293**	**385**	**620**	**217847**	**12097**	**121053**	**54015**
北　京			16	30127	1161	152	28
天　津				827	2	4444	1
河　北			1	70	310	410	50
山　西				254		22	10
内 蒙 古		300		354			
辽　宁				739	325	94	46
吉　林				185	12		
黑 龙 江				1020	106	22	28709
上　海	202	1	38	19144	752	19637	2710
江　苏				9440	324	1853	1271
浙　江				21977	15	4649	4289
安　徽			31	181	204	1400	16
福　建			253	4516	195	7441	13
江　西				71	61		10
山　东			24	1028	3067	556	13233
河　南				6994	142	50	
湖　北		7		485	1046	608	123
湖　南				2077	5	138	
广　东		53	257	17941	1464	2773	2899
广　西				427	1	62	
海　南				180		15	
重　庆	91			64880	2156	54011	
四　川				17024	481	1993	27
贵　州		24		63		20619	5
云　南				391	55	12	290
西　藏							
陕　西				356	10		285
甘　肃				14894	6		
青　海				385			
宁　夏				1653		90	
新　疆			1	167	200		

11－18 续表 2

单位：万元

地　区	内资			港澳台投资		
	私营有限责任公司	私营股份有限公司	其他内资企业		合资经营	合作经营
全国总计	**829542**	**68079**	**6906**	**1254579**	**905**	**62048**
北　京	60117	18700		1754	408	125
天　津	3021		3	71		
河　北	3033	1069	1			
山　西	577	20				
内蒙古	4					
辽　宁	3367	228	4	60		
吉　林	922					
黑龙江	739	32	133			
上　海	320351	8205	46	1185006	351	85
江　苏	27578	1543	380	39	25	
浙　江	30029	4327	4	123		
安　徽	3377	1812	13			
福　建	14326	48	4017	428		108
江　西	192	10	109			
山　东	7023	112	73			
河　南	3668	10	77			
湖　北	13179	2486	107			
湖　南	128		62			
广　东	246061	11976	1796	67065	122	61731
广　西	5573	10142				
海　南	313			5		
重　庆	12272	2	17	28		
四　川	67406	6530	2			
贵　州	78	6				
云　南	3108	700	16			
西　藏						
陕　西	525		44			
甘　肃	1064	2	2			
青　海	87	110				
宁　夏	400					
新　疆	1022	9				

11－18 续表 3

单位：万元

地区	港澳台投资		外商投资				
	独资	股份有限		合资经营	合作经营	独资	股份有限
全国总计	**1191616**	**10**	**34987**	**15352**	**3298**	**16310**	**27**
北京	1221		868	237		631	
天津	71		369	369			
河北							
山西							
内蒙古							
辽宁	60						
吉林			70	70			
黑龙江							
上海	1184561	10	19237	2261	2651	14325	
江苏	14		281	234		20	27
浙江	123						
安徽							
福建	320		228	228			
江西							
山东							
河南							
湖北							
湖南							
广东	5212		13888	11949	647	1292	
广西							
海南	5						
重庆	28		43	1		42	
四川							
贵州							
云南							
西藏							
陕西							
甘肃							
青海							
宁夏			4	4			
新疆							

11－19　各地区按登记注册类型分的中介服务企业房屋代理出租成交合同数

单位：个

地　区	总　计	内　资	国　有	集　体	股份合作	国有联营	集体联营
全国总计	**48254**	**44424**	**3370**	**1575**	**440**	**23**	**2**
北　京	4373	4279	630	47	29		
天　津	1058	645	3	94	9		
河　北	920	920	9	6			
山　西	222	222	9	9	2		
内蒙古	10	10					
辽　宁	2288	2279	1643	27	16		
吉　林	77	75		4			
黑龙江	576	576	48	4	1		
上　海	10887	9295	218	44	54	22	
江　苏	3965	3932	71	48	10		
浙　江	3778	3716	75	5	77		
安　徽	481	481	7	108	4		
福　建	950	936	45	51			
江　西	447	447	47	3	3		
山　东	1230	1230	10	2	13		
河　南	782	782	21	145	16		
湖　北	530	530	20	13	14		
湖　南	481	481	27	1	26		
广　东	10695	9116	273	146	77	2	
广　西	146	146	17	3			
海　南	26	25		2			
重　庆	576	552	2	1	31		
四　川	1281	1281	5	31	51		
贵　州	993	993	2	718			
云　南	589	589		22	4		2
西　藏							
陕　西	128	128	11	36			
甘　肃	224	224		3			
青　海	149	149	7				
宁　夏	141	134					
新　疆	252	252	171	5	1		

11－19 续表 1

单位：个

地区	内资						
	国有与集体联营	其他联营	国有独资公司	其他有限责任公司	股份有限公司	私营独资	私营合伙
全国总计	**5**	**83**	**16**	**7571**	**1432**	**3200**	**1022**
北京			1	1851	27	49	5
天津				33	7	78	2
河北			2	126	292	16	1
山西				119		1	4
内蒙古		3		6			
辽宁				99	21	33	7
吉林				7	4		
黑龙江				133	7	165	3
上海	5	1		765	701	1706	168
江苏				739	30	213	57
浙江				876	2	122	467
安徽			1	54	10	41	6
福建			8	66	1	92	12
江西				49	32		6
山东			1	178	19	30	92
河南				136	11	1	
湖北		2		34	12	94	7
湖南				240	2	27	
广东		53	3	1382	43	279	139
广西				20	1	2	
海南				9		1	
重庆				81	120	54	
四川				340	27	34	22
贵州		24		15		145	15
云南				63	24	14	4
西藏							
陕西				20	8	2	5
甘肃				94	10		3
青海							
宁夏				32		2	
新疆				5	21		

11－19 续表 2

单位：个

地　区	内　资			港澳台投资		
	私营有限责任公司	私营股份有限公司	其他内资企　业		合资经营	合作经营
全国总计	**23443**	**1374**	**868**	**1989**	**63**	**1028**
北　京	1561	80		72	11	8
天　津	415	3	1	3		
河　北	274	189	5			
山　西	76	2				
内 蒙 古	1					
辽　宁	377	56		9		
吉　林	60					
黑 龙 江	155	40	20			
上　海	5421	185	5	653	22	11
江　苏	2703	52	9	26	25	
浙　江	1836	255	1	62		
安　徽	228	5	17			
福　建	614	29	19	13		6
江　西	80	5	223			
山　东	839	9	38			
河　南	330	14	107			
湖　北	319	16				
湖　南	153		4			
广　东	6108	206	407	1148	6	1003
广　西	81	21				
海　南	13		1	1		
重　庆	263	1	1	3		
四　川	743	27	1			
贵　州	60	14				
云　南	423	29	2			
西　藏						
陕　西	40		7			
甘　肃	104	11				
青　海	19	123				
宁　夏	100					
新　疆	48	2				

11－19 续表 3

单位：个

地 区	港澳台投资		外商投资				
	独 资	股份有限		合资经营	合作经营	独 资	股份有限
全国总计	**897**	**2**	**1840**	**659**	**57**	**1124**	**1**
北 京	53		22	9		13	
天 津	3		410	410			
河 北							
山 西							
内 蒙 古							
辽 宁	9						
吉 林			2	2			
黑 龙 江							
上 海	619	2	940	61	25	854	
江 苏			7	3		3	1
浙 江	62						
安 徽							
福 建	7		1	1			
江 西							
山 东							
河 南							
湖 北							
湖 南							
广 东	139		431	166	32	233	
广 西							
海 南	1						
重 庆	3		21	1		20	
四 川							
贵 州							
云 南							
西 藏							
陕 西							
甘 肃							
青 海							
宁 夏			7	7			
新 疆							

第十二章 房地产开发企业经营状况（2004）

注：本部分数据来源于2004年房地产经济普查。

12－1　各地区房地产开发企业（单位）主营业务收入及其构成

单位：万元

地　区	主营业务收入合计	土地转让收　入	商品房屋销售收入	房屋出租收　入	其他收入
全国总计	**133144608**	**4100917**	**117522041**	**3055765**	**8465884**
北　京	15182988	623418	13406702	553476	599392
天　津	3594425	27757	2364139	77566	1124962
河　北	2524616	14650	2307248	29792	172926
山　西	942621	14938	772921	9011	145752
内蒙古	1071289	19706	994897	11393	45294
辽　宁	5347879	91369	5075229	76381	104900
吉　林	1188065	11459	1138858	7225	30523
黑龙江	1619658	255	1599001	6389	14013
上　海	23478481	1378195	18936517	1144503	2019266
江　苏	9995701	173923	8953589	92920	775269
浙　江	10411674	37321	10086601	80610	207142
安　徽	2477207	20554	2346942	13449	96261
福　建	4502330	119688	4122803	117362	142477
江　西	1723588	39352	1569451	14595	100190
山　东	7198080	311261	6556146	84410	246263
河　南	2020881	15111	1918109	38611	49049
湖　北	2741960	32730	2539708	30345	139177
湖　南	2841606	222422	2340700	43215	235268
广　东	17306972	540339	15391290	366564	1008779
广　西	1644806	97923	1448104	13079	85701
海　南	525781	38779	435754	6762	44487
重　庆	3087249	48307	2758192	65653	215097
四　川	5075689	113126	4650438	64263	247862
贵　州	917059	14216	833107	41418	28317
云　南	1648748	34420	1562347	19118	32864
西　藏	54104	15796	36513	804	990
陕　西	1597316	37814	1091447	11315	456739
甘　肃	610160	1686	569836	12248	26391
青　海	221306	1725	156354	6189	57038
宁　夏	563198	28	552754	2926	7490
新　疆	1029175	2650	1006345	14176	6004

12－2　各地区按登记注册类型分的房地产开发企业（单位）主营业务收入

单位：万元

地　区	总　计	内　资					
			国　有	集　体	股份合作	国有联营	集体联营
全国总计	**133144608**	**113926418**	**10746383**	**3096377**	**1195374**	**230241**	**94185**
北　京	15182988	12855071	1251522	97338	43137	13069	
天　津	3594425	3221834	494635	36208	6853	8441	2966
河　北	2524616	2381281	222379	7934	63149		
山　西	942621	893304	103100	20665	6729		
内 蒙 古	1071289	1054071	50309	19619	12708	2680	
辽　宁	5347879	4771196	167895	24792	56744		
吉　林	1188065	1075588	92837	628	961		
黑 龙 江	1619658	1570667	249267	19453	52371		
上　海	23478481	19234134	2463660	725665	138399	75425	17047
江　苏	9995701	8679194	626459	234332	107205	8232	1269
浙　江	10411674	9695851	537547	266581	64673	48250	1530
安　徽	2477207	2288043	259994	59623	46247	655	291
福　建	4502330	2849260	585502	114444	21930	26419	
江　西	1723588	1489481	174758	25210	35014		870
山　东	7198080	6518098	666921	274560	116319	3867	
河　南	2020881	1744874	145553	21486	6802		
湖　北	2741960	2299528	233588	33150	58404		1535
湖　南	2841606	2587567	297286	47377	72869	1174	1000
广　东	17306972	13483441	917299	879956	93954	36855	47007
广　西	1644806	1406668	178699	23134	15056	335	9267
海　南	525781	394972	78674	2897	13177	4683	708
重　庆	3087249	2636729	127220	16535	18423		
四　川	5075689	4664032	267334	71155	93369	155	
贵　州	917059	870321	81822	19191	3365		
云　南	1648748	1537160	76816	4407	4300		10548
西　藏	54104	52240	21022		632		
陕　西	1597316	1541273	231543	25520	33827		121
甘　肃	610160	464830	48218	10612	2878		26
青　海	221306	212902	13031	8528	5880	2	
宁　夏	563198	548111	11389	829			
新　疆	1029175	904700	70108	4548			

12－2 续表 1

单位：万元

地　区	内			资			
	国有与集体联营	其他联营	国有独资公司	其他有限责任公司	股份有限公司	私营独资	私营合伙
全国总计	**137766**	**294706**	**2247416**	**45723066**	**9104169**	**556050**	**352434**
北　京	726		427512	7030276	1081100		
天　津			115125	1028056	303843	12284	5295
河　北			7819	844739	295816	5450	9292
山　西		1548	2649	436051	10611	22196	975
内蒙古			6838	467024	73122	4449	5467
辽　宁			90816	1924037	375132	101368	1145
吉　林			15384	416990	88183	16676	1305
黑龙江		4671	1018	589951	270682	6113	29061
上　海	85884	68613	595932	7191197	802341	10744	80836
江　苏	8700	7041	145457	3206538	643417	24066	20926
浙　江	19341		102888	4887891	384892	93	6178
安　徽	1754	16657	35598	709458	233066	25058	18298
福　建	963	31303	50909	730826	161255	32527	31300
江　西	784	600	745	483641	150504	28494	14802
山　东	1450	5389	92422	2776247	791349	61982	7261
河　南		906	11445	646506	135671	6676	4072
湖　北	5840	2413	29868	814387	316431	40345	23786
湖　南		11318	139101	1114561	194026	15329	18963
广　东	11411	139517	146760	4836180	1428867	72661	34302
广　西		2316	31714	366043	76576	3781	15862
海　南	178	352	1233	139399	23362	522	
重　庆		1093	36097	1053196	131602	19219	948
四　川		958	18040	1538861	511852	7097	1843
贵　州		11	7976	285342	82474	7544	5428
云　南	734		2059	596632	272732	5270	3307
西　藏				18130	43	2704	
陕　西			28063	603695	214424	15518	4142
甘　肃			36249	230671	34462	7856	2455
青　海			6242	66408	241	27	2272
宁　夏			33889	232919	12079		
新　疆			27568	457212	4017		2913

12－2 续表 2

单位：万元

地区	内资					
	私营有限责任公司	私营股份有限公司	其他内资企业	港澳台投资	合资经营	合作经营
全国总计	**37413998**	**2605526**	**4920934**	**1899348**	**263126**	**23880**
北京	2823620	86771	395957	565827	－39507	－52024
天津	1164067	39054	104307	23636	185	1769
河北	790168	133915	87912	2433	290	－233
山西	281027	7741	24864		－881	
内蒙古	364949	46533	14430		－56	
辽宁	1836977	186355	131348	90379	－16270	－5882
吉林	366758	73065	59803		－591	
黑龙江	288791	57656	18442	64	－524	31
上海	6785094	193296	756375	148360	141315	－455
江苏	3370353	273999	611725	70781	120344	9720
浙江	3232391	143596	248127	21105	35087	－1805
安徽	798223	76324	75224	3398	－1415	3981
福建	1005844	56038	170785	62410	18815	10894
江西	470101	103960	82516	2500	773	162
山东	1567901	152089	254744	36885	6266	－71
河南	707335	58421	63587	14010	－3167	－1289
湖北	674840	64941	127718	34494	－7145	1361
湖南	518480	130451	70120	4668	－262	
广东	4692520	143083	893525	754782	82215	58669
广西	659581	23191	29221	8367	36525	1509
海南	109781	9187	28962		－437	
重庆	1029312	144099	233789	31616	1954	1709
四川	1908864	244506	122519	12334	－4205	－3729
贵州	345126	28443	15820	2480	－136543	－129
云南	511448	48118	94098	3876	14781	
西藏	9708					
陕西	371458	12962	40368	4913	－4630	－308
甘肃	82499	8903	44234		617	
青海	55324	54948	3891	34	－12	
宁夏	255206	1800	761		－52	
新疆	336250	2084	115764		19656	

12－2 续表 3

单位：万元

地 区	港澳台投资		外商投资				
	独 资	股份有限		合资经营	合作经营	独 资	股份有限
全国总计	**3402476**	**106770**	**8888663**	**4231939**	**2364733**	**1840885**	**451106**
北 京	9617		1356517	493514	690280	45642	127081
天 津	49165		195483	58163	49720	87600	
河 北	581	2026	50385	48764	500	1120	1
山 西	23261		1192	1192			
内 蒙 古			2789	2232		557	
辽 宁	51478	1004	302473	248910	41235	12327	
吉 林	15489		37185	37185			
黑 龙 江	13577		16909	15631		1278	
上 海	490657	31063	2817892	1434980	569843	536168	276901
江 苏	157046	307	476650	287675	43780	145195	
浙 江	96321		350271	282467	8181	59623	
安 徽	22065		88477	49348	2280	36798	51
福 建	871225	18572	530079	124690	32208	354505	18675
江 西	59681	112	89299	54834	2420	30664	1380
山 东	99100	282	288973	203552	55825	29596	
河 南	62279	452	135679	92949	2538	40192	
湖 北	99840	15893	164487	81166	1006	81435	880
湖 南	63953	1729	113569	67170	7537	33862	5000
广 东	896440	10900	1267883	226658	776328	250208	14689
广 西	26555	4072	169925	97794	55132	16999	
海 南	33641	17838	50368	32359	4001	11794	2215
重 庆	86409		98706	73595		21749	3363
四 川	105726	2522	168555	135133		33422	
贵 州	11139		17298	2047	10255	4996	
云 南	5286		8328	7921	240	167	
西 藏			1864	1864			
陕 西	1		10761	10761			
甘 肃	47416		53681	50727		2082	872
青 海	3341		1138	1138			
宁 夏			14327		11422	2905	
新 疆	1189		7522	7522			

12－3 各地区按登记注册类型分的房地产开发企业（单位）土地转让收入

单位：万元

地区	总计	内资	国有	集体	股份合作	国有联营	集体联营
全国总计	**4100917**	**3501986**	**935651**	**266692**	**37852**	**24645**	**1956**
北京	623418	605167	84437	1296			
天津	27757	24463	4000			303	
河北	14650	14450	3138	289	2484		
山西	14938	14938	1858	200			
内蒙古	19706	19706				71	
辽宁	91369	71007	130				
吉林	11459	11459	478	545			
黑龙江	255	255					
上海	1378195	1084011	543671	34030	25557	23329	
江苏	173923	113128	2946	18330	33	90	
浙江	37321	31216	11762	331			
安徽	20554	18720	6227	17	82		
福建	119688	68311	29650	1192	370		
江西	39352	35504	4734	505	120		870
山东	311261	303636	20361	1012	362		
河南	15111	13546	378	540	310		
湖北	32730	21680	15560	660	18		86
湖南	222422	201116	49327	4004	40		1000
广东	540339	469540	82757	190987	820		
广西	97923	91103	18299	1663	2280	10	
海南	38779	25662	17650	398		842	
重庆	48307	48307	4014	5554			
四川	113126	110918	12465	3439	5159		
贵州	14216	14216	541	353			
云南	34420	34021	407	348	218		
西藏	15796	15796					
陕西	37814	35186	17759	1000			
甘肃	1686	1685	645				
青海	1725	562					
宁夏	28	28	28				
新疆	2650	2650	2430				

12－3 续表 1

单位：万元

地区	内		资				
	国有与集体联营	其他联营	国有独资公司	其他有限责任公司	股份有限公司	私营独资	私营合伙
全国总计	**8225**		**258267**	**881078**	**379272**	**18252**	**10934**
北京			29568	230807	219650		
天津			10000	4000	6160		
河北				7108	92		
山西				11880			
内蒙古				3586			
辽宁			23944	24027	1056		
吉林				4478	3740		
黑龙江				15	240		
上海	7795		123108	179186	30105		862
江苏				57588	6268		
浙江				5573	4912		
安徽			308	1286	894		
福建			11312	14446	470	172	
江西				5188	10106	458	1353
山东				51792	45064	13254	
河南				8413	2443		36
湖北			144	697	436	10	
湖南			43446	63993	9120		
广东	128		5008	93104	14846	2048	
广西			3005	20481	13078	1609	6981
海南			140	1499	2959	1	
重庆			6051	17047	2674		
四川				30921	4031		
贵州				8594	251	700	
云南	302			16150	130		1702
西藏				14792			
陕西			1718	3639	500		
甘肃				530	49		
青海			515	47			
宁夏							
新疆				212			

12－3 续表 2

单位：万元

地区	内资			港澳台投资		
	私营有限责任公司	私营股份有限公司	其他内资企业		合资经营	合作经营
全国总计	**648263**	**24726**	**6172**	**191620**	**85696**	**35688**
北京	39410			10383	10383	
天津				2749	2749	
河北	1339					
山西	1000					
内蒙古	16048					
辽宁	21851			95	95	
吉林	2219					
黑龙江						
上海	116367			34920	20607	200
江苏	26836	1037		296	137	159
浙江	6564	2074		5691	3982	
安徽	9621	285				
福建	9762	938		34647	20101	780
江西	11576	594		3848	3848	
山东	170264	1527		7625	5622	
河南	669	757		164		
湖北	4069			11050	4065	
湖南	22294	2635	5257	18822	5183	4066
广东	71583	8259		36776	2193	30483
广西	22993	585	118	5440	2941	
海南	2173			13117		
重庆	9744	3224				
四川	52784	2121		2207		
贵州	3717		60			
云南	13349	680	737			
西藏	1004					
陕西	10570			2628	2628	
甘肃	452	9				
青海				1163	1163	
宁夏						
新疆	8					

12－3 续表 3

单位：万元

地　区	港澳台投资		外商投资				
	独　资	股份有限		合资经营	合作经营	独　资	股份有限
全国总计	**57119**	**13117**	**407311**	**173396**	**7163**	**30591**	**196161**
北　京			7868	7868			
天　津			545	545			
河　北			200		200		
山　西							
内 蒙 古							
辽　宁			20268	16168	4100		
吉　林							
黑 龙 江							
上　海	14112		259264	64568		11149	183547
江　苏			60500	58300		2200	
浙　江	1709		414	414			
安　徽			1834	1430		404	
福　建	13766		16730	4129		12601	
江　西							
山　东	2003						
河　南	164		1400			1400	
湖　北	6985						
湖　南	9573		2485	1798	0	687	
广　东	4100		34023	16417	2863	2129	12614
广　西	2499		1381	1360	0	21	
海　南		13117					
重　庆							
四　川	2207						
贵　州							
云　南			399	399			
西　藏							
陕　西							
甘　肃			1	1			
青　海							
宁　夏							
新　疆							

12－4　各地区按登记注册类型分的房地产开发企业（单位）商品房销售收入

单位：万元

地区	总计	内资	国有	集体	股份合作	国有联营	集体联营
全国总计	**117522041**	**101595565**	**8634963**	**2598481**	**1084218**	**197352**	**91700**
北京	13406702	11592557	1103935	57785	43137	13069	
天津	2364139	2199457	417727	33723	6631	8042	2965
河北	2307248	2183113	202020	7507	59168		
山西	772921	727565	83407	15457	6305		
内蒙古	994897	980271	49539	18994	12532	2603	
辽宁	5075229	4555539	152456	24790	55366		
吉林	1138858	1032367	87822	83	961		
黑龙江	1599001	1551551	247081	16483	51508		
上海	18936517	16120241	1543953	666211	106201	46648	16945
江苏	8953589	7833917	567098	196672	88786	7532	1269
浙江	10086601	9386637	442620	265192	64451	48008	1530
安徽	2346942	2165323	237969	59020	44765	647	291
福建	4122803	2615223	519281	95983	17312	26385	
江西	1569451	1357110	142272	22556	28446		
山东	6556146	5901880	614105	262460	107710	3614	
河南	1918109	1667639	127040	18852	6478		
湖北	2539708	2126873	195237	27215	55513		1449
湖南	2340700	2132585	219142	41911	69502	1138	
广东	15391290	11957847	740977	606550	78705	35763	46607
广西	1448104	1224488	149018	16183	12631		9267
海南	435754	339081	57618	2061	13162	3753	708
重庆	2758192	2330113	62858	9806	17695		
四川	4650438	4281499	243550	64555	87595	149	
贵州	833107	788982	78542	18757	3354		
云南	1562347	1459518	72221	3606	4037		10548
西藏	36513	34649	20944		579		
陕西	1091447	1048017	131761	22392	33077		121
甘肃	569836	428607	43850	10046	2815		
青海	156354	152144	4218	8433	5797		
宁夏	552754	537667	10982	799			
新疆	1006345	883107	65725	4400			

12－4 续表 1

单位：万元

地区	内资						
	国有与集体联营	其他联营	国有独资公司	其他有限责任公司	股份有限公司	私营独资	私营合伙
全国总计	**125360**	**282792**	**1545589**	**41874786**	**7629550**	**515750**	**324365**
北京	694		390345	6580146	840846		
天津			90822	606968	230554	12284	5231
河北			7580	753292	275630	5050	9157
山西		630	2649	338795	10435	21890	75
内蒙古			6822	446537	66193	3542	4523
辽宁			66872	1852671	363946	98582	523
吉林			15380	400620	81040	16676	1300
黑龙江		4449	1010	585029	268646	5601	29061
上海	74127	68444	211865	6257050	625600	10525	74540
江苏	8700	7041	93625	2947153	562139	24065	20848
浙江	19341		99276	4781966	376618	93	6177
安徽	1754	10962	35186	687871	213571	24030	18055
福建	804	31303	36914	694671	128895	31360	31292
江西	784	600	9	458633	133605	27147	12389
山东	1450	4717	86981	2638429	653091	46883	7261
河南		689	10438	616191	130134	6662	3588
湖北	5833	2413	29038	782355	270840	39509	23725
湖南		11318	62318	939133	171233	14239	18963
广东	11262	135934	128698	4460601	1080985	70238	31506
广西		2293	28061	326190	61363	2132	4688
海南	178		538	123904	16870	505	
重庆		1087	20547	987691	67886	19202	948
四川		902	8406	1421906	496525	7063	1759
贵州		11	7539	258027	78142	5177	5417
云南	433		2052	564757	269284	5237	1606
西藏				2097		2700	
陕西			4383	420470	105322	7501	4142
甘肃			34691	207147	34074	7856	2455
青海			2661	60151	241		2224
宁夏			33428	225724	11899		
新疆			27456	448611	3943		2913

12－4 续表 2

单位：万元

地　区	内　资			港澳台投资		
	私营有限责任公司	私营股份有限公司	其他内资企业	港澳台投资	合资经营	合作经营
全国总计	**34200253**	**2370832**	**119572**	**8841390**	**4189569**	**1526209**
北　京	2476353	86248		679680	314049	358609
天　津	740541	38963	5006	108029	76039	23628
河　北	739912	123209	588	80376	75843	2433
山　西	242598	5323		44287	21998	
内蒙古	322878	45734	373	13554	13554	
辽　宁	1758346	176096	5890	258832	119528	89736
吉　林	354552	71133	2800	74546	59058	
黑龙江	287793	53264	1628	31371	18431	64
上　海	6229326	188806		921427	443101	88282
江　苏	3092748	215041	1200	763194	540685	69434
浙　江	3141003	140362		355888	240681	21105
安　徽	754789	69656	6758	99176	73735	3398
福　建	951183	49841		1014870	128612	59824
江　西	432620	98050		123572	64069	2500
山　东	1327705	147474		371044	241425	36484
河　南	691029	56538		118690	53922	4982
湖　北	631008	62739	1	250970	116702	33566
湖　南	463428	100374	19884	109483	56938	443
广　东	4403935	124408	1679	2390410	857412	680739
广　西	589451	22379	833	56874	23105	7197
海　南	99948	9134	10701	51549	19285	
重　庆	943949	139582	58864	332119	218457	31616
四　川	1717140	231949		224932	112475	9608
贵　州	303241	27406	3368	26850	15140	2480
云　南	478735	47003		97137	91909	
西　藏	8328					
陕　西	306313	12536		34399	34349	50
甘　肃	76790	8884		87957	40541	
青　海	53578	14842		3072	2612	34
宁　夏	253057	1778		761	761	
新　疆	327976	2084		116342	115154	

12－4 续表 3

单位：万元

地　区	港澳台投资		外商投资				
	独　资	股份有限		合资经营	合作经营	独　资	股份有限
全国总计	**3041116**	**84497**	**7085086**	**3564555**	**1951445**	**1356939**	**212147**
北　京	7023		1134465	434140	548734	33486	118104
天　津	8362		56653	49629	3471	3553	
河　北	75	2026	43760	42340	300	1120	
山　西	22289		1069	1069			
内蒙古			1073	610		463	
辽　宁	48622	946	260859	214674	37095	9090	
吉　林	15489		31944	31944			
黑龙江	12877		16079	15529		550	
上　海	359065	30979	1894848	1087022	388368	357021	62438
江　苏	152769	307	356479	184748	42735	128996	
浙　江	94102		344077	276990	8181	58905	
安　徽	22044		82443	43781	2280	36381	2
福　建	809062	17372	492710	116258	24239	333537	18675
江　西	56891	112	88769	54634	2420	30335	1380
山　东	92853	282	283222	200269	54274	28679	
河　南	59336	450	131781	91988	2538	37255	
湖　北	85188	15514	161865	79667	1006	80312	880
湖　南	50842	1260	98633	60805	7383	25445	5000
广　东	843601	8657	1043033	186944	747956	106460	1674
广　西	22501	4072	166741	95215	54548	16978	
海　南	32263		45125	31346	4001	9529	250
重　庆	82046		95960	71499		21588	2873
四　川	100328	2522	144007	116378		27629	
贵　州	9230		17275	2047	10255	4973	
云　南	5229		5691	5451	240		
西　藏			1864	1864			
陕　西			9032	9032			
甘　肃	47416		53272	50649		1751	872
青　海	426		1138	1138			
宁　夏			14327		11422	2905	
新　疆	1189		6896	6896			

12-5 各地区按登记注册类型分的房地产开发企业（单位）房屋出租收入

单位：万元

地区	总计	内资					
			国有	集体	股份合作	国有联营	集体联营
全国总计	**3055765**	**1553105**	**217492**	**101254**	**9628**	**3246**	**196**
北京	553476	169945	36386	35161			
天津	77566	52967	11066	1726	193		1
河北	29792	29363	1264	27	137		
山西	9011	8039	864	241	182		
内蒙古	11393	10090	52	20			
辽宁	76381	55673	3038		42		
吉林	7225	6950	848				
黑龙江	6389	5211	801				
上海	1144503	356757	52698	11937	277	2875	102
江苏	92920	77218	4992	4502	2161		
浙江	80610	73348	8952	862	207	242	0
安徽	13449	11695	1489	77	284		
福建	117362	78772	14706	12863	11	25	
江西	14595	12622	1276	10	140		
山东	84410	73334	6304	5815	606		
河南	38611	15516	1463	295			
湖北	30345	22600	4169	680	443		
湖南	43215	33471	2708	504	1700	37	
广东	366564	248017	46949	22498	2394	41	93
广西	13079	10842	2573	177	10		
海南	6762	5793	1227	203	13	27	
重庆	65653	52709	2409	999	224		
四川	64263	49836	5960	256	421		
贵州	41418	40467	790	55	0		
云南	19118	12074	393	53	37		
西藏	804	804					
陕西	11315	10593	2752	2064			
甘肃	12248	8818	435	66	63		
青海	6189	3717	72	59	83		
宁夏	2926	2926	132				
新疆	14176	12939	725	107			

12－5 续表 1

单位：万元

地　　区	国有与集体联营	其他联营	国有独资公司	其他有限责任公司	股份有限公司	私营独资	私营合伙
	内				资		
全国总计	**893**	**1501**	**84476**	**562563**	**156141**	**1645**	**6857**
北　京			3755	69976	7936		
天　津				13744	20935		64
河　北				18235	1260		
山　西				4045	76	149	
内蒙古			16	1546			
辽　宁				29342	7191	10	
吉　林				2138	1156		
黑龙江		223		3354	291	300	
上　海	726	79	51352	139967	36542	24	5223
江　苏			30	30550	3070	1	25
浙　江			139	46572	2853		
安　徽		4		1043	1533	926	10
福　建	160		1274	12865	2776	13	8
江　西				812	320	63	188
山　东		672	1123	22391	4102	80	
河　南		217	53	8283	1135	14	15
湖　北	7		300	9591	858	13	
湖　南			6457	15266	749		
广　东		250	10376	58217	47764	12	1307
广　西			7	5708	157	10	
海　南			69	1108	977		
重　庆			8125	14130	9016		
四　川		56	16	22117	3450	1	
贵　州			61	8986	712		11
云　南				3145	174	31	
西　藏				761	43		
陕　西			8	3374	777		
甘　肃			1284	6041	37		
青　海			33	3113			7
宁　夏				617	180		
新　疆				5527	74		

12－5 续表 2

单位：万元

地区	内资			港澳台投资		
	私营有限责任公司	私营股份有限公司	其他内资企业		合资经营	合作经营
全国总计	**387160**	**19441**	**612**	**872920**	**399369**	**297919**
北京	16275	456		260383	67386	190738
天津	5216	22		15866	8611	8
河北	8219	190	33	429	427	
山西	857	1613	12	972		
内蒙古	8280	177		212	212	
辽宁	15921	84	45	12989	11421	153
吉林	1608	1200		276	276	
黑龙江	237		5	700		
上海	53178	1778		383166	223262	58034
江苏	31110	778		4552	2819	376
浙江	13081	441		3455	2946	
安徽	5973	317	40	1468	1447	
福建	31169	2904		27817	21541	1806
江西	9572	240		1772	418	
山东	32184	58		9762	5483	400
河南	3887	153		21082	9626	9028
湖北	5293	1246		7159	1281	791
湖南	4654	1169	229	7293	5905	159
广东	56369	1748		76330	14199	32044
广西	2055	140	6	1122	584	22
海南	2120	48		819	22	
重庆	17332	402	72	10553	6335	
四川	14200	3360		11518	8757	275
贵州	29117	564	171	951	679	
云南	8233	8		5566	1703	3863
西藏						
陕西	1322	296		248	25	222
甘肃	884	10		3377	3377	
青海	334	17		2472	18	
宁夏	1975	22				
新疆	6507			611	611	

12－5 续表 3

单位：万元

地区	港澳台投资		外商投资				
	独资	股份有限		合资经营	合作经营	独资	股份有限
全国总计	**173512**	**2120**	**629740**	**265198**	**145293**	**187780**	**31469**
北京	2259		123147	37733	74491	8947	1976
天津	7248		8732	1483	1758	5492	
河北	1						
山西	972						
内蒙古			1091	1091			
辽宁	1416		7719	4510		3209	
吉林							
黑龙江	700		478			478	
上海	101843	27	404580	178933	45932	150775	28939
江苏	1357		11150	2751	420	7980	
浙江	510		3806	3088		718	
安徽	21		286	237			49
福建	3270	1200	10772	2669	1450	6653	
江西	1354		202	154		48	
山东	3879		1314	520	494	299	
河南	2429		2014	803		1210	
湖北	4793	294	585			585	
湖南	978	251	2451	2281		170	
广东	29739	348	42217	21016	20749	452	
广西	517		1114	1114			
海南	797		150	20		115	15
重庆	4219		2391	1747		155	489
四川	2486		2909	2583		327	
贵州	272						
云南			1478	1311		167	
西藏							
陕西			475	475			
甘肃			53	53			
青海	2454						
宁夏							
新疆			626	626			

12－6　各地区按登记注册类型分的房地产开发企业（单位）主营业务成本

单位：万元

地　区	总　计	内　资					
			国　有	集　体	股份合作	国有联营	集体联营
全国总计	**102506601**	**89059604**	**8843702**	**2402421**	**921269**	**161250**	**72547**
北　京	11583583	10049531	1034730	78620	30035	9467	
天　津	2795489	2511383	422055	25689	4650	5606	2253
河　北	2042819	1925904	179152	7051	56192		
山　西	766395	725873	82355	17610	6124		
内蒙古	855243	844432	42379	18648	10533	1485	
辽　宁	4360776	3910769	133870	18681	44531		
吉　林	997372	903301	79110	573	1016		
黑龙江	1387855	1346433	210063	16565	48379		
上　海	17023332	14508206	2133442	553656	97430	48550	13452
江　苏	7840796	6824220	486977	193130	81850	5345	1150
浙　江	7842338	7355423	397677	199938	53247	34078	1372
安　徽	1974704	1820879	210178	49729	35808	554	226
福　建	3457735	2244308	464959	95909	18107	19160	
江　西	1325256	1144487	148702	19868	25809		700
山　东	5640554	5127308	546232	205283	84840	2424	
河　南	1589793	1387906	116423	18683	5569		
湖　北	2205933	1842843	178300	28094	52322	1	1371
湖　南	2275634	2079928	236716	40226	58462	933	890
广　东	12942971	10197569	709790	670994	61120	29518	34971
广　西	1262337	1087560	140779	14666	11163	62	8152
海　南	462459	360145	88131	2205	14206	3929	70
重　庆	2395581	2069004	115415	12297	14157		
四　川	4011120	3733376	219742	54355	65094	137	
贵　州	729515	694626	65891	12539	2868		
云　南	1369965	1286445	69226	3575	2645		7838
西　藏	43678	42198	15837		511		
陕　西	1327994	1281718	191422	24131	26974		93
甘　肃	511806	393504	40919	8250	2762		9
青　海	194224	188665	12069	7329	4864	1	
宁　夏	472833	459403	8021	602			
新　疆	816509	712259	63142	3526			

12－6 续表 1

单位：万元

地　　区	内资						
	国有与集体联营	其他联营	国有独资公司	其他有限责任公司	股份有限公司	私营独资	私营合伙
全国总计	**119435**	**220350**	**1837204**	**35359514**	**6993430**	**432427**	**310529**
北　京	500		355497	5461706	815651		
天　津	864		85084	811344	223808	9544	4211
河　北			6347	684576	232170	4745	7930
山　西		1330	2132	356331	7776	17672	823
内蒙古			6130	357694	56223	3676	4643
辽　宁			67464	1610023	296741	79892	813
吉　林			14034	343212	74622	15218	946
黑龙江		3616	662	514779	234071	5352	26144
上　海	76162	48501	506742	5255425	561292	8191	63380
江　苏	6628	5834	120292	2470033	486968	22819	18811
浙　江	16343		89801	3687245	266743	34	3234
安　徽	1580	14291	28830	565761	184004	20113	15805
福　建	486	22732	42476	564239	142369	29039	50275
江　西	624	517	207	366718	119606	11786	9887
山　东	1352	4154	63503	2158696	620921	39456	6009
河　南		674	8908	512739	103196	5146	3275
湖　北	4932	1958	26504	638688	243938	34182	19912
湖　南		2108	111247	886576	156035	13378	16656
广　东	9185	110993	102246	3559101	1082258	55623	26847
广　西		1687	21373	283817	60056	2550	12115
海　南	216	296	553	124369	16089	423	
重　庆		908	30626	833238	94847	16075	772
四　川		726	18828	1243121	393654	5935	1666
贵　州		26	6878	233934	65541	5712	4219
云　南	564		935	506895	239731	4880	2023
西　藏				17028	43	2614	
陕　西			25954	508543	173104	12264	3800
甘　肃			35187	192739	29273	6103	1928
青　海			5714	54801	210	9	1974
宁　夏			30590	198708	9073		
新　疆			22460	357437	3418		2433

12－6 续表 2

单位：万元

地区	内资			港澳台投资		
	私营有限责任公司	私营股份有限公司	其他内资企业		合资经营	合作经营
全国总计	**29159852**	**2121688**	**103985**	**7307544**	**3563377**	**1258296**
北京	2195581	67743		594852	269365	317146
天津	879823	32692	3759	134320	78939	23129
河北	623933	123337	473	76251	71833	2059
山西	227574	6142	2	39689	18915	
内蒙古	299576	43133	312	8499	8499	
辽宁	1501006	151435	6313	210382	99562	77408
吉林	311364	60828	2380	65846	53256	
黑龙江	237040	48311	1450	27994	16557	52
上海	4996993	144991		862340	451635	83819
江苏	2698812	224574	1000	641097	478283	50548
浙江	2487879	117833		245078	170317	10760
安徽	624524	63898	5577	85174	61525	2792
福建	757079	37478		808936	121132	21242
江西	357303	82761		110755	62612	1100
山东	1269776	124405	260	292295	187537	27630
河南	565150	48143		95755	48691	4735
湖北	558544	54097	1	216302	97523	26972
湖南	425448	108902	22350	110439	56150	3414
广东	3629356	113061	2505	1814369	658782	552582
广西	508303	21258	1578	51140	21610	6844
海南	92513	7410	9736	59989	18735	
重庆	794261	114101	42308	252370	159015	28673
四川	1537639	192477		189264	97047	9203
贵州	271209	22569	3242	23379	12691	1979
云南	409891	37503	739	78108	73335	1372
西藏	6166					
陕西	305286	10147		39282	34460	4821
甘肃	68871	7464		70808	35864	
青海	50415	51278		4651	2197	15
宁夏	210878	1532		591	591	
新疆	257658	2187		97591	96721	

12－6 续表 3

单位：万元

地　区	港澳台投资		外商投资				
	独　资	股份有限		合资经营	合作经营	独　资	股份有限
全国总计	**2407631**	**78241**	**6139452**	**2919292**	**1655441**	**1280913**	**283806**
北　京	8341		939200	316768	498219	29270	94943
天　津	32253		149786	45662	37197	66927	
河　北	446	1913	40664	39873	350	439	1
山　西	20774		833	833			
内蒙古			2312	1833		479	
辽　宁	32677	734	239625	197374	35315	6936	
吉　林	12590		28225	28225			
黑龙江	11384		13428	12912		516	
上　海	305840	21046	1652786	868124	332772	289560	162331
江　苏	112002	264	375479	233081	34262	108136	
浙　江	64001		241838	201167	5973	34698	
安　徽	20856		68652	37794	2130	28727	1
福　建	649544	17018	404492	97629	27959	268252	10653
江　西	46967	76	70014	42591	2031	24878	514
山　东	76887	240	220951	159330	39041	22580	
河　南	41940	390	106132	74946	1717	29469	
湖　北	78970	12837	146788	67121	12675	66525	467
湖　南	50080	794	85268	49051	6373	26344	3500
广　东	597012	5992	931033	164885	556292	205775	4082
广　西	19504	3183	123637	67002	43558	13077	
海　南	30708	10546	42325	27811	3219	7282	4014
重　庆	64682		74207	55502		16193	2512
四　川	79806	3208	88481	61298		27182	
贵　州	8709		11510	1782	6075	3652	
云　南	3401		5412	5128	285		
西　藏			1480	1480			
陕　西			6995	6995			
甘　肃	34943		47495	45527		1179	790
青　海	2439		908	908		1	
宁　夏			12839		10000	2839	
新　疆	870		6660	6660			

12－7 各地区按登记注册类型分的房地产开发企业（单位）主营业务利润

单位：万元

地区	总计	内资					
			国有	集体	股份合作	国有联营	集体联营
全国总计	**7394061**	**6352459**	**520145**	**180457**	**63728**	**12255**	**4966**
北京	865288	736199	69663	4303	2393	682	
天津	181669	162611	22354	2092	273	462	165
河北	132187	124582	10994	115	3284		
山西	50720	48340	5533	1118	459		
内蒙古	50967	50350	1695	178	1457	152	
辽宁	339651	305579	9701	1713	2960		
吉林	64999	59570	4749	51	44		
黑龙江	79708	77232	10576	811	1645		
上海	1169246	956567	84507	43849	6027	3830	1054
江苏	618086	542319	34981	14803	6579	404	58
浙江	627485	587913	30668	16427	3163	2639	102
安徽	146197	136743	14370	3308	2298	34	21
福建	262219	167582	32570	7182	1499	1704	
江西	104542	88941	7159	2143	2112		42
山东	392331	355108	34939	15971	5885	208	
河南	115015	99515	7553	1071	360		
湖北	145304	124469	11048	1509	2952		68
湖南	147638	135761	19147	1828	3643	45	12
广东	949104	749510	47621	50603	5328	2041	2406
广西	100972	86349	10665	2583	892	1	636
海南	24263	18363	3745	131	572	53	39
重庆	171582	147925	5447	1040	1392		
四川	295319	257048	14174	3892	5416		
贵州	54244	51800	5012	1064	151		
云南	94108	87730	4226	188	270		349
西藏	2977	2694	750		12		
陕西	80572	78715	11024	1203	2253		7
甘肃	29243	21819	2348	591	72		9
青海	11378	10941	135	456	338	1	
宁夏	30654	29899	385	78			
新疆	56396	50283	2405	156			

12－7 续表 1

单位：万元

地　区	内			资			
	国有与集体联　营	其他联营	国有独资公　司	其他有限责任公司	股份有限公　司	私营独资	私营合伙
全国总计	**8050**	**16006**	**108879**	**2609780**	**484095**	**32467**	**19992**
北　京	39		21028	409133	64711		
天　津			5815	55006	13931	681	129
河　北			421	45189	15984	286	508
山　西		379	147	24252	613	909	9
内蒙古			63	22157	6608	54	252
辽　宁			4013	126827	23407	6124	89
吉　林			854	26449	4303	432	35
黑龙江		187	33	29574	13594	222	1861
上　海	5083	3928	22257	377223	39797	846	3871
江　苏	688	481	8922	193609	38363	1582	951
浙　江	1110		7007	297936	21918	5	186
安　徽	97	670	1634	41339	12323	1437	1183
福　建	74	1817	2474	42808	7852	1962	1835
江　西	39	50	30	28590	8203	2025	1352
山　东	84	408	5590	162317	38525	4019	297
河　南		50	642	37467	7007	230	177
湖　北	272	130	1445	49835	16500	1933	1292
湖　南		665	9206	56508	9368	429	1070
广　东	522	6823	7731	267849	68670	5348	2023
广　西		208	2061	23426	4467	190	1074
海　南	2	7	31	7071	644	17	
重　庆		62	2037	59412	6318	1097	49
四　川		55	413	87756	28104	423	62
贵　州		88	418	16538	4332	437	446
云　南	39		133	35548	15112	357	494
西　藏				228		44	
陕　西			524	31754	10698	885	250
甘　肃			284	11717	1891	488	155
青　海			287	3502	13	7	184
宁　夏			1823	12244	619		
新　疆			1557	26515	220		160

12-7 续表 2

单位：万元

地　区	内资			港澳台投资	合资经营	合作经营
	私营有限责任公司	私营股份有限公司	其他内资企业			
全国总计	**2136220**	**148076**	**7344**	**567136**	**265321**	**105457**
北　京	159494	4753		56646	18471	37435
天　津	57887	3506	311	8832	4763	1186
河　北	41836	5936	30	4743	4486	134
山　西	14552	368		2320	1278	
内蒙古	16587	1147		526	526	
辽　宁	118082	12177	486	16817	8144	6193
吉　林	18627	3873	154	3871	3084	
黑龙江	15377	3290	62	1826	926	4
上　海	352813	11481		75238	39463	2974
江　苏	223598	17152	150	48281	35151	4032
浙　江	199060	7693		20687	14369	1409
安　徽	53730	3971	330	5379	4034	170
福　建	61385	4420		64613	8247	3177
江　西	31315	5883		11650	5091	88
山　东	78510	8334	20	21238	14650	2012
河　南	41472	3486		7152	3029	699
湖　北	34863	2621		13228	5682	1783
湖　南	25592	6617	1631	6923	3548	36
广　东	274887	7642	18	136633	52203	40396
广　西	38551	1528	66	5108	1726	739
海　南	5620	395	36	4053	1365	
重　庆	58738	8476	3858	18705	12689	1448
四　川	101892	14860		13258	6688	1202
贵　州	21373	1761	179	1400	846	127
云　南	28313	2687	14	5931	5467	199
西　藏	1660					
陕　西	19345	773		1436	1425	11
甘　肃	3925	340		4585	2224	
青　海	3294	2725		364	109	2
宁　夏	14684	65		38	38	
新　疆	19157	115		5657	5598	

12－7 续表 3

单位：万元

地区	港澳台投资		外商投资				
	独资	股份有限		合资经营	合作经营	独资	股份有限
全国总计	**189603**	**6755**	**474466**	**238431**	**120104**	**94518**	**21412**
北京	739		72443	28664	34658	2593	6528
天津	2883		10226	3171	2793	4261	
河北	11	113	2862	2636	25	201	
山西	1042		60	60			
内蒙古			91	33		58	
辽宁	2475	5	17255	14254	2291	710	
吉林	787		1558	1558			
黑龙江	896		650	587		64	
上海	30491	2310	137441	71107	27249	26679	12407
江苏	9082	15	27485	15749	2325	9411	
浙江	4909		18885	15132	478	3274	
安徽	1174		4076	2621	58	1388	8
福建	52175	1014	30024	6815	2043	20222	944
江西	6471		3951	2999	113	740	99
山东	4558	18	15985	10948	3675	1362	
河南	3402	23	8348	6074	137	2138	
湖北	4866	897	7607	3288	53	4107	158
湖南	3311	28	4954	3109	395	1200	250
广东	42909	1125	62961	11079	39356	11853	674
广西	2399	244	9514	5664	3027	823	
海南	1851	837	1848	702	220	912	13
重庆	4568		4952	3528		1137	287
四川	5242	126	25013	24187		826	
贵州	427		1044	107	626	311	
云南	265		447	435	12		
西藏			283	283			
陕西			421	421			
甘肃	2361		2839	2693		103	43
青海	253		74	74			
宁夏			716		571	145	
新疆	59		456	456			

12－8　各地区按登记注册类型分的房地产开发企业（单位）营业利润

单位：万元

地　区	总　计	内　资	国　有	集　体	股份合作	国有联营	集体联营
全国总计	**8579651**	**6939897**	**92235**	**218042**	**65597**	**29769**	**10516**
北　京	866111	832903	-27488	5969	4452	1918	
天　津	217374	237413	2822	1493	1413	1803	335
河　北	89618	88481	-768	225	-292		
山　西	8695	9909	-2798	-101	-3892		
内蒙古	89937	86508	2768	371	231	878	
辽　宁	82848	79611	-4422	2622	4212		
吉　林	-2908	-1139	-4118	-15	-156		
黑龙江	7813	12491	6586	166	557		-153
上　海	2843888	2057713	43038	65548	22013	14026	1314
江　苏	516509	449057	19432	8252	8724	-1334	-21
浙　江	1076027	949433	55283	35186	3407	8063	3
安　徽	46615	45381	5547	930	2799	-29	-63
福　建	332619	155708	24561	1178	-290	4525	5
江　西	88944	82796	422	325	2062		106
山　东	509015	460777	3092	30612	7330	885	-335
河　南	29943	33026	1650	-1613	175		
湖　北	63769	66341	6589	-528	-1281	-260	24
湖　南	53917	60471	9531	633	3862	66	57
广　东	1286009	964360	-7493	71307	8960	1133	7619
广　西	50104	41093	-3389	-988	1172	43	281
海　南	-82429	-76213	-26106	-291	-2501	-1957	459
重　庆	135141	97535	-6964	786	-159		
四　川	199090	148492	-3160	2663	1978	11	
贵　州	1221	1471	2539	2031	78		
云　南	29256	23906	-7955	-412	462		905
西　藏	4851	4917	3831		-3		
陕　西	-10150	-5370	477	-8671	763		-19
甘　肃	1658	-5096	-1036	28	-34		-1
青　海	-8512	-8891	463	172	-446	-1	
宁　夏	11528	12021	1739				
新　疆	41149	34791	-2436	164			

12－8 续表 1

单位：万元

地 区	内						资
	国有与集体联营	其他联营	国有独资公司	其他有限责任公司	股份有限公司	私营独资	私营合伙
全国总计	**-2025**	**36180**	**32274**	**3219581**	**691870**	**39260**	**-12029**
北 京	-321	-28	3479	479938	100192		
天 津	-2353		5933	65402	25117	1308	-595
河 北			787	26712	20232	-479	44
山 西	-77	-569	-118	17065	1213	1331	-176
内 蒙 古			391	59145	6128	441	154
辽 宁			4824	-3249	20869	10816	11
吉 林			-2016	-2085	401	614	179
黑 龙 江		518	123	-4642	4044	-233	-1223
上 海	-92	9958	-8900	886153	112945	395	8761
江 苏	731	-324	5080	233676	66107	-3288	-1133
浙 江	1009		-579	516508	62482	-197	2353
安 徽	-92	503	777	11924	8719	-313	-419
福 建	-84	5600	868	48026	-10495	586	-23442
江 西		-41	24	29455	7231	10742	1379
山 东	-578	392	17669	234865	73193	13276	568
河 南		79	141	8990	8007	-64	-413
湖 北	94	52	-1133	32684	25989	430	167
湖 南		7938	2679	33932	3554	-456	-33
广 东	35	12441	2290	485915	102705	3841	454
广 西		109	5478	7225	767	578	1135
海 南	-73	-68	-188	-34333	-3853	-331	-100
重 庆		-26	-1119	37335	12621	2	12
四 川		-245	-2170	31583	38704	1	-66
贵 州	-163	-110	-1056	-2659	1267	60	-57
云 南	-63		280	11870	-2331	-1278	194
西 藏				216	-25	42	
陕 西			860	-9408	5061	814	-33
甘 肃			31	-4819	-754	708	89
青 海			-1455	-1480	-60	-88	48
宁 夏			-824	7097	1839		
新 疆			119	16539			112

12－8 续表 2

单位：万元

地　区	内资 私营有限责任公司	私营股份有限公司	其他内资企业	港澳台投资	合资经营	合作经营
全国总计	**2459557**	**56315**	**2756**	**673602**	**308479**	**42205**
北　京	258576	6215	0	-60863	15134	-73431
天　津	143492	-9163	406	-4544	-1163	-4630
河　北	45402	-3393	11	911	2570	81
山　西	-629	-1150	-187	-465	-285	-11
内蒙古	15406	598	-2	3663	3663	
辽　宁	38087	7262	-1423	3299	-5757	459
吉　林	4904	1230	-78	-1204	-387	
黑龙江	8482	-463	-1271	-3824	-2106	-2
上　海	891850	10703		147432	58363	35638
江　苏	112228	902	25	45375	30230	3427
浙　江	259005	6910		55672	31789	6928
安　徽	16406	-1576	267	1009	3229	243
福　建	97841	6833	-6	132983	24527	32347
江　西	26369	4722		1867	6068	1020
山　东	73662	6039	106	31195	21624	4777
河　南	17798	-1724		-517	-576	-260
湖　北	7732	-2801	-1419	3678	6805	950
湖　南	2524	-2139	-1676	-2280	-4464	111
广　东	268054	6917	183	254870	68284	40339
广　西	31860	-1876	-1303	-4572	-2097	-708
海　南	-6732	-48	-92	335	1321	
重　庆	42303	2589	10155	35378	33458	-1811
四　川	61805	17388		14735	5736	-2500
贵　州	208	85	-752	-191	-817	169
云　南	19008	3414	-189	5410	4417	576
西　藏	856					
陕　西	5244	-459		-3806	-1563	-1481
甘　肃	638	53		8073	771	
青　海	-5743	-299		611	428	-23
宁　夏	2236	-64		-34	-34	
新　疆	20686	-393		9404	9313	

12－8 续表 3

单位：万元

地　区	港澳台投资		外商投资				
	独　资	股份有限		合资经营	合作经营	独　资	股份有限
全国总计	**328337**	**-5420**	**966151**	**483790**	**228232**	**179513**	**74616**
北　京	-2565		94071	55166	45220	1625	-7940
天　津	1249		-15495	-10969	4158	-8685	
河　北	-1581	-160	225	310	-120	158	-123
山　西	-169		-749	-749			
内蒙古			-233	-118		-115	
辽　宁	8726	-129	-61	-541	976	306	-803
吉　林	-817		-566	-25		-540	
黑龙江	-1716		-854	-159		-695	
上　海	58944	-5512	638743	319086	130990	113902	74765
江　苏	12256	-538	22077	5845	3672	12702	-142
浙　江	16955		70922	52408	785	17729	
安　徽	-2462		225	-1128	-82	1545	-110
福　建	77761	-1651	43928	6485	-3056	34501	5998
江　西	-5239	18	4281	2453	-335	1877	287
山　东	4796	-2	17042	8655	9290	-902	
河　南	477	-157	-2566	-452	613	-2660	-68
湖　北	-3938	-140	-6249	3408	-11850	2023	169
湖　南	2183	-110	-4274	-2744	-1149	1393	-1774
广　东	146333	-86	66779	8418	42005	8979	7378
广　西	-1930	163	13584	7486	5613	484	
海　南	-4810	3825	-6551	-1824	-88	-2263	-2377
重　庆	3731		2228	2911		-341	-342
四　川	12439	-939	35863	34835	-270	1298	
贵　州	456		-59	-263	2270	-1758	-308
云　南	417		-60	235	-357	62	
西　藏			-66	-66			
陕　西	-761		-974	-979	4		
甘　肃	7303		-1319	-628	-70	-626	5
青　海	208	-1	-232	-221		-11	
宁　夏			-460		11	-471	
新　疆	92		-3045	-3045			

12-9 各地区按资质等级分的房地产开发企业（单位）营业利润

单位：万元

地　区	总　计	一级	二级	三级
全国总计	**8579651**	**1291380**	**2105055**	**2274191**
北　京	866111	127107	142294	146378
天　津	217374	16338	47044	47227
河　北	89618	20440	17484	34042
山　西	8695	-63	4544	-3163
内蒙古	89937		7466	22236
辽　宁	82848	-29885	57483	59973
吉　林	-2908	-2243	-1887	8896
黑龙江	7813	2780	3730	5387
上　海	2843888	393345	492512	543201
江　苏	516509	40347	264794	226847
浙　江	1076027	148787	287165	487428
安　徽	46615	7089	30363	19125
福　建	332619	26757	53183	76240
江　西	88944	1288	34766	40470
山　东	509015	16566	81551	154081
河　南	29943	6524	26159	19563
湖　北	63769	34664	43589	9522
湖　南	53917	3495	20667	34577
广　东	1286009	382247	283422	182050
广　西	50104	126	26696	23956
海　南	-82429	-34	-9832	-19643
重　庆	135141	46038	71010	44365
四　川	199090	14116	70582	99851
贵　州	1221	438	7593	7139
云　南	29256	108	29277	2783
西　藏	4851	38	3160	271
陕　西	-10150	6819	-300	-11713
甘　肃	1658	7369	732	468
青　海	-8512	2100	-500	-901
宁　夏	11528	5360	1908	4183
新　疆	41149	13322	8399	9353

12－9 续表 1

单位：万元

地 区	四级	暂定	其他
全国总计	**674208**	**1777642**	**457173**
北 京	5963	454468	-10098
天 津	123183	-6633	-9785
河 北	24291	-6543	-97
山 西	12030	-4600	-53
内 蒙 古	30782	22328	7125
辽 宁	-925	-243	-3554
吉 林	-2712	-5421	459
黑 龙 江	-816	-2083	-1184
上 海	12720	1205307	196803
江 苏	7097	-26177	3602
浙 江	92470	5057	55120
安 徽	9500	-19962	499
福 建	108031	64003	4404
江 西	29321	-17125	225
山 东	117400	116615	22802
河 南	-549	-20213	-1542
湖 北	852	-18876	-5982
湖 南	-2454	-3378	1011
广 东	84844	134142	219305
广 西	2869	-5630	2087
海 南	-12312	-15651	-24957
重 庆	4418	-30156	-535
四 川	1210	9783	3549
贵 州	-5722	-7150	-1076
云 南	24923	-27267	-567
西 藏	-15	503	895
陕 西	-5356	929	-529
甘 肃	1125	-7797	-239
青 海	-1502	-6375	-1335
宁 夏	1572	-2313	818
新 疆	11973	-1898	

12－10 各地区按资质等级分的房地产开发企业（单位）利润总额

单位：万元

地区	总计	一级	二级	三级
全国总计	**10351780**	**1925610**	**2589358**	**2492853**
北京	1070071	180870	165478	153826
天津	232167	26542	39128	50615
河北	102743	20380	21843	37811
山西	9970	-69	6631	-3710
内蒙古	88227		7333	21308
辽宁	88536	-27634	67759	55532
吉林	-10508	-2683	-2294	6365
黑龙江	7613	2065	4683	4629
上海	3833259	765677	739184	672654
江苏	615248	54284	329249	230541
浙江	1191486	167845	314452	539252
安徽	53919	7618	33342	21977
福建	345387	29403	57567	80143
江西	87482	1289	33508	37775
山东	502048	20900	83961	158467
河南	26208	7311	25459	16653
湖北	70653	33819	43515	11723
湖南	57153	3385	22606	34878
广东	1520815	510673	354265	199945
广西	44108	488	25878	19598
海南	-77968	-88	-12909	-15766
重庆	172964	70498	79878	44994
四川	217032	13614	74692	103925
贵州	-1452	749	6811	6490
云南	42626	1056	32624	3968
西藏	5068	31	3371	270
陕西	-6422	7410	2889	-12628
甘肃	443	7050	596	-123
青海	4836	1940	12813	-838
宁夏	13061	6444	2069	4460
新疆	45007	14749	12976	8118

12－10 续表 1

单位：万元

地　区	四级	暂定	其他
全国总计	**660316**	**2122288**	**561354**
北　京	-7214	600195	-23084
天　津	126411	-1466	-9064
河　北	28008	-5358	61
山　西	12263	-4573	-571
内 蒙 古	30110	22273	7202
辽　宁	-594	-743	-5784
吉　林	-7057	-5312	475
黑 龙 江	-948	-2130	-686
上　海	12768	1369072	273904
江　苏	6231	-11553	6496
浙　江	98030	17856	54051
安　徽	8362	-18092	712
福　建	105497	67006	5771
江　西	29130	-14494	274
山　东	117390	103882	17448
河　南	-831	-20597	-1788
湖　北	-143	-19216	956
湖　南	-2634	-1832	751
广　东	79556	124917	251459
广　西	2260	-6128	2013
海　南	-10367	-18043	-20795
重　庆	4653	-26503	-555
四　川	2908	17657	4236
贵　州	-6420	-7842	-1241
云　南	23403	-17900	-525
西　藏	-21	503	914
陕　西	-3274	-303	-515
甘　肃	1071	-7961	-190
青　海	-1310	-6411	-1359
宁　夏	1644	-2345	791
新　疆	11435	-2272	

12－11 各地区房地产开发企业（单位）的资产负债

单位：万元

地　区	资产总计	负债总计	所有者权益	资产负债率（%）
全国总计	**617891877**	**457836253**	**160055624**	**74.1**
北　京	87524068	68442157	19081910	78.2
天　津	16279658	11966566	4313091	73.5
河　北	7761168	5704234	2056934	73.5
山　西	4157690	2945051	1212639	70.8
内 蒙 古	2044004	1382094	661910	67.6
辽　宁	21678342	17069465	4608877	78.7
吉　林	5246135	4028783	1217352	76.8
黑 龙 江	6703702	4737458	1966244	70.7
上　海	121359898	83451203	37908695	68.8
江　苏	44591906	35103869	9488037	78.7
浙　江	53183606	43767229	9416378	82.3
安　徽	10062523	7034484	3028039	69.9
福　建	20976402	14752979	6223423	70.3
江　西	6590995	4530181	2060814	68.7
山　东	22986422	17241041	5745382	75.0
河　南	8276947	5938250	2338698	71.7
湖　北	13713617	9463411	4250206	69.0
湖　南	11590953	7817115	3773837	67.4
广　东	81413158	61760020	19653138	75.9
广　西	7968606	5836732	2131873	73.2
海　南	5427701	3619956	1807745	66.7
重　庆	14982564	10479621	4502943	69.9
四　川	16426235	11252737	5173498	68.5
贵　州	4403069	3434371	968698	78.0
云　南	5606618	4357735	1248883	77.7
西　藏	139865	95556	44309	68.3
陕　西	7241898	5071541	2170357	70.0
甘　肃	2659931	1855285	804646	69.7
青　海	1336615	780669	555946	58.4
宁　夏	1740110	1307701	432409	75.2
新　疆	3817473	2608758	1208714	68.3

12－12　各地区按登记注册类型分的房地产开发企业（单位）资产总计

单位：万元

地　区	总　计	内　资	国　有	集　体	股份合作	国有联营	集体联营
全国总计	**617891877**	**495108919**	**71237705**	**11758198**	**4468951**	**1453617**	**224788**
北　京	87524068	63108273	8729322	632156	179541	67172	1000
天　津	16279658	13711889	2252207	323939	32019	119539	6509
河　北	7761168	7188392	614481	64845	120192		
山　西	4157690	3727908	476353	70120	132408		
内蒙古	2044004	1965588	61242	20435	13173	4509	
辽　宁	21678342	17761536	936189	91120	192916		
吉　林	5246135	4700804	388246	3020	2752		
黑龙江	6703702	6217984	867894	39710	129762		1399
上　海	121359898	95125115	24334177	2176203	415284	629417	60548
江　苏	44591906	38032921	4511415	749072	420332	122711	1433
浙　江	53183606	49947218	3050018	601273	336040	180764	9900
安　徽	10062523	9204352	1253303	97309	166942	11814	787
福　建	20976402	12411798	3241129	400164	152525	109274	12672
江　西	6590995	5327280	682386	77347	61965		507
山　东	22986422	20328493	2791316	717434	458771	22232	28503
河　南	8276947	6727126	749643	93152	27211		
湖　北	13713617	11087442	1987075	140452	158034	14528	2307
湖　南	11590953	10174280	931347	153682	166379	2535	260
广　东	81413158	56325444	7011723	4044945	596993	108258	44172
广　西	7968606	6349680	986947	169665	55157	25073	10969
海　南	5427701	4361254	743995	330720	45031	32604	9595
重　庆	14982564	12415522	794434	83295	144859		
四　川	16426235	14579916	1499626	286979	231403	1828	
贵　州	4403069	3982039	293850	67177	15763		
云　南	5606618	4997059	274222	18270	43807		29162
西　藏	139865	139357	42855		2260		
陕　西	7241898	6691951	1203163	169735	125470		4315
甘　肃	2659931	2224913	235013	87734	16724		753
青　海	1336615	1258946	74612	30742	25238	1361	
宁　夏	1740110	1691375	99455	7179			
新　疆	3817473	3343067	120069	10326			

12－12 续表 1

单位：万元

地 区	内			资			
	国有与集体联营	其他联营	国有独资公司	其他有限责任公司	股份有限公司	私营独资	私营合伙
全国总计	**628869**	**934161**	**18911249**	**198099389**	**38624106**	**1464565**	**1173580**
北 京	32913	3702	2885890	34975202	6220261		
天 津	47640		1109625	4360745	1272403	20291	35840
河 北			10511	2629848	1156051	23813	45033
山 西	4283	22085	11906	1432925	25016	86954	8615
内蒙古			4138	828360	133280	7424	7796
辽 宁	3000		309312	6696058	1465265	193733	9815
吉 林			747622	1831508	364415	25797	4866
黑龙江		7973	10166	2522661	895629	15667	32944
上 海	336275	214841	5792801	34230122	5176169	67785	195732
江 苏	40227	20532	554818	14452064	2096211	133194	94653
浙 江	29270	510	1075838	25345797	1980771	14120	22146
安 徽	1804	51221	364555	2365796	844826	80191	44874
福 建	9395	29014	468311	2975326	833679	90178	203239
江 西	1100	3956	108078	2006630	461447	74229	34609
山 东	21217	14671	237974	8960975	1934623	94178	32606
河 南		7312	155172	2726898	464936	44508	20349
湖 北	11676	7969	290512	3918379	1424148	87392	65673
湖 南		3807	1163284	4643768	759236	30860	35917
广 东	59003	495722	932491	18367568	5552802	128623	152788
广 西		9544	86919	1798433	403820	19631	40833
海 南	18375	16165	247253	1453917	676675	29123	7266
重 庆		10818	893411	4894249	948403	25881	2839
四 川		13800	204483	5024461	1285736	32307	4783
贵 州	5772	326	162276	1296258	351633	17286	22300
云 南	6920		34744	2033304	792454	35632	25021
西 藏				31598	1503	5749	
陕 西			358071	2531465	834775	52388	5465
甘 肃			45502	1241995	204296	19279	5735
青 海		195	363877	397329	2389	8355	7325
宁 夏			64226	536514	40911		640
新 疆			217484	1589234	20343		3877

12－12 续表 2

单位：万元

地　区	内资			港澳台投资		
	私营有限责任公司	私营股份有限公司	其他内资企业		合资经营	合作经营
全国总计	**136661876**	**8884343**	**583522**	**73825741**	**30304213**	**20548312**
北　京	9125127	255988		14027626	3650951	9545987
天　津	3817552	258503	55077	1165324	620127	311333
河　北	2188140	328815	6662	366658	230656	6193
山　西	1367822	80335	9086	375602	254679	638
内蒙古	808667	75528	1036	50189	50189	
辽　宁	7214951	618474	30703	2105172	1319043	344923
吉　林	1144804	159188	28586	345433	200615	
黑龙江	1515382	158473	20323	302752	178730	3687
上　海	20661289	834471		12249155	6894597	924895
江　苏	13967500	868405	355	4236503	2948564	339303
浙　江	16528748	772023		1999750	1395867	24104
安　徽	3568395	342436	10102	383413	260110	18633
福　建	3559378	327085	432	5928794	1018429	233036
江　西	1496504	318522		954472	428672	12893
山　东	4605267	407382	1345	1628449	1015284	162812
河　南	2239602	198344		849848	341569	88456
湖　北	2530148	323705	125444	1906300	716674	325792
湖　南	1800074	368739	114393	976030	602452	62407
广　东	18249516	576562	4279	17353311	3938712	7526059
广　西	2577253	148676	16759	1020421	577915	192634
海　南	657622	61047	31866	681916	218580	
重　庆	4061918	475744	79670	1892432	1291379	139668
四　川	5518748	475762		1094790	600521	188059
贵　州	1585800	127689	35909	286528	142982	21341
云　南	1559737	132292	11495	500747	415195	34265
西　藏	55393					
陕　西	1352186	54919		395939	322162	39047
甘　肃	347774	20108		306355	249226	
青　海	248867	98657		48010	30275	2149
宁　夏	930437	12014		1089	1089	
新　疆	1377277	4457		392732	388970	

12－12 续表 3

单位：万元

地　区	港澳台投资		外商投资				
	独　资	股份有限		合资经营	合作经营	独　资	股份有限
全国总计	**22049964**	**923251**	**48957218**	**23330868**	**12426334**	**10433832**	**2766183**
北　京	830689		10388168	3288736	5414509	346202	1338722
天　津	233864		1402445	905828	124604	372013	
河　北	121680	8129	206118	176204	12175	10444	7295
山　西	120285		54180	54180			
内蒙古			28227	25251		2976	
辽　宁	381359	59846	1811634	1292433	205520	269064	44618
吉　林	144819		199898	184781		15117	
黑龙江	120335		182966	70957		112009	
上　海	4185855	243809	13985628	7727860	1602564	3551086	1104118
江　苏	879641	68995	2322482	1428156	149750	677901	66674
浙　江	579779		1236638	879899	37336	319403	
安　徽	104670		474759	313345	5981	145048	10385
福　建	4571424	105905	2635811	599897	249634	1747615	38665
江　西	512177	730	309243	199317	31103	75601	3224
山　东	449697	655	1029481	731805	161147	136529	
河　南	410674	9150	699973	337014	2709	356443	3807
湖　北	784631	79203	719875	345252	23174	348292	3158
湖　南	288210	22961	440642	231526	38194	161570	9353
广　东	5703275	185264	7734404	2506176	4061871	1092914	73442
广　西	241385	8487	598505	353439	149898	95167	
海　南	336887	126450	384531	179714	20373	165721	18722
重　庆	461385		674610	525501		118191	30918
四　川	303376	2834	751529	543165	22500	185864	
贵　州	122205		134502	25920	25198	71586	11798
云　南	51288		108811	63814	37233	7765	
西　藏			508	508			
陕　西	34730		154008	149517	4492		
甘　肃	57130		128663	80156	8201	39019	1288
青　海	14753	833	29659	28844		815	
宁　夏			47646		38169	9477	
新　疆	3762		81674	81674			

12－13　各地区按资质等级分的房地产开发企业（单位）资产总计

单位：万元

地　区	总　计	一级	二级	三级
全国总计	**617891877**	**57668032**	**119566253**	**158335922**
北　京	87524068	11066158	8106938	3962956
天　津	16279658	2631598	2771908	2811966
河　北	7761168	186794	1512376	1712361
山　西	4157690	38441	1045236	1260742
内蒙古	2044004		361457	590383
辽　宁	21678342	1671344	3204316	8504427
吉　林	5246135	431961	790806	1965099
黑龙江	6703702	585276	1913048	3344457
上　海	121359898	13897337	24038905	15800282
江　苏	44591906	2070856	14151130	17442165
浙　江	53183606	4217305	10995362	22632203
安　徽	10062523	405826	1968235	3362659
福　建	20976402	2264652	2057940	5554824
江　西	6590995	36506	2308869	2270562
山　东	22986422	2004137	3287428	7151005
河　南	8276947	480198	1738738	2754636
湖　北	13713617	827633	4842554	4277506
湖　南	11590953	282180	2150558	6951941
广　东	81413158	9764905	13656247	21110583
广　西	7968606	201020	700251	2365168
海　南	5427701	10004	816711	959409
重　庆	14982564	1400790	5939693	4807647
四　川	16426235	858834	4172517	8155760
贵　州	4403069	172181	791536	1347160
云　南	5606618	694006	1084590	1512377
西　藏	139865	1000	58218	43955
陕　西	7241898	429761	2407685	2572438
甘　肃	2659931	42162	566412	1322255
青　海	1336615	91664	703962	286900
宁　夏	1740110	282290	477951	483096
新　疆	3817473	621215	944678	1018998

12－13 续表 1

单位：万元

地 区	四级	暂定	其他
全国总计	**42818100**	**173991578**	**65511993**
北 京	788221	52065289	11534506
天 津	4291408	3092821	679957
河 北	3046338	1121790	181509
山 西	1329009	441294	42968
内 蒙 古	705484	316544	70136
辽 宁	222772	5559553	2515930
吉 林	1258753	770079	29437
黑 龙 江	74313	604935	181673
上 海	152865	48581571	18888937
江 苏	725787	8772991	1428977
浙 江	3626374	8915972	2796390
安 徽	1504766	2555289	265747
福 建	2861960	6850279	1386747
江 西	709228	1210956	54875
山 东	4411767	4858089	1273997
河 南	605937	1972010	725429
湖 北	741064	2573528	451332
湖 南	490793	1478780	236700
广 东	7049874	9621758	20209792
广 西	596189	3719066	386911
海 南	830445	1607704	1203428
重 庆	487224	2200920	146289
四 川	1275924	1538160	425040
贵 州	1560448	434056	97688
云 南	1346847	921773	47025
西 藏	27104	9388	200
陕 西	810582	972052	49380
甘 肃	223807	450893	54401
青 海	122493	63216	68381
宁 夏	270241	148321	78211
新 疆	670084	562498	

12－14　各地区按登记注册类型分的房地产开发企业（单位）负债总计

单位：万元

地　区	总　计	内　资	国　有	集　体	股份合作	国有联营	集体联营
全国总计	**457836253**	**367471113**	**52739146**	**9244422**	**3300556**	**1132762**	**267940**
北　京	68442157	48830371	7454158	517401	126775	56979	
天　津	11966566	9828012	1660283	265012	25254	105036	5436
河　北	5704234	5260344	486028	50404	86056		
山　西	2945051	2592436	416203	46503	114917		
内蒙古	1382094	1318345	52610	15503	10612	2485	
辽　宁	17069465	14054436	860092	73690	152916		
吉　林	4028783	3610444	330551	922	1919		
黑龙江	4737458	4400647	623929	26092	80823		444
上　海	83451203	66289808	14628502	1757045	324172	433714	49217
江　苏	35103869	30303772	3545541	608671	341551	115437	1253
浙　江	43767229	41534762	2498119	491420	280212	149847	9583
安　徽	7034484	6415422	987103	56444	113599	6376	878
福　建	14752979	8705671	2500611	331341	117358	90985	12037
江　西	4530181	3590846	530230	57898	30893		200
山　东	17241041	15210363	2413321	474568	368884	15524	28704
河　南	5938250	4696564	607641	67351	14659		
湖　北	9463411	7236197	1348301	95409	77459	14241	1172
湖　南	7817115	6763609	698312	98447	104081	497	60
广　东	61760020	43416333	5881602	3224895	426686	92570	115362
广　西	5836732	4532252	834315	127272	33050	7189	7212
海　南	3619956	2965833	663090	289101	33150	41250	4583
重　庆	10479621	8483538	693473	52506	108284		
四　川	11252737	9893637	1201962	192149	173219	70	
贵　州	3434371	3092067	264823	54342	7056		
云　南	4357735	3910075	255248	16545	34088		27522
西　藏	95556	95256	34743		714		
陕　西	5071541	4620472	879923	146520	87918		3928
甘　肃	1855285	1501686	194194	74437	12437		352
青　海	780669	740360	14590	20068	11817	561	
宁　夏	1307701	1282234	92079	4254			
新　疆	2608758	2295322	87570	8209			

12－14 续表 1

单位：万元

地　区	内					资	
	国有与集体联　营	其他联营	国有独资公　司	其他有限责任公司	股份有限公　司	私营独资	私营合伙
全国总计	**506633**	**722108**	**13074728**	**152840922**	**25612790**	**975900**	**826364**
北　京	33696	2714	2438957	27585450	4167487		
天　津	25135		795129	3376495	808225	11604	24470
河　北			9410	2023828	841534	17542	38050
山　西	3552	3515	11330	1038703	17897	53667	3441
内 蒙 古			3715	582208	95140	4338	4970
辽　宁			290430	5407384	1029395	145310	7296
吉　林			536209	1411308	286742	19644	907
黑 龙 江		2627	4938	1836158	673522	7769	20869
上　海	282839	156369	3432583	25887416	3020810	49645	128047
江　苏	31204	9979	435575	11549404	1562687	107728	72562
浙　江	26117	10	927321	21590831	1679190	9332	12510
安　徽	1004	44526	309156	1688103	560893	44340	33147
福　建	7876	18117	326572	2085688	501980	61448	173384
江　西	699	2025	82679	1414226	284472	27289	19388
山　东	17910	12220	172539	6627886	1449721	50361	3786
河　南		4931	111828	1899342	307000	29943	10620
湖　北	5176	1330	96643	2720307	871694	53481	47748
湖　南		3937	704813	3327003	385130	16211	27984
广　东	44480	425414	694003	14656028	3292829	109104	112389
广　西	0	5666	53729	1210973	317572	2869	27064
海　南	15193	13136	166284	871271	420189	24244	1006
重　庆		5286	433084	3609517	607181	20147	234
四　川		10307	135680	3388789	874839	13627	3519
贵　州	5382		165413	999327	248562	10141	14864
云　南	6369		25054	1576281	621254	30436	19977
西　藏				15976		4447	
陕　西			276806	1781426	511902	31764	4738
甘　肃			34250	825966	135110	15338	4375
青　海			209536	273244	120	4135	6536
宁　夏			40486	408536	25111		20
新　疆			150576	1171846	14604		2465

12－14 续表 2

单位：万元

地区	内资			港澳台投资		
	私营有限责任公司	私营股份有限公司	其他内资企业		合资经营	合作经营
全国总计	**99531105**	**6288781**	**406956**	**55061631**	**22236166**	**15986490**
北京	6292992	153763	0	11422241	2769282	7912684
天津	2490701	205076	30158	1010000	500041	306130
河北	1460679	241926	4888	289813	172514	4838
山西	834176	45835	2698	323098	214531	
内蒙古	499574	46199	992	46990	46990	
辽宁	5616525	440093	31306	1613865	986921	302985
吉林	878957	117347	25939	254058	160680	
黑龙江	998028	109924	15525	238549	124448	1175
上海	15444841	694607		8265651	4625377	641836
江苏	11238581	683375	225	3200296	2313503	211330
浙江	13239024	621246		1456765	983163	15064
安徽	2360135	204567	5151	285790	204141	10497
福建	2276656	201616		4184881	621471	130716
江西	952410	188438		756817	345297	9261
山东	3282645	291794	502	1195991	722447	135210
河南	1515910	127339		646619	293728	69464
湖北	1584255	211326	107656	1630558	544323	315310
湖南	1108684	209016	79433	726557	464094	32834
广东	13926909	413318	745	12575095	2911365	5371103
广西	1775613	121342	8386	838358	471760	184530
海南	365694	37584	20059	378462	140458	
重庆	2612569	307726	33530	1479585	1023544	82582
四川	3603230	296246		810447	473395	167301
贵州	1192883	99166	30106	224413	98458	20661
云南	1195384	92259	9658	373977	295957	28522
西藏	39376					
陕西	860966	34581		332231	278307	32277
甘肃	196198	9030		245478	205685	
青海	126021	73733		18702	10311	181
宁夏	703459	8290		445	445	
新疆	858029	2024		235899	233532	

12－14 续表 3

单位：万元

地 区	港澳台投资		外商投资				
	独 资	股份有限		合资经营	合作经营	独 资	股份有限
全国总计	**16215151**	**623823**	**35303509**	**17360992**	**9518950**	**7095087**	**1328479**
北 京	740275		8189546	2706673	4321513	273179	888181
天 津	203829		1128554	730187	103189	295178	
河 北	106017	6444	154078	135536	7297	4719	6526
山 西	108567		29516	29516			
内蒙古			16759	14645		2114	
辽 宁	289749	34209	1401164	1055246	144665	163038	38215
吉 林	93378		164281	153535		10747	
黑龙江	112927		98262	37764		60497	
上 海	2851918	146520	8895744	5364178	1166081	2107940	257545
江 苏	623765	51698	1599800	1027756	108798	456772	6474
浙 江	458538		775702	526242	27430	222030	
安 徽	71153		333272	232512	3166	93515	4079
福 建	3341121	91573	1862428	404680	199186	1236123	22439
江 西	402259		182518	133803	8835	39690	190
山 东	338060	275	834686	597965	126210	110511	
河 南	278509	4917	595067	261607	990	329232	3239
湖 北	699238	71688	596656	263370	32923	297452	2910
湖 南	205779	23850	326949	168031	32282	119107	7530
广 东	4121960	170667	5768592	1957958	3006404	772796	31434
广 西	177561	4508	466123	287208	108148	70767	
海 南	222437	15567	275661	126868	14525	110635	23633
重 庆	373460		516498	400080		89377	27041
四 川	167914	1838	548654	406598	16160	125896	
贵 州	105294		117891	17057	26252	66414	8169
云 南	49497		73683	36920	35923	840	
西 藏			300	300			
陕 西	21647		118838	117368	1471		
甘 肃	39793		108121	68271	7560	31414	876
青 海	8140	70	21608	21582		26	
宁 夏			25021		19943	5079	
新 疆	2367		77537	77537			

12－15 各地区按资质等级分的房地产开发企业（单位）负债总计

单位：万元

地区	总计	一级	二级	三级
全国总计	**457836253**	**41998465**	**88289681**	**119887365**
北京	68442157	9186512	6501527	3100928
天津	11966566	1631037	2186414	2129352
河北	5704234	128086	1209964	1280462
山西	2945051	27979	873074	872001
内蒙古	1382094		225118	369208
辽宁	17069465	1474465	2416082	6886917
吉林	4028783	354882	618466	1544495
黑龙江	4737458	404459	1457223	2361427
上海	83451203	8874339	14470718	10704592
江苏	35103869	1603915	11081503	14270968
浙江	43767229	3595128	9351124	18850685
安徽	7034484	309907	1520602	2367421
福建	14752979	1677800	1541236	3965441
江西	4530181	18111	1812909	1524283
山东	17241041	1488226	2698627	5498065
河南	5938250	333813	1333757	2066361
湖北	9463411	723486	3734417	2786731
湖南	7817115	157220	1502192	4875830
广东	61760020	6449904	10338988	16605062
广西	5836732	155586	549530	1860513
海南	3619956	2128	664538	772024
重庆	10479621	1020615	4139127	3378320
四川	11252737	704323	2848260	5497914
贵州	3434371	112119	654726	1087807
云南	4357735	587281	904131	1150851
西藏	95556	450	44128	38869
陕西	5071541	226550	1726484	1849689
甘肃	1855285	22843	414004	933939
青海	780669	67404	438402	173333
宁夏	1307701	233424	355493	372758
新疆	2608758	426475	676914	711120

12－15 续表 1

单位：万元

地 区	四级	暂定	其他
全国总计	**31517010**	**129465912**	**46677820**
北 京	595118	40321755	8736318
天 津	3179446	2301792	538525
河 北	2198059	748006	139657
山 西	946010	208403	17585
内 蒙 古	482922	251150	53696
辽 宁	166732	4192273	1932996
吉 林	916857	574304	19779
黑 龙 江	52458	283000	178891
上 海	116550	36723449	12561556
江 苏	541075	6608256	998151
浙 江	2883824	7036650	2049818
安 徽	1044707	1639245	152602
福 建	2035109	4775631	757763
江 西	413712	728564	32602
山 东	3213618	3419876	922629
河 南	441638	1294119	468561
湖 北	333121	1608268	277388
湖 南	267667	903878	110330
广 东	5809133	7401090	15155843
广 西	402833	2566637	301634
海 南	554729	1029724	596813
重 庆	356689	1463220	121650
四 川	925980	974047	302212
贵 州	1207626	303233	68859
云 南	1021779	662761	30933
西 藏	8259	3850	
陕 西	535137	706479	27201
甘 肃	161074	283184	40242
青 海	67970	25621	7940
宁 夏	182063	88314	75648
新 疆	455115	339134	

12－16 各地区按登记注册类型分的房地产开发企业（单位）所有者权益

单位：万元

地区	总计	内资					
			国有	集体	股份合作	国有联营	集体联营
全国总计	**160055624**	**127637806**	**18498559**	**2513777**	**1168395**	**320855**	**-43152**
北京	19081910	14277902	1275164	114755	52766	10192	1000
天津	4313091	3883877	591924	58927	6766	14503	1073
河北	2056934	1928048	128452	14441	34136		
山西	1212639	1135472	60150	23617	17492		
内蒙古	661910	647243	8632	4932	2562	2024	
辽宁	4608877	3707099	76097	17430	40000		
吉林	1217352	1090360	57695	2098	833		
黑龙江	1966244	1817337	243965	13618	48940		955
上海	37908695	28835307	9705675	419158	91113	195703	11331
江苏	9488037	7729149	965875	140401	78781	7274	180
浙江	9416378	8412456	551899	109853	55828	30917	317
安徽	3028039	2788930	266199	40865	53343	5437	-91
福建	6223423	3706127	740518	68822	35167	18288	635
江西	2060814	1736434	152156	19448	31072		307
山东	5745382	5118129	377995	242866	89887	6708	-202
河南	2338698	2030562	142002	25800	12552		
湖北	4250206	3851244	638774	45043	80575	287	1135
湖南	3773837	3410671	233035	55235	62297	2038	200
广东	19653138	12909110	1130121	820049	170307	15688	-71190
广西	2131873	1817429	152633	42392	22107	17884	3757
海南	1807745	1395421	80905	41619	11881	-8646	5012
重庆	4502943	3931984	100961	30789	36575		
四川	5173498	4686279	297664	94830	58184	1758	
贵州	968698	889972	29028	12835	8707		
云南	1248883	1086984	18974	1725	9719		1640
西藏	44309	44101	8111		1546		
陕西	2170357	2071479	323240	23215	37551		388
甘肃	804646	723226	40819	13297	4287		401
青海	555946	518586	60022	10675	13421	800	
宁夏	432409	409141	7375	2924			
新疆	1208714	1047745	32499	2117			

12－16 续表 1

单位：万元

地　区	内					资	
	国有与集体联营	其他联营	国有独资公司	其他有限责任公司	股份有限公司	私营独资	私营合伙
全国总计	**122237**	**212053**	**5836521**	**45258467**	**13011316**	**488664**	**347216**
北　京	-783	988	446933	7389752	2052774		
天　津	22505		314496	984250	464178	8687	11371
河　北			1101	606021	314518	6272	6983
山　西	731	18570	576	394222	7120	33287	5174
内蒙古			423	246152	38141	3086	2826
辽　宁	3000		18883	1288673	435869	48423	2519
吉　林			211413	420200	77674	6153	3960
黑龙江		5347	5228	686504	222107	7898	12076
上　海	53436	58471	2360218	8342706	2155359	18139	67686
江　苏	9023	10553	119243	2902660	533523	25466	22091
浙　江	3152	500	148517	3754966	301581	4787	9636
安　徽	800	6695	55399	677693	283933	35851	11726
福　建	1519	10897	141738	889638	331699	28730	29855
江　西	401	1932	25399	592404	176975	46941	15221
山　东	3307	2451	65435	2333089	484902	43817	28820
河　南		2380	43344	827557	157937	14565	9729
湖　北	6500	6639	193869	1198072	552454	33912	17926
湖　南		-131	458471	1316765	374106	14649	7933
广　东	14523	70308	238488	3711539	2259974	19519	40399
广　西		3879	33190	587460	86248	16761	13769
海　南	3182	3029	80969	582646	256486	4879	6260
重　庆		5532	460327	1284732	341222	5734	2605
四　川		3493	68802	1635672	410897	18681	1265
贵　州	389	326	-3137	296930	103071	7145	7436
云　南	551		9690	457023	171199	5196	5044
西　藏				15621	1503	1302	
陕　西			81264	750039	322872	20624	728
甘　肃			11252	416029	69186	3941	1361
青　海		195	154341	124085	2269	4220	789
宁　夏			23740	127978	15801		620
新　疆			66909	417388	5739		1412

12－16 续表 2

单位：万元

地　　区	内资			港澳台投资		
	私营有限责任公司	私营股份有限公司	其他内资企业		合资经营	合作经营
全国总计	**37130771**	**2595562**	**176565**	**18764109**	**8068047**	**4561822**
北　　京	2832135	102225		2605386	881669	1633303
天　　津	1326852	53428	24918	155324	120086	5203
河　　北	727461	86889	1775	76846	58143	1355
山　　西	533646	34500	6388	52504	40147	638
内 蒙 古	309093	29329	44	3199	3199	
辽　　宁	1598426	178382	-602	491307	332122	41938
吉　　林	265847	41842	2647	91375	39935	
黑 龙 江	517354	48550	4798	64202	54282	2513
上　　海	5216447	139865		3983504	2269220	283059
江　　苏	2728919	185031	130	1036207	635061	127972
浙　　江	3289724	150777		542985	412704	9040
安　　徽	1208259	137869	4951	97622	55969	8137
福　　建	1282721	125469	432	1743913	396959	102319
江　　西	544094	130084		197655	83375	3632
山　　东	1322621	115588	843	432457	292837	27602
河　　南	723692	71004		203230	47841	18992
湖　　北	945893	112379	17788	275742	172352	10483
湖　　南	691390	159723	34960	249473	138358	29573
广　　东	4322607	163244	3534	4778216	1027348	2154956
广　　西	801640	27334	8373	182063	106155	8104
海　　南	291928	23464	11807	303454	78122	
重　　庆	1449348	168018	46140	412847	267836	57086
四　　川	1915518	179516		284343	127126	20758
贵　　州	392917	28523	5803	62115	44524	680
云　　南	364354	40033	1838	126771	119238	5742
西　　藏	16017					
陕　　西	491220	20338		63708	43855	6770
甘　　肃	151575	11078		60877	43540	
青　　海	122846	24925		29308	19964	1968
宁　　夏	226979	3724		644	644	
新　　疆	519248	2433		156833	155438	

12－16 续表 3

单位：万元

地区	港澳台投资		外商投资				
	独资	股份有限		合资经营	合作经营	独资	股份有限
全国总计	**5834813**	**299428**	**13653709**	**5969876**	**2907384**	**3338745**	**1437704**
北京	90414		2198622	582063	1092996	73023	450540
天津	30035		273890	175641	21415	76835	
河北	15663	1685	52040	40667	4879	5725	769
山西	11718		24664	24664			
内蒙古			11468	10606		862	
辽宁	91611	25637	410470	237187	60855	106025	6403
吉林	51441		35617	31246		4370	
黑龙江	7408		84705	33193		51512	
上海	1333937	97288	5089884	2363682	436484	1443145	846573
江苏	255876	17298	722681	400400	40952	221129	60200
浙江	121241		460936	353657	9907	97373	
安徽	33517		141487	80833	2815	51534	6306
福建	1230303	14332	773383	195217	50448	511492	16226
江西	109918	730	126726	65514	22267	35911	3034
山东	111637	381	194795	133840	34937	26019	
河南	132165	4232	104907	75408	1720	27211	568
湖北	85393	7515	123219	81881	-9750	50840	248
湖南	82431	-889	113694	63495	5913	42463	1823
广东	1581315	14597	1965812	548218	1055467	320118	42008
广西	63825	3980	132382	66231	41750	24400	
海南	114450	110882	108870	52847	5849	55086	-4911
重庆	87926		158112	125421		28814	3877
四川	135462	997	202875	136567	6340	59969	
贵州	16911		16611	8863	-1054	5172	3630
云南	1791		35128	26893	1309	6925	
西藏			208	208			
陕西	13084		35170	32149	3021		
甘肃	17337		20542	11885	641	7604	412
青海	6614	763	8051	7263		789	
宁夏			22624		18226	4399	
新疆	1394		4137	4137			

12－17　各地区按资质等级分的房地产开发企业（单位）所有者权益

单位：万元

地　区	总　计	一级	二级	三级
全国总计	**160055624**	**15669567**	**31276572**	**38448557**
北　京	19081910	1879645	1605411	862027
天　津	4313091	1000561	585493	682613
河　北	2056934	58708	302412	431899
山　西	1212639	10462	172162	388742
内蒙古	661910		136339	221176
辽　宁	4608877	196879	788234	1617509
吉　林	1217352	77079	172340	420604
黑龙江	1966244	180816	455824	983031
上　海	37908695	5022999	9568188	5095690
江　苏	9488037	466941	3069626	3171197
浙　江	9416378	622177	1644237	3781519
安　徽	3028039	95919	447633	995239
福　建	6223423	586852	516704	1589384
江　西	2060814	18395	495960	746279
山　东	5745382	515912	588800	1652940
河　南	2338698	146385	404981	688275
湖　北	4250206	104147	1108137	1490775
湖　南	3773837	124960	648367	2076112
广　东	19653138	3315000	3317258	4505520
广　西	2131873	45434	150721	504655
海　南	1807745	7876	152173	187385
重　庆	4502943	380175	1800566	1429327
四　川	5173498	154511	1324256	2657847
贵　州	968698	60063	136810	259353
云　南	1248883	106726	180459	361526
西　藏	44309	550	14090	5086
陕　西	2170357	203211	681201	722749
甘　肃	804646	19320	152408	388316
青　海	555946	24261	265560	113567
宁　夏	432409	48866	122458	110338
新　疆	1208714	194740	267764	307878

12－17 续表 1

单位：万元

地　区	四级	暂定	其他
全国总计	**11301090**	**44525666**	**18834173**
北　京	193103	11743535	2798188
天　津	1111962	791029	141433
河　北	848279	373784	41852
山　西	382999	232891	25384
内蒙古	222562	65394	16440
辽　宁	56041	1367281	582933
吉　林	341896	195775	9658
黑龙江	21855	321935	2782
上　海	36315	11858122	6327381
江　苏	184712	2164735	430826
浙　江	742550	1879322	746572
安　徽	460059	916044	113145
福　建	826851	2074648	628984
江　西	295516	482392	22272
山　东	1198148	1438213	351368
河　南	164299	677891	256867
湖　北	407943	965260	173944
湖　南	223125	574903	126371
广　东	1240741	2220669	5053950
广　西	193357	1152430	85277
海　南	275715	577980	606615
重　庆	130535	737701	24640
四　川	349943	564113	122828
贵　州	352821	130823	28829
云　南	325068	259012	16092
西　藏	18845	5538	200
陕　西	275446	265573	22178
甘　肃	62733	167710	14160
青　海	54523	37594	60441
宁　夏	88178	60007	2562
新　疆	214969	223363	

第十三章　物业管理及中介服务企业经营状况（2004）

13－1 各地区按登记注册类型分的物业管理企业营业收入

单位：万元

地　区	总　计	内　资					
			国　有	集　体	股份合作	国有联营	集体联营
全国总计	**7202733**	**6292054**	**1140502**	**479979**	**229819**	**50703**	**9675**
北　京	1692450	1344571	259912	74901	116319	3060	163
天　津	95924	79487	9439	6529	331		
河　北	78044	77696	21352	4251	983	81	
山　西	44163	43337	10922	1858	90		
内蒙古	27339	27231	3462	1063	953		28
辽　宁	278182	255295	60501	18612	8975		
吉　林	81014	80860	16640	1632	1932		
黑龙江	275136	272392	124191	38489	1632	88	
上　海	1032077	799085	138197	50083	8765	8631	1103
江　苏	295857	285055	23472	16223	2493	369	375
浙　江	252360	249971	49499	10152	304		61
安　徽	74550	73300	16599	4958	2405	190	20
福　建	121060	106818	16771	9440	709	51	94
江　西	34411	33770	12445	1501	730		
山　东	196627	192795	61727	18988	2761	198	173
河　南	57248	56477	3831	9252	396		6
湖　北	158439	147343	32812	5549	592	113	14
湖　南	72966	72199	11872	7423	886		
广　东	1685018	1488085	178074	166638	70728	37378	6290
广　西	53549	50215	3780	1502	3		
海　南	37055	34621	11123	1358	1667		
重　庆	109713	90820	8669	4368	565	288	
四　川	184854	173364	12556	8432	3800	258	
贵　州	21406	20792	3749	2625	139		
云　南	53020	50315	6191	3587	131		15
西　藏	6353	6353	6014				
陕　西	41288	40022	9372	2404	462		1200
甘　肃	46265	44435	9003	2849	144		128
青　海	15794	15732	3352	737	876		5
宁　夏	21295	21295	2500	1621	32		
新　疆	59277	58325	12474	2954	16		

13－1 续表 1

单位：万元

地　区	内资						
	国有与集体联营	其他联营	国有独资公司	其他有限责任公司	股份有限公司	私营独资	私营合伙
全国总计	**17498**	**27751**	**117731**	**2488963**	**277716**	**54818**	**19526**
北　京	2281	10621	26477	572358	45486	3127	916
天　津		10		29887	1796	1619	42
河　北	1618			30483	4136	554	572
山　西			1588	21968	0	406	177
内蒙古		19		12557	1768	67	63
辽　宁			6181	78649	6133	3410	258
吉　林		60	4639	23368	3409	2532	65
黑龙江	237	100	12116	61688	13140	549	370
上　海	8594	2248	13155	371264	4974	7138	2623
江　苏	158	1038	2876	129560	11229	9516	977
浙　江	395	44	1073	122075	819	977	50
安　徽	13		5402	23121	2335	558	106
福　建	133	16	1455	43370	5005	550	252
江　西				9066	1813	820	118
山　东	75	25	1084	60009	12006	2320	906
河　南			2136	18146	1164	83	72
湖　北	364	66	585	56327	26791	2144	1764
湖　南		2	563	29566	4823	750	536
广　东	3297	12520	32713	538157	101336	12583	7256
广　西			540	26033	4122	109	104
海　南		19	3	11988	1786	383	147
重　庆	133		561	34870	6187	968	804
四　川		894	2006	69300	10196	2536	283
贵　州			530	6770	1213	75	27
云　南	201		385	21502	2601	13	163
西　藏			157	182			
陕　西		71	467	13017	1457	531	813
甘　肃			154	21318	1481	385	61
青　海			47	7958	46	83	
宁　夏			106	14719	179	20	
新　疆			735	29687	287	12	

13－1 续表 2

单位：万元

地　区	内资			港澳台投资		
	私营有限责任公司	私营股份有限公司	其他内资企业		合资经营	合作经营
全国总计	**1237722**	**83625**	**56027**	**473602**	**240338**	**75346**
北　京	213374	13627	1949	147615	117848	21894
天　津	16017	2937	10880	10536	8832	498
河　北	11932	530	1203	348	60	
山　西	5777	551		196	196	
内蒙古	6901	226	126	29		
辽　宁	64203	6945	1427	7257	4155	1494
吉　林	24903	1545	137			
黑龙江	14093	994	4704	965	924	
上　海	168645	4008	9657	130598	45435	8097
江　苏	82322	2333	2116	6567	2313	1206
浙　江	61854	2596	73	2270	1072	1198
安　徽	13883	1070	2641	323	323	
福　建	27145	1385	443	9111	1172	397
江　西	6746	387	145	470	313	
山　东	29587	1640	1295	1700	685	
河　南	20959	35	397	65		
湖　北	17474	1954	795	8483	644	5
湖　南	12458	2807	513	158	27	
广　东	295611	15538	9968	118679	52571	22764
广　西	12889	728	406	1469	1238	
海　南	4863	1104	178	298	137	51
重　庆	28742	2802	1863	18868		17292
四　川	52389	8777	1937	5044	1277	
贵　州	4493	1063	108	120	110	
云　南	10575	4202	749	1611	667	
西　藏						
陕　西	8102	456	1669	769	318	450
甘　肃	6712	2015	184			
青　海	2401	151	77	20	20	
宁　夏	1845	25	247			
新　疆	10826	1196	139	34		

13－1 续表 3

单位：万元

地　区	港澳台投资		外商投资				
	独　资	股份有限		合资经营	合作经营	独　资	股份有限
全国总计	**150410**	**7508**	**437077**	**282676**	**67999**	**79285**	**7117**
北　京	4086	3786	200265	142449	28342	29473	
天　津	790	415	5901	2736	518	1641	1006
河　北	289						
山　西			630	630			
内蒙古	29		79			79	
辽　宁	1608		15630	10777	598	4255	
吉　林			154	154			
黑龙江		41	1779	672	1107		
上　海	76909	158	102394	71332	13806	14119	3138
江　苏	3048		4234	3539		685	10
浙　江			119			119	
安　徽			928	758			170
福　建	7368	174	5132	1994	69	2952	117
江　西	157		171			143	29
山　东	966	49	2132	1005		1127	
河　南	65		707	560		147	
湖　北	7834		2613	719		980	914
湖　南	87	45	610	358		251	
广　东	40692	2652	78254	39892	22941	15200	221
广　西	119	111	1865	427		1439	
海　南	35	75	2136	1109	541	485	
重　庆	1575	2	25	18		7	
四　川	3767		6445	645		4287	1513
贵　州	11		493	433	35	25	
云　南	944		1094	1053		41	
西　藏							
陕　西			498	498			
甘　肃			1830			1830	
青　海			42		42		
宁　夏							
新　疆	34		918	918			

13－2　各地区按资质等级分的物业管理企业的营业收入

单位：万元

地　区	总　计	一级	二级	三级	其他
全国总计	**72027334**	**5881383**	**10869101**	**24444791**	**30832059**
北　京	16924497	1317671	1693773	5667801	8245252
天　津	959236	137994	177402	399273	244567
河　北	780440	4622	154685	145331	475802
山　西	441629		13818	172025	255786
内蒙古	273392	6556	17463	50568	198805
辽　宁	2781819	247443	213842	794675	1525859
吉　林	810141		12156	301359	496626
黑龙江	2751362	204387	1103532	868815	574628
上　海	10320774	1114443	1910470	4496414	2799447
江　苏	2958565	36838	432165	1263751	1225811
浙　江	2523597	140166	220084	1120816	1042531
安　徽	745503	6650	105167	326865	306821
福　建	1210603	29223	171530	700954	308896
江　西	344107	300	119052	53418	171337
山　东	1966269		168508	803889	993872
河　南	572482	7607	116040	185670	263165
湖　北	1584390	144872	106317	626234	706967
湖　南	729665	2687	199472	309464	218042
广　东	16850183	2218175	2777002	3227271	8627735
广　西	535491	7641	16780	327699	183371
海　南	370551	17372	78298	147898	126983
重　庆	1097128	165462	417722	356579	157365
四　川	1848539	47657	194347	840655	765880
贵　州	214056	1072	14988	124469	73527
云　南	530199	146	84797	323889	121367
西　藏	63525		800	1020	61705
陕　西	412883		36485	155216	221182
甘　肃	462649	1135	115764	226969	118781
青　海	157944	14394	44145	35502	63903
宁　夏	212945		37265	71892	103788
新　疆	592770	6870	115232	318410	152258

13－3　各地区按资质等级分的物业管理企业的营业利润

单位：万元

地　区	总　计	一级	二级	三级	其他
全国总计	**140800**	**19953**	**35134**	**-26213**	**111926**
北　京	19071	3620	4438	-20898	31911
天　津	-4473	1163	-674	-2452	-2510
河　北	-2157	6	-790	-60	-1313
山　西	-2205		-57	-1539	-609
内蒙古	379	145	674	-354	-86
辽　宁	-15742	-3077	-1286	-2991	-8387
吉　林	-322		-386	-1245	1310
黑龙江	-8015	-20	1402	-6527	-2869
上　海	72687	4545	15674	29545	22923
江　苏	4578	-52	1192	1245	2193
浙　江	9829	323	429	-625	9703
安　徽	-7434	55	-3919	-1467	-2103
福　建	2912	119	481	571	1740
江　西	1179	4	85	97	992
山　东	1265		-591	-1568	3425
河　南	-4182	-87	78	-3286	-887
湖　北	-9466	3874	-2023	-3927	-7391
湖　南	-1206	-1	-2449	72	1172
广　东	109070	9055	16754	11231	72029
广　西	-2163	-74	-252	-1979	143
海　南	-2542	-28	-459	-1691	-365
重　庆	1445	-32	4671	-77	-3117
四　川	-3478	338	2399	-2707	-3508
贵　州	-2184	-1	-70	-1178	-935
云　南	281	-6	38	330	-82
西　藏	384		-8	-31	424
陕　西	26		-423	-671	1120
甘　肃	-7281	-19	164	-8488	1061
青　海	-2162	182	-335	-1241	-768
宁　夏	-3678		46	-2262	-1462
新　疆	-3616	-79	333	-2039	-1831

13－4　各地区按登记注册类型分的物业管理企业利润总额

单位：万元

地区	总计	内资	国有	集体	股份合作	国有联营	集体联营
全国总计	**411907**	**348816**	**61988**	**50568**	**22124**	**-373**	**685**
北京	71178	36034	21370	5155	1704	605	4
天津	-5437	-6441	-744	-764	-21		
河北	2138	2260	-220	-390	-10	3	
山西	-966	-945	-717	-41	37		
内蒙古	1802	1818	401	-4	158		
辽宁	-1972	-3322	5302	-2938	-516		
吉林	14393	14342	1419	-392	457		
黑龙江	-5992	-5282	-2812	-889	-68	38	
上海	87318	76115	9419	2214	1091	538	-3
江苏	15088	15308	-1565	-632	96	-105	18
浙江	12270	12562	1706	841	26		11
安徽	2660	3625	1363	358	547	-13	
福建	3316	3216	747	956	16	-7	-14
江西	1003	994	752	108	-16	0	0
山东	26372	24945	7387	1789	-157	18	-32
河南	-5251	-4934	-82	584	-1		4
湖北	30850	30958	3100	671	77	1	
湖南	11373	11566	2715	931	217		
广东	156877	143560	15282	42041	19402	-1514	553
广西	-551	-689	-3	208	-1		
海南	-3361	-3210	-1032	2	219	-18	
重庆	-718	-3554	-2033	42	-268	96	
四川	-692	-1172	-1393	-88	-703	-16	
贵州	-1826	-1360	107	-137	-58		
云南	5213	5945	1168	686	-6		
西藏	613	613	519				
陕西	3942	3643	1531	206	57		67
甘肃	-6958	-6984	179	69	20		77
青海	2369	2420	972	-110	-166		-1
宁夏	-2454	-2454	-1977	99	-7		
新疆	-691	-761	-874	-7	-4		

13－4 续表 1

单位：万元

地　区	内资 国有与集体联营	其他联营	国有独资公司	其他有限责任公司	股份有限公司	私营独资	资 私营合伙
全国总计	**-1949**	**2479**	**-6913**	**114674**	**38274**	**8430**	**470**
北　京	21	-64	85	8522	2517	169	-26
天　津		8		-2457	-439	-90	-19
河　北	122			-115	806	52	4
山　西			-204	184		28	112
内蒙古		2		592	-170	2	-5
辽　宁			200	-4933	690	32	-54
吉　林		18	623	2213	519	544	38
黑龙江	28	21	-622	-2984	426	188	-21
上　海	-2232	-3	2175	40105	-153	3478	-117
江　苏	1	163	-27	8713	2636	302	-96
浙　江	-188	12	19	7881	-170	-30	-11
安　徽	12		-3989	3912	8	19	44
福　建	-41		75	1025	281	-31	2
江　西				-354	-105	224	40
山　东	1	4	-35	9200	1279	448	37
河　南			-2531	-526	-47	-64	-23
湖　北	-5	34	-30	6487	18372	1530	-349
湖　南		1	-6	4633	813	128	53
广　东	329	2280	-2471	38106	12842	995	240
广　西			-116	702	-3467	-11	1
海　南		-1	-9	-1267	-194	-61	23
重　庆	3		49	-250	87	53	538
四　川		4	54	-438	530	349	-33
贵　州			-92	-555	-44	-42	2
云　南	1		15	1634	545	1	22
西　藏			-22	115			
陕　西			130	520	498	149	79
甘　肃			-140	-8463	155	33	-11
青　海			42	1348	-7	46	
宁　夏			16	-724	-50		
新　疆			-104	1848	117	-10	

13－4 续表 2

单位：万元

地　区	内资			港澳台投资		
	私营有限责任公司	私营股份有限公司	其他内资企业		合资经营	合作经营
全国总计	**53772**	**669**	**3916**	**10440**	**4549**	**1283**
北　京	-3101	-989	61	-3732	-3186	-800
天　津	-2787	-180	1053	1284	1671	-438
河　北	2093	-158	73	-122		
山　西	-276	-68		39	39	
内蒙古	943	-95	-7	5		
辽　宁	-1189	211	-129	-2266	-3000	1987
吉　林	9334	-237	-194			
黑龙江	791	75	548	18	35	
上　海	18847	-14	768	7830	2277	439
江　苏	5740	235	-172	-368	-188	-309
浙　江	2237	200	27	-189	-162	-11
安　徽	677	339	348	-723		
福　建	219	-27	14	104	52	-19
江　西	330	10	5	-2	-4	
山　东	4394	443	169	212	-201	
河　南	-2202	-27	-21	24		
湖　北	804	145	123	2201	-118	-16
湖　南	1627	283	172	-306	-58	
广　东	14250	-928	2154	3602	7641	-2810
广　西	1977	-3	23	-682	-485	
海　南	-829	-10	-34	-140	-38	-15
重　庆	-1741	122	-252	2831		3049
四　川	1510	248	-1196	529	228	
贵　州	-445	-46	-50	-10	-9	
云　南	1735	377	-231	24	-15	
西　藏						
陕　西	-334	126	612	298	69	228
甘　肃	511	506	81			
青　海	328	-43	12			
宁　夏	196	-3	-3			
新　疆	-1869	179	-37	-20		

13－4 续表 3

单位：万元

地　区	港澳台投资		外商投资				
	独　资	股份有限		合资经营	合作经营	独　资	股份有限
全国总计	**3738**	**869**	**52652**	**45410**	**3125**	**4071**	**46**
北　京	-312	566	38876	36065	-76	2887	
天　津	15	37	-280	-46	-326	55	36
河　北	-122						
山　西			-61	-61			
内蒙古	5		-21			-21	
辽　宁	-1253		3616	2736	-18	898	
吉　林			51	51			
黑龙江		-17	-728	-330	-398		
上　海	5098	16	3374	4035	513	-1704	530
江　苏	129		148	70		76	2
浙　江	-16		-102			-102	
安　徽	-723		-242	-197			-45
福　建	41	31	-3	35	30	-73	5
江　西	3		10			8	2
山　东	386	26	1215	200		1015	
河　南	24		-340	-215		-125	
湖　北	2336		-2309	-64		-2236	-10
湖　南	-248		113	120		-7	
广　东	-1632	402	9716	3902	3523	2145	146
广　西	-10	-187	821	230		591	
海　南	-82	-4	-11	33	-58	14	
重　庆	-218		4			4	
四　川	300		-48	-61		633	-620
贵　州	-1		-457	-434	-14	-9	
云　南	39		-755	-750		-6	
西　藏							
陕　西			1	1			
甘　肃			26			26	
青　海			-51	0	-51		
宁　夏							
新　疆	-20		90	90			

13－5　各地区按资质等级分的物业管理企业的利润总额

单位：万元

地　区	总　计	一级	二级	三级	其他
全国总计	**411907**	**37960**	**73568**	**55415**	**244965**
北　京	71178	6020	13352	-10742	62548
天　津	-5437	1053	-541	-3545	-2404
河　北	2138	-101	988	160	1091
山　西	-966		291	-1214	-43
内蒙古	1802	145	1271	132	254
辽　宁	-1972	1708	-1235	-1680	-765
吉　林	14393		-6	2641	11758
黑龙江	-5992	555	1455	-4721	-3281
上　海	87318	8256	22399	31882	24781
江　苏	15088	-18	3561	6204	5340
浙　江	12270	777	1226	2236	8031
安　徽	2661	30	-2998	4103	1526
福　建	3316	117	352	562	2284
江　西	1003		-305	-241	1550
山　东	26372		2395	10132	13844
河　南	-5251	-238	126	-4753	-386
湖　北	30851	4438	-150	9062	17501
湖　南	11373	-3	1847	4551	4979
广　东	156877	14651	21475	25915	94836
广　西	-551	-74	-268	-2862	2653
海　南	-3361	-23	-587	-1418	-1334
重　庆	-719	119	2798	-879	-2757
四　川	-692	279	2808	-1742	-2038
贵　州	-1826	-1	-58	-1181	-585
云　南	5213	-6	811	3238	1170
西　藏	613		76	39	498
陕　西	3942		226	544	3171
甘　肃	-6958	-22	112	-8287	1239
青　海	2369	364	573	785	648
宁　夏	-2454		306	-1985	-775
新　疆	-691	-66	1266	-1522	-369

13－6 各地区物业管理企业的资产负债

单位：万元

地　区	固定资产原　价	本年折旧	资产总计	负债合计	实收资本
全国总计	**10888183**	**703803**	**27795871**	**17360802**	**8924655**
北　京	3275791	116379	7272964	4840788	2080578
天　津	109395	3727	390854	269189	142241
河　北	79886	6403	338340	245909	72085
山　西	66074	5238	147894	81855	65645
内蒙古	33807	2423	86341	53585	36710
辽　宁	644355	37889	1385885	758420	540205
吉　林	80233	6784	224110	147877	61405
黑龙江	327322	61332	668553	387790	302179
上　海	594054	48815	2468124	1636436	674239
江　苏	268852	29170	907480	541940	393289
浙　江	234019	10089	999438	566775	236226
安　徽	181752	12253	367287	148794	215807
福　建	119043	8330	390804	171692	199874
江　西	69182	4564	163837	93527	66563
山　东	262289	14182	836940	559747	251550
河　南	77469	8753	201558	149216	93280
湖　北	284420	16782	964260	566540	258480
湖　南	109349	6903	224607	145078	108594
广　东	2944973	214021	6983287	4225904	1963328
广　西	69185	10316	179546	184926	98721
海　南	52402	6674	209696	103489	108048
重　庆	123789	12499	542536	402513	230573
四　川	330308	21313	771054	459721	260501
贵　州	51206	3615	110718	59531	52377
云　南	94858	6041	177326	126384	57130
西　藏	25223	972	38031	15889	11260
陕　西	81232	6008	190175	118163	104841
甘　肃	108932	7414	179095	88017	81461
青　海	43779	5344	112513	58428	44689
宁　夏	19753	1916	31856	15322	21663
新　疆	125254	7655	230763	137358	91111

13－7 各地区按登记注册类型分的物业管理企业资产总计

单位：万元

地区	总计	内资					
			国有	集体	股份合作	国有联营	集体联营
全国总计	**27795871**	**22494834**	**5151257**	**2070651**	**765276**	**207052**	**42705**
北京	7272964	4756795	1262737	309485	143032	13293	464
天津	390854	235517	25135	12317	744		
河北	338340	335642	33671	15025	2130	87	
山西	147894	143172	18538	12702	111		
内蒙古	86341	85121	6402	1968	609		1017
辽宁	1385885	1091914	454272	47773	32535		
吉林	224110	222512	57541	4642	4684		
黑龙江	668553	649137	258428	49845	4385	267	
上海	2468124	1967090	353457	189676	16993	10314	3010
江苏	907480	825530	100313	50619	4257	6063	2548
浙江	999438	983852	391750	44898	3370		205
安徽	367287	355114	61772	15949	6086	772	70
福建	390804	334655	44217	40067	1420	282	261
江西	163837	159782	61895	4357	3897		
山东	836940	787284	223017	94942	10478	84	310
河南	201558	177623	32572	21648	1063	46	50
湖北	964260	841088	330095	60064	4731	250	150
湖南	224607	207341	36748	27340	2115		
广东	6983287	5951648	955690	938298	465455	164958	27546
广西	179546	130893	6321	19086	510		
海南	209696	167577	60783	16057	8614	5303	
重庆	542536	416168	91091	19698	1711	2273	
四川	771054	658400	42641	35179	30070	3060	
贵州	110718	98050	23224	3026	544		
云南	177326	139601	24867	4870	616		52
西藏	38031	38031	35214				
陕西	190175	185832	52433	8523	1117		400
甘肃	179095	177371	30830	9939	9360		6591
青海	112513	110459	15551	1191	4521		30
宁夏	31856	31856	3685	1481	65		
新疆	230763	229778	56366	9987	54		

13－7 续表 1

单位：万元

地区	内资						
	国有与集体联营	其他联营	国有独资公司	其他有限责任公司	股份有限公司	私营独资	私营合伙
全国总计	**146288**	**61328**	**693498**	**7650194**	**1135588**	**148254**	**60645**
北京	10172	19060	92530	2062127	149871	8026	1021
天津		624		63208	14533	7311	139
河北	920			239714	4618	1473	289
山西			11957	62954		823	2298
内蒙古		61		44040	7156	379	193
辽宁			99865	220501	27486	16771	1006
吉林		37	20411	70186	8300	10511	271
黑龙江	267	79	83947	159377	39728	3249	1420
上海	49516	13254	101458	835744	14010	15030	6906
江苏	780	1078	2919	317639	32799	1896	4119
浙江	4313	296	59031	340398	2218	1139	235
安徽	132		34556	122079	20406	1458	600
福建	527	145	7246	93657	61839	487	597
江西				30790	7661	1954	486
山东	193	36	867	272707	53077	6024	3107
河南			6812	52356	4113	1397	118
湖北	968	161	2499	245033	70703	12044	6074
湖南		19	1433	67279	12711	2770	1074
广东	78090	24142	121515	1586358	453513	24014	21949
广西			5527	48358	11445	766	217
海南		43	2786	41499	6683	1141	762
重庆	92		7656	99052	17470	4272	3786
四川		2087	20582	233042	80797	15109	808
贵州			823	19145	3031	1164	117
云南	319		530	56189	11292	62	752
西藏			1941	876			
陕西		209	1225	54183	4108	1308	2057
甘肃			356	46489	12407	6297	245
青海			3827	53806	232	1035	
宁夏			206	19956	871	200	
新疆			994	91450	2509	145	

13－7 续表 2

单位：万元

地区	内资			港澳台投资		
	私营有限责任公司	私营股份有限公司	其他内资企业		合资经营	合作经营
全国总计	**3866786**	**307645**	**187668**	**2475564**	**1180289**	**569906**
北京	619965	62453	2562	847818	717542	67763
天津	76143	13762	21602	66854	35246	25908
河北	33970	3370	375	2698	47	
山西	29252	4538		161	161	
内蒙古	21640	1402	254	184		
辽宁	162374	24087	5244	150000	99051	29212
吉林	40991	4558	379			
黑龙江	33138	2818	12190	1572	1294	
上海	328555	8029	21138	256456	102501	24453
江苏	285587	7542	7372	43341	10710	10614
浙江	133121	2768	112	15362	7753	7510
安徽	74556	11935	4744	6442	2096	
福建	77668	3725	2518	35531	1889	1736
江西	46094	1474	1174	2793	2381	
山东	116455	4087	1899	5195	457	4044
河南	56005	546	897	202		
湖北	89247	8988	10081	99314	18767	9493
湖南	37467	17697	687	4285	2059	
广东	979685	52006	58429	686089	109090	265071
广西	34889	2919	854	36538	30219	
海南	20355	1489	2061	11586	91	3425
重庆	149071	14691	5305	125940		118048
四川	158467	16931	19629	65705	35733	
贵州	38631	7665	680	370	317	
云南	34089	4003	1961	5572	110	
西藏						
陕西	56740	670	2860	3750	1121	2629
甘肃	38387	14727	1742			
青海	28343	1742	181	1656	1656	
宁夏	5088	189	115			
新疆	60814	6835	623	150		

13－7 续表 3

单位：万元

地　区	港澳台投资		外商投资				
	独　资	股份有限		合资经营	合作经营	独　资	股份有限
全国总计	**701056**	**24314**	**2825473**	**1706632**	**213792**	**851298**	**53751**
北　京	58593	3920	1668351	1154459	50530	463362	
天　津	5424	276	88483	67254	153	11907	9169
河　北	2651						
山　西			4561	4561			
内蒙古	184		1036			1036	
辽　宁	21737		143971	124389	188	19394	
吉　林			1599	1599			
黑龙江		279	17843	10056	7788		
上　海	129081	421	244577	73489	16644	134475	19969
江　苏	22017		38609	34257		4106	246
浙　江	99		224			224	
安　徽	4346		5731	4219			1512
福　建	25013	6893	20618	3175	138	16941	364
江　西	412		1262			409	853
山　东	489	204	44461	21850		22611	
河　南	202		23732	17472		6261	
湖　北	71055		23858	2498		20380	980
湖　南	2150	76	12980	12680		300	
广　东	309406	2522	345549	113176	131078	97433	3862
广　西	99	6220	12116	7824		4292	
海　南	4987	3083	30533	2022	6297	22214	
重　庆	7472	420	428	60		368	
四　川	29973		46949	6614		23540	16796
贵　州	53		12299	12149	78	71	
云　南	5462		32153	31902		251	
西　藏							
陕　西			593	93	500		
甘　肃			1724		0	1724	
青　海			398		398		
宁　夏							
新　疆	150		835	835			

13－8 各地区按资质等级分的物业管理企业的资产总计

单位：万元

地区	总计	一级	二级	三级	其他
全国总计	**277958714**	**11658793**	**24242336**	**65832813**	**176224772**
北京	72729642	2981426	3514239	16377005	49856972
天津	3908541	169302	269112	1028074	2442053
河北	3383395	9554	2056528	240815	1076498
山西	1478941		9223	477759	991959
内蒙古	863414	36377	40036	72646	714355
辽宁	13858853	2169754	399260	2122101	9167738
吉林	2241103		22136	760004	1458963
黑龙江	6685530	342257	2260734	2011471	2071068
上海	24681238	1484151	3662851	8183357	11350879
江苏	9074800	165044	730732	3291789	4887235
浙江	9994381	131041	283238	3035936	6544166
安徽	3672872	13006	435007	1432666	1792193
福建	3908039	81122	292419	1517712	2016786
江西	1638371	500	212686	145076	1280109
山东	8369396		695846	2681187	4992363
河南	2015575	44885	185668	488452	1296570
湖北	9642596	158501	359456	2447130	6677509
湖南	2246066	4114	345252	697078	1199622
广东	69832868	3314924	4936429	9797790	51783725
广西	1795458	14606	29157	713491	1038204
海南	2096962	20009	206226	837415	1033312
重庆	5425361	211934	1905772	1463425	1844230
四川	7710541	111130	289409	2173161	5136841
贵州	1107184	305	36049	427215	643615
云南	1773264	1517	88959	1114240	568548
西藏	380313		69	8693	371551
陕西	1901750		149100	571894	1180756
甘肃	1790945	6439	307087	516198	961221
青海	1125129	176069	144146	138188	666726
宁夏	318559		58755	94618	165186
新疆	2307627	10826	316755	966227	1013819

13-9 各地区按登记注册类型分的物业管理企业负债总计

单位：万元

地区	总计	内资					
			国有	集体	股份合作	国有联营	集体联营
全国总计	**17360802**	**13647124**	**2756825**	**1342796**	**363956**	**157445**	**22357**
北京	4840788	3129720	572417	211151	119409	4869	346
天津	269189	148322	15569	8023	612		
河北	245909	245014	17205	5911	1111		
山西	81855	79150	11870	10733	10		
内蒙古	53585	52496	2728	1734	358		911
辽宁	758420	516364	94539	39347	22370		
吉林	147876	147516	37446	16691	1818		
黑龙江	387790	376310	111445	39600	1471		
上海	1636436	1299207	204905	143242	13134	5813	2354
江苏	541940	491055	53095	35278	3017	5978	792
浙江	566775	558190	169082	22240	1365		86
安徽	148794	142074	33634	8897	1281	1046	9
福建	171691	140215	17740	17978	738	26	49
江西	93527	92275	43408	2120	1137		
山东	559747	538435	165523	61830	8012	300	729
河南	149216	113740	26869	15977	215		
湖北	566540	415168	140687	50925	5536	116	
湖南	145078	131457	27922	23248	826		
广东	4225904	3599869	702032	532469	165787	134955	12459
广西	184926	78835	3849	14460			
海南	103489	86586	40426	7563	896	2218	
重庆	402513	313751	122801	21505	558	2081	
四川	459721	384814	35881	26618	8800	43	
贵州	59531	53463	12756	1499	498		
云南	126384	83354	7323	2307	504		39
西藏	15889	15889	14622				
陕西	118163	116464	27700	7650	273		450
甘肃	88017	87058	10772	4348	804		4133
青海	58428	58172	8280	2691	3385		
宁夏	15322	15322	1558	475	18		
新疆	137358	136839	22741	6288	13		

13－9 续表 1

单位：万元

地　区	内					资	
	国有与集体联　营	其他联营	国有独资公　司	其他有限责任公司	股份有限公　司	私营独资	私营合伙
全国总计	**78365**	**35815**	**425569**	**5020487**	**657050**	**74123**	**36296**
北　京	9147	14234	65053	1531047	112638	4743	500
天　津		73		34526	11770	8221	89
河　北	517			202363	2163	270	44
山　西			12263	32455		536	1371
内 蒙 古		30		32319	4719	113	7
辽　宁			25726	152805	25846	3791	762
吉　林			11911	43023	3034	4054	60
黑 龙 江	50	103	55326	118768	22367	738	281
上　海	47578	8872	60404	550288	8835	11259	4974
江　苏	694	484	1052	209448	20182	1703	2695
浙　江	4165	183	50778	224466	1525	731	34
安　徽	41		9409	41629	4522	433	27
福　建	407	63	2515	36027	24870	235	110
江　西				18276	4144	355	211
山　东	40		405	200548	31134	894	219
河　南			5934	31356	2903	1759	86
湖　北	1117	15	1552	111748	27705	3557	3988
湖　南		19	678	38296	7612	524	1522
广　东	14289	10014	105881	953745	253174	13090	16218
广　西			5087	27558	7024	41	33
海　南		9	1120	16882	4617	648	70
重　庆	86		1563	54821	14042	980	1974
四　川		1630	5408	128932	42536	13651	352
贵　州			137	8432	1796	9	13
云　南	235		399	41529	5197		251
西　藏			1166	101			
陕　西		87	732	49712	2013	88	320
甘　肃			334	26392	9369	1234	85
青　海			48	31710	116	389	
宁　夏			137	10420	83		
新　疆			554	60865	1114	79	

13－9 续表 2

单位：万元

地　　区	内	资		港澳台投资		
	私营有限责任公司	私营股份有限公司	其他内资企业		合资经营	合作经营
全国总计	**2396618**	**177021**	**102401**	**1936028**	**962277**	**416657**
北　京	439417	43573	1178	778844	664440	68014
天　津	44166	10507	14766	46442	18961	22247
河　北	14684	690	56	894	3	
山　西	8916	995		1	1	
内 蒙 古	8730	820	27	83		
辽　宁	128573	17484	5122	125156	82348	24019
吉　林	27872	1604	5			
黑 龙 江	18580	951	6631	1101	1033	
上　海	217098	4984	15469	192363	69760	19134
江　苏	147872	4228	4538	29301	8746	473
浙　江	81740	1755	39	8211	1209	6902
安　徽	30318	7471	3356	3532	848	
福　建	36563	925	1970	20294	909	950
江　西	21539	119	967	1093	712	
山　东	65244	2662	895	1759	907	1
河　南	28207	6	428	202		
湖　北	53369	5758	9096	90710	22668	4843
湖　南	25699	4905	206	1766	1373	
广　东	631795	34807	19154	394230	48752	185635
广　西	19474	960	349	99274	21316	
海　南	10027	522	1589	5974	185	3157
重　庆	85543	5824	1973	88695		80653
四　川	101946	8215	10803	38932	16665	
贵　州	22154	5660	510	288	271	
云　南	21911	2153	1508	5061	152	
西　藏						
陕　西	26567	210	662	1649	1019	629
甘　肃	23376	5921	291			
青　海	11056	310	188			
宁　夏	2535	42	53			
新　疆	41648	2961	575	175		

13－9 续表 3

单位：万元

地区	港澳台投资		外商投资				
	独　资	股份有限		合资经营	合作经营	独　资	股份有限
全国总计	**539791**	**17304**	**1777649**	**925434**	**158765**	**653201**	**40249**
北　京	42488	3903	932224	539920	34770	357534	
天　津	5157	76	74425	57233	1379	10651	5163
河　北	891						
山　西			2705	2705			
内蒙古	83		1007			1007	
辽　宁	18788		116900	113701	74	3125	
吉　林			360	360			
黑龙江		68	10379	7725	2654		
上　海	103306	163	144867	36202	14948	75129	18587
江　苏	20082		21584	19833		1570	181
浙　江	101		374			374	
安　徽	2684		3189	2756			433
福　建	14677	3758	11182	1638	110	9184	251
江　西	381		159			61	98
山　东	847	3	19553	6491		13061	
河　南	202		35274	6279		28995	
湖　北	63198		60663	1051		59612	
湖　南	317	76	11855	11760		95	
广　东	158557	1286	231805	60718	100201	70355	532
广　西	71248	6711	6817	5064		1753	
海　南	1687	946	10929	1516	4285	5129	
重　庆	7727	314	67			67	
四　川	22267		35975	6808		14161	15007
贵　州	17		5780	5663	88	29	
云　南	4909		37969	37617		352	
西　藏							
陕　西			51	51			
甘　肃			959			959	
青　海			256		256		
宁　夏							
新　疆	175		344	344			

13-10　各地区按资质等级分的物业管理企业的负债总计

单位：万元

地　区	总　计	一级	二级	三级	其他
全国总计	**173608020**	**8680302**	**15319758**	**43596973**	**106010987**
北　京	48407883	2580803	2328611	12361764	31136705
天　津	2691889	112344	191932	709038	1678575
河　北	2459086	2150	1743239	152061	561636
山　西	818553		2660	335931	479962
内蒙古	535854	31349	21751	47019	435735
辽　宁	7584196	1779432	332260	1375011	4097493
吉　林	1478765		15434	452841	1010490
黑龙江	3877899	237492	918023	1680641	1041743
上　海	16364357	999785	2289505	5868015	7207052
江　苏	5419401	137530	431958	2134533	2715380
浙　江	5667750	78714	164550	2194841	3229645
安　徽	1487940	6068	155266	566977	759629
福　建	1716915	60263	159463	705579	791610
江　西	935270		98177	63178	773915
山　东	5597467		399675	1900892	3296900
河　南	1492164	43886	121626	315353	1011299
湖　北	5665403	49398	264561	1063248	4288196
湖　南	1450778	2795	186984	433348	827651
广　东	42259038	2212398	3340045	5785559	30921036
广　西	1849260	9923	11007	416341	1411989
海　南	1034890	8363	146027	387422	493078
重　庆	4025126	120232	1190697	802001	1912196
四　川	4597206	82747	173162	1424101	2917196
贵　州	595307	305	12038	176683	406281
云　南	1263839	2590	55495	856202	349552
西　藏	158894		11	1001	157882
陕　西	1181634		125881	487849	567904
甘　肃	880172	3133	88459	281558	507022
青　海	584284	114411	66621	54879	348373
宁　夏	153220		27617	49818	75785
新　疆	1373580	4191	257023	513289	599077

13－11 各地区按登记注册类型分的物业管理企业实收资本

单位：万元

地区	总计	内资					
			国有	集体	股份合作	国有联营	集体联营
全国总计	**8924655**	**7331347**	**1705289**	**515508**	**225286**	**47930**	**15150**
北京	2080578	1485447	545421	76264	23592	1718	105
天津	142241	103255	5973	2408	429		
河北	72085	71528	4723	8717	661	23	
山西	65645	63585	5424	5365	436		
内蒙古	36710	36528	4408	1404	270		106
辽宁	540205	436356	185519	16093	7851		
吉林	61405	59973	13595	642	541		
黑龙江	302179	291490	152091	8020	2579	80	
上海	674239	499229	89747	39828	4331	3402	1158
江苏	393289	359358	51005	24482	2451	832	790
浙江	236226	219270	30380	20780	1765		108
安徽	215807	208257	38877	7909	4544	190	53
福建	199874	168582	16596	21329	759	285	287
江西	66563	63163	17117	1403	2684		
山东	251550	220816	35394	29343	1535	100	180
河南	93280	87951	10469	6423	897	50	50
湖北	258480	219650	54489	17643	1816		150
湖南	108594	100629	21270	16375	895		
广东	1963328	1639631	229358	165171	146912	38622	10421
广西	98721	54671	1429	1457	54		
海南	108048	86079	20486	8634	6460	1500	
重庆	230573	180712	36063	8659	1293	190	
四川	260501	231516	13871	8782	9461	937	
贵州	52377	44684	9470	936	181		
云南	57130	48491	10598	1876	155		50
西藏	11260	11260	9726				
陕西	104841	102483	27394	1845	867		900
甘肃	81461	80811	18375	6820	614		762
青海	44689	43796	8415	638	1151		30
宁夏	21663	21663	2868	931	53		
新疆	91111	90481	34739	5329	50		

13－11 续表 1

单位：万元

地　区	内			资			
	国有与集体联　营	其他联营	国有独资公　司	其他有限责任公司	股份有限公　司	私营独资	私营合伙
全国总计	**42094**	**23015**	**249524**	**2355180**	**360280**	**56051**	**25171**
北　京	1588	6550	20363	556819	37065	2093	443
天　津		550		31318	5201	1820	100
河　北	81			37635	2224	1167	152
山　西			181	28079		403	1741
内蒙古		60		12650	3202	286	150
辽　宁			72761	77139	7740	7987	475
吉　林			1303	20800	2066	4420	222
黑龙江	55	45	32869	48117	17783	1254	962
上　海	7870	2479	28473	203057	6793	3694	2096
江　苏	74	560	1600	119838	9105	2485	1275
浙　江	500	100	5445	105768	915	674	225
安　徽	100		25509	77563	10967	960	538
福　建	388	102	4460	52850	15227	470	752
江　西				12199	3208	1206	460
山　东	50	36	625	84735	17972	1041	2453
河　南			4794	25060	2254	148	114
湖　北	290	145	1734	56397	35125	3365	2340
湖　南		20	875	28222	4961	1078	270
广　东	30887	11593	24815	433568	131036	6640	6199
广　西			1310	25266	2176	720	250
海　南		34	1200	27055	3167	770	416
重　庆	10		6060	47969	8694	3493	1233
四　川		612	7754	98510	16918	1651	360
贵　州			794	12355	1242	151	100
云　南	200		150	12313	6661	62	709
西　藏			733	801			
陕　西		130	957	35968	2891	1163	1113
甘　肃			296	21211	3368	5889	27
青　海			3779	17958	134	665	
宁　夏			113	13220	680	200	
新　疆			573	30743	1508	100	

13－11 续表 2

单位：万元

地　区	内资			港澳台投资		
	私营有限责任公司	私营股份有限公司	其他内资企业		合资经营	合作经营
全国总计	**1555508**	**103574**	**51786**	**806038**	**377487**	**213601**
北　京	205907	7021	500	209034	170930	20571
天　津	45651	4680	5127	20447	18310	600
河　北	14514	1432	200	557	30	
山　西	18636	3320		60	60	
内蒙古	13044	725	225	132		
辽　宁	52226	7827	740	60655	40819	12003
吉　林	14796	1425	162			
黑龙江	21259	1351	5027	728	500	
上　海	98495	2613	5196	80080	34685	13718
江　苏	138227	4654	1980	25273	3110	13004
浙　江	51519	1000	90	16733	7443	9207
安　徽	34050	5305	1691	2868	1203	
福　建	51025	3024	1028	20207	1073	935
江　西	23355	1306	226	2400	2320	
山　东	44089	1813	1452	5222	456	4134
河　南	36739	500	452	83		
湖　北	41870	3363	922	17329	8153	4000
湖　南	13964	12131	567	3417	1047	
广　东	375724	13332	15351	220402	59750	85910
广　西	19922	1477	611	38287	12733	
海　南	14670	1133	555	6863	200	520
重　庆	58567	6035	2447	49501		47000
四　川	62717	7670	2273	21817	13473	
贵　州	17134	2162	160	100	50	
云　南	12947	1873	897	873	252	
西　藏						
陕　西	26563	512	2179	2298	298	2000
甘　肃	18116	3940	1394			
青　海	10745	176	106	593	593	
宁　夏	3356	175	67			
新　疆	15679	1600	161	80		

13－11 续表 3

单位：万元

地　区	港澳台投资		外商投资				
	独　资	股份有限		合资经营	合作经营	独　资	股份有限
全国总计	**205401**	**9550**	**787270**	**426123**	**93713**	**247389**	**20045**
北　京	17029	504	386097	264841	24888	96368	
天　津	1288	248	18539	12406	50	1948	4135
河　北	527						
山　西			2000	2000			
内蒙古	132		50			50	
辽　宁	7833		43193	28395	148	14651	
吉　林			1433	1433			
黑龙江		228	9961	4050	5911		
上　海	31208	469	94930	21522	7786	57118	8503
江　苏	9159		8658	5771		2837	50
浙　江	83		223			223	
安　徽	1665		4682	3515			1167
福　建	14059	4140	11085	1374	3000	6611	100
江　西	80		1000			800	200
山　东	433	200	25512	15805		9708	
河　南	83		5246	2450		2796	
湖　北	5176		21501	655		20346	500
湖　南	2272	98	4548	4048		500	
广　东	74243	500	103295	37390	46030	16535	3340
广　西	24950	605	5763	3633		2129	
海　南	4006	2137	15107	325	5500	9282	
重　庆	2081	420	360	60		300	
四　川	8344		7169	800		4319	2050
贵　州	50		7593	7440	100	53	
云　南	621		7766	7601		166	
西　藏							
陕　西			60	60			
甘　肃			650			650	
青　海			300		300		
宁　夏			0				
新　疆	80		550	550			

13－12 各地区按资质等级分的物业管理企业实收资本

单位：万元

地区	总计	一级	二级	三级	其他
全国总计	**89246550**	**2467709**	**8621790**	**22492672**	**55664379**
北京	20805781	307707	1316508	4645625	14535941
天津	1422414	50621	115862	474916	781015
河北	720851	840	269219	124276	326516
山西	656454		5000	208223	443231
内蒙古	367100	6000	9896	38735	312469
辽宁	5402049	443775	84259	919979	3954036
吉林	614053		10210	249065	354778
黑龙江	3021794	119418	1288707	695320	918349
上海	6742388	280195	958322	1792990	3710881
江苏	3932886	34824	325265	1277753	2295044
浙江	2362262	99630	115113	798283	1349236
安徽	2158069	5030	343098	941541	868400
福建	1998739	20146	128655	866093	983845
江西	665632	500	124472	63434	477226
山东	2515503		330482	854874	1330147
河南	932800	4510	73356	295396	559538
湖北	2584799	115532	139247	723809	1606211
湖南	1085943	6758	143091	332514	603580
广东	19633280	734166	1376982	2920954	14601178
广西	987207	8500	23500	341818	613389
海南	1080483	10500	85405	398183	586395
重庆	2305732	129853	846838	787878	541163
四川	2605014	23067	106867	809788	1665292
贵州	523769	500	25891	255350	242028
云南	571296	500	28613	373970	168213
西藏	112599			8010	104589
陕西	1048409		79917	375384	593108
甘肃	814613	3639	143726	265386	401862
青海	446889	58837	43899	66927	277226
宁夏	216632		27882	60876	127874
新疆	911110	2661	51508	525322	331619

13－13　各地区按登记注册类型分的中介服务企业营业收入

单位：万元

地　区	总　计	内　资	国　有	集　体	股份合作	国有联营	集体联营
全国总计	**2157758**	**1844154**	**145127**	**50172**	**19736**	**4703**	**335**
北　京	246418	223523	24964	2922	4546		
天　津	53529	32130	2691	838	67	96	
河　北	20558	20558	1166	1109	71		
山　西	14533	14533	266	151	107		
内蒙古	2339	2339	309	106			
辽　宁	24792	23812	2928	790	432	54	
吉　林	8175	7840	157	129	5		
黑龙江	11864	11864	1248	102	63		
上　海	817628	673638	14938	8715	2472	2484	204
江　苏	132240	130369	14419	6792	1620	363	
浙　江	134693	126497	6559	1343	911		
安　徽	20353	20327	4329	1376	546		
福　建	29468	27514	1698	439	11		
江　西	13922	13922	2351	5117	596		
山　东	53068	50341	7421	1973	263		
河　南	27107	27107	8629	1678	208		15
湖　北	22261	22035	5998	1276	945		
湖　南	9274	9228	1528	329	68		
广　东	345408	239938	32480	11467	4265	1706	6
广　西	24216	24185	3377	960	229		
海　南	5637	5622	66	123	244		
重　庆	25071	22774	840	280	901		
四　川	50581	49491	3194	869	414		
贵　州	6835	6835	1337	604	187		
云　南	8630	8609	827	328	100		110
西　藏							
陕　西	4358	4354	276	9	16		
甘　肃	1802	1802	185	98	126		
青　海	2660	2660	74	9	301		
宁　夏	3143	3113	92				
新　疆	37196	37196	779	240	24		

13－13 续表 1

单位：万元

地　区	内			资			
	国有与集体联营	其他联营	国有独资公司	其他有限责任公司	股份有限公司	私营独资	私营合伙
全国总计	**211**	**3796**	**5287**	**428183**	**53582**	**33533**	**20563**
北　京			69	49107	1753	162	1924
天　津				8222	141	106	143
河　北			4	12415	649	85	357
山　西		3		5290		23	216
内蒙古		3		477	25	60	103
辽　宁			112	5873	612	241	184
吉　林			380	2260	385		3
黑龙江		42	25	2368	1327	49	87
上　海	19	3	1186	133478	27738	20960	4468
江　苏		406		27391	948	755	2255
浙　江			420	23191	397	4909	4557
安　徽		260	69	2335	745	91	124
福　建			254	5755	201	530	381
江　西		10		2977	518		246
山　东			33	12769	835	915	397
河　南	97			4248	4843	143	584
湖　北		28	243	3090	497	827	340
湖　南			448	2666	874	12	96
广　东	3	2605	1853	47980	5714	2694	976
广　西				3133	1337	99	806
海　南		81		3168	565	15	20
重　庆	91			12024	1004	82	1544
四　川			156	18642	1479	376	331
贵　州		319		2305	118	66	136
云　南				1668	482	126	10
西　藏							
陕　西				2918	102	29	55
甘　肃				1159	16		63
青　海			6	857			45
宁　夏				1141		155	84
新　疆		38	28	29277	280	23	29

13－13续表2

单位：万元

地　区	内资			港澳台投资		
	私营有限责任公司	私营股份有限公司	其他内资企业		合资经营	合作经营
全国总计	**1023788**	**37514**	**17624**	**208501**	**73038**	**20587**
北　京	135685	2390		18177	10784	533
天　津	19226	111	489	2621	909	
河　北	3504	1141	57			
山　西	8219	257				
内蒙古	1233	3	20			
辽　宁	11734	832	21	512		
吉　林	4063	454	5			
黑龙江	5954	323	275			
上　海	432174	14038	10761	90418	15248	792
江　苏	73897	1190	334	1173	783	
浙　江	80162	4045	4	8196	6528	
安　徽	9233	1006	214			
福　建	17620	293	332	1258		570
江　西	1706	310	93			
山　东	24119	520	1095	430		
河　南	6141	397	125			
湖　北	6048	2419	323	208		
湖　南	2794	222	191	40		
广　东	121309	4452	2429	83212	38682	18690
广　西	13833	343	69			
海　南	894	232	214	15		
重　庆	5558	259	191	1151		
四　川	23060	890	80	1081	105	3
贵　州	1723	41				
云　南	4594	230	135	5		
西　藏						
陕　西	790	29	130	4		
甘　肃	131	3	22			
青　海	476	877	16			
宁　夏	1641					
新　疆	6267	211				

13－13 续表 3

单位：万元

地区	港澳台投资		外商投资				
	独资	股份有限		合资经营	合作经营	独资	股份有限
全国总计	**114779**	**97**	**105102**	**40483**	**8953**	**55191**	**475**
北京	6860		4718	1290	572	2856	
天津	1712		18779	18639		140	
河北							
山西							
内蒙古							
辽宁	512		468	468			
吉林			335	335			
黑龙江							
上海	74295	84	53572	6706	3825	43041	
江苏	377	13	698	130		552	16
浙江	1668						
安徽			26	26			
福建	688		695	236			459
江西							
山东	430		2296	2294		2	
河南							
湖北	208		18	18			
湖南	40		6	6			
广东	25840		22258	10132	4556	7571	
广西			31	31			
海南	15						
重庆	1151		1146	127		1020	
四川	974		9			9	
贵州							
云南	5		16	16			
西藏							
陕西	4						
甘肃							
青海							
宁夏			30	30			
新疆							

13－14 各地区按登记注册类型分的中介服务企业营业利润

单位：万元

地区	总计	内资	国有	集体	股份合作	国有联营	集体联营
全国总计	**391159**	**356567**	**20994**	**4869**	**994**	**422**	**54**
北京	25422	26715	2417	15	-48		
天津	4637	2495	-65	51	-8	-13	
河北	679	679	-85	31	-42		
山西	476	476	28	22	18		
内蒙古	59	59	189	38			
辽宁	-2035	-1204	-123	58	-36	-30	
吉林	1445	1445	-29	21	3		
黑龙江	502	502	203	30	12		
上海	261356	236788	192	1297	682	709	12
江苏	16494	17348	3407	872	495	-2	
浙江	25228	22977	1453	558	95		
安徽	195	271	89	-203	-234		
福建	4664	4244	212	112	-20		
江西	1362	1362	73	428	78		
山东	4057	3204	567	420	44	-1	
河南	2605	2605	2287	90	-51		1
湖北	-1288	-1278	494	80	41		
湖南	10	-13	-562	62	6		
广东	40114	32985	8866	662	-98	-241	-2
广西	2921	2918	579	72	123		
海南	-627	-627	62	-8	23		
重庆	96	214	-418	77	-119		
四川	-408	-776	617	59	-10		
贵州	354	354	275	12	25		
云南	728	735	218	69			43
西藏							
陕西	-612	-612			10		
甘肃	10	10	18	-6	-4		
青海	-84	-84	-19	2	10		
宁夏	383	358	2				
新疆	2418	2418	46	-51			

13-14 续表 1

单位：万元

地　　区	内			资			
	国有与集体联营	其他联营	国有独资公司	其他有限责任公司	股份有限公司	私营独资	私营合伙
全国总计	**46**	**1639**	**405**	**60250**	**2118**	**12165**	**4257**
北　　京			5	2229	644	-1	1107
天　　津				227	17	-33	-7
河　　北			-6	1361	-778	12	89
山　　西				-450		4	65
内 蒙 古		2		7	5	8	4
辽　　宁			23	-45	19		11
吉　　林			108	806	21		
黑 龙 江		-72	11	46	339	-13	-22
上　　海	3	3	61	36924	1915	10208	1329
江　　苏		180		3357	-40	118	426
浙　　江			202	213	149	178	1134
安　　徽		55	1	-128	79	28	54
福　　建			-78	860	-40	24	-50
江　　西		1		471	84		-1
山　　东			17	-331	66	66	15
河　　南	-43			316	293	121	-37
湖　　北		2	115	14	-2730	1027	-6
湖　　南			-229	48	86	2	1
广　　东	-5	1468	281	11950	1102	237	-16
广　　西				260	580	39	-1
海　　南		6		-329	-81	14	5
重　　庆	91			157	76	34	-2
四　　川			-65	193	165	76	138
贵　　州		-4		10	-26	17	5
云　　南				187	26	17	2
西　　藏							
陕　　西				-768	11	3	7
甘　　肃				28	-22		9
青　　海				-53			1
宁　　夏				156		-15	3
新　　疆		-1	-39	2536	154	-7	-5

13－14 续表 2

单位：万元

地　区	内	资				
	私营有限责任公司	私营股份有限公司	其他内资企　业	港澳台投　资	合资经营	合作经营
全国总计	**236138**	**2393**	**9821**	**19721**	**4936**	**2987**
北　京	20647	−300		1453	1040	−330
天　津	2329	−1	−2	85	97	
河　北	−201	276	22			
山　西	816	−28				
内 蒙 古	−195	−1	3			
辽　宁	−1548	469	−3	−410		
吉　林	454	62				
黑 龙 江	−76	7	36			
上　海	174661	−137	8931	12590	3075	−244
江　苏	8272	220	44	−462	59	
浙　江	18125	872	−2	2251	2316	
安　徽	116	459	−44			
福　建	3147	6	70	411		358
江　西	179	45	4			
山　东	2063	143	135	−42		
河　南	−361	−36	23			
湖　北	−292	39	−62	−12		
湖　南	301	128	145	23		
广　东	8248	43	490	3366	−1628	3203
广　西	1162	99	6			
海　南	−299	−16	−4			
重　庆	340	−25	3	99		
四　川	−1928	5	−24	376	−23	−1
贵　州	53	−14				
云　南	109	62	2	−7		
西　藏						
陕　西	83	4	38			
甘　肃	−6	−5	−2			
青　海	−2	−37	14			
宁　夏	212					
新　疆	−270	56				

13－14 续表 3

单位：万元

地　区	港澳台投资		外商投资				
	独　资	股份有限		合资经营	合作经营	独　资	股份有限
全国总计	**11879**	**-81**	**14870**	**4930**	**1161**	**8821**	**-42**
北　京	743		-2746	-160	57	-2626	-17
天　津	-12		2057	2176		-118	
河　北							
山　西							
内蒙古							
辽　宁	-410		-422	-422			
吉　林							
黑龙江							
上　海	9834	-75	11978	882	687	10410	
江　苏	-515	-6	-393	14		-355	-52
浙　江	-65						
安　徽			-76	-76			
福　建	54		9	-18			27
江　西							
山　东	-42		894	907		-13	
河　南							
湖　北	-12		3	3			
湖　南	23						
广　东	1790		3763	1686	417	1660	
广　西			3	3			
海　南							
重　庆	99		-217	-80		-137	
四　川	400		-9	-9			
贵　州							
云　南	-7						
西　藏							
陕　西							
甘　肃							
青　海							
宁　夏			25	25			
新　疆							

13－15 各地区按登记注册类型分的中介服务企业利润总额

单位：万元

地　区	总　计	内　资					
			国　有	集　体	股份合作	国有联营	集体联营
全国总计	**465581**	**417936**	**29091**	**4247**	**1832**	**535**	**89**
北　京	29007	30259	4085	-64	-23		
天　津	1637	-180	-15	19	-8	-7	
河　北	1717	1717	387	75	-47		
山　西	-171	-171	125	49	19		
内 蒙 古	118	118	189	45			
辽　宁	-211	939	39	71	27	-30	
吉　林	2245	2245	-19	43	3		
黑 龙 江	1222	1222	226	30	25		
上　海	286367	259752	612	1187	671	845	40
江　苏	18130	18437	2618	2069	403	55	
浙　江	29760	27513	1199	165	92		
安　徽	1929	2005	517	-212	-161		
福　建	4425	3971	313	163	-20		
江　西	1696	1696	81	665	153		
山　东	10143	9220	1759	731	81		
河　南	4259	4259	3000	155	176		3
湖　北	3650	3637	1323	491	558		
湖　南	2179	2135	422	64	8		
广　东	56913	38819	10539	-1944	565	-328	-2
广　西	2756	2741	421	205	81		
海　南	-670	-577	62	-14	14		
重　庆	282	391	-497	80	-102		
四　川	1119	747	610	66	-889		
贵　州	688	688	498	1	72		
云　南	2033	2029	416	82	18		49
西　藏							
陕　西	882	879	34		10		
甘　肃	104	104	23	75	30		
青　海	505	505	30	2	78		
宁　夏	540	510	-2				
新　疆	2328	2328	96	-51	-1		

13－15 续表 1

单位：万元

地区	内资						
	国有与集体联营	其他联营	国有独资公司	其他有限责任公司	股份有限公司	私营独资	私营合伙
全国总计	**150**	**409**	**1176**	**82443**	**6152**	**2730**	**2670**
北京			5	1897	637	1	793
天津				-1197	-4	-44	-12
河北			-6	1596	-771	12	109
山西		1		-380		2	7
内蒙古		2		49	17		4
辽宁			17	361	80	-14	46
吉林			295	980	194		
黑龙江			11	327	445	7	-2
上海	3		59	54369	2138	-1782	-77
江苏		173		4073	-32	139	326
浙江			201	386	104	181	1176
安徽		175	6	132	212	69	69
福建			-59	750	-38	11	-50
江西		1		508	180		12
山东			17	1080	174	197	66
河南	61			713	305	138	-37
湖北		3	198	723	54	3137	58
湖南			372	87	165	5	5
广东	-5	53	165	11783	1375	383	37
广西				209	637	44	-39
海南		6		-365	3	14	5
重庆	91			370	74	4	-7
四川			-65	413	159	77	138
贵州		-3		42	-26	9	8
云南				175	63	13	6
西藏							
陕西				467	30	3	20
甘肃				-17	-25		9
青海				101			1
宁夏				132		134	
新疆		-1	-39	2678	-1	-7	

13－15续表 2

单位：万元

地　区	内资			港澳台投资	合资经营	合作经营
	私营有限责任公司	私营股份有限公司	其他内资企业			
全国总计	**268697**	**7631**	**10084**	**24550**	**9320**	**3065**
北　京	23200	−273		1507	1034	−274
天　津	1101	−1	−13	−222	28	
河　北	80	261	22			
山　西	−4	10				
内 蒙 古	−197	−1	10			
辽　宁	−81	441	−18	−1147		
吉　林	460	285	5			
黑 龙 江	−20	129	44			
上　海	188835	3946	8905	13349	3066	−240
江　苏	8325	220	68	−377	60	
浙　江	23065	945	−2	2248	2316	
安　徽	595	551	52			
福　建	2828	5	68	442		357
江　西	18	75	4			
山　东	4794	140	180			
河　南	−290	−30	66			
湖　北	−3203	228	68	−3		
湖　南	732	131	145	38		
广　东	15449	273	478	8317	2834	3223
广　西	1073	106	5			
海　南	−285	−1	−17	−94		
重　庆	457	−38	−41	103		
四　川	172	91	−24	381	−18	−1
贵　州	100	−14				
云　南	1116	90	2	4		
西　藏						
陕　西	219	51	44	3		
甘　肃	−5	−6	20			
青　海	315	−37	14			
宁　夏	246					
新　疆	−400	54				

13－15 续表 3

单位：万元

地区	港澳台投资		外商投资				
	独资	股份有限		合资经营	合作经营	独资	股份有限
全国总计	**12245**	**-81**	**23095**	**11460**	**1222**	**10453**	**-40**
北京	747		-2759	-221	117	-2639	-17
天津	-250		2039	2158		-119	
河北							
山西							
内蒙古							
辽宁	-1147		-3	-3			
吉林							
黑龙江							
上海	10598	-75	13266	883	759	11624	
江苏	-431	-6	70	15		108	-52
浙江	-68						
安徽			-76	-76			
福建	86		11	-18			29
江西							
山东			924	936		-13	
河南							
湖北	-3		17	17			
湖南	38		6	6			
广东	2260		9778	7809	346	1623	
广西			14	14			
海南	-94						
重庆	103		-212	-80		-132	
四川	400		-9	-9			
贵州							
云南	4						
西藏							
陕西	3						
甘肃							
青海							
宁夏			30	30			
新疆							

13－16　各地区按登记注册类型分的中介服务企业资产总计

单位：万元

地　区	总　计	内　资					
			国　有	集　体	股份合作	国有联营	集体联营
全国总计	**7183190**	**6252000**	**942104**	**289725**	**83192**	**66720**	**2227**
北　京	932929	882520	226643	7907	4841		10
天　津	291417	241853	29464	7090	94	6040	
河　北	67154	67154	3137	5346	880		
山　西	72662	72662	1019	794	942		
内蒙古	4436	4436	490	73			
辽　宁	135298	108772	9710	2195	4665	285	
吉　林	33326	33173	1362	212	10		
黑龙江	65701	65701	1785	5100	176		
上　海	1535785	1344098	150072	13407	14507	2846	1336
江　苏	660149	613539	75938	82994	8985	48125	
浙　江	407546	399248	23824	6519	885		
安　徽	91322	89365	21483	18217	3188		
福　建	90250	75642	10114	9761	14		
江　西	27077	27077	8107	625	1093		
山　东	178870	174672	23523	27694	1369	3	
河　南	134172	134172	13999	8907	141		131
湖　北	180312	177862	38457	15982	4893		
湖　南	41604	41040	12135	752	101		
广　东	1714921	1206489	226309	57313	24637	9421	136
广　西	57939	57892	18454	659	164		
海　南	29988	29624	67	1762	1681		
重　庆	67867	66244	16148	3049	3080		
四　川	211397	188772	16730	9929	4804		
贵　州	12353	12353	2157	1281	338		
云　南	23538	23075	2213	605	424		614
西　藏							
陕　西	21221	20750	2141	10	56		
甘　肃	5020	5020	520	314	173		
青　海	16720	16720	335	5	819		
宁　夏	6553	6413	1055				
新　疆	65663	65663	4711	1221	234		

13－16 续表 1

单位：万元

地 区	内			资			
	国有与集体联营	其他联营	国有独资公司	其他有限责任公司	股份有限公司	私营独资	私营合伙
全国总计	**293**	**385**	**620**	**217847**	**12097**	**121053**	**54015**
北 京			16	30127	1161	152	28
天 津				827	2	4444	1
河 北			1	70	310	410	50
山 西				254		22	10
内蒙古		300		354			
辽 宁				739	325	94	46
吉 林				185	12		
黑龙江				1020	106	22	28709
上 海	202	1	38	19144	752	19637	2710
江 苏				9440	324	1853	1271
浙 江				21977	15	4649	4289
安 徽			31	181	204	1400	16
福 建			253	4516	195	7441	13
江 西				71	61		10
山 东			24	1028	3067	556	13233
河 南				6994	142	50	
湖 北		7		485	1046	608	123
湖 南				2077	5	138	
广 东		53	257	17941	1464	2773	2899
广 西				427	1	62	
海 南				180		15	
重 庆	91			64880	2156	54011	
四 川				17024	481	1993	27
贵 州		24		63		20619	5
云 南				391	55	12	290
西 藏							
陕 西				356	10		285
甘 肃				14894	6		
青 海				385			
宁 夏				1653		90	
新 疆			1	167	200		

13－16 续表 2

单位：万元

地　　区	内	资		港澳台投资		
	私营有限责任公司	私营股份有限公司	其他内资企　　业		合资经营	合作经营
全国总计	**2474323**	**155699**	**48506**	**506397**	**280372**	**68455**
北　　京	319505	19474		16880	9499	4214
天　　津	111603	3018	20998	9121	3653	
河　　北	33074	2791	75			
山　　西	51697	2836				
内 蒙 古	2252	73	29			
辽　　宁	56816	2013	56	408		
吉　　林	6709	878	10			
黑 龙 江	36580	777	477			
上　　海	658609	39575	11016	99441	39460	1458
江　　苏	193014	2255	326	11020	2462	
浙　　江	173538	7343	30	8299	6026	
安　　徽	20384	3746	188			
福　　建	25806	3264	3014	10157		579
江　　西	4450	362	26			
山　　东	58877	788	829	231		
河　　南	20823	1532	807			
湖　　北	41947	13679	1830	1969		
湖　　南	3735	320	220	266		
广　　东	477538	31170	5882	335358	215462	62193
广　　西	22917	1619	68			
海　　南	11522	197	876	365		
重　　庆	14069	822	297	783		
四　　川	77067	1488	1027	11541	3809	12
贵　　州	2952	141				
云　　南	12129	686	109	89		
西　　藏						
陕　　西	2756	4623	261	471		
甘　　肃	530	214	51			
青　　海	842	9873	7			
宁　　夏	3052					
新　　疆	29531	144				

13－16 续表 3

单位：万元

地区	港澳台投资		外商投资				
	独资	股份有限		合资经营	合作经营	独资	股份有限
全国总计	**156282**	**1289**	**424793**	**197441**	**38499**	**186560**	**2293**
北京	3167		33529	3589	16447	13186	308
天津	5467		40443	37510		2933	
河北							
山西							
内蒙古							
辽宁	408		26119	26119			
吉林			153	153			
黑龙江							
上海	58486	37	92246	14019	3625	74601	
江苏	7306	1252	35590	3171		32385	34
浙江	2272						
安徽			1957	1957			
福建	9578		4452	2500			1951
江西							
山东	231		3967	1105		2862	
河南							
湖北	1969		480	480			
湖南	266		299	299			
广东	57703		173074	96765	18427	57883	
广西			47	47			
海南	365						
重庆	783		840	431		409	
四川	7720		11084	9108		1976	
贵州							
云南	89		375	49		325	
西藏							
陕西	471						
甘肃							
青海							
宁夏			140	140			
新疆							

13－17　各地区按登记注册类型分的中介服务企业负债总计

单位：万元

地　区	总　计	内　资					
			国　有	集　体	股份合作	国有联营	集体联营
全国总计	**3940811**	**3422698**	**577592**	**168965**	**38804**	**37079**	**1679**
北　京	468654	438152	94188	7753	2606		1
天　津	169478	139332	19171	3791	14	4203	
河　北	26301	26301	2545	2692	1316		
山　西	34951	34951	157	149	59		
内蒙古	1655	1655	76	120			
辽　宁	61727	37765	4291	264	3553	215	
吉　林	13869	13782	309	165	1		
黑龙江	30384	30384	380	1225	38		
上　海	834230	722032	106912	6728	9738	842	1313
江　苏	363523	342550	40202	28241	1669	27682	
浙　江	244169	242180	12151	5757	179		
安　徽	47982	47970	11804	11194	1226		
福　建	45431	32530	6479	7739			
江　西	10628	10628	4117	525	462		
山　东	83299	80336	24847	6145	473		
河　南	66260	66260	7291	3291	50		
湖　北	147872	147304	32043	17785	1101		
湖　南	19996	19795	9027	741	8		
广　东	998641	733119	153065	47609	8855	4138	15
广　西	30447	30444	11975	487	24		
海　南	11639	11553	15	1677	1431		
重　庆	37876	36967	15230	4504	909		
四　川	100691	85916	9954	8240	3923		
贵　州	8480	8480	654	1131	140		
云　南	16971	16966	1998	152	297		350
西　藏							
陕　西	14719	14535	243	2	6		
甘　肃	1352	1352	16	127	63		
青　海	7124	7124	184		609		
宁　夏	8930	8804	6332				
新　疆	33529	33529	1938	729	55		

13－17 续表 1

单位：万元

地区	内资						
	国有与集体联营	其他联营	国有独资公司	其他有限责任公司	股份有限公司	私营独资	私营合伙
全国总计	**3064**	**6305**	**24938**	**1086700**	**146059**	**11296**	**8515**
北京			1582	184804	489	44	614
天津	2280			33378	48	66	8
河北				2436	62	10	4
山西				7019		2	22
内蒙古				171			18
辽宁			12	10435	937	759	122
吉林			801	9057	1886		
黑龙江		184		5581	457	3	200
上海	31		3585	194895	14834	5044	592
江苏		16		131632	881	509	1520
浙江			1144	129524	3364	1039	1228
安徽		56	726	11363	652	1	10
福建			1231	5293	249	281	168
江西		3		3806	197		30
山东			421	22580	4879	48	1852
河南	73			4229	36296	18	163
湖北			257	24674	50115	187	35
湖南			76	8641	354		2
广东	248	4963	14683	206889	19309	2633	1347
广西				6189	752	47	302
海南		13		4551	711		
重庆	432			11372	200	4	6
四川			290	38653	1359	215	63
贵州		1063		3730	590	5	101
云南				2200	137	1	11
西藏							
陕西				10509	161		22
甘肃				876	11		16
青海			10	3287			4
宁夏				1320		358	36
新疆		8	119	7608	7129	23	22

13－17 续表 2

单位：万元

地 区	内资					
	私营有限责任公司	私营股份有限公司	其他内资企业	港澳台投资	合资经营	合作经营
全国总计	**1202169**	**74806**	**34725**	**229968**	**82780**	**59216**
北 京	131207	14865		10229	5562	2859
天 津	57713	711	17949	5966	2760	
河 北	15718	1514	5			
山 西	26998	546				
内蒙古	1251	13	7			
辽 宁	16581	575	23	111		
吉 林	1516	37	10			
黑龙江	22179	130	8			
上 海	349793	17906	9821	49983	16477	698
江 苏	108685	1314	199	3710	1424	
浙 江	83776	4017	1	1989	17	
安 徽	9591	1340	7			
福 建	7240	1332	2518	8947		415
江 西	1455	22	11			
山 东	18732	160	199	267		
河 南	14262	505	81			
湖 北	18097	2115	897	568		
湖 南	829	57	60	60		
广 东	247802	20145	1419	140593	54536	55242
广 西	9104	1556	8			
海 南	2472	14	669	86		
重 庆	4140	140	30	539		
四 川	22074	374	770	6733	2006	2
贵 州	1015	51				
云 南	11603	214	3	3		
西 藏						
陕 西	988	2595	10	184		
甘 肃	130	99	14			
青 海	602	2421	7			
宁 夏	759					
新 疆	15857	40				

13－17 续表 3

单位：万元

地　区	港澳台投资		外商投资				
	独　资	股份有限		合资经营	合作经营	独　资	股份有限
全国总计	**87010**	**962**	**288145**	**140692**	**14199**	**131312**	**1941**
北　京	1809		20273	1637	5271	13288	77
天　津	3206		24180	22450		1730	
河　北							
山　西							
内 蒙 古							
辽　宁	111		23851	23851			
吉　林			86	86			
黑 龙 江							
上　海	32753	55	62216	6362	2420	53434	
江　苏	1379	907	17263	1810		15403	50
浙　江	1973						
安　徽			13	13			
福　建	8532		3954	2140			1814
江　西							
山　东	267		2696	25		2671	
河　南							
湖　北	568						
湖　南	60		141	141			
广　东	30816		124929	74269	6509	44152	
广　西			3	3			
海　南	86						
重　庆	539		371	10		360	
四　川	4725		8043	7771		272	
贵　州							
云　南	3		3			3	
西　藏							
陕　西	184						
甘　肃							
青　海							
宁　夏			126	126			
新　疆							

13－18　各地区按登记注册类型分的其他房地产企业营业利润

单位：万元

地　区	总　计	内　资					
			国　有	集　体	股份合作	国有联营	集体联营
全国总计	**778167**	**737334**	**199036**	**265853**	**89690**	**62**	**2087**
北　京	69581	12750	-3474	-3048	1056	-14	-30
天　津	4824	4824	4461	313			
河　北	-236	-56	-160	-143			
山　西	1944	1843	201	265	9		61
内蒙古	158	158	136	27			
辽　宁	-20713	-5743	-1178	73	-1195	-630	
吉　林	-1030	-1033	-1147	-5	-2		
黑龙江	-8432	-8435	-7015	-543	-75		
上　海	20315	18448	7998	870	413		-1
江　苏	14129	16055	3406	2583	69		
浙　江	71233	68828	66165	577	-173	61	
安　徽	-2116	-1991	-2102	-538	6		-5
福　建	-2227	-1186	-3032		13	-10	30
江　西	4809	4790	-2517	3513	8		
山　东	212961	212909	179233	-148	-16		
河　南	-7971	-7973	-8074	-20	-30		-1
湖　北	-20054	-18105	-8323	-3616	-297	-101	
湖　南	-3529	-3507	-2400	-1117	1	452	28
广　东	460291	460347	-8791	264223	85466	1382	1821
广　西	-5957	-5963	-4253	-1226	-725	-706	211
海　南	-8207	-7810	-1083	-223	32	-401	
重　庆	-15398	-16040	-8086	-260	-27		-8
四　川	7503	7912	3182	1592	169		
贵　州	-2302	-2298	-2499	-221	-10		-2
云　南	10068	10098	-1043	3951	4793		-17
西　藏	58	58				58	
陕　西	-510	-520	-373	-436	190		
甘　肃	955	955	865	-332	-2		
青　海	-2	-2	9	-10	-4		
宁　夏	-225	-225	334	-41	5		
新　疆	-1753	-1754	-1405	-207	16	-29	

13－18 续表 1

单位：万元

地　区	内				资		
	国有与集体联营	其他联营	国有独资公司	其他有限责任公司	股份有限公司	私营独资	私营合伙
全国总计	**-809**	**288**	**-9184**	**46715**	**31913**	**1066**	**1362**
北　京	-26		-754	-6444	22743	13	-14
天　津				128		16	
河　北				170	389	105	
山　西	25		-147	-510		-37	33
内蒙古				-99	-83	3	47
辽　宁				-1581	-168	72	3
吉　林				-68	-19	6	
黑龙江	77	113	-286	-1943	317	303	19
上　海	7			3253	192	118	-90
江　苏	-918		895	9214	-170	-296	553
浙　江			2446	-836	187	44	106
安　徽			2	530	-36	246	1
福　建			84	283	755	73	55
江　西				263	2072	176	105
山　东				-245	23	12	
河　南			15	163	-203	5	1
湖　北	220		-1020	-1997	-5926	59	8
湖　南			-1641	557	449	-106	18
广　东	-189	-82	14	42620	13852	800	178
广　西	-1		-315	-64	183	23	266
海　南	-4	-24	-11	-1190	-4432	28	-3
重　庆		-15	-8047	1109	129		-5
四　川		-38	-462	1779	1393	-16	66
贵　州			-51	-121	-23	31	
云　南			346	-167	-336	-143	-17
西　藏							
陕　西		334	-292	-575	480	23	16
甘　肃				-5	17		18
青　海							
宁　夏				-461			-13
新　疆			39	2954	130	-493	10

13-18 续表 2

单位：万元

地　区	内资			港澳台投资		
	私营有限责任公司	私营股份有限公司	其他内资企业		合资经营	合作经营
全国总计	**18037**	**3925**	**87292**	**33900**	**551**	**-4496**
北　京	2824	-73	-9	30183	5967	-450
天　津	-148	54				
河　北	-516	98	2	-181		
山　西	1940	3		134	134	
内蒙古	129					
辽　宁	-1317	144	35	-1152	-1152	
吉　林	47	156		3		
黑龙江	639	4	-46			
上　海	5628		60	1863	-538	
江　苏	1391	357	-1028	-1867	-103	-1585
浙　江	304	-54		93	-7	100
安　徽	-118	-13	34			
福　建	500	65		-325	47	
江　西	905	24	242	-24	-24	
山　东	728	1	33322			
河　南	277	-79	-27	2	2	
湖　北	2704	176	9	-1792	-1499	
湖　南	53	-8	207	27	25	
广　东	2902	2178	53970	7481	-1922	-2503
广　西	573	53	17	13	8	
海　南	18	-2	-516	-313	-327	
重　庆	-487	-1	-342	-61	-61	
四　川	210	124	-87	-181		-57
贵　州	423	-1	175	-4		
云　南	1596	-98	1233			
西　藏						
陕　西	-748	826	36			
甘　肃	387		7			
青　海	3	2				
宁　夏	-49					
新　疆	-2759	-10		1	1	

13－18 续表 3

单位：万元

地　区	港澳台投资		外商投资				
	独　资	股份有限		合资经营	合作经营	独　资	股份有限
全国总计	**13138**	**24706**	**6932**	**-10431**	**-9219**	**26583**	
北　京	-56	24722	26649	-469	-147	27264	
天　津							
河　北	-181						
山　西			-33	-33			
内蒙古							
辽　宁			-13817	-9078	-4882	142	
吉　林	3						
黑龙江			3	3			
上　海	2401		3			3	
江　苏	-178	-1	-59	388	55	-501	
浙　江			2312	62		2249	
安　徽			-125	-108		-17	
福　建	-357	-15	-715	-41		-674	
江　西			42			42	
山　东			52	52			
河　南							
湖　北	-294		-157		-134	-23	
湖　南	1		-48	-48			
广　东	11906		-7536	-1592	-4111	-1833	
广　西	5		-7			-7	
海　南	14		-84	-39		-44	
重　庆			703	703			
四　川	-124		-228	-201		-27	
贵　州	-4						
云　南			-30	-30			
西　藏							
陕　西			9			9	
甘　肃							
青　海							
宁　夏							
新　疆							

13－19　各地区按登记注册类型分的其他房地产企业利润总额

单位：万元

地　区	总　计	内　资	国　有	集　体	股份合作	国有联营	集体联营
全国总计	**1024585**	**986950**	**223154**	**367018**	**114652**	**257**	**2117**
北　京	91306	33053	1353	-1765	2515	-14	-30
天　津	4076	4076	3851	277			
河　北	-576	-395	-1721	483			
山　西	2708	2604	158	212	7		63
内蒙古	841	841	434	116			
辽　宁	-27640	-13086	-3476	-226	-4962	-630	
吉　林	698	695	301	-5	-2		
黑龙江	-6476	-6480	-6176	-229	-3		
上　海	21323	21907	11322	883	367		-1
江　苏	31623	33575	-1016	6897	73		
浙　江	70729	69684	65580	115	-366	60	
安　徽	-606	-475	-1632	-218	135		-5
福　建	-2622	-1753	-2981	-490	23	305	26
江　西	6014	5997	-1022	2893	8		
山　东	210148	209925	180050	-139	-17		
河　南	-3772	-3762	-4585	42	-95		-1
湖　北	2397	3139	-1666	361	428	-101	
湖　南	6403	6065	2996	380	77	453	40
广　东	623733	626892	-5450	354501	112242	1354	1726
广　西	-6589	-6594	-6829	-1104	169	-785	225
海　南	-9603	-9212	-1294	-427	32	-403	
重　庆	-5335	-5983	-1732	-52	-27		-8
四　川	3947	4357	2175	1644	62		
贵　州	-2089	-2085	-3227	75	7		-2
云　南	11452	11482	-882	4105	3729		82
西　藏	48	48	1			47	
陕　西	4792	4782	-115	-398	245		
甘　肃	1168	1168	751	3	-2		
青　海	135	135		30	5		
宁　夏	445	445	334	-41	1		
新　疆	-4093	-4094	-2346	-905	-1	-29	

13－19 续表 1

单位：万元

地　区	内				资		
	国有与集体联　营	其他联营	国有独资公　司	其他有限责任公司	股份有限公　司	私营独资	私营合伙
全国总计	**-752**	**2895**	**-4748**	**99541**	**53845**	**1735**	**2854**
北　京	-26		-775	-5601	33923	8	-14
天　津				62		16	
河　北				581	-37	101	
山　西	45		-231	450		135	85
内蒙古				10	-44	3	47
辽　宁				-2300	-120	93	3
吉　林				52	125	6	
黑龙江	82	113	-242	-1637	357	400	19
上　海	7			3767	192	118	-44
江　苏	-924		808	26533	-815	-202	673
浙　江			3232	-111	189	14	110
安　徽			172	872	-240	281	1
福　建			77	580	22	82	56
江　西				266	2142	215	165
山　东				-4876	243	12	
河　南			18	646	-212	5	1
湖　北	253		-38	-946	518	108	9
湖　南			-1007	1713	1076	-103	30
广　东	-187	2451	78	73756	20657	736	673
广　西	2		-367	849	63	24	268
海　南	-4	-50	-11	-2169	-4247	28	-2
重　庆		-15	-5908	1777	69		-5
四　川		-38	-320	624	-47	-16	97
贵　州			38	338	-19	31	
云　南			346	455	-248	-144	127
西　藏							
陕　西		434	-571	1579	307	163	536
甘　肃				-38	17		18
青　海							
宁　夏				166			-13
新　疆			-47	2142	-26	-379	14

13－19 续表 2

单位：万元

地　　区	内资			港澳台投资		
	私营有限责任公司	私营股份有限公司	其他内资企　业	港澳台投　资	合资经营	合作经营
全国总计	**30442**	**5306**	**88635**	**34096**	**-39**	**-4928**
北　　京	3531	-52		31612	5459	-407
天　　津	-159	54	-25			
河　　北	-459	668	-11	-181		
山　　西	1639	40		138	138	
内 蒙 古	276					
辽　　宁	-1611	144		-634	-634	
吉　　林	62	156		3		
黑 龙 江	787	34	16			
上　　海	5235		60	-587	-406	
江　　苏	2047	598	-1098	-1873	-104	-1591
浙　　江	900	-39		67	-7	74
安　　徽	31	-27	155			
福　　建	483	63		-97	47	
江　　西	1029	24	277	-24	-24	
山　　东	1135	14	33502			
河　　南	138	290	-9	-10	-10	
湖　　北	3752	445	16	-726	-549	
湖　　南	181	-4	233	429	173	
广　　东	8590	947	54816	6523	-3739	-2946
广　　西	812	80	-1	13	8	
海　　南	18	-2	-680	-306	-328	
重　　庆	-417	335		-63	-63	
四　　川	199	62	-84	-182		-57
贵　　州	471	27	175	-4		
云　　南	2446	235	1231			
西　　藏						
陕　　西	1326	1225	54			
甘　　肃	412		6			
青　　海	98	2				
宁　　夏	-1					
新　　疆	-2506	-11		1	1	

13－19 续表 3

单位：万元

地　区	港澳台投资		外商投资				
	独　资	股份有限		合资经营	合作经营	独　资	股份有限
全国总计	**12001**	**27062**	**3538**	**-12478**	**-9233**	**25249**	
北　京	-518	27078	26640	-475	-159	27274	
天　津							
河　北	-181						
山　西			-33	-33			
内蒙古							
辽　宁			-13920	-9169	-4873	122	
吉　林	3						
黑龙江			4	4			
上　海	-182		4			4	
江　苏	-178	-1	-79	344	79	-501	
浙　江			978	58		920	
安　徽			-131	-114		-17	
福　建	-129	-15	-772	-41		-731	
江　西			42			42	
山　东			223	223			
河　南							
湖　北	-177		-15		-7	-9	
湖　南	256		-90	-90			
广　东	13208		-9682	-3626	-4273	-1782	
广　西	5		-7			-7	
海　南	21		-85	-39		-46	
重　庆			711	711			
四　川	-125		-228	-201		-27	
贵　州	-4						
云　南			-29	-29			
西　藏							
陕　西			9			9	
甘　肃							
青　海							
宁　夏							
新　疆							

13－20　各地区按登记注册类型分的其他房地产企业资产总计

单位：万元

地　区	总　计	内　资					
			国　有	集　体	股份合作	国有联营	集体联营
全国总计	**44868108**	**41150662**	**15317622**	**6369982**	**2586842**	**189927**	**81386**
北　京	4433627	3302281	914190	318677	71366	21438	8151
天　津	1250179	1250179	1188593	10930			
河　北	207991	202364	105704	50660			
山　西	187651	182681	46123	18196	578		284
内蒙古	38595	38595	9696	1052	101		
辽　宁	1311318	680650	374790	84917	17673	694	
吉　林	29377	29253	17703	389	77		
黑龙江	384390	377292	226461	27155	3318		
上　海	5608000	5484915	4455069	19830	40221		525
江　苏	3631295	3539293	313418	241817	1695		
浙　江	4208653	4131927	2862822	110321	16204	409	
安　徽	196759	191276	112077	30086	2752		100
福　建	831687	689462	424326	65119	20700	28429	2142
江　西	463486	457607	268860	72393	257		
山　东	251199	250110	110119	42323	6001		
河　南	484266	480486	400993	10064	925		11
湖　北	783747	700084	247667	90443	6488	3324	
湖　南	556724	549561	306666	78721	35517	8708	150
广　东	15358615	14104974	1524586	4646754	2232186	92552	65645
广　西	740223	737592	503238	81321	3758	7868	3420
海　南	771098	672286	129282	28675	4443	24168	
重　庆	665304	661261	343172	47489	5788		78
四　川	703333	671204	106110	54331	29333		
贵　州	169795	165382	97499	19316	3350		62
云　南	643445	643116	71087	139692	80335		817
西　藏	2283	2283	422			1861	
陕　西	395789	395460	69539	24141	3199		
甘　肃	134050	134050	36167	12483	316		
青　海	3010	3010	1433	347	11		
宁　夏	40872	40872	6648	10260	7		
新　疆	381347	381155	43162	32080	243	475	

13－20 续表 1

单位：万元

地区	内资						
	国有与集体联营	其他联营	国有独资公司	其他有限责任公司	股份有限公司	私营独资	私营合伙
全国总计	**34055**	**65898**	**968890**	**8592509**	**2047479**	**94710**	**54567**
北京	8393		82076	998441	502286	169	327
天津				38801		355	
河北				24513	2981	5745	
山西	470		2273	23946		1447	1493
内蒙古				9351	4364	100	253
辽宁				83444	20795	7386	375
吉林				5000	3120	18	
黑龙江	125	258	4502	45119	33796	5096	1286
上海	1435			787178	636	788	316
江苏	2559		23884	2538831	46076	7182	12592
浙江			426200	444977	9176	12418	1646
安徽			1234	24932	2872	435	749
福建	315		40722	54935	10342	2757	1014
江西			5	31377	36552	901	1705
山东			2208	38041	826	629	
河南			2833	35463	7150	1222	56
湖北	3142		4875	124668	66383	2939	190
湖南			19703	46068	11422	3766	673
广东	13258	48861	93607	2298538	831597	8324	16219
广西	55		17522	72454	17687	871	1010
海南	4302	11055	395	117378	303873	2984	2717
重庆		616	93685	107934	10186		1317
四川		1362	67106	196803	27004	4147	2110
贵州			18896	12834	9284	77	
云南			59298	146473	31843	20043	2621
西藏							
陕西		3747	4976	149369	48135	2321	2418
甘肃				3276	61	676	23
青海							
宁夏				16013			3250
新疆			2890	116350	9032	1914	206

13－20 续表 2

单位：万元

地　区	内资			港澳台投资		
	私营有限责任公司	私营股份有限公司	其他内资企　业	港澳台投　资	合资经营	合作经营
全国总计	**3517894**	**139600**	**1089303**	**2429205**	**776812**	**409864**
北　京	369425	7297	45	983329	203175	134675
天　津	9193	858	1449			
河　北	7528	3950	1282	5628		
山　西	80807	7064		3219	3219	
内蒙古	13677					
辽　宁	88569	1518	489	226004	134518	9170
吉　林	1285	1661		124		
黑龙江	25932	2848	1396			
上　海	177770		1149	113817	93405	
江　苏	327333	8734	15172	52435	16785	32100
浙　江	244036	3356	361	20645	7193	8345
安　徽	15054	121	863			
福　建	37932	730		105925	2833	
江　西	29002	2735	13820	5069	5069	
山　东	49526	18	420			
河　南	17132	4481	156	3781	3781	
湖　北	135359	14050	558	48493	23883	
湖　南	8907	8427	20834	3898	1418	
广　东	1202272	37230	993343	771809	234727	223893
广　西	27488	350	550	935	787	
海　南	37297	867	4848	67027	45491	
重　庆	36304	9550	5141	337	337	
四　川	160130	2684	20083	12128		1683
贵　州	3150	894	20	4412		
云　南	73750	11491	5668			
西　藏						
陕　西	78136	8536	943			
甘　肃	80336		713			
青　海	1216	3				
宁　夏	4694					
新　疆	174656	149		192	192	

13－20 续表 3

单位：万元

地　区	港澳台投资		外商投资				
	独　资	股份有限		合资经营	合作经营	独　资	股份有限
全国总计	**666293**	**576236**	**1288240**	**520323**	**389954**	**377963**	
北　京	71841	573639	148017	45756	23200	79060	
天　津							
河　北	5628						
山　西			1751	1751			
内蒙古							
辽　宁	82316		404664	191531	151983	61150	
吉　林	124						
黑龙江			7098	7098			
上　海	20412		9267			9267	
江　苏	3512	38	39567	21599	6153	11815	
浙　江	5107		56080	36283		19798	
安　徽			5483	2513		2970	
福　建	100533	2559	36301	2220		34081	
江　西			810	500		310	
山　东			1089	1089			
河　南							
湖　北	24611		35169		34889	280	
湖　南	2480		3266	3266			
广　东	313189		481832	162455	173729	145649	
广　西	148		1697			1697	
海　南	21536		31785	20666		11119	
重　庆			3705	3705			
四　川	10445		20001	19562		439	
贵　州	4412						
云　南			329	329			
西　藏							
陕　西			329			329	
甘　肃							
青　海							
宁　夏							
新　疆							

13－21　各地区按登记注册类型分的其他房地产企业负债总计

单位：万元

地　区	总　计	内　资					
			国　有	集　体	股份合作	国有联营	集体联营
全国总计	**27386622**	**25129168**	**11420078**	**3115654**	**1077465**	**166136**	**29699**
北　京	2452696	1929176	557816	163254	41963	20737	6631
天　津	1169722	1169722	1131489	7035			
河　北	138350	134494	79011	23521			
山　西	105973	105194	44017	11306	543		14
内蒙古	18597	18597	5154	253	39		
辽　宁	962440	475642	267843	62814	9440	1629	
吉　林	16421	16258	8147	526			
黑龙江	407145	399422	267348	29892	3520		
上　海	3771926	3676046	2920375	15158	33502		7
江　苏	1944504	1889678	191088	120071	117		
浙　江	2409124	2362000	1594028	43644	7968	108	
安　徽	180630	179739	104831	45466	2003		
福　建	560189	467378	315554	42006	7626	19897	1515
江　西	336850	331013	239081	45113	60		
山　东	183468	183454	69285	30947	5313		
河　南	446621	444543	386047	8673	396		31
湖　北	730588	676964	394906	84728	4937	3484	
湖　南	481953	478679	321509	55935	24608	6744	
广　东	8024923	7246741	1414751	1989732	875944	77822	19597
广　西	582893	581999	379008	93145	4894	12409	1580
海　南	404626	330381	90366	21489	3623	21911	
重　庆	463661	461633	259377	52567	2394		53
四　川	448933	429833	70774	44886	24257		
贵　州	163600	160004	110817	17333	1037		62
云　南	287769	287673	52166	42970	19224		208
西　藏	1605	1605	209			1396	
陕　西	369931	369904	86483	25666	2619		
甘　肃	68193	68193	24237	13169	1416		
青　海	4313	4313	3449	44	1		
宁　夏	10896	10896	1889	3549	1		
新　疆	238082	237994	29023	20764	20		

13－21 续表 1

单位：万元

地区	内			资			
	国有与集体联营	其他联营	国有独资公司	其他有限责任公司	股份有限公司	私营独资	私营合伙
全国总计	**29854**	**56593**	**487041**	**5123953**	**913585**	**50737**	**18517**
北京	5381		41412	678038	216759	99	248
天津				25104			
河北				18259	320	1410	
山西			4258	17773		722	21
内蒙古				4684	2132		15
辽宁				52526	14487	5907	46
吉林				3222	2235	150	
黑龙江	28		4057	68727	6088	2306	70
上海				552607	14	53	221
江苏	2629		666	1282977	38291	5774	6803
浙江			204588	329270	2502	9722	679
安徽			576	17154	1158	2	
福建	215		27724	32836	5369	975	
江西				21267	19870		
山东			5	31960	231	460	
河南			2201	27104	3669	180	4
湖北	4005		8259	53513	63567	431	48
湖南			20097	29156	5981	4342	180
广东	13685	43493	48278	1233601	345197	3901	4529
广西	62		7555	45241	15707	518	61
海南	3849	10165		49424	102550	225	459
重庆		345	43927	67884	2745		121
四川		1124	33464	154319	14785	1841	319
贵州			19762	6078	3600	35	
云南			13525	80525	15190	9458	951
西藏							
陕西		1466	3771	144984	29930	1852	1489
甘肃				1812	15		
青海							
宁夏				2077			2250
新疆			2915	91832	1195	374	3

13－21 续表 2

单位：万元

地　区	内资			港澳台投资		
	私营有限责任公司	私营股份有限公司	其他内资企业		合资经营	合作经营
全国总计	**2054048**	**79248**	**506559**	**1349654**	**486940**	**296070**
北　京	195928	869	42	464725	132430	105749
天　津	5054		1041			
河　北	8337	3317	319	3857		
山　西	25819	721				
内蒙古	6320					
辽　宁	60257	587	106	78472	77721	747
吉　林	633	1346		163		
黑龙江	15753	678	954			
上　海	153657		451	95880	76275	
江　苏	221097	5270	14895	30098	7708	21782
浙　江	166860	2396	235	5463	185	5278
安　徽	8376	137	36			
福　建	13654	6		65771	1738	
江　西	4471	630	520	837	837	
山　东	45152	2	100			
河　南	12894	3291	54	2078	2078	
湖　北	57692	1210	184	20660	4683	
湖　南	2967	5332	1830	422	56	
广　东	697071	16325	462815	513669	143199	162415
广　西	21267	152	400	91	91	
海　南	19399	857	6064	53033	39414	
重　庆	23863	4020	4339	438	438	
四　川	71931	1407	10727	10313		99
贵　州	731	549		3596		
云　南	46253	6365	838			
西　藏						
陕　西	47872	23697	76			
甘　肃	27010		535			
青　海	820					
宁　夏	1131					
新　疆	91781	87		88	88	

13－21 续表 3

单位：万元

地　区	港澳台投资		外商投资				
	独　资	股份有限		合资经营	合作经营	独　资	股份有限
全国总计	**420848**	**145795**	**907800**	**400716**	**308542**	**198543**	
北　京	82477	144069	58795	30401	13224	15170	
天　津							
河　北	3857						
山　西			779	779			
内蒙古							
辽　宁	4		408327	187963	175843	44520	
吉　林	163						
黑龙江			7723	7723			
上　海	19604						
江　苏	608		24728	15073	2801	6854	
浙　江			41662	31984		9678	
安　徽			891	602		289	
福　建	62307	1726	27040	245		26795	
江　西			5000			5000	
山　东			14	14			
河　南							
湖　北	15977		32963		32923	40	
湖　南	366		2851	2851			
广　东	208056		264512	93919	83750	86843	
广　西			803			803	
海　南	13620		21212	19402		1810	
重　庆			1590	1590			
四　川	10214		8787	8074		713	
贵　州	3596						
云　南			95	95			
西　藏							
陕　西			27			27	
甘　肃							
青　海							
宁　夏							
新　疆							

第二部分　大中城市篇

第十四章　35个大中城市房地产综合与投资（2003）

14－1 35个大中城市主要指标完成情况

城市	本年完成投资（万元）	#住宅	#办公楼	#商业营业用房	施工房屋面积（平方米）	竣工房屋面积（平方米）	#住宅
总计	**64122726**	**42527573**	**4062880**	**6571019**	**651517529**	**205596268**	**168419983**
北京	12024763	6329718	1427491	613455	90706560	25936478	20807480
天津	2113876	1509252	77808	242564	23144250	9112742	7506732
石家庄	620931	361086	19913	36173	4313125	1366307	1309097
太原	429703	170857	39368	97252	5210982	1653240	1054978
呼和浩特	273982	123772	34230	92725	3420137	1318402	1100975
沈阳	1773283	1306195	33572	323564	17388194	5859302	4942940
长春	700020	482072	19703	167914	5290946	2543967	1856499
哈尔滨	1060366	500947	49064	201327	10396070	4180952	3026642
上海	9012427	6762825	666736	678172	82675106	24918375	21399853
南京	1838038	1293320	132705	136919	15538498	3908627	3348820
杭州	2588452	1940139	151832	307904	24499056	7013594	5539650
合肥	900136	641047	38402	167748	9395758	3293865	2644514
福州	1670394	1136397	55807	146290	19367876	4920224	4237230
南昌	600118	445574	13555	72110	6602968	1340284	1037212
济南	897967	740877	53687	64109	8187237	2953890	2542502
郑州	742644	641296	30919	38557	12775726	3036436	2776185
武汉	1695468	1248271	64501	99110	19554909	6826180	6002402
长沙	1108269	757746	45971	158339	11408778	4397448	3690131
广州	4194802	3172112	223030	433728	43503874	11394662	9029712
南宁	394830	229928	8335	32151	7265382	2150297	1792180
海口	277007	226977	7036	26613	4021725	893981	812280
重庆	3278881	1774341	118569	508227	52878032	16769688	12317498
成都	2453696	1889675	83080	300990	27122640	10160573	8957421
贵阳	603621	300351	39058	67759	10724791	2765482	2130519
昆明	700700	521439	27885	23792	7489508	3134518	2868293
西安	1248177	783868	129362	164846	13431222	3396721	2895565
兰州	301456	198156	13526	36728	6362344	1164507	970057
西宁	188950	127259	21050	16261	3504470	1352808	1205881
银川	393550	279647	19354	58898	5696493	3142819	2515995
乌鲁木齐	484927	238920	64811	103057	6651794	3900582	3183320
大连	1511363	1035736	45428	245167	13965873	5792127	4691851
青岛	1277969	938646	49476	145146	17471014	5465581	4564671
宁波	1842589	1368423	76782	200473	20267994	6355274	5298341
厦门	792737	548790	30308	90038	12901948	2973217	2196385
深圳	4126634	2501914	150526	472913	28382249	10203118	8166172

14－1 续表 1

城　市	房屋销售面　积（平方米）	#住　宅	房屋销售价　格（元/平方米）	#住　宅	本年购置土地面积（平方米）	本年开发土地面积（平方米）
总　计	**165916463**	**281792471**	**3225**	**3033**	**161018621**	**97630300**
北　京	18957685	149751502	4737	4456	13912567	10844359
天　津	7864957	7206404	2518	2393	10932652	7404474
石家庄	1180659	1146493	1581	1570	1345536	1419830
太　原	842668	577246	3165	2204	1226271	827560
呼和浩特	1373805	1129672	1552	1277	1799331	1697432
沈　阳	3247971	2915590	2916	2753	6073847	2192311
长　春	1852265	1672160	2155	1973	2256321	961810
哈尔滨	3907776	3255062	2353	2183	2993418	2273732
上　海	23764001	22244744	5118	4989	14690982	6055079
南　京	4444849	4001570	3148	2888	4594869	2571300
杭　州	5554837	4710880	3939	3657	6809896	2750211
合　肥	2900093	2482030	2088	1889	5366157	1983729
福　州	4521086	4106205	2347	2178	5421446	2836085
南　昌	1351008	1094031	2367	2079	2352249	2088030
济　南	2562280	2412816	2327	2307	3148295	1784253
郑　州	2693267	2568944	2045	1955	2038932	1190516
武　汉	5427906	5121330	2072	2023	9642697	5114760
长　沙	3274626	2911844	2040	1786	6814873	4753756
广　州	8155024	7551942	4211	3999	3347423	5036619
南　宁	1921969	1692777	2252	2169	1035986	904041
海　口	956719	921236	2092	1989	478242	
重　庆	13168269	11329535	1596	1324	16371897	8423528
成　都	9663492	8972591	2096	1908	553204	168925
贵　阳	2290417	2120972	1949	1735	3560665	2046258
昆　明	3174372	2983781	2233	2131	3856284	2110364
西　安	2527368	2302924	2148	1921	3394897	2717004
兰　州	861409	810432	1858	1673	1247290	994214
西　宁	579249	507057	1644	1499	978414	927728
银　川	1703037	1359171	2139	1728	1684317	37560
乌鲁木齐	3038010	2714380	2361	1864	891092	1139465
大　连	4981407	4467484	2921	2699	3588341	3348994
青　岛	4626761	4078907	2406	2297	7769405	5075389
宁　波	5485913	4633243	2865	2541	7212975	3590221
厦　门	2944244	2456320	3371	3077	1006066	644069
深　圳	4117064	3581196	6256	5793	2621784	1716694

14－2 按资质等级分35个大中城市房地产开发企业（单位）个数

单位：个

城市	总计	一级	二级	三级
总计	**17130**	**298**	**1913**	**6609**
北京	1056	41	64	37
天津	761	29	67	133
石家庄	83		10	11
太原	248	1	38	75
呼和浩特	156		5	22
沈阳	488	2	31	294
长春	121	4	8	42
哈尔滨	407	5	66	277
上海	2199	40	221	317
南京	312	17	49	207
杭州	400	13	61	183
合肥	378	8	38	106
福州	565	5	18	287
南昌	412	1	51	224
济南	220	8	27	156
郑州	313	2	43	169
武汉	501	9	133	273
长沙	285	5	49	163
广州	1284	5	269	697
南宁	190	1	13	69
海口	162		12	38
重庆	1597	9	204	1043
成都	691	8	66	349
贵阳	628	1	47	151
昆明	162	5	22	38
西安	267	2	38	148
兰州	459		36	289
西宁	134		21	39
银川	145	3	20	51
乌鲁木齐	181	5	21	58
大连	478	13	38	332
青岛	554	3	21	89
宁波	309	7	12	160
厦门	487	9	12	43
深圳	497	37	82	39

14-2 续表 1

单位：个

城　市	四级	暂定	其他
总　计	**2665**	**2624**	**3021**
北　京	24	118	772
天　津	476	56	
石家庄	39	23	
太　原	87	47	
呼和浩特	129		
沈　阳	3	143	15
长　春	35	32	
哈尔滨	4	34	21
上　海			1621
南　京	29	2	8
杭　州	77	42	24
合　肥	104	119	3
福　州	38	194	23
南　昌	31	100	5
济　南	9	19	1
郑　州	8	89	2
武　汉	5	74	7
长　沙	28	38	2
广　州	128	148	37
南　宁	11	94	2
海　口	38	68	6
重　庆	153	153	35
成　都	181	56	31
贵　阳	269	157	3
昆　明	75	18	4
西　安	45	28	6
兰　州	20	107	7
西　宁	43	27	4
银　川	49	19	3
乌鲁木齐	39	55	3
大　连	23	57	15
青　岛	176	176	89
宁　波	115	10	5
厦　门	161	260	2
深　圳	13	61	265

14－3 按资质等级分35个大中城市房地产开发企业（单位）从业人数

单位：人

城　市	总　计	一　级	二　级	三　级
总　计	**1131791**	**69210**	**181160**	**254326**
北　京	52269	5808	4446	1354
天　津	20126	2765	3533	3628
石家庄	4654		1886	527
太　原	8132	63	2642	2474
呼和浩特	2980		230	584
沈　阳	9952	407	1287	5464
长　春	5319	406	488	2268
哈尔滨	6842	279	1657	4026
上　海	678172	40418	92282	85849
南　京	12156	1538	4176	5713
杭　州	11513	1161	2732	4835
合　肥	10983	426	1378	3702
福　州	14074	632	1118	6053
南　昌	4600	28	1951	1818
济　南	9881	1169	1865	5405
郑　州	12945	175	2992	7014
武　汉	17488	897	6394	8111
长　沙	8895	493	2321	4504
广　州	32223	432	8516	17991
南　宁	5803	112	982	1991
海　口	4897		593	1557
重　庆	54148	2434	13025	30950
成　都	19270	495	2923	10255
贵　阳	15571	404	2270	4681
昆　明	7510	349	2413	1271
西　安	12192	316	4018	5399
兰　州	9580		1306	6177
西　宁	3447		761	1053
银　川	4933	517	1122	1878
乌鲁木齐	5771	781	1202	1657
大　连	11327	1489	1570	6723
青　岛	13459	306	936	2727
宁　波	6497	458	555	3404
厦　门	10701	668	399	1538
深　圳	23481	3784	5191	1745

14－3 续表 1

单位：人

城　市	四级	暂定	其他
总　计	**57727**	**57139**	**512229**
北　京	1099	4863	34699
天　津	9383	817	
石家庄	1577	664	
太　原	1965	988	
呼和浩特	2166		
沈　阳	51	2569	174
长　春	1424	733	
哈尔滨	126	419	335
上　海			459623
南　京	538	22	169
杭　州	1250	893	642
合　肥	2511	2918	48
福　州	492	5543	236
南　昌	210	583	10
济　南	472	961	9
郑　州	276	2445	43
武　汉	138	1683	265
长　沙	586	901	90
广　州	2085	2871	328
南　宁	199	2478	41
海　口	1463	1196	88
重　庆	3131	3540	1068
成　都	3507	1111	979
贵　阳	5687	2488	41
昆　明	2958	368	151
西　安	1016	848	595
兰　州	187	1743	167
西　宁	948	586	99
银　川	1018	358	40
乌鲁木齐	856	1150	125
大　连	322	1020	203
青　岛	4120	3350	2020
宁　波	1902	151	27
厦　门	3582	4506	8
深　圳	482	2373	9906

14－4 按资质等级分35个大中城市房地产开发企业（单位）投资总规模

单位：万元

城　市	总　计	一　级	二　级	三　级
总　计	**286968570**	**26994240**	**64380604**	**75235301**
北　京	50248302	6269592	5067337	844956
天　津	7833257	1547891	1945319	1204632
石家庄	1491656		304602	143154
太　原	1985862	46672	847553	565164
呼和浩特	702506		99438	177190
沈　阳	7664245	37600	906643	4017312
长　春	2184191	398053	277974	676797
哈尔滨	2880137	170000	591262	1176777
上　海	46019387	2850726	7701345	5689084
南　京	6774465	1129463	1675168	3465813
杭　州	10958327	1430303	2678597	4269986
合　肥	3498671	185916	596059	970205
福　州	6779304	168774	951123	3115055
南　昌	2591197	6080	1324911	489292
济　南	4322404	807577	718132	2596177
郑　州	3512567	297887	1144188	1517662
武　汉	8413992	1545393	3258098	2289772
长　沙	4296049	88426	1603253	1894878
广　州	35521270	964019	12875755	15455316
南　宁	1886123	122500	410762	606371
海　口	902411		93727	254933
重　庆	15433761	1104972	5803976	6400754
成　都	7849725	442077	1368854	3868375
贵　阳	2857157	65000	721578	788315
昆　明	2666487	142375	792037	446056
西　安	5013373	25844	1656593	2585356
兰　州	1580116		550299	703406
西　宁	703375		257768	215897
银　川	646615	39920	243887	199164
乌鲁木齐	1859986	296964	383975	532279
大　连	6436891	869638	853071	2654935
青　岛	5053398	214631	940746	944280
宁　波	5188283	648051	623296	3132975
厦　门	5134647	478795	292780	608130
深　圳	16078433	4599101	4820498	734853

14－4 续表 1

单位：万元

城 市	四级	暂定	其他
总 计	**15012544**	**33539599**	**71806282**
北 京	646000	4230291	33190126
天 津	2873198	262217	
石 家 庄	522826	521074	
太 原	352866	173607	
呼和浩特	425878		
沈 阳		2597190	105500
长 春	188826	642541	
哈 尔 滨	5650	843123	93325
上 海			29778232
南 京	66299	69548	368174
杭 州	551685	1187636	840120
合 肥	453803	1241988	50700
福 州	152851	2273729	117772
南 昌	83054	687860	
济 南	19809	151300	29409
郑 州	4845	546985	1000
武 汉	3242	1176135	141352
长 沙	129937	550955	28600
广 州	842549	4692284	691347
南 宁	50272	687418	8800
海 口	182409	368342	3000
重 庆	265251	1829193	29615
成 都	1286273	387394	496752
贵 阳	810998	471266	
昆 明	773041	416004	96974
西 安	388692	305639	51249
兰 州	6486	254595	65330
西 宁	136591	85071	8048
银 川	89823	50808	23013
乌鲁木齐	81245	534583	30940
大 连	41376	1530371	487500
青 岛	1056047	1254510	643184
宁 波	685049	85735	13177
厦 门	1544397	2210545	
深 圳	291276	1219662	4413043

14－5　按资质等级分35个大中城市房地产开发企业（单位）本年完成投资

单位：万元

城　市	总　计	一　级	二　级	三　级
总　计	**64122726**	**6801274**	**13409853**	**17487879**
北　京	12024763	1901179	1043401	290707
天　津	2113876	322503	551584	327796
石家庄	620931		131466	43923
太　原	429703	14561	167957	124121
呼和浩特	273982		26710	77998
沈　阳	1773283	25770	187771	973762
长　春	700020	109129	80359	208245
哈尔滨	1060366	20101	200026	455904
上　海	9012427	640880	1529158	1234587
南　京	1838038	341299	413664	1016120
杭　州	2588452	356316	620141	1031768
合　肥	900136	58906	149507	277473
福　州	1670394	34866	267813	793286
南　昌	600118	1491	281431	155115
济　南	897967	105663	157010	558120
郑　州	742644	25436	218903	368041
武　汉	1695468	262365	707260	521831
长　沙	1108269	27436	349616	537502
广　州	4194802	167394	1493520	1940454
南　宁	394830	15333	101457	100957
海　口	277007		34741	58228
重　庆	3278881	147608	1338629	1521537
成　都	2453696	172221	379633	1117964
贵　阳	603621	22760	115227	197528
昆　明	700700	50690	247131	119952
西　安	1248177	6790	555687	498637
兰　州	301456		94314	162599
西　宁	188950		53804	42084
银　川	393550	22331	137647	137985
乌鲁木齐	484927	104643	133719	137063
大　连	1511363	287434	232637	727338
青　岛	1277969	49655	102990	296188
宁　波	1842589	189818	122695	1206438
厦　门	792737	98776	47687	104326
深　圳	4126634	1217920	1134558	122302

14－5 续表 1

单位：万元

城　　市	四级	暂定	其他
总　　计	**4284169**	**6893389**	**15246162**
北　　京	190083	964797	7634596
天　　津	839048	72945	
石 家 庄	215765	229777	
太　　原	71127	51937	
呼和浩特	169274		
沈　　阳		578120	7860
长　　春	117334	184953	
哈 尔 滨	4335	326945	53055
上　　海			5607802
南　　京	28870	12190	25895
杭　　州	205132	228264	146831
合　　肥	145361	245650	23239
福　　州	60233	492220	21976
南　　昌	15263	146818	
济　　南	14254	62900	20
郑　　州	1571	127693	1000
武　　汉	2010	175144	26858
长　　沙	36253	135636	21826
广　　州	121076	462275	10083
南　　宁	13081	161096	2906
海　　口	45948	137176	914
重　　庆	73444	184556	13107
成　　都	431450	119262	233166
贵　　阳	179369	88737	
昆　　明	204047	70576	8304
西　　安	85847	89341	11875
兰　　州	3438	35819	5286
西　　宁	51141	37564	4357
银　　川	56611	24310	14666
乌鲁木齐	40064	56995	12443
大　　连	5852	233108	24994
青　　岛	299343	356609	173184
宁　　波	305145	13913	4580
厦　　门	198940	343008	
深　　圳	53460	443055	1155339

14－6 按资质等级分35个大中城市房地产开发企业（单位）住宅完成投资

单位：万元

城市	总计	一级	二级	三级
总计	**42527573**	**4553091**	**9234323**	**12254076**
北京	6329718	1039875	539088	220270
天津	1509252	213950	363731	238223
石家庄	361086		71408	21835
太原	170857	6811	73902	42264
呼和浩特	123772		19522	47916
沈阳	1306195	21881	98198	744737
长春	482072	67804	73024	132803
哈尔滨	500947	14535	89006	258291
上海	6762825	511397	1215763	977079
南京	1293320	249788	295328	724213
杭州	1940139	280708	446240	763974
合肥	641047	39008	89361	206067
福州	1136397	29214	192268	557337
南昌	445574	1491	211483	124097
济南	740877	81506	139045	448636
郑州	641296	25435	184834	317733
武汉	1248271	219912	506320	374599
长沙	757746	20746	203591	393167
广州	3172112	111406	1302129	1335441
南宁	229928	12876	62175	65668
海口	226977		31734	50034
重庆	1774341	77084	723574	845500
成都	1889675	158621	291117	840039
贵阳	300351	18208	55479	106143
昆明	521439	30825	201640	90232
西安	783868	5787	418299	261041
兰州	198156		56746	114622
西宁	127259		35468	27143
银川	279647	11738	88067	112890
乌鲁木齐	238920	69510	64227	53504
大连	1035736	223931	132258	530765
青岛	938646	47450	80227	212598
宁波	1368423	137094	97598	879986
厦门	548790	81526	30646	56204
深圳	2501914	742974	750827	79025

14－6 续表 1

单位：万元

城　市	四级	暂定	其他
总　计	**3142068**	**4053630**	**9290385**
北　京	164148	414484	3951853
天　津	653898	39450	
石家庄	168513	99330	
太　原	28514	19366	
呼和浩特	56334		
沈　阳		435019	6360
长　春	95077	113364	
哈尔滨	3082	91515	44518
上　海			4058586
南　京	23127		864
杭　州	149544	190189	109484
合　肥	122919	181896	1796
福　州	47252	297601	12725
南　昌	14188	94315	
济　南	12728	58962	
郑　州	930	111364	1000
武　汉	1767	122870	22803
长　沙	28853	92742	18647
广　州	96275	324584	2277
南　宁	9694	79479	36
海　口	36163	109046	
重　庆	36337	83713	8133
成　都	312569	77620	209709
贵　阳	91090	29431	
昆　明	161353	35318	2071
西　安	63871	29719	5151
兰　州	3238	20950	2600
西　宁	38017	23611	3020
银　川	42024	12251	12677
乌鲁木齐	23512	17429	10738
大　连	5289	132932	10561
青　岛	220453	243953	133965
宁　波	241987	9548	2210
厦　门	150854	229560	
深　圳	38468	232019	658601

14－7 按用途分35个大中城市房地产开发企业（单位）完成投资

单位：万元

城市	本年完成投资	住宅	#别墅、高档公寓	#经济适用房屋	办公楼	商业营业用房	其他
总计	**64122726**	**42527573**	**4770749**	**3379077**	**4062880**	**6571019**	**10961254**
北京	12024763	6329718	995141	686695	1427491	613455	3654099
天津	2113876	1509252	176977	434000	77808	242564	284252
石家庄	620931	361086	770	59487	19913	36173	203759
太原	429703	170857		48311	39368	97252	122226
呼和浩特	273982	123772		31148	34230	92725	23255
沈阳	1773283	1306195	123974	19166	33572	323564	109952
长春	700020	482072	1651	78008	19703	167914	30331
哈尔滨	1060366	500947	2600	153140	49064	201327	309028
上海	9012427	6762825	1066623		666736	678172	904694
南京	1838038	1293320	173361	100948	132705	136919	275094
杭州	2588452	1940139	180924	189420	151832	307904	188577
合肥	900136	641047	56005	67524	38402	167748	52939
福州	1670394	1136397	41408	12835	55807	146290	331900
南昌	600118	445574	20501	28112	13555	72110	68879
济南	897967	740877	23388	13247	53687	64109	39294
郑州	742644	641296	38544	45942	30919	38557	31872
武汉	1695468	1248271	81603	144544	64501	99110	283586
长沙	1108269	757746	117280	234878	45971	158339	146213
广州	4194802	3172112	555346	40422	223030	433728	365932
南宁	394830	229928	22363	19713	8335	32151	124416
海口	277007	226977	63465	25499	7036	26613	16381
重庆	3278881	1774341	116952	163154	118569	508227	877744
成都	2453696	1889675	487518	160400	83080	300990	179951
贵阳	603621	300351	5034	56598	39058	67759	196453
昆明	700700	521439	98245	62870	27885	23792	127584
西安	1248177	783868	48434	76726	129362	164846	170101
兰州	301456	198156	7862	51699	13526	36728	53046
西宁	188950	127259	2097	37543	21050	16261	24380
银川	393550	279647	4345	31985	19354	58898	35651
乌鲁木齐	484927	238920	12737	114489	64811	103057	78139
大连	1511363	1035736	19831	74436	45428	245167	185032
青岛	1277969	938646	98788	71348	49476	145146	144701
宁波	1842589	1368423	25096	37205	76782	200473	196911
厦门	792737	548790	54074	7585	30308	90038	123601
深圳	4126634	2501914	47812		150526	472913	1001281

14－8 35个大中城市房地产开发企业（单位）完成的商品房建设和土地开发投资

单位：万元

城市	本年完成投资额	#商品房建设投资	#土地开发投资	商品房建设投资额比重（%）
总计	**64122726**	**46244107**	**4296480**	**72.1**
北京	12024763	6309206	395461	52.5
天津	2113876	1582894	264776	74.9
石家庄	620931	352108	100776	56.7
太原	429703	242603	45020	56.5
呼和浩特	273982	203342	19390	74.2
沈阳	1773283	1356954	206014	76.5
长春	700020	472378	19758	67.5
哈尔滨	1060366	669494	144394	63.1
上海	9012427	8248859	424360	91.5
南京	1838038	1510121	223359	82.2
杭州	2588452	1892677	106414	73.1
合肥	900136	501479	107007	55.7
福州	1670394	1430717	145297	85.7
南昌	600118	425367	31548	70.9
济南	897967	600345	104917	66.9
郑州	742644	585311	69089	78.8
武汉	1695468	1095316	283206	64.6
长沙	1108269	604570	170360	54.6
广州	4194802	3081849	234993	73.5
南宁	394830	386328	8242	97.8
海口	277007	275937		99.6
重庆	3278881	2247433	341766	68.5
成都	2453696	2306986	1544	94.0
贵阳	603621	381432	55069	63.2
昆明	700700	406397	109725	58.0
西安	1248177	936450	116238	75.0
兰州	301456	169273	28380	56.2
西宁	188950	173230	8853	91.7
银川	393550	382211	460	97.1
乌鲁木齐	484927	414698	32124	85.5
大连	1511363	1256062	189722	83.1
青岛	1277969	1014024	109953	79.3
宁波	1842589	972184	41791	52.8
厦门	792737	556675	44361	70.2
深圳	4126634	3199197	112113	77.5

14－9 35个大中城市房地产开发企业（单位）的资金状况

单位：万元

城市	本年资金来源合计	上年末结余资金	本年资金来源小计	本年各项应付款合计
总计	**104842717**	**16052585**	**88790132**	**11403890**
北京	22091512	3377627	18713885	1131106
天津	3642129	417992	3224137	639505
石家庄	664797	43230	621567	81083
太原	732376	81020	651356	132022
呼和浩特	246000	3074	242926	33314
沈阳	2490963	330123	2160840	496540
长春	781356	82251	699105	136093
哈尔滨	1103339	86904	1016435	188520
上海	15793405	2845713	12947692	2068288
南京	3034238	479485	2554753	356336
杭州	5281710	950596	4331114	349348
合肥	1435206	195728	1239478	136805
福州	2350978	401070	1949908	285953
南昌	758088	106348	651740	142102
济南	1292426	197876	1094550	129378
郑州	1056340	131431	924909	102175
武汉	2698381	424860	2273521	493640
长沙	1479509	186245	1293264	123341
广州	6485983	1150678	5335305	604354
南宁	581274	88891	492383	28233
海口	342694	55076	287618	38957
重庆	4793499	570236	4223263	494480
成都	3831787	535613	3296174	427101
贵阳	984044	159894	824150	178636
昆明	1245544	265368	980176	189847
西安	1560653	200570	1360083	270721
兰州	510158	86462	423696	65783
西宁	204347	6530	197817	13568
银川	433998	25589	408409	54257
乌鲁木齐	653757	117895	535862	100362
大连	2236416	376202	1860214	236647
青岛	2281994	358605	1923389	265295
宁波	1956866	64978	1891888	179847
厦门	2145133	433575	1711558	91809
深圳	7661817	1214850	6446967	1138444

14－10 35个大中城市房地产开发企业（单位）的资金来源及其构成

单位：万元

城市	本年资金来源小计	国家预算内资金	国内贷款	债券
总计	**88790132**	**86029**	**22848547**	**1391**
北京	18713885		5868594	
天津	3224137		911374	
石家庄	621567	6000	101572	
太原	651356		173967	
呼和浩特	242926		24995	
沈阳	2160840		467641	
长春	699105		102430	
哈尔滨	1016435		207097	
上海	12947692		2827047	
南京	2554753		757999	
杭州	4331114		1516351	
合肥	1239478	895	195701	
福州	1949908	4272	304360	1000
南昌	651740		168840	
济南	1094550		293068	
郑州	924909		157497	
武汉	2273521	38702	571576	
长沙	1293264	13000	292527	
广州	5335305		1155672	
南宁	492383		159391	
海口	287618		51714	
重庆	4223263	1000	949504	
成都	3296174		682131	
贵阳	824150		152927	
昆明	980176		228873	
西安	1360083	13350	437614	
兰州	423696	1100	103160	391
西宁	197817		39338	
银川	408409		102174	
乌鲁木齐	535862		94940	
大连	1860214	2784	676884	
青岛	1923389		460354	
宁波	1891888		549966	
厦门	1711558	4926	397585	
深圳	6446967		1663684	

14－10 续表1

单位：万元

城 市	利用外资	# 外 商 直接投资	自筹资金	其他资金来 源
总 计	**1209421**	**706031**	**23174497**	**41470247**
北 京	332107	99981	3758456	8754728
天 津	38315	30463	900460	1373988
石家庄	7430	7430	323647	182918
太 原			259537	217852
呼和浩特			170984	46947
沈 阳	46321	37194	873110	773768
长 春	1500	510	366030	229145
哈尔滨			571787	237551
上 海	341438	171810	3139075	6640132
南 京	25073	25073	766076	1005605
杭 州			642500	2172263
合 肥	2467	2467	421557	618858
福 州	61383	60921	564879	1014014
南 昌	2029	1208	195297	285574
济 南	22520	22023	325960	453002
郑 州	1963	1963	281476	483973
武 汉	11754	6872	562451	1089038
长 沙	20460	15020	454646	512631
广 州	107592	94752	801109	3270932
南 宁	1131	1131	97440	234421
海 口	6172	4677	103423	126309
重 庆	41458	41208	1371847	1859454
成 都	5857	5757	901263	1706923
贵 阳	7414	6994	269423	394386
昆 明	6727	6727	220916	523660
西 安	3264	3264	477869	427986
兰 州			153407	165638
西 宁	3550	3550	77258	77671
银 川	1327	1327	126716	178192
乌鲁木齐			246175	194747
大 连	5244	5244	663476	511826
青 岛	2198	2198	496219	964618
宁 波	527	527	505385	836010
厦 门	22005	20886	292763	994279
深 圳	80195	24854	1791880	2911208

14－11　按资质等级分35个大中城市房地产开发企业（单位）利用外资

单位：万元

城　市	总　计	一级	二级	三级
总　计	**1209421**	**38150**	**150512**	**174390**
北　京	332107	14690	200	
天　津	38315	15600		2933
石家庄	7430			
太　原				
呼和浩特				
沈　阳	46321			10136
长　春	1500			
哈尔滨				
上　海	341438		33258	
南　京	25073	4760	1427	18886
杭　州				
合　肥	2467			327
福　州	61383		11895	21661
南　昌	2029			2029
济　南	22520		497	22023
郑　州	1963		820	913
武　汉	11754		912	742
长　沙	20460		6600	13860
广　州	107592		10360	61251
南　宁	1131			21
海　口	6172			1287
重　庆	41458		31910	5177
成　都	5857			4576
贵　阳	7414		1250	420
昆　明	6727		3830	
西　安	3264		900	2364
兰　州				
西　宁	3550			3175
银　川	1327		1327	
乌鲁木齐				
大　连	5244			
青　岛	2198			1082
宁　波	527			527
厦　门	22005			993
深　圳	80195	3100	45326	7

14－11 续表 1

单位：万元

城市	四级	暂定	其他
总计	**18525**	**164803**	**663041**
北京	664	3285	313268
天津	7720	12062	
石家庄	2357	5073	
太原			
呼和浩特			
沈阳		36185	
长春		1500	
哈尔滨			
上海			308180
南京			
杭州			
合肥		2140	
福州	802	26601	424
南昌			
济南			
郑州		230	
武汉		1000	9100
长沙			
广州	10	35749	222
南宁		1110	
海口		4885	
重庆	50	4321	
成都	1181		100
贵阳		5744	
昆明		2897	
西安			
兰州			
西宁		375	
银川			
乌鲁木齐			
大连		5244	
青岛	180	636	300
宁波			
厦门	5561	15451	
深圳		315	31447

第十五章　35个大中城市房地产开发（2003）

15－1 按用途分35个大中城市房地产开发企业（单位）施工房屋面积

单位：平方米

地　　区	施工房屋面　　积	住　　宅	#别墅、高档公寓	#经济适用房屋	办公楼	商业营业用　　房	其　他
总　　计	**651517529**	**500854965**	**42131583**	**48744566**	**38437643**	**67652129**	**44572792**
北　　京	90706560	63528634	7049536	8024789	9013055	5576562	12588309
天　　津	23144250	19534984	1418086	5681925	858720	1948410	802136
石 家 庄	4313125	3562529	36000	774316	156400	518907	75289
太　　原	5210982	3444899		1142977	547256	1101260	117567
呼和浩特	3420137	2233484		405379	281423	860572	44658
沈　　阳	17388194	14011022	1137289	332822	594367	2195009	587796
长　　春	5290946	3908472	18700	989505	137923	1115967	128584
哈 尔 滨	10396070	6812916	179581	2340467	587646	2232411	763097
上　　海	82675106	67820931	8477326		4178281	5640375	5035519
南　　京	15538498	12527523	1321124	1544036	1397241	1096400	517334
杭　　州	24499056	19046660	1741057	2323497	1304569	2506899	1640928
合　　肥	9395758	7267610	581972	519946	464158	1419748	244242
福　　州	19367876	15883276	746393	275088	969550	1605404	909646
南　　昌	6602968	5504370	122028	519590	205135	714749	178714
济　　南	8187237	6726776	99044	317030	691118	543710	225633
郑　　州	12775726	11270776	248085	744838	449756	860641	194553
武　　汉	19554909	16204196	1064081	1440972	980397	1383409	986907
长　　沙	11408778	9210446	1184989	2428674	451366	1123388	623578
广　　州	43503874	31585929	4289975	649058	3330547	4653124	3934274
南　　宁	7265382	5772594	375107	432547	201670	659838	631280
海　　口	4021725	3426884	377356	437391	150821	379322	64698
重　　庆	52878032	37473392	1151054	3844963	2237306	9492373	3674961
成　　都	27122640	22312527	5381752	2451600	708331	3211537	890245
贵　　阳	10724791	7932105	129942	1319755	673296	1436267	683123
昆　　明	7489508	6725154	1216772	1322984	198691	307507	258156
西　　安	13431222	9436123	397397	1299866	2140237	1381952	472910
兰　　州	6362344	4943559	290546	1105445	349795	813324	255666
西　　宁	3504470	2577593	82500	1025981	380047	499055	47775
银　　川	5696493	4413929	57700	539669	295424	784425	202715
乌鲁木齐	6651794	4666748	86491	2224542	656830	1125987	202229
大　　连	13965873	10713679	339057	773369	511230	1896991	843973
青　　岛	17471014	14138401	1222415	866960	685480	1849162	797971
宁　　波	20267994	16325769	273603	496852	667034	1901263	1373928
厦　　门	12901948	9182181	846907	147733	639643	1638791	1441333
深　　圳	28382249	20728894	187718		1342900	3177390	3133065

15-2　按用途分35个大中城市房地产开发企业（单位）竣工房屋面积

单位：平方米

地　区	竣工房屋面　积	住　宅	#别墅、高档公寓	#经济适用房屋	办公楼	商业营业用　房	其他
总　计	**205596268**	**168419983**	**11886333**	**19713436**	**6608704**	**18864614**	**11702967**
北　京	25936478	20807480	1279268	3227669	935912	1175350	3017736
天　津	9112742	7506732	525040	1814786	414909	894302	296799
石家庄	1366307	1309097	36000	181801	12500	28382	16328
太　原	1653240	1054978		303061	196545	369298	32419
呼和浩特	1318402	1100975		119646	47139	166788	3500
沈　阳	5859302	4942940	131192	206028	151307	568765	196290
长　春	2543967	1856499	18700	693265	32462	612888	42118
哈尔滨	4180952	3026642	13431	845708	157499	701323	295488
上　海	24918375	21399853	2573006		631542	1630066	1256914
南　京	3908627	3348820	312332	540418	246917	167685	145205
杭　州	7013594	5539650	510612	662101	335666	790839	347439
合　肥	3293865	2644514	116336	259752	90900	436235	122216
福　州	4920224	4237230	204354	100960	200152	303697	179145
南　昌	1340284	1037212	23400	122873	18163	252866	32043
济　南	2953890	2542502	6200	172126	275945	71890	63553
郑　州	3036436	2776185	84873	195707	58691	130901	70659
武　汉	6826180	6002402	556325	797563	193800	388206	241772
长　沙	4397448	3690131	452483	1311436	49844	536148	121325
广　州	11394662	9029712	1477550	281064	265685	1035776	1063489
南　宁	2150297	1792180	96534	196321	61739	110295	186083
海　口	893981	812280	153141	146607	20000	61701	
重　庆	16769688	12317498	241088	1307377	591596	2870460	990134
成　都	10160573	8957421	1467508	1459000	154793	814618	233741
贵　阳	2765482	2130519	50772	336582	121868	352692	160403
昆　明	3134518	2868293	540209	424618	56871	99166	110188
西　安	3396721	2895565	201893	553746	177002	84392	239762
兰　州	1164507	970057		348701	41242	95588	57620
西　宁	1352808	1205881		327203	51821	92913	2193
银　川	3142819	2515995	26057	368526	133727	397416	95681
乌鲁木齐	3900582	3183320	79744	1318454	211259	427071	78932
大　连	5792127	4691851	61043	574443	124669	614047	361560
青　岛	5465581	4564671	338905	303608	75712	656556	168642
宁　波	6355274	5298341	83194	194712	121752	596251	338930
厦　门	2973217	2196385	176816	17574	104737	373721	298374
深　圳	10203118	8166172	48327		244338	956322	836286

15－3　按用途分35个大中城市房地产开发企业（单位）新开工房屋面积

单位：平方米

地　区	新开工房屋面　积	新开工房屋面　积	#别墅、高档公寓	#经济适用房屋	办公楼	商业营业用　房	其他
总　计	**259914350**	**208593921**	**15789334**	**23517538**	**9170262**	**25518162**	**16632005**
北　京	34337485	25034616	2331527	3411352	2590860	2260398	4451611
天　津	8381730	7215103	621972	2201460	179394	599829	387404
石家庄	1637180	1501282		389952	9890	90830	35178
太　原	1835714	1229538		334960	124685	438311	43180
呼和浩特	1770041	1055924		245204	109166	567333	37618
沈　阳	7168353	6026640	189166	87194	156580	820980	164153
长　春	2817371	2317386	8500	568461	52699	387246	60040
哈尔滨	5271317	3231424	167850	862391	120836	1402045	517012
上　海	31345308	26131859	3355427		860994	2483681	1868774
南　京	7382466	6342639	540599	1257978	274724	531595	233508
杭　州	10081816	8356693	858624	1107137	295599	871735	557789
合　肥	4712526	3694514	264111	195898	151124	734751	132137
福　州	6893052	6131661	207632	147860	47958	392123	321310
南　昌	2917529	2427129	43400	220457	13712	377487	99201
济　南	3664453	3123463	19200	176154	136217	232556	172217
郑　州	5802967	5259295	116712	423109	203777	237257	102638
武　汉	7565536	6593115	316356	787929	226789	458542	287090
长　沙	4371930	3580442	346352	1134397	258312	370831	162345
广　州	10861597	9065976	1384829	33094	546824	467907	780890
南　宁	3831390	3040184	201076	220748	118229	339293	333684
海　口	1471713	1340585	292982	43431	913	107552	22663
重　庆	20982371	15800358	504421	1877484	502198	3123135	1556680
成　都	13103049	10934457	2097385	1462000	220151	1531553	416888
贵　阳	4089812	3289452	28280	735536	89510	451138	259712
昆　明	3556836	3345421	474514	856743	44989	114290	52136
西　安	4681854	3841931	91711	615755	387113	361941	90869
兰　州	2030637	1635306	268032	477702	26021	325046	44264
西　宁	1924256	1451136		547822	167017	278602	27501
银　川	3980457	3185716	25294	423398	165714	497288	131739
乌鲁木齐	2672151	1749431	38616	1125886	158646	696845	67229
大　连	6498428	5230604	4947	503568	145850	736693	385281
青　岛	9141843	7943616	582953	610722	106751	770497	320979
宁　波	10297277	8309874	108396	306197	288050	915519	783834
厦　门	3505277	2725308	239108	125559	30121	344507	405341
深　圳	9328628	6451843	59362		358849	1198826	1319110

15－4 按资质等级分35个大中城市房地产开发企业（单位）施工房屋面积

单位：平方米

城 市	总 计	一级	二级	三级
总 计	**651517529**	**60983729**	**140685270**	**205597572**
北 京	90706560	17915586	7779105	1890564
天 津	23144250	2864577	5818058	4815581
石 家 庄	4313125		960650	354792
太 原	5210982	251500	1884030	1299791
呼和浩特	3420137		639386	755958
沈 阳	17388194	196349	1410293	11059386
长 春	5290946	705700	429146	1774161
哈 尔 滨	10396070	340132	2493051	5494227
上 海	82675106	6562045	16204180	12284045
南 京	15538498	3064486	3842370	7660602
杭 州	24499056	2861433	6519463	9490446
合 肥	9395758	655411	1663155	2990883
福 州	19367876	805414	2875180	9318936
南 昌	6602968	67814	2869308	2028469
济 南	8187237	1075554	1417003	5091032
郑 州	12775726	497984	3565984	6354368
武 汉	19554909	2532925	7419592	6943603
长 沙	11408778	410599	2902144	5984485
广 州	43503874	1118414	13272558	20986463
南 宁	7265382	284607	1814421	2120848
海 口	4021725		671989	913314
重 庆	52878032	2213575	17930897	27641035
成 都	27122640	767882	4564002	12935912
贵 阳	10724791	359610	2341070	3636045
昆 明	7489508	575527	2849948	1584737
西 安	13431222	203280	5647316	5843858
兰 州	6362344		1358321	3191876
西 宁	3504470		1391937	751982
银 川	5696493	294208	1848332	1954215
乌鲁木齐	6651794	2095817	1601819	1496224
大 连	13965873	1799946	2220116	7722886
青 岛	17471014	478953	1312122	4310614
宁 波	20267994	1974514	2023080	12226058
厦 门	12901948	778777	900134	1759984
深 圳	28382249	7231110	8245110	930192

15－4 续表 1

单位：平方米

城市	四级	暂定	其他
总计	**54538355**	**67272668**	**122439935**
北京	1754694	7042501	54324110
天津	8909602	736432	
石家庄	1799295	1198388	
太原	1135558	640103	
呼和浩特	2024793		
沈阳		4588135	134031
长春	1007798	1374141	
哈尔滨	41129	1551159	476372
上海			47624836
南京	484214	129610	357216
杭州	2230071	1859756	1537887
合肥	1478311	2422893	185105
福州	952106	4890047	526193
南昌	287871	1349506	
济南	118018	443630	42000
郑州	29430	2309960	18000
武汉	46557	2363515	248717
长沙	744365	1191731	175454
广州	3026215	4480815	619409
南宁	217177	2827949	380
海口	731095	1705327	
重庆	2229100	2635099	228326
成都	4113180	1171960	3569704
贵阳	3005028	1383038	
昆明	2224630	199506	55160
西安	733687	849356	153725
兰州	63737	1707050	41360
西宁	685630	607190	67731
银川	907783	458113	233842
乌鲁木齐	492731	716687	248516
大连	120198	1742998	359729
青岛	4730001	4134211	2505113
宁波	3642059	363449	38834
厦门	4040279	5422774	
深圳	532013	2775639	8668185

15－5　按资质等级分35个大中城市房地产开发企业（单位）竣工房屋面积

单位：平方米

城　　市	总　计	一级	二级	三级
总　　计	**205596268**	**23615228**	**46382215**	**67272983**
北　　京	25936478	7334507	2520962	663411
天　　津	9112742	850990	2523915	1927371
石 家 庄	1366307		181441	102351
太　　原	1653240	29700	589589	345456
呼和浩特	1318402		418679	323242
沈　　阳	5859302		839452	3731862
长　　春	2543967	434256	236858	1085034
哈 尔 滨	4180952	178999	1218969	2104646
上　　海	24918375	2144085	5434744	5094083
南　　京	3908627	1009184	634738	1919010
杭　　州	7013594	892019	1857442	2679544
合　　肥	3293865	276031	540882	1163310
福　　州	4920224	60357	1181830	2540446
南　　昌	1340284	67814	548388	412463
济　　南	2953890	540559	530926	1638415
郑　　州	3036436	195308	836208	1568285
武　　汉	6826180	1122249	2874066	2382263
长　　沙	4397448	215187	793709	2319988
广　　州	11394662	250422	2743192	6578765
南　　宁	2150297	71145	618894	666471
海　　口	893981		222960	89658
重　　庆	16769688	625748	5250380	9259259
成　　都	10160573	328405	1600867	4557795
贵　　阳	2765482	71800	623917	876371
昆　　明	3134518	250960	1309268	756895
西　　安	3396721	12741	1751072	1084553
兰　　州	1164507		247408	695778
西　　宁	1352808		592028	222951
银　　川	3142819	126986	937350	1292736
乌鲁木齐	3900582	1322907	1089667	683479
大　　连	5792127	1250092	1432554	2594422
青　　岛	5465581		317561	1484610
宁　　波	6355274	726510	690336	3324604
厦　　门	2973217	204222	221061	501407
深　　圳	10203118	3022045	2970902	602049

15－5 续表 1

单位：平方米

城 市	四级	暂定	其他
总 计	**19830493**	**16795167**	**31700182**
北 京	711026	2184361	12522211
天 津	3582518	227948	
石 家 庄	673628	408887	
太 原	553710	134785	
呼和浩特	576481		
沈 阳		1271857	16131
长 春	441120	346699	
哈 尔 滨	26450	571952	79936
上 海			12245463
南 京	267311		78384
杭 州	739039	521721	323829
合 肥	539365	774277	
福 州	263563	810358	63670
南 昌	32452	279167	
济 南	41418	202572	
郑 州	9991	408644	18000
武 汉	10429	426573	10600
长 沙	352423	540687	175454
广 州	735706	1055662	30915
南 宁	41832	751955	
海 口	194052	387311	
重 庆	834962	603512	195827
成 都	1529502	387550	1756454
贵 阳	863985	329409	
昆 明	728571	33664	55160
西 安	296137	212171	40047
兰 州	23737	197584	
西 宁	337289	174555	25985
银 川	478273	186414	121060
乌鲁木齐	270772	285241	248516
大 连	24510	413862	76687
青 岛	1753984	1234237	675189
宁 波	1526073	87751	
厦 门	1210100	836427	
深 圳	160084	507374	2940664

15-6 按资质等级分35个大中城市房地产开发企业（单位）新开工房屋面积

单位：平方米

城市	总计	一级	二级	三级
总计	**259914350**	**23366348**	**58037931**	**81427825**
北京	34337485	6593690	3161543	807367
天津	8381730	1000117	2504531	1537428
石家庄	1637180		397285	209605
太原	1835714	72013	681076	403320
呼和浩特	1770041		264553	397227
沈阳	7168353	163582	640515	4506491
长春	2817371	125939	361730	686198
哈尔滨	5271317	135388	1056958	2549962
上海	31345308	2106855	7165226	4349256
南京	7382466	1759189	1890884	3161919
杭州	10081816	1460587	2081725	3808272
合肥	4712526	325606	945313	1354138
福州	6893052	612021	1126267	2731479
南昌	2917529		1242767	831861
济南	3664453	291074	467550	2622592
郑州	5802967	64514	1728117	3083740
武汉	7565536	1248367	3055846	2647256
长沙	4371930	158737	1521745	2007942
广州	10861597	340000	4155245	4525698
南宁	3831390	157779	1036916	1050965
海口	1471713		223319	307220
重庆	20982371	1035939	6707849	11425214
成都	13103049	383149	2544989	5876484
贵阳	4089812	52400	593658	1440577
昆明	3556836	402439	1512899	557297
西安	4681854	900	2040730	1806408
兰州	2030637		517681	1076019
西宁	1924256		467548	451319
银川	3980457	194003	1153674	1494386
乌鲁木齐	2672151	692093	598929	773131
大连	6498428	1110627	711019	3795805
青岛	9141843	478953	659354	1897158
宁波	10297277	755104	987335	6739869
厦门	3505277	408084	115442	376615
深圳	9328628	1237199	3717713	137607

15－6 续表 1

单位：平方米

城　市	四级	暂定	其他
总　计	**21903913**	**28749026**	**46429307**
北　京	848245	2499471	20427169
天　津	3047854	291800	
石家庄	502838	527452	
太　原	247086	432219	
呼和浩特	1108261		
沈　阳		1853165	4600
长　春	689646	953858	
哈尔滨	33729	1086334	408946
上　海	-		17723971
南　京	316274		254200
杭　州	1133129	1304188	293915
合　肥	632992	1375472	79005
福　州	369741	1702616	350928
南　昌	94230	748671	
济　南	36000	247237	
郑　州	8539	900057	18000
武　汉	38278	550182	25607
长　沙	246964	308088	128454
广　州	625229	1215425	
南　宁	118766	1466584	380
海　口	269849	671325	
重　庆	606603	1113267	93499
成　都	1907430	624892	1766105
贵　阳	1205245	797932	
昆　明	931122	97919	55160
西　安	323645	397993	112178
兰　州	42428	394509	
西　宁	420141	534217	51031
银　川	599813	361108	177473
乌鲁木齐	301612	306386	
大　连	115738	765239	
青　岛	2408668	2374446	1323264
宁　波	1554373	221763	38833
厦　门	959485	1645651	
深　圳	159960	979560	3096589

15－7 按资质等级分35个大中城市房地产开发企业（单位）住宅竣工面积

单位：平方米

城 市	总 计	一级	二级	三级
总 计	**168419983**	**19482586**	**37761776**	**55558693**
北 京	20807480	5908958	2099132	520613
天 津	7506732	642985	1975609	1695190
石 家 庄	1309097		167941	96351
太 原	1054978	19200	347253	271814
呼和浩特	1100975		415179	249327
沈 阳	4942940		632283	3191181
长 春	1856499	229035	236858	736607
哈 尔 滨	3026642	169183	908697	1486572
上 海	21399853	1826562	4761609	4503352
南 京	3348820	835914	450834	1786321
杭 州	5539650	717396	1487112	2116848
合 肥	2644514	212943	371636	1010947
福 州	4237230	52343	1070909	2148985
南 昌	1037212	67814	342088	329874
济 南	2542502	419656	461287	1439687
郑 州	2776185	190308	746960	1420433
武 汉	6002402	971270	2451767	2153834
长 沙	3690131	203877	656795	1955237
广 州	9029712	211282	2272503	5132767
南 宁	1792180	60995	492446	566370
海 口	812280		221360	84582
重 庆	12317498	446307	3749816	6924009
成 都	8957421	300591	1443951	3902204
贵 阳	2130519	59300	444635	695984
昆 明	2868293	212522	1268107	622181
西 安	2895565	7821	1456377	972389
兰 州	970057		190553	567390
西 宁	1205881		505531	206222
银 川	2515995	108781	733074	1074859
乌鲁木齐	3183320	1138248	948410	505517
大 连	4691851	1173834	960057	2186165
青 岛	4564671		267143	1282854
宁 波	5298341	604204	577154	2818502
厦 门	2196385	140821	176410	415825
深 圳	8166172	2550436	2470300	487700

15－7 续表 1

单位：平方米

城　　市	四级	暂定	其他
总　　计	**16104777**	**13708099**	**25804052**
北　　京	502399	1934024	9842354
天　　津	2982224	210724	
石 家 庄	673211	371594	
太　　原	296469	120242	
呼和浩特	436469		
沈　　阳		1103345	16131
长　　春	376619	277380	
哈 尔 滨	22300	387770	52120
上　　海			10308330
南　　京	238753		36998
杭　　州	528034	441375	248885
合　　肥	465024	583964	
福　　州	232629	691629	40735
南　　昌	32452	264984	
济　　南	36488	185384	
郑　　州	8991	391493	18000
武　　汉	9529	405402	10600
长　　沙	294061	424899	155262
广　　州	599787	782458	30915
南　　宁	36135	636234	
海　　口	172203	334135	
重　　庆	577793	462653	156920
成　　都	1256731	316199	1737745
贵　　阳	664224	266376	
昆　　明	678615	33208	53660
西　　安	269615	149316	40047
兰　　州	22137	189977	
西　　宁	314088	154555	25485
银　　川	377783	103642	117856
乌鲁木齐	207501	162959	220685
大　　连	21110	350685	
青　　岛	1491738	967999	554937
宁　　波	1215582	82899	
厦　　门	913087	550242	
深　　圳	150996	370353	2136387

15-8　按用途分35个大中城市房地产开发企业（单位）竣工房屋价值

单位：万元

地　区	竣工房屋价值	住　宅	#别墅、高档公寓	#经济适用房屋	办公楼	商业营业用房	其他
总　计	**33319297**	**26370265**	**2678674**	**1969081**	**1670694**	**3251880**	**2026458**
北　京	4618258	3440234	382786	367270	285632	257957	634435
天　津	1199770	953018	71264	223727	72580	140920	33252
石家庄	129481	123471	1970	13334	1375	2887	1748
太　原	261912	138907		38224	40656	77381	4968
呼和浩特	118094	93228		10264	4197	20369	300
沈　阳	566983	439241	17423	16365	28744	76195	22803
长　春	334941	232352	1651	66180	5936	90650	6003
哈尔滨	494187	335116	2232	82577	27934	93256	37881
上　海	7452427	6393083	861403		409433	404596	245315
南　京	478682	394029	63236	46535	45219	20599	18835
杭　州	1662658	1242552	170802	106782	122956	219160	77990
合　肥	312711	231198	13609	18257	13724	49696	18093
福　州	638045	532920	33191	9945	40414	41160	23551
南　昌	168474	117149	6000	9304	2417	46758	2150
济　南	397323	333142	930	16488	43973	10877	9331
郑　州	358726	319069	10828	16349	8202	21202	10253
武　汉	967181	819326	104085	67598	39495	75407	32953
长　沙	563451	444675	75948	124262	10301	94209	14266
广　州	1913253	1518789	296360	44497	53642	168497	172325
南　宁	187641	148020	7182	13593	6421	14106	19094
海　口	146887	133823	34335	15254	4000	9064	
重　庆	1572467	1018810	51929	77966	73583	366477	113597
成　都	1106314	944603	204751	145900	22950	109288	29473
贵　阳	302711	210807	7890	22003	17890	54428	19586
昆　明	365858	334970	76999	39400	7653	11771	11464
西　安	547322	440117	36114	54656	43486	19252	44467
兰　州	151683	118326		36656	7208	15436	10713
西　宁	133176	112223		29621	8810	11714	429
银　川	269652	198878	3005	26054	17173	37676	15925
乌鲁木齐	536352	384985	14772	118989	49227	88113	14027
大　连	808837	610540	9771	63553	27385	105505	65407
青　岛	599785	482195	67586	27013	11252	86396	19942
宁　波	869351	698663	7340	18665	24625	98132	47931
厦　门	401950	286800	28693	1800	21282	52357	41511
深　圳	2682754	2145006	14589		70919	260389	206440

第十六章 35个大中城市房地产市场（2003）

16-1 35个大中城市商品房屋实际销售面积

单位：平方米

地区	房屋合计	#外销（租）	#个人	住宅	办公楼	商业营业用房	其他
总计	**165916463**	**656256**	**153205395**	**149751502**	**3972332**	**9761704**	**2430925**
北京	18957685		17803846	17710533	381181	508180	357791
天津	7864957	108340	7428732	7206404	157156	288897	212500
石家庄	1180659		901361	1146493	2000	31822	344
太原	842668		575254	577246	128475	136347	600
呼和浩特	1373805		1324007	1129672	50010	190614	3509
沈阳	3247971		3137340	2915590	29413	237576	65392
长春	1852265		1681690	1672160	28800	126058	25247
哈尔滨	3907776		3530242	3255062	90546	478693	83475
上海	23764001		22881671	22244744	451774	780477	287006
南京	4444849		4270627	4001570	249864	172146	21269
杭州	5554837		5313495	4710880	166578	503407	173972
合肥	2900093		2722273	2482030	95886	310057	12120
福州	4521086		4239674	4106205	129941	225212	59728
南昌	1351008		1093625	1094031	18864	235050	3063
济南	2562280		2286890	2412816	82638	54350	12476
郑州	2693267		2565467	2568944	37763	64685	21875
武汉	5427906	82127	4930785	5121330	112722	157309	36545
长沙	3274626	6960	3074300	2911844	46308	296291	20183
广州	8155024		7534620	7551942	129663	328393	145026
南宁	1921969		1801851	1692777	122350	59614	47228
海口	956719		919928	921236	21698	11371	2414
重庆	13168269	138384	12152998	11329535	319978	1359323	159433
成都	9663492		9479320	8972591	63023	588871	39007
贵阳	2290417		2102640	2120972	59603	93968	15874
昆明	3174372	8597	2952191	2983781	47077	114271	29243
西安	2527368		2380614	2302924	138679	78599	7166
兰州	861409		729503	810432	15020	32705	3252
西宁	579249		519066	507057	26427	38228	7537
银川	1703037		1597323	1359171	70781	256241	16844
乌鲁木齐	3038010		2857258	2714380	129523	181114	12993
大连	4981407	1023	4577224	4467484	130348	345584	37991
青岛	4626761	1023	4321494	4078907	35347	440742	71765
宁波	5485913		5443519	4633243	102463	546968	203239
厦门	2944244	77326	2678210	2456320	119865	254801	113258
深圳	4117064	232476	1396357	3581196	180568	233740	121560

16－2　35个大中城市商品住宅实际销售面积

单位：平方米

地　区	住宅	#别　墅、高档公寓	#经济适用房屋	#个　人
总　计	**149751502**	**10531221**	**19338335**	**142045650**
北　京	17710533	1318952	3200176	17201448
天　津	7206404	392874	2146479	7091696
石 家 庄	1146493		163187	887705
太　原	577246		91805	483241
呼和浩特	1129672		378747	1129672
沈　阳	2915590	84068	45014	2874754
长　春	1672160	2099	645893	1526984
哈 尔 滨	3255062	22275	1355355	3102020
上　海	22244744	2176603		21819125
南　京	4001570	142036	645180	3976308
杭　州	4710880	377699	448233	4611440
合　肥	2482030	178233	246387	2392866
福　州	4106205	408868	96205	3945681
南　昌	1094031	20517	83343	1029478
济　南	2412816		171857	2221907
郑　州	2568944	112688	122428	2497368
武　汉	5121330	417274	762318	4744658
长　沙	2911844	401846	828389	2758560
广　州	7551942	1318746	323480	7122513
南　宁	1692777	146261	180696	1667053
海　口	921236	126394	187391	905991
重　庆	11329535	261214	1266921	10767781
成　都	8972591	1452870	1459000	8872366
贵　阳	2120972	32527	227345	2009332
昆　明	2983781	347221	585453	2853870
西　安	2302924	93374	1157931	2195042
兰　州	810432	8891	112029	703244
西　宁	507057	29104	101778	491865
银　川	1359171	24647	284717	1357435
乌鲁木齐	2714380	34865	1265017	2574507
大　连	4467484	17924	509825	4203358
青　岛	4078907	304108	196346	3831233
宁　波	4633243	72970		4625660
厦　门	2456320	173453	49410	2316966
深　圳	3581196	30620		1252523

16-3 35个大中城市商品房屋预售面积

单位：平方米

地 区	房屋合计	#外 销（租）	住 宅	办公楼	商业营业用 房	其 他
总 计	**85025822**	**448393**	**78066167**	**2282714**	**3846434**	**830507**
北 京	6334022		5611980	418084	90769	213189
天 津	2767656	58165	2573952	34451	59696	99557
石家庄	493704		472867		20510	327
太 原	294643		248459	4780	34804	6600
呼和浩特	18759		17947	521	291	
沈 阳	1316646	30004	1183885	1701	122317	8743
长 春	84974		81973		2675	326
哈尔滨	213270		183952	10066	18652	600
上 海	17698152		17071414	257053	330287	39398
南 京	2745847		2473630	107663	160821	3733
杭 州	4751164		4030911	282436	353627	84190
合 肥	1278468	35100	1111750	21098	140887	4733
福 州	2304366	7957	2233068	14296	41869	15133
南 昌	785903		514633	50292	219008	1970
济 南	859275		773302	12980	62713	10280
郑 州	831738		797297	6167	27902	372
武 汉	2876070	21000	2729407	68082	73959	4622
长 沙	1290264		1155127	48526	85687	924
广 州	6879559		6479485	189590	171714	38770
南 宁	1792100		1687906	21485	60124	22585
海 口	535051	282	472306	6066	56679	
重 庆	6494798	32901	5826257	130562	493503	44476
成 都	4914440	128	4447529	118689	321783	26439
贵 阳	1363421		1260090	36689	58657	7985
昆 明	1429778	33515	1386382	1854	28557	12985
西 安	523516		491159	2800	29557	
兰 州	266562		226948	25480	13603	531
西 宁	295752		249474	34994	11284	
银 川	197719		159406	879	37434	
乌鲁木齐	271776		254133	11161	6482	
大 连	586824	461	478742	69108	32576	6398
青 岛	2044673		1867259	44954	123427	9033
宁 波	3474840		3065026	104395	208560	96859
厦 门	2128183	7547	1921508	24034	128076	54565
深 圳	4881909	221333	4527003	121778	217944	15184

16－4 35个大中城市商品住宅预售面积

单位：平方米

地 区	住 宅	#别墅、高档公寓	#经济适用房屋
总 计	**78066167**	**7661351**	**4202057**
北 京	5611980	982382	1368706
天 津	2573952	227895	434426
石 家 庄	472867		11900
太 原	248459		91833
呼和浩特	17947		
沈 阳	1183885	44442	
长 春	81973		45921
哈 尔 滨	183952	25580	106470
上 海	17071414	2153327	
南 京	2473630	213877	21555
杭 州	4030911	432926	
合 肥	1111750	53019	32466
福 州	2233068	222147	1870
南 昌	514633	55632	64553
济 南	773302	39447	15658
郑 州	797297	25869	12355
武 汉	2729407	77840	92899
长 沙	1155127	89591	240621
广 州	6479485	862334	143907
南 宁	1687906	79757	39208
海 口	472306	47348	69487
重 庆	5826257	291484	488266
成 都	4447529	1020490	
贵 阳	1260090	26744	223266
昆 明	1386382	170814	298570
西 安	491159	21022	92001
兰 州	226948	468	99959
西 宁	249474		60481
银 川	159406	6363	39999
乌鲁木齐	254133	1300	89380
大 连	478742	8780	
青 岛	1867259	228425	11700
宁 波	3065026	105318	
厦 门	1921508	119771	4600
深 圳	4527003	26959	

16－5　35个大中城市商品房屋出租面积

单位：平方米

地　区	房屋合计	#外销（租）	#个人	住宅	办公楼	商业营业用房	其他
总　计	**20325463**	**152725**	**3522072**	**2900155**	**5368228**	**8196321**	**3860759**
北　京	2462925		204489	451053	1356732	460201	194939
天　津	522941	93467	132354	59782	18758	286188	158213
石家庄	26110		23810			22610	3500
太　原	82385		27044	2412	33817	46156	
呼和浩特	33538		24053		4432	29106	
沈　阳	106491		15879	6266	50420	49805	
长　春	12624		5489		4440	8184	
哈尔滨	117803		1384	1812		115991	
上　海	6537769		361672	768351	1936642	1554760	2278016
南　京	138503		30041	22364	26162	87099	2878
杭　州	182196		73935	32118	22905	101180	25993
合　肥	175419	8651	82310	8415	31333	130717	4954
福　州	256688		206852	43186	5042	207631	829
南　昌	17966		2506			13966	4000
济　南	50825		27920	328	15166	34000	1331
郑　州	152541		19284	576	97781	54184	
武　汉	553613	25412	120740	115613	110315	211013	116672
长　沙	228430			46528	51626	99671	30605
广　州	2285645		879241	276008	536021	1078747	394869
南　宁	45012		32317	1165	3822	34521	5504
海　口	75124		18280	22163	5851	41006	6104
重　庆	1482791	3574	542422	162705	133534	1099038	87514
成　都	201067	2800	53916	3704	61267	116004	20092
贵　阳	179148		72192	49475	17014	85783	26876
昆　明	133985		64137	6071	25219	89967	12728
西　安	105608	552	7300	54250	18090	20452	12816
兰　州	208648		31388	1964	13295	192210	1179
西　宁	66829		2920	37000	456	29373	
银　川	80507		53000	25318	9763	39970	5456
乌鲁木齐	408306		164390	131679	45960	189170	41497
大　连	277770	4919	22443	74518	59845	131083	12324
青　岛	142554		22270	14370	20869	106915	400
宁　波	140218		41482	21292	48858	63418	6650
厦　门	462548	13350	22184	33672	161118	126558	141200
深　圳	2370936		132428	425997	441675	1239644	263620

16-6　35个大中城市商品住宅出租面积

单位：平方米

地　区	住　宅	#别墅、高档公寓	#经济适用房屋	#个　人
总　计	**2900155**	**778736**	**28274**	**888403**
北　京	451053	320965		125906
天　津	59782	1530	10829	29841
石家庄				
太　原	2412			974
呼和浩特				
沈　阳	6266	3564		6266
长　春				
哈尔滨	1812			
上　海	768351	304210		250676
南　京	22364	256	5202	5458
杭　州	32118	2162		6119
合　肥	8415	1600		6815
福　州	43186			3186
南　昌				
济　南	328			
郑　州	576			
武　汉	115613	9523	3200	14200
长　沙	46528	11359	3700	
广　州	276008	35109		204642
南　宁	1165			301
海　口	22163			11664
重　庆	162705			45810
成　都	3704	2504		1200
贵　阳	49475			9333
昆　明	6071			3181
西　安	54250			
兰　州	1964			1844
西　宁	37000			
银　川	25318			25318
乌鲁木齐	131679		5343	54708
大　连	74518	65352		9757
青　岛	14370	2012		4333
宁　波	21292	18590		16342
厦　门	33672			10739
深　圳	425997			39790

16-7 35个大中城市商品房屋销售额

单位：万元

地　区	房屋合计	#外 销（租）	#个 人	住 宅	办公楼	商业营业用　房	其 他
总　计	**53507027**	**246993**	**47327522**	**45424999**	**2189167**	**5151306**	**741555**
北　京	8979571		7927040	7891587	405762	517792	164430
天　津	1980448	21370	1833253	1724256	98804	119637	37751
石家庄	186625		131123	180053	1000	5537	35
太　原	266735		163256	127219	64704	74770	42
呼和浩特	213211		208138	144293	7236	61089	593
沈　阳	947085		889558	802693	8613	113663	22116
长　春	399248		370210	329974	15455	43495	10324
哈尔滨	919405		824978	710681	34550	151572	22602
上　海	12163398		11507878	11098649	438725	504334	121690
南　京	1399041		1302673	1155808	145250	92201	5782
杭　州	2187798		2075624	1722848	88647	302199	74104
合　肥	605641		557584	468778	32421	98142	6300
福　州	1060878		981563	894186	39295	118622	8775
南　昌	319727		229789	227465	3284	88529	449
济　南	596292		541800	556610	20895	16181	2606
郑　州	550711		528786	502282	10124	33776	4529
武　汉	1124584	15843	1031927	1036142	33824	46403	8215
长　沙	668185	1773	603085	520048	15972	128839	3326
广　州	3433840		3160571	3019884	80395	277406	56155
南　宁	432749		415893	367110	22702	33506	9431
海　口	200142		190935	183233	8493	8204	212
重　庆	2102260	11573	1882264	1499915	79299	497706	25340
成　都	2025798		1977687	1712255	21321	280643	11579
贵　阳	446456		387144	367894	22316	53752	2494
昆　明	708725	1436	633696	635700	13683	49489	9853
西　安	542851		508450	442468	63575	35011	1797
兰　州	160052		131313	135586	4189	17372	2905
西　宁	95215		81036	76000	7067	11808	340
银　川	364274		332761	234830	19374	107242	2828
乌鲁木齐	717404		661052	506068	66111	142205	3020
大　连	1455120	619	1316756	1205760	56759	183582	9019
青　岛	1113229	769	1047818	937034	11727	157186	7282
宁　波	1571945		1557285	1177246	37966	305695	51038
厦　门	992598	23918	904688	755823	45819	170852	20104
深　圳	2575786	169692	429908	2074621	163810	302866	34489

16-8 35个大中城市商品住宅销售额

单位：万元

地区	住宅	#别墅、高档公寓	#经济适用房屋	#个人
总计	**45424999**	**5011287**	**3558423**	**42195941**
北京	7891587	978154	910681	7532401
天津	1724256	159210	479340	1685078
石家庄	180053		20332	128732
太原	127219		10914	107527
呼和浩特	144293		34356	144293
沈阳	802693	36216	8998	790356
长春	329974	722	100604	312645
哈尔滨	710681	8100	245748	683081
上海	11098649	1423347		10813276
南京	1155808	51433	106249	1148268
杭州	1722848	246843	138757	1711580
合肥	468778	41985	40596	453519
福州	894186	126228	14268	853777
南昌	227465	6080	10101	211327
济南	556610		23978	526665
郑州	502282	14691	16021	498601
武汉	1036142	107053	127426	975045
长沙	520048	101190	103417	487175
广州	3019884	630785	89307	2877854
南宁	367110	35471	27915	365434
海口	183233	35968	25642	181930
重庆	1499915	87790	112781	1432077
成都	1712255	446112	200700	1701645
贵阳	367894	8764	27732	353479
昆明	635700	100535	95285	596517
西安	442468	34009	155028	423985
兰州	135586	2403	20173	116955
西宁	76000	4741	14708	73973
银川	234830	7611	30644	234287
乌鲁木齐	506068	10779	203527	475659
大连	1205760	7308	108822	1143568
青岛	937034	166245	44545	890227
宁波	1177246	20232		1176283
厦门	755823	71716	9828	715956
深圳	2074621	39566		372766

16-9　35个大中城市商品房屋销售价格

单位：元/平方米

地　区	房屋合计	#外销（租）	#个人	住宅	办公楼	商业营业用房	其他
总　计	**3225**	**3764**	**3089**	**3033**	**5511**	**5277**	**3051**
北　京	4737		4452	4456	10645	10189	4596
天　津	2518	1972	2468	2393	6287	4141	1777
石家庄	1581		1455	1570	5000	1740	1017
太　原	3165		2838	2204	5036	5484	700
呼和浩特	1552		1572	1277	1447	3205	1690
沈　阳	2916		2835	2753	2928	4784	3382
长　春	2155		2201	1973	5366	3450	4089
哈尔滨	2353		2337	2183	3816	3166	2708
上　海	5118		5029	4989	9711	6462	4240
南　京	3148		3050	2888	5813	5356	2719
杭　州	3939		3906	3657	5322	6003	4260
合　肥	2088		2048	1889	3381	3165	5198
福　州	2347		2315	2178	3024	5267	1469
南　昌	2367		2101	2079	1741	3766	1466
济　南	2327		2369	2307	2528	2977	2089
郑　州	2045		2061	1955	2681	5222	2070
武　汉	2072	1929	2093	2023	3001	2950	2248
长　沙	2040	2547	1962	1786	3449	4348	1648
广　州	4211		4195	3999	6200	8447	3872
南　宁	2252		2308	2169	1855	5620	1997
海　口	2092		2076	1989	3914	7215	878
重　庆	1596	836	1549	1324	2478	3661	1589
成　都	2096		2086	1908	3383	4766	2968
贵　阳	1949		1841	1735	3744	5720	1571
昆　明	2233	1670	2147	2131	2907	4331	3369
西　安	2148		2136	1921	4584	4454	2508
兰　州	1858		1800	1673	2789	5312	8933
西　宁	1644		1561	1499	2674	3089	451
银　川	2139		2083	1728	2737	4185	1679
乌鲁木齐	2361		2314	1864	5104	7852	2324
大　连	2921	6051	2877	2699	4354	5312	2374
青　岛	2406	7517	2425	2297	3318	3566	1015
宁　波	2865		2861	2541	3705	5589	2511
厦　门	3371	3093	3378	3077	3823	6705	1775
深　圳	6256	7299	3079	5793	9072	12957	2837

16-10 35个大中城市商品住宅销售价格

单位：元/平方米

地 区	住 宅	#别墅、高档公寓	#经济适用房屋	#个 人
总 计	**3033**	**4759**	**1840**	**2971**
北 京	4456	7416	2846	4379
天 津	2393	4052	2233	2376
石 家 庄	1570		1246	1450
太 原	2204		1189	2225
呼和浩特	1277		907	1277
沈 阳	2753	4308	1999	2749
长 春	1973	3440	1558	2047
哈 尔 滨	2183	3636	1813	2202
上 海	4989	6539		4956
南 京	2888	3621	1647	2888
杭 州	3657	6535	3096	3712
合 肥	1889	2356	1648	1895
福 州	2178	3087	1483	2164
南 昌	2079	2963	1212	2053
济 南	2307		1395	2370
郑 州	1955	1304	1309	1997
武 汉	2023	2566	1672	2055
长 沙	1786	2518	1248	1766
广 州	3999	4783	2761	4041
南 宁	2169	2425	1545	2192
海 口	1989	2846	1368	2008
重 庆	1324	3361	890	1330
成 都	1908	3071	1376	1918
贵 阳	1735	2694	1220	1759
昆 明	2131	2895	1628	2090
西 安	1921	3642	1339	1932
兰 州	1673	2703	1801	1663
西 宁	1499	1629	1445	1504
银 川	1728	3088	1076	1726
乌鲁木齐	1864	3092	1609	1848
大 连	2699	4077	2134	2721
青 岛	2297	5467	2269	2324
宁 波	2541	2773		2543
厦 门	3077	4135	1989	3090
深 圳	5793	12922		2976

16－11　按资质等级分35个大中城市房地产开发企业（单位）本年完成土地开发面积

单位：平方米

城　　市	总　计	一级	二级	三级
总　　计	**97630300**	**5014871**	**22579886**	**29817448**
北　　京	10844359	1090883	1189807	944078
天　　津	7404474	717718	1948485	1332094
石 家 庄	1419830		923649	7490
太　　原	827560	40912	77962	386056
呼和浩特	1697432		180165	437759
沈　　阳	2192311		203208	1216372
长　　春	961810		137659	121050
哈 尔 滨	2273732		555945	1154592
上　　海	6055079	42442	454030	615491
南　　京	2571300	271263	796315	1432912
杭　　州	2750211	6100	931005	597995
合　　肥	1983729	21140	225748	721282
福　　州	2836085		143478	829013
南　　昌	2088030		586004	383274
济　　南	1784253	154805	112224	1159420
郑　　州	1190516		426090	422683
武　　汉	5114760	468948	1810145	2299014
长　　沙	4753756	92019	3127242	877220
广　　州	5036619	91000	809754	3603195
南　　宁	904041		62000	623195
海　　口				
重　　庆	8423528	188591	2789451	3820488
成　　都	168925		99000	67554
贵　　阳	2046258	162910	304133	444272
昆　　明	2110364	75300	775377	276893
西　　安	2717004		1277515	903427
兰　　州	994214		295379	389906
西　　宁	927728		118500	89734
银　　川	37560			18246
乌鲁木齐	1139465	313599	294115	334125
大　　连	3348994	843618	508521	1218980
青　　岛	5075389	68917	638202	684279
宁　　波	3590221	354472	136418	2263434
厦　　门	644069		14821	3100
深　　圳	1716694	10234	627539	138825

16－11 续表 1

单位：平方米

城　市	四级	暂定	其他
总　计	**11996609**	**15534858**	**12686628**
北　京	180425	1766293	5672873
天　津	2945020	461157	
石家庄	325624	163067	
太　原	181737	140893	
呼和浩特	1079508		
沈　阳		771131	1600
长　春	349418	353683	
哈尔滨		515695	47500
上　海			4943116
南　京	70810		
杭　州	572636	599475	43000
合　肥	362334	583225	70000
福　州	79819	1516678	267097
南　昌	51998	1066754	
济　南	24600	333204	
郑　州	7000	334743	
武　汉	15600	510453	10600
长　沙	58739	551870	46666
广　州	234488	298182	
南　宁	124439	66519	27888
海　口			
重　庆	188935	1123248	312815
成　都		2371	
贵　阳	605722	529221	
昆　明	744408	153888	84498
西　安	148231	387831	
兰　州		308929	
西　宁	472530	233556	13408
银　川	19314		
乌鲁木齐	91836	105790	
大　连	48779	729096	
青　岛	1687599	1385005	611387
宁　波	818309	17588	
厦　门	476837	149311	
深　圳	29914	376002	534180

16－12 按资质等级分35个大中城市房地产开发企业（单位）本年完成土地购置面积

单位：平方米

城 市	总 计	一级	二级	三级
总 计	**161018621**	**10961240**	**33729771**	**47858427**
北 京	13912567	1575170	952841	946199
天 津	10932652	3373445	3493911	1312767
石家庄	1345536		420375	123252
太 原	1226271	40912	357410	511909
呼和浩特	1799331		5000	551779
沈 阳	6073847	29800	151181	1861186
长 春	2256321		608422	476090
哈尔滨	2993418	17947	382026	1386424
上 海	14690982	269518	1982125	1591674
南 京	4594869	552234	1132419	2789804
杭 州	6809896	478927	1306293	3070301
合 肥	5366157	346841	664012	1295779
福 州	5421446	118922	888097	2132466
南 昌	2352249		566753	705506
济 南	3148295	224734	369907	1999031
郑 州	2038932		852250	606118
武 汉	9642697	479549	4061780	3121368
长 沙	6814873	17334	2721687	2115330
广 州	3347423	518000	613234	1678284
南 宁	1035986		63882	206675
海 口	478242		3300	43156
重 庆	16371897	663791	5008015	7072258
成 都	553204	28710	104620	273071
贵 阳	3560665	126664	512423	805364
昆 明	3856284		1431832	337260
西 安	3394897		1208309	1605400
兰 州	1247290		253207	440049
西 宁	978414		179778	142594
银 川	1684317	107793	1157379	315186
乌鲁木齐	891092	13803	261137	415857
大 连	3588341	242590	353918	2285152
青 岛	7769405	28089	495332	912545
宁 波	7212975	585812	482425	4582102
厦 门	1006066	462425		47676
深 圳	2621784	658230	684491	98815

16－12 续表 1

单位：平方米

城市	四级	暂定	其他
总计	**14208166**	**31993010**	**22268007**
北京	41227	2517056	7880074
天津	2494690	257839	
石家庄	219831	582078	
太原	141232	174808	
呼和浩特	1242552		
沈阳		4031680	
长春	214897	956912	
哈尔滨		1182622	24399
上海			10847665
南京	120412		
杭州	558207	1279311	116857
合肥	632007	2342903	84615
福州	490647	1484943	306371
南昌	284750	795240	
济南	32010	522613	
郑州	28396	552168	
武汉	30554	1263214	686232
长沙	176798	1737058	46666
广州	102984	434921	
南宁	82128	647106	36195
海口	131400	281626	18760
重庆	262893	3109577	255363
成都	104139	35127	7537
贵阳	917351	1198863	
昆明	540041	1509276	37875
西安	111455	436399	33334
兰州		438034	116000
西宁	466313	164588	25141
银川	85108	12184	6667
乌鲁木齐	113555	86740	
大连	114022	592659	
青岛	2760294	2557361	1015784
宁波	1551136		11500
厦门	133437	362528	
深圳	23700	445576	710972

16－13 全国和35个大中城市房地产价格指数

地区	房屋销售价格指数		土地交易价格指数		房屋租赁价格指数	
	2002	2003	2002	2003	2002	2003
总　　计	**103.7**	**104.8**	**106.9**	**108.3**	**100.8**	**101.9**
北　　京	100.3	100.3	100.0	100.6	107.6	108.5
天　　津	101.6	104.1	102.2	103.0	106.0	100.7
石 家 庄	101.4	100.3	99.7	99.4	100.4	99.3
太　　原	103.3	102.8	126.7	121.9	106.1	102.3
呼和浩特	102.3	100.7	103.4	102.4	102.7	98.5
沈　　阳	100.1	107.6	83.1	116.1	99.5	101.4
长　　春	98.4	100.7	100.0	103.5	98.1	100.0
哈 尔 滨	97.2	100.2	113.7	103.7	104.6	104.0
上　　海	101.1	100.2	100.0	101.6	100.0	98.6
南　　京	107.3	120.1	106.3	115.1	99.0	102.2
杭　　州	103.0	109.8	103.9	104.7	100.6	104.4
合　　肥	106.9	106.1	125.0	138.1	103.0	106.7
福　　州	116.4	116.6	109.2	113.2	102.8	106.0
南　　昌	104.0	104.1	103.7	107.0	102.0	102.3
济　　南	101.1	101.1	106.0	107.7	98.6	98.7
郑　　州	103.0	102.8	101.7	102.3	98.0	100.3
武　　汉	111.6	104.8	125.2	110.1	104.2	103.3
长　　沙	102.5	103.1	102.1	103.5	103.2	100.0
广　　州	107.6	114.6	104.3	101.8	94.4	99.4
南　　宁	101.9	102.0	101.4	101.0	103.0	99.1
海　　口	101.9	103.8	100.7	103.7	98.6	98.5
重　　庆	101.1	100.5	101.4	100.9	101.6	101.0
成　　都	99.6	99.3	100.0	100.0	102.0	99.9
贵　　阳	100.4	102.2	100.0	102.0	100.2	100.0
昆　　明	102.5	102.1	106.0	101.4	99.5	102.3
西　　安	101.9	102.7	100.5	100.4	94.6	92.6
兰　　州	101.3	102.9	106.4	109.1	100.9	100.3
西　　宁	101.6	101.3	100.6	100.3	98.0	101.6
银　　川	100.0	99.1	100.0	100.0	98.4	100.4
乌鲁木齐	102.1	106.1	101.7	115.5	97.5	100.3
大　　连	101.1	101.4	100.5	100.7	100.6	98.9
青　　岛	104.3	101.8	100.0	100.0	100.3	97.8
宁　　波	102.2	101.9	102.7	106.2	107.3	103.1
厦　　门	103.6	102.1	102.9	103.4	106.4	99.8
深　　圳	99.2	99.9	102.3	101.0	100.1	99.9

第十七章　35个大中城市房地产经营（2003）

17－1　按资质等级分35个大中城市房地产开发企业（单位）的资产

单位：万元

城　市	总　计	一级	二级	三级
总　计	**301985045**	**38354144**	**70356754**	**71035665**
北　京	57038522	9030945	5666665	1419977
天　津	11185740	2595638	2932244	1344723
石家庄	777112		272038	90482
太　原	1613672	33970	720932	445365
呼和浩特	593308		76885	176641
沈　阳	5807373	155973	597739	3500313
长　春	1867410	343360	272412	685768
哈尔滨	3360273	203560	694478	1599240
上　海	70243992	8980397	19816104	6374614
南　京	6265176	1076018	1634304	3239715
杭　州	9772161	1792355	2700857	3506758
合　肥	2451632	177809	462098	859449
福　州	5406042	675675	692915	2358419
南　昌	841712	17180	372168	310090
济　南	3399868	794369	582218	1626110
郑　州	2573721	238969	719718	1195701
武　汉	6395489	750567	2435285	2276434
长　沙	4017639	113586	1871392	1678705
广　州	29390903	541588	10145243	13016675
南　宁	1747358	55297	347252	639795
海　口	1501415		209427	570213
重　庆	12968949	712100	4354487	6543861
成　都	7126623	814160	1368995	3283035
贵　阳	2290586	126318	511815	829952
昆　明	2206834	398515	635117	357698
西　安	3437859	57336	1427229	1407220
兰　州	1507127		376275	858832
西　宁	286618		60648	79392
银　川	1025213	151594	306274	375257
乌鲁木齐	2139003	479975	621180	634518
大　连	6326364	1078857	1113274	2908881
青　岛	5057023	327795	397894	1468138
宁　波	5501231	671594	749339	3270375
厦　门	6885691	746553	358327	1137817
深　圳	18975406	5212091	4853526	965502

17－1 续表 1

单位：万元

城　市	四级	暂定	其他
总　计	**15696886**	**25068329**	**81473267**
北　京	839004	4346295	35735636
天　津	4023539	289596	
石家庄	269606	144986	
太　原	268160	145245	
呼和浩特	339782		
沈　阳	9184	1426392	117772
长　春	307957	257913	
哈尔滨	11507	619420	232068
上　海			35072877
南　京	111209	28265	175665
杭　州	569365	607483	595343
合　肥	319655	612818	19803
福　州	131842	1403665	143526
南　昌	11057	130217	1000
济　南	30447	295805	70919
郑　州	9412	405017	4904
武　汉	12190	832058	88955
长　沙	90666	231888	31402
广　州	1153750	3831468	702179
南　宁	25241	676876	2897
海　口	344579	372320	4876
重　庆	294800	819318	244383
成　都	977914	274001	408518
贵　阳	587140	233398	1963
昆　明	567995	117765	129744
西　安	174489	351712	19873
兰　州	22313	234790	14917
西　宁	49473	95097	2008
银　川	109012	32932	50144
乌鲁木齐	152755	203225	47350
大　连	83219	573835	568298
青　岛	1197094	946522	719580
宁　波	743710	43725	22488
厦　门	1555287	3076343	11364
深　圳	303533	1407939	6232815

17－2　按资质等级分35个大中城市房地产开发企业（单位）的负债

单位：万元

城　　市	总　　计	一级	二级	三级
总　计	**229944023**	**28383359**	**51144705**	**55207997**
北　京	46691607	7435260	4651996	1206870
天　津	8203420	1778083	2238676	1000216
石家庄	620085		207250	77262
太　原	1114202	28951	562198	287034
呼和浩特	408463		64769	93894
沈　阳	4713458	144226	465394	2878353
长　春	1519538	268483	214917	582423
哈尔滨	2675825	137218	495323	1252183
上　海	49781553	5830851	12078866	5145411
南　京	5243021	853141	1392205	2791042
杭　州	8336331	1582061	2342577	2880820
合　肥	1683401	136676	346094	560954
福　州	4131639	542767	570303	1802681
南　昌	675778	11507	312823	244056
济　南	2595690	535093	494820	1329753
郑　州	2000401	157422	600100	949183
武　汉	4820519	628097	1840932	1595449
长　沙	2563491	93746	1126188	1071818
广　州	22866516	319759	7967776	9962474
南　宁	1425083	45603	272565	550851
海　口	1188636		154206	507918
重　庆	9257357	603759	3091457	4648812
成　都	5349310	683213	1020816	2377375
贵　阳	1743475	77052	397588	675260
昆　明	1787172	338452	524763	270804
西　安	2603684	42739	1100577	1063732
兰　州	1045908		263960	625871
西　宁	163197		34402	50502
银　川	800548	129474	230616	299446
乌鲁木齐	1502558	302731	469625	464529
大　连	5273121	935685	931908	2415137
青　岛	4090984	300728	328523	1216849
宁　波	4584122	565143	656849	2761888
厦　门	4966229	608218	221668	880324
深　圳	13517701	3267221	3471975	686823

17－2 续表 1

单位：万元

城　市	四级	暂定	其他
总　计	**12113200**	**18873046**	**64221716**
北　京	691246	3435251	29270984
天　津	3019286	167159	
石家庄	219454	116119	
太　原	148102	87917	
呼和浩特	249800		
沈　阳	13949	1099371	112165
长　春	267979	185736	
哈尔滨	8880	560650	221571
上　海			26726425
南　京	86582	23902	96149
杭　州	475143	531092	524638
合　肥	223581	402852	13244
福　州	78470	1046866	90552
南　昌	9578	96814	1000
济　南	24442	149727	61855
郑　州	6905	282983	3808
武　汉	7615	683234	65192
长　沙	64838	174857	32044
广　州	1035698	2998044	582765
南　宁	19256	535849	959
海　口	251187	272121	3204
重　庆	217732	505028	190569
成　都	752651	183751	331504
贵　阳	441281	151154	1140
昆　明	455047	84035	114071
西　安	132171	249752	14713
兰　州	18154	130435	7488
西　宁	30317	46969	1007
银　川	69397	23135	48480
乌鲁木齐	105509	137485	22679
大　连	66747	468081	455563
青　岛	999575	710416	534893
宁　波	553163	30335	16744
厦　门	1091974	2152680	11365
深　圳	277491	1149246	4664945

17－3 按资质等级分35个大中城市房地产开发企业（单位）的资产负债率

单位：%

城市	总计	一级	二级	三级
总计	**76.1**	**74.0**	**72.7**	**77.7**
北京	81.9	82.3	82.1	85.0
天津	73.3	68.5	76.3	74.4
石家庄	79.8		76.2	85.4
太原	69.0	85.2	78.0	64.4
呼和浩特	68.8		84.2	53.2
沈阳	81.2	92.5	77.9	82.2
长春	81.4	78.2	78.9	84.9
哈尔滨	79.6	67.4	71.3	78.3
上海	70.9	64.9	61.0	80.7
南京	83.7	79.3	85.2	86.2
杭州	85.3	88.3	86.7	82.2
合肥	68.7	76.9	74.9	65.3
福州	76.4	80.3	82.3	76.4
南昌	80.3	67.0	84.1	78.7
济南	76.3	67.4	85.0	81.8
郑州	77.7	65.9	83.4	79.4
武汉	75.4	83.7	75.6	70.1
长沙	63.8	82.5	60.2	63.8
广州	77.8	59.0	78.5	76.5
南宁	81.6	82.5	78.5	86.1
海口	79.2		73.6	89.1
重庆	71.4	84.8	71.0	71.0
成都	75.1	83.9	74.6	72.4
贵阳	76.1	61.0	77.7	81.4
昆明	81.0	84.9	82.6	75.7
西安	75.7	74.5	77.1	75.6
兰州	69.4		70.2	72.9
西宁	56.9		56.7	63.6
银川	78.1	85.4	75.3	79.8
乌鲁木齐	70.2	63.1	75.6	73.2
大连	83.4	86.7	83.7	83.0
青岛	80.9	91.7	82.6	82.9
宁波	83.3	84.1	87.7	84.5
厦门	72.1	81.5	61.9	77.4
深圳	71.2	62.7	71.5	71.1

17－3 续表 1

单位：%

城　市	四级	暂定	其他
总　计	**77.2**	**75.3**	**78.8**
北　京	82.4	79.0	81.9
天　津	75.0	57.7	
石家庄	81.4	80.1	
太　原	55.2	60.5	
呼和浩特	73.5		
沈　阳	151.9	77.1	95.2
长　春	87.0	72.0	
哈尔滨	77.2	90.5	95.5
上　海			76.2
南　京	77.9	84.6	54.7
杭　州	83.5	87.4	88.1
合　肥	69.9	65.7	66.9
福　州	59.5	74.6	63.1
南　昌	86.6	74.3	100.0
济　南	80.3	50.6	87.2
郑　州	73.4	69.9	77.7
武　汉	62.5	82.1	73.3
长　沙	71.5	75.4	102.0
广　州	89.8	78.2	83.0
南　宁	76.3	79.2	33.1
海　口	72.9	73.1	65.7
重　庆	73.9	61.6	78.0
成　都	77.0	67.1	81.1
贵　阳	75.2	64.8	58.1
昆　明	80.1	71.4	87.9
西　安	75.7	71.0	74.0
兰　州	81.4	55.6	50.2
西　宁	61.3	49.4	50.1
银　川	63.7	70.3	96.7
乌鲁木齐	69.1	67.7	47.9
大　连	80.2	81.6	80.2
青　岛	83.5	75.1	74.3
宁　波	74.4	69.4	74.5
厦　门	70.2	70.0	100.0
深　圳	91.4	81.6	74.8

第十八章　35个大中城市房地产综合（2004）

18－1 35个大中城市主要指标完成情况

城市	本年完成投资（万元）	#住宅	#办公楼	#商业营业用房	施工房屋面积（万平方米）	竣工房屋面积（万平方米）	#住宅
总计	**81880273**	**53878750**	**5379947**	**9128417**	**77396.33**	**21993.47**	**18029.80**
北京	14732859	7759890	1878924	947604	9931.31	3066.99	2343.95
天津	2639165	1752377	157504	282388	2865.55	1108.13	1014.46
石家庄	877472	553901	32539	92266	552.73	83.74	81.37
太原	628424	311584	61599	159537	661.72	154.10	130.12
呼和浩特	302045	151640	34644	93751	434.13	144.89	101.70
沈阳	3426203	2333047	86023	588369	2805.28	806.13	716.69
长春	2087855	1399232	64760	338055	1333.77	420.99	352.10
哈尔滨	898252	644200	40781	160436	713.03	279.38	213.57
上海	1199506	643959	69350	272455	1204.60	510.07	343.35
南京	11754647	9006660	832433	789321	9481.61	3443.02	3076.19
杭州	2928756	2140914	185930	227387	2310.52	644.45	559.54
合肥	3285409	2535103	226496	309372	3381.86	679.20	512.85
福州	2344091	1784188	126102	242542	2465.28	587.15	488.68
南昌	1383179	1030474	60991	188235	1399.66	391.85	298.74
济南	2237493	1512092	43051	132889	2117.14	528.80	472.93
郑州	914610	669112	29980	120063	1337.34	376.85	281.56
武汉	851761	558556	37818	105260	1067.40	260.55	211.00
长沙	1102481	871041	40378	149478	901.35	275.39	246.33
广州	1626965	1288654	74764	148931	2101.28	635.17	504.02
南宁	1217797	949848	26620	147405	1555.56	309.08	279.36
海口	2333006	1613958	63363	231009	2439.12	702.29	608.91
重庆	1754950	1167495	70487	255903	1455.56	546.94	437.11
成都	4408104	3184457	330890	542410	4669.59	945.46	739.07
贵阳	4318072	2483462	223166	581417	3360.01	681.84	530.06
昆明	660379	378481	15117	145483	1096.64	402.43	321.31
西安	402868	332087	7328	36909	547.32	81.22	76.83
兰州	3930919	2086851	109706	598537	6160.04	1534.58	1187.23
西宁	2914081	1861867	98632	551517	2937.73	862.45	700.49
银川	724474	397526	43603	83532	1321.87	328.38	276.71
乌鲁木齐	869604	626652	16914	40011	906.69	183.54	166.76
大连	1634041	970560	177237	276421	1496.75	210.79	141.56
青岛	446621	269108	12973	50886	933.13	188.85	149.07
宁波	228638	137026	27091	32125	376.80	137.20	100.59
厦门	453207	278268	33049	104710	645.05	301.86	229.36
深圳	362339	194480	39704	101803	428.92	179.71	136.23

18－1 续表 1

城　市	房屋销售面积（万平方米）	#住　宅	房屋销售价格（元/平方米）	#住　宅	本年购置土地面积（万平方米）	本年开发土地面积（万平方米）
总　计	**19071.21**	**17207.76**	**3704**	**3521**	**17609.04**	**9015.64**
北　京	2472.03	2285.82	5053	4747	1572.46	634.17
天　津	847.03	796.09	3115	2950	1059.11	535.44
石家庄	121.08	119.25	1547	1534	144.05	55.62
太　原	126.28	109.36	2675	2333	75.23	62.56
呼和浩特	158.14	138.70	1648	1430	186.70	159.85
沈　阳	524.31	489.01	2911	2852	1181.13	426.46
长　春	486.25	445.41	3116	2973	449.40	207.10
哈尔滨	194.09	174.92	2260	2119	325.65	50.66
上　海	459.42	350.24	2494	2215	282.15	207.03
南　京	3300.82	3059.53	5855	5761	1038.76	672.76
杭　州	607.96	542.52	3516	3098	1074.59	553.34
合　肥	605.14	509.49	4248	3884	363.33	251.29
福　州	516.54	426.78	3389	3026	362.06	325.62
南　昌	369.23	308.70	2550	2271	763.15	200.00
济　南	416.62	395.02	2616	2463	629.27	163.03
郑　州	305.89	255.05	4146	3768	72.50	32.88
武　汉	212.78	190.61	2430	2429	366.78	363.74
长　沙	257.64	234.83	3056	2831	231.65	57.61
广　州	516.26	446.48	2965	2747	318.56	467.13
南　宁	314.48	299.88	2099	2004	506.78	134.54
海　口	658.08	613.91	2516	2463	917.38	458.95
重　庆	470.50	408.17	2039	1775	777.94	543.46
成　都	872.67	805.19	4537	4356	527.04	395.70
贵　阳	381.69	343.02	6756	6385	199.08	135.10
昆　明	333.67	308.99	2761	2482	244.68	125.02
西　安	107.72	100.72	2237	2215	81.15	36.98
兰　州	1317.12	1138.26	1766	1573	1102.44	863.36
西　宁	757.27	684.17	2452	2224	1227.65	50.13
银　川	224.79	203.31	1802	1643	405.08	156.55
乌鲁木齐	252.20	237.50	2474	2437	345.57	169.20
大　连	209.44	188.56	2624	2394	280.66	260.12
青　岛	142.38	128.98	2282	2084	104.84	65.35
宁　波	73.40	63.69	1725	1536	98.06	86.48
厦　门	206.37	183.09	2177	1923	216.51	46.13
深　圳	251.90	222.50	2147	1797	77.66	62.27

18－2 按用途分35个大中城市房地产开发企业（单位）完成投资

单位：亿元

城　市	本年完成投资	住宅	办公楼	商业营业用房	其他
总　计	**8188.05**	**5387.91**	**537.99**	**912.84**	**1349.31**
北　京	1473.29	775.99	187.89	94.76	414.65
天　津	263.92	175.24	15.75	28.24	44.69
石家庄	87.75	55.39	3.25	9.23	19.88
太　原	62.84	31.16	6.16	15.95	9.57
呼和浩特	30.20	15.16	3.46	9.38	2.20
沈　阳	342.62	233.30	8.60	58.84	41.88
长　春	89.83	64.42	4.08	16.04	5.29
哈尔滨	119.95	64.40	6.94	27.25	21.36
上　海	1175.46	900.67	83.24	78.93	112.62
南　京	292.88	214.09	18.59	22.74	37.46
杭　州	328.54	253.51	22.65	30.94	21.44
合　肥	138.32	103.05	6.10	18.82	10.35
福　州	223.75	151.21	4.31	13.29	54.94
南　昌	85.18	55.86	3.78	10.53	15.01
济　南	110.25	87.10	4.04	14.95	4.16
郑　州	121.78	94.98	2.66	14.74	9.40
武　汉	233.30	161.40	6.34	23.10	42.46
长　沙	175.50	116.75	7.05	25.59	26.11
广　州	440.81	318.45	33.09	54.24	35.03
南　宁	66.04	37.85	1.51	14.55	12.13
海　口	40.29	33.21	0.73	3.69	2.66
重　庆	393.09	208.69	10.97	59.85	113.58
成　都	291.41	186.19	9.86	55.15	40.21
贵　阳	72.45	39.75	4.36	8.35	19.99
昆　明	86.96	62.67	1.69	4.00	18.60
西　安	163.40	97.06	17.72	27.64	20.98
兰　州	44.66	26.91	1.30	5.09	11.36
西　宁	22.86	13.70	2.71	3.21	3.24
银　川	45.32	27.83	3.30	10.47	3.72
乌鲁木齐	36.23	19.45	3.97	10.18	2.63
大　连	208.79	139.92	6.48	33.81	28.58
青　岛	162.70	128.87	7.48	14.89	11.46
宁　波	234.41	178.42	12.61	24.25	19.13
厦　门	91.46	66.91	3.00	12.01	9.54
深　圳	431.81	248.35	22.32	58.14	103.00

18－3 35个大中城市房地产开发企业（单位）土地开发与投资

城　市	土地开发投资额（亿元）	土地开发面积（万平方米）	土地购置费用（亿元）	土地购置面积（亿元）
总　计	**404.09**	**9015.63**	**1531.13**	**17609.05**
北　京	36.54	634.17	275.84	1572.46
天　津	21.05	535.44	48.22	1059.11
石家庄	3.61	55.62	12.86	144.05
太　原	7.49	62.56	6.08	75.23
呼和浩特	1.50	159.85	5.12	186.70
沈　阳	21.12	426.46	74.77	1181.13
长　春	1.93	50.66	20.40	325.65
哈尔滨	12.36	207.03	16.14	282.15
上　海	67.77	672.76	172.13	1038.76
南　京	25.14	553.34	62.76	1074.59
杭　州	6.83	251.29	78.97	363.33
合　肥	14.26	200.00	37.01	763.15
福　州	4.13	163.03	47.10	629.27
南　昌	4.21	363.74	13.59	366.78
济　南	2.22	57.61	40.45	231.65
郑　州	7.87	134.54	22.97	506.78
武　汉	18.93	458.95	43.07	917.38
长　沙	22.43	543.46	29.62	777.94
广　州	22.87	395.70	69.04	527.04
南　宁	1.74	125.02	5.17	244.68
海　口	1.41	36.98	4.71	81.15
重　庆	36.05	863.36	62.62	1102.44
成　都	0.84	50.13	91.92	1227.65
贵　阳	1.77	156.55	9.00	405.08
昆　明	5.45	169.20	19.75	345.57
西　安	7.15	260.12	15.64	280.66
兰　州	3.52	65.35	6.42	104.84
西　宁	3.28	86.48	3.11	98.06
银　川		46.13	6.76	216.51
乌鲁木齐	0.52	62.27	3.35	77.66
大　连	21.98	207.10	38.19	449.40
青　岛	6.07	467.13	26.02	318.56
宁　波	2.64	325.62	73.00	362.06
厦　门	0.52	32.88	17.10	72.50
深　圳	8.89	135.10	72.23	199.08

18－4　按用途分35个大中城市房地产开发企业（单位）施工房屋面积

单位：万平方米

城　市	施工房屋面积	住宅	办公楼	商业营业用房	其他
总　计	**77396.34**	**58341.08**	**4631.07**	**8716.87**	**5707.32**
北　京	9931.31	6759.42	1122.54	641.83	1407.52
天　津	2865.55	2352.98	134.19	302.65	75.73
石家庄	552.73	445.89	36.04	59.46	11.34
太　原	661.72	414.95	73.35	153.02	20.40
呼和浩特	434.13	240.36	38.34	126.84	28.59
沈　阳	2805.28	1993.24	55.72	383.22	373.10
长　春	713.03	535.34	29.64	111.54	36.51
哈尔滨	1204.60	766.20	64.76	306.97	66.67
上　海	9481.61	7631.31	520.65	725.59	604.06
南　京	2310.52	1827.42	148.65	235.61	98.84
杭　州	3381.86	2642.10	235.10	300.13	204.53
合　肥	1399.66	1108.38	69.96	171.29	50.03
福　州	2117.14	1770.00	78.35	154.70	114.09
南　昌	1067.40	791.50	39.69	151.82	84.39
济　南	901.35	714.21	57.37	93.01	36.76
郑　州	1555.56	1360.22	47.97	117.92	29.45
武　汉	2439.12	2012.49	92.57	192.56	141.50
长　沙	1455.56	1093.67	53.47	230.75	77.67
广　州	4669.59	3354.11	400.20	507.01	408.27
南　宁	1096.64	815.65	27.11	150.49	103.39
海　口	547.32	470.67	10.36	51.49	14.80
重　庆	6160.04	4485.83	210.20	1022.46	441.55
成　都	2937.73	2252.92	97.05	467.49	120.27
贵　阳	1321.87	969.04	89.88	188.33	74.62
昆　明	906.69	800.43	22.66	37.50	46.10
西　安	1496.75	1011.26	254.65	196.03	34.81
兰　州	933.13	720.92	40.49	111.87	59.85
西　宁	376.80	274.78	41.47	50.21	10.34
银　川	645.05	434.93	35.37	144.37	30.38
乌鲁木齐	428.92	279.92	47.34	91.82	9.84
大　连	1333.77	977.92	65.16	230.56	60.13
青　岛	2101.28	1689.76	92.82	194.94	123.76
宁　波	2465.28	1913.55	97.43	246.88	207.42
厦　门	1337.34	942.07	57.81	180.36	157.10
深　圳	3360.01	2487.64	142.71	386.15	343.51

18－5　按用途分35个大中城市房地产开发企业（单位）竣工房屋面积

单位：万平方米

城　市	竣工房屋面　积	住　宅	办公楼	商业营业用　房	其　他
总　计	**21993.47**	**18029.80**	**720.67**	**2020.77**	**1222.23**
北　京	3066.99	2343.95	153.93	225.26	343.85
天　津	1108.13	1014.46	32.40	43.24	18.03
石家庄	83.74	81.37	0.13	1.49	0.75
太　原	154.10	130.12	8.50	14.14	1.34
呼和浩特	144.89	101.70	9.59	31.91	1.69
沈　阳	806.13	716.69	4.90	62.75	21.79
长　春	279.38	213.57	9.72	46.55	9.54
哈尔滨	510.07	343.35	17.74	126.75	22.23
上　海	3443.02	3076.19	73.05	165.73	128.05
南　京	644.45	559.54	27.95	42.41	14.55
杭　州	679.20	512.85	31.03	98.63	36.69
合　肥	391.85	298.74	29.94	54.03	9.14
福　州	528.80	472.93	6.30	35.00	14.57
南　昌	260.55	211.00	8.10	19.02	22.43
济　南	275.39	246.33	10.68	12.85	5.53
郑　州	309.08	279.36	4.92	20.22	4.58
武　汉	702.29	608.91	25.69	39.07	28.62
长　沙	546.94	437.11	18.75	67.17	23.91
广　州	945.46	739.07	42.93	86.41	77.05
南　宁	402.43	321.31	3.85	44.72	32.55
海　口	81.22	76.83	0.00	4.07	0.32
重　庆	1534.58	1187.23	39.09	226.13	82.13
成　都	862.45	700.49	17.06	115.05	29.85
贵　阳	328.38	276.71	6.81	29.58	15.28
昆　明	183.54	166.76	2.32	7.21	7.25
西　安	210.79	141.56	36.56	18.67	14.00
兰　州	188.85	149.07	15.00	19.51	5.27
西　宁	137.20	100.59	14.33	17.62	4.66
银　川	301.86	229.36	8.94	42.35	21.21
乌鲁木齐	179.71	136.23	9.35	31.43	2.70
大　连	420.99	352.10	5.82	41.82	21.25
青　岛	635.17	504.02	20.34	58.98	51.83
宁　波	587.15	488.68	9.72	53.60	35.15
厦　门	376.85	281.56	10.92	46.42	37.95
深　圳	681.84	530.06	4.31	70.98	76.49

18-6 按用途分35个大中城市房地产开发企业（单位）新开工房屋面积

单位：万平方米

城市	新开工房屋面积	住宅	办公楼	商业营业用房	其他
总计	**28172.44**	**22185.23**	**1088.50**	**2960.34**	**1938.37**
北京	3054.27	2207.15	262.24	186.98	397.90
天津	1216.58	1001.62	41.99	135.91	37.06
石家庄	261.65	216.02	0.82	40.41	4.40
太原	189.90	113.03	29.76	40.59	6.52
呼和浩特	182.45	103.59	17.96	47.34	13.56
沈阳	1243.24	898.50	14.73	171.37	158.64
长春	488.78	395.66	16.46	59.63	17.03
哈尔滨	489.06	366.28	20.37	76.32	26.09
上海	3196.19	2668.84	89.61	250.35	187.39
南京	1061.30	825.36	40.43	134.78	60.73
杭州	1093.00	867.78	77.46	80.39	67.37
合肥	612.01	511.49	15.45	60.69	24.38
福州	492.68	447.22	1.96	25.56	17.94
南昌	379.50	276.32	9.69	53.00	40.49
济南	365.75	307.90	3.19	31.91	22.75
郑州	611.52	535.19	17.21	52.78	6.34
武汉	1055.22	897.22	32.78	48.74	76.48
长沙	619.43	469.57	3.64	116.79	29.43
广州	1281.28	989.53	90.68	94.39	106.68
南宁	445.68	333.00	6.37	60.89	45.42
海口	170.76	149.64	1.66	17.45	2.01
重庆	2144.84	1666.91	52.08	279.13	146.72
成都	1185.13	955.32	13.85	177.06	38.90
贵阳	399.35	319.80	19.32	43.50	16.73
昆明	453.46	407.69	5.29	22.54	17.94
西安	427.23	351.41	36.57	34.70	4.55
兰州	349.37	274.52	9.78	33.47	31.60
西宁	170.17	147.87	8.14	11.02	3.14
银川	405.60	262.64	21.07	100.72	21.17
乌鲁木齐	203.81	163.62	15.17	21.88	3.14
大连	510.26	408.96	17.15	68.24	15.91
青岛	940.80	795.39	23.75	80.64	41.02
宁波	933.45	689.30	41.04	112.24	90.87
厦门	291.25	179.02	7.32	66.90	38.01
深圳	1247.47	981.87	23.51	122.03	120.06

18－7　按用途分35个大中城市房地产开发企业（单位）商品房屋实际销售面积

单位：万平方米

城　市	房屋销售面积	住宅	办公楼	商业营业用房	其他
总　计	**19071.19**	**17207.75**	**478.61**	**1075.72**	**309.11**
北　京	2472.03	2285.82	92.50	60.21	33.50
天　津	847.03	796.09	16.88	32.71	1.35
石家庄	121.08	119.25	0.71	0.75	0.37
太　原	126.28	109.36	4.04	12.16	0.72
呼和浩特	158.14	138.70	3.86	15.28	0.30
沈　阳	524.31	489.01	2.65	24.64	8.01
长　春	194.09	174.92	1.82	14.01	3.34
哈尔滨	459.42	350.24	14.71	75.01	19.46
上　海	3300.82	3059.53	80.21	114.87	46.21
南　京	607.96	542.52	24.66	39.82	0.96
杭　州	605.14	509.49	29.51	52.06	14.08
合　肥	369.23	308.70	21.58	36.87	2.08
福　州	416.62	395.02	1.48	15.43	4.69
南　昌	212.78	190.61	1.34	18.36	2.47
济　南	257.64	234.83	3.21	17.78	1.82
郑　州	314.48	299.88	4.19	7.73	2.68
武　汉	658.08	613.91	16.07	15.84	12.26
长　沙	470.50	408.17	16.50	40.36	5.47
广　州	872.67	805.19	13.43	34.61	19.44
南　宁	333.67	308.99	2.74	14.44	7.50
海　口	107.72	100.72	0.52	6.48	0.00
重　庆	1317.12	1138.26	29.14	121.43	28.29
成　都	757.27	684.17	8.74	54.73	9.63
贵　阳	224.79	203.31	3.72	14.75	3.01
昆　明	252.20	237.50	3.03	7.25	4.42
西　安	209.44	188.56	11.44	8.91	0.53
兰　州	142.38	128.98	3.33	9.90	0.17
西　宁	73.40	63.69	4.95	4.57	0.19
银　川	206.37	183.09	3.02	15.66	4.60
乌鲁木齐	251.90	222.50	6.36	21.72	1.32
大　连	486.25	445.41	4.86	29.49	6.49
青　岛	516.26	446.48	19.08	34.39	16.31
宁　波	516.54	426.78	13.14	53.09	23.53
厦　门	305.89	255.05	8.88	25.98	15.98
深　圳	381.69	343.02	6.31	24.43	7.93

18－8 按用途分35个大中城市房地产开发企业（单位）商品房屋销售额

单位：亿元

城市	房屋销售额	住宅	办公楼	商业营业用房	其他
总计	**7063.97**	**6058.74**	**329.23**	**582.85**	**93.15**
北京	1249.10	1085.11	99.21	50.59	14.19
天津	263.82	234.87	9.37	18.95	0.63
石家庄	18.74	18.29	0.17	0.12	0.16
太原	33.79	25.51	2.07	6.09	0.12
呼和浩特	26.06	19.84	0.77	5.42	0.03
沈阳	152.63	139.45	0.80	9.97	2.41
长春	43.87	37.07	0.47	5.38	0.95
哈尔滨	114.57	77.59	5.10	26.25	5.63
上海	1932.63	1762.66	77.44	72.46	20.07
南京	213.73	168.06	18.23	27.05	0.39
杭州	257.05	197.88	20.69	34.39	4.09
合肥	94.17	70.09	8.33	15.23	0.52
福州	108.97	97.31	0.31	10.28	1.07
南昌	51.70	46.29	0.23	4.92	0.26
济南	78.72	66.48	1.11	10.88	0.25
郑州	66.00	60.11	1.39	4.17	0.33
武汉	165.59	151.19	5.82	6.08	2.50
长沙	95.94	72.45	5.37	16.91	1.21
广州	395.93	350.74	11.10	27.03	7.06
南宁	92.13	76.68	1.00	13.09	1.36
海口	24.10	22.31	0.16	1.63	0.00
重庆	232.64	179.00	7.24	40.62	5.78
成都	185.66	152.16	3.74	27.61	2.15
贵阳	40.50	33.41	1.22	5.25	0.62
昆明	62.39	57.88	0.95	2.53	1.03
西安	54.96	45.13	5.07	4.50	0.26
兰州	32.49	26.88	0.97	4.62	0.02
西宁	12.66	9.78	1.23	1.62	0.03
银川	44.92	35.20	1.12	8.29	0.31
乌鲁木齐	54.09	39.97	2.55	11.27	0.30
大连	151.53	132.41	2.30	14.57	2.25
青岛	153.10	122.67	14.99	12.81	2.63
宁波	175.08	129.14	8.74	30.97	6.23
厦门	126.83	96.11	4.40	23.31	3.01
深圳	257.88	219.02	5.57	27.99	5.30

18-9　按用途分35个大中城市房地产开发企业（单位）商品房屋销售价格

单位：元/平方米

城　市	房屋销售价格	住　宅	办公楼	商业营业用房	其　他
总　计	**3704**	**3521**	**6879**	**5418**	**3013**
北　京	5053	4747	10725	8403	4236
天　津	3115	2950	5552	5795	4667
石家庄	1547	1534	2437	1536	4324
太　原	2675	2333	5117	5007	1667
呼和浩特	1648	1430	1984	3548	1000
沈　阳	2911	2852	3000	4044	3009
长　春	2260	2119	2601	3843	2844
哈尔滨	2494	2215	3465	3500	2893
上　海	5855	5761	9655	6308	4343
南　京	3516	3098	7391	6794	4062
杭　州	4248	3884	7011	6606	2905
合　肥	2550	2271	3858	4131	2500
福　州	2616	2463	2120	6660	2281
南　昌	2430	2429	1744	2681	1053
济　南	3056	2831	3465	6119	1374
郑　州	2099	2004	3326	5393	1231
武　汉	2516	2463	3620	3840	2039
长　沙	2039	1775	3254	4190	2212
广　州	4537	4356	8265	7811	3632
南　宁	2761	2482	3668	9068	1813
海　口	2237	2215	2996	2518	
重　庆	1766	1573	2486	3345	2043
成　都	2452	2224	4274	5045	2233
贵　阳	1802	1643	3266	3562	2060
昆　明	2474	2437	3138	3490	2330
西　安	2624	2394	4430	5052	4906
兰　州	2282	2084	2902	4669	1176
西　宁	1725	1536	2486	3543	1579
银　川	2177	1923	3704	5292	674
乌鲁木齐	2147	1797	4009	5190	2273
大　连	3116	2973	4741	4941	3467
青　岛	2966	2748	7855	3724	1613
宁　波	3390	3026	6651	5834	2648
厦　门	4146	3768	4952	8974	1884
深　圳	6756	6385	8833	11455	6683

18－10　按用途分35个大中城市房地产开发企业（单位）商品房屋空置面积

单位：万平方米

城　市	房屋空置面　积	住　宅	办公楼	商业营业用　房	其　他
总　计	**6385.29**	**3745.98**	**558.02**	**1432.38**	**648.91**
北　京	1044.11	723.85	110.07	123.76	86.43
天　津	164.68	117.95	13.12	28.61	5.00
石家庄	16.29	13.71	1.12	1.46	0.00
太　原	46.88	22.37	6.51	14.66	3.34
呼和浩特	36.52	25.01	2.25	9.04	0.22
沈　阳	447.05	386.60	10.62	35.17	14.66
长　春	279.01	201.83	10.76	55.98	10.44
哈尔滨	398.11	249.85	16.10	114.66	17.50
上　海	359.39	126.49	88.06	57.57	87.27
南　京	47.98	27.73	11.48	3.93	4.84
杭　州	56.01	16.38	2.45	28.30	8.88
合　肥	67.23	32.13	8.97	22.46	3.67
福　州	94.24	44.48	13.18	28.63	7.95
南　昌	15.55	8.52		6.38	0.65
济　南	69.92	49.15	12.63	7.47	0.67
郑　州	79.92	63.20	6.59	4.65	5.48
武　汉	121.71	70.28	15.35	30.62	5.46
长　沙	80.44	57.01	4.35	13.37	5.71
广　州	605.09	293.02	45.56	150.88	115.63
南　宁	52.36	17.11	1.02	13.90	20.33
海　口	68.21	49.37	5.28	8.73	4.83
重　庆	567.68	191.16	48.75	246.39	81.38
成　都	153.18	58.82	15.93	54.92	23.51
贵　阳	110.93	67.11	3.92	30.03	9.87
昆　明	35.63	15.86	7.85	6.04	5.88
西　安	52.67	33.93	12.62	4.88	1.24
兰　州	116.33	71.07	14.81	27.25	3.20
西　宁	16.73	12.45	2.06	2.22	0.00
银　川	187.71	123.18	9.43	42.00	13.10
乌鲁木齐	185.97	117.15	9.29	51.71	7.82
大　连	320.36	230.05	7.07	65.97	17.27
青　岛	137.82	80.90	10.59	29.24	17.09
宁　波	41.66	20.54	3.21	12.39	5.52
厦　门	96.21	20.87	7.50	33.71	34.13
深　圳	211.71	106.85	19.52	65.40	19.94

18－11 按用途分35个大中城市房地产开发企业（单位）的资金来源及其构成

单位：万元

城市	本年资金来源小计	国家预算内资金	国内贷款	债券	利用外资	自筹资金	其他资金
总计	**11461.03**	**7.61**	**2288.69**	**0.02**	**159.41**	**3097.13**	**5908.19**
北京	2403.16	0.00	549.96	0.00	48.53	434.54	1370.13
天津	407.30	0.00	83.50	0.00	5.65	124.69	193.46
石家庄	83.52	0.00	11.04	0.00	0.21	44.00	28.27
太原	84.66	0.00	9.50	0.00	0.66	37.00	37.51
呼和浩特	29.47	0.00	1.08	0.00	0.00	22.10	6.29
沈阳	375.20	0.00	35.24	0.00	5.49	201.62	132.84
长春	87.39	0.15	5.43	0.00	0.00	37.90	43.92
哈尔滨	117.75	0.00	12.65	0.00	4.81	62.15	38.14
上海	1699.79	0.00	358.68	0.00	28.25	417.80	895.06
南京	386.97	0.00	98.48	0.00	1.33	119.21	167.95
杭州	614.10	0.00	171.50	0.00	0.00	84.29	358.31
合肥	172.87	0.00	24.30	0.00	2.44	69.05	77.08
福州	252.83	0.00	25.80	0.00	9.64	75.38	142.00
南昌	100.13	0.00	17.46	0.00	2.92	26.44	53.31
济南	136.52	0.00	39.30	0.00	1.29	38.38	57.55
郑州	158.38	0.17	18.81	0.00	1.10	54.71	83.60
武汉	334.98	3.88	71.12	0.00	0.90	94.18	164.91
长沙	202.61	1.61	37.57	0.00	2.73	83.95	76.74
广州	590.70	0.00	95.61	0.00	11.50	88.45	395.13
南宁	83.69	0.00	19.51	0.00	0.35	17.57	46.26
海口	49.76	0.12	4.10	0.00	0.97	20.93	23.64
重庆	531.44	0.64	82.69	0.00	11.73	171.66	264.72
成都	396.48	0.00	55.50	0.00	1.69	102.80	236.48
贵阳	94.42	0.00	20.39	0.00	0.26	29.06	44.71
昆明	127.52	0.24	17.92	0.00	0.36	33.67	75.34
西安	176.59	0.00	31.60	0.00	1.55	76.96	66.48
兰州	53.16	0.00	13.76	0.00	0.07	16.58	22.75
西宁	23.73	0.00	5.07	0.00	0.08	10.61	7.97
银川	48.87	0.00	8.53	0.00	0.21	15.19	24.94
乌鲁木齐	43.02	0.00	4.75	0.00	0.00	18.46	19.82
大连	265.58	0.15	77.48	0.00	2.05	79.98	105.92
青岛	221.36	0.00	38.47	0.00	0.16	74.16	108.57
宁波	230.12	0.00	45.87	0.00	1.40	57.87	124.99
厦门	212.07	0.65	37.78	0.00	1.55	49.86	122.23
深圳	664.89	0.00	158.24	0.02	9.53	205.93	291.17

第三部分　各省市与分城市篇

第十九章　各省市房地产综合统计（2002～2004）

19－1　北京市房地产开发综合统计

指　　标	2002年	2003年	2004年
一、房地产企业			
1. 企业个数合计（个）	958	1056	2733
# 一级企业	31	41	65
# 二级企业	52	64	108
# 三级企业	35	37	104
2. 资产负债（万元）			
资产总计	49694066	57038522	87524068
负债总计	40377375	33329845	68442157
所有者权益	9316691	7897046	19081910
资产负债率(%)	81.3	80.8	78.2
二、本年完成投资额（万元）			
合计	9894132	12024763	14732859
1. 按构成分			
建筑安装工程	5727023	7162225	8721439
设备工器具购置	315151	242855	354306
其他费用	3851958	4619683	5657114
#土地购置费	1492014	2132279	
2. 按用途分			
住宅	5867410	6329718	7759890
#别墅、高档公寓	828075	995141	
#经济适用房屋	690691	686695	725690
办公楼	973262	1427491	1878924
商业营业用房	576078	613455	947604
其他	2477382	3654099	4146441
3. 商品房屋建设和土地开发			
#商品房建设投资	5519555	6309206	7977593
#土地开发投资	440095	395461	365430
商品房建设投资额比重(%)	55.8	52.5	54.1
4. 资金来源及构成			
本年资金来源小计	13684348	18713885	24031627
国家预算内资金			
国内贷款	3827658	5868594	5499571
债券	12300		
利用外资	167728	332107	485334
#外商直接投资	132762	99981	228958
自筹资金	2868355	3758456	4345419
其他资金来源	6808307	8754728	13701303
三、本年新增固定资产（万元）	7392104	6800051	8552507
四、土地开发及购置（平方米）			
本年完成开发土地面积	9249958	10844359	6341720
待开发土地面积	8381342	19572543	
本年购置土地面积	20925048	13912567	15724588

19－1 续表 1

指　　标	2002年	2003年	2004年
五、商品房屋建筑面积（平方米）			
1.施工房屋面积	75107467	90706560	99313115
住宅	53975974	63528634	67594235
#别墅、高档公寓	5508052	7049536	
#经济适用房屋	6602332	8024789	7931856
办公楼	6726897	9013055	11225355
商业营业用房	4003451	5576562	6418281
其他	10401145	12588309	14075244
2.新开工房屋面积	32059976	34337485	30542682
住宅	24557205	25034616	22071508
#别墅、高档公寓	2242171	2331527	
#经济适用房屋	3432797	3411352	3116574
办公楼	2228025	2590860	2622402
商业营业用房	1265510	2260398	1869781
其他	4009236	4451611	3978991
3.竣工房屋面积	23844420	25936478	30669879
住宅	19261653	20807480	23439521
#别墅、高档公寓	1619176	1279268	
#经济适用房屋	2304123	3227669	2988261
办公楼	974465	935912	1539298
商业营业用房	829498	1175350	2252584
其他	2778804	3017736	3438476
六、商品房屋销售			
1.实际销售面积（平方米）	17083396	18957685	24720323
#外销（租）	70436		
#个人	16015612	17803846	23254954
住宅	16044191	17710533	22858245
#别墅、高档公寓	1535914	1318952	
#经济适用房屋	2202691	3200176	3062785
#个人	15629333	17201400	22486317
办公楼	440156	381181	924963
商业营业用房	328845	508180	602106
其他	270204	357791	335009
2.实际销售额（万元）	8138380	8979571	12491009
#外销（租）	68415		
#个人	7083179	7927040	11222961
住宅	7166593	7891587	10851129
#别墅、高档公寓	1274079	978154	
#经济适用房屋	630959	910681	904416
#个人	6859842	7532401	10618612
办公楼	579540	405762	992102
商业营业用房	259527	517792	505937
其他	132720	164430	141841
3.实际销售价格（元/平方米）	4764	4737	5053
住宅	4467	4456	4747
办公楼	13167	10645	10726
商业营业用房	7892	10189	8403

19－2 天津市房地产开发投资综合统计

指 标	2002年	2003年	2004年
一、房地产企业			
1. 企业个数合计（个）	797	761	1007
# 一级企业	35	29	20
# 二级企业	60	67	69
# 三级企业	117	133	152
2. 资产负债（万元）			
资产总计	9778348	11185740	16279658
负债总计	7035574	4444903	11966566
所有者权益	2742774	1545336	4313091
资产负债率(%)	72.0	74.2	73.5
二、本年完成投资额（万元）			
合计	1758446	2113876	2639165
1. 按构成分			
建筑安装工程	1118672	1322478	1608581
设备工器具购置	15320	40638	50340
其他费用	624454	750760	980244
#土地购置费	170127	301758	
2. 按用途分			
住宅	1031788	1509252	1752377
#别墅、高档公寓	140597	176977	
#经济适用房屋	365162	434000	341183
办公楼	75122	77808	157504
商业营业用房	147244	242564	282388
其他	504292	284252	446896
3. 商品房屋建设和土地开发			
#商品房建设投资	1309658	1582894	1774920
#土地开发投资	258016	264776	210506
商品房建设投资额比重(%)	74.5	74.9	67.3
4. 资金来源及构成			
本年资金来源小计	2293749	3224137	4072990
国家预算内资金			
国内贷款	484106	911374	835002
债券	10		
利用外资	38839	38315	56508
#外商直接投资	24069	30463	38314
自筹资金	819828	900460	1246887
其他资金来源	950966	1373988	1934593
三、本年新增固定资产（万元）	1120878	1553772	947872
四、土地开发及购置（平方米）			
本年完成开发土地面积	5750092	7404474	5354376
待开发土地面积	573336	4367913	
本年购置土地面积	5826533	10932652	10591128

19－2 续表 1

指　　标	2002年	2003年	2004年
五、商品房屋建筑面积（平方米）			
1. 施工房屋面积	21355552	23144250	28655499
住宅	17461303	19534984	23529757
#别墅、高档公寓	1823721	1418086	
#经济适用房屋	6558859	5681925	4167283
办公楼	962949	858720	1341873
商业营业用房	2267216	1948410	3026503
其他	664084	802136	757366
2. 新开工房屋面积	8252798	8381730	12165797
住宅	6531227	7215103	10016183
#别墅、高档公寓	887702	621972	
#经济适用房屋	1798259	2201460	1996540
办公楼	327112	179394	419854
商业营业用房	1062178	599829	1359056
其他	332281	387404	370704
3. 竣工房屋面积	7464369	9112742	11081319
住宅	6730048	7506732	10144575
#别墅、高档公寓	511391	525040	
#经济适用房屋	2705093	1814786	1515711
办公楼	81051	414909	324021
商业营业用房	562322	894302	432414
其他	90948	296799	180309
六、商品房屋销售			
1. 实际销售面积（平方米）	5639975	7864957	8470342
#外销（租）		108340	
#个人	5487234	7428732	7734989
住宅	5382621	7206404	7960899
#别墅、高档公寓	295068	392874	
#经济适用房屋	1912815	2146479	1442379
#个人	5297727	7091700	7368765
办公楼	69350	157156	168802
商业营业用房	177621	288897	327106
其他	10383	212500	13535
2. 实际销售额（万元）	1402816	1980448	2638180
#外销（租）		21370	
#个人	1355755	1833253	2406681
住宅	1299236	1724256	2348737
#别墅、高档公寓	105292	159210	
#经济适用房屋	432074	479340	405069
#个人	1272704	1685078	2187791
办公楼	24965	98804	93726
商业营业用房	76683	119637	189548
其他	1932	37751	6169
3. 实际销售价格（元/平方米）	2487	2518	3115
住宅	2414	2393	2950
办公楼	3600	6287	5552
商业营业用房	4317	4141	5795

19－3　河北省房地产开发综合统计

指　　标	2002年	2003年	2004年
一、房地产企业			
1. 企业个数合计（个）	530	749	1653
# 一级企业	2	3	3
# 二级企业	57	50	64
# 三级企业	122	141	220
2. 资产负债（万元）			
资产总计	4284178	4315288	7761168
负债总计	3094237	2106676	5704234
所有者权益	1189941	528969	2056934
资产负债率(%)	72.2	79.9	73.5
二、本年完成投资额（万元）			
合计	1750411	2512674	3158980
1. 按构成分			
建筑安装工程	1228232	1808885	2323738
设备工器具购置	17841	33498	26796
其他费用	504338	670291	808446
#土地购置费	328529	382481	
2. 按用途分			
住宅	1054067	1642136	2235263
#别墅、高档公寓	20070	34416	
#经济适用房屋	323032	288197	361155
办公楼	58974	87301	78672
商业营业用房	258502	348012	360778
其他	378868	435225	484267
3. 商品房屋建设和土地开发			
#商品房建设投资	1260858	1838167	2329083
#土地开发投资	141173	193688	86014
商品房建设投资额比重(%)	72.0	73.2	73.7
4. 资金来源及构成			
本年资金来源小计	1796642	2631696	3414710
国家预算内资金	10460	7644	2375
国内贷款	313195	384960	438138
债券			
利用外资	5889	23715	14721
#外商直接投资	2772	23715	6100
自筹资金	643364	1131948	1519222
其他资金来源	823734	1083429	1440254
三、本年新增固定资产（万元）	1024605	1628829	1261891
四、土地开发及购置（平方米）			
本年完成开发土地面积	11997580	5595804	3359044
待开发土地面积	2310048	2665509	
本年购置土地面积	9861290	10403237	12642339

19－3 续表 1

指 标	2002年	2003年	2004年
五、商品房屋建筑面积（平方米）			
1. 施工房屋面积	21407707	29086817	32686529
住宅	17455898	23846886	27597609
#别墅、高档公寓	183661	362968	
#经济适用房屋	5541394	4965285	4488129
办公楼	617433	728199	850749
商业营业用房	2893683	3984174	3678237
其他	440693	527558	559934
2. 新开工房屋面积	9947542	15294936	16368194
住宅	8448950	13045366	13901351
#别墅、高档公寓	37575	87286	
#经济适用房屋	2511952	2549191	1896550
办公楼	246844	224975	288308
商业营业用房	1101077	1761970	1841762
其他	150671	262625	336773
3. 竣工房屋面积	8390388	12072712	8207034
住宅	6694817	10117502	7101446
#别墅、高档公寓	81205	157582	
#经济适用房屋	2702904	1681752	1373774
办公楼	245391	262210	128192
商业营业用房	1241251	1464251	807725
其他	208929	228749	169671
六、商品房屋销售			
1. 实际销售面积（平方米）	6588468	9394345	8648534
#外销（租）	104383	56541	
#个人	6010704	8724112	8024220
住宅	5648848	8380169	7878817
#别墅、高档公寓	38802	113537	
#经济适用房屋	2014490	1395932	1346517
#个人	5274140	7796200	7324341
办公楼	146193	110103	65936
商业营业用房	745316	822031	552367
其他	48111	82042	151414
2. 实际销售额（万元）	990574	1374568	1388455
#外销（租）	13862	6237	
#个人	896705	1284842	1314671
住宅	749483	1125134	1171163
#别墅、高档公寓	7465	25356	
#经济适用房屋	217631	156564	169587
#个人	695265	1050915	1109303
办公楼	19818	25191	16747
商业营业用房	213222	216733	182096
其他	8051	7510	18449
3. 实际销售价格（元/平方米）	1503	1463	1605
住宅	1327	1343	1486
办公楼	1356	2288	2540
商业营业用房	2861	2637	3297

19－4 山西省房地产开发投资综合统计

指 标	2002年	2003年	2004年
一、房地产企业			
1.企业个数合计（个）	621	711	1053
# 一级企业	2	2	2
# 二级企业	40	56	55
# 三级企业	172	170	222
2.资产负债（万元）			
资产总计	2400685	2885712	4157690
负债总计	1789373	1488872	2945051
所有者权益	611312	467419	1212639
资产负债率(%)	74.5	76.1	70.8
二、本年完成投资额（万元）			
合计	674331	950740	1257891
1.按构成分			
建筑安装工程	481551	709910	927090
设备工器具购置	10048	16357	22256
其他费用	182732	224473	308545
#土地购置费	124789	140670	
2.按用途分			
住宅	369041	473991	721492
#别墅、高档公寓	2203	2110	
#经济适用房屋	176681	160506	178253
办公楼	46104	53641	81391
商业营业用房	88518	211630	292859
其他	170668	211478	162149
3.商品房屋建设和土地开发			
#商品房建设投资	463376	659897	912048
#土地开发投资	69849	78202	122213
商品房建设投资额比重(%)	68.7	69.4	72.5
4.资金来源及构成			
本年资金来源小计	831788	1198252	1501765
国家预算内资金	1577	1250	620
国内贷款	214109	278140	203550
债券			
利用外资	2191	1000	6554
#外商直接投资	2191	1000	5055
自筹资金	292637	468939	615435
其他资金来源	321274	448923	675606
三、本年新增固定资产（万元）	566354	580179	675619
四、土地开发及购置（平方米）			
本年完成开发土地面积	2006569	1964436	2548368
待开发土地面积	1841301	1181529	
本年购置土地面积	3209665	3642975	4568186

19－4 续表 1

指　　标	2002年	2003年	2004年
五、商品房屋建筑面积（平方米）			
1. 施工房屋面积	9941975	12945950	16037222
住宅	7711309	9534026	11687138
#别墅、高档公寓	78974	41320	
#经济适用房屋	3824841	3152725	2811674
办公楼	640339	812984	937355
商业营业用房	1322496	2323049	3072492
其他	267831	275891	340237
2. 新开工房屋面积	4788764	6853265	7536887
住宅	3897158	5244111	5636382
#别墅、高档公寓	58704	38960	
#经济适用房屋	1952180	1577209	1235343
办公楼	174287	272544	393839
商业营业用房	622318	1201235	1364962
其他	95001	135375	141704
3. 竣工房屋面积	4470010	4825718	4771168
住宅	3538252	3701272	3947710
#别墅、高档公寓	20270	9370	
#经济适用房屋	1912172	1388572	977713
办公楼	335609	282752	173137
商业营业用房	513739	741483	575888
其他	82410	100211	74433
六、商品房屋销售			
1. 实际销售面积（平方米）	2990473	3595970	3991341
#外销（租）		12900	
#个人	2684124	3084151	3584295
住宅	2614277	2994270	3502355
#别墅、高档公寓	20579	7100	
#经济适用房屋	1342271	932823	880866
#个人	2438079	2727300	3233327
办公楼	87542	169364	65836
商业营业用房	273164	417701	385579
其他	15490	14635	37571
2. 实际销售额（万元）	429088	579177	719729
#外销（租）		2827	
#个人	378669	450024	617380
住宅	327539	378205	551246
#别墅、高档公寓	2995	1420	
#经济适用房屋	134905	90091	92209
#个人	306041	342817	499412
办公楼	26379	69183	25796
商业营业用房	73690	130930	139265
其他	1480	859	3422
3. 实际销售价格（元/平方米）	1435	1611	1803
住宅	1253	1263	1574
办公楼	3013	4085	3918
商业营业用房	2698	3135	3612

19－5　内蒙古自治区房地产开发投资综合统计

指　标	2002年	2003年	2004年
一、房地产企业			
1.企业个数合计（个）	604	687	958
# 一级企业	1	2	0
# 二级企业	15	33	49
# 三级企业	120	172	185
2.资产负债（万元）			
资产总计	1238328	1557572	2044004
负债总计	894843	650281	1382094
所有者权益	343485	235043	661910
资产负债率(%)	72.3	73.5	67.6
二、本年完成投资额（万元）			
合计	725322	907881	1113775
1.按构成分			
建筑安装工程	580718	699349	870764
设备工器具购置	5198	8970	13680
其他费用	139406	199562	229331
#土地购置费	105065	155644	
2.按用途分			
住宅	386601	514832	688362
#别墅、高档公寓	1107	8373	
#经济适用房屋	156777	75702	96761
办公楼	27298	55181	50520
商业营业用房	210924	258169	311122
其他	100499	79699	63771
3.商品房屋建设和土地开发			
#商品房建设投资	604372	738064	895205
#土地开发投资	35701	50567	44304
商品房建设投资额比重(%)	83.3	81.3	80.4
4.资金来源及构成			
本年资金来源小计	632345	839988	1049877
国家预算内资金		600	
国内贷款	89935	83040	72865
债券	270		
利用外资	1153	375	1500
#外商直接投资	1153	375	
自筹资金	317341	554774	783608
其他资金来源	223646	201199	191904
三、本年新增固定资产（万元）	611854	591803	674416
四、土地开发及购置（平方米）			
本年完成开发土地面积	1644930	2840110	4139423
待开发土地面积	606686	75959	
本年购置土地面积	2710947	5212968	7405698

19－5 续表 1

指　　标	2002年	2003年	2004年
五、商品房屋建筑面积（平方米）			
1. 施工房屋面积	10856929	11760178	14291998
住宅	7552469	8013219	9640146
#别墅、高档公寓	11465	66385	
#经济适用房屋	3131497	1018161	1469550
办公楼	387921	489413	548373
商业营业用房	2733273	2943706	3588572
其他	183266	313840	514907
2. 新开工房屋面积	6435682	7959143	9015990
住宅	4483207	5447264	6429258
#别墅、高档公寓	6217	65820	
#经济适用房屋	1598393	719122	975767
办公楼	281827	208209	274239
商业营业用房	1558320	2032626	2101955
其他	112328	271044	210538
3. 竣工房屋面积	5833813	6159137	6143769
住宅	4121135	4793795	4786476
#别墅、高档公寓	11465	565	
#经济适用房屋	1871001	545202	633302
办公楼	133975	123842	182031
商业营业用房	1495681	1170035	1096221
其他	83022	71465	79041
六、商品房屋销售			
1. 实际销售面积（平方米）	4221326	5479687	6539550
#外销（租）			
#个人	4144496	5362713	6276536
住宅	3474413	4339660	5309081
#别墅、高档公寓	16052	645	
#经济适用房屋	1474938	871398	882907
#个人	3448887	4321800	5198642
办公楼	49964	97211	93468
商业营业用房	673458	1000938	1089008
其他	23491	41878	47993
2. 实际销售额（万元）	530070	696144	915948
#外销（租）			
#个人	520028	684336	864919
住宅	361721	467570	650278
#别墅、高档公寓	3332	120	
#经济适用房屋	156599	87737	104752
#个人	358687	465897	636243
办公楼	6390	12660	14410
商业营业用房	158654	210565	243806
其他	3305	5349	7454
3. 实际销售价格（元/平方米）	1256	1270	1401
住宅	1041	1077	1225
办公楼	1279	1302	1542
商业营业用房	2356	2104	2239

19－6　辽宁省房地产开发投资综合统计

指　　标	2002年	2003年	2004年
一、房地产企业			
1. 企业个数合计（个）	1635	1800	2867
# 一级企业	25	24	32
# 二级企业	108	111	159
# 三级企业	1133	1116	1240
2. 资产负债（万元）			
资产总计	13633394	16167966	21678342
负债总计	10877703	8762497	17069465
所有者权益	2755691	2393613	4608877
资产负债率(%)	79.8	78.5	78.7
二、本年完成投资额（万元）			
合计	3883147	4863947	7011192
1. 按构成分			
建筑安装工程	2724912	3198149	4827201
设备工器具购置	79696	68635	78768
其他费用	1078539	1597163	2105223
#土地购置费	581343	1024229	
2. 按用途分			
住宅	2758906	3434716	4805953
#别墅、高档公寓	195132	151660	
#经济适用房屋	317602	234820	223165
办公楼	182161	131670	181866
商业营业用房	632742	866730	1198753
其他	309338	430831	824620
3. 商品房屋建设和土地开发			
#商品房建设投资	3139108	3797186	5321679
#土地开发投资	335289	513630	486156
商品房建设投资额比重(%)	80.8	78.1	75.9
4. 资金来源及构成			
本年资金来源小计	4180547	5582992	8047109
国家预算内资金	12800	3388	1500
国内贷款	800959	1332891	1275976
债券			
利用外资	63316	55561	84172
#外商直接投资	35020	46434	44057
自筹资金	1658685	2273464	3568048
其他资金来源	1644787	1917688	3117413
三、本年新增固定资产（万元）	2792170	3396614	3182128
四、土地开发及购置（平方米）			
本年完成开发土地面积	10432199	10628982	9967660
待开发土地面积	1684202	7218702	
本年购置土地面积	13847043	16686606	21388709

19－6 续表 1

指　标	2002年	2003年	2004年
五、商品房屋建筑面积（平方米）			
1.施工房屋面积	47541112	53141090	61231924
住宅	36991501	41478418	45470259
#别墅、高档公寓	2031530	1525516	
#经济适用房屋	4781921	3281987	2518078
办公楼	1948039	1689759	1576328
商业营业用房	7257454	7888708	9358046
其他	1344118	2084205	4827291
2.新开工房屋面积	24190374	26176322	29386109
住宅	19814062	21160487	22641767
#别墅、高档公寓	835198	194113	
#经济适用房屋	2984569	1834090	1270615
办公楼	434014	604916	490114
商业营业用房	3227525	3475389	4201880
其他	714773	935530	2052348
3.竣工房屋面积	19842947	21396962	20644433
住宅	16477489	17390284	17410204
#别墅、高档公寓	571860	241405	
#经济适用房屋	2253654	1630744	995501
办公楼	634760	580282	310295
商业营业用房	2310865	2639599	2254887
其他	419833	786797	669047
六、商品房屋销售			
1.实际销售面积（平方米）	12774633	14990788	17487770
#外销（租）	321472	1023	
#个人	12238814	14191009	17061378
住宅	11203614	13202908	15780987
#别墅、高档公寓	256781	147892	
#经济适用房屋	1333105	1104043	1032293
#个人	10857724	12755500	15592204
办公楼	206940	259593	144790
商业营业用房	1277333	1335753	1246740
其他	86746	192534	315253
2.实际销售额（万元）	2732993	3434521	4218102
#外销（租）	52003	619	
#个人	2593213	3192665	4113617
住宅	2231000	2813999	3654318
#别墅、高档公寓	108672	47711	
#经济适用房屋	199616	185315	208307
#个人	2153803	2723701	3620846
办公楼	83089	87307	47231
商业营业用房	398162	488483	441851
其他	20742	44732	74702
3.实际销售价格（元/平方米）	2139	2291	2412
住宅	1991	2131	2316
办公楼	4015	3363	3262
商业营业用房	3117	3657	3544

19－7　吉林省房地产开发投资综合统计

指　标	2002年	2003年	2004年
一、房地产企业			
1.企业个数合计（个）	418	457	807
# 一级企业	8	9	8
# 二级企业	27	24	47
# 三级企业	136	142	178
2.资产负债（万元）			
资产总计	2901107	3042905	5246135
负债总计	2300783	1427126	4028783
所有者权益	600324	397191	1217352
资产负债率(%)	79.3	78.2	76.8
二、本年完成投资额（万元）			
合计	1167724	1392394	1599314
1.按构成分			
建筑安装工程	953827	1056394	1191703
设备工器具购置	8810	15690	16862
其他费用	205087	320310	390749
#土地购置费	79155	188938	
2.按用途分			
住宅	798763	977740	1127218
#别墅、高档公寓	26058	3590	
#经济适用房屋	209773	143422	148646
办公楼	36066	60698	64259
商业营业用房	249163	291525	319339
其他	83732	62431	88498
3.商品房屋建设和土地开发			
#商品房建设投资	968806	1030104	1176718
#土地开发投资	103036	94520	60389
商品房建设投资额比重(%)	83.0	74.0	73.6
4.资金来源及构成			
本年资金来源小计	1193851	1366796	1539718
国家预算内资金	1182		1500
国内贷款	138316	171010	102310
债券	50		
利用外资	7337	1500	1200
#外商直接投资	4858	510	800
自筹资金	612454	790184	845901
其他资金来源	434512	404102	588807
三、本年新增固定资产（万元）	943180	967027	681921
四、土地开发及购置（平方米）			
本年完成开发土地面积	2726807	2411354	1708416
待开发土地面积	110523	69947	
本年购置土地面积	2432435	3562670	4859919

19－7 续表 1

指　标	2002年	2003年	2004年
五、商品房屋建筑面积（平方米）			
1.施工房屋面积	14638817	14377363	15451939
住宅	10965950	10807109	11579098
#别墅、高档公寓	511221	30900	
#经济适用房屋	2957798	1931773	1609196
办公楼	403507	582667	601249
商业营业用房	2845360	2608218	2768197
其他	424000	379369	503395
2.新开工房屋面积	10087551	9602758	10560515
住宅	7353935	7657772	8348953
#别墅、高档公寓	101655	20700	
#经济适用房屋	2070360	1331284	1097559
办公楼	318427	316374	254984
商业营业用房	2182475	1398445	1701238
其他	232714	230167	255340
3.竣工房屋面积	7558510	7109851	4845788
住宅	5935498	5383728	3716022
#别墅、高档公寓	142425	30900	
#经济适用房屋	1777186	1123908	751215
办公楼	211244	189393	161636
商业营业用房	1224620	1350399	830504
其他	187148	186331	137626
六、商品房屋销售			
1.实际销售面积（平方米）	5182828	5011405	4018787
#外销（租）	167135	103315	
#个人	5033671	4680365	3909752
住宅	4326747	4363248	3465933
#别墅、高档公寓	118630	2099	
#经济适用房屋	1126298	997971	794698
#个人	4237724	4156600	3413501
办公楼	83260	122582	93503
商业营业用房	724105	460298	398977
其他	48716	65277	60374
2.实际销售额（万元）	862852	788764	755534
#外销（租）	17855	13272	
#个人	831409	738571	733441
住宅	648388	631448	609468
#别墅、高档公寓	47250	722	
#经济适用房屋	148811	141211	118915
#个人	628474	607096	601947
办公楼	12801	28936	20831
商业营业用房	194212	111072	109741
其他	7451	17308	15494
3.实际销售价格（元/平方米）	1665	1574	1880
住宅	1499	1447	1758
办公楼	1537	2361	2228
商业营业用房	2682	2413	2751

19－8　黑龙江省房地产开发投资综合统计

指　　标	2002年	2003年	2004年
一、房地产企业			
1.企业个数合计（个）	606	776	1009
# 一级企业	10	11	15
# 二级企业	94	105	123
# 三级企业	415	503	603
2.资产负债（万元）			
资产总计	4714591	4973235	6703702
负债总计	3510424	2900599	4737458
所有者权益	1204167	742779	1966244
资产负债率(%)	74.5	79.6	70.7
二、本年完成投资额（万元）			
合计	1167724	1632806	2140702
1.按构成分			
建筑安装工程	953827	1140727	1539430
设备工器具购置	8810	30641	66980
其他费用	205087	461438	534292
#土地购置费	79155	265734	
2.按用途分			
住宅	798763	886210	1397332
#别墅、高档公寓	26058	2630	
#经济适用房屋	209773	259567	251740
办公楼	36066	63710	85409
商业营业用房	249163	351126	403541
其他	83732	331760	254420
3.商品房屋建设和土地开发			
#商品房建设投资	968806	1117147	1660292
#土地开发投资	103036	176485	160948
商品房建设投资额比重(%)	83.0	68.4	77.6
4.资金来源及构成			
本年资金来源小计	1193851	1607981	2120957
国家预算内资金	1182	350	2300
国内贷款	138316	260166	269497
债券	50		
利用外资	7337	4050	48816
#外商直接投资	4858	4050	48816
自筹资金	612454	870635	1106090
其他资金来源	434512	472780	694254
三、本年新增固定资产（万元）	943180	1067546	1351368
四、土地开发及购置（平方米）			
本年完成开发土地面积	2726807	4163647	4094095
待开发土地面积	110523	2024355	
本年购置土地面积	2432435	4943627	5441586

19－8 续表 1

指　　标	2002年	2003年	2004年
五、商品房屋建筑面积（平方米）			
1. 施工房屋面积	14638817	19000320	22601069
住宅	10965950	13111334	15998074
#别墅、高档公寓	511221	179581	
#经济适用房屋	2957798	3938712	3039424
办公楼	403507	792962	886718
商业营业用房	2845360	4154636	4826974
其他	424000	941388	889303
2. 新开工房屋面积	10087551	11104078	12429286
住宅	7353935	7612926	9846416
#别墅、高档公寓	101655	167850	
#经济适用房屋	2070360	2151120	1853867
办公楼	318427	229011	396416
商业营业用房	2182475	2620739	1736024
其他	232714	641402	450430
3. 竣工房屋面积	7558510	8834762	9428651
住宅	5935498	6590471	6992934
#别墅、高档公寓	142425	13431	
#经济适用房屋	1777186	1902039	1609682
办公楼	211244	257897	218125
商业营业用房	1224620	1573139	1934938
其他	187148	413255	282654
六、商品房屋销售			
1. 实际销售面积（平方米）	5182828	8146447	8571492
#外销（租）	167135		
#个人	5033671	7655193	7920077
住宅	4326747	6731129	6937786
#别墅、高档公寓	118630	22275	
#经济适用房屋	1126298	2338350	1678590
#个人	4237724	6549200	6710002
办公楼	83260	146593	155427
商业营业用房	724105	1154425	1239862
其他	48716	114300	238417
2. 实际销售额（万元）	862852	1465500	1662004
#外销（租）	17855		
#个人	831409	1352461	1460049
住宅	648388	1091465	1174228
#别墅、高档公寓	47250	8100	
#经济适用房屋	148811	337149	250361
#个人	628474	1060864	1116325
办公楼	12801	44346	52064
商业营业用房	194212	302190	371398
其他	7451	27499	64314
3. 实际销售价格（元/平方米）	1665	1799	1939
住宅	1499	1622	1693
办公楼	1537	3025	3350
商业营业用房	2682	2618	2995

19－9　上海市房地产开发投资综合统计

指　　标	2002年	2003年	2004年
一、房地产企业			
1.企业个数合计（个）	2588	2199	5000
# 一级企业	37	40	51
# 二级企业	207	221	220
# 三级企业	421	317	604
2.资产负债（万元）			
资产总计	58716754	70243992	121359898
负债总计	39160253	43091660	83451203
所有者权益	19556501	19698854	37908695
资产负债率(%)	66.7	68.6	68.8
二、本年完成投资额（万元）			
合计	7488920	9012427	11754647
1.按构成分			
建筑安装工程	4662301	5576117	7271257
设备工器具购置	100504	112883	173044
其他费用	2726115	3323427	4310346
#土地购置费	1398798	1733080	
2.按用途分			
住宅	5677598	6762825	9006660
#别墅、高档公寓	797348	1066623	
#经济适用房屋			
办公楼	335212	666736	832433
商业营业用房	624874	678172	789321
其他	851236	904694	1126233
3.商品房屋建设和土地开发			
#商品房建设投资	6567670	8248859	9542359
#土地开发投资	337335	424360	677679
商品房建设投资额比重(%)	87.7	91.5	81.2
4.资金来源及构成			
本年资金来源小计	10082280	12947692	16997866
国家预算内资金			
国内贷款	2275731	2827047	3586790
债券			
利用外资	324878	341438	282544
#外商直接投资	214735	171810	142140
自筹资金	2682756	3139075	4177964
其他资金来源	4798915	6640132	8950568
三、本年新增固定资产（万元）	5366865	8125554	8252269
四、土地开发及购置（平方米）			
本年完成开发土地面积	3393322	6055079	6727620
待开发土地面积	14289753	2059215	
本年购置土地面积	10103292	14690982	10387569

19—9 续表 1

指　　标	2002年	2003年	2004年
五、商品房屋建筑面积（平方米）			
1. 施工房屋面积	68569627	82675106	94816073
住宅	57272407	67820931	76313089
#别墅、高档公寓	6259105	8477326	
#经济适用房屋			0
办公楼	3118265	4178281	5206544
商业营业用房	4331910	5640375	7255926
其他	3847045	5035519	6040514
2. 新开工房屋面积	26127421	31345308	31961870
住宅	23099817	26131859	26688382
#别墅、高档公寓	3019501	3355427	
#经济适用房屋			0
办公楼	459116	860994	896141
商业营业用房	1368242	2483681	2503468
其他	1200246	1868774	1873879
3. 竣工房屋面积	19846827	24918375	34430213
住宅	17081128	21399853	30761947
#别墅、高档公寓	1728240	2573006	
#经济适用房屋			0
办公楼	548263	631542	730500
商业营业用房	1278324	1630066	1657267
其他	939112	1256914	1280499
六、商品房屋销售			
1. 实际销售面积（平方米）	19714703	23764001	33008197
#外销（租）	30562		
#个人	18672179	22881671	30719568
住宅	18463832	22244744	30595298
#别墅、高档公寓	1825467	2176603	
#经济适用房屋			0
#个人	17950327	21819100	29315068
办公楼	423532	451774	802099
商业营业用房	739337	780477	1148685
其他	88002	287006	462115
2. 实际销售额（万元）	8150324	12163398	19326299
#外销（租）	34818		
#个人	7547083	11507878	17913991
住宅	7398946	11098649	17626596
#别墅、高档公寓	1056477	1423347	
#经济适用房屋			0
#个人	7152341	10813276	16994806
办公楼	353365	438725	774407
商业营业用房	367308	504334	724633
其他	30705	121690	200662
3. 实际销售价格（元/平方米）	4134	5118	5855
住宅	4007	4989	5761
办公楼	8343	9711	9655
商业营业用房	4968	6462	6308

19－10　江苏省房地产开发投资综合统计

指　标	2002年	2003年	2004年
一、房地产企业			
1.企业个数合计（个）	2122	2580	4100
# 一级企业	36	39	38
# 二级企业	210	249	454
# 三级企业	1439	1735	2124
2.资产负债（万元）			
资产总计	15867314	24833778	44591906
负债总计	12789136	10600153	35103869
所有者权益	3078178	2709622	9488037
资产负债率(%)	80.6	79.6	78.7
二、本年完成投资额（万元）			
合计	5441317	8099636	12697793
1.按构成分			
建筑安装工程	3550038	5093240	8648740
设备工器具购置	76234	67256	108721
其他费用	1815045	2939140	3940332
#土地购置费	1255349	2206642	
2.按用途分			
住宅	3950913	5966854	9609373
#别墅、高档公寓	371636	622235	
#经济适用房屋	325427	407726	504834
办公楼	257963	275428	441332
商业营业用房	709553	1092992	1739884
其他	522888	764362	907204
3.商品房屋建设和土地开发			
#商品房建设投资	4009594	5985138	9412708
#土地开发投资	663010	883699	1097225
商品房建设投资额比重(%)	73.7	73.9	74.1
4.资金来源及构成			
本年资金来源小计	6309619	9604457	15207378
国家预算内资金			
国内贷款	1584325	2565988	2981073
债券			
利用外资	89817	74815	157849
#外商直接投资	86289	62230	94291
自筹资金	1769532	2585426	4510345
其他资金来源	2865945	4378228	7558111
三、本年新增固定资产（万元）	3521864	4247113	6173625
四、土地开发及购置（平方米）			
本年完成开发土地面积	16116186	16002825	20324835
待开发土地面积	13441071	20601874	
本年购置土地面积	22397482	32192557	41271810

19—10 续表 1

指 标	2002年	2003年	2004年
五、商品房屋建筑面积（平方米）			
1. 施工房屋面积	61157657	89247443	123161751
住宅	49801122	72785533	99454916
#别墅、高档公寓	2873606	5511339	
#经济适用房屋	4421529	5699452	5446631
办公楼	2526382	2980482	3816849
商业营业用房	6515256	9749268	14886333
其他	2314897	3732160	5003653
2. 新开工房屋面积	36019475	51433090	65076326
住宅	29972970	42963204	52875678
#别墅、高档公寓	1387822	2766601	
#经济适用房屋	3023645	3771255	3142663
办公楼	993692	1089343	1699734
商业营业用房	3740668	5367951	8353206
其他	1312145	2012592	2147708
3. 竣工房屋面积	26966905	31202334	39063255
住宅	22630890	26206900	32170853
#别墅、高档公寓	1299177	1705448	
#经济适用房屋	2397515	2928994	2990451
办公楼	630602	733905	634169
商业营业用房	2793273	3133725	4579813
其他	912140	1127804	1678420
六、商品房屋销售			
1. 实际销售面积（平方米）	23218531	27215735	31789124
#外销（租）	27631	62153	
#个人	22324634	26443506	30939843
住宅	20744676	23643161	27594058
#别墅、高档公寓	1238436	1216838	
#经济适用房屋	1969901	1956853	2564207
#个人	20301829	23422100	27009983
办公楼	371887	607812	525113
商业营业用房	1789402	2596409	3119513
其他	312566	368353	550440
2. 实际销售额（万元）	4469966	5979054	8428602
#外销（租）	6358	6317	
#个人	4257006	5736251	8037618
住宅	3745486	4768819	6671818
#别墅、高档公寓	328698	394291	
#经济适用房屋	235083	281564	385776
#个人	3672456	4724578	6417413
办公楼	131898	251402	272780
商业营业用房	548402	905491	1407596
其他	44180	53342	76408
3. 实际销售价格（元/平方米）	1925	2197	2651
住宅	1806	2017	2418
办公楼	3547	4136	5195
商业营业用房	3065	3487	4512

19－11　浙江省房地产开发投资综合统计

指　　标	2002年	2003年	2004年
一、房地产企业			
1.企业个数合计（个）	2044	2301	3685
# 一级企业	26	27	36
# 二级企业	190	178	265
# 三级企业	817	999	1435
2.资产负债（万元）			
资产总计	22565459	32362708	53183606
负债总计	18653813	13489685	43767229
所有者权益	3911646	2935131	9416378
资产负债率(%)	82.7	82.1	82.3
二、本年完成投资额（万元）			
合计	7287980	9800514	12952409
1.按构成分			
建筑安装工程	4217970	5576285	7797295
设备工器具购置	74901	72256	102767
其他费用	2995109	4151973	5052347
#土地购置费	2521158	3389979	
2.按用途分			
住宅	5470212	7158355	9780058
#别墅、高档公寓	429636	600408	
#经济适用房屋	235738	367706	439043
办公楼	321825	481362	600824
商业营业用房	1015394	1454305	1681506
其他	480549	706492	890021
3.商品房屋建设和土地开发			
#商品房建设投资	5070475	6190556	8176698
#土地开发投资	451913	404286	415645
商品房建设投资额比重(%)	69.6	63.2	63.1
4.资金来源及构成			
本年资金来源小计	10416449	13841274	18139268
国家预算内资金	800	200	177
国内贷款	2986153	3941332	3889597
债券	520	850	
利用外资	29296	45555	68349
#外商直接投资	26975	45555	63386
自筹资金	1794516	2534602	3557825
其他资金来源	5605164	7318735	10623320
三、本年新增固定资产（万元）	4192006	5550752	5413159
四、土地开发及购置（平方米）			
本年完成开发土地面积	16967367	17909338	15838489
待开发土地面积	16243832	15093335	
本年购置土地面积	36395902	34079357	23393744

19－11 续表 1

指 标	2002年	2003年	2004年
五、商品房屋建筑面积（平方米）			
1. 施工房屋面积	81902690	108047647	138589497
住宅	63909463	84408868	107127948
#别墅、高档公寓	4024013	5129394	
#经济适用房屋	3584490	5024120	6077554
办公楼	3435962	4374222	6159606
商业营业用房	9480101	12365454	15522439
其他	5077164	6899103	9779504
2. 新开工房屋面积	37388160	49887015	54873659
住宅	29825847	39817136	42710610
#别墅、高档公寓	1763068	2495247	
#经济适用房屋	1722593	2443037	2351140
办公楼	1075947	1607894	2208760
商业营业用房	4398955	5344463	6102601
其他	2087411	3117522	3851688
3. 竣工房屋面积	26605980	32148543	31953450
住宅	21161633	25717176	25333619
#别墅、高档公寓	896734	1177714	
#经济适用房屋	1525144	1496024	1822237
办公楼	948767	1016869	989754
商业营业用房	3070825	3766372	3953119
其他	1424755	1648126	1676958
六、商品房屋销售			
1. 实际销售面积（平方米）	22192981	27818419	27942504
#外销（租）	12786		
#个人	21433098	26795364	26163696
住宅	18739711	23567831	23697250
#别墅、高档公寓	807587	927393	
#经济适用房屋	1090687	1009663	1434563
#个人	18427330	23092400	22421626
办公楼	704341	619359	819648
商业营业用房	2046011	2727929	2567642
其他	702918	903300	857964
2. 实际销售额（万元）	5297841	7613003	8685073
#外销（租）	2216		
#个人	5048733	7310976	8191993
住宅	3987251	5776372	6601289
#别墅、高档公寓	269630	396532	
#经济适用房屋	173854	214342	365459
#个人	3910209	5710794	6355302
办公楼	276712	218300	444456
商业营业用房	909558	1415911	1439202
其他	124320	202420	200126
3. 实际销售价格（元/平方米）	2387	2737	3108
住宅	2128	2451	2786
办公楼	3929	3525	5423
商业营业用房	4446	5190	5605

19－12　安徽省房地产开发投资综合统计

指　　标	2002年	2003年	2004年
一、房地产企业			
1.企业个数合计（个）	1220	1388	2013
# 一级企业	15	21	17
# 二级企业	86	118	149
# 三级企业	436	483	641
2.资产负债（万元）			
资产总计	4532850	5877267	10062523
负债总计	3347193	1943529	7034484
所有者权益	1185657	988280	3028039
资产负债率(%)	73.8	66.3	69.9
二、本年完成投资额（万元）			
合计	1464887	2406505	3502733
1.按构成分			
建筑安装工程	1042480	1586469	2301945
设备工器具购置	11216	31667	31305
其他费用	411191	788369	1169483
#土地购置费	309344	558485	
2.按用途分			
住宅	892229	1656236	2422492
#别墅、高档公寓	34417	79178	
#经济适用房屋	139563	161681	118657
办公楼	47439	78679	103166
商业营业用房	222294	439252	559787
其他	302925	232338	417288
3.商品房屋建设和土地开发			
#商品房建设投资	1091130	1661424	2343938
#土地开发投资	113852	261088	399394
商品房建设投资额比重(%)	74.5	69.0	66.9
4.资金来源及构成			
本年资金来源小计	1745708	3002227	4137613
国家预算内资金	1795	4472	
国内贷款	286522	568264	623491
债券			1100
利用外资	10164	15038	31623
#外商直接投资	9811	15038	31623
自筹资金	616753	985305	1676941
其他资金来源	830474	1429148	1804458
三、本年新增固定资产（万元）	954570	1286258	1850203
四、土地开发及购置（平方米）			
本年完成开发土地面积	6704836	7765190	7688266
待开发土地面积	5973266	8275545	
本年购置土地面积	11827342	16073808	21737219

19－12 续表 1

指 标	2002年	2003年	2004年
五、商品房屋建筑面积（平方米）			
1. 施工房屋面积	24035249	31400974	43623311
住宅	18527221	24010627	34275969
#别墅、高档公寓	622518	862088	
#经济适用房屋	3277505	2269154	2535405
办公楼	969784	1140569	1312885
商业营业用房	3875033	5425581	6761223
其他	663211	824197	1273234
2. 新开工房屋面积	12406507	16555632	21914925
住宅	9496571	12983209	17878330
#别墅、高档公寓	422978	416533	
#经济适用房屋	1593885	1017711	1564478
办公楼	414089	405946	325512
商业营业用房	2075155	2719352	3005598
其他	420692	447125	705485
3. 竣工房屋面积	10624754	13262104	16850020
住宅	8514700	10398744	13040899
#别墅、高档公寓	211803	272125	
#经济适用房屋	1664101	1365344	1020308
办公楼	275445	361712	576039
商业营业用房	1597656	2149560	2865921
其他	236953	352088	367161
六、商品房屋销售			
1. 实际销售面积（平方米）	7948154	10932684	14292383
#外销（租）		2200	
#个人	7580461	10390652	13499383
住宅	6819034	9063492	11796622
#别墅、高档公寓	242948	286359	
#经济适用房屋	1353397	1299822	920381
#个人	6609424	8844300	11391840
办公楼	167646	228282	360977
商业营业用房	824140	1484730	2028165
其他	137334	156180	106619
2. 实际销售额（万元）	1025047	1654143	2547107
#外销（租）		180	
#个人	979669	1564204	2364804
住宅	798512	1219565	1853336
#别墅、高档公寓	42804	55604	
#经济适用房屋	132642	147451	124175
#个人	779365	1193976	1773276
办公楼	24508	50499	111809
商业营业用房	179030	364449	568439
其他	22997	19630	13523
3. 实际销售价格（元/平方米）	1290	1513	1782
住宅	1171	1346	1571
办公楼	1462	2212	3097
商业营业用房	2172	2455	2803

19－13　福建省房地产开发投资综合统计

指　　标	2002年	2003年	2004年
一、房地产企业			
1. 企业个数合计（个）	1774	1900	2693
# 一级企业	13	16	17
# 二级企业	41	50	78
# 三级企业	642	629	640
2. 资产负债（万元）			
资产总计	12210638	15725909	20976402
负债总计	8705598	8456748	14752979
所有者权益	3505040	3344307	6223423
资产负债率(%)	71.3	71.7	70.3
二、本年完成投资额（万元）			
合计	2489869	3620657	4777941
1. 按构成分			
建筑安装工程	1829129	2590441	3369267
设备工器具购置	23997	26659	26028
其他费用	636743	1003557	1382646
#土地购置费	417205	707419	
2. 按用途分			
住宅	1607802	2376658	3084475
#别墅、高档公寓	112741	118573	
#经济适用房屋	67733	68852	73714
办公楼	99895	106394	91476
商业营业用房	298477	382660	439281
其他	483695	754945	1162709
3. 商品房屋建设和土地开发			
#商品房建设投资	1769429	2752228	3306080
#土地开发投资	167205	332255	212003
商品房建设投资额比重(%)	71.1	76.0	69.2
4. 资金来源及构成			
本年资金来源小计	3709014	5131384	6774411
国家预算内资金	5154	18491	19026
国内贷款	744547	986461	1001313
债券	60	1000	
利用外资	183219	121847	155106
#外商直接投资	165316	119243	138931
自筹资金	730457	1252934	1963369
其他资金来源	2045577	2750651	3635597
三、本年新增固定资产（万元）	1954717	2090111	2211868
四、土地开发及购置（平方米）			
本年完成开发土地面积	7364468	10198092	6323649
待开发土地面积	9322503	6696739	
本年购置土地面积	13643078	15193654	14191380

19－13 续表 1

指　　标	2002年	2003年	2004年
五、商品房屋建筑面积（平方米）			
1. 施工房屋面积	41146439	48910382	57956915
住宅	30799835	37910000	45669172
#别墅、高档公寓	1895776	1794108	
#经济适用房屋	1521563	1299753	1763112
办公楼	2456797	2026368	1758442
商业营业用房	5643023	5618698	6703525
其他	2246784	3355316	3825776
2. 新开工房屋面积	16012554	19030034	19116272
住宅	12860509	15713929	15295647
#别墅、高档公寓	811423	516541	
#经济适用房屋	474182	768537	872480
办公楼	476132	220921	189484
商业营业用房	1896787	1941899	2461220
其他	779126	1153285	1169921
3. 竣工房屋面积	13234937	13629517	15239066
住宅	10113345	10742900	12605536
#别墅、高档公寓	329502	450602	
#经济适用房屋	911382	431815	551480
办公楼	465347	459775	299327
商业营业用房	2075356	1423690	1544290
其他	580889	1003152	789913
六、商品房屋销售			
1. 实际销售面积（平方米）	10470513	12501032	13848290
#外销（租）	21593	89222	
#个人	9646880	11696095	13135176
住宅	8829169	10837936	12246093
#别墅、高档公寓	299057	663697	
#经济适用房屋	880944	398017	743403
#个人	8330846	10384200	11771242
办公楼	311928	346375	218761
商业营业用房	1144060	1048611	1003910
其他	185356	268110	379526
2. 实际销售额（万元）	2252829	2871627	3544719
#外销（租）	3135	24961	
#个人	2070687	2655116	3349553
住宅	1539548	2224564	2812572
#别墅、高档公寓	85447	221909	
#经济适用房屋	110697	55067	92605
#个人	1459559	2122534	2705803
办公楼	83398	100421	67242
商业营业用房	601599	505790	579936
其他	28284	40852	84969
3. 实际销售价格（元/平方米）	2152	2297	2560
住宅	1744	2053	2297
办公楼	2674	2899	3074
商业营业用房	5258	4823	5777

19－14 江西省房地产开发投资综合统计

指 标	2002年	2003年	2004年
一、房地产企业			
1.企业个数合计（个）	814	1217	1756
# 一级企业	1	6	3
# 二级企业	80	104	152
# 三级企业	244	447	583
2.资产负债（万元）			
资产总计	1966611	2595427	6590995
负债总计	1295682	1059473	4530181
所有者权益	670929	450229	2060814
资产负债率(%)	65.9	70.2	68.7
二、本年完成投资额（万元）			
合计	1036441	1774707	2428351
1.按构成分			
建筑安装工程	663371	1264785	1739774
设备工器具购置	7678	16837	20230
其他费用	365392	493085	668347
#土地购置费	259734	385814	
2.按用途分			
住宅	542829	1085084	1519366
#别墅、高档公寓	11734	36311	
#经济适用房屋	97724	134782	123784
办公楼	25178	25820	60061
商业营业用房	166492	316210	407609
其他	301942	347593	441315
3.商品房屋建设和土地开发			
#商品房建设投资	653110	1202183	1739278
#土地开发投资	187749	209005	132515
商品房建设投资额比重(%)	63.0	67.7	71.6
4.资金来源及构成			
本年资金来源小计	1151529	1841081	2586804
国家预算内资金	4805		233
国内贷款	227576	339321	355497
债券			400
利用外资	59687	65347	81058
#外商直接投资	58736	61059	66674
自筹资金	437115	753751	1127570
其他资金来源	422346	682662	1022046
三、本年新增固定资产（万元）	527661	1005207	1040865
四、土地开发及购置（平方米）			
本年完成开发土地面积	7216597	7721586	7839014
待开发土地面积	5809381	4320262	
本年购置土地面积	11639550	15044259	16297746

19－14 续表 1

指　　标	2002年	2003年	2004年
五、商品房屋建筑面积（平方米）			
1. 施工房屋面积	16787381	25779467	33251961
住宅	12885384	19887398	24929707
#别墅、高档公寓	486710	365044	
#经济适用房屋	2828757	2995112	2396228
办公楼	407881	394112	635996
商业营业用房	2995239	4700270	6381835
其他	498877	797687	1304423
2. 新开工房屋面积	9353900	14841658	16984709
住宅	7340511	11282165	12630670
#别墅、高档公寓	138999	198496	
#经济适用房屋	1715160	1665043	938207
办公楼	177305	124574	239793
商业营业用房	1586813	2872373	3396085
其他	249271	562546	718161
3. 竣工房屋面积	6882103	10554546	11557208
住宅	5232175	7944380	9081185
#别墅、高档公寓	121506	166670	
#经济适用房屋	1409907	1190640	852776
办公楼	139366	88352	158581
商业营业用房	1244591	2306308	1936907
其他	265971	215506	380535
六、商品房屋销售			
1. 实际销售面积（平方米）	5620932	8658299	11688704
#外销（租）	207388	155	
#个人	5445076	8328824	11435475
住宅	4668139	6935256	9869235
#别墅、高档公寓	92238	72813	
#经济适用房屋	1288861	990599	741980
#个人	4555376	6833700	9738449
办公楼	67524	60890	88232
商业营业用房	799225	1555190	1538083
其他	86044	106963	193154
2. 实际销售额（万元）	596687	1047243	1352025
#外销（租）	17922	135	
#个人	580534	948183	1315827
住宅	423486	668583	998018
#别墅、高档公寓	15294	10332	
#经济适用房屋	87117	66114	53809
#个人	415480	649916	982976
办公楼	9061	12351	6617
商业营业用房	156698	350696	332375
其他	7442	15613	15015
3. 实际销售价格（元/平方米）	1062	1210	1157
住宅	907	964	1011
办公楼	1342	2028	750
商业营业用房	1961	2255	2161

19－15　山东省房地产开发投资综合统计

指　　标	2002年	2003年	2004年
一、房地产企业			
1.企业个数合计（个）	1759	2152	3201
#一级企业	20	21	28
#二级企业	69	90	133
#三级企业	389	510	707
2.资产负债（万元）			
资产总计	11321320	14807523	22986422
负债总计	8840288	6791423	17241041
所有者权益	2481032	1959848	5745382
资产负债率(%)	78.1	77.6	75.0
二、本年完成投资额（万元）			
合计	3911649	5818758	7647864
1.按构成分			
建筑安装工程	2856167	4124338	5423686
设备工器具购置	44522	38647	133999
其他费用	1010960	1655773	2090179
#土地购置费	732396	1054525	
2.按用途分			
住宅	2761831	4088581	5499000
#别墅、高档公寓	114907	191406	
#经济适用房屋	315493	311485	468083
办公楼	158485	186966	205920
商业营业用房	474953	765754	1076599
其他	516380	777457	866345
3.商品房屋建设和土地开发			
#商品房建设投资	2992877	4358712	5270460
#土地开发投资	266882	552406	312294
商品房建设投资额比重(%)	76.5	74.9	68.9
4.资金来源及构成			
本年资金来源小计	4487390	6792940	8560042
国家预算内资金			11499
国内贷款	919826	1355450	1478357
债券			
利用外资	41010	70733	71700
#外商直接投资	40110	67774	54459
自筹资金	1555080	2464375	3455281
其他资金来源	1971474	2902382	3543205
三、本年新增固定资产（万元）	2501460	3336734	3340875
四、土地开发及购置（平方米）			
本年完成开发土地面积	14175879	20104829	15691102
待开发土地面积	6135367	15820985	
本年购置土地面积	23855984	36619451	35037617

19－15 续表 1

指　　标	2002年	2003年	2004年
五、商品房屋建筑面积（平方米）			
1. 施工房屋面积	52473170	72468053	82839217
住宅	42094317	59141527	66681943
#别墅、高档公寓	1193241	2274700	
#经济适用房屋	5955581	6150252	6169937
办公楼	1926423	2034721	2261872
商业营业用房	7096436	9536826	11275593
其他	1355994	1754979	2619809
2. 新开工房屋面积	28044654	40399282	40174463
住宅	23191178	33821725	33000963
#别墅、高档公寓	487967	1022894	
#经济适用房屋	2974283	3687510	3229454
办公楼	615447	598683	642029
商业营业用房	3559866	5031078	5291986
其他	678163	947796	1239485
3. 竣工房屋面积	21896483	26887875	23968896
住宅	17809358	22695531	19447902
#别墅、高档公寓	472828	642388	
#经济适用房屋	3136142	2744012	1645692
办公楼	456542	615100	474268
商业营业用房	3102060	3027086	3174474
其他	528523	550158	872252
六、商品房屋销售			
1. 实际销售面积（平方米）	16958362	22515242	25251697
#外销（租）	106560	23673	
#个人	15273729	20763236	24027081
住宅	14822344	20050334	22072822
#别墅、高档公寓	392089	647501	
#经济适用房屋	2464231	2157822	2021223
#个人	13691454	18707800	21361122
办公楼	245509	249285	414189
商业营业用房	1614299	2008372	2499326
其他	276210	207251	265360
2. 实际销售额（万元）	2721410	3823732	5164698
#外销（租）	13044	4230	
#个人	2454765	3555447	4855774
住宅	2275344	3255188	4162655
#别墅、高档公寓	164492	223280	
#经济适用房屋	310715	230872	242003
#个人	2130856	3073395	4077100
办公楼	81184	53586	211235
商业营业用房	339002	490657	751943
其他	25880	24301	38865
3. 实际销售价格（元/平方米）	1605	1698	2045
住宅	1535	1624	1886
办公楼	3307	2150	5100
商业营业用房	2100	2443	3009

19－16　河南省房地产开发投资综合统计

指　　标	2002年	2003年	2004年
一、房地产企业			
1.企业个数合计（个）	1107	1430	2047
# 一级企业	10	10	14
# 二级企业	88	104	125
# 三级企业	499	509	590
2.资产负债（万元）			
资产总计	4595641	5510446	8276947
负债总计	3481164	2296310	5938250
所有者权益	1114477	755484	2338698
资产负债率(%)	75.7	75.2	71.7
二、本年完成投资额（万元）			
合计	1383602	1855555	2588214
1.按构成分			
建筑安装工程	1005790	1305490	1704830
设备工器具购置	14154	16117	19172
其他费用	363658	533948	864212
#土地购置费	269335	385511	
2.按用途分			
住宅	1013116	1350953	1750223
#别墅、高档公寓	74451	52682	
#经济适用房屋	168337	215342	206910
办公楼	25081	52989	59299
商业营业用房	163175	235413	424303
其他	182230	216200	354389
3.商品房屋建设和土地开发			
#商品房建设投资	1036618	1425323	1977000
#土地开发投资	91944	180624	221118
商品房建设投资额比重(%)	74.9	76.8	76.4
4.资金来源及构成			
本年资金来源小计	1581108	2155250	3215054
国家预算内资金		60	1718
国内贷款	358322	397800	394970
债券			
利用外资	2638	10841	41717
#外商直接投资	2248	8941	37967
自筹资金	522240	764412	1309099
其他资金来源	697908	982137	1467550
三、本年新增固定资产（万元）	854428	1088263	1363634
四、土地开发及购置（平方米）			
本年完成开发土地面积	4247820	5537116	5895537
待开发土地面积	4551614	3630703	
本年购置土地面积	7592160	10817866	15172412

19－16 续表 1

指　　标	2002年	2003年	2004年
五、商品房屋建筑面积（平方米）			
1. 施工房屋面积	24840133	32102602	39406352
住宅	20883806	27412168	33044980
#别墅、高档公寓	869461	541054	
#经济适用房屋	4343895	4116121	3786762
办公楼	897819	883557	1034081
商业营业用房	2542194	3368512	4573142
其他	516314	438365	754149
2. 新开工房屋面积	11557120	14864727	18792324
住宅	9960788	12845394	15653714
#别墅、高档公寓	408038	219490	
#经济适用房屋	1770397	1928074	1511064
办公楼	215574	359752	497148
商业营业用房	1111979	1473874	2319594
其他	268779	185707	321868
3. 竣工房屋面积	8923164	10055211	11353160
住宅	7876118	8876435	9676037
#别墅、高档公寓	412069	167297	
#经济适用房屋	2068943	1649737	1520971
办公楼	208255	188935	186804
商业营业用房	647897	812419	1329534
其他	190894	177422	160785
六、商品房屋销售			
1. 实际销售面积（平方米）	6399398	8627149	10435078
#外销（租）	24507		
#个人	6057467	7977706	9989171
住宅	5847425	7957767	9381978
#别墅、高档公寓	285708	144028	
#经济适用房屋	1455652	1683891	1557512
#个人	5639304	7481000	9049746
办公楼	55148	96252	81700
商业营业用房	410225	518458	912262
其他	86600	54672	59138
2. 实际销售额（万元）	882902	1197375	1641333
#外销（租）	4259		
#个人	839816	1124994	1541312
住宅	755043	1025863	1354109
#别墅、高档公寓	69998	18376	
#经济适用房屋	136361	153219	161562
#个人	736190	987487	1289121
办公楼	14184	20033	20118
商业营业用房	104332	142892	260611
其他	9343	8587	6495
3. 实际销售价格（元/平方米）	1380	1388	1573
住宅	1291	1289	1443
办公楼	2572	2081	2462
商业营业用房	2543	2756	2857

19－17　湖北省房地产开发投资综合统计

指　　标	2002年	2003年	2004年
一、房地产企业			
1.企业个数合计（个）	1077	1309	1917
# 一级企业	14	13	12
# 二级企业	155	171	240
# 三级企业	417	472	662
2.资产负债（万元）			
资产总计	5779065	8230872	13713617
负债总计	3907082	3590781	9463411
所有者权益	1871983	1413185	4250206
资产负债率(%)	67.6	71.8	69.0
二、本年完成投资额（万元）			
合计	1786402	2390412	3372808
1.按构成分			
建筑安装工程	1275368	1668500	2275308
设备工器具购置	30011	32463	37915
其他费用	481023	689449	1059585
#土地购置费	288774	404811	
2.按用途分			
住宅	1324781	1719094	2282551
#别墅、高档公寓	128368	87411	
#经济适用房屋	242933	226013	129789
办公楼	69205	81061	77635
商业营业用房	136947	176634	374470
其他	255469	413623	638152
3.商品房屋建设和土地开发			
#商品房建设投资	1291645	1590231	2301346
#土地开发投资	170798	359309	251711
商品房建设投资额比重(%)	72.3	66.5	68.2
4.资金来源及构成			
本年资金来源小计	2648255	3080076	4464587
国家预算内资金	31847	41782	41216
国内贷款	318764	673144	858527
债券			
利用外资	10592	18406	14821
#外商直接投资	9726	12114	13402
自筹资金	749850	995289	1563924
其他资金来源	1537202	1351455	1986099
三、本年新增固定资产（万元）	1441640	1610839	1939660
四、土地开发及购置（平方米）			
本年完成开发土地面积	8618707	7747275	8022636
待开发土地面积	10597670	12718194	
本年购置土地面积	17099823	15364377	15893031

19－17 续表 1

指　　标	2002年	2003年	2004年
五、商品房屋建筑面积（平方米）			
1. 施工房屋面积	25511438	32521582	40552188
住宅	21415058	27306958	33541909
#别墅、高档公寓	1567599	1133361	
#经济适用房屋	4107250	3342017	2468157
办公楼	964152	1252158	1181069
商业营业用房	2081033	2614392	4194432
其他	1051195	1348074	1634778
2. 新开工房屋面积	12070626	15423442	20268952
住宅	10752239	13400159	17037736
#别墅、高档公寓	1037343	347487	
#经济适用房屋	2150951	2100677	1527121
办公楼	237142	328642	481930
商业营业用房	702577	1101380	1824766
其他	378668	593261	924520
3. 竣工房屋面积	10724481	13325135	15323905
住宅	9157677	11787338	13297992
#别墅、高档公寓	639313	615034	
#经济适用房屋	2472928	2059619	1203406
办公楼	280702	320246	313893
商业营业用房	770669	828422	1360663
其他	515433	389129	351357
六、商品房屋销售			
1. 实际销售面积（平方米）	8056939	10734754	13429177
#外销（租）	46095	149193	
#个人	7017527	9644417	12487827
住宅	7246467	10150363	12453788
#别墅、高档公寓	417209	421506	
#经济适用房屋	1855414	1867190	734704
#个人	6534637	9296300	11806450
办公楼	159642	164520	199396
商业营业用房	609257	323604	588946
其他	41573	96267	187047
2. 实际销售额（万元）	1173101	1616159	2244914
#外销（租）	6884	20985	
#个人	1010657	1472742	2040051
住宅	1020504	1473462	1991522
#别墅、高档公寓	95298	107709	
#经济适用房屋	188703	218770	84494
#个人	914816	1374113	1855722
办公楼	29488	40734	63261
商业营业用房	115681	89290	158283
其他	7428	12673	31848
3. 实际销售价格（元/平方米）	1456	1506	1672
住宅	1408	1452	1599
办公楼	1847	2476	3173
商业营业用房	1899	2759	2688

19－18　湖南省房地产开发综合统计

指　　标	2002年	2003年	2004年
一、房地产企业			
1.企业个数合计（个）	942	1157	2112
# 一级企业	7	6	11
# 二级企业	100	96	121
# 三级企业	545	638	1211
2.资产负债（万元）			
资产总计	4189573	6751863	11590953
负债总计	2710080	2049339	7817115
所有者权益	1479493	983704	3773837
资产负债率(%)	64.7	67.6	67.4
二、本年完成投资额（万元）			
合计	1509229	2300324	3348655
1.按构成分			
建筑安装工程	1009772	1580238	2340898
设备工器具购置	18447	33185	49528
其他费用	481010	686901	958229
#土地购置费	277033	396649	
2.按用途分			
住宅	797985	1457959	2070314
#别墅、高档公寓	95448	173471	
#经济适用房屋	255830	480846	308452
办公楼	61185	73970	102742
商业营业用房	216610	479640	632844
其他	433449	288755	542755
3.商品房屋建设和土地开发			
#商品房建设投资	934743	1377433	1581802
#土地开发投资	226807	300718	396298
商品房建设投资额比重(%)	61.9	59.9	47.2
4.资金来源及构成			
本年资金来源小计	1585191	2537745	3706899
国家预算内资金	31851	13620	17320
国内贷款	340201	561418	654181
债券	5787	119	200
利用外资	28526	66913	79835
#外商直接投资	25706	60310	63367
自筹资金	556220	971465	1618523
其他资金来源	622606	924210	1336840
三、本年新增固定资产（万元）	918169	1392836	1791439
四、土地开发及购置（平方米）			
本年完成开发土地面积	7281997	9807749	9455506
待开发土地面积	8960824	10660016	
本年购置土地面积	10181992	15505924	15652694

19－18 续表 1

指　标	2002年	2003年	2004年
五、商品房屋建筑面积（平方米）			
1. 施工房屋面积	20843886	31188733	40717876
住宅	15565909	23325553	29994766
#别墅、高档公寓	1510550	1947549	
#经济适用房屋	5572671	6917433	4216407
办公楼	900640	982704	1191489
商业营业用房	3451151	5462939	8041534
其他	926186	1417537	1490087
2. 新开工房屋面积	9935347	14767518	18971418
住宅	7748296	11104480	14067155
#别墅、高档公寓	749942	797000	
#经济适用房屋	2452674	3548374	1909304
办公楼	240609	450895	274078
商业营业用房	1590064	2591865	3995770
其他	356378	620278	634415
3. 竣工房屋面积	8077986	11423020	14591132
住宅	6477740	8764214	11730396
#别墅、高档公寓	650253	691981	
#经济适用房屋	2888659	3384682	2521634
办公楼	283808	198866	303098
商业营业用房	1043105	2014559	2099719
其他	273333	445381	457919
六、商品房屋销售			
1. 实际销售面积（平方米）	6022932	8484713	11887942
#外销（租）	36709	136024	
#个人	5729619	7826142	11040277
住宅	5181759	7252769	10303510
#别墅、高档公寓	427199	657980	
#经济适用房屋	2164524	2349507	2473443
#个人	4991976	6755700	9661607
办公楼	137863	118355	218844
商业营业用房	670275	1008570	1222999
其他	33035	105019	142589
2. 实际销售额（万元）	798501	1198667	1795722
#外销（租）	2849	12243	
#个人	770778	1090421	1657782
住宅	595908	861836	1286178
#别墅、高档公寓	92044	128950	
#经济适用房屋	199849	205285	266863
#个人	587641	804833	1198411
办公楼	23280	23853	60874
商业营业用房	174591	303181	428849
其他	4722	9797	19821
3. 实际销售价格（元/平方米）	1326	1413	1511
住宅	1150	1188	1248
办公楼	1689	2015	2782
商业营业用房	2605	3006	3507

19－19　广东省房地产开发投资综合统计

指　标	2002年	2003年	2004年
一、房地产企业			
1. 企业个数合计（个）	3806	4171	5982
# 一级企业	40	48	83
# 二级企业	510	392	355
# 三级企业	1093	1135	1191
2. 资产负债（万元）			
资产总计	61385402	67872403	81413158
负债总计	46932133	42595676	61760020
所有者权益	14453269	13678342	19653138
资产负债率(%)	76.5	75.7	75.9
二、本年完成投资额（万元）			
合计	11152547	12335231	13558422
1. 按构成分			
建筑安装工程	7632673	8669704	9533463
设备工器具购置	278925	252571	296064
其他费用	3240949	3412956	3728895
#土地购置费	1860108	2145440	
2. 按用途分			
住宅	7718709	8274350	8894210
#别墅、高档公寓	1089828	871841	
#经济适用房屋	140811	152244	89492
办公楼	456123	440832	670010
商业营业用房	1180111	1369168	1615084
其他	1797604	2250881	2379118
3. 商品房屋建设和土地开发			
#商品房建设投资	8166295	9036177	10371528
#土地开发投资	694570	693144	591895
商品房建设投资额比重(%)	73.2	73.3	76.5
4. 资金来源及构成			
本年资金来源小计	14523961	16836826	18638854
国家预算内资金	570	4012	2800
国内贷款	3173664	3708234	3340770
债券	3228	1000	200
利用外资	402664	307852	382557
#外商直接投资	308324	232805	233703
自筹资金	3815386	4240624	5061859
其他资金来源	7128449	8575104	9850668
三、本年新增固定资产（万元）	8546153	9068043	8794023
四、土地开发及购置（平方米）			
本年完成开发土地面积	24970971	27139797	22271894
待开发土地面积	42183756	41480413	
本年购置土地面积	24826348	24680812	29562195

19－19 续表 1

指　标	2002年	2003年	2004年
五、商品房屋建筑面积（平方米）			
1. 施工房屋面积	120248925	128549757	139115542
住宅	92064540	97220204	105188023
#别墅、高档公寓	9116212	7419604	
#经济适用房屋	2905307	2908884	1514930
办公楼	5529761	5775789	6469513
商业营业用房	13524429	15586149	16473702
其他	9130195	9967615	10984304
2. 新开工房屋面积	41752257	43281904	49216304
住宅	34462452	34179889	39236919
#别墅、高档公寓	4437337	2549384	
#经济适用房屋	990627	1136769	643346
办公楼	901131	1223850	1669421
商业营业用房	4050047	4624846	4671121
其他	2338627	3253319	3638843
3. 竣工房屋面积	39087611	43836759	34078328
住宅	31812527	35583623	27762855
#别墅、高档公寓	3404739	2797194	
#经济适用房屋	1485694	1345680	499435
办公楼	936574	785815	577773
商业营业用房	3616162	4644907	3515101
其他	2722348	2822414	2222599
六、商品房屋销售			
1. 实际销售面积（平方米）	25308134	30613227	33460228
#外销（租）	795905	369901	
#个人	23497794	28886034	32013486
住宅	22600022	27396036	30085869
#别墅、高档公寓	1897786	2189212	
#经济适用房屋	953785	1064580	751843
#个人	21452345	26274100	29032999
办公楼	496592	535316	423450
商业营业用房	1742901	2073380	2064059
其他	468619	608495	886850
2. 实际销售额（万元）	8203220	9781005	11649177
#外销（租）	327627	212440	
#个人	7453949	8969817	10872156
住宅	6830099	8201276	9923214
#别墅、高档公寓	831151	939814	
#经济适用房屋	110983	159463	95197
#个人	6463508	7726259	9429332
办公楼	261084	282714	241932
商业营业用房	1019142	1135226	1229167
其他	92895	161789	254864
3. 实际销售价格（元/平方米）	3241	3195	3481
住宅	3022	2994	3298
办公楼	5258	5281	5713
商业营业用房	5847	5475	5955

19－20 广西壮族自治区房地产开发投资综合统计

指 标	2002年	2003年	2004年
一、房地产企业			
1.企业个数合计（个）	577	749	1674
# 一级企业	2	3	3
# 二级企业	18	19	28
# 三级企业	296	317	370
2.资产负债（万元）			
资产总计	3096430	4170909	7968606
负债总计	2500908	1876050	5836732
所有者权益	595522	503184	2131873
资产负债率(%)	80.8	78.9	73.2
二、本年完成投资额（万元）			
合计	752807	1203112	1923476
1.按构成分			
建筑安装工程	527019	835897	1360397
设备工器具购置	12164	20173	42085
其他费用	213624	347042	520994
#土地购置费	126752	211307	
2.按用途分			
住宅	447149	732095	1127413
#别墅、高档公寓	9966	41615	
#经济适用房屋	34169	29314	11344
办公楼	9457	17572	25953
商业营业用房	103038	159421	350986
其他	193163	294024	419124
3.商品房屋建设和土地开发			
#商品房建设投资	683835	1138352	1816526
#土地开发投资	41805	54469	82876
商品房建设投资额比重(%)	90.8	94.6	94.4
4.资金来源及构成			
本年资金来源小计	1024403	1591269	2392766
国家预算内资金			
国内贷款	236889	369154	492054
债券			
利用外资	18034	23017	43485
#外商直接投资	17186	19910	41503
自筹资金	228534	421576	674736
其他资金来源	540946	777522	1182491
三、本年新增固定资产（万元）	343193	496232	921659
四、土地开发及购置（平方米）			
本年完成开发土地面积	4000312	4139595	6095576
待开发土地面积	4372300	4790402	
本年购置土地面积	5170220	5997793	10105924

19－20 续表 1

指　　标	2002年	2003年	2004年
五、商品房屋建筑面积（平方米）			
1. 施工房屋面积	12584698	19297800	29989128
住宅	10023188	15672535	23220636
#别墅、高档公寓	273303	629620	
#经济适用房屋	835374	770487	409936
办公楼	363940	319901	429800
商业营业用房	1574593	2296178	4832895
其他	622977	1009186	1505797
2. 新开工房屋面积	6269459	10581824	13139661
住宅	5250503	8722069	9925331
#别墅、高档公寓	122937	323976	
#经济适用房屋	436722	387617	49412
办公楼	32862	159232	138942
商业营业用房	701819	1174495	2444254
其他	284275	526028	631134
3. 竣工房屋面积	3524873	5587286	8845123
住宅	2984988	4726179	7412001
#别墅、高档公寓		180673	
#经济适用房屋	368794	307174	186083
办公楼	75811	109449	60387
商业营业用房	314347	445375	964315
其他	149727	306283	408420
六、商品房屋销售			
1. 实际销售面积（平方米）	3396290	5053103	8203624
#外销（租）			
#个人	3272889	4864088	8126474
住宅	3022887	4516658	7497943
#别墅、高档公寓	339	208032	
#经济适用房屋	339051	281282	185666
#个人	2959631	4437900	7470557
办公楼	39272	161938	61370
商业营业用房	272986	294491	539687
其他	61145	80016	104624
2. 实际销售额（万元）	654045	951643	1708474
#外销（租）			
#个人	621486	917767	1682328
住宅	496853	767366	1414252
#别墅、高档公寓	90	49526	
#经济适用房屋	34613	39138	26668
#个人	485637	756388	1409085
办公楼	10824	35144	19560
商业营业用房	135327	133522	254899
其他	11041	15611	19763
3. 实际销售价格（元/平方米）	1926	1883	2083
住宅	1644	1699	1886
办公楼	2756	2170	3187
商业营业用房	4957	4534	4723

19－21　海南省房地产开发投资综合统计

指　标	2002年	2003年	2004年
一、房地产企业			
1.企业个数合计（个）	155	186	832
# 一级企业	3		4
# 二级企业	25	12	55
# 三级企业	26	41	71
2.资产负债（万元）			
资产总计	1752105	1702798	5427701
负债总计	1204006	1094629	3619956
所有者权益	548099	495920	1807745
资产负债率(%)	68.7	68.8	66.7
二、本年完成投资额（万元）			
合计	201112	366131	559917
1.按构成分			
建筑安装工程	157463	282702	423043
设备工器具购置	9618	9954	12251
其他费用	34031	73475	124623
#土地购置费	20826	51968	
2.按用途分			
住宅	139207	298856	469841
#别墅、高档公寓	61660	63465	
#经济适用房屋	20688	29301	53699
办公楼	12915	9586	7468
商业营业用房	20946	31619	48100
其他	28044	26070	34508
3.商品房屋建设和土地开发			
#商品房建设投资	192826	359145	514363
#土地开发投资	3625	1956	18823
商品房建设投资额比重(%)	95.9	98.1	91.9
4.资金来源及构成			
本年资金来源小计	212385	401828	670142
国家预算内资金			1672
国内贷款	29182	65455	63888
债券			
利用外资	11468	6172	9690
#外商直接投资	11468	4677	5740
自筹资金	94058	159983	340005
其他资金来源	77677	170218	254887
三、本年新增固定资产（万元）	108510	213079	215998
四、土地开发及购置（平方米）			
本年完成开发土地面积	106687	137637	414787
待开发土地面积	127792	15000	
本年购置土地面积	437251	987522	1253967

19－21 续表 1

指　　标	2002年	2003年	2004年
五、商品房屋建筑面积（平方米）			
1. 施工房屋面积	2728353	4591125	6839509
住宅	2104270	3927428	5944769
#别墅、高档公寓	743045	377356	
#经济适用房屋	507188	506527	514102
办公楼	146411	179586	103560
商业营业用房	299576	415613	643116
其他	178096	68498	148064
2. 新开工房屋面积	731926	1706657	2543617
住宅	628054	1546936	2209597
#别墅、高档公寓	166411	292982	
#经济适用房屋	138466	67432	154828
办公楼	39771	1682	16556
商业营业用房	50906	131576	297231
其他	13195	26463	20233
3. 竣工房屋面积	544600	1149577	1053097
住宅	473489	1026876	1000533
#别墅、高档公寓	230971	153141	
#经济适用房屋	120184	203743	100534
办公楼		48765	0
商业营业用房	63657	73936	49331
其他	7454		3233
六、商品房屋销售			
1. 实际销售面积（平方米）	767428	1126417	1257598
#外销（租）			
#个人	745414	1089626	1207391
住宅	710348	1089534	1182450
#别墅、高档公寓	298398	126394	
#经济适用房屋	115230	209104	226032
#个人	696228	1074300	1160534
办公楼	2500	21698	5154
商业营业用房	51644	12771	69952
其他	2936	2414	42
2. 实际销售额（万元）	137325	237092	302438
#外销（租）			
#个人	132012	227885	286977
住宅	127624	219783	281444
#别墅、高档公寓	69540	35968	
#经济适用房屋	14571	27502	25807
#个人	125632	218480	270725
办公楼	750	8493	1558
商业营业用房	8145	8604	19428
其他	806	212	0
3. 实际销售价格（元/平方米）	1789	2105	2405
住宅	1797	2017	2380
办公楼	3000	3914	3023
商业营业用房	1577	6737	2777

19－22　重庆市房地产开发投资综合统计

指　　标	2002年	2003年	2004年
一、房地产企业			
1. 企业个数合计（个）	1559	1597	1828
# 一级企业	9	9	16
# 二级企业	195	204	271
# 三级企业	1111	1043	936
2. 资产负债（万元）			
资产总计	10700308	12968949	14982564
负债总计	7474343	6108777	10479621
所有者权益	3225965	2350073	4502943
资产负债率(%)	69.9	72.2	69.9
二、本年完成投资额（万元）			
合计	2459130	3278881	3930919
1. 按构成分			
建筑安装工程	1682614	2249134	2657577
设备工器具购置	82468	82885	77206
其他费用	694048	946862	1196136
#土地购置费	366919	474297	
2. 按用途分			
住宅	1306998	1774341	2086851
#别墅、高档公寓	95204	116952	
#经济适用房屋	124857	163154	107489
办公楼	95679	118569	109706
商业营业用房	420038	508227	598537
其他	636415	877744	1135825
3. 商品房屋建设和土地开发			
#商品房建设投资	2027530	2247433	2738211
#土地开发投资	197722	341766	360520
商品房建设投资额比重(%)	82.4	68.5	69.7
4. 资金来源及构成			
本年资金来源小计	2762075	4223263	5314445
国家预算内资金	3675	1000	6422
国内贷款	681865	949504	826863
债券			
利用外资	36514	41458	117279
#外商直接投资	28578	41208	39926
自筹资金	949051	1371847	1716637
其他资金来源	1090970	1859454	2647244
三、本年新增固定资产（万元）	1527327	1936672	1877377
四、土地开发及购置（平方米）			
本年完成开发土地面积	6619413	8423528	8633573
待开发土地面积	12018549	16229445	
本年购置土地面积	13202566	16371897	11024426

19－22 续表 1

指 标	2002年	2003年	2004年
五、商品房屋建筑面积（平方米）			
1. 施工房屋面积	44149577	52878032	61600431
住宅	30815697	37473392	44858325
#别墅、高档公寓	1418053	1151054	
#经济适用房屋	3389353	3844963	3052874
办公楼	2101670	2237306	2101990
商业营业用房	8143442	9492373	10224560
其他	3088768	3674961	4415556
2. 新开工房屋面积	17094732	20982371	21448419
住宅	12775471	15800358	16669112
#别墅、高档公寓	542051	504421	
#经济适用房屋	1751048	1877484	936761
办公楼	555690	502198	520769
商业营业用房	2698696	3123135	2791275
其他	1064875	1556680	1467263
3. 竣工房屋面积	13907317	16769688	15345804
住宅	10335956	12317498	11872308
#别墅、高档公寓	384967	241088	
#经济适用房屋	1329751	1307377	1055998
办公楼	500084	591596	390889
商业营业用房	2262955	2870460	2261264
其他	808322	990134	821343
六、商品房屋销售			
1. 实际销售面积（平方米）	10165825	13168269	13171222
#外销（租）	198214	138384	
#个人	9316095	12152998	12212230
住宅	8704139	11329535	11382630
#别墅、高档公寓	356450	261214	
#经济适用房屋	902367	1266921	941971
#个人	8318197	10767800	10907899
办公楼	255963	319978	291366
商业营业用房	1054515	1359323	1214276
其他	151208	159433	282950
2. 实际销售额（万元）	1581505	2102260	2326352
#外销（租）	13187	11573	
#个人	1361300	1882264	2115807
住宅	1111929	1499915	1789982
#别墅、高档公寓	101554	87790	
#经济适用房屋	79730	112781	129672
#个人	1061925	1432077	1717043
办公楼	61106	79299	72439
商业营业用房	385231	497706	406172
其他	23239	25340	57759
3. 实际销售价格（元/平方米）	1556	1596	1766
住宅	1277	1324	1573
办公楼	2387	2478	2486
商业营业用房	3653	3661	3345

19－23　四川省房地产开发投资综合统计

指　　标	2002年	2003年	2004年
一、房地产企业			
1. 企业个数合计（个）	1646	2014	2753
# 一级企业	22	10	15
# 二级企业	120	167	258
# 三级企业	967	1225	1608
2. 资产负债（万元）			
资产总计	9412360	12115331	16426235
负债总计	6641425	5710589	11252737
所有者权益	2770935	2254712	5173498
资产负债率(%)	70.6	71.7	68.5
二、本年完成投资额（万元）			
合计	3443775	4508670	5100803
1. 按构成分			
建筑安装工程	2390994	3213944	3403813
设备工器具购置	51609	44495	53254
其他费用	1001172	1250231	1643736
#土地购置费	633116	875403	
2. 按用途分			
住宅	2402464	3269725	3381974
#别墅、高档公寓	230295	530376	
#经济适用房屋	216679	230457	171633
办公楼	75768	137719	141174
商业营业用房	535549	789550	1035102
其他	429994	311676	542553
3. 商品房屋建设和土地开发			
#商品房建设投资	2836195	4145427	4415121
#土地开发投资	76826	48978	51521
商品房建设投资额比重(%)	82.4	91.9	86.6
4. 资金来源及构成			
本年资金来源小计	3935937	5432113	6261544
国家预算内资金		150	
国内贷款	895961	1026278	838606
债券			
利用外资	19583	6627	16931
#外商直接投资	17583	6527	4931
自筹资金	1245766	1801966	2020961
其他资金来源	1774627	2597092	3385046
三、本年新增固定资产（万元）	2348694	2607866	2205430
四、土地开发及购置（平方米）			
本年完成开发土地面积	4285920	7039420	2584069
待开发土地面积	4972861	2258922	
本年购置土地面积	17974065	872080	20239117

19－23 续表 1

指　　标	2002年	2003年	2004年
五、商品房屋建筑面积（平方米）			
1.施工房屋面积	52720038	68379489	72784728
住宅	41810569	54259029	56314794
#别墅、高档公寓	2938946	6179629	
#经济适用房屋	4961784	4108382	3836715
办公楼	1281874	1568478	1824929
商业营业用房	7595424	10348525	11945663
其他	2032171	2203457	2699342
2.新开工房屋面积	26042819	36467715	31468386
住宅	21274359	29257971	25165959
#别墅、高档公寓	1099432	2545749	
#经济适用房屋	2745393	2250212	1813378
办公楼	467950	620280	464446
商业营业用房	3596999	5239104	4942721
其他	703511	1350360	895260
3.竣工房屋面积	23123374	28640972	23987032
住宅	18937858	23610054	19115773
#别墅、高档公寓	1041555	1881433	
#经济适用房屋	2738181	2501978	1291477
办公楼	528736	506076	413693
商业营业用房	2987232	3994600	3768121
其他	669548	530242	689445
六、商品房屋销售			
1.实际销售面积（平方米）	18659351	24578526	21019791
#外销（租）	2300		
#个人	17904769	23810467	20533598
住宅	16444828	21818222	18390229
#别墅、高档公寓	542880	1620551	
#经济适用房屋	2105879	2332051	843306
#个人	16096021	21386200	18197790
办公楼	356826	264953	203746
商业营业用房	1736854	2368509	2138923
其他	120843	126842	286893
2.实际销售额（万元）	2576376	3493680	3304781
#外销（租）	115		
#个人	2425645	3370480	3200874
住宅	1957252	2681965	2485324
#别墅、高档公寓	123246	468750	
#经济适用房屋	170153	267432	70104
#个人	1893029	2640460	2458985
办公楼	77104	45698	51954
商业营业用房	525635	746942	726257
其他	16385	19075	41246
3.实际销售价格（元/平方米）	1381	1421	1572
住宅	1190	1229	1351
办公楼	2161	1725	2550
商业营业用房	3026	3154	3395

19－24 贵州省房地产开发投资综合统计

指 标	2002年	2003年	2004年
一、房地产企业			
1.企业个数合计（个）	974	1157	1480
# 一级企业	3	3	4
# 二级企业	62	65	57
# 三级企业	248	279	277
2.资产负债（万元）			
资产总计	2664169	3322298	4403069
负债总计	1874866	1398482	3434371
所有者权益	789303	484081	968698
资产负债率(%)	70.4	74.3	78.0
二、本年完成投资额（万元）			
合计	830128	1049510	1216603
1.按构成分			
建筑安装工程	592351	708079	839371
设备工器具购置	14958	14566	15028
其他费用	222819	326865	362204
#土地购置费	85865	145776	
2.按用途分			
住宅	469696	565984	709741
#别墅、高档公寓	15817	7213	
#经济适用房屋	70523	107116	108404
办公楼	46740	51155	54512
商业营业用房	133932	151162	169815
其他	179760	281209	282535
3.商品房屋建设和土地开发			
#商品房建设投资	644516	742897	845429
#土地开发投资	92779	121668	42684
商品房建设投资额比重(%)	77.6	70.8	69.5
4.资金来源及构成			
本年资金来源小计	963193	1313854	1493706
国家预算内资金			60
国内贷款	184744	260061	326334
债券			
利用外资	1541	7414	2890
#外商直接投资	1541	6994	1628
自筹资金	293969	451268	488870
其他资金来源	482939	595111	675552
三、本年新增固定资产（万元）	556179	682060	667835
四、土地开发及购置（平方米）			
本年完成开发土地面积	3983355	3751645	2779798
待开发土地面积	2198345	3869255	
本年购置土地面积	2913890	6242443	6574870

19－24 续表 1

指 标	2002年	2003年	2004年
五、商品房屋建筑面积（平方米）			
1. 施工房屋面积	16764517	21040073	24432771
住宅	12372845	15803669	18293385
#别墅、高档公寓	260684	209990	
#经济适用房屋	2033464	2516418	2925127
办公楼	976376	983396	1223107
商业营业用房	2925614	3384049	3739828
其他	489682	868959	1176451
2. 新开工房屋面积	5372101	9029378	8778038
住宅	4224681	7150928	6790160
#别墅、高档公寓	14302	103236	
#经济适用房屋	764867	1257512	988598
办公楼	235647	195259	313950
商业营业用房	721198	1308253	1262745
其他	190575	374938	411183
3. 竣工房屋面积	5141002	6553549	6444751
住宅	4099869	5122548	5292801
#别墅、高档公寓	166970	51304	
#经济适用房屋	817952	871608	710868
办公楼	184020	219227	154479
商业营业用房	740267	1013142	792726
其他	116846	198632	204745
六、商品房屋销售			
1. 实际销售面积（平方米）	4248542	5543351	5543351
#外销（租）	240	54742	
#个人	4110302	5293506	5293506
住宅	3785136	4944548	4944548
#别墅、高档公寓	70428	32793	
#经济适用房屋	615941	785202	785202
#个人	3698767	4819000	4818962
办公楼	54195	105713	105713
商业营业用房	388321	463146	463146
其他	20890	29944	29944
2. 实际销售额（万元）	526138	727889	767763
#外销（租）	12	3729	
#个人	502458	663160	713207
住宅	404183	564928	584163
#别墅、高档公寓	8000	8803	
#经济适用房屋	53503	65421	87364
#个人	393468	549551	567253
办公楼	14745	26987	20768
商业营业用房	104313	132341	151674
其他	2897	3633	11158
3. 实际销售价格（元/平方米）	1238	1313	1385
住宅	1068	1143	1181
办公楼	2721	2553	1965
商业营业用房	2686	2857	3275

19－25　云南省房地产开发投资综合统计

指　　标	2002年	2003年	2004年
一、房地产企业			
1. 企业个数合计（个）	355	393	969
# 一级企业	5	5	7
# 二级企业	30	26	52
# 三级企业	77	93	152
2. 资产负债（万元）			
资产总计	2293902	3127228	5606618
负债总计	1798708	2165175	4357735
所有者权益	495194	460125	1248883
资产负债率(%)	78.4	82.5	77.7
二、本年完成投资额（万元）			
合计	962623	1149688	1499305
1. 按构成分			
建筑安装工程	726654	799077	1104517
设备工器具购置	11697	8415	6626
其他费用	224272	342196	388162
#土地购置费	158280	234044	
2. 按用途分			
住宅	726949	815444	1003094
#别墅、高档公寓	155437	175397	
#经济适用房屋	183141	155670	169519
办公楼	24129	33316	21885
商业营业用房	82536	88964	187613
其他	129009	211964	286713
3. 商品房屋建设和土地开发			
#商品房建设投资	787786	754994	972042
#土地开发投资	110132	174881	118159
商品房建设投资额比重(%)	81.8	65.7	64.8
4. 资金来源及构成			
本年资金来源小计	1078332	1553014	2004638
国家预算内资金	1548	89	3970
国内贷款	220681	403185	309591
债券			
利用外资	400	10415	4146
#外商直接投资	400	10415	
自筹资金	192881	385852	583450
其他资金来源	662822	753473	1103481
三、本年新增固定资产（万元）	639581	818367	629042
四、土地开发及购置（平方米）			
本年完成开发土地面积	3643076	4267256	3808475
待开发土地面积	2372269	1171450	
本年购置土地面积	6828420	7497214	8222239

19－25 续表 1

指　标	2002年	2003年	2004年
五、商品房屋建筑面积（平方米）			
1. 施工房屋面积	12052068	13632060	18287298
住宅	9756979	11576165	15058211
#别墅、高档公寓	1351643	1793774	
#经济适用房屋	3401575	3688092	3488755
办公楼	411273	269162	305417
商业营业用房	1168859	1232995	1963138
其他	714957	553738	960532
2. 新开工房屋面积	4555368	7012275	9481827
住宅	3917653	6000990	7755139
#别墅、高档公寓	441247	812302	
#经济适用房屋	1486617	1940309	1614394
办公楼	70994	66591	96731
商业营业用房	377421	670633	1150002
其他	189300	274061	479955
3. 竣工房屋面积	5615266	5865919	4732138
住宅	4799908	5125902	4042318
#别墅、高档公寓	776447	852299	
#经济适用房屋	1998017	1587625	837654
办公楼	75519	92761	33573
商业营业用房	478806	486191	533564
其他	261033	161065	122683
六、商品房屋销售			
1. 实际销售面积（平方米）	4002238	5219653	5381137
#外销（租）	10578	8597	
#个人	3539759	4949041	5179482
住宅	3718877	4805185	4795263
#别墅、高档公寓	576001	559987	
#经济适用房屋	1233939	1562242	1055856
#个人	3308122	4646600	4647981
办公楼	36043	55411	31204
商业营业用房	214633	326854	475806
其他	32685	32203	78864
2. 实际销售额（万元）	765723	982134	1064125
#外销（租）	1174	1436	
#个人	668709	901480	1016077
住宅	663464	853008	892088
#别墅、高档公寓	137286	141233	
#经济适用房屋	156694	202099	117963
#个人	586108	809617	860663
办公楼	10391	14250	9634
商业营业用房	82055	104409	146243
其他	9813	10467	16160
3. 实际销售价格（元/平方米）	1913	1882	1978
住宅	1784	1775	1860
办公楼	2883	2572	3087
商业营业用房	3823	3194	3074

19－26　西藏自治区房地产开发投资综合统计

指　标	2002年	2003年	2004年
一、房地产企业			
1.企业个数合计（个）	3	4	28
# 一级企业			1
# 二级企业	2	2	6
# 三级企业	1	2	5
2.资产负债（万元）			
资产总计	25010	48890	139865
负债总计	22648	17694	95556
所有者权益	2362	12982	44309
资产负债率(%)	90.6	57.7	68.3
二、本年完成投资额（万元）			
合计	27692	20005	53934
1.按构成分			
建筑安装工程	24292	14437	52334
设备工器具购置		94	400
其他费用	3400	5474	1200
#土地购置费	3000	966	
2.按用途分			
住宅	19065	16461	52734
#别墅、高档公寓	3440	6317	
#经济适用房屋	15173	10144	26550
办公楼	1658	200	
商业营业用房	3055	2378	1200
其他	3914	966	
3.商品房屋建设和土地开发			
#商品房建设投资	2963	3465	21934
#土地开发投资	17204	966	21850
商品房建设投资额比重(%)	10.7	17.3	40.7
4.资金来源及构成			
本年资金来源小计	26907	45946	60166
国家预算内资金			
国内贷款	9300	9000	4100
债券	164		
利用外资			
#外商直接投资			
自筹资金	7632	27159	6552
其他资金来源	9811	9787	49514
三、本年新增固定资产（万元）	24725	16115	24208
四、土地开发及购置（平方米）			
本年完成开发土地面积	125835	72185	42443
待开发土地面积	786	406413	
本年购置土地面积	150000	80000	0

19－26 续表 1

指　标	2002年	2003年	2004年
五、商品房屋建筑面积（平方米）			
1. 施工房屋面积	190536	173651	384251
住宅	156966	146580	374130
#别墅、高档公寓	17200	49336	
#经济适用房屋	129405	97244	203000
办公楼	15763	730	0
商业营业用房	16835	26341	10121
其他	972		0
2. 新开工房屋面积	161575	173651	300500
住宅	146605	146580	300500
#别墅、高档公寓	17200	49336	
#经济适用房屋	129405	97244	203000
办公楼		730	0
商业营业用房	14970	26341	0
其他			0
3. 竣工房屋面积	161575	125585	91921
住宅	146605	113514	81800
#别墅、高档公寓	17200	16270	
#经济适用房屋	129405	97244	0
办公楼		730	0
商业营业用房	14970	11341	10121
其他			0
六、商品房屋销售			
1. 实际销售面积（平方米）	161575	103157	95644
#外销（租）			
#个人	161575	103157	95644
住宅	146605	101979	95644
#别墅、高档公寓	17200	20809	
#经济适用房屋	129405	81170	6744
#个人	146605	102000	95644
办公楼			0
商业营业用房	14970	1178	0
其他			0
2. 实际销售额（万元）	25348	18088	26279
#外销（租）			
#个人	25348	18088	26279
住宅	22600	17794	26279
#别墅、高档公寓	3440	5213	
#经济适用房屋	19160	12581	1387
#个人	22600	17794	26279
办公楼			0
商业营业用房	2748	294	0
其他			0
3. 实际销售价格（元/平方米）	1569	1753	2748
住宅	1542	1745	2748
办公楼			
商业营业用房	1836	2496	

19－27　陕西省房地产开发投资综合统计

指　标	2002年	2003年	2004年
一、房地产企业			
1.企业个数合计（个）	509	622	967
# 一级企业	6	3	8
# 二级企业	60	76	112
# 三级企业	215	268	353
2.资产负债（万元）			
资产总计	3310014	4486674	7241898
负债总计	2495075	2154276	5071541
所有者权益	814939	624223	2170357
资产负债率(%)	75.4	77.5	70.0
二、本年完成投资额（万元）			
合计	1235686	1883082	2311719
1.按构成分			
建筑安装工程	970931	1390521	1798398
设备工器具购置	20651	37671	63928
其他费用	244104	454890	449393
#土地购置费	146751	297531	
2.按用途分			
住宅	843509	1234696	1503766
#别墅、高档公寓	92133	71986	
#经济适用房屋	349337	227873	236311
办公楼	76352	146057	191243
商业营业用房	119361	245935	345785
其他	196464	256394	270925
3.商品房屋建设和土地开发			
#商品房建设投资	946316	1434193	1865085
#土地开发投资	79227	178311	97881
商品房建设投资额比重(%)	76.6	76.2	80.7
4.资金来源及构成			
本年资金来源小计	1312526	1979864	2401051
国家预算内资金	4960	14185	1300
国内贷款	252144	564856	384406
债券			
利用外资	3506	4352	16536
#外商直接投资	3454	4352	15536
自筹资金	516145	708451	1047788
其他资金来源	535771	688020	951021
三、本年新增固定资产（万元）	759527	965008	892013
四、土地开发及购置（平方米）			
本年完成开发土地面积	2651164	3938610	3695970
待开发土地面积	8673165	3156480	
本年购置土地面积	5068805	5945366	4576734

19－27 续表 1

指　　标	2002年	2003年	2004年
五、商品房屋建筑面积（平方米）			
1. 施工房屋面积	18686050	22743642	24905292
住宅	15717641	17458582	18928107
#别墅、高档公寓	2046432	623322	
#经济适用房屋	7056624	4487970	3813787
办公楼	1181029	2332913	2713145
商业营业用房	1339556	2350811	2828106
其他	447824	601336	435934
2. 新开工房屋面积	9502580	9440941	8978443
住宅	8517988	7833405	7635214
#别墅、高档公寓	1311196	130211	
#经济适用房屋	4144960	2156418	1422662
办公楼	291647	487854	438296
商业营业用房	451783	931793	822260
其他	241162	187889	82673
3. 竣工房屋面积	6420725	7095412	5384074
住宅	5677653	6168522	4313091
#别墅、高档公寓	247668	249258	
#经济适用房屋	2981044	2126414	920717
办公楼	240606	229207	447023
商业营业用房	381204	399506	452420
其他	121262	298177	171540
六、商品房屋销售			
1. 实际销售面积（平方米）	4775351	5800471	5093582
#外销（租）	7300	29371	
#个人	4433448	5347583	4703341
住宅	4414080	5319779	4729280
#别墅、高档公寓	178172	112649	
#经济适用房屋	2022571	2643642	909506
#个人	4287217	4952300	4453488
办公楼	137535	160614	133933
商业营业用房	170874	295694	204223
其他	52862	24384	26146
2. 实际销售额（万元）	741858	890059	881716
#外销（租）	497	2476	
#个人	668437	827040	785415
住宅	653823	739693	755576
#别墅、高档公寓	58725	39451	
#经济适用房屋	235740	290281	98385
#个人	637240	696875	700309
办公楼	47186	66030	53056
商业营业用房	33652	80695	68377
其他	7197	3641	4707
3. 实际销售价格（元/平方米）	1554	1534	1731
住宅	1481	1390	1598
办公楼	3431	4111	3961
商业营业用房	1969	2729	3348

19－28　甘肃省房地产开发综合统计

指　标	2002年	2003年	2004年
一、房地产企业			
1.企业个数合计（个）	633	721	800
# 一级企业	2	1	2
# 二级企业	40	45	44
# 三级企业	317	353	321
2.资产负债（万元）			
资产总计	1410639	1935812	2659931
负债总计	951324	833629	1855285
所有者权益	459315	291797	804646
资产负债率(%)	67.4	74.1	69.7
二、本年完成投资额（万元）			
合计	377112	508029	720818
1.按构成分			
建筑安装工程	293811	403702	573590
设备工器具购置	7349	7868	12281
其他费用	75952	96459	134947
#土地购置费	47951	73161	
2.按用途分			
住宅	253572	343764	469005
#别墅、高档公寓	1218	13705	
#经济适用房屋	70852	121278	107852
办公楼	15309	16702	16176
商业营业用房	51373	67793	93012
其他	56858	79770	142625
3.商品房屋建设和土地开发			
#商品房建设投资	269861	329210	510294
#土地开发投资	43751	53038	56197
商品房建设投资额比重(%)	71.6	64.8	70.8
4.资金来源及构成			
本年资金来源小计	443209	622337	799711
国家预算内资金	102	2193	2170
国内贷款	93337	145674	181513
债券		391	
利用外资	1060	300	2180
#外商直接投资	800	300	2180
自筹资金	173795	224966	298118
其他资金来源	174915	248813	315730
三、本年新增固定资产（万元）	237187	286273	405133
四、土地开发及购置（平方米）			
本年完成开发土地面积	1575035	2190432	1552438
待开发土地面积	1067461	1379390	
本年购置土地面积	2151845	2635877	2243686

19－28 续表 1

指　　标	2002年	2003年	2004年
五、商品房屋建筑面积（平方米）			
1. 施工房屋面积	6494678	9978473	14480761
住宅	5082642	8001503	11615251
#别墅、高档公寓	122038	497720	
#经济适用房屋	1498814	2442907	2692993
办公楼	361452	404880	478398
商业营业用房	923325	1286954	1773226
其他	127259	285136	613886
2. 新开工房屋面积	2634378	4624513	6933834
住宅	2251938	3797965	5717660
#别墅、高档公寓	81750	378261	
#经济适用房屋	683136	1481888	1701545
办公楼	22474	61743	127239
商业营业用房	298518	692214	759579
其他	61448	72591	329356
3. 竣工房屋面积	2202632	2606730	3213108
住宅	1913038	2257471	2558339
#别墅、高档公寓	24493	74382	
#经济适用房屋	609122	998218	562788
办公楼	96450	49700	170286
商业营业用房	167295	228720	426860
其他	25849	70839	57623
六、商品房屋销售			
1. 实际销售面积（平方米）	1658323	2247738	2614714
#外销（租）	117757		
#个人	1518794	2073756	2493387
住宅	1522304	2088741	2351930
#别墅、高档公寓		46769	
#经济适用房屋	284501	372010	383297
#个人	1437497	1956800	2288961
办公楼	62006	25724	59041
商业营业用房	73004	126314	198804
其他	1009	6959	4939
2. 实际销售额（万元）	219830	286528	458543
#外销（租）	13459		
#个人	198568	252730	437758
住宅	181922	245323	376538
#别墅、高档公寓		6502	
#经济适用房屋	26528	42923	47777
#个人	172844	223429	367471
办公楼	12543	6060	14035
商业营业用房	25228	31865	67488
其他	137	3280	482
3. 实际销售价格（元/平方米）	1326	1275	1754
住宅	1195	1175	1601
办公楼	2023	2356	2377
商业营业用房	3456	2523	3395

19－29　青海省房地产开发投资综合统计

指　　标	2002年	2003年	2004年
一、房地产企业			
1.企业个数合计（个）	274	170	291
# 一级企业	1	1	3
# 二级企业	22	22	60
# 三级企业	61	69	101
2.资产负债（万元）			
资产总计	188674	321307	1336615
负债总计	113132	115512	780669
所有者权益	75542	74709	555946
资产负债率(%)	60.0	60.7	58.4
二、本年完成投资额（万元）			
合计	169171	223121	262394
1.按构成分			
建筑安装工程	120415	185280	222005
设备工器具购置	2611		2960
其他费用	46145	37841	37429
#土地购置费	34375	29861	
2.按用途分			
住宅	94830	154551	165598
#别墅、高档公寓	175	2097	
#经济适用房屋	49297	53411	37770
办公楼	14657	21610	27959
商业营业用房	13913	21251	35841
其他	45771	25709	32996
3.商品房屋建设和土地开发			
#商品房建设投资	128876	193202	199943
#土地开发投资	24602	10956	32917
商品房建设投资额比重(%)	76.2	86.6	76.2
4.资金来源及构成			
本年资金来源小计	179958	230688	265320
国家预算内资金			
国内贷款	25469	41998	56284
债券	50	2100	
利用外资	5001	3550	800
#外商直接投资	3241	3550	
自筹资金	93406	97984	117616
其他资金来源	56032	85056	90620
三、本年新增固定资产（万元）	137557	159032	194077
四、土地开发及购置（平方米）			
本年完成开发土地面积	883043	1088228	930882
待开发土地面积	51449	406175	
本年购置土地面积	1108488	1180081	1026929

19－29 续表 1

指　　标	2002年	2003年	2004年
五、商品房屋建筑面积（平方米）			
1. 施工房屋面积	3423779	4120773	4267301
住宅	2564121	3094563	3188599
#别墅、高档公寓	9715	82500	
#经济适用房屋	1485810	1238021	687491
办公楼	415454	385447	424250
商业营业用房	396227	565347	550121
其他	47977	75416	104331
2. 新开工房屋面积	1680793	2363376	1859344
住宅	1351368	1853441	1621850
#别墅、高档公寓			
#经济适用房屋	671509	690431	292357
办公楼	163398	170017	86938
商业营业用房	139128	308402	118222
其他	26899	31516	32334
3. 竣工房屋面积	1336040	1569854	1498577
住宅	1078656	1375395	1131454
#别墅、高档公寓	1140		
#经济适用房屋	633438	452117	340000
办公楼	82326	56201	143251
商业营业用房	150452	136065	177161
其他	24606	2193	46711
六、商品房屋销售			
1. 实际销售面积（平方米）	680359	835083	938519
#外销（租）		4000	
#个人	519871	692700	881597
住宅	611661	703417	836500
#别墅、高档公寓		29104	
#经济适用房屋	402008	209864	250921
#个人	505756	654600	823178
办公楼	10834	41427	49522
商业营业用房	32447	82702	50588
其他	25417	7537	1909
2. 实际销售额（万元）	87898	122365	148556
#外销（租）		300	
#个人	61210	101912	135055
住宅	71375	94398	118396
#别墅、高档公寓		4741	
#经济适用房屋	42850	26150	28036
#个人	56714	89787	116528
办公楼	1420	8807	12304
商业营业用房	11845	18820	17531
其他	3258	340	325
3. 实际销售价格（元/平方米）	1292	1465	1583
住宅	1167	1342	1415
办公楼	1311	2126	2485
商业营业用房	3651	2276	3465

19－30 宁夏回族自治区房地产开发投资综合统计

指 标	2002年	2003年	2004年
一、房地产企业			
1. 企业个数合计（个）	176	217	318
# 一级企业	3	3	6
# 二级企业	17	23	34
# 三级企业	57	70	86
2. 资产负债（万元）			
资产总计	853025	1214750	1740110
负债总计	671710	452145	1307701
所有者权益	181315	142814	432409
资产负债率(%)	78.7	76.0	75.2
二、本年完成投资额（万元）			
合计	308634	509065	671912
1. 按构成分			
建筑安装工程	230527	397309	541271
设备工器具购置	1317	1842	1822
其他费用	76790	109914	128819
#土地购置费	50112	64365	
2. 按用途分			
住宅	207236	347630	418136
#别墅、高档公寓	8592	5501	
#经济适用房屋	27014	38878	48958
办公楼	23636	21652	37020
商业营业用房	50614	96866	169218
其他	27148	42917	47538
3. 商品房屋建设和土地开发			
#商品房建设投资	278891	460419	605208
#土地开发投资	3964	22357	1909
商品房建设投资额比重(%)	90.4	90.4	90.1
4. 资金来源及构成			
本年资金来源小计	325060	520710	683037
国家预算内资金		145	270
国内贷款	95248	124552	122047
债券			
利用外资		1327	2100
#外商直接投资		1327	2100
自筹资金	72228	171280	225220
其他资金来源	157584	223406	333400
三、本年新增固定资产（万元）	206730	381121	417184
四、土地开发及购置（平方米）			
本年完成开发土地面积	267241	948005	635490
待开发土地面积	329317	1104046	
本年购置土地面积	1466829	2951520	4059110

19－30 续表 1

指　　标	2002年	2003年	2004年
五、商品房屋建筑面积（平方米）			
1. 施工房屋面积	4514820	7549114	9419449
住宅	3239509	5778174	6486418
#别墅、高档公寓	107514	76680	
#经济适用房屋	428316	804179	1071523
办公楼	319941	329856	417187
商业营业用房	802794	1208761	2151748
其他	152576	232323	364096
2. 新开工房屋面积	3072998	5325512	6021688
住宅	2319308	4194579	4014911
#别墅、高档公寓	65160	40774	
#经济适用房屋	351029	653128	569126
办公楼	175685	176716	248732
商业营业用房	476992	801372	1496421
其他	101013	152845	261624
3. 竣工房屋面积	2196476	4072811	4282518
住宅	1612630	3228779	3251338
#别墅、高档公寓	66184	37057	
#经济适用房屋	251941	451356	459934
办公楼	149089	149473	96234
商业营业用房	359141	581417	705727
其他	75616	113142	229219
六、商品房屋销售			
1. 实际销售面积（平方米）	1183618	2323780	3082070
#外销（租）			
#个人	1088855	2214071	3021745
住宅	984881	1878060	2675524
#别墅、高档公寓	18797	26972	
#经济适用房屋	153297	349837	326459
#个人	948051	1875900	2654961
办公楼	38815	72445	35181
商业营业用房	154456	351612	314000
其他	5466	21663	57365
2. 实际销售额（万元）	220736	434150	579551
#外销（租）			
#个人	200625	401553	564603
住宅	157019	284466	445577
#别墅、高档公寓	5856	7950	
#经济适用房屋	16097	34690	45910
#个人	153247	283920	443636
办公楼	11463	19565	12331
商业营业用房	50687	126943	117514
其他	1567	3176	4129
3. 实际销售价格（元/平方米）	1865	1868	1880
住宅	1594	1515	1665
办公楼	2953	2701	3505
商业营业用房	3282	3610	3742

19－31　新疆维吾尔自治区房地产开发投资综合统计

指　标	2002年	2003年	2004年
一、房地产企业			
1. 企业个数合计（个）	335	492	709
# 一级企业	7	7	8
# 二级企业	44	45	52
# 三级企业	103	123	167
2. 资产负债（万元）			
资产总计	2949300	3470803	3817473
负债总计	2194794	1354626	2608758
所有者权益	754506	491964	1208714
资产负债率(%)	74.4	73.4	68.3
二、本年完成投资额（万元）			
合计	877060	1024908	1047001
1. 按构成分			
建筑安装工程	728411	813495	860023
设备工器具购置	26412	24216	12736
其他费用	122237	187197	174242
#土地购置费	74927	132948	
2. 按用途分			
住宅	570643	547770	574770
#别墅、高档公寓	11001	20212	
#经济适用房屋	236731	243651	195000
办公楼	81119	81497	65424
商业营业用房	153498	286896	344911
其他	71800	108745	61896
3. 商品房屋建设和土地开发			
#商品房建设投资	779298	856318	913425
#土地开发投资	35508	85631	24649
商品房建设投资额比重(%)	88.9	83.6	87.2
4. 资金来源及构成			
本年资金来源小计	1064031	1117659	1133614
国家预算内资金	348		
国内贷款	158511	208348	116965
债券			
利用外资			
#外商直接投资			
自筹资金	455707	448441	502364
其他资金来源	449465	460870	514285
三、本年新增固定资产（万元）	824462	998808	760818
四、土地开发及购置（平方米）			
本年完成开发土地面积	2955623	3823999	2636499
待开发土地面积	1881576	4505058	
本年购置土地面积	4827436	6642703	7300017

19－31 续表 1

指　　标	2002年	2003年	2004年
五、商品房屋建筑面积（平方米）			
1. 施工房屋面积	12468928	13821393	12823029
住宅	9461122	9628889	8364061
#别墅、高档公寓	119170	164655	
#经济适用房屋	4776434	4172517	2764144
办公楼	714314	881736	806154
商业营业用房	2045213	2985079	3462746
其他	248279	325689	190068
2. 新开工房屋面积	5770414	7827781	7828148
住宅	4335718	5572812	5717033
#别墅、高档公寓	67517	98298	
#经济适用房屋	2008589	2604286	1696725
办公楼	343725	328824	325122
商业营业用房	981263	1757279	1721320
其他	109708	168866	64673
3. 竣工房屋面积	7272058	7911446	5569858
住宅	6161155	6264956	4251957
#别墅、高档公寓	79850	104796	
#经济适用房屋	3260381	2569046	1317255
办公楼	184600	269946	155213
商业营业用房	850325	1264212	1115953
其他	75978	112332	46735
六、商品房屋销售			
1. 实际销售面积（平方米）	5066586	5870166	6433700
#外销（租）			
#个人	4708978	5578483	6164200
住宅	4556788	5164797	5526300
#别墅、高档公寓	46471	44158	
#经济适用房屋	2183540	2330214	1638700
#个人	4259044	4962500	5414000
办公楼	38803	152982	87000
商业营业用房	463388	534436	798200
其他	7607	17951	22200
2. 实际销售额（万元）	879287	1066640	1019861
#外销（租）			
#个人	796239	996107	961659
住宅	658157	768012	732174
#别墅、高档公寓	8522	12185	
#经济适用房屋	298172	306368	223585
#个人	608259	732352	723196
办公楼	11103	70174	27946
商业营业用房	208821	224579	255104
其他	1206	3875	4637
3. 实际销售价格（元/平方米）	1735	1817	1585
住宅	1444	1487	1325
办公楼	2861	4587	3212
商业营业用房	4506	4202	3196

第二十章 35个大中城市分城市房地产统计(2002～2004)

20－1　北京市房地产开发投资综合统计

指　标	2002年	2003年	2004年
一、本年完成投资额（亿元）	989.41	1202.48	1473.29
1.按用途分			
住宅	586.74	632.97	775.99
#别墅、高档公寓	82.81	99.51	
#经济适用房屋	69.07	68.67	
办公楼	97.33	142.75	187.89
商业营业用房	57.61	61.35	94.76
其他	247.74	365.41	414.65
2.商品房屋建设			
#商品房建设投资	551.96	630.92	
商品房建设投资额比重(%)	55.80	52.50	
3.资金状况			
本年资金来源合计	1646.86	2209.15	
#上年末节余资金	278.42	337.76	
#本年资金来源小计	1368.43	1871.39	
本年各项应付款合计	70.89	113.11	
4.资金来源及构成			
本年资金来源小计	1368.43	1871.39	2403.16
国家预算内资金			
国内贷款	382.77	586.86	549.96
债券	1.23		
利用外资	16.77	33.21	48.53
#外商直接投资	13.28	10.00	
自筹资金	286.84	375.85	434.54
其他资金来源	680.83	875.47	1370.13
二、房地产开发企业（单位）情况			
1.企业个数合计（个）	958	1056	
#一级企业	31	41	
#二级企业	52	64	
#三级企业	35	37	
2.从业人数合计（人）	47042	52269	
#一级企业	5870	5808	
#二级企业	3671	4446	
#三级企业	1735	1354	
3.资产合计（亿元）	4969.41	5703.85	
#一级企业	821.11	903.09	
#二级企业	424.08	566.67	
#三级企业	122.76	142.00	

20－1 续表 1

指 标	2002年	2003年	2004年
4.负债合计(亿元)	4037.74	4669.16	
#一级企业	675.54	743.53	
#二级企业	352.27	465.20	
#三级企业	97.98	120.69	
5.资产负债率(%)	81.3	81.9	
#一级企业	82.3	82.3	
#二级企业	83.1	82.1	
#三级企业	79.8	85.0	
三、土地开发及购置			
本年完成开发土地面积(万平方米)	925.00	1084.44	634.17
本年完成土地开发投资(亿元)	44.01	39.55	36.54
本年购置土地面积(万平方米)	2092.50	1391.26	1572.46
土地购置费(亿元)		213.23	275.84
四、商品房屋开发面积(万平方米)			
1.施工房屋面积	7510.75	9070.66	9931.31
住宅	5397.60	6352.86	6759.42
#别墅、高档公寓	550.81	704.95	
#经济适用房屋	660.23	802.48	
办公楼	672.69	901.31	1122.54
商业营业用房	400.35	557.66	641.83
其他	1040.11	1258.83	1407.52
2.新开工房屋面积	3206.00	3433.75	3054.27
住宅	2455.72	2503.46	2207.15
#别墅、高档公寓	224.22	233.15	
#经济适用房屋	343.28	341.14	
办公楼	222.80	259.09	262.24
商业营业用房	126.55	226.04	186.98
其他	400.92	445.16	397.90
3.竣工房屋面积	2384.44	2593.65	3066.99
住宅	1926.17	2080.75	2343.95
#别墅、高档公寓	161.92	127.93	
#经济适用房屋	230.41	322.77	
办公楼	97.45	93.59	153.93
商业营业用房	82.95	117.54	225.26
其他	277.88	301.77	343.85
4.空置房屋面积	774.01	1123.40	1044.11
住宅	634.06	896.92	723.85
#别墅、高档公寓	135.22		
#经济适用房屋	16.01		
办公楼	73.54	94.24	110.07
商业营业用房	26.36	81.16	123.76
其他	40.05	51.08	86.43

20－1 续表 2

指　　标	2002年	2003年	2004年
五、商品房屋销售			
1. 实际销售面积（万平方米）	1708.34	1895.77	2472.03
#外销（租）	7.04		
#个人	1601.56	1780.38	
住宅	1604.42	1771.05	2285.82
#别墅、高档公寓	153.59	131.90	
#经济适用房屋	220.27	320.02	
#个人	1562.93	1720.14	
办公楼	44.02	38.12	92.50
商业营业用房	32.88	50.82	60.21
其他	27.02	35.78	33.50
2. 实际销售额（亿元）	813.84	897.96	1249.10
#外销（租）	6.84		
#个人	708.32	792.70	
住宅	716.66	789.16	1085.11
#别墅、高档公寓	127.41	97.82	
#经济适用房屋	63.10	91.07	
#个人	685.98	753.24	
办公楼	57.95	40.58	99.21
商业营业用房	25.95	51.78	50.59
其他	13.27	16.44	14.19
3. 实际销售价格（元/平方米）	4764	4737	5053
住宅	4467	4456	4747
办公楼	13167	10645	10725
商业营业用房	7892	10189	8403
4. 预售面积（万平方米）	525.82	633.40	
#外销（租）	1.58		
#个人			
住宅	502.29	561.20	
#别墅、高档公寓	51.74	98.24	
#经济适用房屋	123.72	136.87	
#个人			
办公楼	7.21	41.81	
商业营业用房	15.40	9.08	
其他	0.91	21.32	
5. 出租面积（万平方米）	274.41	246.29	
#外销（租）	10.12		
#个人	22.14	20.45	
住宅	40.96	45.11	
#别墅、高档公寓	32.77	32.10	
#经济适用房屋			
#个人	11.94	12.59	
办公楼	150.57	135.67	
商业营业用房	68.98	46.02	
其他	13.90	19.49	

20－2 天津市房地产开发投资综合统计

指 标	2002年	2003年	2004年
一、本年完成投资额（亿元）	175.84	211.39	263.92
1.按用途分			
住宅	103.18	150.93	175.24
#别墅、高档公寓	14.06	17.70	
#经济适用房屋	36.52	43.40	
办公楼	7.51	7.78	15.75
商业营业用房	14.72	24.26	28.24
其他	50.43	28.43	44.69
2.商品房屋建设			
#商品房建设投资	130.97	158.29	
商品房建设投资额比重(%)	74.50	74.90	
3.资金状况			
本年资金来源合计	265.03	364.21	
#上年末节余资金	35.65	41.80	
#本年资金来源小计	229.37	322.41	
本年各项应付款合计	50.78	63.95	
4.资金来源及构成			
本年资金来源小计	229.37	322.41	407.30
国家预算内资金			
国内贷款	48.41	91.14	83.50
债券	0.00		
利用外资	3.88	3.83	5.65
#外商直接投资	2.41	3.05	
自筹资金	81.98	90.05	124.69
其他资金来源	95.10	137.40	193.46
二、房地产开发企业（单位）情况			
1.企业个数合计（个）	797	761	
#一级企业	35	29	
#二级企业	60	67	
#三级企业	117	133	
2.从业人数合计（人）	23794	20126	
#一级企业	2657	2765	
#二级企业	3805	3533	
#三级企业	3763	3628	
3.资产合计（亿元）	977.83	1118.57	
#一级企业	265.42	259.56	
#二级企业	188.78	293.22	
#三级企业	124.65	134.47	

20－2 续表 1

指 标	2002年	2003年	2004年
4. 负债合计(亿元)	703.56	820.34	
#一级企业	171.15	177.81	
#二级企业	146.31	223.87	
#三级企业	97.99	100.02	
5. 资产负债率(%)	72.0	73.3	
#一级企业	64.5	68.5	
#二级企业	77.5	76.3	
#三级企业	78.6	74.4	
三、土地开发及购置			
本年完成开发土地面积(万平方米)	575.01	740.45	535.44
本年完成土地开发投资(亿元)	25.80	26.48	21.05
本年购置土地面积(万平方米)	582.65	1093.27	1059.11
土地购置费(亿元)		30.18	48.22
四、商品房屋开发面积(万平方米)			
1. 施工房屋面积	2135.56	2314.43	2865.55
住宅	1746.13	1953.50	2352.98
#别墅、高档公寓	182.37	141.81	
#经济适用房屋	655.89	568.19	
办公楼	96.29	85.87	134.19
商业营业用房	226.72	194.84	302.65
其他	66.41	80.21	75.73
2. 新开工房屋面积	825.28	838.17	1216.58
住宅	653.12	721.51	1001.62
#别墅、高档公寓	88.77	62.20	
#经济适用房屋	179.83	220.15	
办公楼	32.71	17.94	41.99
商业营业用房	106.22	59.98	135.91
其他	33.23	38.74	37.06
3. 竣工房屋面积	746.44	911.27	1108.13
住宅	673.00	750.67	1014.46
#别墅、高档公寓	51.14	52.50	
#经济适用房屋	270.51	181.48	
办公楼	8.11	41.49	32.40
商业营业用房	56.23	89.43	43.24
其他	9.09	29.68	18.03
4. 空置房屋面积	445.94	363.01	164.68
住宅	404.07	299.99	117.95
#别墅、高档公寓	24.64		
#经济适用房屋	127.07		
办公楼	13.82	19.62	13.12
商业营业用房	24.16	38.53	28.61
其他	3.89	4.87	5.00

20－2 续表 2

指　　标	2002年	2003年	2004年
五、商品房屋销售			
1. 实际销售面积（万平方米）	564.00	786.50	847.03
#外销（租）		10.83	
#个人	548.72	742.87	
住宅	538.26	720.64	796.09
#别墅、高档公寓	29.51	39.29	
#经济适用房屋	191.28	214.65	
#个人	529.77	709.17	
办公楼	6.94	15.72	16.88
商业营业用房	17.76	28.89	32.71
其他	1.04	21.25	1.35
2. 实际销售额（亿元）	140.28	198.04	263.82
#外销（租）		2.14	
#个人	135.58	183.33	
住宅	129.92	172.43	234.87
#别墅、高档公寓	10.53	15.92	
#经济适用房屋	43.21	47.93	
#个人	127.27	168.51	
办公楼	2.50	9.88	9.37
商业营业用房	7.67	11.96	18.95
其他	0.19	3.78	0.63
3. 实际销售价格（元/平方米）	2487	2518	3115
住宅	2414	2393	2950
办公楼	3600	6287	5552
商业营业用房	4317	4141	5795
4. 预售面积（万平方米）	212.43	276.77	
#外销（租）	10.22	5.82	
#个人			
住宅	194.57	257.40	
#别墅、高档公寓	17.27	22.79	
#经济适用房屋	57.43	43.44	
#个人			
办公楼	5.40	3.45	
商业营业用房	10.57	5.97	
其他	1.88	9.96	
5. 出租面积（万平方米）	47.14	52.29	
#外销（租）	3.56	9.35	
#个人	3.61	13.24	
住宅	3.08	5.98	
#别墅、高档公寓	0.51	0.15	
#经济适用房屋	0.73	1.08	
#个人	1.32	2.98	
办公楼	4.42	1.88	
商业营业用房	30.16	28.62	
其他	9.48	15.82	

20－3　石家庄市房地产开发投资综合统计

指　标	2002年	2003年	2004年
一、本年完成投资额（亿元）	33.41	62.09	87.75
1.按用途分			
住宅	18.77	36.11	55.39
#别墅、高档公寓	0.24	0.08	
#经济适用房屋	6.89	5.95	
办公楼	1.66	1.99	3.25
商业营业用房	5.32	3.62	9.23
其他	7.66	20.38	19.88
2.商品房屋建设			
#商品房建设投资	22.67	35.21	
商品房建设投资额比重(%)	67.90	56.70	
3.资金状况			
本年资金来源合计	43.92	66.48	
#上年末节余资金	8.45	4.32	
#本年资金来源小计	35.47	62.16	
本年各项应付款合计	5.05	8.11	
4.资金来源及构成			
本年资金来源小计	35.47	62.16	83.52
国家预算内资金	0.50	0.60	
国内贷款	6.29	10.16	11.04
债券			
利用外资	0.31	0.74	0.21
#外商直接投资		0.74	
自筹资金	15.92	32.36	44.00
其他资金来源	12.45	18.29	28.27
二、房地产开发企业（单位）情况			
1.企业个数合计（个）	74	83	
#一级企业			
#二级企业	13	10	
#三级企业	16	11	
2.从业人数合计（人）	3582	4654	
#一级企业			
#二级企业	816	1886	
#三级企业	781	527	
3.资产合计（亿元）	157.20	77.71	
#一级企业			
#二级企业	21.28	27.20	
#三级企业	103.23	9.05	

20－3 续表 1

指　标	2002年	2003年	2004年
4. 负债合计（亿元）	103.35	62.01	
#一级企业			
#二级企业	14.01	20.73	
#三级企业	65.18	7.73	
5. 资产负债率（%）	65.7	79.8	
#一级企业			
#二级企业	65.9	76.2	
#三级企业	63.1	85.4	
三、土地开发及购置			
本年完成开发土地面积（万平方米）	58.15	141.98	55.62
本年完成土地开发投资（亿元）	4.02	10.08	3.61
本年购置土地面积（万平方米）	73.42	134.55	144.05
土地购置费（亿元）		10.46	12.86
四、商品房屋开发面积（万平方米）			
1. 施工房屋面积	290.36	431.31	552.73
住宅	228.31	356.25	445.89
#别墅、高档公寓	3.62	3.60	
#经济适用房屋	76.65	77.43	
办公楼	16.35	15.64	36.04
商业营业用房	45.69	51.89	59.46
其他		7.53	11.34
2. 新开工房屋面积	81.75	163.72	261.65
住宅	68.24	150.13	216.02
#别墅、高档公寓			
#经济适用房屋	21.35	39.00	
办公楼	7.47	0.99	0.82
商业营业用房	6.04	9.08	40.41
其他		3.52	4.40
3. 竣工房屋面积	83.73	136.63	83.74
住宅	64.91	130.91	81.37
#别墅、高档公寓	1.89	3.60	
#经济适用房屋	31.01	18.18	
办公楼	11.77	1.25	0.13
商业营业用房	7.04	2.84	1.49
其他		1.63	0.75
4. 空置房屋面积	20.51	14.55	16.29
住宅	18.72	10.54	13.71
#别墅、高档公寓			
#经济适用房屋			
办公楼	0.05	0.80	1.12
商业营业用房	0.15	3.11	1.46
其他	1.59	0.10	

20-3 续表 2

指　　标	2002年	2003年	2004年
五、商品房屋销售			
1.实际销售面积（万平方米）	99.95	118.07	121.08
#外销（租）	1.05		
#个人	64.50	90.14	
住宅	76.32	114.65	119.25
#别墅、高档公寓	1.05		
#经济适用房屋	30.85	16.32	
#个人	54.36	88.77	
办公楼	9.66	0.20	0.71
商业营业用房	13.79	3.18	0.75
其他	0.18	0.03	0.37
2.实际销售额（亿元）	18.10	18.66	18.74
#外销（租）	0.23		
#个人	12.76	13.11	
住宅	11.87	18.01	18.29
#别墅、高档公寓	0.22		
#经济适用房屋	3.64	2.03	
#个人	8.37	12.87	
办公楼	1.36	0.10	0.17
商业营业用房	4.86	0.55	0.12
其他	0.02	0.00	0.16
3.实际销售价格（元/平方米）	1811	1581	1547
住宅	1555	1570	1534
办公楼	1408	5000	2437
商业营业用房	3523	1740	1536
4.预售面积（万平方米）	14.23	49.37	
#外销（租）	0.75		
#个人			
住宅	10.86	47.29	
#别墅、高档公寓	0.77		
#经济适用房屋	5.41	1.19	
#个人			
办公楼			
商业营业用房	3.37	2.05	
其他		0.03	
5.出租面积（万平方米）	0.18	2.61	
#外销（租）			
#个人	0.18	2.38	
住宅			
#别墅、高档公寓			
#经济适用房屋			
#个人			
办公楼			
商业营业用房	0.18	2.26	
其他		0.35	

20－4　太原市房地产开发投资综合统计

指　标	2002年	2003年	2004年
一、本年完成投资额（亿元）	29.44	42.97	62.84
1.按用途分			
住宅	14.62	17.09	31.16
#别墅、高档公寓			
#经济适用房屋	6.34	4.83	
办公楼	2.78	3.94	6.16
商业营业用房	3.05	9.73	15.95
其他	9.00	12.22	9.57
2.商品房屋建设			
#商品房建设投资	18.26	24.26	
商品房建设投资额比重(%)	62.00	56.50	
3.资金状况			
本年资金来源合计	51.55	73.24	
#上年末节余资金	6.04	8.10	
#本年资金来源小计	45.51	65.14	
本年各项应付款合计	6.97	13.20	
4.资金来源及构成			
本年资金来源小计	45.51	65.14	84.66
国家预算内资金	0.14		
国内贷款	13.95	17.40	9.50
债券			
利用外资	0.09		0.66
#外商直接投资	0.09		
自筹资金	16.16	25.95	37.00
其他资金来源	15.18	21.79	37.51
二、房地产开发企业（单位）情况			
1.企业个数合计（个）	234	248	
#一级企业	2	1	
#二级企业	24	38	
#三级企业	82	75	
2.从业人数合计（人）	8168	8132	
#一级企业	588	63	
#二级企业	1371	2642	
#三级企业	2988	2474	
3.资产合计（亿元）	148.08	161.37	
#一级企业	7.66	3.40	
#二级企业	41.36	72.09	
#三级企业	42.78	44.54	

20－4 续表 1

指　标	2002年	2003年	2004年
4. 负债合计（亿元）	109.65	111.42	
#一级企业	7.31	2.90	
#二级企业	35.64	56.22	
#三级企业	26.04	28.70	
5. 资产负债率（%）	74.0	69.0	
#一级企业	95.5	85.2	
#二级企业	86.2	78.0	
#三级企业	60.9	64.4	
三、土地开发及购置			
本年完成开发土地面积（万平方米）	57.62	82.76	62.56
本年完成土地开发投资（亿元）	3.32	4.50	7.49
本年购置土地面积（万平方米）	125.10	122.63	75.23
土地购置费（亿元）		6.39	6.08
四、商品房屋开发面积（万平方米）			
1. 施工房屋面积	412.57	521.10	661.72
住宅	285.02	344.49	414.95
#别墅、高档公寓			
#经济适用房屋	134.11	114.30	
办公楼	44.03	54.73	73.35
商业营业用房	67.28	110.13	153.02
其他	16.24	11.76	20.40
2. 新开工房屋面积	126.00	183.57	189.90
住宅	97.31	122.95	113.03
#别墅、高档公寓			
#经济适用房屋	45.54	33.50	
办公楼	5.75	12.47	29.76
商业营业用房	21.33	43.83	40.59
其他	1.61	4.32	6.52
3. 竣工房屋面积	152.72	165.32	154.10
住宅	102.78	105.50	130.12
#别墅、高档公寓			
#经济适用房屋	46.14	30.31	
办公楼	23.92	19.65	8.50
商业营业用房	20.95	36.93	14.14
其他	5.07	3.24	1.34
4. 空置房屋面积	39.74	87.64	46.88
住宅	32.84	50.88	22.37
#别墅、高档公寓			
#经济适用房屋	10.36		
办公楼	0.95	7.18	6.51
商业营业用房	5.53	26.70	14.66
其他	0.42	2.88	3.34

20－4 续表 2

指　　标	2002年	2003年	2004年
五、商品房屋销售			
1. 实际销售面积（万平方米）	82.59	84.27	126.28
#外销（租）			
#个人	76.23	57.53	
住宅	71.15	57.72	109.36
#别墅、高档公寓			
#经济适用房屋	29.05	9.18	
#个人	67.29	48.32	
办公楼	4.63	12.85	4.04
商业营业用房	6.75	13.63	12.16
其他	0.05	0.06	0.72
2. 实际销售额（亿元）	18.09	26.67	33.79
#外销（租）			
#个人	16.67	16.33	
住宅	13.51	12.72	25.51
#别墅、高档公寓			
#经济适用房屋	3.62	1.09	
#个人	12.89	10.75	
办公楼	2.13	6.47	2.07
商业营业用房	2.44	7.48	6.09
其他	0.00	0.00	0.12
3. 实际销售价格（元/平方米）	2191	3165	2675
住宅	1899	2204	2333
办公楼	4605	5036	5117
商业营业用房	3617	5484	5007
4. 预售面积（万平方米）	44.28	29.46	
#外销（租）			
#个人			
住宅	27.65	24.85	
#别墅、高档公寓			
#经济适用房屋	11.01	9.18	
#个人			
办公楼	10.49	0.48	
商业营业用房	6.09	3.48	
其他	0.06	0.66	
5. 出租面积（万平方米）	6.91	8.24	
#外销（租）			
#个人	2.73	2.70	
住宅	1.92	0.24	
#别墅、高档公寓			
#经济适用房屋			
#个人	1.50	0.10	
办公楼	2.63	3.38	
商业营业用房	1.49	4.62	
其他	0.86		

20－5　呼和浩特市房地产开发投资综合统计

指　　标	2002年	2003年	2004年
一、本年完成投资额（亿元）	24.28	27.40	30.20
1.按用途分			
住宅	11.71	12.38	15.16
#别墅、高档公寓			
#经济适用房屋	4.28	3.11	
办公楼	1.66	3.42	3.46
商业营业用房	6.07	9.27	9.38
其他	4.84	2.33	2.20
2.商品房屋建设			
#商品房建设投资	18.23	20.33	
商品房建设投资额比重(%)	75.10	74.20	
3.资金状况			
本年资金来源合计	20.74	24.60	
#上年末节余资金	1.11	0.31	
#本年资金来源小计	19.62	24.29	
本年各项应付款合计	4.59	3.33	
4.资金来源及构成			
本年资金来源小计	19.62	24.29	29.47
国家预算内资金			
国内贷款	4.33	2.50	1.08
债券			
利用外资	0.05		
#外商直接投资	0.05		
自筹资金	7.71	17.10	22.10
其他资金来源	7.54	4.69	6.29
二、房地产开发企业（单位）情况			
1.企业个数合计（个）	160	156	
#一级企业			
#二级企业	6	5	
#三级企业	24	22	
2.从业人数合计（人）	3568	2980	
#一级企业			
#二级企业	173	230	
#三级企业	826	584	
3.资产合计（亿元）	45.82	59.33	
#一级企业			
#二级企业	5.75	7.69	
#三级企业	13.74	17.66	

20－5 续表 1

指 标	2002年	2003年	2004年
4. 负债合计(亿元)	34.69	40.85	
#一级企业			
#二级企业	4.38	6.48	
#三级企业	9.23	9.39	
5. 资产负债率(%)	75.7	68.8	
#一级企业			
#二级企业	76.3	84.2	
#三级企业	67.2	53.2	
三、土地开发及购置			
本年完成开发土地面积(万平方米)	57.31	169.74	159.85
本年完成土地开发投资(亿元)	1.49	1.94	1.50
本年购置土地面积(万平方米)	58.62	179.93	186.70
土地购置费(亿元)		4.86	5.12
四、商品房屋开发面积(万平方米)			
1. 施工房屋面积	354.49	342.01	434.13
住宅	254.29	223.35	240.36
#别墅、高档公寓			
#经济适用房屋	100.90	40.54	
办公楼	23.10	28.14	38.34
商业营业用房	67.46	86.06	126.84
其他	9.64	4.47	28.59
2. 新开工房屋面积	191.47	177.00	182.45
住宅	127.38	105.59	103.59
#别墅、高档公寓			
#经济适用房屋	38.07	24.52	
办公楼	16.96	10.92	17.96
商业营业用房	42.15	56.73	47.34
其他	4.98	3.76	13.56
3. 竣工房屋面积	158.26	131.84	144.89
住宅	120.55	110.10	101.70
#别墅、高档公寓			
#经济适用房屋	45.46	11.96	
办公楼	5.37	4.71	9.59
商业营业用房	28.70	16.68	31.91
其他	3.64	0.35	1.69
4. 空置房屋面积	68.03	60.53	36.52
住宅	47.53	41.36	25.01
#别墅、高档公寓			
#经济适用房屋	7.42		
办公楼	5.76	3.39	2.25
商业营业用房	12.60	15.08	9.04
其他	2.13	0.70	0.22

20－5续表2

指　　标	2002年	2003年	2004年
五、商品房屋销售			
1.实际销售面积（万平方米）	120.69	137.38	158.14
#外销（租）			
#个人	118.02	132.40	
住宅	105.69	112.97	138.70
#别墅、高档公寓			
#经济适用房屋	40.78	37.87	
#个人	103.91	112.97	
办公楼	1.12	5.00	3.86
商业营业用房	13.87	19.06	15.28
其他	0.01	0.35	0.30
2.实际销售额（亿元）	18.08	21.32	26.06
#外销（租）			
#个人	17.67	20.81	
住宅	12.71	14.43	19.84
#别墅、高档公寓			
#经济适用房屋	4.93	3.44	
#个人	12.46	14.43	
办公楼	0.23	0.72	0.77
商业营业用房	5.13	6.11	5.42
其他	0.00	0.06	0.03
3.实际销售价格（元/平方米）	1498	1552	1648
住宅	1202	1277	1430
办公楼	2084	1447	1984
商业营业用房	3703	3205	3548
4.预售面积（万平方米）		1.88	
#外销（租）			
#个人			
住宅		1.79	
#别墅、高档公寓			
#经济适用房屋			
#个人			
办公楼		0.05	
商业营业用房		0.03	
其他			
5.出租面积（万平方米）		3.35	
#外销（租）			
#个人		2.41	
住宅			
#别墅、高档公寓			
#经济适用房屋			
#个人			
办公楼		0.44	
商业营业用房		2.91	
其他			

20-6 沈阳市房地产开发投资综合统计

指 标	2002年	2003年	2004年
一、本年完成投资额(亿元)	116.08	177.33	342.62
1.按用途分			
住宅	83.13	130.62	233.30
#别墅、高档公寓	13.93	12.40	
#经济适用房屋	6.45	1.92	
办公楼	7.90	3.36	8.60
商业营业用房	17.54	32.36	58.84
其他	7.51	11.00	41.88
2.商品房屋建设			
#商品房建设投资	79.72	135.70	
商品房建设投资额比重(%)	68.70	76.50	
3.资金状况			
本年资金来源合计	157.66	249.10	
#上年末节余资金	30.48	33.01	
#本年资金来源小计	127.18	216.08	
本年各项应付款合计	41.77	49.65	
4.资金来源及构成			
本年资金来源小计	127.18	216.08	375.20
国家预算内资金			
国内贷款	32.33	46.76	35.24
债券			
利用外资	2.55	4.63	5.49
#外商直接投资	1.97	3.72	
自筹资金	44.69	87.31	201.62
其他资金来源	47.61	77.38	132.84
二、房地产开发企业(单位)情况			
1.企业个数合计(个)	402	488	
#一级企业	2	2	
#二级企业	27	31	
#三级企业	272	294	
2.从业人数合计(人)	9637	9952	
#一级企业	581	407	
#二级企业	1396	1287	
#三级企业	5903	5464	
3.资产合计(亿元)	442.90	580.74	
#一级企业	16.50	15.60	
#二级企业	41.05	59.77	
#三级企业	297.36	350.03	

20－6 续表 1

指 标	2002年	2003年	2004年
4.负债合计(亿元)	352.72	471.35	
#一级企业	15.16	14.42	
#二级企业	31.44	46.54	
#三级企业	236.47	287.84	
5.资产负债率(%)	79.6	81.2	
#一级企业	91.9	92.5	
#二级企业	76.6	77.9	
#三级企业	79.5	82.2	
三、土地开发及购置			
本年完成开发土地面积(万平方米)	201.23	219.23	426.46
本年完成土地开发投资(亿元)	15.61	20.60	21.12
本年购置土地面积(万平方米)	428.86	607.38	1181.13
土地购置费(亿元)		44.72	74.77
四、商品房屋开发面积(万平方米)			
1.施工房屋面积	1238.20	1738.82	2805.28
住宅	1004.60	1401.10	1993.24
#别墅、高档公寓	145.13	113.73	
#经济适用房屋	122.79	33.28	
办公楼	52.37	59.44	55.72
商业营业用房	152.88	219.50	383.22
其他	28.35	58.78	373.10
2.新开工房屋面积	526.42	716.84	1243.24
住宅	449.82	602.66	898.50
#别墅、高档公寓	64.44	18.92	
#经济适用房屋	41.68	8.72	
办公楼	9.20	15.66	14.73
商业营业用房	57.44	82.10	171.37
其他	9.96	16.42	158.64
3.竣工房屋面积	363.64	585.93	806.13
住宅	313.96	494.29	716.69
#别墅、高档公寓	28.64	13.12	
#经济适用房屋	44.62	20.60	
办公楼	12.01	15.13	4.90
商业营业用房	28.56	56.88	62.75
其他	9.11	19.63	21.79
4.空置房屋面积	220.41	345.14	447.05
住宅	184.57	279.22	386.60
#别墅、高档公寓	15.65		
#经济适用房屋	18.83		
办公楼	11.67	12.09	10.62
商业营业用房	18.25	40.18	35.17
其他	5.93	13.65	14.66

20－6 续表 2

指　　标	2002年	2003年	2004年
五、商品房屋销售			
1.实际销售面积（万平方米）	206.07	324.80	524.31
#外销（租）			
#个人	193.08	313.73	
住宅	184.12	291.56	489.01
#别墅、高档公寓	20.74	8.41	
#经济适用房屋	12.90	4.50	
#个人	173.11	287.48	
办公楼	5.11	2.94	2.65
商业营业用房	14.62	23.76	24.64
其他	2.22	6.54	8.01
2.实际销售额（亿元）	56.41	94.71	152.63
#外销（租）			
#个人	53.14	88.96	
住宅	47.89	80.27	139.45
#别墅、高档公寓	8.36	3.62	
#经济适用房屋	2.14	0.90	
#个人	45.52	79.04	
办公楼	2.73	0.86	0.80
商业营业用房	5.14	11.37	9.97
其他	0.66	2.21	2.41
3.实际销售价格（元/平方米）	2738	2916	2911
住宅	2601	2753	2852
办公楼	5342	2928	3000
商业营业用房	3514	4784	4044
4.预售面积（万平方米）	53.30	131.66	
#外销（租）		3.00	
#个人			
住宅	47.05	118.39	
#别墅、高档公寓	6.05	4.44	
#经济适用房屋	1.80		
#个人			
办公楼		0.17	
商业营业用房	4.10	12.23	
其他	2.15	0.87	
5.出租面积（万平方米）	5.94	10.65	
#外销（租）			
#个人	0.86	1.59	
住宅	0.44	0.63	
#别墅、高档公寓	0.33	0.37	
#经济适用房屋			
#个人	0.25	0.63	
办公楼	3.36	5.04	
商业营业用房	2.14	4.98	
其他			

20-7 长春市房地产开发投资综合统计

指 标	2002年	2003年	2004年
一、本年完成投资额(亿元)	52.56	70.00	89.83
1.按用途分			
住宅	34.45	48.21	64.42
#别墅、高档公寓	2.53	0.17	
#经济适用房屋	9.16	7.80	
办公楼	1.31	1.97	4.08
商业营业用房	11.99	16.79	16.04
其他	4.80	3.03	5.29
2.商品房屋建设			
#商品房建设投资	43.83	47.24	
商品房建设投资额比重(%)	83.40	67.50	
3.资金状况			
本年资金来源合计	62.46	78.14	
#上年末节余资金	5.91	8.23	
#本年资金来源小计	56.55	69.91	
本年各项应付款合计	15.17	13.61	
4.资金来源及构成			
本年资金来源小计	56.55	69.91	87.39
国家预算内资金			0.15
国内贷款	7.38	10.24	5.43
债券			
利用外资	0.45	0.15	
#外商直接投资	0.20	0.05	
自筹资金	23.59	36.60	37.90
其他资金来源	25.14	22.91	43.92
二、房地产开发企业(单位)情况			
1.企业个数合计(个)	114	121	
#一级企业	4	4	
#二级企业	9	8	
#三级企业	38	42	
2.从业人数合计(人)	5194	5319	
#一级企业	478	406	
#二级企业	610	488	
#三级企业	1740	2268	
3.资产合计(亿元)	198.27	186.74	
#一级企业	32.14	34.34	
#二级企业	31.45	27.24	
#三级企业	84.55	68.58	

20－7 续表 1

指　　标	2002年	2003年	2004年
4. 负债合计（亿元）	163.36	151.95	
#一级企业	24.86	26.85	
#二级企业	25.78	21.49	
#三级企业	75.07	58.24	
5. 资产负债率（%）	82.4	81.4	
#一级企业	77.3	78.2	
#二级企业	82.0	78.9	
#三级企业	88.8	84.9	
三、土地开发及购置			
本年完成开发土地面积（万平方米）	82.07	96.18	50.66
本年完成土地开发投资（亿元）	2.69	1.98	1.93
本年购置土地面积（万平方米）	136.44	225.63	325.65
土地购置费（亿元）		28.15	20.40
四、商品房屋开发面积（万平方米）			
1. 施工房屋面积	695.10	529.09	713.03
住宅	497.41	390.85	535.34
#别墅、高档公寓	50.76	1.87	
#经济适用房屋	135.21	98.95	
办公楼	12.89	13.79	29.64
商业营业用房	158.05	111.60	111.54
其他	26.75	12.86	36.51
2. 新开工房屋面积	351.48	281.74	488.78
住宅	228.36	231.74	395.66
#别墅、高档公寓	9.81	0.85	
#经济适用房屋	82.02	56.85	
办公楼	5.98	5.27	16.46
商业营业用房	108.83	38.72	59.63
其他	8.32	6.00	17.03
3. 竣工房屋面积	291.45	254.40	279.38
住宅	228.60	185.65	213.57
#别墅、高档公寓	13.88	1.87	
#经济适用房屋	76.03	69.33	
办公楼	6.63	3.25	9.72
商业营业用房	47.06	61.29	46.55
其他	9.16	4.21	9.54
4. 空置房屋面积	121.16	195.75	279.01
住宅	100.44	146.79	201.83
#别墅、高档公寓	16.06		
#经济适用房屋	46.19		
办公楼	2.10	9.57	10.76
商业营业用房	15.37	31.59	55.98
其他	3.25	7.80	10.44

20－7 续表 2

指　　标	2002年	2003年	2004年
五、商品房屋销售			
1.实际销售面积（万平方米）	199.18	185.23	194.09
#外销（租）			
#个人	188.36	168.17	
住宅	172.04	167.22	174.92
#别墅、高档公寓	11.50	0.21	
#经济适用房屋	48.67	64.59	
#个人	163.47	152.70	
办公楼	2.75	2.88	1.82
商业营业用房	22.97	12.61	14.01
其他	1.43	2.52	3.34
2.实际销售额（亿元）	48.22	39.92	43.87
#外销（租）			
#个人	45.46	37.02	
住宅	35.52	33.00	37.07
#别墅、高档公寓	4.65	0.07	
#经济适用房屋	7.66	10.06	
#个人	33.56	31.26	
办公楼	0.71	1.55	0.47
商业营业用房	11.66	4.35	5.38
其他	0.33	1.03	0.95
3.实际销售价格（元/平方米）	2421	2155	2260
住宅	2064	1973	2119
办公楼	2600	5366	2601
商业营业用房	5076	3450	3843
4.预售面积（万平方米）	21.98	8.50	
#外销（租）			
#个人			
住宅	11.87	8.20	
#别墅、高档公寓			
#经济适用房屋		4.59	
#个人			
办公楼			
商业营业用房	9.80	0.27	
其他	0.31	0.03	
5.出租面积（万平方米）		1.26	
#外销（租）			
#个人		0.55	
住宅			
#别墅、高档公寓			
#经济适用房屋			
#个人			
办公楼		0.44	
商业营业用房		0.82	
其他			

20－8 哈尔滨市房地产开发投资综合统计

指　标	2002年	2003年	2004年
一、本年完成投资额(亿元)	89.89	106.04	119.95
1.按用途分			
住宅	43.31	50.09	64.40
#别墅、高档公寓	1.05	0.26	
#经济适用房屋	16.72	15.31	
办公楼	6.26	4.91	6.94
商业营业用房	11.22	20.13	27.25
其他	29.11	30.90	21.36
2.商品房屋建设			
#商品房建设投资	77.60	66.95	
商品房建设投资额比重(%)	86.30	63.10	
3.资金状况			
本年资金来源合计	87.04	110.33	
#上年末节余资金	7.48	8.69	
#本年资金来源小计	79.55	101.64	
本年各项应付款合计	12.95	18.85	
4.资金来源及构成			
本年资金来源小计	79.55	101.64	117.75
国家预算内资金			
国内贷款	19.77	20.71	12.65
债券			
利用外资	0.32		4.81
#外商直接投资	0.32		
自筹资金	35.81	57.18	62.15
其他资金来源	23.65	23.76	38.14
二、房地产开发企业(单位)情况			
1.企业个数合计(个)	336	407	
#一级企业	5	5	
#二级企业	58	66	
#三级企业	231	277	
2.从业人数合计(人)	7915	6842	
#一级企业	399	279	
#二级企业	1995	1657	
#三级企业	4660	4026	
3.资产合计(亿元)	332.01	336.03	
#一级企业	18.27	20.36	
#二级企业	82.04	69.45	
#三级企业	172.48	159.92	

20－8 续表 1

指 标	2002年	2003年	2004年
4. 负债合计（亿元）	249.76	267.58	
#一级企业	12.02	13.72	
#二级企业	63.13	49.53	
#三级企业	127.59	125.22	
5. 资产负债率（%）	75.2	79.6	
#一级企业	65.8	67.4	
#二级企业	76.9	71.3	
#三级企业	74.0	78.3	
三、土地开发及购置			
本年完成开发土地面积（万平方米）	113.74	227.37	207.03
本年完成土地开发投资（亿元）	7.16	14.44	12.36
本年购置土地面积（万平方米）	263.84	299.34	282.15
土地购置费（亿元）		14.25	16.14
四、商品房屋开发面积（万平方米）			
1. 施工房屋面积	815.20	1039.61	1204.60
住宅	609.29	681.29	766.20
#别墅、高档公寓	11.33	17.96	
#经济适用房屋	267.18	234.05	
办公楼	55.42	58.76	64.76
商业营业用房	120.92	223.24	306.97
其他	29.58	76.31	66.67
2. 新开工房屋面积	328.28	527.13	489.06
住宅	248.30	323.14	366.28
#别墅、高档公寓	1.89	16.79	
#经济适用房屋	92.96	86.24	
办公楼	16.20	12.08	20.37
商业营业用房	48.16	140.20	76.32
其他	15.63	51.70	26.09
3. 竣工房屋面积	382.04	418.10	510.07
住宅	315.91	302.66	343.35
#别墅、高档公寓	9.44	1.34	
#经济适用房屋	222.28	84.57	
办公楼	15.62	15.75	17.74
商业营业用房	40.83	70.13	126.75
其他	9.68	29.55	22.23
4. 空置房屋面积	365.58	372.86	398.11
住宅	270.45	246.48	249.85
#别墅、高档公寓	13.92		
#经济适用房屋	107.50		
办公楼	11.58	13.58	16.10
商业营业用房	73.55	88.05	114.66
其他	9.99	24.75	17.50

20－8 续表2

指　标	2002年	2003年	2004年
五、商品房屋销售			
1.实际销售面积（万平方米）	349.10	390.78	459.42
#外销（租）			
#个人	320.47	353.02	
住宅	287.06	325.51	350.24
#别墅、高档公寓	9.99	2.23	
#经济适用房屋	166.07	135.54	
#个人	273.54	310.20	
办公楼	11.38	9.05	14.71
商业营业用房	46.20	47.87	75.01
其他	4.47	8.35	19.46
2.实际销售额（亿元）	81.54	91.94	114.57
#外销（租）			
#个人	72.08	82.50	
住宅	61.92	71.07	77.59
#别墅、高档公寓	3.90	0.81	
#经济适用房屋	29.11	24.57	
#个人	57.71	68.31	
办公楼	3.47	3.46	5.10
商业营业用房	15.16	15.16	26.25
其他	0.99	2.26	5.63
3.实际销售价格（元/平方米）	2336	2353	2494
住宅	2157	2183	2215
办公楼	3055	3816	3465
商业营业用房	3281	3166	3500
4.预售面积（万平方米）	50.47	21.33	
#外销（租）			
#个人			
住宅	34.56	18.40	
#别墅、高档公寓		2.56	
#经济适用房屋	0.52	10.65	
#个人			
办公楼	7.83	1.01	
商业营业用房	7.00	1.87	
其他	1.09	0.06	
5.出租面积（万平方米）	9.51	11.78	
#外销（租）			
#个人	0.26	0.14	
住宅	0.01	0.18	
#别墅、高档公寓			
#经济适用房屋	0.01		
#个人	0.01		
办公楼			
商业营业用房	9.49	11.60	
其他	0.02		

20－9 上海市房地产开发投资综合统计

指 标	2002年	2003年	2004年
一、本年完成投资额(亿元)	748.89	901.24	1175.46
1.按用途分			
住宅	567.76	676.28	900.67
#别墅、高档公寓	79.73	106.66	
#经济适用房屋			
办公楼	33.52	66.67	83.24
商业营业用房	62.49	67.82	78.93
其他	85.12	90.47	112.62
2.商品房屋建设			
#商品房建设投资	656.77	824.89	
商品房建设投资额比重(%)	87.70	91.50	
3.资金状况			
本年资金来源合计	1224.61	1579.34	
#上年末节余资金	216.39	284.57	
#本年资金来源小计	1008.23	1294.77	
本年各项应付款合计	183.06	206.83	
4.资金来源及构成			
本年资金来源小计	1008.23	1294.77	1699.79
国家预算内资金			
国内贷款	227.57	282.70	358.68
债券			
利用外资	32.49	34.14	28.25
#外商直接投资	21.47	17.18	
自筹资金	268.28	313.91	417.80
其他资金来源	479.89	664.01	895.06
二、房地产开发企业(单位)情况			
1.企业个数合计(个)	2588	2199	
#一级企业	37	40	
#二级企业	207	221	
#三级企业	421	317	
2.从业人数合计(人)	79392	678172	
#一级企业	5531	40418	
#二级企业	13510	92282	
#三级企业	12477	85849	
3.资产合计(亿元)	5871.68	7024.40	
#一级企业	858.29	898.04	
#二级企业	1822.93	1981.61	
#三级企业	503.79	637.46	

20-9 续表 1

指标	2002年	2003年	2004年
4. 负债合计(亿元)	3916.03	4978.16	
#一级企业	581.46	583.09	
#二级企业	1078.16	1207.89	
#三级企业	380.48	514.54	
5. 资产负债率(%)	66.7	70.9	
#一级企业	67.7	64.9	
#二级企业	59.1	61.0	
#三级企业	75.5	80.7	
三、土地开发及购置			
本年完成开发土地面积(万平方米)	339.33	605.51	672.76
本年完成土地开发投资(亿元)	33.73	42.44	67.77
本年购置土地面积(万平方米)	1010.33	1469.10	1038.76
土地购置费(亿元)		20.79	172.13
四、商品房屋开发面积(万平方米)			
1. 施工房屋面积	6856.96	8267.51	9481.61
住宅	5727.24	6782.09	7631.31
#别墅、高档公寓	625.91	847.73	
#经济适用房屋			
办公楼	311.83	417.83	520.65
商业营业用房	433.19	564.04	725.59
其他	384.70	503.55	604.06
2. 新开工房屋面积	2612.74	3134.53	3196.19
住宅	2309.98	2613.19	2668.84
#别墅、高档公寓	301.95	335.54	
#经济适用房屋			
办公楼	45.91	86.10	89.61
商业营业用房	136.82	248.37	250.35
其他	120.02	186.88	187.39
3. 竣工房屋面积	1984.68	2491.84	3443.02
住宅	1708.11	2139.99	3076.19
#别墅、高档公寓	172.82	257.30	
#经济适用房屋			
办公楼	54.83	63.15	73.05
商业营业用房	127.83	163.01	165.73
其他	93.91	125.69	128.05
4. 空置房屋面积	959.49	522.29	359.39
住宅	571.23	257.94	126.49
#别墅、高档公寓	63.75		
#经济适用房屋			
办公楼	166.76	100.07	88.06
商业营业用房	128.55	76.53	57.57
其他	92.96	87.76	87.27

20－9 续表2

指　标	2002年	2003年	2004年
五、商品房屋销售			
1.实际销售面积（万平方米）	1971.47	2376.40	3300.82
#外销（租）	3.06		
#个人	1867.22	2288.17	
住宅	1846.38	2224.47	3059.53
#别墅、高档公寓	182.55	217.66	
#经济适用房屋			
#个人	1795.03	2181.91	
办公楼	42.35	45.18	80.21
商业营业用房	73.93	78.05	114.87
其他	8.80	28.70	46.21
2.实际销售额（亿元）	815.03	1216.34	1932.63
#外销（租）	3.48		
#个人	754.71	1150.79	
住宅	739.89	1109.86	1762.66
#别墅、高档公寓	105.65	142.33	
#经济适用房屋			
#个人	715.23	1081.33	
办公楼	35.34	43.87	77.44
商业营业用房	36.73	50.43	72.46
其他	3.07	12.17	20.07
3.实际销售价格（元/平方米）	4134	5118	5855
住宅	4007	4989	5761
办公楼	8343	9711	9655
商业营业用房	4968	6462	6308
4.预售面积（万平方米）	1429.15	1769.82	
#外销（租）	1.75		
#个人			
住宅	1400.17	1707.14	
#别墅、高档公寓	147.33	215.33	
#经济适用房屋			
#个人			
办公楼	8.28	25.71	
商业营业用房	19.92	33.03	
其他	0.78	3.94	
5.出租面积（万平方米）	597.39	653.78	
#外销（租）	22.84		
#个人	26.67	36.17	
住宅	76.85	76.84	
#别墅、高档公寓	35.22	30.42	
#经济适用房屋			
#个人	16.59	25.07	
办公楼	195.18	193.66	
商业营业用房	132.56	155.48	
其他	192.79	227.80	

20－10　南京市房地产开发投资综合统计

指　标	2002年	2003年	2004年
一、本年完成投资额（亿元）	137.63	183.80	292.88
1.按用途分			
住宅	96.57	129.33	214.09
#别墅、高档公寓	11.07	17.34	
#经济适用房屋	3.31	10.09	
办公楼	15.81	13.27	18.59
商业营业用房	10.94	13.69	22.74
其他	14.31	27.51	37.46
2.商品房屋建设			
#商品房建设投资	104.28	151.01	
商品房建设投资额比重(%)	75.80	82.20	
3.资金状况			
本年资金来源合计	201.72	303.42	
#上年末节余资金	29.54	47.95	
#本年资金来源小计	172.18	255.48	
本年各项应付款合计	21.83	35.63	
4.资金来源及构成			
本年资金来源小计	172.18	255.48	386.97
国家预算内资金			
国内贷款	51.56	75.80	98.48
债券			
利用外资	3.02	2.51	1.33
#外商直接投资	3.02	2.51	
自筹资金	52.78	76.61	119.21
其他资金来源	64.81	100.56	167.95
二、房地产开发企业（单位）情况			
1.企业个数合计（个）	240	312	
#一级企业	17	17	
#二级企业	39	49	
#三级企业	151	207	
2.从业人数合计（人）	9692	12156	
#一级企业	1618	1538	
#二级企业	3225	4176	
#三级企业	3912	5713	
3.资产合计（亿元）	459.88	626.52	
#一级企业	91.08	107.60	
#二级企业	137.06	163.43	
#三级企业	203.04	323.97	

20－10续表1

指　标	2002年	2003年	2004年
4.负债合计（亿元）	385.56	524.30	
#一级企业	71.55	85.31	
#二级企业	118.06	139.22	
#三级企业	178.62	279.10	
5.资产负债率（%）	83.8	83.7	
#一级企业	78.6	79.3	
#二级企业	86.1	85.2	
#三级企业	88.0	86.2	
三、土地开发及购置			
本年完成开发土地面积（万平方米）	207.40	257.13	553.34
本年完成土地开发投资（亿元）	21.77	22.34	25.14
本年购置土地面积（万平方米）	257.74	459.49	1074.59
土地购置费（亿元）		173.31	62.76
四、商品房屋开发面积（万平方米）			
1.施工房屋面积	1184.40	1553.85	2310.52
住宅	909.60	1252.75	1827.42
#别墅、高档公寓	88.70	132.11	
#经济适用房屋	23.01	154.40	
办公楼	140.30	139.72	148.65
商业营业用房	93.19	109.64	235.61
其他	41.30	51.73	98.84
2.新开工房屋面积	576.10	738.25	1061.30
住宅	467.80	634.26	825.36
#别墅、高档公寓	35.44	54.06	
#经济适用房屋	20.64	125.80	
办公楼	47.12	27.47	40.43
商业营业用房	44.61	53.16	134.78
其他	16.57	23.35	60.73
3.竣工房屋面积	434.59	390.86	644.45
住宅	375.25	334.88	559.54
#别墅、高档公寓	36.14	31.23	
#经济适用房屋	10.01	54.04	
办公楼	18.92	24.69	27.95
商业营业用房	32.25	16.77	42.41
其他	8.17	14.52	14.55
4.空置房屋面积	82.38	61.51	47.98
住宅	53.65	38.29	27.73
#别墅、高档公寓	12.18		
#经济适用房屋	3.40		
办公楼	13.50	7.96	11.48
商业营业用房	12.33	11.88	3.93
其他	2.90	3.38	4.84

20－10 续表 2

指　　标	2002年	2003年	2004年
五、商品房屋销售			
1.实际销售面积（万平方米）	382.05	444.48	607.96
#外销（租）	2.17		
#个人	360.47	427.06	
住宅	341.92	400.16	542.52
#别墅、高档公寓	41.76	14.20	
#经济适用房屋	6.03	64.52	
#个人	334.84	397.63	
办公楼	15.25	24.99	24.66
商业营业用房	18.03	17.21	39.82
其他	6.85	2.13	0.96
2.实际销售额（亿元）	111.66	139.90	213.73
#外销（租）	0.39		
#个人	103.48	130.27	
住宅	95.04	115.58	168.06
#别墅、高档公寓	10.99	5.14	
#经济适用房屋	0.63	10.62	
#个人	93.46	114.83	
办公楼	7.76	14.53	18.23
商业营业用房	7.37	9.22	27.05
其他	1.50	0.58	0.39
3.实际销售价格（元/平方米）	2923	3148	3516
住宅	2780	2888	3098
办公楼	5085	5813	7391
商业营业用房	4087	5356	6794
4.预售面积（万平方米）	103.26	274.58	
#外销（租）			
#个人			
住宅	92.50	247.36	
#别墅、高档公寓	8.92	21.39	
#经济适用房屋		2.16	
#个人			
办公楼	5.71	10.77	
商业营业用房	5.05	16.08	
其他		0.37	
5.出租面积（万平方米）	13.61	13.85	
#外销（租）			
#个人	7.64	3.00	
住宅	1.24	2.24	
#别墅、高档公寓		0.03	
#经济适用房屋		0.52	
#个人	0.33	0.55	
办公楼	2.52	2.62	
商业营业用房	9.11	8.71	
其他	0.73	0.29	

20－11 杭州市房地产开发投资综合统计

指　　标	2002年	2003年	2004年
一、本年完成投资额（亿元）	198.25	258.85	328.54
1.按用途分			
住宅	149.09	194.01	253.51
#别墅、高档公寓	22.55	18.09	
#经济适用房屋	13.36	18.94	
办公楼	14.59	15.18	22.65
商业营业用房	22.06	30.79	30.94
其他	12.51	18.86	21.44
2.商品房屋建设			
#商品房建设投资	153.64	189.27	
商品房建设投资额比重(%)	77.50	73.10	
3.资金状况			
本年资金来源合计	442.86	528.17	
#上年末节余资金	68.18	95.06	
#本年资金来源小计	374.68	433.11	
本年各项应付款合计	29.63	34.93	
4.资金来源及构成			
本年资金来源小计	374.68	433.11	614.10
国家预算内资金			
国内贷款	133.59	151.64	171.50
债券			
利用外资			
#外商直接投资			
自筹资金	61.83	64.25	84.29
其他资金来源	179.26	217.23	358.31
二、房地产开发企业（单位）情况			
1.企业个数合计（个）	381	400	
#一级企业	13	13	
#二级企业	69	61	
#三级企业	172	183	
2.从业人数合计（人）	10297	11513	
#一级企业	1122	1161	
#二级企业	2662	2732	
#三级企业	4446	4835	
3.资产合计（亿元）	762.92	977.22	
#一级企业	156.46	179.24	
#二级企业	219.05	270.09	
#三级企业	264.32	350.68	

20－11 续表 1

指　标	2002年	2003年	2004年
4. 负债合计（亿元）	645.07	833.63	
#一级企业	138.61	158.21	
#二级企业	182.68	234.26	
#三级企业	221.43	288.08	
5. 资产负债率（%）	84.6	85.3	
#一级企业	88.6	88.3	
#二级企业	83.4	86.7	
#三级企业	83.8	82.2	
三、土地开发及购置			
本年完成开发土地面积（万平方米）	384.63	275.02	251.29
本年完成土地开发投资（亿元）	9.15	10.64	6.83
本年购置土地面积（万平方米）	1437.86	680.99	363.33
土地购置费（亿元）		44.92	78.97
四、商品房屋开发面积（万平方米）			
1. 施工房屋面积	1898.63	2449.91	3381.86
住宅	1464.01	1904.67	2642.10
#别墅、高档公寓	159.07	174.11	
#经济适用房屋	202.65	232.35	
办公楼	122.91	130.46	235.10
商业营业用房	192.42	250.69	300.13
其他	119.30	164.09	204.53
2. 新开工房屋面积	886.00	1008.18	1093.00
住宅	731.30	835.67	867.78
#别墅、高档公寓	66.18	85.86	
#经济适用房屋	83.66	110.71	
办公楼	30.38	29.56	77.46
商业营业用房	71.51	87.17	80.39
其他	52.82	55.78	67.37
3. 竣工房屋面积	564.27	701.36	679.20
住宅	441.14	553.97	512.85
#别墅、高档公寓	24.61	51.06	
#经济适用房屋	76.97	66.21	
办公楼	27.57	33.57	31.03
商业营业用房	62.97	79.08	98.63
其他	32.60	34.74	36.69
4. 空置房屋面积	51.25	46.65	56.01
住宅	30.49	12.82	16.38
#别墅、高档公寓	1.43		
#经济适用房屋			
办公楼	4.89	3.96	2.45
商业营业用房	11.40	23.71	28.30
其他	4.47	6.17	8.88

20－11 续表 2

指　　标	2002年	2003年	2004年
五、商品房屋销售			
1.实际销售面积（万平方米）	443.24	555.48	605.14
#外销（租）			
#个人	424.07	531.35	
住宅	379.00	471.09	509.49
#别墅、高档公寓	22.14	37.77	
#经济适用房屋	35.46	44.82	
#个人	369.86	461.14	
办公楼	23.67	16.66	29.51
商业营业用房	33.73	50.34	52.06
其他	6.83	17.40	14.08
2.实际销售额（亿元）	156.29	218.78	257.05
#外销（租）			
#个人	146.95	207.56	
住宅	121.17	172.28	197.88
#别墅、高档公寓	12.94	24.68	
#经济适用房屋	8.57	13.88	
#个人	117.11	171.16	
办公楼	13.05	8.86	20.69
商业营业用房	19.51	30.22	34.39
其他	2.56	7.41	4.09
3.实际销售价格（元/平方米）	3526	3939	4248
住宅	3197	3657	3884
办公楼	5513	5322	7011
商业营业用房	5785	6003	6606
4.预售面积（万平方米）	375.51	475.12	
#外销（租）			
#个人			
住宅	325.73	403.09	
#别墅、高档公寓	50.44	43.29	
#经济适用房屋	16.31		
#个人			
办公楼	18.72	28.24	
商业营业用房	26.69	35.36	
其他	4.37	8.42	
5.出租面积（万平方米）	15.97	18.22	
#外销（租）			
#个人	4.79	7.39	
住宅	1.36	3.21	
#别墅、高档公寓	0.22	0.22	
#经济适用房屋			
#个人	0.91	0.61	
办公楼	5.40	2.29	
商业营业用房	6.73	10.12	
其他	2.49	2.60	

20－12　合肥市房地产开发投资综合统计

指　标	2002年	2003年	2004年
一、本年完成投资额（亿元）	40.12	90.01	138.32
1.按用途分			
住宅	24.20	64.10	103.05
#别墅、高档公寓	1.81	5.60	
#经济适用房屋	1.59	6.75	
办公楼	1.75	3.84	6.10
商业营业用房	4.13	16.77	18.82
其他	10.02	5.29	10.35
2.商品房屋建设			
#商品房建设投资	28.27	50.15	
商品房建设投资额比重(%)	70.50	55.70	
3.资金状况			
本年资金来源合计	74.82	143.52	
#上年末节余资金	13.32	19.57	
#本年资金来源小计	61.51	123.95	
本年各项应付款合计	10.80	13.68	
4.资金来源及构成			
本年资金来源小计	61.51	123.95	172.87
国家预算内资金	0.13	0.09	
国内贷款	6.36	19.57	24.30
债券			
利用外资	0.23	0.25	2.44
#外商直接投资	0.23	0.25	
自筹资金	26.35	42.16	69.05
其他资金来源	28.44	61.89	77.08
二、房地产开发企业（单位）情况			
1.企业个数合计（个）	321	378	
#一级企业	5	8	
#二级企业	27	38	
#三级企业	87	106	
2.从业人数合计（人）	8521	10983	
#一级企业	420	426	
#二级企业	1180	1378	
#三级企业	2439	3702	
3.资产合计（亿元）	162.69	245.16	
#一级企业	14.28	17.78	
#二级企业	30.21	46.21	
#三级企业	60.12	85.94	

20－12 续表1

指　标	2002年	2003年	2004年
4.负债合计（亿元）	105.00	168.34	
#一级企业	10.15	13.67	
#二级企业	20.29	34.61	
#三级企业	38.41	56.10	
5.资产负债率（%）	64.5	68.7	
#一级企业	71.0	76.9	
#二级企业	67.2	74.9	
#三级企业	63.9	65.3	
三、土地开发及购置			
本年完成开发土地面积（万平方米）	134.96	198.37	200.00
本年完成土地开发投资（亿元）	1.62	10.70	14.26
本年购置土地面积（万平方米）	485.02	536.62	763.15
土地购置费（亿元）		63.41	37.01
四、商品房屋开发面积（万平方米）			
1.施工房屋面积	610.69	939.58	1399.66
住宅	483.87	726.76	1108.38
#别墅、高档公寓	32.87	58.20	
#经济适用房屋	51.31	51.99	
办公楼	34.60	46.42	69.96
商业营业用房	68.60	141.97	171.29
其他	23.62	24.42	50.03
2.新开工房屋面积	290.22	471.25	612.01
住宅	231.80	369.45	511.49
#别墅、高档公寓	21.54	26.41	
#经济适用房屋	6.79	19.59	
办公楼	12.51	15.11	15.45
商业营业用房	32.72	73.48	60.69
其他	13.18	13.21	24.38
3.竣工房屋面积	226.29	329.39	391.85
住宅	187.96	264.45	298.74
#别墅、高档公寓	7.95	11.63	
#经济适用房屋	25.96	25.98	
办公楼	7.40	9.09	29.94
商业营业用房	23.47	43.62	54.03
其他	7.46	12.22	9.14
4.空置房屋面积	44.30	61.68	67.23
住宅	24.77	31.18	32.13
#别墅、高档公寓	0.14		
#经济适用房屋	2.27		
办公楼	5.96	8.19	8.97
商业营业用房	12.27	19.85	22.46
其他	1.29	2.46	3.67

20－12 续表 2

指　标	2002年	2003年	2004年
五、商品房屋销售			
1.实际销售面积（万平方米）	195.20	290.01	369.23
#外销（租）			
#个人	187.10	272.23	
住宅	175.59	248.20	308.70
#别墅、高档公寓	9.24	17.82	
#经济适用房屋	20.24	24.64	
#个人	170.05	239.29	
办公楼	4.48	9.59	21.58
商业营业用房	14.53	31.01	36.87
其他	0.59	1.21	2.08
2.实际销售额（亿元）	34.23	60.56	94.17
#外销（租）			
#个人	33.18	55.76	
住宅	28.42	46.88	70.09
#别墅、高档公寓	2.51	4.20	
#经济适用房屋	2.70	4.06	
#个人	27.92	45.35	
办公楼	1.01	3.24	8.33
商业营业用房	4.66	9.81	15.23
其他	0.15	0.63	0.52
3.实际销售价格（元/平方米）	1753	2088	2550
住宅	1618	1889	2271
办公楼	2249	3381	3858
商业营业用房	3205	3165	4131
4.预售面积（万平方米）	80.32	127.85	
#外销（租）		3.51	
#个人			
住宅	72.63	111.18	
#别墅、高档公寓	3.03	5.30	
#经济适用房屋	3.03	3.25	
#个人			
办公楼	2.22	2.11	
商业营业用房	5.33	14.09	
其他	0.14	0.47	
5.出租面积（万平方米）	8.89	17.54	
#外销（租）	0.25	0.87	
#个人	4.32	8.23	
住宅	0.34	0.84	
#别墅、高档公寓		0.16	
#经济适用房屋			
#个人	0.18	0.68	
办公楼	2.21	3.13	
商业营业用房	5.72	13.07	
其他	0.62	0.50	

20－13 福州市房地产开发投资综合统计

指 标	2002年	2003年	2004年
一、本年完成投资额(亿元)	99.07	167.04	223.75
1.按用途分			
住宅	68.65	113.64	151.21
#别墅、高档公寓	5.12	4.14	
#经济适用房屋	2.45	1.28	
办公楼	4.62	5.58	4.31
商业营业用房	9.48	14.63	13.29
其他	16.32	33.19	54.94
2.商品房屋建设			
#商品房建设投资	72.95	143.07	
商品房建设投资额比重(%)	73.60	85.70	
3.资金状况			
本年资金来源合计	173.81	235.10	
#上年末节余资金	35.88	40.11	
#本年资金来源小计	137.93	194.99	
本年各项应付款合计	23.42	28.60	
4.资金来源及构成			
本年资金来源小计	137.93	194.99	252.83
国家预算内资金		0.43	
国内贷款	26.80	30.44	25.80
债券		0.10	
利用外资	8.86	6.14	9.64
#外商直接投资	7.69	6.09	
自筹资金	24.18	56.49	75.38
其他资金来源	78.09	101.40	142.00
二、房地产开发企业(单位)情况			
1.企业个数合计(个)	551	565	
#一级企业	5	5	
#二级企业	13	18	
#三级企业	318	287	
2.从业人数合计(人)	11730	14074	
#一级企业	304	632	
#二级企业	794	1118	
#三级企业	6269	6053	
3.资产合计(亿元)	453.51	540.60	
#一级企业	9.27	67.57	
#二级企业	53.96	69.29	
#三级企业	242.38	235.84	

20－13 续表 1

指　　标	2002年	2003年	2004年
4.负债合计（亿元）	343.07	413.16	
#一级企业	6.10	54.28	
#二级企业	45.02	57.03	
#三级企业	187.48	180.27	
5.资产负债率（%）	75.6	76.4	
#一级企业	65.8	80.3	
#二级企业	83.4	82.3	
#三级企业	77.3	76.4	
三、土地开发及购置			
本年完成开发土地面积（万平方米）	268.14	283.61	163.03
本年完成土地开发投资（亿元）	6.62	14.53	4.13
本年购置土地面积（万平方米）	336.26	542.14	629.27
土地购置费（亿元）		71.19	47.10
四、商品房屋开发面积（万平方米）			
1.施工房屋面积	1613.85	1936.79	2117.14
住宅	1247.24	1588.33	1770.00
#别墅、高档公寓	90.40	74.64	
#经济适用房屋	56.05	27.51	
办公楼	120.16	96.96	78.35
商业营业用房	182.02	160.54	154.70
其他	64.44	90.96	114.09
2.新开工房屋面积	586.21	689.31	492.68
住宅	498.51	613.17	447.22
#别墅、高档公寓	51.37	20.76	
#经济适用房屋	27.34	14.79	
办公楼	23.11	4.80	1.96
商业营业用房	42.84	39.21	25.56
其他	21.76	32.13	17.94
3.竣工房屋面积	465.92	492.02	528.80
住宅	369.22	423.72	472.93
#别墅、高档公寓	12.34	20.44	
#经济适用房屋	25.41	10.10	
办公楼	16.82	20.02	6.30
商业营业用房	63.41	30.37	35.00
其他	16.46	17.91	14.57
4.空置房屋面积	126.58	98.21	94.24
住宅	79.51	50.18	44.48
#别墅、高档公寓	9.70		
#经济适用房屋	9.46		
办公楼	22.68	15.96	13.18
商业营业用房	17.35	26.50	28.63
其他	7.04	5.56	7.95

20－13续表2

指　　标	2002年	2003年	2004年
五、商品房屋销售			
1.实际销售面积（万平方米）	358.91	452.11	416.62
#外销（租）	1.45		
#个人	334.30	423.97	
住宅	317.31	410.62	395.02
#别墅、高档公寓	11.91	40.89	
#经济适用房屋	30.53	9.62	
#个人	301.01	394.57	
办公楼	10.42	12.99	1.48
商业营业用房	26.95	22.52	15.43
其他	4.23	5.97	4.69
2.实际销售额（亿元）	87.97	106.09	108.97
#外销（租）	0.10		
#个人	81.14	98.16	
住宅	62.19	89.42	97.31
#别墅、高档公寓	1.93	12.62	
#经济适用房屋	5.15	1.43	
#个人	58.06	85.38	
办公楼	3.61	3.93	0.31
商业营业用房	21.43	11.86	10.28
其他	0.74	0.88	1.07
3.实际销售价格（元/平方米）	2451	2347	2616
住宅	1960	2178	2463
办公楼	3465	3024	2120
商业营业用房	7951	5267	6660
4.预售面积（万平方米）	249.58	230.44	
#外销（租）	4.26	0.80	
#个人			
住宅	228.93	223.31	
#别墅、高档公寓	17.44	22.21	
#经济适用房屋	8.05	0.19	
#个人			
办公楼	4.02	1.43	
商业营业用房	14.09	4.19	
其他	2.55	1.51	
5.出租面积（万平方米）	31.25	25.67	
#外销（租）			
#个人	21.02	20.69	
住宅	3.88	4.32	
#别墅、高档公寓			
#经济适用房屋			
#个人	0.05	0.32	
办公楼	1.36	0.50	
商业营业用房	24.82	20.76	
其他	1.19	0.08	

20－14　南昌市房地产开发投资综合统计

指　　标	2002年	2003年	2004年
一、本年完成投资额（亿元）	34.67	60.01	85.18
1.按用途分			
住宅	18.86	44.56	55.86
#别墅、高档公寓	0.34	2.05	
#经济适用房屋	3.42	2.81	
办公楼	1.51	1.36	3.78
商业营业用房	2.83	7.21	10.53
其他	11.47	6.89	15.01
2.商品房屋建设			
#商品房建设投资	21.29	42.54	
商品房建设投资额比重(%)	61.40	70.90	
3.资金状况			
本年资金来源合计	54.99	75.81	
#上年末节余资金	9.71	10.63	
#本年资金来源小计	45.28	65.17	
本年各项应付款合计	11.80	14.21	
4.资金来源及构成			
本年资金来源小计	45.28	65.17	100.13
国家预算内资金			
国内贷款	13.05	16.88	17.46
债券			
利用外资	1.71	0.20	2.92
#外商直接投资	1.64	0.12	
自筹资金	13.86	19.53	26.44
其他资金来源	16.66	28.56	53.31
二、房地产开发企业（单位）情况			
1.企业个数合计（个）	133	412	
#一级企业	1	1	
#二级企业	33	51	
#三级企业	75	224	
2.从业人数合计（人）	4686	4600	
#一级企业	32	28	
#二级企业	1384	1951	
#三级企业	1824	1818	
3.资产合计（亿元）	81.32	84.17	
#一级企业	1.56	1.72	
#二级企业	43.70	37.22	
#三级企业	26.67	31.01	

20－14续表1

指　　标	2002年	2003年	2004年
4.负债合计（亿元）	61.73	67.58	
#一级企业	1.03	1.15	
#二级企业	35.17	31.28	
#三级企业	19.31	24.41	
5.资产负债率（%）	75.9	80.3	
#一级企业	66.1	67.0	
#二级企业	80.5	84.1	
#三级企业	72.4	78.7	
三、土地开发及购置			
本年完成开发土地面积（万平方米）	200.34	208.80	363.74
本年完成土地开发投资（亿元）	7.00	3.15	4.21
本年购置土地面积（万平方米）	299.90	235.22	366.78
土地购置费（亿元）		24.80	13.59
四、商品房屋开发面积（万平方米）			
1.施工房屋面积	456.84	660.30	1067.40
住宅	379.38	550.44	791.50
#别墅、高档公寓	33.19	12.20	
#经济适用房屋	85.99	51.96	
办公楼	20.93	20.51	39.69
商业营业用房	32.24	71.47	151.82
其他	24.28	17.87	84.39
2.新开工房屋面积	250.51	291.75	379.50
住宅	220.40	242.71	276.32
#别墅、高档公寓	6.17	4.34	
#经济适用房屋	48.32	22.05	
办公楼	8.03	1.37	9.69
商业营业用房	11.98	37.75	53.00
其他	10.11	9.92	40.49
3.竣工房屋面积	152.30	134.03	260.55
住宅	122.16	103.72	211.00
#别墅、高档公寓	5.95	2.34	
#经济适用房屋	20.76	12.29	
办公楼	1.87	1.82	8.10
商业营业用房	14.82	25.29	19.02
其他	13.45	3.20	22.43
4.空置房屋面积	21.24	24.05	15.55
住宅	18.04	18.65	8.52
#别墅、高档公寓			
#经济适用房屋	2.47		
办公楼	0.76	0.12	
商业营业用房	2.23	4.86	6.38
其他	0.21	0.41	0.65

20－14 续表 2

指　标	2002年	2003年	2004年
五、商品房屋销售			
1.实际销售面积（万平方米）	108.87	135.10	212.78
#外销（租）			
#个人	103.37	109.36	
住宅	99.63	109.40	190.61
#别墅、高档公寓	6.19	2.05	
#经济适用房屋	11.91	8.33	
#个人	94.44	102.95	
办公楼	1.05	1.89	1.34
商业营业用房	6.43	23.51	18.36
其他	1.77	0.31	2.47
2.实际销售额（亿元）	18.38	31.97	51.70
#外销（租）			
#个人	17.92	22.98	
住宅	16.26	22.75	46.29
#别墅、高档公寓	1.08	0.61	
#经济适用房屋	1.73	1.01	
#个人	15.90	21.13	
办公楼	0.28	0.33	0.23
商业营业用房	1.58	8.85	4.92
其他	0.25	0.04	0.26
3.实际销售价格（元/平方米）	1688	2367	2430
住宅	1632	2079	2429
办公楼	2681	1741	1744
商业营业用房	2457	3766	2681
4.预售面积（万平方米）	83.18	78.59	
#外销（租）			
#个人			
住宅	82.33	51.46	
#别墅、高档公寓	3.87	5.56	
#经济适用房屋	6.01	6.46	
#个人			
办公楼		5.03	
商业营业用房	0.85	21.90	
其他	0.01	0.20	
5.出租面积（万平方米）	6.74	1.80	
#外销（租）			
#个人	5.28	0.25	
住宅	4.49		
#别墅、高档公寓			
#经济适用房屋			
#个人	4.37		
办公楼	0.39		
商业营业用房	1.20	1.40	
其他	0.66	0.40	

20－15 济南市房地产开发投资综合统计

指 标	2002年	2003年	2004年
一、本年完成投资额(亿元)	76.46	89.80	110.25
1.按用途分			
住宅	64.20	74.09	87.10
#别墅、高档公寓	1.33	2.34	
#经济适用房屋	5.42	1.32	
办公楼	6.12	5.37	4.04
商业营业用房	2.00	6.41	14.95
其他	4.14	3.93	4.16
2.商品房屋建设			
#商品房建设投资	55.12	60.03	
商品房建设投资额比重(%)	72.10	66.90	
3.资金状况			
本年资金来源合计	101.43	129.24	
#上年末节余资金	17.04	19.79	
#本年资金来源小计	84.39	109.46	
本年各项应付款合计	11.50	12.94	
4.资金来源及构成			
本年资金来源小计	84.39	109.46	136.52
国家预算内资金			
国内贷款	25.77	29.31	39.30
债券			
利用外资	0.91	2.25	1.29
#外商直接投资	0.91	2.20	
自筹资金	30.29	32.60	38.38
其他资金来源	27.41	45.30	57.55
二、房地产开发企业(单位)情况			
1.企业个数合计(个)	187	220	
#一级企业	8	8	
#二级企业	22	27	
#三级企业	126	156	
2.从业人数合计(人)	10889	9881	
#一级企业	1108	1169	
#二级企业	3106	1865	
#三级企业	5651	5405	
3.资产合计(亿元)	255.01	339.99	
#一级企业	61.96	79.44	
#二级企业	55.59	58.22	
#三级企业	111.83	162.61	

20-15 续表 1

指 标	2002年	2003年	2004年
4.负债合计（亿元）	201.92	259.57	
#一级企业	47.56	53.51	
#二级企业	47.94	49.48	
#三级企业	85.74	132.98	
5.资产负债率（%）	79.2	76.3	
#一级企业	76.8	67.4	
#二级企业	86.2	85.0	
#三级企业	76.7	81.8	
三、土地开发及购置			
本年完成开发土地面积（万平方米）	126.19	178.43	57.61
本年完成土地开发投资（亿元）	1.62	10.49	2.22
本年购置土地面积（万平方米）	326.53	314.83	231.65
土地购置费（亿元）		33.89	40.45
四、商品房屋开发面积（万平方米）			
1.施工房屋面积	718.80	818.72	901.35
住宅	593.58	672.68	714.21
#别墅、高档公寓	7.76	9.90	
#经济适用房屋	111.45	31.70	
办公楼	66.59	69.11	57.37
商业营业用房	33.40	54.37	93.01
其他	25.23	22.56	36.76
2.新开工房屋面积	278.07	366.45	365.75
住宅	237.83	312.35	307.90
#别墅、高档公寓		1.92	
#经济适用房屋	25.29	17.62	
办公楼	20.25	13.62	3.19
商业营业用房	10.15	23.26	31.91
其他	9.85	17.22	22.75
3.竣工房屋面积	262.57	295.39	275.39
住宅	241.65	254.25	246.33
#别墅、高档公寓	3.09	0.62	
#经济适用房屋	68.77	17.21	
办公楼	8.53	27.59	10.68
商业营业用房	6.43	7.19	12.85
其他	5.96	6.36	5.53
4.空置房屋面积	38.91	74.66	69.92
住宅	33.24	60.86	49.15
#别墅、高档公寓			
#经济适用房屋			
办公楼	0.75	12.06	12.63
商业营业用房	2.39	1.64	7.47
其他	2.53	0.10	0.67

20－15续表2

指　　标	2002年	2003年	2004年
五、商品房屋销售			
1.实际销售面积（万平方米）	194.61	256.23	257.64
#外销（租）	1.06		
#个人	154.34	228.69	
住宅	186.39	241.28	234.83
#别墅、高档公寓			
#经济适用房屋	50.95	17.19	
#个人	151.18	222.19	
办公楼	5.25	8.26	3.21
商业营业用房	1.05	5.44	17.78
其他	1.92	1.25	1.82
2.实际销售额（亿元）	40.89	59.63	78.72
#外销（租）	0.41		
#个人	34.30	54.18	
住宅	38.54	55.66	66.48
#别墅、高档公寓			
#经济适用房屋	7.95	2.40	
#个人	33.68	52.67	
办公楼	1.81	2.09	1.11
商业营业用房	0.20	1.62	10.88
其他	0.34	0.26	0.25
3.实际销售价格（元/平方米）	2101	2327	3056
住宅	2068	2307	2831
办公楼	3447	2528	3465
商业营业用房	1886	2977	6119
4.预售面积（万平方米）	40.60	85.93	
#外销（租）			
#个人			
住宅	38.40	77.33	
#别墅、高档公寓		3.94	
#经济适用房屋	0.76	1.57	
#个人			
办公楼	2.02	1.30	
商业营业用房	0.18	6.27	
其他		1.03	
5.出租面积（万平方米）	6.31	5.08	
#外销（租）			
#个人	3.24	2.79	
住宅	0.12	0.03	
#别墅、高档公寓			
#经济适用房屋			
#个人	0.09		
办公楼	2.52	1.52	
商业营业用房	3.67	3.40	
其他		0.13	

20－16 郑州市房地产开发投资综合统计

指　标	2002年	2003年	2004年
一、本年完成投资额(亿元)	59.63	74.26	121.78
1.按用途分			
住宅	48.23	64.13	94.98
#别墅、高档公寓	6.52	3.85	
#经济适用房屋	3.91	4.59	
办公楼	0.83	3.09	2.66
商业营业用房	6.94	3.86	14.74
其他	3.62	3.19	9.40
2.商品房屋建设			
#商品房建设投资	46.77	58.53	
商品房建设投资额比重(%)	78.40	78.80	
3.资金状况			
本年资金来源合计	81.94	105.63	
#上年末节余资金	11.67	13.14	
#本年资金来源小计	70.27	92.49	
本年各项应付款合计	10.03	10.22	
4.资金来源及构成			
本年资金来源小计	70.27	92.49	158.38
国家预算内资金			0.17
国内贷款	17.32	15.75	18.81
债券			
利用外资	0.05	0.20	1.10
#外商直接投资	0.05	0.20	
自筹资金	17.25	28.15	54.71
其他资金来源	35.66	48.40	83.60
二、房地产开发企业(单位)情况			
1.企业个数合计(个)	322	313	
#一级企业	2	2	
#二级企业	37	43	
#三级企业	200	169	
2.从业人数合计(人)	11196	12945	
#一级企业	147	175	
#二级企业	2406	2992	
#三级企业	6579	7014	
3.资产合计(亿元)	241.44	257.37	
#一级企业	22.32	23.90	
#二级企业	70.58	71.97	
#三级企业	121.89	119.57	

20－16续表1

指　　标	2002年	2003年	2004年
4.负债合计（亿元）	189.88	200.04	
#一级企业	14.54	15.74	
#二级企业	58.82	60.01	
#三级企业	96.25	94.92	
5.资产负债率（%）	78.6	77.7	
#一级企业	65.1	65.9	
#二级企业	83.3	83.4	
#三级企业	79.0	79.4	
三、土地开发及购置			
本年完成开发土地面积（万平方米）	128.63	119.05	134.54
本年完成土地开发投资（亿元）	2.73	6.91	7.87
本年购置土地面积（万平方米）	159.68	203.89	506.78
土地购置费（亿元）		16.36	22.97
四、商品房屋开发面积（万平方米）			
1.施工房屋面积	885.18	1277.57	1555.56
住宅	742.92	1127.08	1360.22
#别墅、高档公寓	65.51	24.81	
#经济适用房屋	80.10	74.48	
办公楼	43.97	44.98	47.97
商业营业用房	75.10	86.06	117.92
其他	23.19	19.46	29.45
2.新开工房屋面积	366.32	580.30	611.52
住宅	328.07	525.93	535.19
#别墅、高档公寓	29.68	11.67	
#经济适用房屋	21.94	42.31	
办公楼	3.92	20.38	17.21
商业营业用房	19.10	23.73	52.78
其他	15.22	10.26	6.34
3.竣工房屋面积	229.86	303.64	309.08
住宅	206.67	277.62	279.36
#别墅、高档公寓	29.56	8.49	
#经济适用房屋	45.00	19.57	
办公楼	8.79	5.87	4.92
商业营业用房	7.45	13.09	20.22
其他	6.95	7.07	4.58
4.空置房屋面积	42.70	97.22	79.92
住宅	34.47	84.75	63.20
#别墅、高档公寓	4.29		
#经济适用房屋	4.46		
办公楼	2.50	6.85	6.59
商业营业用房	4.01	4.58	4.65
其他	1.71	1.04	5.48

20－16 续表 2

指　　标	2002年	2003年	2004年
五、商品房屋销售			
1.实际销售面积(万平方米)	163.06	269.33	314.48
#外销(租)			
#个人	160.56	256.55	
住宅	155.95	256.89	299.88
#别墅、高档公寓	20.67	11.27	
#经济适用房屋	26.34	12.24	
#个人	155.60	249.74	
办公楼	2.00	3.78	4.19
商业营业用房	4.63	6.47	7.73
其他	0.47	2.19	2.68
2.实际销售额(亿元)	33.06	55.07	66.00
#外销(租)			
#个人	32.27	52.88	
住宅	29.85	50.23	60.11
#别墅、高档公寓	6.09	1.47	
#经济适用房屋	3.43	1.60	
#个人	29.72	49.86	
办公楼	0.80	1.01	1.39
商业营业用房	2.37	3.38	4.17
其他	0.03	0.45	0.33
3.实际销售价格(元/平方米)	2027	2045	2099
住宅	1914	1955	2004
办公楼	4013	2681	3326
商业营业用房	5119	5222	5393
4.预售面积(万平方米)	138.14	83.17	
#外销(租)			
#个人			
住宅	128.70	79.73	
#别墅、高档公寓	9.25	2.59	
#经济适用房屋	9.93	1.24	
#个人			
办公楼	2.28	0.62	
商业营业用房	7.14	2.79	
其他	0.02	0.04	
5.出租面积(万平方米)	44.42	15.25	
#外销(租)			
#个人	0.37	1.93	
住宅		0.06	
#别墅、高档公寓			
#经济适用房屋			
#个人			
办公楼	6.50	9.78	
商业营业用房	37.69	5.42	
其他	0.23		

20－17　武汉市房地产开发投资综合统计

指　标	2002年	2003年	2004年
一、本年完成投资额（亿元）	132.50	169.55	233.30
1.按用途分			
住宅	99.39	124.83	161.40
#别墅、高档公寓	12.52	8.16	
#经济适用房屋	14.14	14.45	
办公楼	6.22	6.45	6.34
商业营业用房	9.27	9.91	23.10
其他	17.61	28.36	42.46
2.商品房屋建设			
#商品房建设投资	95.11	109.53	
商品房建设投资额比重(%)	71.80	64.60	
3.资金状况			
本年资金来源合计	255.11	269.84	
#上年末节余资金	35.51	42.49	
#本年资金来源小计	219.60	227.35	
本年各项应付款合计	42.36	49.36	
4.资金来源及构成			
本年资金来源小计	219.60	227.35	334.98
国家预算内资金	2.93	3.87	3.88
国内贷款	27.26	57.16	71.12
债券			
利用外资	0.69	1.18	0.90
#外商直接投资	0.60	0.69	
自筹资金	51.70	56.25	94.18
其他资金来源	137.02	108.90	164.91
二、房地产开发企业（单位）情况			
1.企业个数合计（个）	431	501	
#一级企业	10	9	
#二级企业	116	133	
#三级企业	245	273	
2.从业人数合计（人）	17797	17488	
#一级企业	1616	897	
#二级企业	6699	6394	
#三级企业	6426	8111	
3.资产合计（亿元）	451.25	639.55	
#一级企业	81.12	75.06	
#二级企业	191.12	243.53	
#三级企业	147.05	227.64	

20－17 续表 1

指 标	2002年	2003年	2004年
4.负债合计（亿元）	313.99	482.05	
#一级企业	67.49	62.81	
#二级企业	131.64	184.09	
#三级企业	93.89	159.54	
5.资产负债率（%）	69.6	75.4	
#一级企业	83.2	83.7	
#二级企业	68.9	75.6	
#三级企业	63.8	70.1	
三、土地开发及购置			
本年完成开发土地面积（万平方米）	693.49	511.48	458.95
本年完成土地开发投资（亿元）	13.06	28.32	18.93
本年购置土地面积（万平方米）	1421.17	964.27	917.38
土地购置费（亿元）		11.03	43.07
四、商品房屋开发面积（万平方米）			
1.施工房屋面积	1690.12	1955.49	2439.12
住宅	1387.22	1620.42	2012.49
#别墅、高档公寓	149.80	106.41	
#经济适用房屋	167.46	144.10	
办公楼	77.49	98.04	92.57
商业营业用房	131.65	138.34	192.56
其他	93.76	98.69	141.50
2.新开工房屋面积	711.69	756.55	1055.22
住宅	635.03	659.31	897.22
#别墅、高档公寓	98.09	31.64	
#经济适用房屋	70.94	78.79	
办公楼	11.13	22.68	32.78
商业营业用房	35.48	45.85	48.74
其他	30.06	28.71	76.48
3.竣工房屋面积	633.17	682.62	702.29
住宅	522.73	600.24	608.91
#别墅、高档公寓	61.63	55.63	
#经济适用房屋	102.79	79.76	
办公楼	19.95	19.38	25.69
商业营业用房	42.36	38.82	39.07
其他	48.14	24.18	28.62
4.空置房屋面积	288.20	182.77	121.71
住宅	206.56	123.41	70.28
#别墅、高档公寓	13.58		
#经济适用房屋	10.20		
办公楼	33.09	12.01	15.35
商业营业用房	45.03	43.36	30.62
其他	3.52	3.99	5.46

20－17 续表 2

指　　标	2002年	2003年	2004年
五、商品房屋销售			
1. 实际销售面积（万平方米）	450.27	542.79	658.08
#外销（租）	3.24	8.21	
#个人	393.01	493.08	
住宅	393.13	512.13	613.91
#别墅、高档公寓	40.15	41.73	
#经济适用房屋	78.93	76.23	
#个人	361.67	474.47	
办公楼	12.93	11.27	16.07
商业营业用房	40.97	15.73	15.84
其他	3.25	3.65	12.26
2. 实际销售额（亿元）	86.81	112.46	165.59
#外销（租）	0.58	1.58	
#个人	74.76	103.19	
住宅	75.32	103.61	151.19
#别墅、高档公寓	9.38	10.71	
#经济适用房屋	11.60	12.74	
#个人	68.07	97.50	
办公楼	2.73	3.38	5.82
商业营业用房	8.13	4.64	6.08
其他	0.64	0.82	2.50
3. 实际销售价格（元/平方米）	1928	2072	2516
住宅	1916	2023	2463
办公楼	2110	3001	3620
商业营业用房	1984	2950	3840
4. 预售面积（万平方米）	129.18	287.61	
#外销（租）	0.03	2.10	
#个人			
住宅	115.66	272.94	
#别墅、高档公寓	11.34	7.78	
#经济适用房屋	25.97	9.29	
#个人			
办公楼	1.79	6.81	
商业营业用房	11.22	7.40	
其他	0.51	0.46	
5. 出租面积（万平方米）	31.20	55.36	
#外销（租）	1.07	2.54	
#个人	6.77	12.07	
住宅	4.53	11.56	
#别墅、高档公寓	1.03	0.95	
#经济适用房屋	1.64	0.32	
#个人	2.40	1.42	
办公楼	4.76	11.03	
商业营业用房	16.79	21.10	
其他	5.12	11.67	

20－18　长沙市房地产开发投资综合统计

指　标	2002年	2003年	2004年
一、本年完成投资额(亿元)	81.56	110.83	175.50
1.按用途分			
住宅	44.27	75.77	116.75
#别墅、高档公寓	7.44	11.73	
#经济适用房屋	12.40	23.49	
办公楼	3.76	4.60	7.05
商业营业用房	7.68	15.83	25.59
其他	25.86	14.62	26.11
2.商品房屋建设			
#商品房建设投资	50.24	60.46	
商品房建设投资额比重(%)	61.60	54.60	
3.资金状况			
本年资金来源合计	95.81	147.95	
#上年末节余资金	8.51	18.62	
#本年资金来源小计	87.30	129.33	
本年各项应付款合计	12.56	12.33	
4.资金来源及构成			
本年资金来源小计	87.30	129.33	202.61
国家预算内资金	3.05	1.30	1.61
国内贷款	17.75	29.25	37.57
债券	0.58		
利用外资	0.97	2.05	2.73
#外商直接投资	0.73	1.50	
自筹资金	28.76	45.46	83.95
其他资金来源	36.20	51.26	76.74
二、房地产开发企业(单位)情况			
1.企业个数合计(个)	212	285	
#一级企业	5	5	
#二级企业	50	49	
#三级企业	117	163	
2.从业人数合计(人)	8983	8895	
#一级企业	564	493	
#二级企业	2280	2321	
#三级企业	4782	4504	
3.资产合计(亿元)	214.63	401.76	
#一级企业	22.31	11.36	
#二级企业	79.78	187.14	
#三级企业	93.00	167.87	

20－18续表1

指　　标	2002年	2003年	2004年
4.负债合计（亿元）	163.21	256.35	
#一级企业	18.10	9.37	
#二级企业	60.60	112.62	
#三级企业	71.56	107.18	
5.资产负债率（%）	76.0	63.8	
#一级企业	81.1	82.5	
#二级企业	76.0	60.2	
#三级企业	76.9	63.8	
三、土地开发及购置			
本年完成开发土地面积（万平方米）	358.58	475.38	543.46
本年完成土地开发投资（亿元）	13.04	17.04	22.43
本年购置土地面积（万平方米）	544.43	681.49	777.94
土地购置费（亿元）		18.18	29.62
四、商品房屋开发面积（万平方米）			
1.施工房屋面积	833.94	1140.88	1455.56
住宅	651.65	921.04	1093.67
#别墅、高档公寓	96.64	118.50	
#经济适用房屋	179.33	242.87	
办公楼	49.37	45.14	53.47
商业营业用房	89.07	112.34	230.75
其他	43.85	62.36	77.67
2.新开工房屋面积	336.10	437.19	619.43
住宅	303.67	358.04	469.57
#别墅、高档公寓	47.68	34.64	
#经济适用房屋	73.61	113.44	
办公楼	2.29	25.83	3.64
商业营业用房	20.57	37.08	116.79
其他	9.57	16.23	29.43
3.竣工房屋面积	332.12	439.74	546.94
住宅	269.23	369.01	437.11
#别墅、高档公寓	39.31	45.25	
#经济适用房屋	104.62	131.14	
办公楼	16.98	4.98	18.75
商业营业用房	37.93	53.61	67.17
其他	7.98	12.13	23.91
4.空置房屋面积	62.26	80.70	80.44
住宅	49.89	54.72	57.01
#别墅、高档公寓	7.05		
#经济适用房屋	2.23		
办公楼	2.05	4.09	4.35
商业营业用房	8.66	17.56	13.37
其他	1.66	4.33	5.71

20－18 续表 2

指　标	2002年	2003年	2004年
五、商品房屋销售			
1. 实际销售面积（万平方米）	232.10	327.46	470.50
#外销（租）		0.70	
#个人	225.29	307.43	
住宅	207.78	291.18	408.17
#别墅、高档公寓	27.62	40.18	
#经济适用房屋	91.48	82.84	
#个人	203.94	275.86	
办公楼	6.09	4.63	16.50
商业营业用房	17.56	29.63	40.36
其他	0.67	2.02	5.47
2. 实际销售额（亿元）	41.81	66.82	95.94
#外销（租）		0.18	
#个人	40.85	60.31	
住宅	34.26	52.00	72.45
#别墅、高档公寓	7.39	10.12	
#经济适用房屋	11.24	10.34	
#个人	34.15	48.72	
办公楼	1.41	1.60	5.37
商业营业用房	5.97	12.88	16.91
其他	0.17	0.33	1.21
3. 实际销售价格（元/平方米）	1802	2040	2039
住宅	1649	1786	1775
办公楼	2321	3449	3254
商业营业用房	3400	4348	4190
4. 预售面积（万平方米）	67.13	129.03	
#外销（租）			
#个人			
住宅	59.96	115.51	
#别墅、高档公寓	17.33	8.96	
#经济适用房屋	15.72	24.06	
#个人			
办公楼	1.90	4.85	
商业营业用房	5.26	8.57	
其他		0.09	
5. 出租面积（万平方米）	12.39	22.84	
#外销（租）			
#个人	8.06		
住宅	0.27	4.65	
#别墅、高档公寓		1.14	
#经济适用房屋	0.27	0.37	
#个人			
办公楼	2.26	5.16	
商业营业用房	9.87	9.97	
其他		3.06	

20－19　广州市房地产开发投资综合统计

指　　标	2002年	2003年	2004年
一、本年完成投资额（亿元）	426.39	419.48	440.81
1.按用途分			
住宅	311.52	317.21	318.45
#别墅、高档公寓	81.33	55.53	
#经济适用房屋	2.91	4.04	
办公楼	27.92	22.30	33.09
商业营业用房	40.53	43.37	54.24
其他	46.41	36.59	35.03
2.商品房屋建设			
#商品房建设投资	323.04	308.18	
商品房建设投资额比重(%)	75.80	73.50	
3.资金状况			
本年资金来源合计	651.26	648.60	
#上年末节余资金	115.72	115.07	
#本年资金来源小计	535.54	533.53	
本年各项应付款合计	64.29	60.44	
4.资金来源及构成			
本年资金来源小计	535.54	533.53	590.70
国家预算内资金			
国内贷款	128.73	115.57	95.61
债券			
利用外资	13.98	10.76	11.50
#外商直接投资	11.04	9.48	
自筹资金	99.56	80.11	88.45
其他资金来源	293.26	327.09	395.13
二、房地产开发企业（单位）情况			
1.企业个数合计（个）	1309	1284	
#一级企业	7	5	
#二级企业	374	269	
#三级企业	640	697	
2.从业人数合计（人）	32889	32223	
#一级企业	509	432	
#二级企业	9502	8516	
#三级企业	17774	17991	
3.资产合计（亿元）	2771.96	2939.09	
#一级企业	137.24	54.16	
#二级企业	1122.52	1014.52	
#三级企业	1111.90	1301.67	

20－19 续表 1

指 标	2002年	2003年	2004年
4. 负债合计（亿元）	2150.29	2286.65	
#一级企业	98.35	31.98	
#二级企业	876.84	796.78	
#三级企业	856.95	996.25	
5. 资产负债率（%）	77.6	77.8	
#一级企业	71.7	59.0	
#二级企业	78.1	78.5	
#三级企业	77.1	76.5	
三、土地开发及购置			
本年完成开发土地面积（万平方米）	839.99	503.66	395.70
本年完成土地开发投资（亿元）	29.14	23.50	22.87
本年购置土地面积（万平方米）	1039.38	334.74	527.04
土地购置费（亿元）		21.44	69.04
四、商品房屋开发面积（万平方米）			
1. 施工房屋面积	4505.24	4350.39	4669.59
住宅	3204.06	3158.59	3354.11
#别墅、高档公寓	520.82	429.00	
#经济适用房屋	80.24	64.91	
办公楼	345.49	333.05	400.20
商业营业用房	527.74	465.31	507.01
其他	427.95	393.43	408.27
2. 新开工房屋面积	1121.63	1086.16	1281.28
住宅	910.68	906.60	989.53
#别墅、高档公寓	263.24	138.48	
#经济适用房屋		3.31	
办公楼	25.13	54.68	90.68
商业营业用房	95.05	46.79	94.39
其他	90.78	78.09	106.68
3. 竣工房屋面积	1082.53	1139.47	945.46
住宅	871.24	902.97	739.07
#别墅、高档公寓	194.41	147.76	
#经济适用房屋	36.65	28.11	
办公楼	38.92	26.57	42.93
商业营业用房	74.60	103.58	86.41
其他	97.78	106.35	77.05
4. 空置房屋面积	621.84	721.38	605.09
住宅	365.83	409.70	293.02
#别墅、高档公寓	30.10		
#经济适用房屋	4.76		
办公楼	45.55	47.00	45.56
商业营业用房	131.96	157.94	150.88
其他	78.51	106.73	115.63

20－19续表2

指　　标	2002年	2003年	2004年
五、商品房屋销售			
1.实际销售面积（万平方米）	728.07	815.50	872.67
#外销（租）	0.69		
#个人	683.42	753.46	
住宅	662.70	755.19	805.19
#别墅、高档公寓	118.01	131.87	
#经济适用房屋	0.74	32.35	
#个人	640.52	712.25	
办公楼	20.07	12.97	13.43
商业营业用房	36.89	32.84	34.61
其他	8.41	14.50	19.44
2.实际销售额（亿元）	305.79	343.38	395.93
#外销（租）	0.34		
#个人	285.47	316.06	
住宅	264.72	301.99	350.74
#别墅、高档公寓	57.39	63.08	
#经济适用房屋	0.21	8.93	
#个人	258.57	287.79	
办公楼	12.40	8.04	11.10
商业营业用房	26.31	27.74	27.03
其他	2.36	5.62	7.06
3.实际销售价格（元/平方米）	4200	4211	4537
住宅	3995	3999	4356
办公楼	6180	6200	8265
商业营业用房	7133	8447	7811
4.预售面积（万平方米）	654.13	687.96	
#外销（租）	2.26		
#个人			
住宅	620.35	647.95	
#别墅、高档公寓	132.73	86.23	
#经济适用房屋		14.39	
#个人			
办公楼	12.09	18.96	
商业营业用房	17.47	17.17	
其他	4.23	3.88	
5.出租面积（万平方米）	227.93	228.56	
#外销（租）	8.69		
#个人	75.60	87.92	
住宅	37.27	27.60	
#别墅、高档公寓	1.59	3.51	
#经济适用房屋			
#个人	20.02	20.46	
办公楼	51.97	53.60	
商业营业用房	104.06	107.87	
其他	34.63	39.49	

20－20　南宁市房地产开发投资综合统计

指　　标	2002年	2003年	2004年
一、本年完成投资额（亿元）	24.71	39.48	66.04
1.按用途分			
住宅	15.27	22.99	37.85
#别墅、高档公寓	0.53	2.24	
#经济适用房屋	1.19	1.97	
办公楼	0.39	0.83	1.51
商业营业用房	1.90	3.22	14.55
其他	7.16	12.44	12.13
2.商品房屋建设			
#商品房建设投资	23.01	38.63	
商品房建设投资额比重(%)	93.10	97.80	
3.资金状况			
本年资金来源合计	45.61	58.13	
#上年末节余资金	6.02	8.89	
#本年资金来源小计	39.59	49.24	
本年各项应付款合计	13.74	2.82	
4.资金来源及构成			
本年资金来源小计	39.59	49.24	83.69
国家预算内资金			
国内贷款	11.51	15.94	19.51
债券			
利用外资	0.24	0.11	0.35
#外商直接投资	0.24	0.11	
自筹资金	6.88	9.74	17.57
其他资金来源	20.97	23.44	46.26
二、房地产开发企业（单位）情况			
1.企业个数合计（个）	160	190	
#一级企业	1	1	
#二级企业	12	13	
#三级企业	80	69	
2.从业人数合计（人）	4861	5803	
#一级企业	100	112	
#二级企业	1272	982	
#三级企业	2056	1991	
3.资产合计（亿元）	144.47	174.74	
#一级企业	5.69	5.53	
#二级企业	31.93	34.73	
#三级企业	72.26	63.98	

20－20 续表 1

指　　标	2002年	2003年	2004年
4. 负债合计（亿元）	125.22	142.51	
#一级企业	4.74	4.56	
#二级企业	28.46	27.26	
#三级企业	65.39	55.09	
5. 资产负债率（%）	86.7	81.6	
#一级企业	83.2	82.5	
#二级企业	89.1	78.5	
#三级企业	90.5	86.1	
三、土地开发及购置			
本年完成开发土地面积（万平方米）	73.20	90.40	125.02
本年完成土地开发投资（亿元）	0.63	0.82	1.74
本年购置土地面积（万平方米）	80.57	103.60	244.68
土地购置费（亿元）		13.22	5.17
四、商品房屋开发面积（万平方米）			
1. 施工房屋面积	469.29	726.54	1096.64
住宅	366.70	577.26	815.65
#别墅、高档公寓	14.58	37.51	
#经济适用房屋	17.35	43.25	
办公楼	25.91	20.17	27.11
商业营业用房	39.58	65.98	150.49
其他	37.10	63.13	103.39
2. 新开工房屋面积	241.02	383.14	445.68
住宅	201.92	304.02	333.00
#别墅、高档公寓	3.11	20.11	
#经济适用房屋	7.10	22.07	
办公楼	1.05	11.82	6.37
商业营业用房	19.72	33.93	60.89
其他	18.34	33.37	45.42
3. 竣工房屋面积	118.81	215.03	402.43
住宅	101.91	179.22	321.31
#别墅、高档公寓		9.65	
#经济适用房屋	12.64	19.63	
办公楼	4.38	6.17	3.85
商业营业用房	5.29	11.03	44.72
其他	7.23	18.61	32.55
4. 空置房屋面积	59.42	38.90	52.36
住宅	39.00	14.76	17.11
#别墅、高档公寓			
#经济适用房屋	0.75		
办公楼	5.43	4.57	1.02
商业营业用房	9.90	8.04	13.90
其他	5.09	11.53	20.33

20－20 续表 2

指　　标	2002年	2003年	2004年
五、商品房屋销售			
1.实际销售面积（万平方米）	110.83	192.20	333.67
#外销（租）			
#个人	105.64	180.19	
住宅	102.61	169.28	308.99
#别墅、高档公寓		14.63	
#经济适用房屋	9.73	18.07	
#个人	98.39	166.71	
办公楼	0.60	12.24	2.74
商业营业用房	4.38	5.96	14.44
其他	3.24	4.72	7.50
2.实际销售额（亿元）	26.29	43.27	92.13
#外销（租）			
#个人	25.09	41.59	
住宅	22.10	36.71	76.68
#别墅、高档公寓		3.55	
#经济适用房屋	1.32	2.79	
#个人	21.36	36.54	
办公楼	0.16	2.27	1.00
商业营业用房	3.39	3.35	13.09
其他	0.64	0.94	1.36
3.实际销售价格（元/平方米）	2372	2252	2761
住宅	2154	2169	2482
办公楼	2681	1855	3668
商业营业用房	7753	5620	9068
4.预售面积（万平方米）	124.63	179.21	
#外销（租）			
#个人			
住宅	116.75	168.79	
#别墅、高档公寓	0.35	7.98	
#经济适用房屋	12.06	3.92	
#个人			
办公楼	0.77	2.15	
商业营业用房	4.10	6.01	
其他	3.01	2.26	
5.出租面积（万平方米）	6.98	4.50	
#外销（租）			
#个人	3.49	3.23	
住宅	3.19	0.12	
#别墅、高档公寓			
#经济适用房屋			
#个人	1.11	0.03	
办公楼	1.28	0.38	
商业营业用房	1.99	3.45	
其他	0.52	0.55	

20－21　海口市房地产开发投资综合统计

指　　标	2002年	2003年	2004年
一、本年完成投资额（亿元）	14.83	27.70	40.29
1.按用途分			
住宅	11.16	22.70	33.21
#别墅、高档公寓	5.29	6.35	
#经济适用房屋	1.70	2.55	
办公楼	1.29	0.70	0.73
商业营业用房	1.26	2.66	3.69
其他	1.13	1.64	2.66
2.商品房屋建设			
#商品房建设投资	14.83	27.59	
商品房建设投资额比重(%)	100.00	99.60	
3.资金状况			
本年资金来源合计	16.63	34.27	
#上年末节余资金	1.46	5.51	
#本年资金来源小计	15.17	28.76	
本年各项应付款合计	2.70	3.90	
4.资金来源及构成			
本年资金来源小计	15.17	28.76	49.76
国家预算内资金			0.12
国内贷款	2.20	5.17	4.10
债券			
利用外资	1.15	0.62	0.97
#外商直接投资	1.15	0.47	
自筹资金	5.69	10.34	20.93
其他资金来源	6.14	12.63	23.64
二、房地产开发企业（单位）情况			
1.企业个数合计（个）	129	162	
#一级企业	3		
#二级企业	25	12	
#三级企业	21	38	
2.从业人数合计（人）	3319	4897	
#一级企业	257		
#二级企业	940	593	
#三级企业	745	1557	
3.资产合计（亿元）	149.89	150.14	
#一级企业	13.03		
#二级企业	43.72	20.94	
#三级企业	22.88	57.02	

20－21 续表 1

指　　标	2002年	2003年	2004年
4. 负债合计（亿元）	111.02	118.86	
#一级企业	7.32		
#二级企业	40.06	15.42	
#三级企业	19.49	50.79	
5. 资产负债率（%）	74.1	79.2	
#一级企业	56.2		
#二级企业	91.6	73.6	
#三级企业	85.2	89.1	
三、土地开发及购置			
本年完成开发土地面积（万平方米）			36.98
本年完成土地开发投资（亿元）			1.41
本年购置土地面积（万平方米）	21.09	47.82	81.15
土地购置费（亿元）		27.74	4.71
四、商品房屋开发面积（万平方米）			
1. 施工房屋面积	208.18	402.17	547.32
住宅	167.99	342.69	470.67
#别墅、高档公寓	64.90	37.74	
#经济适用房屋	40.79	43.74	
办公楼	14.64	15.08	10.36
商业营业用房	20.67	37.93	51.49
其他	4.88	6.47	14.80
2. 新开工房屋面积	58.14	147.17	170.76
住宅	49.20	134.06	149.64
#别墅、高档公寓	15.14	29.30	
#经济适用房屋	12.57	4.34	
办公楼	3.98	0.09	1.66
商业营业用房	3.71	10.76	17.45
其他	1.25	2.27	2.01
3. 竣工房屋面积	46.52	89.40	81.22
住宅	41.07	81.23	76.83
#别墅、高档公寓	23.10	15.31	
#经济适用房屋	8.46	14.66	
办公楼		2.00	
商业营业用房	4.71	6.17	4.07
其他	0.75		0.32
4. 空置房屋面积	83.90	70.25	68.21
住宅	67.51	55.73	49.37
#别墅、高档公寓	24.21		
#经济适用房屋	5.91		
办公楼	5.69	4.04	5.28
商业营业用房	5.85	5.07	8.73
其他	4.85	5.42	4.83

20－21 续表 2

指　　标	2002年	2003年	2004年
五、商品房屋销售			
1. 实际销售面积（万平方米）	56.76	95.67	107.72
#外销（租）			
#个人	55.89	91.99	
住宅	55.44	92.12	100.72
#别墅、高档公寓	25.45	12.64	
#经济适用房屋	11.44	18.74	
#个人	55.36	90.60	
办公楼	0.25	2.17	0.52
商业营业用房	0.84	1.14	6.48
其他	0.23	0.24	
2. 实际销售额（亿元）	12.02	20.01	24.10
#外销（租）			
#个人	11.67	19.09	
住宅	11.36	18.32	22.31
#别墅、高档公寓	6.51	3.60	
#经济适用房屋	1.45	2.56	
#个人	11.33	18.19	
办公楼	0.08	0.85	0.16
商业营业用房	0.52	0.82	1.63
其他	0.08	0.02	0.00
3. 实际销售价格（元/平方米）	2119	2092	2237
住宅	2049	1989	2215
办公楼	3000	3914	2996
商业营业用房	6120	7215	2518
4. 预售面积（万平方米）	19.66	53.51	
#外销（租）		0.03	
#个人			
住宅	19.46	47.23	
#别墅、高档公寓	0.23	4.73	
#经济适用房屋	3.45	6.95	
#个人			
办公楼		0.61	
商业营业用房	0.20	5.67	
其他			
5. 出租面积（万平方米）	9.01	7.51	
#外销（租）			
#个人	2.87	1.83	
住宅	1.58	2.22	
#别墅、高档公寓	0.05		
#经济适用房屋	0.63		
#个人	0.98	1.17	
办公楼	0.28	0.59	
商业营业用房	3.91	4.10	
其他	3.24	0.61	

20－22　重庆市房地产开发投资综合统计

指　　标	2002年	2003年	2004年
一、本年完成投资额（亿元）	245.91	327.89	393.09
1.按用途分			
住宅	130.70	177.43	208.69
#别墅、高档公寓	9.52	11.70	
#经济适用房屋	12.49	16.32	
办公楼	9.57	11.86	10.97
商业营业用房	42.00	50.82	59.85
其他	63.64	87.77	113.58
2.商品房屋建设			
#商品房建设投资	202.75	224.74	
商品房建设投资额比重(%)	82.40	68.50	
3.资金状况			
本年资金来源合计	314.82	479.35	
#上年末节余资金	38.61	57.02	
#本年资金来源小计	276.21	422.33	
本年各项应付款合计	37.67	49.45	
4.资金来源及构成			
本年资金来源小计	276.21	422.33	531.44
国家预算内资金	0.37	0.10	0.64
国内贷款	68.19	94.95	82.69
债券			
利用外资	3.65	4.15	11.73
#外商直接投资	2.86	4.12	
自筹资金	94.91	137.18	171.66
其他资金来源	109.10	185.95	264.72
二、房地产开发企业（单位）情况			
1.企业个数合计（个）	1559	1597	
#一级企业	9	9	
#二级企业	195	204	
#三级企业	1111	1043	
2.从业人数合计（人）	76582	54148	
#一级企业	1654	2434	
#二级企业	22427	13025	
#三级企业	45393	30950	
3.资产合计（亿元）	1070.03	1296.89	
#一级企业	55.26	71.21	
#二级企业	329.36	435.45	
#三级企业	606.34	654.39	

20—22 续表 1

指　　标	2002年	2003年	2004年
4.负债合计（亿元）	747.43	925.74	
#一级企业	40.38	60.38	
#二级企业	226.28	309.15	
#三级企业	426.38	464.88	
5.资产负债率（%）	69.9	71.4	
#一级企业	73.1	84.8	
#二级企业	68.7	71.0	
#三级企业	70.3	71.0	
三、土地开发及购置			
本年完成开发土地面积（万平方米）	661.94	842.35	863.36
本年完成土地开发投资（亿元）	19.77	34.18	36.05
本年购置土地面积（万平方米）	1320.26	1637.19	1102.44
土地购置费（亿元）		19.14	62.62
四、商品房屋开发面积（万平方米）			
1.施工房屋面积	4414.96	5287.80	6160.04
住宅	3081.57	3747.34	4485.83
#别墅、高档公寓	141.81	115.11	
#经济适用房屋	338.94	384.50	
办公楼	210.17	223.73	210.20
商业营业用房	814.34	949.24	1022.46
其他	308.88	367.50	441.55
2.新开工房屋面积	1709.47	2098.24	2144.84
住宅	1277.55	1580.04	1666.91
#别墅、高档公寓	54.21	50.44	
#经济适用房屋	175.10	187.75	
办公楼	55.57	50.22	52.08
商业营业用房	269.87	312.31	279.13
其他	106.49	155.67	146.72
3.竣工房屋面积	1390.73	1676.97	1534.58
住宅	1033.60	1231.75	1187.23
#别墅、高档公寓	38.50	24.11	
#经济适用房屋	132.98	130.74	
办公楼	50.01	59.16	39.09
商业营业用房	226.30	287.05	226.13
其他	80.83	99.01	82.13
4.空置房屋面积	484.48	551.28	567.68
住宅	227.72	225.62	191.16
#别墅、高档公寓	13.81		
#经济适用房屋	21.07		
办公楼	55.00	44.72	48.75
商业营业用房	163.26	224.68	246.39
其他	38.51	56.26	81.38

20－22 续表 2

指 标	2002年	2003年	2004年
五、商品房屋销售			
1. 实际销售面积（万平方米）	1016.58	1316.83	1317.12
#外销（租）	19.82	13.84	
#个人	931.61	1215.30	
住宅	870.41	1132.95	1138.26
#别墅、高档公寓	35.65	26.12	
#经济适用房屋	90.24	126.69	
#个人	831.82	1076.78	
办公楼	25.60	32.00	29.14
商业营业用房	105.45	135.93	121.43
其他	15.12	15.94	28.29
2. 实际销售额（亿元）	158.15	210.23	232.64
#外销（租）	1.32	1.16	
#个人	136.13	188.23	
住宅	111.19	149.99	179.00
#别墅、高档公寓	10.16	8.78	
#经济适用房屋	7.97	11.28	
#个人	106.19	143.21	
办公楼	6.11	7.93	7.24
商业营业用房	38.52	49.77	40.62
其他	2.32	2.53	5.78
3. 实际销售价格（元/平方米）	1556	1596	1766
住宅	1277	1324	1573
办公楼	2387	2478	2486
商业营业用房	3653	3661	3345
4. 预售面积（万平方米）	570.81	649.48	
#外销（租）	18.07	3.29	
#个人			
住宅	494.81	582.63	
#别墅、高档公寓	34.24	29.15	
#经济适用房屋	48.32	48.83	
#个人			
办公楼	12.47	13.06	
商业营业用房	60.46	49.35	
其他	3.06	4.45	
5. 出租面积（万平方米）	140.43	148.28	
#外销（租）	0.57	0.36	
#个人	78.33	54.24	
住宅	26.04	16.27	
#别墅、高档公寓	0.15		
#经济适用房屋	0.03		
#个人	21.44	4.58	
办公楼	14.92	13.35	
商业营业用房	82.07	109.90	
其他	17.40	8.75	

20－23　成都市房地产开发投资综合统计

指　　标	2002年	2003年	2004年
一、本年完成投资额（亿元）	203.31	245.37	291.41
1.按用途分			
住宅	148.93	188.97	186.19
#别墅、高档公寓	21.43	48.75	
#经济适用房屋	10.72	16.04	
办公楼	4.13	8.31	9.86
商业营业用房	21.58	30.10	55.15
其他	28.66	18.00	40.21
2.商品房屋建设			
#商品房建设投资	160.14	230.70	
商品房建设投资额比重(%)	78.80	94.00	
3.资金状况			
本年资金来源合计	292.37	383.18	
#上年末节余资金	39.84	53.56	
#本年资金来源小计	252.53	329.62	
本年各项应付款合计	29.72	42.71	
4.资金来源及构成			
本年资金来源小计	252.53	329.62	396.48
国家预算内资金			
国内贷款	63.23	68.21	55.50
债券			
利用外资	1.73	0.59	1.69
#外商直接投资	1.53	0.58	
自筹资金	69.39	90.13	102.80
其他资金来源	118.18	170.69	236.48
二、房地产开发企业（单位）情况			
1.企业个数合计（个）	595	691	
#一级企业	19	8	
#二级企业	52	66	
#三级企业	316	349	
2.从业人数合计（人）	21723	19270	
#一级企业	846	495	
#二级企业	3278	2923	
#三级企业	12602	10255	
3.资产合计（亿元）	582.79	712.66	
#一级企业	80.43	81.42	
#二级企业	116.56	136.90	
#三级企业	276.17	328.30	

20－23 续表 1

指　　标	2002年	2003年	2004年
4. 负债合计（亿元）	442.67	534.93	
#一级企业	69.24	68.32	
#二级企业	84.51	102.08	
#三级企业	205.17	237.74	
5. 资产负债率（%）	76.0	75.1	
#一级企业	86.1	83.9	
#二级企业	72.5	74.6	
#三级企业	74.3	72.4	
三、土地开发及购置			
本年完成开发土地面积（万平方米）	126.68	16.89	50.13
本年完成土地开发投资（亿元）	2.86	0.15	0.84
本年购置土地面积（万平方米）	1019.30	55.32	1227.65
土地购置费（亿元）		80.32	91.92
四、商品房屋开发面积（万平方米）			
1. 施工房屋面积	2216.03	2712.26	2937.73
住宅	1787.71	2231.25	2252.92
#别墅、高档公寓	267.18	538.18	
#经济适用房屋	195.34	245.16	
办公楼	60.86	70.83	97.05
商业营业用房	239.11	321.15	467.49
其他	128.35	89.02	120.27
2. 新开工房屋面积	890.08	1310.30	1185.13
住宅	768.06	1093.45	955.32
#别墅、高档公寓	92.17	209.74	
#经济适用房屋	109.65	146.20	
办公楼	10.83	22.02	13.85
商业营业用房	76.02	153.16	177.06
其他	35.17	41.69	38.90
3. 竣工房屋面积	944.60	1016.06	862.45
住宅	780.65	895.74	700.49
#别墅、高档公寓	100.23	146.75	
#经济适用房屋	109.44	145.90	
办公楼	20.80	15.48	17.06
商业营业用房	93.22	81.46	115.05
其他	49.93	23.37	29.85
4. 空置房屋面积	188.24	213.22	153.18
住宅	114.71	130.34	58.82
#别墅、高档公寓	24.21		
#经济适用房屋	6.84		
办公楼	19.79	16.86	15.93
商业营业用房	31.19	43.06	54.92
其他	22.55	22.96	23.51

20－23续表2

指　标	2002年	2003年	2004年
五、商品房屋销售			
1.实际销售面积（万平方米）	809.00	966.35	757.27
#外销（租）			
#个人	775.67	947.93	
住宅	737.23	897.26	684.17
#别墅、高档公寓	47.12	145.29	
#经济适用房屋	112.26	145.90	
#个人	719.74	887.24	
办公楼	18.29	6.30	8.74
商业营业用房	48.79	58.89	54.73
其他	4.69	3.90	9.63
2.实际销售额（亿元）	159.79	202.58	185.66
#外销（租）			
#个人	149.23	197.77	
住宅	130.83	171.23	152.16
#别墅、高档公寓	11.77	44.61	
#经济适用房屋	10.92	20.07	
#个人	125.93	170.16	
办公楼	6.07	2.13	3.74
商业营业用房	21.90	28.06	27.61
其他	0.99	1.16	2.15
3.实际销售价格（元/平方米）	1975	2096	2452
住宅	1775	1908	2224
办公楼	3320	3383	4274
商业营业用房	4488	4766	5045
4.预售面积（万平方米）	280.14	491.44	
#外销（租）		0.01	
#个人			
住宅	242.62	444.75	
#别墅、高档公寓	32.08	102.05	
#经济适用房屋	2.57		
#个人			
办公楼	10.07	11.87	
商业营业用房	23.61	32.18	
其他	3.85	2.64	
5.出租面积（万平方米）	27.93	20.11	
#外销（租）		0.28	
#个人	10.12	5.39	
住宅	0.63	0.37	
#别墅、高档公寓	0.09	0.25	
#经济适用房屋			
#个人	0.27	0.12	
办公楼	5.93	6.13	
商业营业用房	20.51	11.60	
其他	0.86	2.01	

20－24　贵阳市房地产开发投资综合统计

指　　标	2002年	2003年	2004年
一、本年完成投资额（亿元）	50.03	60.36	72.45
1.按用途分			
住宅	27.81	30.04	39.75
#别墅、高档公寓	0.89	0.50	
#经济适用房屋	3.94	5.66	
办公楼	3.64	3.91	4.36
商业营业用房	6.56	6.78	8.35
其他	12.02	19.65	19.99
2.商品房屋建设			
#商品房建设投资	37.63	38.14	
商品房建设投资额比重(%)	75.20	63.20	
3.资金状况			
本年资金来源合计	80.28	98.40	
#上年末节余资金	18.05	15.99	
#本年资金来源小计	62.24	82.42	
本年各项应付款合计	12.26	17.86	
4.资金来源及构成			
本年资金来源小计	62.24	82.42	94.42
国家预算内资金			
国内贷款	10.97	15.29	20.39
债券			
利用外资	0.11	0.74	0.26
#外商直接投资	0.11	0.70	
自筹资金	15.88	26.94	29.06
其他资金来源	35.28	39.44	44.71
二、房地产开发企业（单位）情况			
1.企业个数合计（个）	558	628	
#一级企业	1	1	
#二级企业	43	47	
#三级企业	154	151	
2.从业人数合计（人）	12999	15571	
#一级企业	828	404	
#二级企业	1750	2270	
#三级企业	4120	4681	
3.资产合计（亿元）	185.83	229.06	
#一级企业	11.97	12.63	
#二级企业	50.09	51.18	
#三级企业	73.62	83.00	

20－24 续表 1

指　　标	2002年	2003年	2004年
4.负债合计（亿元）	140.94	174.35	
#一级企业	7.16	7.71	
#二级企业	38.68	39.76	
#三级企业	59.36	67.53	
5.资产负债率（%）	75.8	76.1	
#一级企业	59.9	61.0	
#二级企业	77.2	77.7	
#三级企业	80.6	81.4	
三、土地开发及购置			
本年完成开发土地面积（万平方米）	224.66	204.63	156.55
本年完成土地开发投资（亿元）	3.93	5.51	1.77
本年购置土地面积（万平方米）	108.67	356.07	405.08
土地购置费（亿元）		7.24	9.00
四、商品房屋开发面积（万平方米）			
1.施工房屋面积	827.63	1072.48	1321.87
住宅	599.87	793.21	969.04
#别墅、高档公寓	14.04	12.99	
#经济适用房屋	86.19	131.98	
办公楼	61.51	67.33	89.88
商业营业用房	133.75	143.63	188.33
其他	32.50	68.31	74.62
2.新开工房屋面积	204.83	408.98	399.35
住宅	163.79	328.95	319.80
#别墅、高档公寓	0.36	2.83	
#经济适用房屋	31.76	73.55	
办公楼	13.89	8.95	19.32
商业营业用房	19.51	45.11	43.50
其他	7.65	25.97	16.73
3.竣工房屋面积	238.17	276.55	328.38
住宅	195.62	213.05	276.71
#别墅、高档公寓	6.57	5.08	
#经济适用房屋	34.80	33.66	
办公楼	9.64	12.19	6.81
商业营业用房	25.18	35.27	29.58
其他	7.74	16.04	15.28
4.空置房屋面积	23.66	77.31	110.93
住宅	16.51	50.00	67.11
#别墅、高档公寓	0.07		
#经济适用房屋	0.57		
办公楼	0.47	3.46	3.92
商业营业用房	5.02	19.11	30.03
其他	1.65	4.74	9.87

20－24 续表 2

指　　标	2002年	2003年	2004年
五、商品房屋销售			
1. 实际销售面积（万平方米）	204.51	229.04	224.79
#外销（租）			
#个人	197.17	210.26	
住宅	187.86	212.10	203.31
#别墅、高档公寓	1.01	3.25	
#经济适用房屋	29.83	22.73	
#个人	183.24	200.93	
办公楼	2.39	5.96	3.72
商业营业用房	13.08	9.40	14.75
其他	1.18	1.59	3.01
2. 实际销售额（亿元）	33.60	44.65	40.50
#外销（租）			
#个人	31.80	38.71	
住宅	27.63	36.79	33.41
#别墅、高档公寓	0.18	0.88	
#经济适用房屋	3.45	2.77	
#个人	26.86	35.35	
办公楼	1.21	2.23	1.22
商业营业用房	4.53	5.38	5.25
其他	0.23	0.25	0.62
3. 实际销售价格（元/平方米）	1643	1949	1802
住宅	1471	1735	1643
办公楼	5049	3744	3266
商业营业用房	3465	5720	3562
4. 预售面积（万平方米）	101.47	136.34	
#外销（租）			
#个人			
住宅	89.44	126.01	
#别墅、高档公寓	0.65	2.67	
#经济适用房屋	6.32	22.33	
#个人			
办公楼	3.35	3.67	
商业营业用房	6.81	5.87	
其他	1.87	0.80	
5. 出租面积（万平方米）	2.87	17.91	
#外销（租）	0.00		
#个人	1.39	7.22	
住宅	0.37	4.95	
#别墅、高档公寓			
#经济适用房屋	0.24		
#个人	0.03	0.93	
办公楼	0.29	1.70	
商业营业用房	1.81	8.58	
其他	0.40	2.69	

20-25 昆明市房地产开发投资综合统计

指 标	2002年	2003年	2004年
一、本年完成投资额(亿元)	68.34	70.07	86.96
1.按用途分			
住宅	52.11	52.14	62.67
#别墅、高档公寓	12.44	9.82	
#经济适用房屋	5.96	6.29	
办公楼	2.04	2.79	1.69
商业营业用房	4.37	2.38	4.00
其他	9.81	12.76	18.60
2.商品房屋建设			
#商品房建设投资	57.13	40.64	
商品房建设投资额比重(%)	83.60	58.00	
3.资金状况			
本年资金来源合计	91.25	124.55	
#上年末节余资金	16.69	26.54	
#本年资金来源小计	74.55	98.02	
本年各项应付款合计	20.07	18.98	
4.资金来源及构成			
本年资金来源小计	74.55	98.02	127.52
国家预算内资金	0.04		0.24
国内贷款	13.60	22.89	17.92
债券			
利用外资		0.67	0.36
#外商直接投资		0.67	
自筹资金	11.44	22.09	33.67
其他资金来源	49.47	52.37	75.34
二、房地产开发企业(单位)情况			
1.企业个数合计(个)	162	162	
#一级企业	4	5	
#二级企业	23	22	
#三级企业	40	38	
2.从业人数合计(人)	5033	7510	
#一级企业	282	349	
#二级企业	1246	2413	
#三级企业	1144	1271	
3.资产合计(亿元)	165.89	220.68	
#一级企业	12.21	39.85	
#二级企业	51.70	63.51	
#三级企业	34.48	35.77	

20－25 续表 1

指　标	2002年	2003年	2004年
4.负债合计（亿元）	133.07	178.72	
#一级企业	10.92	33.85	
#二级企业	41.52	52.48	
#三级企业	26.26	27.08	
5.资产负债率（%）	80.2	81.0	
#一级企业	89.4	84.9	
#二级企业	80.3	82.6	
#三级企业	76.2	75.7	
三、土地开发及购置			
本年完成开发土地面积（万平方米）	151.34	211.04	169.20
本年完成土地开发投资（亿元）	7.33	10.97	5.45
本年购置土地面积（万平方米）	431.57	385.63	345.57
土地购置费（亿元）		4.87	19.75
四、商品房屋开发面积（万平方米）			
1.施工房屋面积	731.09	748.95	906.69
住宅	585.70	672.52	800.43
#别墅、高档公寓	91.26	121.68	
#经济适用房屋	94.33	132.30	
办公楼	35.23	19.87	22.66
商业营业用房	58.93	30.75	37.50
其他	51.24	25.82	46.10
2.新开工房屋面积	197.83	355.68	453.46
住宅	168.86	334.54	407.69
#别墅、高档公寓	10.10	47.45	
#经济适用房屋	14.58	85.67	
办公楼	4.50	4.50	5.29
商业营业用房	12.59	11.43	22.54
其他	11.88	5.21	17.94
3.竣工房屋面积	346.10	313.45	183.54
住宅	291.16	286.83	166.76
#别墅、高档公寓	58.90	54.02	
#经济适用房屋	75.88	42.46	
办公楼	6.15	5.69	2.32
商业营业用房	29.64	9.92	7.21
其他	19.15	11.02	7.25
4.空置房屋面积	112.39	69.49	35.63
住宅	74.43	43.82	15.86
#别墅、高档公寓	11.23		
#经济适用房屋	5.78		
办公楼	12.03	10.92	7.85
商业营业用房	19.09	9.55	6.04
其他	6.85	5.20	5.88

20－25续表2

指 标	2002年	2003年	2004年
五、商品房屋销售			
1.实际销售面积（万平方米）	256.11	317.44	252.20
#外销（租）		0.86	
#个人	228.48	295.22	
住宅	238.62	298.38	237.50
#别墅、高档公寓	37.70	34.72	
#经济适用房屋	48.13	58.55	
#个人	215.47	285.39	
办公楼	3.22	4.71	3.03
商业营业用房	11.23	11.43	7.25
其他	3.04	2.92	4.42
2.实际销售额（亿元）	58.28	70.87	62.39
#外销（租）		0.14	
#个人	51.38	63.37	
住宅	50.76	63.57	57.88
#别墅、高档公寓	10.92	10.05	
#经济适用房屋	7.07	9.53	
#个人	45.72	59.65	
办公楼	1.00	1.37	0.95
商业营业用房	5.60	4.95	2.53
其他	0.93	0.99	1.03
3.实际销售价格（元/平方米）	2276	2233	2474
住宅	2127	2131	2437
办公楼	3097	2907	3138
商业营业用房	4981	4331	3490
4.预售面积（万平方米）	103.59	142.98	
#外销（租）		3.35	
#个人			
住宅	92.78	138.64	
#别墅、高档公寓	8.61	17.08	
#经济适用房屋	14.81	29.86	
#个人			
办公楼	2.89	0.19	
商业营业用房	6.98	2.86	
其他	0.95	1.30	
5.出租面积（万平方米）	15.34	13.40	
#外销（租）			
#个人	3.36	6.41	
住宅	0.28	0.61	
#别墅、高档公寓			
#经济适用房屋			
#个人		0.32	
办公楼	3.38	2.52	
商业营业用房	10.24	9.00	
其他	1.44	1.27	

20－26 西安市房地产开发投资综合统计

指　　标	2002年	2003年	2004年
一、本年完成投资额（亿元）	78.97	124.82	163.40
1.按用途分			
住宅	53.29	78.39	97.06
#别墅、高档公寓	8.61	4.84	
#经济适用房屋	21.74	7.67	
办公楼	6.32	12.94	17.72
商业营业用房	6.73	16.48	27.64
其他	12.62	17.01	20.98
2.商品房屋建设			
#商品房建设投资	58.37	93.65	
商品房建设投资额比重(%)	73.90	75.00	
3.资金状况			
本年资金来源合计	102.76	156.07	
#上年末节余资金	13.48	20.06	
#本年资金来源小计	89.29	136.01	
本年各项应付款合计	19.69	27.07	
4.资金来源及构成			
本年资金来源小计	89.29	136.01	176.59
国家预算内资金	0.47	1.34	
国内贷款	15.62	43.76	31.60
债券			
利用外资	0.30	0.33	1.55
#外商直接投资	0.30	0.33	
自筹资金	36.88	47.79	76.96
其他资金来源	36.02	42.80	66.48
二、房地产开发企业（单位）情况			
1.企业个数合计（个）	210	267	
#一级企业	5	2	
#二级企业	39	38	
#三级企业	109	148	
2.从业人数合计（人）	9342	12192	
#一级企业	460	316	
#二级企业	3448	4018	
#三级企业	3350	5399	
3.资产合计（亿元）	256.71	343.79	
#一级企业	33.42	5.73	
#二级企业	111.08	142.72	
#三级企业	90.89	140.72	

20－26 续表 1

指　　标	2002年	2003年	2004年
4. 负债合计（亿元）	197.49	260.37	
#一级企业	20.46	4.27	
#二级企业	92.53	110.06	
#三级企业	68.77	106.37	
5. 资产负债率（%）	76.9	75.7	
#一级企业	61.2	74.5	
#二级企业	83.3	77.1	
#三级企业	75.7	75.6	
三、土地开发及购置			
本年完成开发土地面积（万平方米）	131.04	271.70	260.12
本年完成土地开发投资（亿元）	3.46	11.62	7.15
本年购置土地面积（万平方米）	276.05	339.49	280.66
土地购置费（亿元）		3.27	15.64
四、商品房屋开发面积（万平方米）			
1. 施工房屋面积	1176.83	1343.12	1496.75
住宅	968.93	943.61	1011.26
#别墅、高档公寓	197.60	39.74	
#经济适用房屋	415.18	129.99	
办公楼	100.33	214.02	254.65
商业营业用房	71.33	138.20	196.03
其他	36.24	47.29	34.81
2. 新开工房屋面积	627.55	468.19	427.23
住宅	571.55	384.19	351.41
#别墅、高档公寓	129.60	9.17	
#经济适用房屋	275.11	61.58	
办公楼	20.20	38.71	36.57
商业营业用房	17.25	36.19	34.70
其他	18.55	9.09	4.55
3. 竣工房屋面积	329.71	339.67	210.79
住宅	290.30	289.56	141.56
#别墅、高档公寓	22.06	20.19	
#经济适用房屋	162.10	55.37	
办公楼	14.47	17.70	36.56
商业营业用房	16.43	8.44	18.67
其他	8.50	23.98	14.00
4. 空置房屋面积	50.82	63.85	52.67
住宅	34.18	52.34	33.93
#别墅、高档公寓	4.39		
#经济适用房屋	2.54		
办公楼	13.82	5.94	12.62
商业营业用房	2.16	4.85	4.88
其他	0.67	0.72	1.24

20－26 续表 2

指 标	2002年	2003年	2004年
五、商品房屋销售			
1.实际销售面积（万平方米）	256.72	252.74	209.44
#外销（租）			
#个人	236.68	238.06	
住宅	240.12	230.29	188.56
#别墅、高档公寓	15.64	9.34	
#经济适用房屋	116.21	115.79	
#个人	232.68	219.50	
办公楼	9.20	13.87	11.44
商业营业用房	4.93	7.86	8.91
其他	2.47	0.72	0.53
2.实际销售额（亿元）	52.42	54.29	54.96
#外销（租）			
#个人	46.64	50.85	
住宅	46.33	44.25	45.13
#别墅、高档公寓	5.60	3.40	
#经济适用房屋	15.52	15.50	
#个人	45.14	42.40	
办公楼	4.18	6.36	5.07
商业营业用房	1.41	3.50	4.50
其他	0.50	0.18	0.26
3.实际销售价格（元/平方米）	2042	2148	2624
住宅	1930	1921	2394
办公楼	4549	4584	4430
商业营业用房	2854	4454	5052
4.预售面积（万平方米）	61.02	52.35	
#外销（租）			
#个人			
住宅	55.73	49.12	
#别墅、高档公寓	0.95	2.10	
#经济适用房屋	9.65	9.20	
#个人			
办公楼	1.21	0.28	
商业营业用房	2.91	2.96	
其他	1.16		
5.出租面积（万平方米）	16.12	10.56	
#外销（租）		0.06	
#个人	0.33	0.73	
住宅	1.13	5.43	
#别墅、高档公寓			
#经济适用房屋			
#个人	0.05		
办公楼	6.53	1.81	
商业营业用房	7.43	2.05	
其他	1.02	1.28	

20-27　兰州市房地产开发投资综合统计

指　　标	2002年	2003年	2004年
一、本年完成投资额（亿元）	25.14	30.15	44.66
1.按用途分			
住宅	15.83	19.82	26.91
#别墅、高档公寓	0.10	0.79	
#经济适用房屋	3.82	5.17	
办公楼	1.31	1.35	1.30
商业营业用房	3.69	3.67	5.09
其他	4.32	5.30	11.36
2.商品房屋建设			
#商品房建设投资	16.71	16.93	
商品房建设投资额比重(%)	66.50	56.20	
3.资金状况			
本年资金来源合计	37.53	51.02	
#上年末节余资金	5.67	8.65	
#本年资金来源小计	31.86	42.37	
本年各项应付款合计	11.34	6.58	
4.资金来源及构成			
本年资金来源小计	31.86	42.37	53.16
国家预算内资金	0.01	0.11	
国内贷款	7.33	10.32	13.76
债券		0.04	
利用外资	0.09		0.07
#外商直接投资	0.06		
自筹资金	11.77	15.34	16.58
其他资金来源	12.66	16.56	22.75
二、房地产开发企业（单位）情况			
1.企业个数合计（个）	404	459	
#一级企业			
#二级企业	32	36	
#三级企业	269	289	
2.从业人数合计（人）	7675	9580	
#一级企业			
#二级企业	939	1306	
#三级企业	4950	6177	
3.资产合计（亿元）	110.05	150.71	
#一级企业			
#二级企业	25.55	37.63	
#三级企业	65.46	85.88	

20－27 续表 1

指　　标	2002年	2003年	2004年
4. 负债合计（亿元）	74.75	104.59	
#一级企业			
#二级企业	20.42	26.40	
#三级企业	43.87	62.59	
5. 资产负债率（%）	67.9	69.4	
#一级企业			
#二级企业	79.9	70.2	
#三级企业	67.0	72.9	
三、土地开发及购置			
本年完成开发土地面积（万平方米）	89.45	99.42	65.35
本年完成土地开发投资（亿元）	3.27	2.84	3.52
本年购置土地面积（万平方米）	105.07	124.73	104.84
土地购置费（亿元）		47.43	6.42
四、商品房屋开发面积（万平方米）			
1. 施工房屋面积	421.02	636.23	933.13
住宅	304.40	494.36	720.92
#别墅、高档公寓	10.65	29.05	
#经济适用房屋	73.66	110.54	
办公楼	30.46	34.98	40.49
商业营业用房	74.49	81.33	111.87
其他	11.67	25.57	59.85
2. 新开工房屋面积	103.16	203.06	349.37
住宅	80.16	163.53	274.52
#别墅、高档公寓	6.73	26.80	
#经济适用房屋	16.09	47.77	
办公楼	1.79	2.60	9.78
商业营业用房	15.75	32.50	33.47
其他	5.46	4.43	31.60
3. 竣工房屋面积	111.55	116.45	188.85
住宅	91.51	97.01	149.07
#别墅、高档公寓	2.34		
#经济适用房屋	24.87	34.87	
办公楼	8.51	4.12	15.00
商业营业用房	9.50	9.56	19.51
其他	2.03	5.76	5.27
4. 空置房屋面积	48.15	89.00	116.33
住宅	34.52	58.81	71.07
#别墅、高档公寓			
#经济适用房屋	3.90		
办公楼	3.25	6.37	14.81
商业营业用房	8.81	19.11	27.25
其他	1.57	4.70	3.20

20-27续表2

指　　标	2002年	2003年	2004年
五、商品房屋销售			
1.实际销售面积(万平方米)	78.22	86.14	142.38
#外销(租)			
#个人	68.64	72.95	
住宅	69.10	81.04	128.98
#别墅、高档公寓		0.89	
#经济适用房屋	10.16	11.20	
#个人	64.78	70.32	
办公楼	6.17	1.50	3.33
商业营业用房	2.96	3.27	9.90
其他		0.33	0.17
2.实际销售额(亿元)	12.85	16.01	32.49
#外销(租)			
#个人	11.04	13.13	
住宅	10.23	13.56	26.88
#别墅、高档公寓		0.24	
#经济适用房屋	1.24	2.02	
#个人	9.61	11.70	
办公楼	1.24	0.42	0.97
商业营业用房	1.38	1.74	4.62
其他		0.29	0.02
3.实际销售价格(元/平方米)	1643	1858	2282
住宅	1481	1673	2084
办公楼	2013	2789	2902
商业营业用房	4666	5312	4669
4.预售面积(万平方米)	17.57	26.66	
#外销(租)			
#个人			
住宅	15.71	22.69	
#别墅、高档公寓		0.05	
#经济适用房屋	2.09	10.00	
#个人			
办公楼	0.61	2.55	
商业营业用房	1.25	1.36	
其他		0.05	
5.出租面积(万平方米)	11.42	20.86	
#外销(租)			
#个人	4.24	3.14	
住宅	1.83	0.20	
#别墅、高档公寓			
#经济适用房屋			
#个人	1.71	0.18	
办公楼	2.24	1.33	
商业营业用房	7.34	19.22	
其他		0.12	

20－28　西宁市房地产开发投资综合统计

指　标	2002年	2003年	2004年
一、本年完成投资额（亿元）	15.05	18.90	22.86
1.按用途分			
住宅	7.83	12.73	13.70
#别墅、高档公寓	0.02	0.21	
#经济适用房屋	3.52	3.75	
办公楼	1.34	2.11	2.71
商业营业用房	1.33	1.63	3.21
其他	4.56	2.44	3.24
2.商品房屋建设			
#商品房建设投资	12.08	17.32	
商品房建设投资额比重(%)	80.30	91.70	
3.资金状况			
本年资金来源合计	17.45	20.43	
#上年末节余资金	1.00	0.65	
#本年资金来源小计	16.44	19.78	
本年各项应付款合计	1.96	1.36	
4.资金来源及构成			
本年资金来源小计	16.44	19.78	23.73
国家预算内资金			
国内贷款	2.41	3.93	5.07
债券			
利用外资	0.50	0.36	0.08
#外商直接投资	0.32	0.36	
自筹资金	8.67	7.73	10.61
其他资金来源	4.87	7.77	7.97
二、房地产开发企业（单位）情况			
1.企业个数合计（个）	247	134	
#一级企业	1		
#二级企业	22	21	
#三级企业	45	39	
2.从业人数合计（人）	2861	3447	
#一级企业	8		
#二级企业	574	761	
#三级企业	613	1053	
3.资产合计（亿元）	16.35	28.66	
#一级企业			
#二级企业	8.58	6.06	
#三级企业	3.07	7.94	

20－28 续表 1

指　　标	2002年	2003年	2004年
4.负债合计（亿元）	9.94	16.32	
#一级企业			
#二级企业	5.47	3.44	
#三级企业	1.81	5.05	
5.资产负债率（%）	60.8	56.9	
#一级企业			
#二级企业	63.8	56.7	
#三级企业	59.0	63.6	
三、土地开发及购置			
本年完成开发土地面积（万平方米）	86.50	92.77	86.48
本年完成土地开发投资（亿元）	2.45	0.89	3.28
本年购置土地面积（万平方米）	106.40	97.84	98.06
土地购置费（亿元）		58.27	3.11
四、商品房屋开发面积（万平方米）			
1.施工房屋面积	305.49	350.45	376.80
住宅	221.62	257.76	274.78
#别墅、高档公寓	0.97	8.25	
#经济适用房屋	117.48	102.60	
办公楼	40.46	38.00	41.47
商业营业用房	38.76	49.91	50.21
其他	4.65	4.78	10.34
2.新开工房屋面积	149.50	192.43	170.17
住宅	118.19	145.11	147.87
#别墅、高档公寓			
#经济适用房屋	52.93	54.78	
办公楼	15.55	16.70	8.14
商业营业用房	13.21	27.86	11.02
其他	2.54	2.75	3.14
3.竣工房屋面积	111.69	135.28	137.20
住宅	86.92	120.59	100.59
#别墅、高档公寓	0.11		
#经济适用房屋	43.28	32.72	
办公楼	7.79	5.18	14.33
商业营业用房	14.52	9.29	17.62
其他	2.46	0.22	4.66
4.空置房屋面积	9.97	18.29	16.73
住宅	9.58	9.82	12.45
#别墅、高档公寓			
#经济适用房屋	6.00		
办公楼		3.99	2.06
商业营业用房	0.39	4.26	2.22
其他		0.21	

20－28 续表 2

指 标	2002年	2003年	2004年
五、商品房屋销售			
1.实际销售面积（万平方米）	47.42	57.92	73.40
#外销（租）			
#个人	32.50	51.91	
住宅	40.90	50.71	63.69
#别墅、高档公寓		2.91	
#经济适用房屋	24.01	10.18	
#个人	31.30	49.19	
办公楼	0.95	2.64	4.95
商业营业用房	3.03	3.82	4.57
其他	2.54	0.75	0.19
2.实际销售额（亿元）	6.94	9.52	12.66
#外销（租）			
#个人	4.36	8.10	
住宅	5.33	7.60	9.78
#别墅、高档公寓		0.47	
#经济适用房屋	2.81	1.47	
#个人	3.94	7.40	
办公楼	0.13	0.71	1.23
商业营业用房	1.16	1.18	1.62
其他	0.33	0.03	0.03
3.实际销售价格（元/平方米）	1464	1644	1725
住宅	1302	1499	1536
办公楼	1375	2674	2486
商业营业用房	3825	3089	3543
4.预售面积（万平方米）	3.70	29.58	
#外销（租）			
#个人			
住宅	3.49	24.95	
#别墅、高档公寓			
#经济适用房屋	3.08	6.05	
#个人			
办公楼		3.50	
商业营业用房	0.21	1.13	
其他			
5.出租面积（万平方米）	3.26	6.68	
#外销（租）			
#个人	1.93	0.29	
住宅	3.26	3.70	
#别墅、高档公寓			
#经济适用房屋	0.10		
#个人	1.93		
办公楼		0.05	
商业营业用房		2.94	
其他			

20－29　银川市房地产开发投资综合统计

指　　标	2002年	2003年	2004年
一、本年完成投资额（亿元）	23.64	39.36	45.32
1.按用途分			
住宅	16.10	27.96	27.83
#别墅、高档公寓	0.74	0.43	
#经济适用房屋	1.99	3.20	
办公楼	1.82	1.94	3.30
商业营业用房	3.52	5.89	10.47
其他	2.20	3.57	3.72
2.商品房屋建设			
#商品房建设投资	22.62	38.22	
商品房建设投资额比重(%)	95.70	97.10	
3.资金状况			
本年资金来源合计	27.34	43.40	
#上年末节余资金	1.77	2.56	
#本年资金来源小计	25.56	40.84	
本年各项应付款合计	3.95	5.43	
4.资金来源及构成			
本年资金来源小计	25.56	40.84	48.87
国家预算内资金			
国内贷款	8.54	10.22	8.53
债券			
利用外资		0.13	0.21
#外商直接投资		0.13	
自筹资金	5.25	12.67	15.19
其他资金来源	11.77	17.82	24.94
二、房地产开发企业（单位）情况			
1.企业个数合计（个）	119	145	
#一级企业	3	3	
#二级企业	15	20	
#三级企业	41	51	
2.从业人数合计（人）	4821	4933	
#一级企业	513	517	
#二级企业	895	1122	
#三级企业	1479	1878	
3.资产合计（亿元）	73.65	102.52	
#一级企业	12.98	15.16	
#二级企业	19.60	30.63	
#三级企业	23.79	37.53	

20－29 续表 1

指　　标	2002年	2003年	2004年
4. 负债合计（亿元）	59.49	80.05	
#一级企业	11.05	12.95	
#二级企业	15.71	23.06	
#三级企业	19.54	29.94	
5. 资产负债率（%）	80.8	78.1	
#一级企业	85.1	85.4	
#二级企业	80.2	75.3	
#三级企业	82.1	79.8	
三、土地开发及购置			
本年完成开发土地面积（万平方米）		3.76	46.13
本年完成土地开发投资（亿元）		0.05	
本年购置土地面积（万平方米）	75.15	168.43	216.51
土地购置费（亿元）		8.31	6.76
四、商品房屋开发面积（万平方米）			
1. 施工房屋面积	317.07	569.65	645.05
住宅	225.51	441.39	434.93
#别墅、高档公寓	9.42	5.77	
#经济适用房屋	30.49	53.97	
办公楼	23.96	29.54	35.37
商业营业用房	53.95	78.44	144.37
其他	13.64	20.27	30.38
2. 新开工房屋面积	220.05	398.05	405.60
住宅	168.39	318.57	262.64
#别墅、高档公寓	5.18	2.53	
#经济适用房屋	25.88	42.34	
办公楼	10.39	16.57	21.07
商业营业用房	32.52	49.73	100.72
其他	8.75	13.17	21.17
3. 竣工房屋面积	157.35	314.28	301.86
住宅	114.12	251.60	229.36
#别墅、高档公寓	5.86	2.61	
#经济适用房屋	16.29	36.85	
办公楼	10.72	13.37	8.94
商业营业用房	25.55	39.74	42.35
其他	6.97	9.57	21.21
4. 空置房屋面积	52.21	144.50	187.71
住宅	29.23	108.10	123.18
#别墅、高档公寓	0.09		
#经济适用房屋	0.31		
办公楼	4.17	6.17	9.43
商业营业用房	16.35	25.95	42.00
其他	2.45	4.28	13.10

20-29续表2

指　　标	2002年	2003年	2004年
五、商品房屋销售			
1.实际销售面积（万平方米）	84.95	170.30	206.37
#外销（租）			
#个人	78.19	159.73	
住宅	69.60	135.92	183.09
#别墅、高档公寓	1.88	2.46	
#经济适用房屋	13.75	28.47	
#个人	68.14	135.74	
办公楼	3.78	7.08	3.02
商业营业用房	11.15	25.62	15.66
其他	0.42	1.68	4.60
2.实际销售额（亿元）	18.75	36.43	44.92
#外销（租）			
#个人	17.04	33.28	
住宅	13.15	23.48	35.20
#别墅、高档公寓	0.59	0.76	
#经济适用房屋	1.50	3.06	
#个人	12.99	23.43	
办公楼	1.14	1.94	1.12
商业营业用房	4.30	10.72	8.29
其他	0.15	0.28	0.31
3.实际销售价格（元/平方米）	2207	2139	2177
住宅	1889	1728	1923
办公楼	3024	2737	3704
商业营业用房	3860	4185	5292
4.预售面积（万平方米）	27.88	19.77	
#外销（租）			
#个人			
住宅	20.80	15.94	
#别墅、高档公寓	0.58	0.64	
#经济适用房屋	0.80	4.00	
#个人			
办公楼	2.34	0.09	
商业营业用房	4.48	3.74	
其他	0.26		
5.出租面积（万平方米）	8.85	8.05	
#外销（租）			
#个人	5.97	5.30	
住宅	2.50	2.53	
#别墅、高档公寓			
#经济适用房屋			
#个人	2.46	2.53	
办公楼	0.86	0.98	
商业营业用房	5.24	4.00	
其他	0.25	0.55	

20－30　乌鲁木齐市房地产开发投资综合统计

指　标	2002年	2003年	2004年
一、本年完成投资额（亿元）	50.97	48.49	36.23
1.按用途分			
住宅	33.35	23.89	19.45
#别墅、高档公寓	0.17	1.27	
#经济适用房屋	14.23	11.45	
办公楼	7.23	6.48	3.97
商业营业用房	7.36	10.31	10.18
其他	3.03	7.81	2.63
2.商品房屋建设			
#商品房建设投资	48.49	41.47	
商品房建设投资额比重(%)	95.10	85.50	
3.资金状况			
本年资金来源合计	78.24	65.38	
#上年末节余资金	9.71	11.79	
#本年资金来源小计	68.53	53.59	
本年各项应付款合计	10.64	10.04	
4.资金来源及构成			
本年资金来源小计	68.53	53.59	43.02
国家预算内资金			
国内贷款	11.04	9.49	4.75
债券			
利用外资			
#外商直接投资			
自筹资金	30.94	24.62	18.46
其他资金来源	26.55	19.47	19.82
二、房地产开发企业（单位）情况			
1.企业个数合计（个）	116	181	
#一级企业	5	5	
#二级企业	20	21	
#三级企业	45	58	
2.从业人数合计（人）	9591	5771	
#一级企业	4656	781	
#二级企业	1339	1202	
#三级企业	2008	1657	
3.资产合计（亿元）	183.10	213.90	
#一级企业	53.86	48.00	
#二级企业	53.78	62.12	
#三级企业	51.87	63.45	

20－30 续表 1

指　　标	2002年	2003年	2004年
4.负债合计（亿元）	139.79	150.26	
#一级企业	38.27	30.27	
#二级企业	46.03	46.96	
#三级企业	37.35	46.45	
5.资产负债率（%）	76.3	70.2	
#一级企业	71.0	63.1	
#二级企业	85.6	75.6	
#三级企业	72.0	73.2	
三、土地开发及购置			
本年完成开发土地面积（万平方米）	95.54	113.95	62.27
本年完成土地开发投资（亿元）	0.66	3.21	0.52
本年购置土地面积（万平方米）	105.76	89.11	77.66
土地购置费（亿元）		14.57	3.35
四、商品房屋开发面积（万平方米）			
1.施工房屋面积	693.48	665.18	428.92
住宅	538.29	466.67	279.92
#别墅、高档公寓	1.35	8.65	
#经济适用房屋	321.77	222.45	
办公楼	58.11	65.68	47.34
商业营业用房	80.96	112.60	91.82
其他	16.12	20.22	9.84
2.新开工房屋面积	230.88	267.22	203.81
住宅	174.56	174.94	163.62
#别墅、高档公寓		3.86	
#经济适用房屋	108.70	112.59	
办公楼	26.30	15.86	15.17
商业营业用房	26.00	69.68	21.88
其他	4.01	6.72	3.14
3.竣工房屋面积	391.28	390.06	179.71
住宅	335.69	318.33	136.23
#别墅、高档公寓	1.35	7.97	
#经济适用房屋	212.06	131.85	
办公楼	15.38	21.13	9.35
商业营业用房	36.01	42.71	31.43
其他	4.21	7.89	2.70
4.空置房屋面积	128.89	243.50	185.97
住宅	110.04	191.80	117.15
#别墅、高档公寓			
#经济适用房屋	57.49		
办公楼	2.96	11.84	9.29
商业营业用房	9.02	32.13	51.71
其他	6.87	7.73	7.82

20－30 续表 2

指　　标	2002年	2003年	2004年
五、商品房屋销售			
1. 实际销售面积（万平方米）	252.43	303.80	251.90
#外销（租）			
#个人	226.88	285.73	
住宅	229.52	271.44	222.50
#别墅、高档公寓	0.99	3.49	
#经济适用房屋	130.45	126.50	
#个人	209.38	257.45	
办公楼	2.90	12.95	6.36
商业营业用房	19.76	18.11	21.72
其他	0.25	1.30	1.32
2. 实际销售额（亿元）	58.45	71.74	54.09
#外销（租）			
#个人	51.15	66.11	
住宅	41.96	50.61	39.97
#别墅、高档公寓	0.25	1.08	
#经济适用房屋	22.00	20.35	
#个人	37.91	47.57	
办公楼	1.01	6.61	2.55
商业营业用房	15.41	14.22	11.27
其他	0.07	0.30	0.30
3. 实际销售价格（元/平方米）	2315	2361	2147
住宅	1828	1864	1797
办公楼	3475	5104	4009
商业营业用房	7798	7852	5190
4. 预售面积（万平方米）	58.57	27.18	
#外销（租）			
#个人			
住宅	50.35	25.41	
#别墅、高档公寓		0.13	
#经济适用房屋	21.53	8.94	
#个人			
办公楼	1.26	1.12	
商业营业用房	6.75	0.65	
其他	0.21		
5. 出租面积（万平方米）	32.26	40.83	
#外销（租）			
#个人	24.04	16.44	
住宅	16.89	13.17	
#别墅、高档公寓			
#经济适用房屋	0.25	0.53	
#个人	16.42	5.47	
办公楼	6.11	4.60	
商业营业用房	7.47	18.92	
其他	1.80	4.15	

20－31　大连市房地产开发投资综合统计

指　　标	2002年	2003年	2004年
一、本年完成投资额（亿元）	125.20	151.14	208.79
1.按用途分			
住宅	89.85	103.57	139.92
#别墅、高档公寓	4.54	1.98	
#经济适用房屋	7.25	7.44	
办公楼	6.11	4.54	6.48
商业营业用房	19.13	24.52	33.81
其他	10.11	18.50	28.58
2.商品房屋建设			
#商品房建设投资	113.72	125.61	
商品房建设投资额比重(%)	90.80	83.10	
3.资金状况			
本年资金来源合计	170.78	223.64	
#上年末节余资金	30.75	37.62	
#本年资金来源小计	140.03	186.02	
本年各项应付款合计	20.79	23.66	
4.资金来源及构成			
本年资金来源小计	140.03	186.02	265.58
国家预算内资金	1.01	0.28	0.15
国内贷款	30.15	67.69	77.48
债券			
利用外资	2.86	0.52	2.05
#外商直接投资	0.61	0.52	
自筹资金	50.98	66.35	79.98
其他资金来源	55.03	51.18	105.92
二、房地产开发企业（单位）情况			
1.企业个数合计（个）	449	478	
#一级企业	13	13	
#二级企业	33	38	
#三级企业	344	332	
2.从业人数合计（人）	12799	11327	
#一级企业	2042	1489	
#二级企业	1213	1570	
#三级企业	8161	6723	
3.资产合计（亿元）	552.51	632.64	
#一级企业	103.51	107.89	
#二级企业	85.93	111.33	
#三级企业	268.39	290.89	

20－31 续表 1

指　　标	2002年	2003年	2004年
4.负债合计（亿元）	452.59	527.31	
#一级企业	86.19	93.57	
#二级企业	71.35	93.19	
#三级企业	215.66	241.51	
5.资产负债率（%）	81.9	83.4	
#一级企业	83.3	86.7	
#二级企业	83.0	83.7	
#三级企业	80.4	83.0	
三、土地开发及购置			
本年完成开发土地面积（万平方米）	225.23	334.90	207.10
本年完成土地开发投资（亿元）	8.85	18.97	21.98
本年购置土地面积（万平方米）	269.11	358.83	449.40
土地购置费（亿元）		19.22	38.19
四、商品房屋开发面积（万平方米）			
1.施工房屋面积	1366.82	1396.59	1333.77
住宅	1020.11	1071.37	977.92
#别墅、高档公寓	32.87	33.91	
#经济适用房屋	80.14	77.34	
办公楼	76.21	51.12	65.16
商业营业用房	213.92	189.70	230.56
其他	56.58	84.40	60.13
2.新开工房屋面积	594.58	649.84	510.26
住宅	478.19	523.06	408.96
#别墅、高档公寓	8.52	0.49	
#经济适用房屋	47.57	50.36	
办公楼	6.93	14.59	17.15
商业营业用房	76.29	73.67	68.24
其他	33.18	38.53	15.91
3.竣工房屋面积	546.23	579.21	420.99
住宅	450.25	469.19	352.10
#别墅、高档公寓	17.03	6.10	
#经济适用房屋	36.27	57.44	
办公楼	29.94	12.47	5.82
商业营业用房	52.03	61.40	41.82
其他	14.02	36.16	21.25
4.空置房屋面积	342.77	295.03	320.36
住宅	256.68	185.08	230.05
#别墅、高档公寓	3.08		
#经济适用房屋	8.29		
办公楼	14.38	6.38	7.07
商业营业用房	57.08	79.27	65.97
其他	14.63	24.30	17.27

20－31 续表 2

指　　标	2002年	2003年	2004年
五、商品房屋销售			
1.实际销售面积（万平方米）	419.86	498.14	486.25
#外销（租）		0.10	
#个人	398.10	457.72	
住宅	375.04	446.75	445.41
#别墅、高档公寓	2.30	1.79	
#经济适用房屋	39.50	50.98	
#个人	362.54	420.34	
办公楼	9.27	13.03	4.86
商业营业用房	32.23	34.56	29.49
其他	3.31	3.80	6.49
2.实际销售额（亿元）	119.35	145.51	151.53
#外销（租）		0.06	
#个人	112.31	131.68	
住宅	100.08	120.58	132.41
#别墅、高档公寓	1.65	0.73	
#经济适用房屋	7.94	10.88	
#个人	96.96	114.36	
办公楼	4.47	5.68	2.30
商业营业用房	13.89	18.36	14.57
其他	0.92	0.90	2.25
3.实际销售价格（元/平方米）	2843	2921	3116
住宅	2668	2699	2973
办公楼	4820	4354	4741
商业营业用房	4308	5312	4941
4.预售面积（万平方米）	25.20	58.68	
#外销（租）		0.05	
#个人			
住宅	21.70	47.87	
#别墅、高档公寓	0.61	0.88	
#经济适用房屋	0.11		
#个人			
办公楼	1.67	6.91	
商业营业用房	1.74	3.26	
其他	0.10	0.64	
5.出租面积（万平方米）	21.73	27.78	
#外销（租）		0.49	
#个人	0.80	2.24	
住宅	5.27	7.45	
#别墅、高档公寓	1.21	6.54	
#经济适用房屋			
#个人		0.98	
办公楼	5.03	5.98	
商业营业用房	6.21	13.11	
其他	5.23	1.23	

20－32　青岛市房地产开发投资综合统计

指　标	2002年	2003年	2004年
一、本年完成投资额（亿元）	103.65	127.80	162.70
1.按用途分			
住宅	71.26	93.86	128.87
#别墅、高档公寓	7.96	9.88	
#经济适用房屋	6.21	7.13	
办公楼	6.33	4.95	7.48
商业营业用房	16.13	14.51	14.89
其他	9.93	14.47	11.46
2.商品房屋建设			
#商品房建设投资	75.58	101.40	
商品房建设投资额比重(%)	72.90	79.30	
3.资金状况			
本年资金来源合计	174.23	228.20	
#上年末节余资金	27.42	35.86	
#本年资金来源小计	146.81	192.34	
本年各项应付款合计	26.29	26.53	
4.资金来源及构成			
本年资金来源小计	146.81	192.34	221.36
国家预算内资金			
国内贷款	31.45	46.04	38.47
债券			
利用外资	0.48	0.22	0.16
#外商直接投资	0.48	0.22	
自筹资金	36.40	49.62	74.16
其他资金来源	78.48	96.46	108.57
二、房地产开发企业（单位）情况			
1.企业个数合计（个）	459	554	
#一级企业	3	3	
#二级企业	16	21	
#三级企业	79	89	
2.从业人数合计（人）	11694	13459	
#一级企业	250	306	
#二级企业	1069	936	
#三级企业	2732	2727	
3.资产合计（亿元）	413.11	505.70	
#一级企业	28.94	32.78	
#二级企业	38.26	39.79	
#三级企业	112.87	146.81	

20－32 续表 1

指 标	2002年	2003年	2004年
4.负债合计(亿元)	337.85	409.10	
#一级企业	26.26	30.07	
#二级企业	31.60	32.85	
#三级企业	94.43	121.68	
5.资产负债率(%)	81.8	80.9	
#一级企业	90.8	91.7	
#二级企业	82.6	82.6	
#三级企业	83.7	82.9	
三、土地开发及购置			
本年完成开发土地面积(万平方米)	351.14	507.54	467.13
本年完成土地开发投资(亿元)	4.39	11.00	6.07
本年购置土地面积(万平方米)	540.90	776.94	318.56
土地购置费(亿元)		4.97	26.02
四、商品房屋开发面积(万平方米)			
1.施工房屋面积	1416.98	1747.10	2101.28
住宅	1074.66	1413.84	1689.76
#别墅、高档公寓	75.37	122.24	
#经济适用房屋	107.90	86.70	
办公楼	71.76	68.55	92.82
商业营业用房	204.96	184.92	194.94
其他	65.60	79.80	123.76
2.新开工房屋面积	666.13	914.18	940.80
住宅	533.50	794.36	795.39
#别墅、高档公寓	29.45	58.30	
#经济适用房屋	32.11	61.07	
办公楼	17.08	10.68	23.75
商业营业用房	85.66	77.05	80.64
其他	29.89	32.10	41.02
3.竣工房屋面积	537.29	546.56	635.17
住宅	396.69	456.47	504.02
#别墅、高档公寓	21.63	33.89	
#经济适用房屋	57.92	30.36	
办公楼	16.91	7.57	20.34
商业营业用房	98.21	65.66	58.98
其他	25.48	16.86	51.83
4.空置房屋面积	148.13	105.00	137.82
住宅	92.81	56.64	80.90
#别墅、高档公寓	10.00		
#经济适用房屋	5.50		
办公楼	9.74	7.19	10.59
商业营业用房	37.43	26.97	29.24
其他	8.15	14.20	17.09

20－32 续表 2

指 标	2002年	2003年	2004年
五、商品房屋销售			
1.实际销售面积（万平方米）	426.90	462.68	516.26
#外销（租）	0.04	0.10	
#个人	409.69	432.15	
住宅	366.32	407.89	446.48
#别墅、高档公寓	26.13	30.41	
#经济适用房屋	41.59	19.63	
#个人	364.23	383.12	
办公楼	8.70	3.53	19.08
商业营业用房	40.89	44.07	34.39
其他	11.00	7.18	16.31
2.实际销售额（亿元）	93.30	111.32	153.10
#外销（租）	0.02	0.08	
#个人	86.36	104.78	
住宅	75.69	93.70	122.67
#别墅、高档公寓	14.23	16.62	
#经济适用房屋	7.86	4.45	
#个人	74.78	89.02	
办公楼	4.61	1.17	14.99
商业营业用房	11.85	15.72	12.81
其他	1.16	0.73	2.63
3.实际销售价格（元/平方米）	2186	2406	2966
住宅	2066	2297	2748
办公楼	5296	3318	7855
商业营业用房	2897	3566	3724
4.预售面积（万平方米）	173.46	204.47	
#外销（租）			
#个人			
住宅	156.23	186.73	
#别墅、高档公寓	11.79	22.84	
#经济适用房屋	6.79	1.17	
#个人			
办公楼	7.56	4.50	
商业营业用房	9.20	12.34	
其他	0.47	0.90	
5.出租面积（万平方米）	19.16	14.26	
#外销（租）			
#个人	4.92	2.23	
住宅	3.82	1.44	
#别墅、高档公寓	0.30	0.20	
#经济适用房屋			
#个人	0.06	0.43	
办公楼	4.39	2.09	
商业营业用房	7.79	10.69	
其他	3.17	0.04	

20－33　宁波市房地产开发投资综合统计

指　　标	2002年	2003年	2004年
一、本年完成投资额(亿元)	125.97	184.26	234.41
1.按用途分			
住宅	98.66	136.84	178.42
#别墅、高档公寓	2.24	2.51	
#经济适用房屋	1.24	3.72	
办公楼	3.08	7.68	12.61
商业营业用房	16.92	20.05	24.25
其他	7.31	19.69	19.13
2.商品房屋建设			
#商品房建设投资	67.57	97.22	
商品房建设投资额比重(%)	53.60	52.80	
3.资金状况			
本年资金来源合计	143.51	195.69	
#上年末节余资金	7.34	6.50	
#本年资金来源小计	136.17	189.19	
本年各项应付款合计	7.20	17.98	
4.资金来源及构成			
本年资金来源小计	136.17	189.19	230.12
国家预算内资金	0.08		
国内贷款	36.97	55.00	45.87
债券			
利用外资	1.18	0.05	1.40
#外商直接投资	1.18	0.05	
自筹资金	26.15	50.54	57.87
其他资金来源	71.79	83.60	124.99
二、房地产开发企业(单位)情况			
1.企业个数合计(个)	289	309	
#一级企业	7	7	
#二级企业	11	12	
#三级企业	128	160	
2.从业人数合计(人)	6082	6497	
#一级企业	452	458	
#二级企业	519	555	
#三级企业	2865	3404	
3.资产合计(亿元)	334.41	550.12	
#一级企业	47.85	67.16	
#二级企业	33.20	74.93	
#三级企业	175.00	327.04	

20－33 续表 1

指　标	2002年	2003年	2004年
4.负债合计（亿元）	272.65	458.41	
#一级企业	41.05	56.51	
#二级企业	28.40	65.68	
#三级企业	142.73	276.19	
5.资产负债率（%）	81.5	83.3	
#一级企业	85.8	84.1	
#二级企业	85.6	87.7	
#三级企业	81.6	84.5	
三、土地开发及购置			
本年完成开发土地面积（万平方米）	328.84	359.02	325.62
本年完成土地开发投资（亿元）	5.37	4.18	2.64
本年购置土地面积（万平方米）	478.95	721.30	362.06
土地购置费（亿元）		2.82	73.00
四、商品房屋开发面积（万平方米）			
1.施工房屋面积	1382.17	2026.80	2465.28
住宅	1092.30	1632.58	1913.55
#别墅、高档公寓	31.38	27.36	
#经济适用房屋	10.18	49.69	
办公楼	41.79	66.70	97.43
商业营业用房	158.07	190.13	246.88
其他	90.02	137.39	207.42
2.新开工房屋面积	640.08	1029.73	933.45
住宅	503.91	830.99	689.30
#别墅、高档公寓	9.96	10.84	
#经济适用房屋	9.27	30.62	
办公楼	16.95	28.81	41.04
商业营业用房	82.04	91.55	112.24
其他	37.18	78.38	90.87
3.竣工房屋面积	443.92	635.53	587.15
住宅	345.64	529.83	488.68
#别墅、高档公寓	3.18	8.32	
#经济适用房屋	0.91	19.47	
办公楼	13.38	12.18	9.72
商业营业用房	54.98	59.63	53.60
其他	29.91	33.89	35.15
4.空置房屋面积	105.21	70.60	41.66
住宅	46.41	37.52	20.54
#别墅、高档公寓	1.67		
#经济适用房屋			
办公楼	16.91	7.70	3.21
商业营业用房	31.13	19.98	12.39
其他	10.76	5.39	5.52

20－33 续表 2

指　　标	2002年	2003年	2004年
五、商品房屋销售			
1. 实际销售面积（万平方米）	398.07	548.59	516.54
#外销（租）	0.08		
#个人	388.69	544.35	
住宅	316.51	463.32	426.78
#别墅、高档公寓	9.06	7.30	
#经济适用房屋	0.91		
#个人	315.64	462.57	
办公楼	14.77	10.25	13.14
商业营业用房	49.72	54.70	53.09
其他	17.07	20.32	23.53
2. 实际销售额（亿元）	104.01	157.19	175.08
#外销（租）	0.03		
#个人	100.26	155.73	
住宅	74.62	117.72	129.14
#别墅、高档公寓	2.14	2.02	
#经济适用房屋	0.10		
#个人	74.38	117.63	
办公楼	5.37	3.80	8.74
商业营业用房	20.57	30.57	30.97
其他	3.45	5.10	6.23
3. 实际销售价格（元/平方米）	2613	2865	3390
住宅	2357	2541	3026
办公楼	3640	3705	6651
商业营业用房	4138	5589	5834
4. 预售面积（万平方米）	420.33	347.48	
#外销（租）			
#个人			
住宅	371.10	306.50	
#别墅、高档公寓	10.72	10.53	
#经济适用房屋			
#个人			
办公楼	4.76	10.44	
商业营业用房	32.55	20.86	
其他	11.92	9.69	
5. 出租面积（万平方米）	14.74	14.02	
#外销（租）	0.78		
#个人	3.00	4.15	
住宅	2.06	2.13	
#别墅、高档公寓	1.80	1.86	
#经济适用房屋			
#个人	1.31	1.63	
办公楼	3.48	4.89	
商业营业用房	6.72	6.34	
其他	2.48	0.67	

20－34　厦门市房地产开发投资综合统计

指　标	2002年	2003年	2004年
一、本年完成投资额（亿元）	62.33	79.27	91.46
1.按用途分			
住宅	41.40	54.88	66.91
#别墅、高档公寓	3.30	5.41	
#经济适用房屋	0.37	0.76	
办公楼	2.82	3.03	3.00
商业营业用房	7.22	9.00	12.01
其他	10.89	12.36	9.54
2.商品房屋建设			
#商品房建设投资	43.96	55.67	
商品房建设投资额比重(%)	70.50	70.20	
3.资金状况			
本年资金来源合计	160.96	214.51	
#上年末节余资金	34.19	43.36	
#本年资金来源小计	126.77	171.16	
本年各项应付款合计	7.73	9.18	
4.资金来源及构成			
本年资金来源小计	126.77	171.16	212.07
国家预算内资金	0.39	0.49	0.65
国内贷款	25.65	39.76	37.78
债券			
利用外资	1.99	2.20	1.55
#外商直接投资	1.81	2.09	
自筹资金	20.27	29.28	49.86
其他资金来源	78.47	99.43	122.23
二、房地产开发企业（单位）情况			
1.企业个数合计（个）	452	487	
#一级企业	8	9	
#二级企业	11	12	
#三级企业	43	43	
2.从业人数合计（人）	10154	10701	
#一级企业	611	668	
#二级企业	424	399	
#三级企业	1348	1538	
3.资产合计（亿元）	494.03	688.57	
#一级企业	59.40	74.66	
#二级企业	28.84	35.83	
#三级企业	86.41	113.78	

20－34 续表 1

指　标	2002年	2003年	2004年
4.负债合计（亿元）	349.49	496.62	
#一级企业	47.83	60.82	
#二级企业	19.47	22.17	
#三级企业	62.25	88.03	
5.资产负债率（%）	70.7	72.1	
#一级企业	80.5	81.5	
#二级企业	67.5	61.9	
#三级企业	72.0	77.4	
三、土地开发及购置			
本年完成开发土地面积（万平方米）	42.57	64.41	32.88
本年完成土地开发投资（亿元）	1.70	4.44	0.52
本年购置土地面积（万平方米）	126.04	100.61	72.50
土地购置费（亿元）		3.58	17.10
四、商品房屋开发面积（万平方米）			
1.施工房屋面积	1094.19	1290.19	1337.34
住宅	763.05	918.22	942.07
#别墅、高档公寓	70.47	84.69	
#经济适用房屋	7.77	14.77	
办公楼	73.32	63.96	57.81
商业营业用房	143.74	163.88	180.36
其他	114.08	144.13	157.10
2.新开工房屋面积	354.97	350.53	291.25
住宅	276.64	272.53	179.02
#别墅、高档公寓	14.66	23.91	
#经济适用房屋	0.46	12.56	
办公楼	7.95	3.01	7.32
商业营业用房	38.28	34.45	66.90
其他	32.11	40.53	38.01
3.竣工房屋面积	218.53	297.32	376.85
住宅	158.66	219.64	281.56
#别墅、高档公寓	9.26	17.68	
#经济适用房屋	6.63	1.76	
办公楼	9.77	10.47	10.92
商业营业用房	29.40	37.37	46.42
其他	20.70	29.84	37.95
4.空置房屋面积	176.13	112.49	96.21
住宅	79.43	30.81	20.87
#别墅、高档公寓	11.49		
#经济适用房屋	12.86		
办公楼	26.76	9.44	7.50
商业营业用房	27.58	34.43	33.71
其他	42.36	37.81	34.13

20－34 续表 2

指　标	2002年	2003年	2004年
五、商品房屋销售			
1.实际销售面积（万平方米）	226.11	294.42	305.89
#外销（租）	0.36	7.73	
#个人	214.28	267.82	
住宅	186.62	245.63	255.05
#别墅、高档公寓	10.80	17.35	
#经济适用房屋	6.99	4.94	
#个人	183.60	231.70	
办公楼	5.72	11.99	8.88
商业营业用房	26.76	25.48	25.98
其他	7.01	11.33	15.98
2.实际销售额（亿元）	69.45	99.26	126.83
#外销（租）	0.13	2.39	
#个人	64.78	90.47	
住宅	48.42	75.58	96.11
#别墅、高档公寓	5.39	7.17	
#经济适用房屋	1.20	0.98	
#个人	47.90	71.60	
办公楼	2.18	4.58	4.40
商业营业用房	17.51	17.09	23.31
其他	1.34	2.01	3.01
3.实际销售价格（元/平方米）	3072	3371	4146
住宅	2595	3077	3768
办公楼	3803	3823	4952
商业营业用房	6545	6705	8974
4.预售面积（万平方米）	182.85	212.82	
#外销（租）	3.14	0.75	
#个人			
住宅	168.28	192.15	
#别墅、高档公寓	12.49	11.98	
#经济适用房屋		0.46	
#个人			
办公楼	1.76	2.40	
商业营业用房	10.51	12.81	
其他	2.29	5.46	
5.出租面积（万平方米）	28.07	46.25	
#外销（租）	0.79	1.34	
#个人	2.34	2.22	
住宅	3.73	3.37	
#别墅、高档公寓	0.02		
#经济适用房屋			
#个人	1.11	1.07	
办公楼	10.87	16.11	
商业营业用房	4.55	12.66	
其他	8.92	14.12	

20－35　深圳市房地产开发投资综合统计

指　　标	2002年	2003年	2004年
一、本年完成投资额（亿元）	355.44	412.66	431.81
1.按用途分			
住宅	237.92	250.19	248.35
#别墅、高档公寓	2.40	4.78	
#经济适用房屋			
办公楼	13.00	15.05	22.32
商业营业用房	35.26	47.29	58.14
其他	69.26	100.13	103.00
2.商品房屋建设			
#商品房建设投资	266.56	319.92	
商品房建设投资额比重(%)	75.00	77.50	
3.资金状况			
本年资金来源合计	623.59	766.18	
#上年末节余资金	107.18	121.49	
#本年资金来源小计	516.41	644.70	
本年各项应付款合计	93.06	113.84	
4.资金来源及构成			
本年资金来源小计	516.41	644.70	664.89
国家预算内资金			
国内贷款	127.01	166.37	158.24
债券	0.32		0.02
利用外资	9.24	8.02	9.53
#外商直接投资	4.06	2.49	
自筹资金	138.64	179.19	205.93
其他资金来源	241.19	291.12	291.17
二、房地产开发企业（单位）情况			
1.企业个数合计（个）	406	497	
#一级企业	28	37	
#二级企业	95	82	
#三级企业	69	39	
2.从业人数合计（人）	19311	23481	
#一级企业	3567	3784	
#二级企业	5983	5191	
#三级企业	2116	1745	
3.资产合计（亿元）	1638.91	1897.54	
#一级企业	465.20	521.21	
#二级企业	422.02	485.35	
#三级企业	210.59	96.55	

20－35 续表 1

指　　标	2002年	2003年	2004年
4. 负债合计（亿元）	1167.89	1351.77	
#一级企业	308.39	326.72	
#二级企业	283.73	347.20	
#三级企业	164.79	68.68	
5. 资产负债率（%）	71.3	71.2	
#一级企业	66.3	62.7	
#二级企业	67.2	71.5	
#三级企业	78.3	71.1	
三、土地开发及购置			
本年完成开发土地面积（万平方米）	188.62	171.67	135.10
本年完成土地开发投资（亿元）	9.41	11.21	8.89
本年购置土地面积（万平方米）	332.97	262.18	199.08
土地购置费（亿元）		7.05	72.23
四、商品房屋开发面积（万平方米）			
1. 施工房屋面积	2776.29	2838.22	3360.01
住宅	2124.86	2072.89	2487.64
#别墅、高档公寓	16.61	18.77	
#经济适用房屋			
办公楼	120.83	134.29	142.71
商业营业用房	279.14	317.74	386.15
其他	251.46	313.31	343.51
2. 新开工房屋面积	959.32	932.86	1247.47
住宅	747.50	645.18	981.87
#别墅、高档公寓	2.79	5.94	
#经济适用房屋			
办公楼	41.71	35.88	23.51
商业营业用房	101.12	119.88	122.03
其他	68.99	131.91	120.06
3. 竣工房屋面积	892.24	1020.31	681.84
住宅	698.32	816.62	530.06
#别墅、高档公寓	5.69	4.83	
#经济适用房屋			
办公楼	25.07	24.43	4.31
商业营业用房	79.16	95.63	70.98
其他	89.70	83.63	76.49
4. 空置房屋面积	241.35	319.94	211.71
住宅	142.72	190.88	106.85
#别墅、高档公寓	6.79		
#经济适用房屋			
办公楼	29.53	26.23	19.52
商业营业用房	51.69	81.12	65.40
其他	17.41	21.71	19.94

20－35续表2

指　标	2002年	2003年	2004年
五、商品房屋销售			
1.实际销售面积（万平方米）	381.22	411.71	381.69
#外销（租）	28.27	23.25	
#个人	332.41	139.64	
住宅	347.38	358.12	343.02
#别墅、高档公寓	2.95	3.06	
#经济适用房屋			
#个人	312.33	125.25	
办公楼	10.17	18.06	6.31
商业营业用房	22.49	23.37	24.43
其他	1.17	12.16	7.93
2.实际销售额（亿元）	221.19	257.58	257.88
#外销（租）	18.72	16.97	
#个人	187.27	42.99	
住宅	182.97	207.46	219.02
#别墅、高档公寓	3.23	3.96	
#经济适用房屋			
#个人	163.64	37.28	
办公楼	8.31	16.38	5.57
商业营业用房	29.57	30.29	27.99
其他	0.34	3.45	5.30
3.实际销售价格（元/平方米）	5802	6256	6756
住宅	5267	5793	6385
办公楼	8163	9072	8833
商业营业用房	13147	12957	11455
4.预售面积（万平方米）	422.41	488.19	
#外销（租）	23.73	22.13	
#个人			
住宅	387.97	452.70	
#别墅、高档公寓	2.37	2.70	
#经济适用房屋			
#个人			
办公楼	13.73	12.18	
商业营业用房	20.66	21.79	
其他	0.06	1.52	
5.出租面积（万平方米）	214.57	237.09	
#外销（租）			
#个人	49.06	13.24	
住宅	33.59	42.60	
#别墅、高档公寓			
#经济适用房屋			
#个人	19.08	3.98	
办公楼	33.08	44.17	
商业营业用房	112.00	123.96	
其他	35.90	26.36	

第四部分　2005 年房地产开发快报篇

第二十一章 2005年全国及各地区房地产综合快报

21－1　全国房地产开发投资情况

主要指标	自年初累计实际完成投资（亿元）	比去年同期增长±%	比重（以投资总额为100）	
			自年初累计	去年同期
投资完成额	**15759.30**	**19.8**	**100.0**	**100.0**
其中：本月完成投资	2086.57		13.2	
其中：国有经济控股	2636.25	-6.8	16.7	21.5
其中：商品房建设投资	11159.94	19.4	70.8	71.0
土地开发投资	784.43	9.7	5.0	5.4
一、按工程用途分：				
住宅	10768.19	21.9	68.3	67.2
其中：经济适用房	565.21	-6.8	3.6	4.6
办公楼	739.62	13.4	4.7	5.0
商业营业用房	1999.87	16.0	12.7	13.1
其他	2251.62	15.7	14.3	14.8
二、按构成分：				
建筑工程	10159.73	23.1	64.5	62.7
安装工程	711.86	24.7	4.5	4.3
设备工器具购置	225.37	16.8	1.4	1.5
其他费用	4662.35	12.6	29.6	31.5
其中：土地购置费	2904.30	12.8	18.4	19.6
计划总投资	**64742.72**	**28.0**		
本年计划投资	**20808.72**	**22.9**		
新增固定资产	**8779.78**	**27.8**		

21－2　各地区房地产开发投资情况

地　区	投资额（亿元）	住　宅	#经济适用房屋	比去年同期增长（%）	住　宅	#经济适用房屋
全国总计	**15759.30**	**10768.19**	**565.21**	**19.8**	**21.9**	**-6.8**
一、东部地区	**10428.77**	**7160.84**	**318.06**	**14.0**	**13.9**	**-3.0**
北　京	1525.01	779.53	44.76	3.5	0.5	-38.3
天　津	327.54	234.93	28.27	24.1	34.1	-17.1
河　北	390.52	292.69	46.75	23.6	30.9	29.5
辽　宁	873.54	614.11	12.58	24.6	27.8	-43.6
上　海	1246.86	920.84	0.00	6.1	2.2	0.0
江　苏	1526.90	1123.91	51.27	20.2	17.0	1.6
浙　江	1454.55	1087.66	60.53	12.3	11.2	37.9
福　建	540.39	363.83	11.65	13.1	18.0	58.1
山　东	974.34	698.49	54.40	27.4	27.0	16.2
广　东	1498.28	988.56	5.28	10.5	11.1	-41.0
海　南	70.85	56.30	2.56	26.5	19.8	-52.4
二、中部地区	**2682.19**	**1869.54**	**120.67**	**32.5**	**40.7**	**-17.7**
山　西	174.61	115.43	19.95	38.8	60.0	11.9
吉　林	195.73	144.69	16.98	22.4	28.4	14.2
黑龙江	267.63	174.84	14.57	25.0	25.1	-42.1
安　徽	459.44	323.36	9.73	31.2	33.5	-18.0
江　西	300.75	204.67	10.98	23.8	34.7	-11.3
河　南	388.52	271.51	23.55	50.1	55.1	13.8
湖　北	447.95	317.65	13.49	32.8	39.2	3.9
湖　南	447.55	317.39	11.42	33.7	53.3	-63.0
三、西部地区	**2648.34**	**1737.82**	**126.48**	**33.4**	**42.7**	**-4.0**
内蒙古	162.10	114.65	9.94	45.5	66.6	2.7
广　西	287.02	191.16	7.45	49.2	69.6	556.7
重　庆	517.73	300.37	12.63	31.7	43.9	17.5
四　川	699.28	471.83	13.91	37.1	39.5	-19.0
贵　州	153.31	84.09	10.12	26.0	18.5	-6.6
云　南	233.80	167.13	13.18	55.9	66.6	-22.3
西　藏	5.96	3.72	0.83	10.4	-29.5	-68.9
陕　西	297.94	211.05	18.55	28.9	40.3	-21.5
甘　肃	85.75	60.31	9.72	19.0	28.6	-9.9
青　海	29.11	16.52	2.67	11.0	-0.2	-29.2
宁　夏	74.69	47.45	1.82	11.2	13.5	-62.9
新　疆	101.66	69.52	25.67	-2.9	21.0	31.6

21－3　全国房地产开发投资资金来源

来源种类	到位资金（亿元）	比去年同期增长 ±%	比重（%）	
			自年初累计	去年同期
一、自年初累计资金来源合计	**25359.87**	**25.3**	**0.0**	**0.0**
1. 上年末结余资金	4181.40	36.1	0.0	0.0
2. 本年资金来源小计	21178.48	23.4	100.0	100.0
（1）国家预算内资金	12.48	5.6	0.1	0.1
（2）国内贷款	3834.67	21.4	18.1	18.4
（3）债券	5.61	2851.5	0.0	0.0
（4）利用外资	251.96	10.4	1.2	1.3
其中：外商直接投资	167.92	17.8	0.8	0.8
（5）自筹资金	7038.95	35.2	33.2	30.3
其中：自有资金	3966.17	38.5	18.7	16.7
（6）其他资金	10034.80	17.2	47.4	49.9
其中：定金及预收款	7749.15	4.8	36.6	43.1
二、各项应付款合计	**2318.61**	**23.8**	**100.0**	**100.0**
其中：工程款	1361.00	22.0	58.7	59.6
设备器材款	97.78	46.3	4.2	3.6

21-4　各地区房地产开发投资资金来源

地　　区	本年资金来源小计（亿元）	国内贷款（亿元）	利用外资（亿元）	自筹资金（亿元）	其他资金（亿元）
全国总计	**21178.48**	**3834.67**	**251.96**	**7038.95**	**10000.00**
一、东部地区	**15114.97**	**2990.98**	**188.60**	**4456.12**	**7463.74**
北　京	3101.92	676.92	38.56	604.14	1782.30
天　津	692.33	138.35	3.49	272.55	277.95
河　北	410.45	66.79	3.43	185.26	154.09
辽　宁	948.42	133.12	8.93	467.02	333.55
上　海	1989.88	483.03	40.54	527.78	938.52
江　苏	1941.06	368.59	26.77	601.44	944.26
浙　江	1924.32	429.11	8.54	432.18	1054.40
福　建	821.68	160.70	17.15	227.45	411.06
山　东	1098.39	174.33	7.02	462.05	454.22
广　东	2102.62	351.78	32.64	642.04	1073.74
海　南	83.90	8.25	1.52	34.21	39.66
二、中部地区	**2970.18**	**406.55**	**26.72**	**1362.76**	**1173.17**
山　西	187.18	23.77	0.13	88.70	74.51
吉　林	191.56	10.78	2.77	107.72	70.29
黑龙江	268.07	17.81	3.53	136.23	110.51
安　徽	543.08	75.72	6.78	228.88	231.70
江　西	324.10	44.08	3.40	146.85	129.77
河　南	436.15	60.69	2.06	180.93	192.46
湖　北	513.44	100.41	1.82	186.95	224.26
湖　南	506.59	73.29	6.24	286.49	139.67
三、西部地区	**3093.33**	**437.14**	**36.64**	**1220.07**	**1397.90**
内蒙古	157.73	5.72	0.00	118.15	33.56
广　西	339.71	55.42	5.91	113.17	165.21
重　庆	698.29	127.75	14.04	218.91	337.05
四　川	794.34	87.57	14.49	331.98	360.30
贵　州	182.81	43.76	0.60	64.99	73.39
云　南	307.10	37.14	0.35	101.69	167.84
西　藏	6.95	0.96	0.00	2.45	3.54
陕　西	298.73	39.45	1.21	136.85	121.22
甘　肃	93.18	15.69	0.00	39.70	37.27
青　海	30.90	2.08	0.04	18.53	10.26
宁　夏	72.93	10.47	0.00	24.52	37.94
新　疆	110.66	11.14	0.00	49.14	50.32

21－5　全国房地产土地开发与销售情况

主要指标	实际完成		比去年同期增减	
	自年初累计	去年同期	绝对数	±%
一、土地开发与购置情况				
1．本年购置土地面积（万平方米）	38209.86	39784.66	-1574.80	-4.0
2．完成开发土地面积（万平方米）	20762.23	19740.17	1022.06	5.2
3．本年土地成交价款（亿元）	2826.45	2888.57	-62.12	-2.2
二、商品房建筑、销售面积				
1．施工面积（万平方米）	164444.97	140451.39	23993.58	17.1
其中：新开工面积	66840.04	60413.86	6426.18	10.6
2．竣工面积（万平方米）	48792.52	42464.87	6327.65	14.9
3．销售建筑面积（万平方米）	44233.69	38231.64	6002.05	15.7
三、商品房竣工价值（亿元）	7135.18	5975.90	1159.28	19.4
四、商品房销售额（亿元）	13520.01	10402.73	3117.28	30.0
其中：销售给个人	12497.15	9707.08	2790.07	28.7

21－6 各地区商品房销售增长情况

地区	销售面积（万平方米）	销售额（亿元）		比去年同期增长（%）		
			#销售给个人	销售面积	销售额	#销售给个人
全国总计	**44233.69**	**13520.01**	**12497.15**	**15.7**	**30.0**	**28.7**
一、东部地区	**25291.64**	**9974.64**	**9298.07**	**12.0**	**28.1**	**28.1**
北京	2803.21	1758.82	1524.88	13.4	40.8	35.9
天津	938.01	373.91	362.69	10.7	41.7	50.7
河北	976.08	182.58	166.11	12.9	31.5	26.4
辽宁	2112.95	578.80	541.64	20.8	37.2	31.7
上海	3158.87	2161.30	2056.07	-4.3	11.8	14.8
江苏	3662.42	1153.50	1102.82	15.2	36.9	37.2
浙江	2815.39	1082.69	1034.73	0.8	24.7	26.3
福建	1803.15	511.46	496.85	30.2	44.3	48.3
山东	3164.54	744.16	675.02	25.3	44.1	39.0
广东	3681.69	1382.29	1307.24	10.0	18.7	20.2
海南	175.33	45.12	30.03	39.4	49.2	4.6
二、中部地区	**9829.78**	**1878.55**	**1731.43**	**25.5**	**44.6**	**44.3**
山西	572.03	123.07	107.76	43.3	71.0	74.5
吉林	547.28	107.57	94.15	36.2	42.4	28.4
黑龙江	1091.15	220.88	196.38	27.3	32.9	34.5
安徽	1907.21	423.44	423.44	33.4	66.2	79.1
江西	1221.04	183.31	178.43	4.5	35.6	35.6
河南	1655.88	298.13	261.37	58.7	81.6	69.6
湖北	1470.49	309.36	287.70	9.5	23.0	24.5
湖南	1364.70	212.79	182.21	14.8	18.5	9.9
三、西部地区	**9112.28**	**1666.83**	**1467.65**	**16.6**	**26.3**	**17.4**
内蒙古	1059.35	174.73	110.56	62.0	90.8	27.8
广西	1046.82	213.25	210.25	27.6	24.8	25.0
重庆	1559.75	312.73	270.40	18.4	34.4	27.8
四川	2001.41	326.61	311.33	-4.8	-1.2	-2.7
贵州	541.38	83.79	75.91	-2.3	9.1	6.4
云南	694.83	143.06	110.09	29.1	34.4	8.3
西藏	2.98	0.68	0.68	-68.9	-74.3	-74.3
陕西	846.97	155.00	143.53	66.3	75.8	82.7
甘肃	340.37	64.11	56.93	30.2	39.8	30.1
青海	114.74	21.42	18.96	22.3	44.2	40.4
宁夏	377.49	84.21	76.70	22.5	45.3	35.9
新疆	526.18	87.23	82.31	-18.2	-14.5	-14.4

21－7　各地区住宅销售增长情况

地　　区	销售面积（万平方米）	销售额（亿元）	#销售给个人	比去年同期增长（%）		
				销售面积	销售额	#销售给个人
全国总计	**39284.25**	**11218.30**	**10654.11**	**16.2**	**29.7**	**27.7**
一、东部地区	**22625.02**	**8464.96**	**8075.42**	**12.0**	**28.1**	**26.6**
北　京	2566.00	1501.79	1420.73	12.3	38.4	33.8
天　津	851.76	334.54	324.51	7.0	42.4	48.3
河　北	908.60	160.25	148.86	15.3	36.8	34.2
辽　宁	1921.17	502.29	472.97	21.7	37.5	30.6
上　海	2845.70	1906.05	1812.48	-7.0	8.1	6.6
江　苏	3228.52	950.16	927.84	17.0	42.4	44.6
浙　江	2379.83	837.98	820.16	0.4	26.9	29.1
福　建	1615.29	421.46	412.65	31.9	49.8	52.5
山　东	2862.74	638.07	588.78	29.7	53.3	44.4
广　东	3278.18	1170.15	1118.37	9.0	17.9	18.6
海　南	167.23	42.23	28.08	41.4	50.1	3.7
二、中部地区	**8662.04**	**1492.25**	**1415.45**	**27.9**	**47.9**	**47.6**
山　西	522.55	98.26	91.61	49.2	78.2	83.4
吉　林	488.64	89.19	79.90	41.0	46.3	32.7
黑龙江	908.85	157.21	150.92	31.0	33.9	35.2
安　徽	1686.03	348.10	348.10	42.9	87.8	96.3
江　西	1066.26	137.65	135.93	8.0	37.9	38.3
河　南	1477.58	235.36	214.65	57.5	73.8	66.5
湖　北	1333.29	267.10	254.17	7.1	18.1	19.6
湖　南	1178.83	159.38	140.17	14.4	23.9	17.0
三、西部地区	**7997.20**	**1261.09**	**1163.24**	**16.7**	**22.8**	**16.0**
内蒙古	899.97	125.60	87.34	69.5	93.1	37.3
广　西	952.72	172.46	171.90	27.1	21.9	22.0
重　庆	1319.90	225.00	218.68	16.0	25.7	27.4
四　川	1724.91	228.58	221.53	-6.2	-8.0	-9.9
贵　州	486.55	62.01	59.00	-1.6	6.2	4.0
云　南	621.51	115.59	90.12	29.6	29.6	4.7
西　藏	2.98	0.68	0.68	-68.9	-74.3	-74.3
陕　西	806.52	138.32	128.08	70.5	83.1	82.9
甘　肃	299.17	50.98	48.22	27.2	35.4	31.2
青　海	103.03	17.67	17.67	23.2	49.3	51.7
宁　夏	319.12	56.29	53.04	19.3	26.3	19.5
新　疆	460.83	67.92	66.98	-16.6	-7.2	-7.4

21-8 各地区办公楼销售增长情况

地 区	销售面积（万平方米）	销售额（亿元）		比去年同期增长（%）		
			#销售给个人	销售面积	销售额	#销售给个人
全国总计	**819.74**	**526.99**	**313.05**	**18.3**	**37.5**	**78.1**
一、东部地区	**524.33**	**439.46**	**271.57**	**16.2**	**38.9**	**88.5**
北 京	131.19	169.08	50.59	41.8	70.4	116.1
天 津	26.61	13.24	12.84	57.6	41.2	143.3
河 北	4.99	1.68	0.78	-24.4	0.2	-49.8
辽 宁	15.25	5.56	3.14	5.3	17.7	7.2
上 海	97.89	116.17	110.60	22.0	50.0	249.2
江 苏	59.42	31.23	18.95	13.2	14.5	-14.6
浙 江	78.07	46.39	36.01	-4.8	4.4	20.9
福 建	20.88	5.66	4.95	-4.6	-15.8	2.8
山 东	29.18	15.10	8.98	-29.5	-28.5	23.3
广 东	60.02	35.19	24.56	41.7	45.4	63.5
海 南	0.84	0.18	0.18	63.4	15.7	30.5
二、中部地区	**143.95**	**42.94**	**23.86**	**13.9**	**18.8**	**30.2**
山 西	11.96	4.98	1.84	81.6	93.0	153.3
吉 林	11.90	3.01	0.80	27.3	44.7	-26.7
黑龙江	19.49	5.14	1.28	25.4	-1.2	-31.3
安 徽	23.63	8.66	8.66	-34.5	-22.6	34.3
江 西	4.13	1.09	0.57	-53.2	64.1	31.5
河 南	23.86	7.03	4.86	192.1	249.6	338.0
湖 北	28.98	7.72	2.70	45.4	22.1	12.4
湖 南	19.99	5.30	3.15	-8.6	-13.0	-26.0
三、西部地区	**151.47**	**44.59**	**17.62**	**31.5**	**44.6**	**31.3**
内蒙古	19.63	5.87	1.65	110.0	307.7	245.1
广 西	9.17	3.42	1.07	49.5	75.0	3.8
重 庆	33.78	8.14	1.48	15.9	12.4	-57.8
四 川	27.26	8.97	7.22	33.8	72.6	294.3
贵 州	12.28	3.79	0.14	16.2	82.7	-85.0
云 南	6.20	1.75	0.44	98.8	81.9	112.7
西 藏	0.00	0.00	0.00	0.0	0.0	0.0
陕 西	9.95	3.17	2.94	-25.7	-40.2	5.7
甘 肃	9.15	2.37	1.71	55.0	68.7	204.0
青 海	8.19	2.32	0.16	65.3	88.8	-31.6
宁 夏	8.65	2.97	0.40	145.9	140.5	-9.8
新 疆	7.20	1.80	0.42	-17.2	-35.4	-69.8

21-9 各地区商业营业用房销售增长情况

地区	销售面积（万平方米）	销售额（亿元）	#销售给个人	比去年同期增长（%）销售面积	销售额	#销售给个人
全国总计	**3389.20**	**1559.94**	**1345.47**	**9.3**	**26.9**	**25.5**
一、东部地区	**1608.78**	**895.47**	**800.26**	**5.8**	**19.9**	**25.1**
北京	66.94	65.70	40.44	11.2	29.9	45.7
天津	43.05	20.66	20.04	31.6	9.0	25.2
河北	54.39	19.06	14.88	-1.5	4.7	-13.2
辽宁	151.77	63.90	59.13	21.7	44.6	45.5
上海	150.20	106.65	101.97	30.8	47.2	129.2
江苏	320.82	162.28	147.97	2.8	15.3	11.5
浙江	239.67	162.58	146.94	-6.7	13.0	9.5
福建	120.38	74.60	70.06	19.9	28.6	34.2
山东	241.38	81.64	69.21	-3.4	8.6	3.1
广东	213.59	136.03	127.94	3.5	10.7	20.7
海南	6.60	2.37	1.67	-5.6	22.1	12.6
二、中部地区	**893.90**	**316.77**	**268.71**	**7.5**	**33.7**	**26.6**
山西	32.86	18.98	13.91	-14.8	36.3	29.4
吉林	40.51	13.88	11.97	1.5	26.4	13.8
黑龙江	135.52	49.69	36.03	9.3	33.8	23.2
安徽	180.21	62.87	62.87	-11.1	10.6	21.7
江西	138.74	43.04	40.44	-9.8	29.5	28.7
河南	148.71	54.39	40.80	63.0	108.7	71.9
湖北	73.87	29.55	26.59	25.4	86.7	82.5
湖南	143.47	44.37	36.09	17.3	3.5	-10.5
三、西部地区	**886.52**	**347.71**	**276.51**	**18.4**	**41.6**	**25.4**
内蒙古	130.52	41.67	20.72	19.9	70.9	-4.4
广西	71.95	34.60	34.50	33.3	35.7	40.5
重庆	187.34	76.64	48.60	54.3	88.7	54.0
四川	229.02	86.18	80.00	7.1	18.7	16.0
贵州	40.73	17.66	16.56	-12.1	16.4	25.3
云南	61.37	24.13	18.27	29.0	65.0	32.0
西藏	0.00	0.00	0.00	0.0	0.0	0.0
陕西	28.77	13.25	12.27	40.9	93.8	128.5
甘肃	29.61	10.56	6.90	48.9	56.5	7.3
青海	3.23	1.36	1.08	-36.1	-22.2	-31.9
宁夏	47.74	24.54	23.01	52.0	108.8	103.0
新疆	56.24	17.13	14.59	-29.5	-32.8	-33.6

21－10 各地区房地产开发规模与开、竣工面积增长情况

地区	施工面积（万平方米）	新开工面积	竣工面积（万平方米）	比去年同期增长（%） 施工面积	新开工面积	竣工面积
全国总计	**164444.97**	**66840.04**	**48792.52**	**17.1**	**10.6**	**14.9**
一、东部地区	**98728.39**	**36956.50**	**28524.09**	**14.1**	**5.2**	**13.9**
北京	10748.50	2965.93	3770.88	8.2	-2.9	23.0
天津	3470.57	1579.87	1479.22	21.1	29.9	33.5
河北	3710.81	1815.26	899.21	13.5	10.9	9.6
辽宁	7042.85	3635.68	2365.14	15.0	23.7	14.6
上海	10462.39	3055.47	3095.74	10.3	-4.4	-10.1
江苏	15182.70	6501.77	4671.24	23.3	-0.1	19.6
浙江	15596.75	4755.18	3780.29	12.5	-13.3	18.3
福建	6231.57	2106.96	1713.12	7.5	10.2	12.4
山东	10359.49	5303.90	3162.13	25.1	32.0	31.9
广东	15010.83	5001.52	3421.67	7.9	1.6	0.4
海南	911.95	234.95	165.47	33.3	-7.6	57.1
二、中部地区	**30888.70**	**15016.03**	**9957.57**	**22.7**	**17.8**	**12.2**
山西	2159.96	1007.45	480.35	34.7	33.7	0.7
吉林	1890.74	1287.70	479.27	22.4	21.9	-1.1
黑龙江	2631.14	1492.45	1305.70	16.4	20.1	38.5
安徽	5306.92	2623.41	1816.86	21.7	19.7	7.8
江西	4239.84	2130.33	1356.00	27.5	25.4	17.3
河南	4903.78	2150.58	1371.47	24.4	14.4	20.8
湖北	4804.35	2292.92	1627.03	18.5	13.1	6.2
湖南	4951.97	2031.21	1520.89	21.6	7.1	4.2
三、西部地区	**34827.87**	**14867.51**	**10310.86**	**21.1**	**18.7**	**20.5**
内蒙古	2118.99	1416.85	853.55	48.3	57.1	38.9
广西	4056.02	1624.00	1298.81	35.2	23.6	46.8
重庆	7485.22	2337.24	2208.12	21.5	9.0	43.9
四川	8261.26	3888.20	2378.80	13.5	23.6	-0.8
贵州	2698.64	931.53	614.95	10.5	6.1	-4.6
云南	2717.95	1345.90	630.44	48.6	41.9	33.2
西藏	32.75	25.77	16.26	-14.8	-14.2	76.9
陕西	3181.16	1233.15	753.47	27.7	37.3	39.9
甘肃	1449.73	438.45	338.88	0.1	-36.8	5.5
青海	418.35	247.54	102.20	-2.0	33.1	-31.8
宁夏	1049.46	582.30	567.51	11.4	-3.3	32.5
新疆	1358.35	796.58	547.85	5.9	1.8	-1.6

21－11 各地区商品住宅开发规模与开、竣工面积增长情况

地区	施工面积（万平方米）	新开工面积	竣工面积（万平方米）	比去年同期增长（%） 施工面积	新开工面积	竣工面积
全国总计	**127747.65**	**54033.97**	**40004.49**	**18.1**	**12.7**	**15.4**
一、东部地区	**76371.83**	**29646.86**	**23540.71**	**13.9**	**5.6**	**13.6**
北京	7283.42	1983.24	2841.42	7.8	-10.1	21.2
天津	2827.87	1295.28	1270.96	20.2	29.3	25.3
河北	3146.64	1610.29	811.05	14.0	15.8	14.2
辽宁	5518.75	3037.74	2061.24	21.4	34.2	18.4
上海	8091.85	2485.75	2739.91	6.0	-6.9	-10.9
江苏	12114.44	5168.71	3881.43	21.8	-2.2	20.7
浙江	11956.92	3732.63	2943.97	11.6	-12.6	16.2
福建	4995.72	1736.91	1426.82	9.4	13.6	13.2
山东	8324.67	4430.53	2671.69	24.8	34.3	37.4
广东	11352.67	3989.11	2744.05	7.9	1.7	-1.2
海南	758.87	176.68	148.17	27.7	-20.0	48.1
二、中部地区	**24435.97**	**12253.84**	**8185.02**	**25.3**	**21.2**	**14.5**
山西	1667.11	833.86	414.38	42.6	47.9	5.0
吉林	1505.36	1061.86	387.29	30.0	27.2	4.2
黑龙江	1922.61	1154.37	1039.45	20.2	17.2	48.6
安徽	4301.17	2181.61	1480.32	25.5	22.0	13.5
江西	3380.11	1711.79	1100.36	35.6	35.5	21.2
河南	3895.44	1699.14	1151.19	17.9	8.5	19.0
湖北	4012.13	2003.46	1411.67	19.6	17.6	6.2
湖南	3752.05	1607.75	1200.36	25.1	14.3	2.3
三、西部地区	**26939.86**	**12133.27**	**8278.76**	**24.5**	**24.1**	**21.6**
内蒙古	1616.35	1160.87	675.06	67.7	80.6	41.0
广西	3139.11	1268.57	1074.25	35.2	27.8	44.9
重庆	5512.27	1826.74	1712.04	22.9	9.6	44.2
四川	6477.60	3220.70	1894.99	15.0	28.0	-0.9
贵州	2047.61	721.30	491.23	11.9	6.2	-7.2
云南	2295.86	1132.48	535.48	52.5	46.0	32.5
西藏	26.80	25.30	16.19	-28.4	-15.8	98.0
陕西	2654.81	1122.26	673.35	40.3	47.0	56.1
甘肃	1155.51	368.38	267.88	-0.5	-35.6	4.7
青海	331.89	204.58	73.51	4.1	26.1	-35.0
宁夏	737.50	443.38	420.00	13.7	10.4	29.2
新疆	944.56	638.72	444.77	12.9	11.7	4.6

21-12　各地区办公楼开发规模与开、竣工面积增长情况

地　区	施工面积（万平方米）	新开工面积	竣工面积（万平方米）	比去年同期增长（%）施工面积	新开工面积	竣工面积
全国总计	**6587.08**	**1669.75**	**1258.96**	**10.1**	**-2.0**	**21.7**
一、东部地区	**4595.35**	**1064.21**	**815.90**	**12.7**	**-4.5**	**35.8**
北　京	1209.85	294.91	287.77	7.8	12.5	86.9
天　津	159.19	77.21	39.30	18.6	83.9	21.3
河　北	103.45	35.06	12.23	21.6	21.6	-4.6
辽　宁	241.66	48.01	29.34	53.3	-2.0	-5.5
上　海	630.38	120.09	87.05	21.1	34.0	19.2
江　苏	475.73	146.90	86.04	24.6	-13.6	35.7
浙　江	677.03	107.59	131.93	9.9	-51.3	33.3
福　建	139.60	27.83	26.01	-20.6	46.9	-13.1
山　东	266.47	115.24	46.86	17.8	79.5	-1.2
广　东	676.81	89.89	67.81	4.6	-46.2	17.4
海　南	15.17	1.47	1.56	46.5	-11.3	0.0
二、中部地区	**901.61**	**338.55**	**187.31**	**15.9**	**18.2**	**-10.4**
山　西	106.98	47.23	15.24	14.1	19.9	-12.0
吉　林	65.25	35.15	17.61	8.5	37.8	8.9
黑龙江	93.50	35.85	27.25	5.4	-9.6	24.9
安　徽	151.60	42.88	37.79	15.5	31.7	-34.4
江　西	61.58	22.14	10.23	-3.2	-7.7	-35.5
河　南	171.94	63.95	29.54	66.3	28.6	58.1
湖　北	139.15	38.99	22.02	17.8	-19.1	-29.8
湖　南	111.61	52.37	27.63	-6.3	91.1	-8.9
三、西部地区	**1090.13**	**266.99**	**255.75**	**-3.3**	**-12.0**	**13.8**
内蒙古	68.48	18.18	21.41	24.9	-33.7	17.6
广　西	92.52	39.81	15.23	115.3	186.6	152.2
重　庆	272.93	46.97	67.61	29.8	-9.8	73.0
四　川	150.89	32.97	41.70	-17.3	-29.0	0.8
贵　州	117.98	35.07	15.36	-3.5	11.7	-0.6
云　南	41.78	18.30	12.73	36.8	89.2	279.0
西　藏	0.20	0.20	0.00	0.0	0.0	0.0
陕　西	155.52	31.81	26.85	-42.7	-27.4	-39.9
甘　肃	59.55	8.86	14.96	24.5	-30.4	-12.1
青　海	24.78	10.72	10.21	-41.6	23.3	-28.8
宁　夏	42.69	14.54	18.88	2.3	-41.6	96.1
新　疆	62.82	9.56	10.82	-22.1	-70.6	-30.3

21－13 各地区商业营业用房开发规模与开、竣工面积增长情况

地区	施工面积（万平方米）	新开工面积	竣工面积（万平方米）	比去年同期增长（%） 施工面积	新开工面积	竣工面积
全国总计	**20825.17**	**7702.01**	**5289.80**	**13.8**	**-1.1**	**7.0**
一、东部地区	**10997.23**	**3841.44**	**2515.66**	**15.5**	**-1.4**	**3.9**
北京	809.23	259.68	180.93	26.1	38.9	-19.7
天津	368.41	147.82	121.07	21.7	8.8	180.0
河北	377.82	134.34	61.53	2.7	-27.1	-23.8
辽宁	1049.31	443.57	216.64	12.1	5.6	-3.9
上海	951.58	235.03	112.18	31.1	-6.1	-32.3
江苏	1924.80	860.81	526.92	29.3	3.1	15.1
浙江	1609.47	442.60	418.12	3.7	-27.5	5.8
福建	650.57	172.95	169.68	-3.0	-29.7	9.9
山东	1392.32	577.68	350.56	23.5	9.2	10.4
广东	1751.39	516.92	345.29	6.3	10.7	-1.8
海南	112.32	50.03	12.75	74.7	68.3	158.5
二、中部地区	**4494.50**	**1929.90**	**1317.65**	**10.6**	**-0.2**	**1.9**
山西	329.83	100.09	45.75	7.3	-26.7	-20.5
吉林	264.55	157.80	62.20	-4.4	-7.2	-25.1
黑龙江	490.17	233.18	185.40	1.5	34.3	-4.2
安徽	689.60	309.59	245.14	2.0	3.0	-14.5
江西	657.54	330.72	206.65	3.0	-2.6	6.7
河南	731.58	342.99	169.56	60.0	47.9	27.5
湖北	455.36	170.47	154.14	8.6	-6.6	13.3
湖南	875.87	285.05	248.80	8.9	-28.7	18.5
三、西部地区	**5333.43**	**1930.67**	**1456.50**	**13.3**	**-1.6**	**18.4**
内蒙古	384.99	213.15	146.75	7.3	1.4	33.9
广西	632.29	238.57	161.18	30.8	-2.4	67.1
重庆	1206.97	320.02	311.65	18.0	14.7	37.8
四川	1288.69	505.30	374.05	7.9	2.2	-0.7
贵州	412.63	135.33	93.74	10.3	7.2	18.3
云南	281.67	132.16	64.31	43.5	14.9	20.5
西藏	5.75	0.28	0.07	468.1	0.0	-93.1
陕西	315.38	62.99	45.35	11.5	-23.4	0.2
甘肃	181.47	48.17	45.81	2.3	-36.6	7.3
青海	54.08	28.21	17.39	-1.7	138.6	-1.9
宁夏	243.72	110.26	110.58	13.3	-26.3	56.7
新疆	325.79	136.24	85.63	-5.9	-20.9	-23.3

21－14　各地区土地开发与购置增长情况

地　区	土地购置费（亿元）	本年购置土地面积（万平方米）	完成开发土地面积（万平方米）	比去年同期增长（%）		
				土地购置费	本年购置土地面积	完成开发土地面积
全国总计	**2904.30**	**38209.86**	**20762.23**	**12.8**	**-4.0**	**5.2**
一、东部地区	**1967.05**	**18702.83**	**11199.10**	**6.5**	**-13.2**	**-0.6**
北　京	239.76	773.87	314.24	-13.1	-50.8	-50.4
天　津	73.21	712.26	986.33	51.8	-32.7	84.2
河　北	53.75	1091.33	292.73	10.9	-13.7	-12.9
辽　宁	171.73	2402.13	1603.36	31.7	12.3	60.9
上　海	170.37	754.32	558.42	-1.0	-27.4	-17.0
江　苏	312.33	2736.20	1745.23	7.6	-33.7	-14.1
浙　江	419.05	1767.09	1245.89	2.1	-24.5	-21.3
福　建	142.75	1824.21	552.52	38.1	28.5	-12.6
山　东	166.84	3643.28	1812.65	11.9	4.0	15.5
广　东	209.02	2822.29	2040.48	-1.7	-4.5	-8.4
海　南	8.24	175.86	47.24	24.1	40.2	13.9
二、中部地区	**488.32**	**10980.84**	**5021.13**	**26.1**	**10.2**	**6.3**
山　西	21.11	822.91	198.12	20.6	80.1	-22.3
吉　林	25.28	594.70	176.60	2.6	22.4	3.4
黑龙江	32.44	692.55	328.52	7.1	27.3	-19.8
安　徽	100.53	1896.39	1067.17	14.0	-12.8	38.8
江　西	62.91	1417.47	550.83	37.0	-13.0	-29.7
河　南	75.02	2029.46	985.09	26.4	33.8	67.1
湖　北	80.65	1530.64	941.26	22.6	-3.7	17.3
湖　南	90.38	1996.73	773.55	62.1	27.6	-18.2
三、西部地区	**448.93**	**8526.18**	**4542.00**	**32.2**	**3.0**	**21.0**
内蒙古	26.62	1008.45	333.11	49.2	36.2	-19.5
广　西	44.80	1209.94	670.42	37.5	19.7	10.0
重　庆	72.82	1385.40	916.26	16.3	25.7	6.1
四　川	175.49	1908.37	544.99	41.6	-5.7	110.9
贵　州	24.76	573.96	245.62	57.5	-12.7	-11.6
云　南	36.53	825.21	458.29	18.9	0.4	20.3
西　藏	0.83	36.21	33.66	0.0	0.0	693.0
陕　西	36.51	580.14	410.08	65.1	26.8	11.0
甘　肃	7.71	188.23	116.66	-18.1	-16.1	-24.9
青　海	4.46	111.68	63.88	41.7	8.8	-31.4
宁　夏	9.15	246.11	35.39	-0.5	-39.4	-44.3
新　疆	9.25	452.49	713.65	-24.9	-38.0	170.7

第二十二章 2005年35个大中城市房地产综合快报

22－1 2005年按用途分 35个大中城市房地产开发投资

单位：万元

城　市	商品房	住宅	办公楼	商业营业房
总　计	**10354.11**	**6991.64**	**633.08**	**1168.44**
北　京	1525.01	779.53	196.17	112.90
天　津	327.54	234.93	11.95	41.75
石家庄	121.72	80.97	4.65	17.90
太　原	79.44	41.90	8.42	15.33
呼和浩特	35.86	23.19	3.01	8.80
沈　阳	413.57	309.28	15.06	64.46
长　春	265.34	163.35	8.43	50.18
哈尔滨	106.63	84.14	4.63	12.44
上　海	140.17	76.79	6.61	25.60
南　京	1246.86	920.84	102.18	102.61
杭　州	296.14	208.57	18.41	26.07
合　肥	407.96	316.20	25.70	33.83
福　州	258.20	181.13	14.68	32.81
南　昌	190.29	142.59	8.27	25.31
济　南	222.03	157.62	4.72	16.28
郑　州	114.07	83.96	6.64	10.28
武　汉	110.22	81.73	2.57	15.56
长　沙	121.09	96.16	4.03	9.71
广　州	223.52	161.77	13.86	18.01
南　宁	168.10	125.50	8.74	26.22
海　口	297.99	216.85	11.57	21.18
重　庆	255.93	200.85	3.86	23.73
成　都	443.86	316.13	39.21	49.70
贵　阳	418.49	246.12	23.33	49.59
昆　明	105.22	72.71	3.87	13.27
西　安	46.38	35.75	0.43	6.57
兰　州	517.73	300.37	17.08	71.39
西　宁	450.54	293.92	14.60	73.75
银　川	90.74	43.74	3.79	9.05
乌鲁木齐	136.17	106.98	1.73	10.41
大　连	225.23	155.42	11.43	34.64
青　岛	52.57	33.41	2.71	6.66
宁　波	27.07	14.91	1.88	4.27
厦　门	53.74	32.59	2.21	15.47
深　圳	33.79	26.76	1.15	3.77

22－2 2005年35个大中城市商品房销售额

单位：万元

城市	商品房	住宅	办公楼	商业营业房
总计	**9320.73**	**7859.84**	**461.45**	**843.12**
北京	1758.82	1501.79	169.08	65.70
天津	373.91	334.54	13.24	20.66
石家庄	24.37	19.25	0.20	4.42
太原	69.11	51.02	4.63	12.96
呼和浩特	46.10	30.01	4.35	11.68
沈阳	236.77	213.29	1.99	17.48
长春	186.93	167.03	1.73	17.16
哈尔滨	62.36	53.44	1.72	6.12
上海	155.92	113.62	10.96	26.09
南京	1845.01	1627.09	99.20	91.01
杭州	240.71	217.13	9.37	14.05
合肥	337.66	275.05	20.94	30.47
福州	204.14	144.83	14.20	34.71
南昌	179.37	149.83	6.80	20.41
济南	138.46	123.44	1.51	11.80
郑州	136.36	111.60	1.27	20.40
武汉	62.47	57.34	0.63	4.30
长沙	81.89	71.31	4.38	4.54
广州	266.67	225.29	6.94	28.40
南宁	161.87	132.79	5.37	23.41
海口	193.75	172.45	5.71	11.59
重庆	115.97	90.59	3.83	19.35
成都	352.75	302.25	15.59	25.07
贵阳	424.27	351.08	11.51	45.79
昆明	97.15	78.00	2.80	14.45
西安	36.12	33.55	0.18	2.07
兰州	312.73	225.00	8.14	76.64
西宁	157.68	112.25	6.25	37.72
银川	47.45	37.12	3.49	6.62
乌鲁木齐	91.10	77.61	1.45	10.61
大连	127.95	118.05	2.46	7.35
青岛	45.60	36.57	2.23	6.65
宁波	20.81	17.18	2.32	1.25
厦门	65.76	43.02	2.91	19.57
深圳	35.08	29.20	1.14	4.57

22－3　2005年35个大中城市商品房销售面积

单位：万平方米

城　市	商品房	住宅	办公楼	商业营业房
总　计	**22975.76**	**20513.94**	**601.74**	**1389.77**
北　京	2803.21	2566.00	131.19	66.94
天　津	938.01	851.76	26.61	43.05
石家庄	115.18	106.54	0.70	6.28
太　原	202.89	176.01	8.47	16.79
呼和浩特	224.11	194.75	12.37	16.67
沈　阳	761.33	713.91	3.40	34.89
长　春	503.62	467.16	2.93	29.66
哈尔滨	265.78	241.46	5.24	14.76
上　海	577.42	476.58	20.67	63.73
南　京	2988.69	2692.39	92.56	141.86
杭　州	606.63	570.66	12.63	22.20
合　肥	705.22	610.05	28.76	42.30
福　州	466.51	380.16	17.69	41.50
南　昌	594.98	533.77	13.86	41.43
济　南	487.91	460.70	3.99	14.95
郑　州	319.49	285.15	3.05	18.99
武　汉	248.98	233.20	1.80	12.52
长　沙	258.25	235.69	8.18	8.96
广　州	739.95	650.08	8.97	65.17
南　宁	613.68	556.42	12.27	42.92
海　口	681.85	626.80	14.99	16.18
重　庆	535.20	467.19	10.94	48.73
成　都	703.01	614.95	24.76	31.09
贵　阳	686.72	578.41	11.86	42.96
昆　明	355.52	320.52	7.82	19.13
西　安	139.90	133.15	0.84	5.37
兰　州	1559.75	1319.90	33.78	187.34
西　宁	559.53	486.27	10.48	56.40
银　川	222.22	201.93	9.93	9.38
乌鲁木齐	353.09	320.70	4.21	23.61
大　连	368.03	352.53	5.72	9.57
青　岛	191.38	168.22	8.15	13.56
宁　波	110.88	99.46	8.19	2.94
厦　门	242.95	204.32	8.22	29.45
深　圳	168.39	155.37	2.97	9.08

22-4　2005年35个大中城市商品房销售价格

单位：元/平方米

城　市	商品房	住宅	办公楼	商业营业房
总　计	**4057**	**3832**	**7669**	**6067**
北　京	6274	5853	12888	9815
天　津	3986	3928	4974	4799
石家庄	2116	1807	2894	7031
太　原	3406	2899	5463	7720
呼和浩特	2057	1541	3517	7007
沈　阳	3110	2988	5850	5010
长　春	3712	3576	5896	5786
哈尔滨	2346	2213	3285	4149
上　海	2700	2384	5301	4094
南　京	6173	6043	10717	6415
杭　州	3968	3805	7419	6327
合　肥	4788	4509	7282	7204
福　州	4376	3810	8027	8364
南　昌	3015	2807	4907	4926
济　南	2838	2679	3788	7890
郑　州	4268	3914	4153	10743
武　汉	2509	2459	3488	3431
长　沙	3171	3026	5350	5069
广　州	3604	3466	7736	4358
南　宁	2638	2387	4376	5455
海　口	2842	2751	3807	7164
重　庆	2167	1939	3501	3971
成　都	5018	4915	6297	8063
贵　阳	6178	6070	9703	10658
昆　明	2733	2434	3574	7554
西　安	2582	2520	2145	3847
兰　州	2005	1705	2411	4091
西　宁	2818	2308	5967	6688
银　川	2135	1838	3514	7060
乌鲁木齐	2580	2420	3447	4495
大　连	3477	3349	4304	7681
青　岛	2383	2174	2742	4907
宁　波	1877	1727	2837	4256
厦　门	2707	2106	3536	6646
深　圳	2083	1879	3845	5033

22－5　2005年35个大中城市商品房施工面积

单位：万平方米

城　市	商品房	住宅	办公楼	商业营业房
总　计	**96674.70**	**73532.20**	**5224.58**	**10869.43**
北　京	10748.50	7283.42	1209.85	809.23
天　津	3470.57	2827.87	159.19	368.41
石家庄	697.85	553.17	17.09	110.94
太　原	882.69	560.47	87.29	197.89
呼和浩特	559.46	377.19	51.30	113.80
沈　阳	3101.95	2438.29	141.48	423.11
长　春	1570.06	1135.32	76.93	272.99
哈尔滨	857.55	685.21	31.63	102.19
上　海	1348.42	917.22	70.72	277.35
南　京	10462.39	8091.85	630.38	951.58
杭　州	2701.96	2123.57	175.05	276.94
合　肥	4184.65	3290.17	266.00	323.70
福　州	2661.10	1954.23	119.36	266.71
南　昌	1667.29	1334.59	76.51	179.35
济　南	2024.45	1727.04	50.22	141.34
郑　州	1426.39	1047.65	48.36	150.10
武　汉	1193.01	935.07	34.73	134.87
长　沙	903.54	737.09	41.01	83.42
广　州	2360.02	1860.15	92.93	227.10
南　宁	1819.03	1420.33	102.32	244.59
海　口	2749.63	2297.96	109.52	188.53
重　庆	1908.08	1508.30	52.15	222.97
成　都	4588.53	3269.09	385.83	506.24
贵　阳	3397.19	2421.43	162.54	428.50
昆　明	1498.73	1114.32	64.19	197.41
西　安	694.10	554.43	15.17	99.34
兰　州	7485.22	5512.27	272.93	1206.97
西　宁	3328.19	2571.68	66.19	510.25
银　川	1363.15	1012.60	84.09	184.24
乌鲁木齐	1418.70	1265.50	17.87	86.97
大　连	2174.29	1783.36	147.15	199.83
青　岛	891.87	705.06	47.16	94.28
宁　波	382.49	299.02	24.69	52.00
厦　门	725.31	494.05	36.54	172.40
深　圳	441.23	331.29	31.05	63.16

22－6　2005年35个大中城市商品房新开工面积

单位：万平方米

城　市	商品房	住宅	办公楼	商业营业房
总　计	**33640.34**	**26632.59**	**1183.00**	**3376.42**
北　京	2965.93	1983.24	294.91	259.68
天　津	1579.87	1295.28	77.21	147.82
石家庄	294.89	251.48	5.48	30.74
太　原	233.48	142.32	32.93	44.91
呼和浩特	284.44	216.26	9.19	51.80
沈　阳	1308.67	1123.88	17.38	129.46
长　春	637.77	488.04	19.24	91.25
哈尔滨	573.86	483.47	12.75	56.97
上　海	679.15	522.41	23.17	90.88
南　京	3055.47	2485.75	120.09	235.03
杭　州	798.19	612.09	27.04	106.86
合　肥	1192.06	984.16	19.51	69.84
福　州	812.39	609.92	27.23	63.75
南　昌	715.31	599.64	17.73	55.99
济　南	557.37	493.38	8.28	25.35
郑　州	478.80	377.48	5.24	30.56
武　汉	534.73	420.29	8.25	73.07
长　沙	459.95	390.02	15.36	28.91
广　州	1210.45	976.58	47.03	89.58
南　宁	633.85	493.95	34.35	92.67
海　口	1195.40	1047.69	28.25	56.77
重　庆	775.84	601.00	27.40	85.77
成　都	957.99	755.20	37.28	81.73
贵　阳	1150.89	825.91	32.50	148.73
昆　明	660.17	500.76	28.88	75.94
西　安	202.74	147.64	1.47	46.87
兰　州	2337.24	1826.74	46.97	320.02
西　宁	1569.15	1280.08	15.23	191.79
银　川	363.23	282.78	15.24	41.78
乌鲁木齐	622.07	566.68	3.34	28.86
大　连	657.55	610.52	22.23	17.01
青　岛	140.39	116.73	1.89	11.44
宁　波	237.75	195.65	10.72	28.18
厦　门	393.98	296.68	11.06	74.37
深　圳	223.28	201.41	2.93	14.04

22－7　2005年35个大中城市商品房竣工面积

单位：万平方米

城　市	商品房	住宅	办公楼	商业营业房
总　计	**26576.61**	**21705.34**	**880.68**	**2337.12**
北　京	3770.88	2841.42	287.77	180.93
天　津	1479.22	1270.96	39.30	121.07
石家庄	107.92	94.21	2.23	11.28
太　原	112.13	86.40	4.69	18.60
呼和浩特	204.37	160.98	13.42	26.17
沈　阳	1057.74	927.66	15.64	89.94
长　春	370.58	331.73	1.69	24.37
哈尔滨	303.04	239.56	11.83	40.27
上　海	524.80	386.11	15.77	91.97
南　京	3095.74	2739.91	87.05	112.18
杭　州	627.05	564.51	4.34	32.17
合　肥	799.73	630.84	45.42	62.66
福　州	624.62	481.16	16.27	63.43
南　昌	510.45	410.57	18.98	59.52
济　南	509.54	457.61	7.32	26.20
郑　州	349.01	274.61	4.10	36.12
武　汉	426.50	352.35	4.93	43.94
长　沙	216.77	193.00	5.52	12.14
广　州	811.23	678.29	7.67	81.39
南　宁	422.33	362.96	14.21	34.78
海　口	816.72	722.25	12.36	56.49
重　庆	513.37	420.04	9.20	67.09
成　都	726.69	584.25	23.14	50.13
贵　阳	644.09	468.07	15.75	77.59
昆　明	413.76	323.40	9.62	51.28
西　安	110.32	96.91	1.56	9.28
兰　州	2208.12	1712.04	67.61	311.65
西　宁	647.84	500.81	11.76	102.69
银　川	260.10	215.85	7.38	26.15
乌鲁木齐	260.79	230.38	2.28	16.46
大　连	361.62	316.52	23.58	16.24
青　岛	191.84	155.71	13.48	14.14
宁　波	97.69	69.00	10.21	17.39
厦　门	383.60	277.25	16.42	74.49
深　圳	193.91	176.78	2.49	10.25

22-8 2005年35个大中城市商品房空置面积

单位：万平方米

城　市	商品房	住宅	办公楼	商业营业房
总　计	**7451.24**	**4176.38**	**615.62**	**1818.60**
北　京	1374.23	799.73	198.85	197.81
天　津	198.09	131.70	10.03	39.46
石家庄	13.36	10.51	1.02	1.84
太　原	47.21	15.67	4.22	24.19
呼和浩特	81.52	47.60	8.80	24.08
沈　阳	488.56	392.16	11.24	66.95
长　春	260.74	161.34	11.81	67.24
哈尔滨	238.75	144.90	13.96	62.11
上　海	396.37	231.28	6.49	138.88
南　京	535.49	248.34	78.31	79.84
杭　州	38.02	15.60	8.04	9.03
合　肥	71.65	20.75	10.49	27.18
福　州	134.85	82.53	4.72	29.41
南　昌	83.99	45.24	6.95	26.49
济　南	106.16	44.85	16.19	33.43
郑　州	64.57	16.03	7.23	27.88
武　汉	23.30	14.88	0.23	5.66
长　沙	49.11	42.28	3.47	2.76
广　州	113.57	61.49	13.68	30.53
南　宁	57.09	43.17	4.82	6.19
海　口	162.14	108.60	10.24	37.53
重　庆	51.96	30.71	1.37	13.21
成　都	563.46	254.59	41.97	151.51
贵　阳	168.31	69.65	10.55	66.88
昆　明	74.92	16.38	3.51	36.77
西　安	36.96	21.56	4.21	8.47
兰　州	582.23	197.20	44.46	250.96
西　宁	169.15	72.79	10.33	61.04
银　川	99.75	55.66	3.32	30.42
乌鲁木齐	40.87	13.04	11.60	10.99
大　连	123.59	99.17	11.31	10.79
青　岛	108.03	73.07	9.11	22.18
宁　波	34.53	21.88	5.75	6.71
厦　门	243.17	153.33	8.89	71.40
深　圳	173.66	119.43	7.47	39.83

22-9 2005年35个大中城市土地开发与购置

城市	土地开发投资额（亿元）	土地开发面积（万平方米）	土地购置费（亿元）	土地购置面积（万平方米）
总计	**496.75**	**8779.86**	**1887.88**	**15684.15**
北京	19.39	314.24	239.76	773.87
天津	44.11	986.33	73.21	712.26
石家庄	3.27	43.76	8.53	110.76
太原	1.39	11.99	7.44	452.58
呼和浩特	2.53	86.18	8.49	288.00
沈阳	44.45	515.79	83.20	1141.09
长春	40.46	338.94	53.91	286.29
哈尔滨	0.44	30.73	17.37	394.39
上海	5.56	83.80	21.01	342.32
南京	65.67	558.42	170.37	754.32
杭州	14.60	420.12	50.73	384.09
合肥	6.94	150.49	89.82	464.59
福州	5.55	268.38	66.36	176.65
南昌	20.91	365.38	40.65	391.36
济南	3.13	110.97	54.63	281.99
郑州	3.20	24.99	43.70	108.50
武汉	8.94	154.88	23.65	382.19
长沙	4.23	120.45	38.20	350.18
广州	6.23	322.90	30.04	429.43
南宁	7.90	262.81	33.34	414.33
海口	26.41	428.83	51.61	772.78
重庆	19.64	246.81	59.60	1007.59
成都	16.50	107.26	58.73	304.21
贵阳	15.17	114.29	61.39	118.68
昆明	3.55	167.54	15.23	191.03
西安	2.17	30.62	6.78	131.15
兰州	24.56	916.26	72.82	1385.40
西宁	3.01	140.59	135.61	996.65
银川	2.59	102.92	16.37	383.49
乌鲁木齐	4.61	136.73	15.76	133.02
大连	17.78	254.45	30.22	335.90
青岛	0.54	8.25	4.32	58.73
宁波	1.47	62.43	4.45	111.48
厦门	0.00	3.33	6.29	115.68
深圳	0.61	98.30	3.18	70.00

22-10 2005年35个大中城市资金来源情况

单位：万元

城市	资金来源	预算内资金	国内贷款	债券	利用外资	企业自筹资金	其他资金
总计	**15028.08**	**1.69**	**2996.81**	**4.07**	**201.17**	**4383.49**	**7440.85**
北京	3101.92	0.00	676.92	0.00	38.56	604.14	1782.30
天津	692.33	0.00	138.35	0.00	3.49	272.55	277.95
石家庄	110.76	0.00	13.10	0.09	2.91	57.81	36.85
太原	91.01	0.00	11.18	0.00	0.08	43.65	36.10
呼和浩特	33.35	0.00	1.10	0.00	0.00	23.35	8.89
沈阳	461.40	0.00	46.72	0.00	6.98	242.07	165.63
长春	276.74	0.00	70.50	0.00	1.40	115.62	89.22
哈尔滨	100.44	0.00	6.70	0.00	2.77	35.89	55.09
上海	136.54	0.00	14.25	0.00	3.45	58.09	60.74
南京	1989.88	0.00	483.03	0.00	40.54	527.78	938.52
杭州	402.93	0.00	99.27	0.00	9.38	115.80	178.49
合肥	722.01	0.00	207.65	0.00	0.00	132.82	381.55
福州	243.94	0.00	42.25	0.00	0.58	56.70	144.41
南昌	229.67	0.00	32.47	0.00	4.34	89.30	103.55
济南	288.52	0.00	50.59	0.00	4.68	88.24	145.00
郑州	266.92	0.00	73.56	3.36	6.19	46.84	136.97
武汉	124.45	0.00	20.12	0.00	1.02	33.92	69.39
长沙	161.55	0.01	37.79	0.00	1.16	41.73	80.85
广州	275.41	0.00	50.86	0.00	0.07	110.22	114.25
南宁	194.83	0.00	31.50	0.00	0.78	56.09	106.46
海口	358.69	0.00	82.39	0.00	1.64	103.70	170.96
重庆	304.38	0.80	38.79	0.00	3.36	184.80	76.62
成都	589.66	0.00	96.58	0.00	15.49	115.59	362.01
贵阳	694.27	0.00	145.22	0.12	6.91	216.52	325.50
昆明	124.09	0.00	22.69	0.00	1.01	33.01	67.38
西安	56.85	0.21	5.73	0.00	0.89	19.87	30.16
兰州	698.29	0.54	127.75	0.00	14.04	218.91	337.05
西宁	534.03	0.00	61.19	0.00	14.04	206.49	252.30
银川	109.36	0.00	28.22	0.00	0.60	35.75	44.80
乌鲁木齐	190.30	0.08	21.86	0.00	0.35	58.65	109.37
大连	226.59	0.00	34.64	0.00	0.55	102.26	89.14
青岛	58.55	0.00	10.59	0.50	0.00	22.78	24.68
宁波	28.92	0.00	2.06	0.00	0.04	17.30	9.53
厦门	53.01	0.00	6.70	0.00	0.00	15.72	30.60
深圳	42.27	0.00	4.32	0.00	0.00	18.11	19.84

附　录

附录一：2005 年中国房地产品牌价值 TOP10 研究报告(开发+策划)

附录二：2006 年中国房地产百强企业研究报告
2006 年中国房地产百强开发企业展示

附录三：2006 年中国房地产上市公司 10 强研究报告
2006 年中国房地产上市公司 10 强企业展示

附录四：2006 年中国房地产策划代理百强企业研究报告
2006 年中国房地产策划代理百强企业展示

附录五：中房指数十城市历年指数值
2006 年中国典型地产指数系统优秀项目展示

附录六：房地产业主要统计指标解释

附录一：

2005年中国房地产品牌价值TOP10研究报告(开发+策划)

序 言

由国务院发展研究中心企业所、清华大学房地产研究所和中国指数研究院三家研究机构共同组成的中国房地产TOP10研究组于2004年11月在国务院新闻办发布了2004中国房地产品牌价值研究成果，该成果表明：(1) 房地产品牌价值差异较大，行业领导品牌凸现；(2) 房地产品牌扩张日益加速，品牌发展呈多元态势；(3) 房地产行业的品牌影响力度不及其他行业品牌，品牌建设和竞争意识有待加强。这些结论得到了社会各界的广泛认同。其中，中海、万科、复地、金地、沿海等品牌价值评价结果也成为房地产的品牌标杆。2004品牌价值研究成果对品牌企业提升竞争能力、扩大市场份额、强化行业地位发挥了巨大的作用。

一年多来，在国家宏观调控下房地产市场发生了变化，房地产企业出现了结构性调整，激烈的市场竞争更加凸显品牌价值在房地产企业发展中的作用。因此，中国房地产TOP10研究组于2005年5月再次启动中国房地产品牌价值课题研究。本次研究总结了过去一年中研究的经验，在“BVA系数”及“品牌认知度、美誉度和忠诚度（品牌三度）”的量化方面进行了深化研究，完善了BVA（Brand Value Added）研究方法体系，并且结合专业市场细分特点及企业品牌特色，针对2005中国主要大中城市近100个有较强影响力和知名度的房地产公司和项目进行深入的品牌价值研究，最终形成了2005中国房地产品牌价值研究成果。同时，研究组考虑到房地产上下游行业的发展特点，增加了对房地产策划代理品牌的深入研究。通过分析和计算在全国范围内有较强影响力与知名度的国际房地产策划代理企业的品牌优势值BAV（Brand Advantage Value）和品牌强度系数，产生了中国房地产策划代理公司品牌价值TOP10。

本次研究得到房地产界众多公司、团体的大力支持，特别感谢中国海外发展有限公司、万科企业股份有限公司、新世界中国地产有限公司、招商局地产控股股份有限公司、深圳华侨城房地产有限公司、绿城集团、保利房地产股份有限公司、大华（集团）有限公司、金地（集团）股份有限公司、顺驰中国控股有限公司、沿海绿色家园集团、北京城建投资发展股份有限公司、SOHO中国有限公司、西郊庄园企业（集团）有限公司、中融置业集团有限公司、上海实业发展股份有限公司、中体奥林匹克花园集团、同景集团、金大元（上海）有限公司、卓越置业集团有限公司、上海恒和置业有限公司、泰禾（福建）集团有限公司、金融街控股股份有限公司、天津合生珠江房地产开发有限公司、阳光100置业集团、上海三盛宏业投资集团、百仕达地产有限公司、上海城开（集团）有限公司、杭州开元房地产集团有限公司、北京天鸿集团、北京北辰实业股份有限公司、北京人济房地产开发集团、青岛伟东置业集团、首创置业股份有限公司、青岛海信房地产股份有限公司、上海绿地（集团）有限公司、上海金鹏房地产开发有限公司、上海正阳投资集团有限公司、南京栖霞建设股份有限公司、上海城建（集团）公司、江苏新城房产股份有限公司、佳兆业地产（深圳）有限公司、东莞市中惠房地产开发有限公司、武汉地产开发投资集团有限公司、长沙房产（集团）有限公司、武汉福星惠誉房地产有限公司、云南江东房地产集团有限公司、广西东方航洋投资集团有限公司、武汉盛唐房地产发展有限公司、武汉湘隆房地产开发有限公司、世联地产顾问（中国）有限公司、上海天地行房产营销有限公司、北京伟业策略房地产投资顾问有限公司、荒岛企业联合机构、上海富阳物业咨询有限公司、世邦魏理仕（中国）、上海策源置业顾问有限公司、仲量联行（中国）、上海同策房产咨询有限公司、上海聚仁物业顾问有限公司、北京中大恒基房地产经纪有限公司、北京亚豪房地产经纪有限公司、北京成业行房地产经纪有限公司、北京锋华兴业房地产经纪有限责任公司、上海普润房地产顾问有限公司、上海百马房地产顾问有限公司、上海开启企业策划有限公司、上海杰星房地产投资有限公司、广州合富辉煌房地产顾问有限公司、广州凌峻房地产咨询有限公司等。他们对中国房地产品牌价值研究工作中的资料收集提供了许多方便，让我们能更好地完善研究所需的各类信息和数据。

品牌价值研究主报告：2005 中国房地产品牌价值 TOP10 研究报告

一、2005 中国房地产品牌价值研究综述

中国房地产 TOP10 研究组在充分借鉴国际品牌价值评估经验和操作实务的基础上，结合中国宏观经济发展条件和房地产行业发展特点，建立了一套实操性较强的研究方法体系，即 BVA（Brand Value Added）研究方法体系；在理论框架的指导下，通过实证研究，量化计算出房地产品牌价值；通过消费者问卷调查和房地产企业顾客满意度调查，形成中国房地产品牌价值研究报告。研究结果显示：

1. 房地产品牌价值普遍增长，央企房产品牌突显

受益于 2004 年中国房地产市场的繁荣和发展，房地产品牌价值实现了普遍的大幅增长。一方面，中海和万科两大行业领导品牌价值平均增长达到 34.17%，中国公司品牌价值 TOP10 平均增长 71.47%，中国项目品牌价值 TOP10 平均增长 41.52%，中国地方公司品牌价值平均增长 28.43%。另一方面，品牌价值差距正在逐步扩大，10 强中国公司品牌第一名与最后一名的品牌值差距达到了 10.66 亿元，而去年这一差距仅为 5.65 亿元；中国公司品牌与地方公司品牌平均品牌价值差距为 8.43 亿元，而去年这一差距仅为 4.26 亿元。

从企业属性来看，行业领导品牌中海地产以及 10 强中国公司品牌的招商地产、华侨城和保利地产皆属央企房产。四家央企房产资产规模合计近 500 亿元，年销售额合计近 200 亿元。这四大家企业不仅实力雄厚、历史悠久，而且在客户关系上获得良好的美誉度和忠诚度，特别是在目前央企房产重组的大背景下，更加突显了企业的品牌优势，四家央企品牌价值合计超过 70 亿元，位居中国房地产品牌价值的前列。

2. 强势品牌的市场影响力度和溢价水平显著提高

国际品牌价值评价经验表明，品牌价值与销售额的比值最能够反映品牌的市场影响强度，比值越高对市场影响越大。本次研究显示，强势品牌影响力度逐步增强，两大领导品牌及 10 强中国公司品牌价值与销售额之比的平均值为 0.43，中国地方公司品牌为 0.39，都较去年增加 0.1~0.2。同时，从“2005 中国房地产品牌价值研究问卷调查”情况看，强势品牌的认知度、忠诚度、美誉度较去年更加突出，两大领导品牌中海地产和万科以及 10 强中国公司品牌综合得票率达到 54.3%，较去年提高近 6 个百分点。

2005 房地产品牌溢价水平显著提高，一方面，随着强势品牌的市场影响力度的增强，溢价水平也随之提高，品牌贡献率（BVA 系数）由去年的 0.1~0.14 变化为今年的 0.12~0.18；另一方面，房地产上市公司得益于资本市

场溢价，品牌贡献率在 0.15 以上，普遍高于未上市公司。

3. 房地产品牌仍停留在打造阶段，大多数企业尚未建立品牌管理系统

品牌间竞争的加剧迫使企业加强品牌管理和经营，特别在大规模的跨区域开发过程中，强势品牌往往更能够迅速得到当地消费者的认同。从目前房地产品牌的管理现状看，企业的品牌建设意识逐步加强，多数房地产企业从品牌形象推广入手，开始进行企业品牌或项目品牌的打造。然而，大多数房地产企业还没有将品牌纳入到系统的管理工程，中国房地产企业尚未进入品牌管理阶段。目前能够组织实施品牌系统管理的房地产企业寥寥无几，多数企业品牌管理仅仅是商标及无形资产的注册、续展、许可的管理。从国际知名品牌的管理经验看，要实现品牌价值的快速提升，必须要有完善的品牌识别系统和清晰连贯的品牌策略，同时需要建立有效的品牌管理架构及保障体系。

二、2005 中国房地产品牌价值研究基本情况评析

1. 2005 中国房地产行业领导公司品牌

中国房地产 TOP10 研究组根据 2005 年中国房地产品牌价值研究的 BVA 评价方法体系，再次对全国范围内有较强影响力和知名度的房地产开发企业进行品牌价值的量化评估，2005 年中国两大房地产行业领导品牌是：中海地产和万科。

附表 1–1

2005 年中国房地产行业领导公司品牌

品牌	公司名称	品牌价值（亿元）
中海地产	中国海外发展有限公司	33.11
万科	万科企业股份有限公司	32.08

两大品牌继续保持了在房地产行业的领导地位，并且实现了品牌价值的大幅度提升。中海地产品牌价值为 33.11 亿元，同比 2004 年增长 7.1 亿元；万科品牌价值为 32.08 亿元，同比 2004 年增长 9.71 亿元。2004 年是两大领导品牌加速发展的一年，中海地产完成了中海系地产业务的强势整合，并借助行业领导品牌的优势，销售收入突破 90 亿元，资产规模增长 26%，净利润同比增长 56%；万科借助企业成立 20 周年，对企业品牌继续扩张，新进入东莞、昆山、无锡三个城市，品牌分布达到了 17 个城市，销售收入实现 91.6 亿元，同比增长 43.57%，实现净利润 8.78 亿元，同比增长 62%。

2. 2005 年中国房地产公司品牌价值 TOP10

2005 年中国房地产公司品牌价值 TOP10 分别是：新世界中国地产、招商地产、华侨城、保利地产、绿城、

大华、金地集团、顺驰、沿海绿色家园和北京城建（详见附表 1-2）。

附表 1-2

2005 年中国房地产公司品牌价值 TOP10

品牌	公司名称	品牌价值（亿元）
新世界中国地产	新世界中国地产有限公司	18.98
招商地产	招商局地产控股股份有限公司	13.22
华侨城	深圳华侨城房地产有限公司	13.06
绿城	绿城集团	12.84
保利地产	保利房地产股份有限公司	12.23
大华	大华（集团）有限公司	11.05
金地集团	金地（集团）股份有限公司	10.71
顺驰	顺驰中国控股有限公司	9.86
沿海绿色家园	沿海绿色家园集团	9.39
北京城建地产	北京城建投资发展股份有限公司	9.05

2005 年中国房地产公司品牌价值 TOP10 品牌价值较 2004 年大幅提升，平均品牌价值达到了 12.04 亿元，与 2004 年 10 强中国公司品牌相比增长 5.06 亿元，增幅达到 72.49%。其中，超过 15 亿元的 1 个，10 亿~15 亿元之间的 6 个，9 亿~10 亿元之间的 3 个，而 2004 年 10 强中国公司中未有一家品牌价值突破 10 亿元。

新世界中国地产的品牌价值达到了 18.98 亿元，较 2004 年相比增加 13.39 亿元，由 2004 年的第七位攀升为中国房地产公司品牌价值 TOP10 榜首；招商地产、华侨城、保利地产、顺驰首次入选 TOP10，4 家公司品牌都超过 10 亿元；金地集团、大华、绿城、沿海绿色家园和北京城建作为去年的 10 强，今年品牌价值也有大幅度的提升，增长幅度在 1 亿~4 亿元之间。

3. 2005 年中国房地产项目品牌价值 TOP10

TOP10 研究组延续去年的研究，对全国范围内有较大影响力和知名度的房地产项目进行了品牌价值的量化评估，产生了“2005 年中国房地产项目品牌价值 TOP10”，它们是：SOHO、西郊庄园、中融系列、海上海新城、奥园、同景·高山流水、卓越系列、香梅花园、泰晤士小镇、星河湾。

2005 年中国房地产项目品牌价值 TOP10 的平均品牌价值为 4.73 亿元，分布在 2 亿~7 亿元之间，价值跨度较大，其中超过 5 亿元的有 5 家，有 4 家在 3 亿~5 亿元之间，另外 1 家在 2 亿~3 亿元之间。项目品牌物业特征鲜明，SOHO、中融系列、海上海新城是写字楼、高档公寓品牌的代表；西郊庄园、同景·高山流水、泰晤士小镇是别墅品牌的杰作；奥园、香梅花园、卓越系列、星河湾是住宅品牌的典范。同时，TOP10 研究组也对地方项目进行了品牌价值的评估，龙王庙商贸广场、湘隆·时代商业中心、百仕达·红树西岸在当地具有较强的品牌影响力，品牌价值都在亿元以上。

附表 1-3

2005 年中国房地产项目品牌价值 TOP10		
品牌	公司名称	品牌价值（亿元）
SOHO	SOHO 中国有限公司	6.64
西郊庄园	西郊庄园企业（集团）有限公司	6.05
中融系列	中融置业集团有限公司	5.88
海上海新城	上海实业发展股份有限公司	5.54
奥园	中体奥林匹克花园集团	5.28
同景·高山流水	同景集团	4.23
香梅花园	金大元（上海）有限公司	4.15
卓越系列	卓越置业集团有限公司	4.12
泰晤士小镇	上海恒和置业有限公司	3.37
星河湾	广州宏宇企业集团	2.56

4. 2005 年中国房地产专业领先品牌 TOP10

TOP10 研究组本次深入研究了企业在专业市场的品牌特色，挖掘出一批在某一专业领域具有领先地位的品牌，这些品牌代表着房地产行业细分市场的领先水平，他们是：金融街、华侨城、沿海绿色家园、京津新城、新世界中国地产、阳光 100、颐景园、百仕达·红树西岸、上海城开、杭州开元。

附表 1-4

2005 年中国房地产专业领先品牌 TOP10		
品牌	公司名称	专业领域
金融街	金融街控股股份有限公司	商务地产
华侨城	深圳华侨城房地产有限公司	旅游地产
沿海绿色家园	沿海绿色家园集团	健康地产
京津新城	天津合生珠江房地产开发有限公司	休闲地产
新世界中国地产	新世界中国地产有限公司	城市运营
百仕达·红树西岸	百仕达地产有限公司	科技人文
阳光 100	阳光 100 置业集团	连锁地产
颐景园	上海三盛宏业投资集团	园林地产
上海城开	上海城开（集团）有限公司	核心城区运营
杭州开元	杭州开元房地产集团有限公司	酒店&地产运营

2005 年中国房地产专业领先品牌指的是在房地产细分市场具有显著专业特色的品牌，是某一专业领域的品牌标杆。金融街控股开发建设的“金融街”成为了中国的金融商务中心；华侨城的旅游地产模式深入人心，在深圳获得了巨大的成功；沿海绿色家园的多个项目成为国家健康住宅的试点项目；合生在天津打造的京津新城成为京、津、河北三地的休闲胜地；新世界中国地产作为老牌的香港地产商，对中国大陆的城市运营起到了积极的推动和领导作用；阳光 100 在多个城市实施了品牌复制，是国内第一地产连锁品牌；颐景园作为园林地产的领先品牌在产品方面独树一帜；百仕达·红树西岸是科技人文创新的杰出代表；上海城开成功地改造了上海徐家汇区，是核心城区运营的典范；杭州开元采用“住宅+商业+酒店”联动开发模式，是行业内酒店&地产运营的领先品牌；铜锣湾广场在全国 42 个城市有 44 家 Shopping mall，运营总面积约 500 万平方米，是中国 Shopping mall 行业第一品牌。

5. 2005 年中国房地产地方公司品牌价值 TOP10

TOP10 研究组对在各地方具有较大影响力和知名度的房地产公司进行了品牌价值的量化评估，评选出“2005 年中国房地产地方公司品牌价值 TOP10”，它们是：华北区域的北京天鸿、北京城开、北辰实业、人济地产、世纪城地产、伟东置业、首创置业和海信地产等；华东区域的上海绿地、中华企业、上海金鹏、正阳投资、栖霞建设、上海城建和江苏新城等；华南区域的合生创展、富力地产、佳兆业、中惠地产和富通地产等；中西部区域的武汉地产、福星惠誉、江东集团、东方航洋、重庆龙湖和金科实业等。

地方公司的品牌价值平均值为 3.47 亿元，主要分布在 1 亿~6 亿元之间，与 10 强中国公司相比有一定差距，这主要体现在规模及区域分布上。从地方公司的特点来看：华北地方公司品牌大多集中在企业所在城市进行开发，在当地的品牌美誉度较高，人济地产开发的人济山庄在取得非凡市场效果的同时，获得了良好的社会声誉；世纪城地产百万平方米的大盘是北京绿色生态居住区的典范；伟东置业从旧城改造做起，在获得政府和社会的认可之后逐步发展成为享誉青岛的一大品牌。华东地方公司品牌具有一定规模实力，部分企业向周边城市进行了小范围的扩张，如上海城建立足市政基础设施建设，进行商品住宅与办公楼开发，取得了良好的品牌效益；栖霞建设立足南京，向周边积极拓展；江苏新城则立足常州，并在上海、苏州进行异地开发。华南地方公司品牌开发项目产品线较为丰富，项目布局较为完善，与城市化进程结合相对紧密，如佳兆业、中惠地产的产品，覆盖面从大众精品住宅到高端别墅物业，从都市高级酒店式公寓到购物、休闲、娱乐综合性商业街区，产品丰富。中西部地方公司品牌在当地有较高市场占有率，开发物业多以普通住宅为主，武汉地产、长房集团和福星惠誉主攻普通住宅，东方航洋主攻商业地产，成为当地的领先品牌。

三、2005 年中国房地产品牌价值研究品牌强度评析

1.品牌市场份额和品牌分布

中海地产和万科 2004 年的全国商品房市场份额都达到了 0.88%，而专注于住宅市场的万科，在全国商品住宅市场的份额已经达到了 1.06%，是首个商品住宅市场份额超过 1%的公司。虽然目前中国房地产市场的集中度仍偏

低，但两大领导品牌以迅猛的速度在扩大各自的市场份额，分别较 2003 年增加 0.15 和 0.07 个百分点。

TOP10 中国公司品牌业绩增长快速，市场份额之和达到了 3.15%，平均销售收入达到 35.53 亿元，较 2004 年 10 强公司增长 86.51%。其中，顺驰、保利地产、大华凭借全国各地的大规模开发，分别完成销售额 95 亿元、45 亿元和 47 亿元，在 10 强公司中表现抢眼。

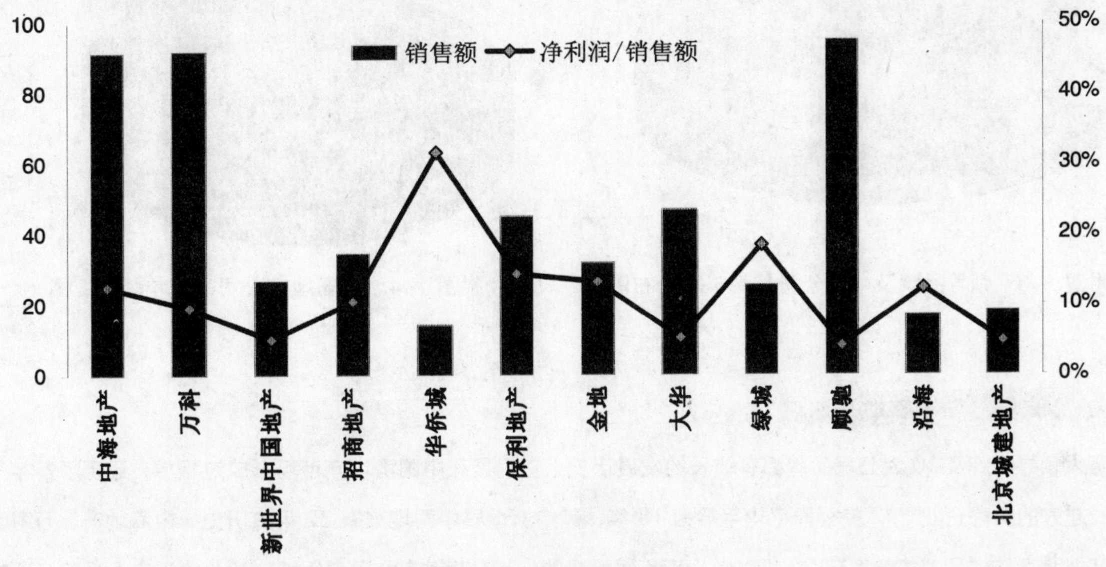

附图 1-1

中国地方公司品牌的经营规模明显小于中国公司品牌，平均销售收入为 10.92 亿元，较中国公司品牌要低 66.54%。其中，15 亿元以上的公司占 25%，5 亿~15 亿元之间的占 58.33%，5 亿元以下的占 16.67%。

两大领导品牌中海地产和万科较早地完成了全国重点城市的业务布局，进入的城市数量分别达到了 12 个和 17 个，主要集中在中国的三大经济圈，两大领导品牌已经从最初的品牌扩张走向品牌强化阶段。

从 10 大中国公司品牌看，2004 年多数公司大举进行品牌扩张，从原先的以一线城市为核心，到 2004 年相继进入中国主要二、三线城市，如招商地产新进入苏州、天津、重庆；大华集团新进入南京、武汉、马鞍山、沈阳；沿海绿色家园新进入成都、西安、沈阳、天津、内蒙古。

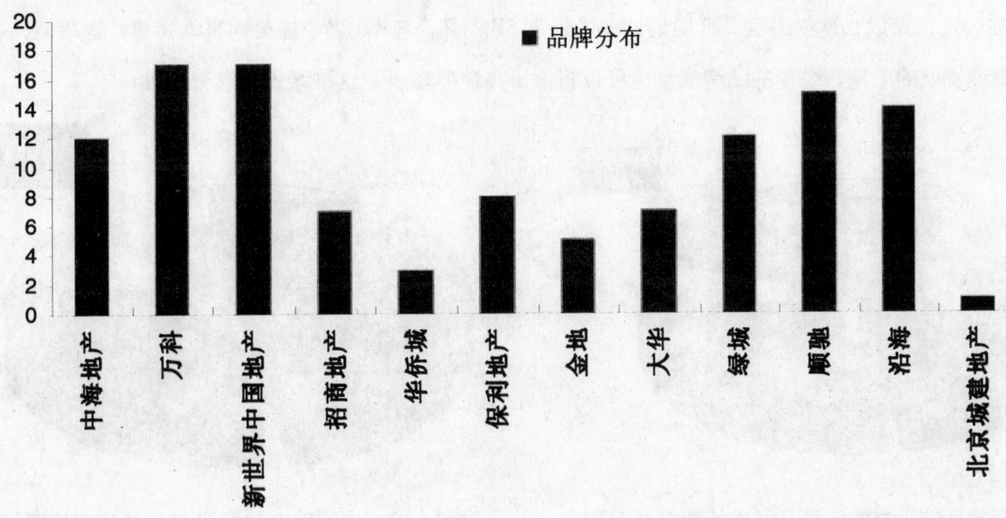

附图 1-2

中国地方公司品牌分布较小，主要集中在单个城市进行房地产业务，如北辰实业、武汉地产、上海城建等，也有以核心城市为据点，向周边城市小范围辐射的公司，如江苏新城、栖霞建设、东方航洋等。

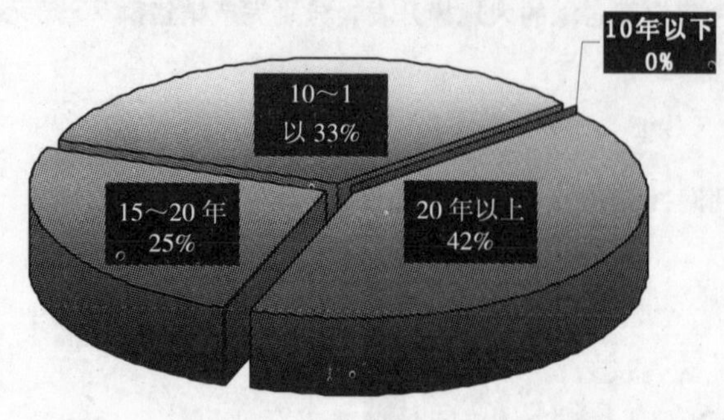

附图 1-3 领导品牌及中国公司品牌年龄分布图

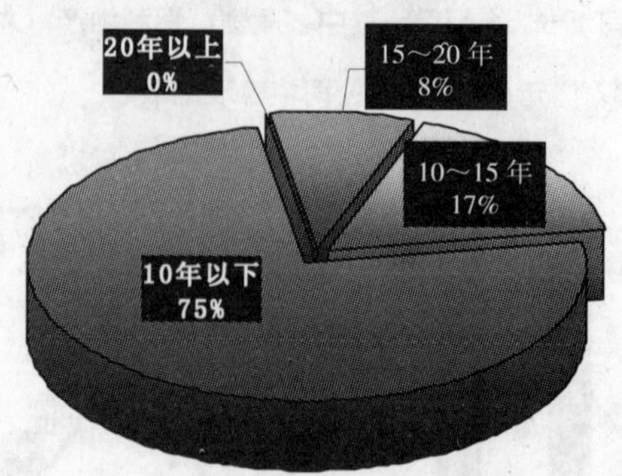

附图 1-4 中国地方公司品牌年龄情况图

2. 品牌年龄和品牌成长速度

两大领导品牌及 10 大公司品牌都有较长的发展历史，它们是在中国房地产市场形成过程中，经历了多年考验而成长起来的优秀企业。12 家公司平均年龄为 18 年，其中新世界中国地产有 32 年的历史，中海地产、万科、招商地产、北京城建品牌年龄都在 20 年以上，而年龄最小的绿城集团也超过了 10 年，长久的历史是品牌企业的显著特征。

中国地方公司品牌年龄明显小于两大领导品牌及 10 大公司品牌，平均年龄为 8.6 年。未有一家企业超过 20 年，15~20 年的占 8%；10~15 年的占 17%，而 10 年以下的占到了 75%。

两大领导品牌保持了稳定的增长速度，中海地产和万科近三年的销售额平均增长率为 10%和 28.57%。中海地产全国土地储备量一直稳定保持在 500 万平方米，规划建筑面积约 900 万平方米，这为资产规模及经营规模庞大的中海地产保持稳定增长奠定了良好的基础。10 强中国公司品牌抓住了 2003~2004 年中国房地产市场繁荣的机遇，实现了自身突飞猛进的增长，10 强中国公司增长率平均达到了 60%，其中沿海绿色家园将自身建造绿色健康住宅的专业领先优势拓展到全国 14 个城市，实现了整个集团近三年平均增长率 104.09%的增长速度。

中国地方公司品牌成长速度迅猛，平均增长率达到了 57.71%，与 10 强中国公司基本持平，这表明，在中国房地产市场高速发展的时期，公司的品牌成长速度也将保持高速的增长，这种增长带有普遍性。

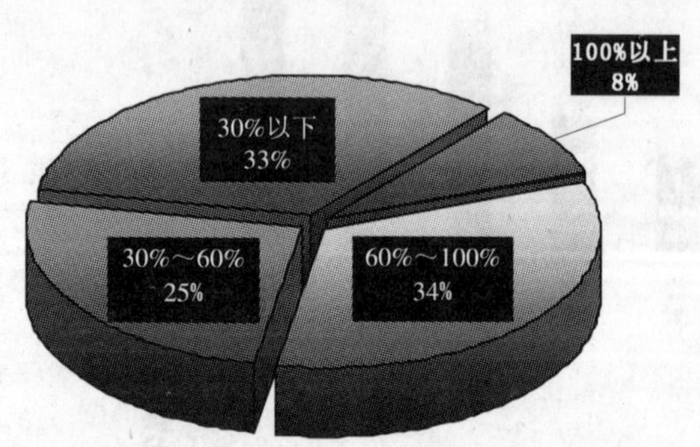

附图 1-5 领导品牌及中国公司品牌成长速度情况图

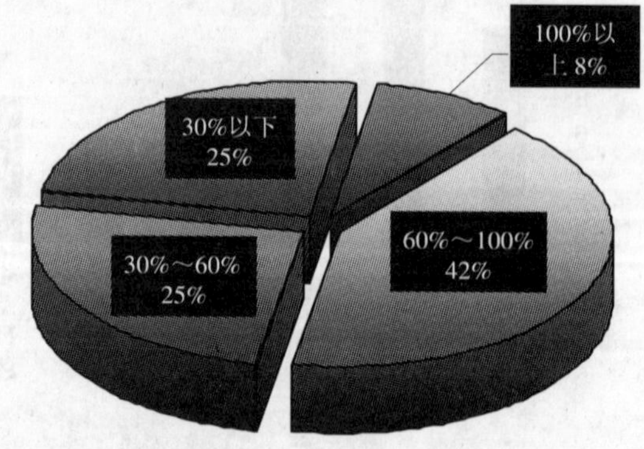

附图 1-6 中国地方公司品牌成长速度情况图

3. 基于消费者的品牌三度调查

TOP10 研究组对于房地产品牌"认知度"、"美誉度"和"忠诚度"在全国主要大中城市进行了广泛的问卷调查。调查时间自 2005 年 7 月 18 日至 2005 年 9 月 18 日，历时 2 个月共 63 天，收集问卷主要来自全国 15 个城市共 10995 份。由于此次调查采取对奖制，问卷填写人多以实名登记在册，因此有效问卷数量达到 9671 份，有效率高达 87.96%。

TOP10 研究组在问卷中为公司和项目品牌"三度"各设置了五个选项，以消费者投票的数量为基数，根据选择的先后顺序确定权重（如先选中的公司和项目将给予较高的权重），得到"三度"各自的得票率。再将三度得票率按各自权重（品牌强度七项指标的总分为 100，其中，"三度"各占 15 分，也即"三度"的权重均为 15%）求和，得到公司和项目的综合得票率。为了更加直观地表现公司和项目品牌的得票率情况，部分图形采用了两轴柱线图的形式，柱图对应左轴，线图对应右轴，这样做的目的是集中体现"三度"得票率和综合得票率，便于公司和项目间的比较。

从下图可以清楚看到，消费者最认可的公司品牌是中海和万科。两公司在"三度"上的得票率均高于 12%，万科在认知度上高出中海 2.4 个百分点，而中海的美誉度和忠诚度则分别高于万科 3.4 和 0.8 个百分点。综合得票率仍是中海以 0.6%的优势胜出。10 大公司品牌中，新世界的综合得票率最高（5%），金地其次（3.6%），其他依次是保利、绿城、招商、顺驰、华侨城、沿海、北京城建和大华。10 大公司品牌的"三度"得票率和综合得票率之和分别为 26.7%、28%、29.3%和 28.0%，略高于万科、中海的得票率之和。两大领导品牌与 10 大公司品牌的得票之和占到全国票数的一半以上，消费者对于这些品牌的认同感强烈且集中。10 大项目品牌中，西郊庄园得票率高居榜首，"三度"得票率和综合得票率分别为 23.9%、22.4%、21.2%、22.5%；中融其次，综合得票率为 15.2%，其他依次是海上海新城、卓越系列、奥园、SOHO、香梅花园、同景 · 高山流水、星河湾、泰晤士小镇。

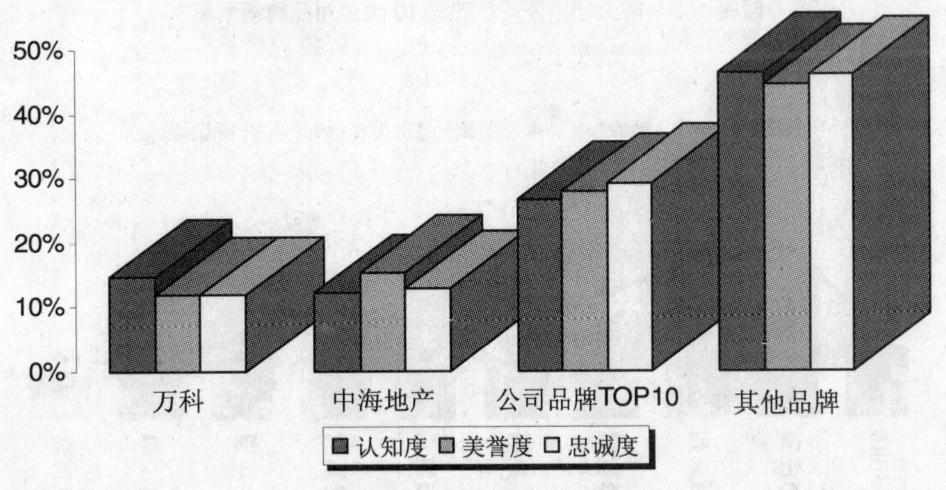

附图 1–7　公司品牌"三度"得票率

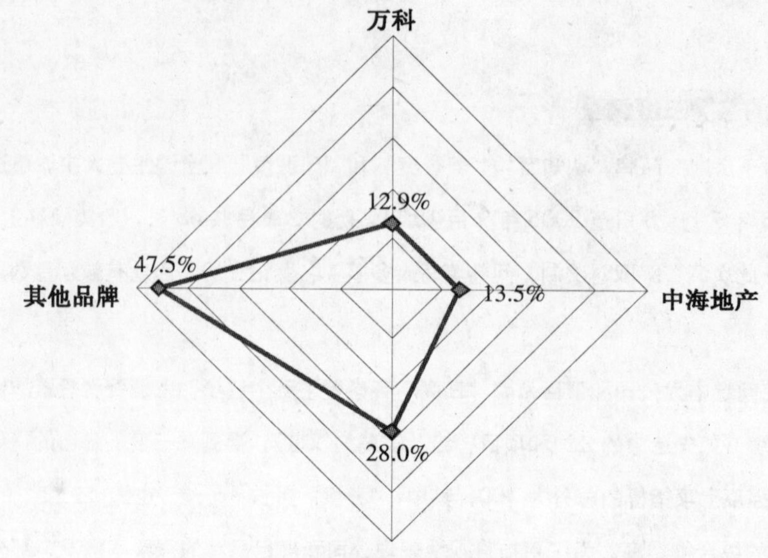

附图 1-8 公司品牌综合得票率

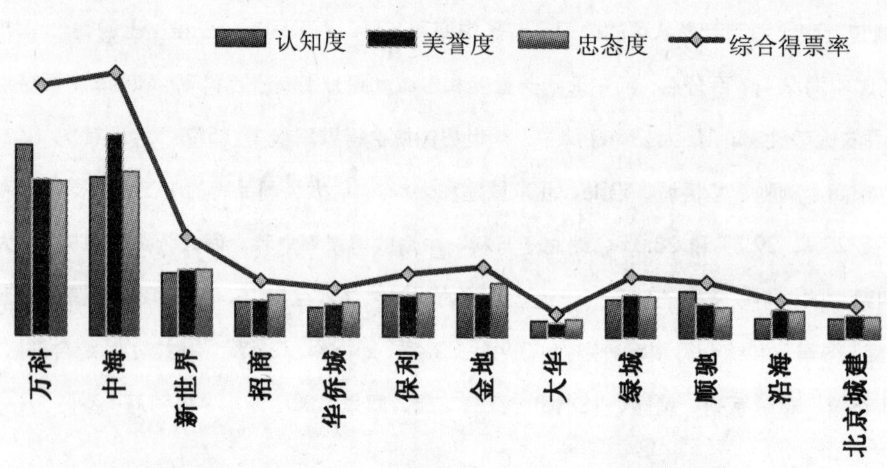

附图 1-9 两大领导公司品牌与 10 大公司品牌得票率

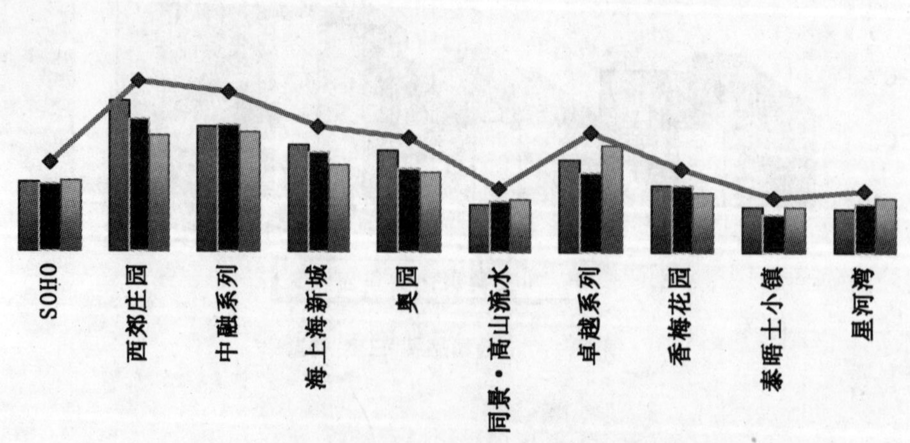

附图 1-10 10 大项目品牌得票率

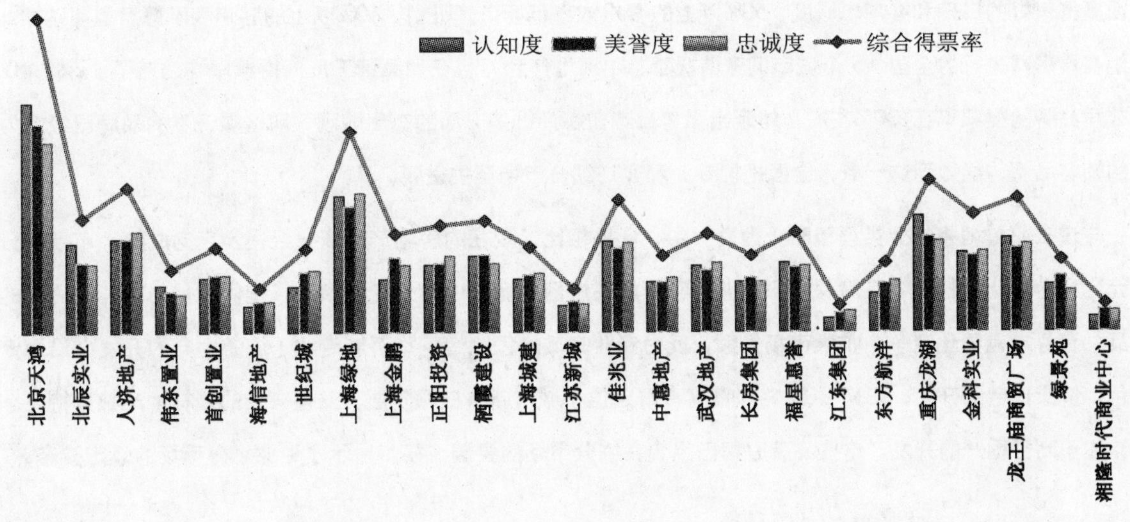

附图 1-11 地方公司及项目品牌得票率

四、提高房地产品牌价值的策略建议

根据著名的“品牌冰山”理论，品牌是一个企业属性可见与不可见因素的综合体。从该理论出发，提高品牌价值不但需要通过明确品牌名称和标记，加强品牌认知和品牌忠诚来提高品牌的外部价值，而且需要通过改善品牌的管理模式，形成具有竞争力的价值观来提高品牌的内部价值。通过对国内外品牌管理现状对比，TOP10 研究组对提高房地产品牌价值有以下三点策略建议：

1. 加速提高品牌的市场集中度

按照市场竞争的规律，一个品牌在行业中的市场份额要达到 20%~30%以上才可能形成行业主导。房地产行业的市场集中度偏低，美国四大房地产开发商的市场份额均没有超过 5%。目前中国房地产品牌中，最高市场份额的也不到 1%，还没有形成实际意义上的市场集中度，房地产行业的品牌竞争仍处于“多而分散”的品牌现状。从目前这些品牌企业的开发模式看，他们大致通过以下途径来加速市场占有：

一类是品牌扩张，主要以品牌为旗帜，以大规模品牌复制的方式实现跨区域开发，扩大市场份额，从而加快品牌市场占有，中海、万科、绿城、招商地产、顺驰都是这类典型的企业；**另一类是品牌并购**，通过并购另一企业的品牌，获得该品牌的使用、管理和维护的权利，依靠该品牌在当地市场或细分市场的市场影响力，形成多品牌策略，短时间内扩大企业在某一区域市场或细分市场的市场占有，从而提升品牌价值。万科并购浙江南都就是典型的案例，通过并购，万科迅速加大了自身品牌在长三角地区的市场集中度。

2. 加强品牌与消费者联系，深入专业和客户细分市场

消费者对品牌认知度、美誉度和忠诚度如何，往往是品牌企业在日益激烈的市场竞争中成功与否的一个关键。从研究组对全国 10 大重点城市的住宅用户满意度调查结果看，行业领导品牌——中海和万科在营销、物业管理等

方面赢得良好的口碑和客户忠诚度，50%以上的客户依靠市场口碑吸引，60%以上的客户表示愿意重复购买。从研究组在搜房网进行的全国 15 个城市调查情况看，中海地产和万科在“品牌三度”得票率均超过了 12%，10 强中国公司品牌的得票率在 30%左右，体现出强势品牌在客户维护方面的杰出表现。跨区域开发的品牌已经成为全国性的知名品牌，能做到这一点，全面把握专业和客户细分市场至关重要。

与过去简单地将物业类型粗略分为高、中、低档相比，现在的房地产市场已经逐步走向成熟，市场细分呈现多元化和专业化的特点。品牌房地产企业已经开始在激烈的竞争中细分专业市场，提供满足特定消费需求的主流产品，在寻求差异化竞争中扩大市场份额，成为专业领域的领跑者。华侨城专注于旅游地产的开发；沿海专注于绿色、健康住宅的开发；阳光 100 将产品客户群定位于城市新兴白领阶层；三盛宏业的园林地产独具特色；金融街专注于商务地产的开发。这些品牌公司已经走在细分市场的尖端，初步显示了专业细分市场的领跑姿态。

3. 制定明晰的可持续发展的品牌策略

根据房地产跨区域开发及项目独立的特点，房地产开发企业可实施多样的品牌策略，以达到提升品牌价值的目的。房地产企业应根据自身的企业开发特点制定相应的品牌策略。

从中国房地产企业的品牌管理现状看，一些品牌企业采用单一的品牌模式，公司品牌和项目品牌合一，典型企业如阳光 100、华侨城等；而多数跨区域品牌企业，如中海、万科、绿城和顺驰等采用“公司品牌（主品牌）+项目品牌（副品牌）”的品牌模式，这种模式的优势可以最大程度地利用主品牌的成功形象资源，利用消费者对主品牌的信赖和忠诚度来推动副品牌产品的销售；另外一些品牌企业进行了品牌模式创新，采用“主副品牌+背书品牌”的品牌模式。背书品牌依附于产品贯穿于整个公司品牌和项目品牌之中，背书品牌的管理通过在价值链的各环节实施，确保开发项目能够成为公司区别于其他品牌的鲜明特征体现，这种模式的优势可以使公司在扩张时实现差异化竞争，突显自身品牌价值，沿海是这种模式的典型代表，其“绿色社区、健康住宅”的背书品牌成功地贯穿于整个公司品牌与项目品牌之间。

品牌价值研究附报告：2005年中国房地产策划代理品牌价值研究TOP10报告

一、2005年中国房地产策划代理公司品牌价值TOP10研究综述

中国房地产TOP10研究组在充分借鉴国内外品牌价值研究经验和操作实务的基础上，结合中国宏观经济发展条件和房地产策划代理行业发展特点，综合考虑房地产策划代理企业的财务因素与市场因素，建立了一套实操性较强的研究体系。在理论框架的指导下，通过分析和计算2005年中国房地产策划代理百强企业、在全国范围内有较强影响力与知名度的国际房地产策划代理企业的品牌优势值BAV（Brand Advantage Value）和品牌强度系数，产生了中国房地产策划代理公司品牌价值TOP10。研究显示：

区域差异较大，华东策划代理品牌优势明显

由于近年华东房地产市场的高速发展，华东策划代理品牌迅速成长，在品牌规模、品牌分布、品牌成长速度等方面具有较大优势，从而在中国房地产策划代理公司品牌价值TOP10中占据6席，天地行、荒岛、富阳、策源等6家企业榜上有名。世联地产积极进行异地拓展，到2004年进入45个城市，营业收入连续6年以年均35%的速度增长，以较高的品牌美誉度和品牌强度确立了中国房地产策划代理公司品牌价值TOP10榜首地位。伟业顾问竭力为客户提供系统、完备的房地产专业服务体系，赢得了较好的市场效果和较高的品牌美誉，成为华北地区唯一进入TOP10的品牌企业。世邦魏理仕、仲量联行等外来品牌凭借雄厚的实力、成熟的推广模式、丰富的策划代理经验和长期积累的品牌效应，在进入中国后逐步占领内地一线城市的高端市场，从而在中国房地产策划代理品牌价值TOP10中占据一席之地。

品牌分布趋广，全国化品牌布局正逐步形成

伴随着中国房地产市场的发展和宏观调控的持续深入，房地产策划代理品牌全国化布局加速。本土品牌在全国化扩张中先行一步，到2004年，世联地产进入城市的个数已经达到45个，富阳25个，天地行19个，伟业顾问与荒岛都达到12个。外来品牌在上海、北京、广州等一线城市站稳脚跟之后，逐步向二、三线城市扩张，如世邦魏理仕准备进军成都，仲量联行涉足石家庄正定国际小商品市场。品牌策划代理企业通过异地扩张，实现全国化布局，一方面能避免区域市场的周期性波动产生的风险；另一方面能增强企业在外地的品牌优势，有效改善企业的经营环境。

品牌意识增强，品牌建设开始提上战略日程

随着房地产市场的发展和宏观调控的深入，房地产市场品牌竞争时代逐步到来。在房地产开发商日益重视品牌的作用，依靠品牌维持可持续发展的过程中，品牌竞争力作为策划代理企业最持久的核心竞争力，正逐步受到优秀策划代理企业的认同。房地产策划代理优势企业的品牌意识逐步增强，品牌建设开始提上战略日程。伟业顾问在推进全国扩张战略的过程中，对伟业顾问品牌进行整合推广；富阳在不断加强知识管理、提升专业服务能力的同时，加大对富阳整体品牌形象的宣传，不断提升企业的品牌知名度和美誉度；荒岛以“口碑”开拓市场，在区域扩张中不断增强企业的品牌美誉度。

二、2005年中国房地产策划代理公司品牌价值TOP10基本情况分析

中国房地产TOP10研究组通过分析和计算2005年中国房地产策划代理百强企业的品牌优势值BAV（Brand Advantage Value）和品牌强度系数，评出了中国房地产策划代理公司品牌价值TOP10，详见附表1–5。其中，世联地产、天地行、伟业顾问占据10强前3席，世联地产以5.02亿元地的品牌价值位列2005年中国房地产策划代理公司品牌价值TOP10榜首，天地行以4.29亿元的品牌价值位居次席，伟业顾问以3.31亿的品牌价值位列第三。除天地行之外，上海还有5家企业进入榜单，荒岛和富阳分别以2.96亿元和2.83亿元的品牌价值位列中国房地产策划代理品牌价值TOP10的第四、第五位；策源位列第七，品牌价值为2.28亿元。

附表1–5 2005年中国房地产策划代理公司品牌价值TOP10

品牌	公司名称
世联地产	世联地产顾问（中国）有限公司
天地行	上海天地行房产营销有限公司
伟业顾问	北京伟业策略房地产投资顾问有限公司
荒岛	荒岛企业联合机构
富阳	上海富阳物业咨询有限公司
世邦魏理仕	世邦魏理仕（中国）
策源	上海策源置业顾问有限公司
仲量联行	仲量联行（中国）
上海同策	上海同策房产咨询有限公司
上海聚仁	上海聚仁物业顾问有限公司

此外，研究组还评出了“2005年中国房地产策划代理地方公司品牌价值TOP10”，详见附表1–6。其中华北地区4家企业入围，北京亚豪和中大恒基分别以1.34亿元和1.18亿元的品牌价值占据一席之地；华东地区上海普润等4家企业进入地方公司品牌价值TOP10；华南地区合富辉煌和广州凌峻占据两个席位。

附表 1-6　2005 年中国房地产策划代理地方公司品牌价值 TOP10

区域	品牌	公司名称
华北地区	中大恒基	北京中大恒基房地产经纪有限公司
	北京亚豪	北京亚豪房地产经纪有限公司
	成业行	北京成业行房地产经纪有限公司
	锋华兴业	北京锋华兴业房地产经纪有限责任公司
华东地区	上海普润	上海普润房地产顾问有限公司
	上海百马	上海百马房地产顾问有限公司
	上海天启	上海开启企业策划有限公司
	上海杰星	上海杰星房地产投资有限公司
华南地区	合富辉煌	广州合富辉煌房地产顾问有限公司
	广州凌峻	广州凌峻房地产咨询有限公司

2005 年中国房地产策划代理品牌价值 TOP10 在品牌规模、品牌分布和品牌年龄方面呈现出以下特点：

品牌规模

品牌策划代理企业呈现较大的规模优势。以 2004 年品牌企业代理销售额为例，90%的品牌策划代理企业代理销售额在 30 亿元以上。代理销售额在 100 亿元以上的达到 4 家，占 20%，上海天地行 2004 年的代理销售额更是达到 158 亿元；代理销售额在 30 元～100 亿元的企业占据主体，比例达到 70%，伟业顾问、荒岛、富阳、策源等的代理销售额都处于这个区间；代理销售额在 30 亿元以下的企业占 10%。

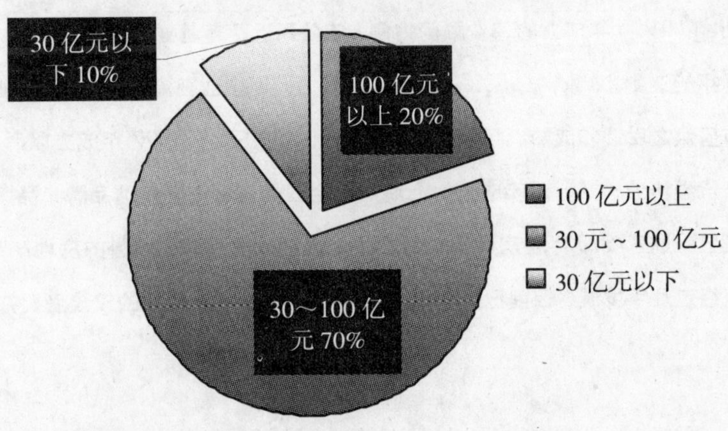

附图 1-12　品牌策划代理企业销售额分布图

品牌分布

品牌策划代理企业品牌分布呈现较大的城市跨度。在加速全国化扩张的背景下，各品牌策划代理企业进入城市的数量迅速增长。2004 年，进入 10 个以上城市的品牌策划代理企业达到 11 个，占全部品牌策划代理企业的50%以上。华南地区的品牌策划代理企业在品牌区域扩张的道路上走在前列，世联地产、广州凌峻等企业进入城市的个数都在 30 个以上，世联地产 2004 年达到 45 个，这一数字计划到 2007 年达到 80 个。华东地区品牌策划代理企业进入城市个数多在 10～30 个之间，富阳进入城市已经达到 25 个，天地行和荒岛分别达到 19 个和 12 个。华北地区品牌策划代理企业由于异地扩张起步较晚，进入城市个数多在 10 个以下，伟业顾问由于较早启动全国化战略，到 2004 年已经进入 12 个城市。

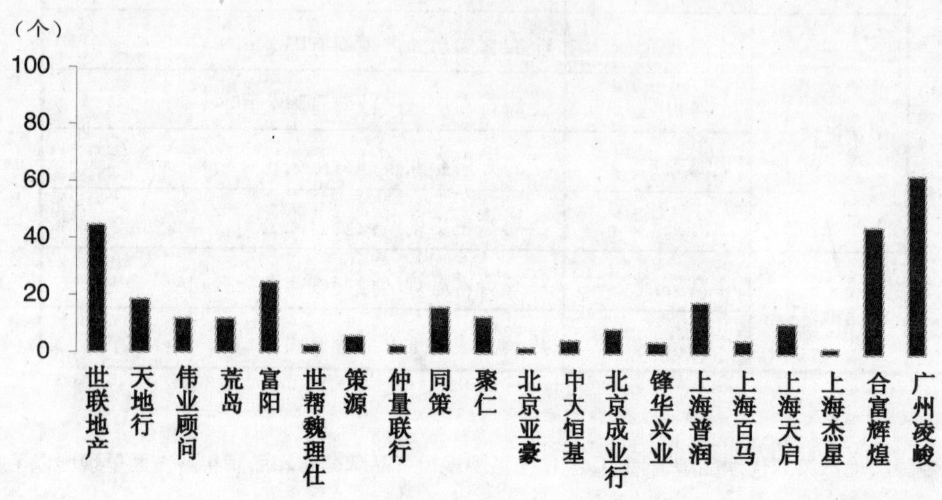

附图 1-13 品牌策划代理企业进入城市数量分布图

品牌年龄与成长速度

品牌策划代理企业以较大的品牌年龄加速成长。品牌策划代理企业品牌年龄在 10 年以上的达到 5 家，占所有品牌策划代理品牌的 25%；这些企业经历了中国房地产业的兴衰，长期积累的丰富策划代理顾问经验为近年高速增长奠定了坚实的基础。以 1994 年成立的伟业顾问为例，该公司近两年营业收入仍保持着 60%以上的高速增长态势。品牌年龄在 6～10 年的达到 10 家，占 50%。这批品牌策划代理企业在港台策划代理垄断市场的背景下进入市场，在经历一段艰难的蛰伏之后逐步成熟、壮大。以富阳为例，该公司于 1997 年成立以后，依靠高度专业的协作团队和不断创新的房产代理作业模式，逐步成长为上海乃至全国的知名策划代理品牌。品牌年龄在 6 年以下的企业为 5 家，占 25%，这些企业在 1998 年住房市场化后产生并迅速成长为享有盛誉的房地产策划代理品牌，如 1999 年成立的荒岛，该公司经过几年发展，目前已经成为上海房地产策划代理行业的佼佼者，并进入 12 个城市进行异地拓展。

三、中国房地产策划代理品牌的发展策略建议

通过对品牌房地产策划代理企业的深入研究，结合国内外房地产策划代理企业的发展趋势，中国房地产 TOP10 研究组从以下三个方面为中国房地产策划代理品牌的进一步发展提出策略建议：

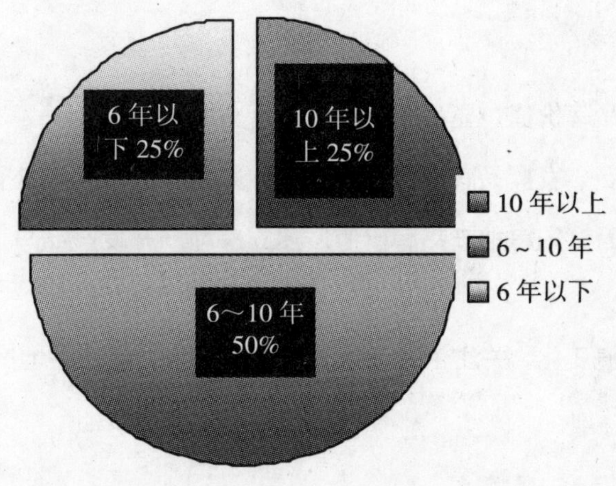

附图 1-14 品牌策划代理企业品牌年龄分布图

第一，形成专业化能力。随着房地产策划代理行业的发展，品牌策划代理企业的全国化扩张，市场竞争正日趋激烈，能力的专业化成为品牌策划代理维持可持续发展的关键因素。品牌策划代理企业只有不断提高服务团队的专业水平，有效增强系统内部的数据分析支持，持续增强企业的创新研发能力，构建系统、完备的房地产专业服务体系，才能在未来市场竞争中处于不败地位。

第二，进行网络化管理。品牌策划代理呈现全国化扩张、跨区域经营的特点，这种全国化、跨区域经营要求企业利用网络化管理的优势，整合市场和企业内部的资源，这必将要求房地产策划代理品牌企业实施网络化管理，通过业务网络分摊风险，利用经济的地域轮动赢得发展空间。

第三，提供多元化服务。随着房地产市场的发展，房地产开发商对房地产策划代理行业提出了多元化的服务需求。需求是发展的源动力，品牌策划代理企业必须寻求为开发商提供从房地产金融、投资顾问、商业策划与管理、营销策划代理，到二手房租售等的专业、系统解决方案。

附件一 2005 年中国房地产品牌价值研究研究方法体系

研究概述

“中国房地产品牌价值研究课题组”在充分借鉴国外著名品牌价值评估机构 Interbrand 和 Brand Finance 的研究经验和操作实务的基础上，结合中国宏观经济发展条件和房地产行业发展特点，基于经济使用价值法的现金流折现法（DCF）和无形资产评估的理论方法，建立了一套实操性较强的研究体系。同时，结合中国房地产市场发展特点，并综合企业或项目发展基础、市场情况、财务分析、竞争分析等，预测企业或项目未来收入，据此核算品牌产品带来的未来品牌收益 BVA 的净现值，来研究房地产品牌价值的大小。其中，品牌折现率由影响品牌未来收益的风险因素决定，也即品牌的强度系数，课题组分别就品牌认知度、品牌忠诚度、品牌美誉度、品牌市场分布、品牌市场份额、品牌成长速度、品牌年龄等 7 个方面设定了品牌强度系数，从而客观全面地评价房地产品牌价值。

研究目的

- 客观量化房地产品牌价值，显品牌房地产的行业主导地位
- 挖掘品牌价值内涵，发挥品牌价值在投融资、兼并收购以及对外合作过程中的作用
- 让社会和客户全面认知房地产品牌价值，建立房地产开发产品与消费者之间的品牌契约关系，促进项目营销
- 跟踪企业品牌价值变化，关注企业在市场中的认同度，增强房地产行业的品牌意识，持续提升品牌价值

研究对象

- 在全国范围内有较强影响力和知名度的房地产公司
- 在全国范围内有较强影响力和知名度的房地产项目
- 在某一地区范围内有较强影响力和知名度的房地产公司
- 在某一地区范围内有较强影响力和知名度的房地产项目
- 在某一专业领域有较强影响力的房地产公司或项目

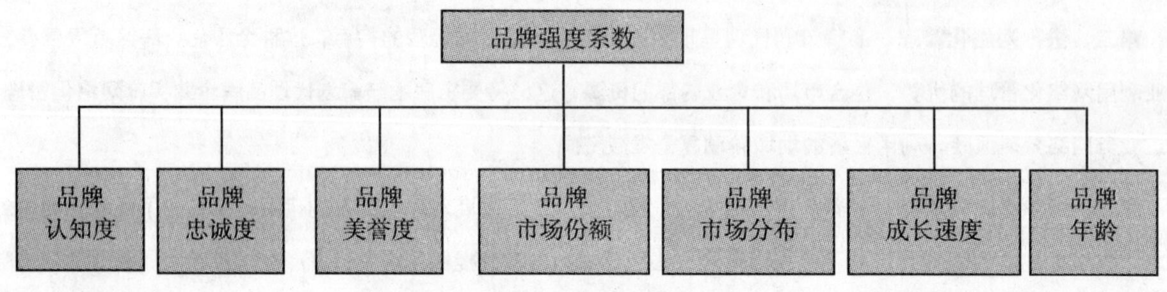

附图 1–15　品牌强度指标体系

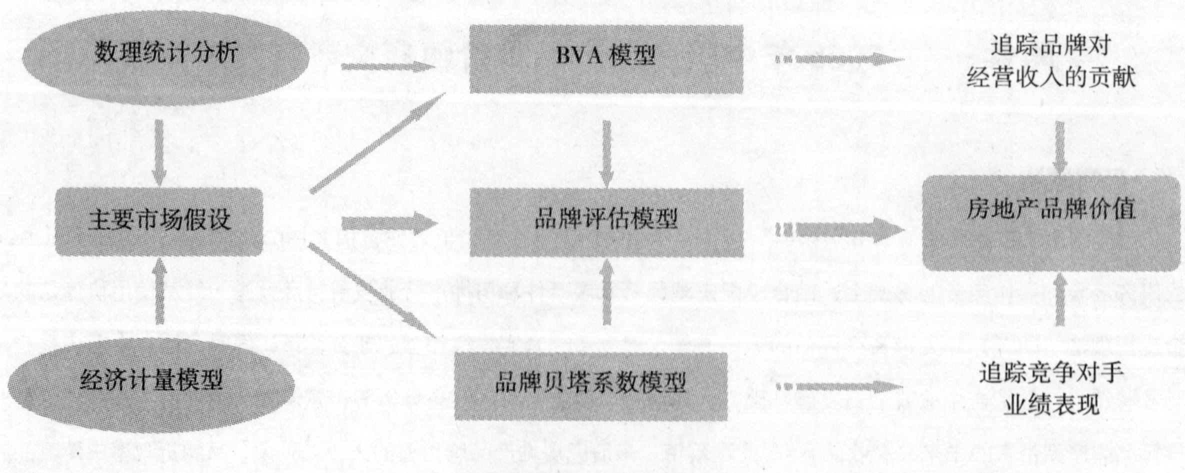

附图 1–16　技术路线

BVA 系数模型

TOP10 研究组通过分析品牌对房地产市场溢价及资本市场溢价的贡献得到品牌贡献率，因此 BVA 系数是由品牌对房地产市场溢价的贡献率 BVA_1系数 和品牌对资本市场溢价的贡献率 BVA_2系数 组成的。

其中 BVA_1 系数是指假设某房地产品牌的价格溢价是因为其品牌所贡献的，因此该品牌溢价总和占该品牌总收入比例，再乘以品牌作用指数（RBI）。

$$BVA_1\text{系数} = \frac{S_A\times(P_A - AVP_A) + S_B\times(P_B - AVP_B) + \cdots + S_N\times(P_N - AVP_N)}{S_A\times P_A + S_B\times P_B + \cdots + S_N\times P_N}\times RBI \tag{1}$$

公式（1）中：S 为项目销售面积；P 为项目销售均价；AVP 为同质条件下的项目销售均价；

BVA_2 系数是指品牌对资本市场溢价的贡献率，TOP10 研究组通过计算某房地产公司的 Tobin 的 Q 值来反映其在资本市场的溢价水平，再乘以品牌在资本市场作用指数（1-RBI）。

$$BVA_2\text{系数} = (TobinQ - 1)\times(1 - RBI) \tag{2}$$

公式（2）中：Tobin 的 Q 是房地产上市公司资本市场溢价水平，非房地产上市公司 Tobin 的 Q 值为 1。

$$TobinQ = \frac{MV}{RC} = \frac{MV_e + MV_L}{RC} \tag{3}$$

公式（3）中：MV 表示公司的市场价值，RC 表示公司的重置成本，MV_e 表示公司的所有者权益的市场价值，MV_L 表示公司负债的市场价值。

公式（1）与公式（2）之和为品牌贡献率（BVA 系数）。

$$BVA\text{系数} = BVA_1\text{系数} + BVA_2\text{系数} \tag{4}$$

品牌贝塔系数模型

在品牌资产量化过程中，品牌贝塔系数反映品牌资产收益的风险系数。利用资产定价模型（capital asset pricing model）的相关理论以及品牌强度系数，确定品牌贝塔系数，最终计算得到品牌收益折现。

$$E(R_j) - R_f = (R_m - R_f)\beta_j \qquad\qquad R_{it} = \alpha_i + \beta_i R_{mt} + e_{it}$$

其中：行业贝塔系数由上市公司房地产板块数据测算。

数据来源

- 企业填报的并经课题组复核和确认的数据
- 中国房地产 TOP10 研究组 2004～2005 年房地产百强企业研究资料库
- 中国房地产 TOP10 研究组 2003～2005 年房地产上市公司研究资料库
- 中国房地产 TOP10 研究组 2004 年房地产品牌价值研究资料库
- 中国指数研究院房地产顾客满意度研究资料库
- 中国房地产指数系统的项目资料库
- 相关政府部门（包括建委、房管局和统计局）的公开数据

附件二 2005中国房地产策划代理品牌价值研究方法体系

研究概述

“中国房地产策划代理品牌价值研究课题组”在充分借鉴国内外品牌价值研究经验（如 Financial world）和操作实务的基础上，结合中国宏观经济发展条件和房地产策划代理行业发展特点，综合考虑房地产策划代理企业的财务因素与市场因素，建立了一套实操性较强的研究体系。首先，从公司营业收入开始，通过品牌优势值 BAV（Brand Advantage Value）模型计算公司的品牌利润；然后分别就品牌认知度、品牌忠诚度、品牌美誉度、品牌市场分布、品牌市场份额、品牌成长速度、品牌年龄等 7 个方面设定品牌强度系数。最后，根据品牌利润与品牌强度系数核算房地产策划代理品牌价值的大小。

研究目的

- 客观量化房地产策划代理品牌价值，塑造中国房地产策划代理一流服务品牌
- 让社会和客户全面认知房地产策划代理品牌价值，建立房地产策划代理与开发商、消费者间的品牌契约关系
- 跟踪企业品牌价值变化，关注企业在市场中的认同度，增强房地产策划代理行业的品牌意识

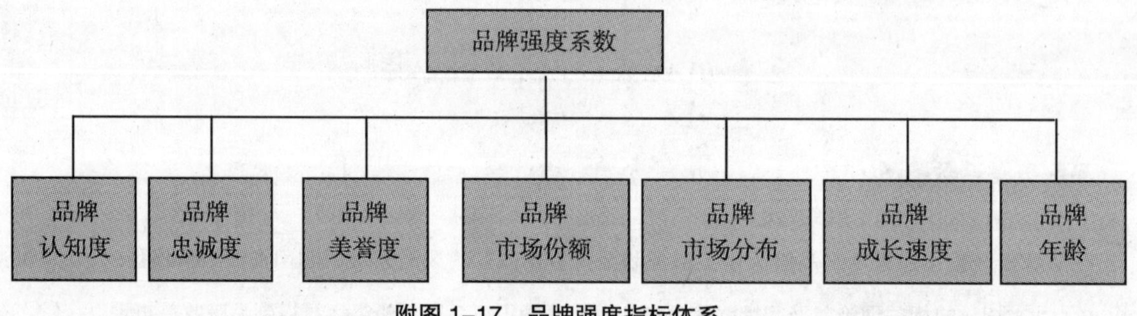

附图 1-17 品牌强度指标体系

研究对象

- 2005 年中国房地产策划代理百强 TOP30 企业
- 在全国有较强影响力和知名度的国际房地产策划代理企业
- 2005 年中国房地产策划代理百强各区域（华北地区、华东地区、华南地区）TOP10 企业

价值计量

BAV 模型

研究组通过品牌优势值（BAV）来计算策划代理公司的品牌利润，BAV 是衡量公司品牌在一年内相对于无品

牌企业的超额价值。由于 BAV 是由品牌对策划收入的贡献和品牌对代理收入的贡献组成，TOP10 研究组通过分析品牌对策划收入的品牌优势值 BAV_1 及对代理收入的品牌优势值 BAV_2 的贡献来获得整体的品牌利润。

(1) BAV_1 表示品牌对策划收入的贡献，其计算公式如下：

$$BAV_1 = \frac{1}{3}\sum_{t=-3}^{-1}[(P_i - AP_i) * K_i]$$

其中，P_i 为被评价公司策划单价（每一策划案所获得收入的平均值），AP_i 为行业平均策划单价，K_i 为被评价公司策划案个数，i 为年度指标。

(2) BAV_2 表示品牌对代理收入的贡献，其计算公式如下：

$$BAV_2 = \frac{1}{3}\sum_{t=-3}^{-1}[(P_i - AP_i) * SV_i]$$

其中，P_i 为被评价公司代理收费费率，AP_i 为行业平均代理收费费率，SV_i 为被评价公司代理收入，i 为年度指标。

(3) BAV 表示品牌对无品牌企业的超额价值，即品牌利润，其计算公式如下：

$$BAV = BAV_1 + BAV_2$$

数据来源

- 企业填报的并经课题组复核和确认的数据
- 相关政府部门（包括建委、房管局和统计局）的公开数据
- 中国房地产 TOP10 研究组 2005 年房地产策划代理百强企业研究资料库

附件三　品牌“三度”调查人群的基本状况分析

TOP10 研究组在品牌量化研究中既充分利用到客观数据，同时也考虑适度反映消费者对于各地房地产公司及项目的主观印象：即房地产品牌“认知度”、“美誉度”和“忠诚度”。为此，TOP10 研究组针对这“三度”在全国主要大中城市进行了广泛的问卷调查。调查时间自 2005 年 7 月 18 日至 2005 年 9 月 18 日，历时 2 个月共 63 天，收集问卷主要来自全国 15 个城市共 10995 份。由于此次调查采取对奖制，问卷填写人多以实名登记在册，因此有效问卷数量达到 9671 份，有效率高达 87.96%。

根据对有效问卷的描述性统计分析，我们得出四个方面的被调查者特征：（1）被被调查者中 64%为男性；（2）被调查者多分布在房地产市场发展较快的城市，如上海、杭州、北京、深圳等城市，这四个城市的被调查者占全部人数的一半；（3）被调查者大多比较年轻，21~35 岁的青年占到所有被调查者的 87%；（4）被调查者的收入普遍较高，主力收入在 4 千～8 千元，这部分人群占所有被调查者的 47%，月收入在 8 千～1 万元和 1 万～2 万元的被调查者各占 12%。

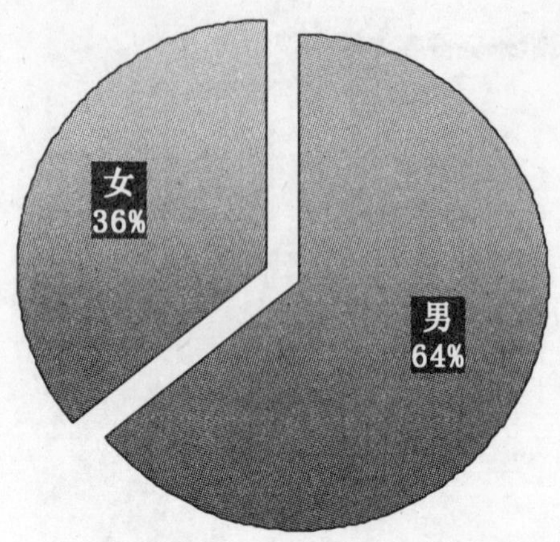

附图 1-18 被调查者性别分布

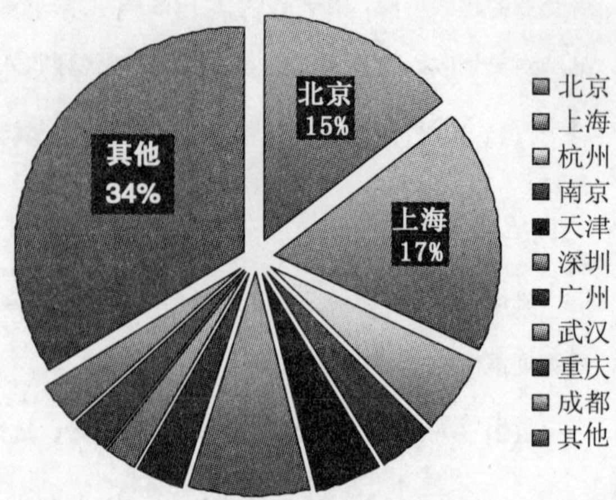

附图 1-19 被调查者所在城市分布

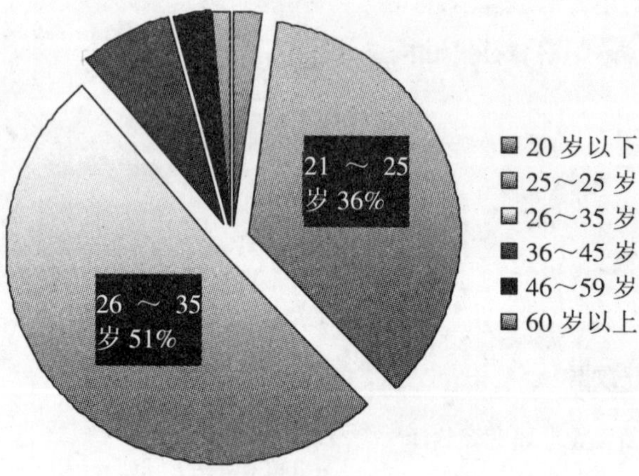

附图 1-20 被调查者年龄分布

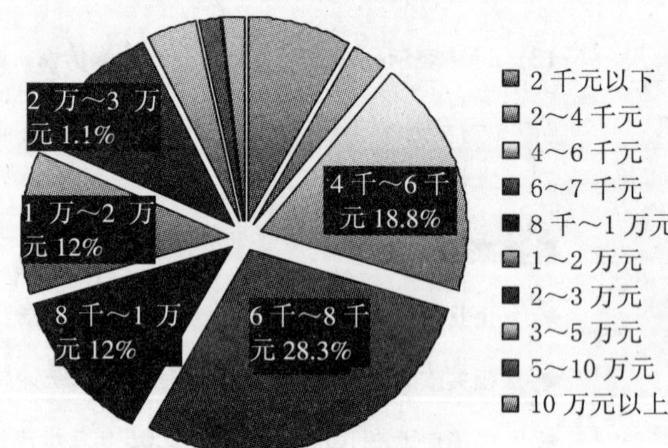

附图 1-21 被调查者收入水平分布

附录二：

2006年中国房地产百强企业研究报告

中国房地产 TOP10 研究组

目录

主办：

国务院发展研究中心企业研究所

清华大学房地产研究所

中国指数研究院

承办：

中国房地产 TOP10 研究组

联席组长：

陈小洪：国务院发展研究中心企业研究所所长

刘洪玉：清华大学房地产研究所所长

莫天全：中国指数研究院院长

主要成员：

黄瑜：中国指数研究院常务副院长、中国房地产 TOP10 研究组办公室主任

汪勇 博士：中国房地产 TOP10 研究组项目负责人

张政军 博士：国务院发展研究中心企业研究所

清华大学房地产研究所：郑思齐博士、翁少群、任荣荣、陈伟、朱骏

中国指数研究院：张秋芳、邹明霜、杨翔、周恒、许东卫、李雪梅、李颖、安戎、赵丽一、陈晟、李峰、侯瑞波、葛海峰、侯婕、毛治、林建晖、张伟、石磊

1．序言

由国务院发展研究中心企业所、清华大学房地产研究所和中国指数研究院三家研究机构共同组成的“中国房地产 TOP10 研究组”，自 2004 年开展中国房地产百强企业研究以来，已持续进行了三年，研究成果先后于北京人民大会堂与钓鱼台国宾馆发布，引起了社会各界的广泛关注。

目前，中国房地产百强企业研究成果已成为评判房地产企业经营实力及行业地位的重要标准。三年来，近 50 家国际金融机构如美林投资银行、德意志银行、瑞银投资银行等，纷纷将“中国房地产 TOP10 研究组”评价产生的房地产百强企业，作为它们在中国选择投资合作伙伴的重要依据；部分国内金融机构在信贷发放方面优先考虑房地产百强企业；一些地方政府的土地管理部门，也在土地招拍挂时将房地产百强企业作为评标打分的重要参考标准。

2006 中国房地产百强企业研究自 2005 年 10 月启动。此次房地产百强企业研究是在 2004 年和 2005 年研究基础上的进一步深化。在国家加大宏观调控力度、紧缩信贷的背景下，“中国房地产 TOP10 研究组”增加表现企业偿债能力和社会责任感的指标，结合企业规模、发展潜力与盈利能力，综合评价企业实力，切实发掘中国房地产行业的优秀企业群体。

中国房地产 TOP10 研究组从新的研究方法体系确立、数据采集整理到指标计算分析，历时半年，对中国房地产市场上近 500 家开发企业进行了科学严谨的对比研究，评价产生了 2006 年中国房地产百强企业。

2．2006 年中国房地产百强企业整体状况分析

在 2006 年的中国房地产百强企业研究中，中国房地产 TOP10 研究组以 2003～2005 年房地产业务平均销售额 3 亿元为入选门槛值，依据开发规模与经营业绩相结合、成长性与开发潜力相结合、资产负债结构与盈利能力相结合、税金捐赠与社会责任感相结合的原则，运用主成分分析法及相关数学模型，对全国 500 家入选的房地产企业（集团）的规模性、成长性、盈利能力和社会责任感共计 18 个指标进行了深入的分析研究，定量计算出入选房地产企业的综合实力指数，评价产生了 2006 年中国房地产综合实力百强企业。

在此基础之上，中国房地产 TOP10 研究组进一步评价产生了 2006 年中国房地产百强企业之综合实力 TOP10、

规模性 TOP10、成长性 TOP10、盈利能力 TOP10 和 2005～2006 年中国房地产年度社会责任感企业。

2.1 房地产百强企业区域分布变化显著

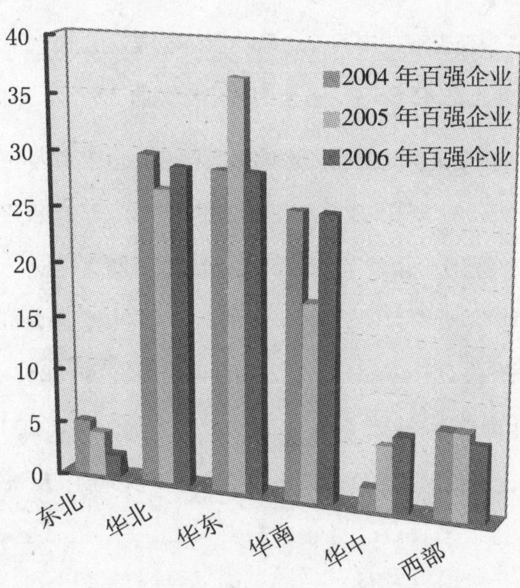

附图 2-1 百强企业区域分布（单位：个）

2006 年的房地产百强企业中，华东占 29 席，华北 29 席，华南 26 席。其中，华东百强企业的席位较去年下降 8 席，华北、华南则分别上升了 2 席与 8 席，区域分布变化显著，反映了各区域房地产企业 2005 年经营业绩的消长。

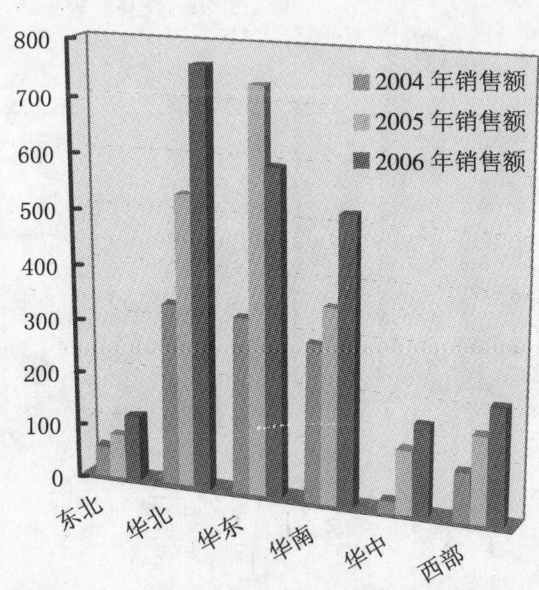

附图 2-2 2003～2005 年百强企业销售额区域分布（单位：亿元）

从销售额区域分布来看，华北、华东、华南的房地产百强企业占据百强的绝对优势地位。2005 年三大区域的房地产百强企业共实现销售额 1883.42 亿元，占全国市场份额的 14.26%，房地产投资总额达 1819.1 亿元，占全国市场份额的 11.54%。华北地区 2005 年呈健康发展态势，房地产百强企业实现销售额 762.9 亿元，较 2004 年上涨 42.2%，占全国市场份额的 5.78%，占据领头羊的位置；华东区域受宏观调控的影响波动显著，房地产百强企业的销售额出现大幅下降，仅实现 596.02 亿元，较 2004 年下降 18.81%，占全国市场份额的 4.51%，位居次席；华南区域由于市场化程度较高，受宏观政策调控的影响相对较弱，房地产百强企业的销售额仍呈上涨趋势，实现销售额 524.5 亿元，较 2004 年上涨 46.85%，占全国市场份额的 3.97%，位于第三。

宏观调控对房价上涨过快的华东地区房地产企业影响较为明显。以上海为例，2005 年商品住宅成交总量仅 1794.1 万平方米，较 2004 年下降 45.8%；2005 年商品住宅成交均价为 7769 元/平方米，虽较 2004 年增长 8.05%，但与 2004 年成交均价增幅 25.77%相比，出现了 68.75%的负增长。与之相反，华北地区房地产企业的经营业绩受宏观调控的影响则不如华东明显，以北京为例，2005 年的商品住宅销售额为 1501.79 亿元，较 2004 年增长 38.4%；销售面积为 2566 万平方米，较 2004 年增长 12.26%；平均销售价格 5853 元/平方米，较 2004 年增长 23.3%，市场呈现持续上扬的态势。中国房地产指数系统（CREIS）数据显示，从 2002 年开始，上海住宅指数上涨幅度明显超过北京；直到 2005 年，上海住宅指数增幅过快的趋势才得以抑制，反映了国家宏观调控对于房价上涨过快地区楼市的有效干预。

2.2 百强企业呈规模化发展，10 强企业市场占有率显著提高

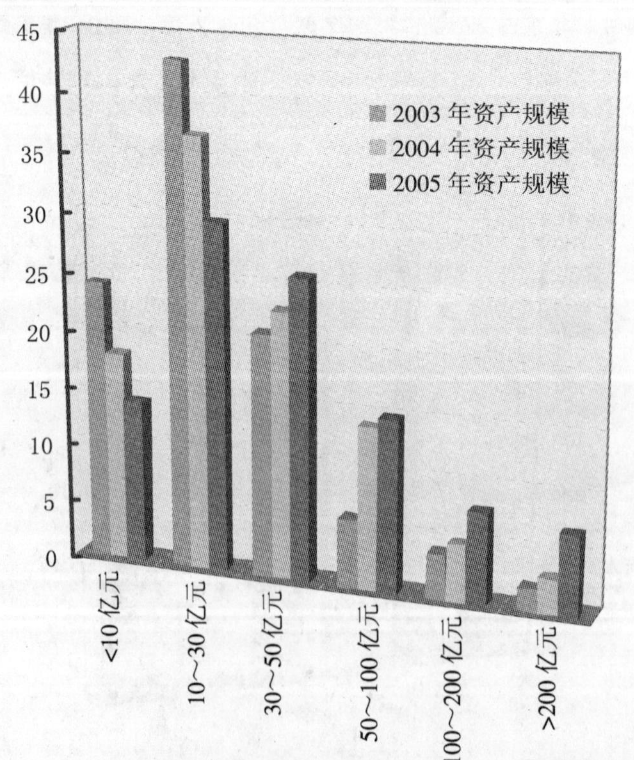

附图 2-3 2003～2005 年百强企业资产规模分布图 （单位：个）

房地产百强企业2005年总体资产规模水平呈上升趋势，并出现了一批大型的“旗舰”房地产企业。总资产规模超过100亿元的房地产百强企业共15家，其资产总额达3095.4亿元，占百强总资产规模的50.9%，资产规模超过200亿元的企业有7家，资产总额达2034.2亿元，占百强总资产规模的33.45%，其中北京首都开发控股（集团）有限公司通过并购重组的形式以超500亿元的总资产规模位居榜首。缔造大型房地产企业，成为行业发展的一大趋势。国务院18号令曾明确指出：“支持有资信和品牌优势的房地产企业通过兼并、收购和重组，形成大型企业和企业集团”，为缔造大型房地产企业组织形态提供了有利的政策支持。

房地产百强企业在2005年实现销售额2384.07亿元，占全国市场份额的18.06%；在2004年实现销售额1781.15亿元，占全国市场份额的13.49%；在2003年实现销售额1113亿元，占全国市场份额的8.43%。房地产百强企业销售额占全国市场份额的比重逐年增加，百强企业发展稳步上升，房地产行业逐渐向百强企业集中，其中房地产综合实力10强企业集中度显著。

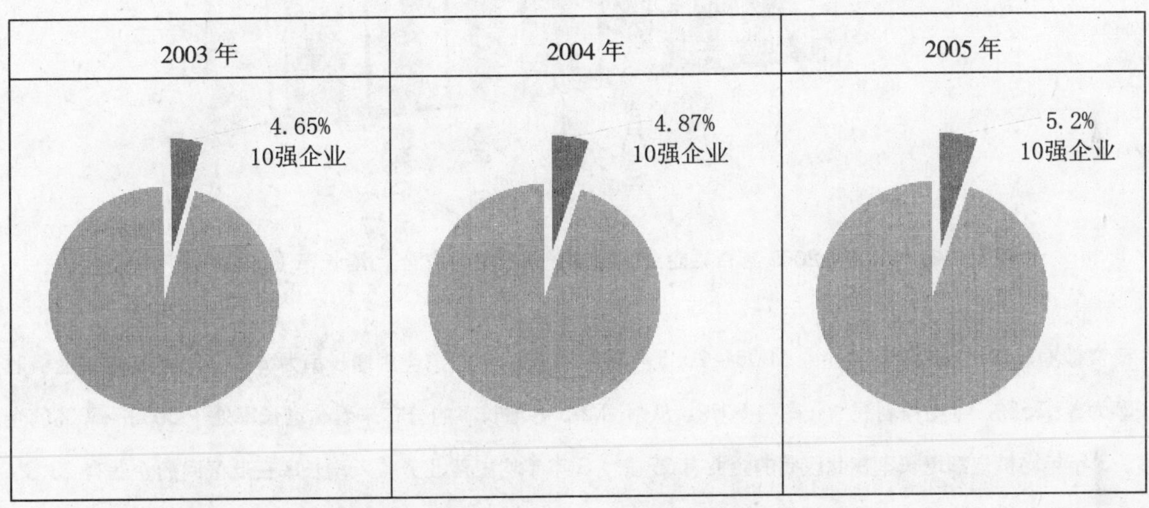

附图2-4　2003～2005年10强企业销售额全国占比

综合实力TOP10企业于2005年实现销售额686.62亿元，占全国市场份额的5.2%；2004年实现销售额505.46亿元，占全国市场份额的4.87%；2003年实现销售额356.79亿元，占全国市场份额的4.65%。2005年综合实力TOP10企业的销售额较2004年、2003年分别增长了35.84%、92.45%，市场份额呈现逐年增加的趋势，房地产行业逐渐向10强企业集中。

2.3 房地产百强企业积极储备土地资源，成长势头旺盛

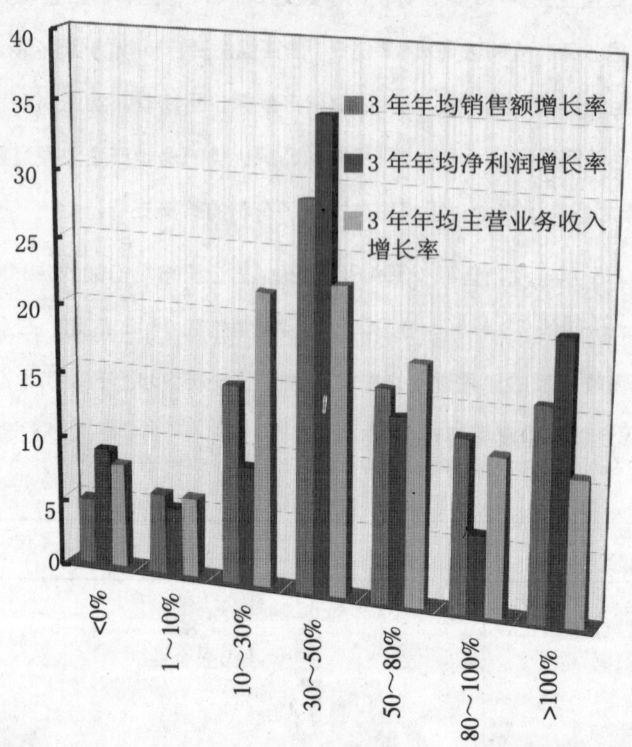

附图 2-5 2003～2005 年百强企业主要成长性指标 3 年年均增长率（单位：个）

研究数据显示，房地产百强企业 2003～2005 年连续 3 年的年均销售额增长率为 61.4%、年均主营业务收入增长率为 49.35%、年均净利润增长率为 50%。从附图 2-5 各增长率的分布来看，增长率处于 30%～50%的企业最多，3 年年均销售额增长率在此区间的企业有 29 家；3 年年均主营业务收入增长率在此区间的企业有 23 家；3 年年均净利润增长率在此区间的企业有 35 家。其中，年均销售额增长率、年均主营业务收入增长率、年均净利润增长率超过 100%的企业分别有 16 家、11 家、21 家。数据表明，房地产百强企业正处于快速增长的阶段，保持着旺盛的成长势头。

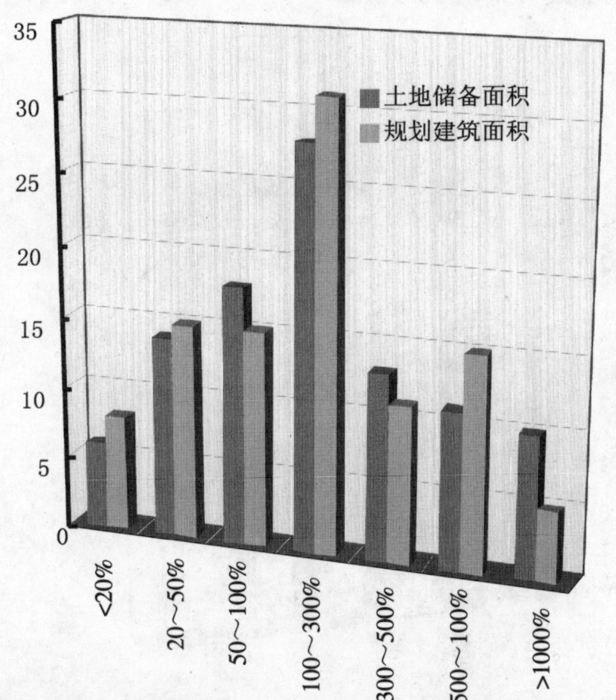

附图 2-6 2005 年百强企业土地储备与规划建筑面积分布（单位：个）

规范土地市场、严格控制土地供应量是近年来国家宏观调控措施的重要组成部分。土地供应的紧缩促成了房地产企业新一轮的"圈地运动"。2005 年房地产百强企业共储备土地面积 40210.7 万平方米，其中土地储备面积在 100 万～500 万平方米之间的企业有 43 家，占比最大；土地储备面积超过 1000 万平方米的企业有 9 家，与 2004 年相比多了 4 家。以万科为例，2005 年它的新开工面积超过 260 万平方米，按照这样的新增开发规模，它目前超过 1000 万平方米的土地储备可维持 3 年的滚动开发，持续开发潜力强劲。房地产百强企业在规划建筑面积上也有不错表现，总面积达 28313.1 万平方米，其中规划建筑面积超过 1000 万平方米的企业有 7 家，规划建筑面积在 100 万～500 万平方米的企业有 36 家。

除国家宏观调控的影响外，财政部近期颁发的新会计准则中，关于投资性房地产增值计入损益的规定，将成为中国房地产百强企业增加土地储备与开发持有商业地产的新动力。尤其是北京、上海等大中城市，因土地资源的珍稀性，成为房地产百强企业抢夺的焦点。除积极参与土地招拍挂外，并购重组拥有土地资源的其他企业也是房地产百强企业扩张资源储备的有效途径，如万科在 2005 年即通过合作的方式新增土地储备 600 多万平方米。

2.4 房地产百强企业利润趋增，抗风险能力增强

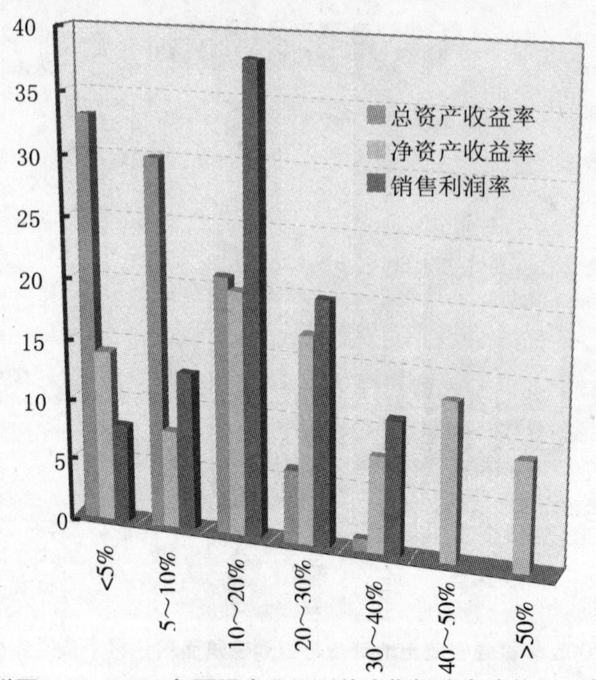

附图 2-7 2005 年百强企业盈利能力指标分布（单位：个）

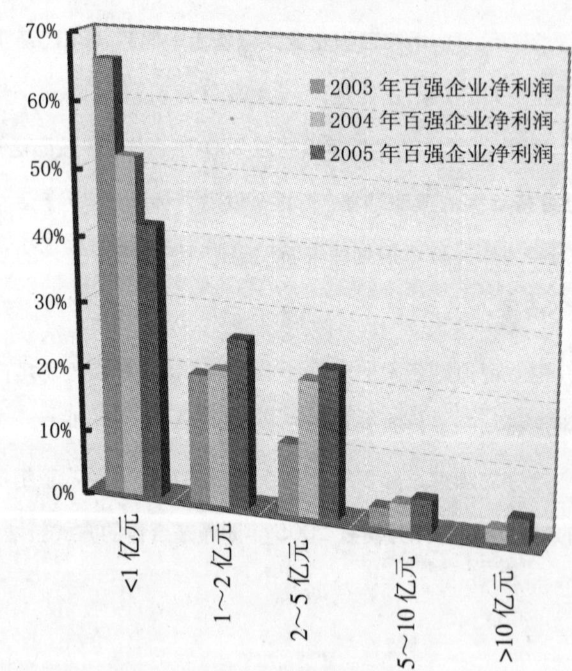

附图 2-8 2003～2005 年百强企业净利润分布（单位：个）

TOP10 研究组对房地产百强企业的总资产收益率、净资产收益率、销售利润率等基础经济指标的研究表明：房地产百强企业 2003～2005 年 3 年年均的总资产收益率、净资产收益率、销售利润率分别为 7.83%、18.68%、17.4%。其中 2005 年房地产百强企业总资产收益率低于 5%的企业最多，共有 33 家；净资产收益率与销售利润率在 10%～20%区间的企业占据百强最多席位，分别有 20 家和 38 家。从房地产百强企业的净利润绝对值分布来

看，净利润低于1亿元的房地产百强企业占比最大，但该比重呈现逐年下降趋势：2005年净利润低于1亿元的企业占百强的42%，远低于2004年52%、2003年66%的比重。从净利润高于1亿元的房地产百强企业分布状况来看，2005年占比为58%，较2004年48%、2003年34%的比重呈现逐年上升的趋势。

中国房地产TOP10研究组注意到，房地产企业的盈利能力指标在各年常常出现较大波动。研究组认为，房地产作为一种资金投入大、生产周期长的特殊商品，从最初的购地、拆迁、设计、开发，到完成销售，平均周期多在3年以上，其资金密集型产业特性使得绝大多数的开发商无法进行持续不断的大规模滚动开发，造成企业的盈利表现随项目开发销售周期波动的特点。此外，房地产百强企业2003～2005年的资产负债率分别为66.35%、65.67%、63.84%，呈现逐年下降的趋势，企业长期偿债能力增强，抵抗财务风险的能力提高。

2.5 房地产百强企业纳税能力增强，50%企业纳税超过1亿元

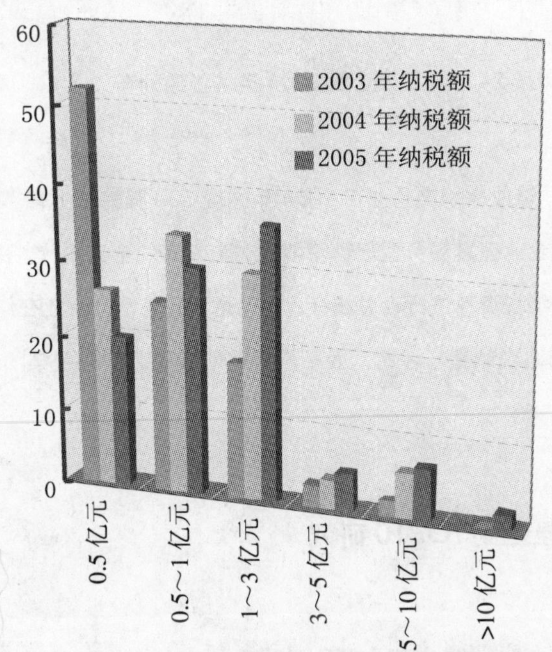

附图2-9 2003～2005年百强企业纳税额分布（单位：个）

在2006中国房地产百强企业研究中，中国房地产TOP10研究组在指标体系中增加了纳税额与慈善捐赠两个指标，对房地产企业的社会责任感进行客观评价。中国房地产TOP10研究组的数据显示，作为国民经济的支柱产业，中国房地产百强企业每年缴纳的营业税及附加、土地增值税与所得税多在千万以上，2005年纳税总额达190.7亿元。其中：2005年房地产百强企业纳税额在1亿元以上的有50家；纳税额在3～5亿元之间的企业有5家；纳税额在5～10亿元之间的企业有7家；还有两家大型企业纳税额突破了10亿元（万科的营业税金及附加、土地增值税和所得税总额超过了14亿元）。

中国房地产TOP10研究组还特别统计了房地产百强企业2004年的纳税额。研究数据显示，房地产百强企业在2004年纳税总额为130.57亿元。其中：纳税额在1～5亿元之间的房地产百强企业占29%；纳税额在5～10亿元之间的占6%。根据国家税务总局计划统计司公布的2004年度纳税企业500强数据，其入选门槛值为纳税额

2.43 亿元，照此门槛值，有 11 家房地产百强企业能进入 2004 年纳税 500 强行列。

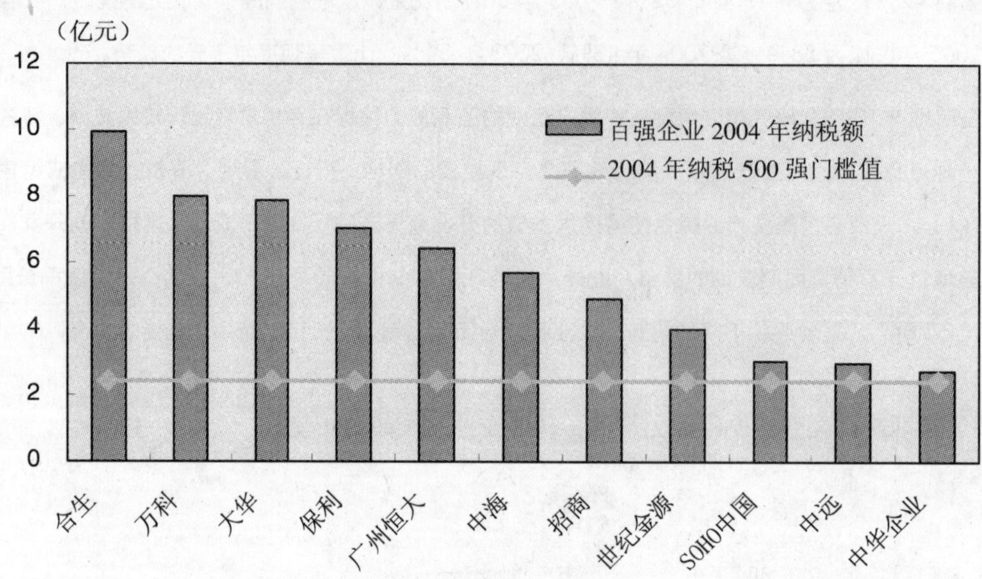

附图 2-10　百强企业 2004 年纳税额分布

中国房地产 TOP10 研究组认为，造成房地产企业在 2004 年纳税 500 强榜单上寥寥无几的原因在于，国家税务总局统计的纳税数据均为独立纳税企业在其税务登记管辖地区实际入库的全部税款，由于税收统计方面的局限，国家税务总局未能对房地产企业集团纳税资料进行合并统计。也就是说，房地产企业在纳税 500 强的排名过程中，更多的是以各地分公司、项目公司的纳税额参与评比，而不是将各地纳税额汇总到集团层面参与，导致对房地产企业纳税贡献的评价不完整。

3．2006 年中国房地产百强企业 TOP10 研究

3.1　2006 年中国房地产百强企业“综合实力 TOP10”

中国房地产 TOP10 研究组根据 2005 年中国房地产企业（集团）各项指标（规模性指标、成长性指标、盈利能力指标、社会责任感指标），综合评价产生了 2006 年中国房地产百强企业综合实力 TOP10，其中，万科与中海凭借各方面的优秀表现并列房地产百强企业综合实力第一名。具体排名如下表：

附表 2-1　2006 年中国房地产百强企业综合实力 TOP10

排名	企业名称
1	万科企业股份有限公司
2	中国海外发展有限公司
3	合生创展集团有限公司

续表

4	北京首都开发控股（集团）有限公司
5	保利房地产（集团）股份有限公司
6	广州恒大实业集团有限公司
7	大华（集团）有限公司
8	绿城房地产集团有限公司
9	招商局地产控股股份有限公司
10	复地（集团）股份有限公司

中国房地产TOP10研究组认为，企业的综合实力反映了企业在规模性、成长性、盈利能力、社会责任感四个方面的均好性，综合实力10强企业具有规模大、成长稳定、盈利能力好、社会责任感强的特点。

从规模性看，综合实力10强企业的平均总资产规模达到193.4亿元，其中天鸿与城开“强强联合”后诞生的首开集团，总资产超过500亿元，成为房产界当之无愧的“巨无霸”；10强企业的平均销售额达到71.8亿元，万科、中海以超过100亿元的销售额雄踞榜首，显示出良好的开发销售效率。此外，综合实力10强企业2005年完成房地产投资总额达779亿元，房屋施工总面积4287万平方米，竣工总面积1243万平方米。其中，中海2005年的施工面积超过800万平方米，项目运作能力突出。

从成长性看，综合实力 10强企业的3年年均销售额增长率达35.85%，年均主营业务收入增长率达30.07%，年均净利润增长率达69.04%，显示出强劲的增长势头。与此同时，综合实力10强企业共有土地储备面积11101万平方米、规划建筑面积8463万平方米。其中，恒大的土地储备超过3000万平方米，中海、万科、合生、保利的土地储备在900万平方米以上，大华、绿城、复地、招商地产的土地储备则超过600万平方米。丰富的土地储备为企业的长期稳定发展奠定了坚实的基础。

从盈利能力看，综合实力10强企业的平均净利润达8.5亿元，中海以超过16亿元的税后净利润独占鳌头，其成本控制与创富的能力引人注目。10强企业3年年均总资产收益率为7.83%，其中，大华尽管在2005年受宏观调控影响业绩有所下滑，年均净资产收益率仍然超过18%，高于其他综合实力TOP10企业。此外，10强企业3年年均净资产收益率为20.73%，合生创展、大华、绿城、复地表现突出；3年年均销售利润率为20.03%，中海、万科、恒大的这一指标值连续三年保持了稳步增长的态势。

综合实力10强企业的3年年均资产负债率仅57.59%，流动比率1.75，表现出较强的偿债能力。其中，中海、招商地产、恒大地产的年均资产负债率在50%以下，企业资产对债权人权益的保障程度较高。

综合实力10强企业在经营上呈现专业化、规模化的特点。万科以城乡结合带的大众住宅项目开发作为核心业务，2005年积极通过股权合作的方式增加各地的土地储备，极大地增强了企业的持续开发能力与市场竞争力。中海2005年6月分拆其建筑业务，表明了其专注于房地产开发的决心，以打造城市中心的高端房产为主业，通过不断地创新开发保持和提升其品牌形象。恒大地产通过与各大知名品牌建立战略供应联盟，强化成本控制，提高企业收益。合生创展往往选择城市中有发展潜力的大宗土地，依靠大规模开发降低成本，形成规模经济效益。

综合实力10强企业纷纷通过项目收购、参与土地拍卖、合作等不同方式，增加企业土地储备，跨区域扩张趋势明显。保利地产通过项目收购、参与土地拍卖等使其土地储备面积一跃达到1000万平方米。复地2005年有选择性地进入北京、武汉等地市场，新增土地储备超过150万平方米。招商地产2005年在全国9大城市共有18个项目启动，产品既有高级租赁业务和高档写字楼，也有中高端住宅项目。大华集团立足上海，拓展到南京、武汉、马鞍山、沈阳等地，以房地产为主业，努力开拓商业地产市场。绿城的产品以面向中高层收入居民的优质住宅公寓和别墅为主，业务拓展至北京、上海、长沙广州等15个城市。

3.2 2006年中国房地产百强企业"规模性TOP10"

中国房地产TOP10研究组根据2005年中国房地产企业（集团）的规模性指标（总资产、主营业务收入、房地产投资额、房屋施工面积、房屋竣工面积），综合评价产生了2006年中国房地产百强企业规模性TOP10，排名如下表：

附表2-2 2006年中国房地产百强企业规模性TOP10

排名	企业名称
1	北京首都开发控股（集团）有限公司
2	万科企业股份有限公司
3	上实地产
4	中国海外发展有限公司
5	山东鲁能置业集团有限公司
6	北京城建投资发展股份有限公司
7	上海城投置地（集团）有限公司
8	中华企业股份有限公司
9	上海农工商房地产（集团）有限公司
10	武汉地产开发投资集团有限公司

规模性10强企业总资产规模高达1866亿元，占百强企业总资产规模的38.1%；总销售额为499.4亿元，占百强企业总销售额的31.63%、占全国市场份额的4.65%；房地产投资总额达598.3亿元，占百强企业总投资额的38.59%、占全国市场份额的4.74%；施工总面积为2916.6万平方米，占百强企业总施工面积的33.76%、占全国市场份额的2.07%；竣工总面积为809.8平方米，占百强企业竣工总面积的28.68%、占全国市场份额的2.21%。北京首都开发控股（集团）有限公司以优异的指标值位居规模性第一。

规模性10强企业数据显示，其各项指标均在百强企业中占据主导地位。总资产规模超200亿元的企业就有6

家，其中首开以超过 500 亿元的总资产规模独占鳌头，中海、鲁能、万科、上海城投、上实地产依次居于次席。2005 年并购重组成为房地产行业的一大发展趋势。首开、万科通过并购重组不仅获得了总资产的扩容，更是从投资能力、土地储备等方面进行了优势资源的整合，增强了企业的竞争能力。从规模性 10 强企业性质来看，大型国有企业占据着绝对的优势，如北京城建、上海城投、武汉地产、上海农工商等老牌国有企业依托其品牌效应的延伸，实现了企业规模的迅速扩张。

3.3 2006 年中国房地产百强企业“盈利能力 TOP10”

中国房地产 TOP10 研究组根据 2005 年中国房地产企业（集团）的盈利能力指标（净利润、总资产收益率、净资产收益率、销售利润率）和偿债能力指标（流动比率、资产负债率），综合评价产生了 2006 年中国房地产百强企业盈利能力 TOP10，排名如附表 2-3：

附表 2–3 2006 年中国房地产百强企业盈利能力 TOP10

排名	企业名称
1	中国海外发展有限公司
2	合生创展集团有限公司
3	万科企业股份有限公司
4	首创置业股份有限公司
5	复地（集团）股份有限公司
6	SOHO 中国有限公司
7	南京栖霞建设股份有限公司
8	上海三盛宏业投资集团
9	保利房地产（集团）股份有限公司
10	金融街控股股份有限公司
10	北京万通地产股份有限公司

盈利能力 10 强企业的净利润总额达 67 亿元，其中中海、万科、合生创展、保利的净利润超过 10 亿元，5%～10 亿元的企业有 2 家，1 亿～5 亿元的企业有 4 家。2005 年中国海外发展有限公司继续保持了良好的盈利能力，巩固了盈利能力的领先地位，净利润超过了 16 亿元。盈利能力 10 强企业的 3 年年均总资产收益率为 8.36%、净资产收益率为 20.47%、销售利润率为 18.99%，三项指标均高于百强企业平均水平。其中，SOHO 中国的资产收益率表现突出；中海、合生创展、万科、首创、南京栖霞、三盛宏业、万通、金融街的总资产收益率波动幅度在 6%～10%之间，表现较为平稳；而上海复地、大华则受上海楼市的影响，2005 年的总资产收益率较前两年出现较大的下降，反映了企业利润总额的下滑情况。盈利能力 10 强企业在主营产品方面特点突出，有以开发中高档住

宅为主的，如中海、复地；有以开发经营商业地产为主的，如万通和保利。

此外，盈利能力 10 强企业的净资产收益率在 2003～2005 年间呈现下降趋势，2004 年较 2003 年出现了 4.22%的负增长，2005 年较 2004 年则出现了 19.27%的负增长，结合盈利能力 10 强企业的总资产、净利润及逐年下降的资产负债率（2003 年的平均资产负债率为 67.28%，2004 年 67.25%，2005 年 57.27%）可以看出，盈利能力 10 强企业负债比重的减少导致净资产增加，净利润的增长速度慢于净资产的增加速度，造成了企业的净资产收益率逐步下降，反映了盈利能力 10 强企业对举债开发依赖程度的减弱和多渠道融资能力的增强。

3.4 2006 中国房地产百强企业“成长性 TOP10”

中国房地产 TOP10 研究组根据 2005 年中国房地产企业（集团）的成长性指标（销售额增长率、主营业务收入增长率、净利润增长率、土地储备面积、规划项目建造面积），综合评价产生了 2006 中国房地产百强企业成长性 TOP10，排名如附录 2-4：

附表 2–4 2006 年中国房地产百强企业成长性 TOP10

排名	企业名称
1	上实地产
2	北京阳光 100 置业集团有限公司
3	沿海绿色家园有限公司
4	山东鲁能置业集团有限公司
5	江苏新城房产股份有限公司
6	中远房地产开发有限公司
7	重庆市金科实业（集团）有限公司
8	上海城开（集团）有限公司
9	武汉福星惠誉房地产有限公司
10	宁波银亿集团有限公司
10	上海中融置业集团有限公司

成长性 10 强企业在销售额、主营业务收入和净利润三项指标的增长率上均占有较强的优势，其中在主营业务收入和净利润上的增长优势突出。这说明成长性企业不仅在销售总量规模上有较强的增长率，而且更突出的特点是这些企业盈利能力的成长性很强。成长性 10 强企业 2003 年到 2005 年的主营业务收入年均增长率为 49.58%，高出非 TOP10 百强企业 31 个百分点；净利润三年平均增长率为 56.01%，高出非 TOP10 百强企业 27 个百分点；销售额的三年平均增长率为 58.36%，高出非 TOP10 百强企业 9 个百分点。沿海绿色家园、重庆金科、武汉福星惠誉、江苏新城的销售额与主营业务收入成长特点显著，其三年销售额平均增长率在 70%以上、三年主营业务收入平均增长率达 80%以上。上海城开、中远、江苏新城 2005 年的净利润增长率达 80%以上，表现突出。

成长性10强企业的土地储备面积为4713.9万平方米，规划建筑面积5626万平方米，分别占百强企业的23.19%、29.45%。上实地产作为2006年房地产百强企业的“黑马”，拥有1300多万平方米的土地储备面积和1000多万平方米的规划项目建筑面积，以雄厚的实力跻身中国房地产百强企业成长性TOP10的榜首。山东鲁能和阳光100也具有较大的土地储备面积，规划项目建筑面积较大的企业则有山东鲁能、宁波银亿和阳光100。其中，阳光100依托全国品牌的发展战略，成功实现了从一线到二线城市的大规模开发。

3.5　2005～2006年中国房地产“年度社会责任感企业”

中国房地产TOP10研究组根据2005年中国房地产企业（集团）的社会责任感指标（纳税额、慈善捐赠额），综合评价产生了2005～2006年中国房地产年度社会责任感企业，名单如附表2-5：

附表2-5　2005～2006年中国房地产年度社会责任感企业

中国海外发展有限公司
万科企业股份有限公司
招商局地产控股股份有限公司
合生创展集团有限公司
北京首都开发控股（集团）有限公司
广州恒大实业集团有限公司
世纪金源投资集团有限公司
浙江金昌房地产集团有限公司
中远房地产开发有限公司
上海农工商房地产（集团）有限公司
宁波银亿集团有限公司
重庆市金科实业（集团）有限公司
青岛伟东置业集团
福建冠亚集团有限公司
金地（集团）股份有限公司

研究结果显示，2005～2006年中国房地产年度社会责任感企业缴纳税金总额为74.9亿元，占房地产百强企业纳税总额的40.8%，社会责任感企业平均缴纳税金4.99亿元，其中万科、合生创展、中海、首开、招商地产、中远均超过了5亿元大关。从企业性质来看，除合生创展外，中远、宁波银亿、招商地产均具有外资背景；而万科、浙江金昌、重庆金科、福建冠亚、金地等均属于民营企业，其纳税额占年度社会责任感企业纳税总额的42.8%，民营企业对社会的贡献不断加强。

2005～2006 年中国房地产年度社会责任感企业慈善捐赠总额为 3.7 亿元，占百强企业捐赠总额的 80%，其中招商地产、世纪金源的捐赠额名列前茅。从排名企业的慈善捐赠分布情况来看，捐赠额在 1000 万元以上的企业占 66.7%，捐赠额在 500 万～1000 万元的企业占 20%，500 万元以下的企业占 13.3%。从慈善捐赠额占当年净利润的比例来看，招商地产、伟东置业、福建冠亚的该比例都超过了 10%。

作为国民经济支柱产业的房地产，通过缴纳税费、慈善捐赠等实际行动凸显其社会责任感。在社会责任方面的投入能够提高企业的社会形象，为企业创造间接效益。房地产企业能否做大做强，实现可持续发展，也将取决于这个企业是否具有强烈的社会责任感。

4．2006 年中国房地产“百强之星”研究

在 2006 年房地产百强企业中，涌现出一大批在产品特色、品牌建设、战略发展、区域开发等方面表现突出的明星企业。中国房地产 TOP10 研究组对这些企业进行了全面深入的研究，并在此基础上评价产生了“2006 年中国房地产百强之星”。

附表 2-6 2006 年中国房地产百强之星（部分）

力维斯投资有限责任公司	厦门禹洲集团股份有限公司
北京永泰房地产开发有限责任公司	武汉百步亭集团有限公司
上海凯迪企业（集团）有限公司	旭辉集团有限公司
北京乾元房地产开发有限公司	浙江宏润控股有限公司
福建正荣集团有限公司	河南鑫苑置业有限公司
广西东方航洋实业集团有限公司	天地源股份有限公司
广州百嘉信集团有限公司	上海大众房地产开发经营公司
重庆隆鑫地产（集团）有限公司	吉林亚泰房地产开发有限公司
深圳市富通房地产集团有限公司	浙江金昌房地产集团有限公司
武汉宏宇实业集团	福建冠亚集团有限公司
福建融侨集团有限公司	荣盛房地产发展股份有限公司
上海正阳投资集团有限公司	上海三湘（集团）有限公司
宝龙集团发展有限公司	深圳富春东方（集团）有限公司
重庆渝能产业（集团）有限公司	厦门建发房地产集团有限公司
上海城建（集团）公司	上海中建房产(集团)有限公司
上海中邦置业（集团）有限公司	

4.1 百强之星企业的产品特色经营优势明显

"绿色、生态、健康、节能、环保"已成为房地产业产品发展的新趋势，力维斯投资有限责任公司的"山水文园"、北京永泰房地产开发有限责任公司的"郦城"、厦门禹洲集团股份有限公司的"禹洲·半山豪庭"等项目更是此类产品中的佼佼者；另一些房地产百强企业专注于房地产市场的细分研究，以人为本，并通过其独具特色的产品迎合了市场的需求，实现了企业的快速成长，获得了较高的市场份额，如武汉百步亭、上海凯迪、旭辉集团、北京乾元、浙江宏润等。

4.2 百强之星企业专注于特定区域开发，并成为区域市场的领先者

房地产百强企业专注于特定区域房地产市场的开发，并形成相当价值的房地产品牌，通过全方位、多层次的业务拓展实现企业品牌的迅速扩张，成为区域房地产市场的领先者。福建正荣、河南鑫苑、广西东方航洋、天地源等区域性房地产百强企业，立足于本区域房地产市场的开发优势，形成区域房地产市场的规模化经营，其销售额分布占本地市场份额的3%～5%，从而占据区域市场的优势竞争地位。与此同时，良好的土地储备为这些企业的持续发展提供了最强有力的保证，其中广西东方航洋土地储备面积达 500 万平方米以上，河南鑫苑、福建正荣土地储备面积也超过了 300 万平方米。

4.3 百强之星企业品牌优势显著，带动房地产业务快速发展

多元产业化集团凭借其良好的企业品牌优势，实现房地产业务的快速增长，在激烈的市场竞争中占据优势地位。广州百嘉信、上海大众、重庆隆鑫、吉林亚泰等百强企业，凭借企业集团品牌优势，以良好的房地产业绩跻身房地产百强企业行列，并以较快的速度加大了房地产市场的占有率，巩固了市场竞争中的优势地位。

4.4 百强之星企业以房地产开发为核心，向复合型地产企业发展

房地产百强企业通过在房地产市场中的优势资源积累，逐步向复合型地产企业发展。深圳富通、浙江金昌、武汉宏宇、福建冠亚、福建融侨、荣盛房地产、上海正阳等房地产百强企业以房地产开发为核心，业务范围逐渐向房地产产业链的上下游延伸，成为集开发、建材、装饰、销售、物业管理、资产管理等为一体的新型复合地产公司；上海三湘、宝龙集团、深圳富春东方、重庆渝能等房地产百强公司更是整合了生物科技、信息产业、高科技工业、能源等产业，形成多元产业于一体的复合企业集团。

4.5 百强之星企业依托国有优势，开发实力不容忽视

从百强企业的所有制结构来看，国有经济成分的百强企业数量虽然呈下降趋势，但其作为房地产市场的一部分，开发实力不容忽视。这些企业通过业务整合，保持了良好的资金链，以房地产为主营业务，在市场中取得良好的经营业绩。如厦门建发、上海城建、上海中建等房地产百强企业，凭借企业的雄厚实力、领先的专业优势、稳健务实的经营作风，以市场为导向，合理配置和整合资源，逐步把产品与企业做专、做精、做强，已发展成为

房地产开发市场中的中坚力量。

5．中国房地产百强企业发展趋势

5.1 专业化经营仍将是房地产百强企业追求的发展模式

在连续三年的中国房地产百强企业研究过程中，中国房地产 TOP10 研究组发现，随着房地产市场的发展，中国房地产百强企业的经营模式逐渐呈现多样化趋势。既有以商品房项目开发和销售为主的公司（以万科为代表），从拿地、设计、建造到销售，业务涵盖房地产开发的整个流程，以房产项目的销售收入为主营业务收入；也有以土地开发经营为主的公司（以上海城投为代表），依靠所持有的低成本优质土地资源，以土地使用权的批租转让为主业；还有像万通这样专注于房地产资本运作的公司。中海也在 2005 年 6 月分拆部分业务组建中国建筑国际(集团)有限公司，自此中海成为专注于房地产业务的上市房企。专业化的经营模式简化了消费者、投资者对企业的品牌认同过程，能够不断强化企业的核心竞争优势。

中国房地产 TOP10 研究组认为专业化仍将是房地产行业的发展趋势，但企业亦会根据市场情况的变化而不断修正自己的经营模式，在此过程中，呈现出专业化经营的分化与深化。其中，众多有远见的房地产开发企业向商业地产运营商角色的转化是房地产经营深化的一个重要体现。事实上，中国房地产 TOP10 研究组注意到，优质土地资源的减少、开发资金来源压力的增大及投资者对房地产公司稳定现金流的要求，都在迫使众多传统房地产开发企业逐渐承担起商业地产运营商的角色，即通过持有经营优质商业物业，依靠租金收益和地产的自然增值获得长期稳定的利润。中国房地产 TOP10 研究组预计，在未来数年，商业地产的开发运营将成为中国房地产百强企业的共同发展方向。

5.2 提高资本投资和融资能力将成为房地产百强企业能力建设的核心

与传统观念不同，中国房地产 TOP10 研究组认为，虽然房地产开发企业通过开发流程使土地得以增值，但所有的增值环节并不是由开发企业独立完成。市场细分的结果，使得开发流程的各工序都能以招投标的形式外包给房地产产业链上的各种关联企业，诸如策划、建筑设计、施工、装修、销售代理及物业管理。从这个角度上来说，房地产开发企业并非传统意义上的生产型企业。它们所充当的角色，更近似于金融机构，是资源的组织者或整合者，其资源整合能力的强弱则在很大程度上取决于它们的融资能力。

房地产开发企业的融资能力在国家规范土地市场、强化金融监管、平抑房地产泡沫的宏观调控背景下尤显重要。作为资金密集型产业，房地产在中国市场上的融资来源一直是非常单一的。除少部分自有资金外，大部分开发资金均来源于银行借贷，包括直接的开发贷款和间接的个人住房按揭贷款。这种过于单一的融资格局除给银行带来巨大的信贷风险之外，对房地产开发企业本身也意味着较高的资金成本与财务风险。融资的市场化与多元化走向将是房地产开发企业尤其是房地产百强企业在未来数年要努力应对的一个挑战，私募、上市、海内外房地产投资信托基金等都将成为融资来源。

5.3 并购重组将成为房地产百强企业的主要扩张渠道

中国房地产百强企业在 2005 年的并购重组活动频繁，如万科与朝阳区国资委的合作，北京城市开发集团和天鸿集团的"强强合并"等。中国房地产 TOP10 研究组认为，以中国房地产百强企业为主体的并购重组将成为行业趋势，成为百强企业的主要扩张渠道。在这种趋势的背后，是优势企业对土地、资金、市场的新一轮整合。中国的房地产行业在未来数年将重新洗牌，优胜劣汰将进一步驱动有限的资源加速流向资质高、资信好、开发业绩良好、品牌效应明显的房地产企业。资源重新配置所带来的规模效益将强化消费者、投资者、供应商、政府部门及金融机构对优秀企业的信心，从而使企业获得更多的盈利机会。

虽然并购重组能够帮助企业在短时期内实现规模方面的强大，但中国房地产 TOP10 研究组认为，规模能否转变为效益将取决于并购重组后的企业文化融合与资源的有效利用，包括管理层的心理调整、员工的安置、企业文化的冲突与协调及利益的再分配等。这些问题如果解决不好，将妨碍并购重组效应的发挥，"大"不能转化为"强"，甚至会拖垮其中的优势企业。

中国房地产 TOP10 研究组还认为，房地产企业并购重组过程中另一个值得注意的问题是，通过并购重组带来的资产规模扩大，并不一定能够保证企业利润随之同比增长，因此短期内会在一定程度上摊薄企业的资产收益。对于上市公司尤其是在海外上市的房地产企业来说，收益率的降低将向资本市场传达不好的信息，导致投资者信心波动。因此，并购重组对中国房地产百强企业来说更像一柄双刃剑，用之得宜，则规模与效益并增；反之，则会阻碍企业的发展。

附件一：2006 年中国房地产百强企业研究方法体系

基本原则

客观、公正、准确、全面是本研究的基本原则，排除主观因素的影响，以客观数据为唯一依据。

中国房地产百强企业的标准和门槛值的设定

（1）依据《公司法》建立、经过省级（含副省级省辖市）以上有关部门批准并登记注册的开发企业作为本次的研究对象，包括上市公司和非上市公司；

（2）按照国际惯例，对进入研究的企业给予一个门槛指标，TOP10 研究组确定近三年房地产业务平均销售额 3 亿元为入选门槛值；

（3）为了引导房地产开发企业做强做大，TOP10 研究组鼓励以集团的名义参与。

指标体系的设计原则

"2006 年中国房地产百强企业研究" 以 2003～2005 年年度为研究时间段，指标体系的设计遵循以下几个原则：

开发规模与经营业绩相结合

房地产开发企业是具有独立法人地位的企业，在经济上实行独立核算、自负盈亏。企业只有将生产和流通各环节结合起来，才能实现资金的良性循环。因此，TOP10 研究组采用完成房地产投资额、房屋施工面积和房屋竣工面积来反映企业的开发规模情况；用销售额来反映企业的经营业绩情况。

成长性与开发潜力相结合

成长性描述着企业群体的变化，代表着企业的未来和希望，是本次研究突出表现的重点。TOP10 研究组采用销售额增长率和主营业务收入增长率指标来全面比较企业之间的成长性情况，从企业潜在开发能力看，土地储备反映开发企业的开发后劲。所以 TOP10 研究组在考虑企业历史成长情况的同时，也选取土地储备面积、规划项目建筑面积反映企业的未来成长潜力。

资产负债结构与盈利能力相结合

2005 年政府进一步加大宏观调控力度，信贷紧缩，对于平均资产负债率在 75%左右的内地房地产公司来说，如何多方拓展融资渠道，降低资金结构风险，是保证资金链充足和稳定的前提。在 2006 年的研究中，TOP10 研究组将采用流动比率、资产负债比率两个偿债能力指标，结合企业盈利能力指标，如净利润、总资产收益率和净资产收益率，综合反映企业的财务能力。

税金、捐赠与社会责任感相结合

房地产是国民经济的支柱产业，房地产企业在创造物质财富的同时，也通过缴纳税金、慈善捐赠等实际行动凸显其社会责任感。此次房地产百强企业研究增设了房地产企业的社会责任感指标，帮助有社会责任感的优秀企业树立卓越的社会形象，提升品牌价值，在房地产行业中起到示范作用，营造一个企业重社会责任、重诚信的氛围，树立行业威信。

2006 年中国房地产百强企业研究评价指标体系

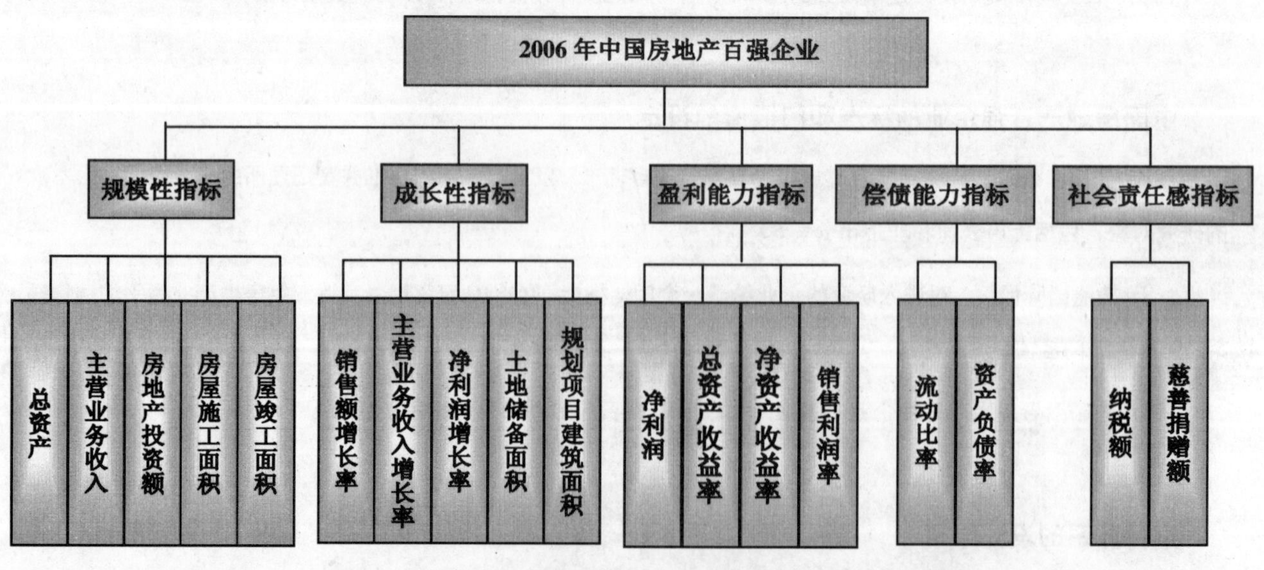

附图 2-11　2006 年中国房地产百强企业研究评价指标体系

2006 年中国房地产百强企业研究数据来源

（1）中国房地产 TOP10 研究组对房地产开发企业进行有关数据的填报确认

（2）中国房地产指数系统（CREIS）数据库

（3）房地产企业对外公布的信息（包括公司年报、企业网站公布的信息和对外派发的宣传资料）

（4）有关政府部门（包括建委、房管局和统计局等）的公开数据

（5）2004 年、2005 年中国房地产百强企业研究收集企业数据资料

（6）2004 年、2005 年中国房地产上市公司研究收集企业数据资料

（7）2004 年、2005 年中国房地产品牌价值研究收集企业数据资料

2006 年中国房地产百强企业研究计量评价方法

在研究方法上，为增加研究的严谨性，采用主成分分析方法（Principal Component Analysis）。主成分分析是一种数学变换的方法，它把给定的一组相关变量通过线性变换转成另一组不相关的变量，这些新的变量按照方差依次递减的顺序排列。在数学变换中保持变量的总方差不变，使第一变量具有最大的方差，称为第一主成分，第二变量的方差次大，并且和第一变量不相关，称为第二主成分。依次类推，K 个变量就有 K 个主成分。通过主成分分析方法，可以根据专业知识和指标所反映的独特含义对提取的主成分因子给予新的命名，从而得到合理的解释性变量。计算中国房地产百强综合实力时，主要是计算各构成要素的相关矩阵，通过相关矩阵得到特征值和累计特征值，及主成分的荷载。根据最初几个特征值在全部特征值的累计百分率大于或等于某百分比的原则，确定选择主成分的具体个数。最后根据这些主成分对应的因子得分进行加权累加，即构成 2006 年中国房地产百强综合实力指数。

附件二：2006年中国房地产百强企业名单

附表 2-7 “2006 中国房地产百强企业” 名单

万科企业股份有限公司	江苏新城房产股份有限公司	武汉福星惠誉房地产有限公司
中国海外发展有限公司	SOHO 中国有限公司	广州百嘉信集团有限公司
合生创展集团有限公司	重庆市金科实业（集团）有限公司	苏州新区高新技术产业股份有限公司
北京首都开发控股（集团）有限公司	中新集团（控股）有限公司	上海城开（集团）有限公司
保利房地产（集团）股份有限公司	宝业集团股份有限公司	荣盛房地产发展股份有限公司
广州恒大实业集团有限公司	华润置地（北京）公司	上海三湘（集团）有限公司
大华（集团）有限公司	大连万达集团	天津津滨发展股份有限公司
绿城房地产集团有限公司	宁波银亿集团有限公司	深圳富春东方（集团）有限公司
招商局地产控股股份有限公司	福建正荣集团有限公司	北京永泰房地产开发有限责任公司
复地（集团）股份有限公司	上海三盛宏业投资集团	厦门禹洲集团股份有限公司
上实地产	浙江金昌房地产集团有限公司	杭州宋都房地产集团有限公司
山东鲁能置业集团有限公司	上海城建（集团）公司	北京世纪城房地产开发有限公司
新世界中国地产有限公司	上海凯迪企业（集团）有限公司	冠城集团
上海农工商房地产（集团）有限公司	浙江国际嘉业房地产开发有限公司	广西东方航洋实业集团有限公司
中远房地产开发有限公司	天地源股份有限公司	力维斯投资有限责任公司
上海城投置地（集团）有限公司	天津泰达集团有限公司	北京泰跃房地产开发有限责任公司
北京城建投资发展股份有限公司	重庆龙湖地产发展有限公司	杭州开元房地产集团有限公司
北京阳光 100 置业集团有限公司	中体奥林匹克花园管理集团有限公司	武汉宏宇实业集团
首创置业股份有限公司	建业住宅集团（中国）有限公司	河南鑫苑置业有限公司
中信华南（集团）有限公司	北京市华远地产股份有限公司	长沙房产（集团）有限公司
金地（集团）股份有限公司	新疆广汇房地产开发有限公司	吉林亚泰房地产开发有限公司
广东珠江投资有限公司	上海正阳投资集团有限公司	浙江宏润控股有限公司
卓越置业集团有限公司	上海大众房地产开发经营公司	珠海华发实业股份有限公司
中华企业股份有限公司	深圳市富通房地产集团有限公司	福建冠亚集团有限公司
沿海绿色家园有限公司	北京北辰实业股份有限公司北辰置地分公司	中邦置业集团有限公司
北京万通地产股份有限公司	广州市城市建设开发集团有限公司	上海康桥半岛（集团）有限公司
福建融侨集团有限公司	北京住总房地产开发有限责任公司	深圳航空城（东部）实业有限公司
金融街控股股份有限公司	天津市房地产发展（集团）股份有限公司	重庆隆鑫地产（集团）有限公司
武汉地产开发投资集团有限公司	青岛伟东置业集团	旭辉集团有限公司
广州宏宇集团股份有限公司	百步亭集团有限公司	上海中建房产（集团）有限公司
深圳华侨城房地产有限公司	厦门建发房地产集团有限公司	北京乾元房地产开发有限公司
世纪金源投资集团有限公司	重庆渝能产业（集团）有限公司	贻成集团
南京栖霞建设股份有限公司	宝龙集团发展有限公司	
北京金隅嘉业房地产开发公司	上海中融置业集团有限公司	

2006年中国房地产百强开发企业展示

万科企业股份有限公司

万科企业股份有限公司成立于 1984 年 5 月，以大众住宅开发为核心业务，是中国大陆首批公开上市的企业之一，也是其中唯一连续 15 年保持盈利增长的企业。至 2005 年 12 月 31 日止，公司总资产 219.9 亿元，净资产 83.1 亿元。2005 年度公司销售收入 139.5 亿元，签约面积 231.8 万平米，实现净利润 13.5 亿元，净资产收益率达 16.3%，入库税金逾 14 亿元。在进入房地产行业的 18 年里，万科累计开发住宅超过 60000 套，自主开发及投入物业管理的社区达 65 个，目前业务涉足全国 25 个大中城市，并确定了以珠江三角洲、长江三角洲、环渤海湾区域三大城市经济圈及其它重点城市为中心的发展策略。万科凭借一贯的创新精神及专业开发优势，在全国树立了住宅品牌，成为中国房地产行业第一个全国驰名商标，并为投资者带来了稳定增长的回报。

中国海外发展有限公司

中国海外发展有限公司于 1997 年在香港注册成立，是中国最大的建筑联合企业——中国建筑工程总公司在香港的控股子公司。1992 年 8 月，公司在香港联合交易所上市（股票代码 0688.HK），首开中资企业以香港本地房地产业务直接上市之先河。

公司自成立以来，致力于专业化发展与规模化经营。公司以房地产开发和销售为核心业务，在深圳、上海、广州、北京、成都、长春、南京、西安、中山、佛山、苏州、宁波、香港、澳门等 14 个城市成功开发众多精品楼盘。此外，公司还涉及物业投资管理以及路桥为主的基础设施等领域。

中国海外发展有限公司将继续凭借优秀的管理模式、广泛的专业人才、良好的质量、高素质的服务，更好地服务社会和回报社会。

合生创展集团有限公司

合生创展集团有限公司（合生创展）1992 年进军房地产业，1998 年在香港联交所主板上市（代码：754），是致力发展住宅地产、商业地产、酒店地产、旅游度假产业和物业管理产业等泛地产事业的大型综合性企业集团。

从 1993 年起，合生创展积极投身风起云涌的改革开放建设，开香港地产集团大规模投资中国大陆房地产开发之先河。短短十几年间，合生创展集团凭借锐意进取的精神和兢兢业业的态度，实施区域中心和系列品牌发展战略，在广州、北京、天津、上海等中心大城市成功打造了 30 多个项目，成为中国大陆业绩表现最佳、开发规模最大、业主数量最庞大的房地产发展商之一，业已奠定行业龙头地位。合生创展秉承“优质生活、完美体现”的企业理念，致力成为完美生活的缔造者。

北京首都开发控股（集团）有限公司

北京首都开发控股（集团）有限公司，是经北京市人民政府批准，北京市国有资产监督管理委员会决定，在北京城市开发集团和北京天鸿集团公司的基础上，于 2005 年 12 月 10 日正式组建。注册资本金 10 亿元，资产总额 500 亿元左右。2005 年年末，集团公司所辖各类投资企业 246 家，拥有员工总数 9602 人，拥有 100 余万平方米的经营性物业和京内外一大批房地产开发项目。主营业务为房地产开发、土地一级开发和物业经营。

首开集团旗下的两大集团，是北京房地产行业中的龙头企业和全国房地产行业的骨干企业。成立 20 多年来，两个集团累计开发 2200 多公顷土地，累计竣工面积达 3300 多万平方米，先后开发了 100 余个住宅区和住宅小区。累计物业管理面积 2200 多万平方米。年开发规模保持在 600 万平方米左右，年竣工面积保持在 200 万平方米左右，年销售收入保持在 100 亿元左右。2006 年在中国房地产百强企业评比中首开集团列规模性第一和综合实力第四名。

保利房地产（集团）股份有限公司

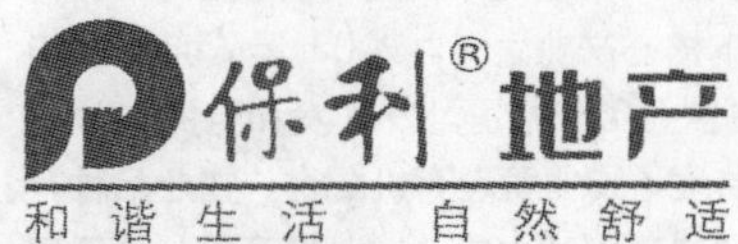

保利房地产（集团）股份有限公司是中国保利集团控股子公司，是保利集团房地产业务的主要运作平台之一。保利房地产集团已进入规模经营的阶段，形成了自身的优势和发展潜力，目前在全国十大城市同期运作40余个项目，坚持以中高端精品住宅为主，辅之以城市地标性商用物业等，业务涵盖房地产开发、设计、建筑、销售、物业管理等全过程。

保利房地产（集团）股份有限公司从1992年正式进入房地产行业，迄今已发展了整整14个年头。作为中国房地产行业发展的见证人，保利地产随着行业的不断规范和完善，自身也在不断进步和壮大。2005年，在国资委属下的房地产企业中，保利综合实力排名第一；2005年保利地产荣获全国房地产公司品牌价值五强，2006年度保利地产集团成功入选中国房地产企业综合实力前五强。保利地产集团始终坚持诚实守信的经营原则，是国家建设部首批授予的“放心房”履行承诺企业，中国工商银行授予最高信用等级(AAA)企业，广东省消委会首批房地产诚信企业。

广州恒大集团

广州恒大集团是以房地产开发为基础，钢铁冶金为支柱，快速稳健发展的现代化大型企业集团。现有总资产120亿元，净资产80亿元，系中国500强企业、中国民营20强企业、中国房地产10强企业。拥有一支年轻化、高学历、高素质的员工队伍和与时俱进的学习型管理团队，中高级管理人员和技术人员近3000人。

广州恒大集团立足创新发展，建立了以经营发展战略为核心的企业组织，并以全球视野，追踪和采纳世界一流的管理经验，逐步形成了董事局、决策委员会、经理层三级管理体系和目标计划管理、绩效考核管理、“金碧精品质量标准”等一系列具有恒大特色的经营管理模式，引起社会各界的广泛关注与高度评价，被誉为“恒大模式”，被清华大学等著名高等学府列入经济管理典型案例教材。广州恒大集团还一直致力于打造中国最受尊重企业和中国最具价值的品牌。

大华集团

大华集团初创于1988年，形成以大华（集团）有限公司为主体，40余家控股、参股子公司、分公司为骨干，20余家关联企业密切协作的专业体系，总部位于中国上海。立足“全心全力为人居服务”的理念，本着“求实进取，自强不息”的企业精神，坚持“开发一块、繁荣一片、稳定一方”的方针，以“买得起的舒适生活”为核心价值定位，为上海房地产事业的发展作出了积极贡献。在上海开发建设了宝山区的大华社区，浦东新区的大华锦绣华城，普陀区的大华清水湾、大华颐和华城、大华愉景华庭，闸北区的大华阳城花园和大华公园映象等一系列大华牌住宅商品，总计商品住宅竣工面积约500万平方米，公共及商业建筑面积约50万平方米，2004年房地产业的销售额突破50亿元人民币。

绿城房地产集团有限公司

绿城房地产集团有限公司成立于1995年1月。10余年来，绿城房产集团营造了桂花园系列住宅园区和九溪玫瑰园、桃花源等房产精品。绿城丹桂公寓被评为“杭州城市建设十大新景观”、“杭州市优秀居住环境”、“全国城市物业管理优秀示范住宅小区”；绿城•兰桂花园评为“2000年杭州最佳住宅小区”、“全国城市物业管理优秀示范住宅小区”；绿城•桂花城评为“2001年中国（浙江）房地产成功经营模式典范”；绿城•九溪玫瑰园获得“住在杭州”代表楼盘评比第一名、“全国新世纪人居经典住宅小区综合金奖”；绿城•杭州绿园、绿城•桃花源生态居住区获2002“住在杭州”、“创业在杭州”优秀代表楼盘荣誉称号；绿城•临平桂花城、绿城•桃花源生态居住区、绿城•上海绿城荣获“2002全国人居经典竞赛综合大奖”。

招商地产

招商地产是国资委房地产行业政策倾斜重点扶持的五家中央企业之一。招商地产于 1984 年在蛇口成立，是中国改革开放后第一批房地产开发商，创立于 1872 年的招商局集团控股的公众公司，是集团旗下核心产业之一。2004 年 6 月，公司正式更名为招商局地产控股股份有限公司，主营业务包括房地产开发和租赁、供水、供电以及物业管理，是一家集开发、设计、监理、物业管理有机配合、物业品种齐全的全国性房地产综合开发产业集团。初步形成以深圳为核心，以珠三角、长三角和环渤海经济带为重点经营区域的市场格局。累计开发总面积超过 600 万平方米。

在中国房地产上市公司综合实力排名中，招商地产连续两年跻身三甲，并因“住宅开发+物业租赁+园区供水、供电”盈利模式中的租赁、供电、供水等业务带来的丰厚经常性利润，被誉为“最具抗风险能力的开发商”之一和“结构性缺陷解决最好的综合房地产企业”。

复地（集团）股份有限公司

复地（集团）股份有限公司（以下简称“复地”）是上海最大的房地产开发集团之一，已拥有了复地上海知音、复地• 上城、复地龙柏香榭苑、复地韵动时代、复地东方知音、复地美墅、复地多摩园景、复地柏林春天、复地爱伦坡等一系列产品品牌。已交付使用的楼盘，预售率均高达 97.5%~100%。复地先后荣获全国和上海市行业评比的多项奖项：连续四年进入上海市房地产销售五十强前列；连续两年被评为全国房地产领先企业；荣膺“上海房地产九大关注品牌”、“中国房地产品牌战略创新十强”、“2003 年度中国房地产品牌企业五十强"称号以及 2003 年”中国房地产行业十佳雇主"等称号，并成为上海市百强企业之一。

上实地产

“上实地产”是上海实业(集团)有限公司属下以房地产为主业的大型企业集团。“上实地产”属下的企业在多个城市拥有房地产投资开发项目，并已随上实集团走出国门，参与投资了俄罗斯第二大城市圣彼得堡 2.08 平方公里“波罗的海明珠”大型综合城区的开发建设。

“上实地产”的战略定位是“区域开发集成商”，将利用境内外多元融资渠道，着力在区域开发、住宅房地产、商业房地产、旅游房地产等方面加快拓展。“上实地产”已经积累有上海崇明东滩 86 平方公里土地的规划和建设经验、有上海南汇（海港新城）6 万余亩围海造地工程的运作经验、有在俄罗斯开发大型综合城区项目的国际运营经验，还有上海“海上海”等精品商住房地产项目的创意策划和品牌建设的重要业务经验。

山东鲁能置业集团有限公司

山东鲁能置业集团有限公司是山东鲁能集团下属的一家大型综合性产业集团，作为鲁能集团所属四大核心产业集团之一，专门从事房地产的开发、经营和管理，是中国国家建设部审查通过的具有国家一级资质的房地产开发企业。公司现有员工 1500 多人，下辖布局全国的六大区域性公司：鲁能英大集团有限公司、北京华金泰房地产开发有限公司、重庆鲁能开发（集团）有限公司、山东鲁能亘富开发有限公司、青岛安嘉房地产开发有限公司、海南鲁能广大置业有限公司。

公司开发的物业种类有高档别墅、公寓、写字楼、酒店等，拥有济南贵和皇冠假日、海南三亚山海天两家五星级酒店及宜宾、昆明、武汉、厦门、济南、青岛、大连等地实施城市基础设施投资建设与房地产开发，建成了一批有较大影响力的大型房产项目。

上海农工商房地产（集团）有限公司

上海农工商房地产（集团）有限公司，成立于1988年5月，注册资本为6.9亿元，总资产70亿元。一级资质房地产开发企业；中国房地产协会会员单位、上海市房地产协会副会长单位。2003年荣获首届上海市房地产开发企业50强第21位,2004年荣获第二届上海房地产开发企业50强第6位，2004年被评为“中国房地产开发企业成功开发典范”、“中国住宅十大品牌企业”、“2004 年中国值得尊敬的房地产品牌企业”、“上海房地产关注品牌（商标）”、上海市“重合同、守信誉”3A级企业，2005年再次荣列上海房地产开发企业50强第6位，上海市房地产开发十大著名企业。2005 年获“令人尊敬的上海房地产企业”称号。总裁刘逸成荣获上海市房地产开发十大著名企业家荣誉称号。

中远房地产开发有限公司

中远房地产开发有限公司成立于 1993 年 6 月，是由中国两大跨国企业——中国远洋运输(集团)总公司和中国中化集团公司作为主要大股东发起组建的中外合资企业。截至2005年12月，公司拥有全资及控股企业17家，参股企业4家，注册资本10亿元人民币，总资产超过90亿元人民币，经营范围涉及房地产开发、写字楼和酒店的经营管理等。公司成立12年来，在北京已陆续开发了以“远洋天地”、“远洋山水”、“远洋新干线”、“远洋自然”、“远洋德邑”、“远洋风景”、“远洋都市网景”为代表的住宅项目，同时还开发了以“远洋国际中心”、“凯晨广场”、“远洋银港大厦”、“远洋大厦”为代表的写字楼项目，并与北京市朝阳区CBD管委会联手承担起CBD核心区一级土地开发的重任。

上海城投置地（集团）有限公司

上海城投置地（集团）有限公司注册资金 5 亿元，是具有一级资质的房地产开发企业。公司已开发各类房地产项目近20个，近期城投世纪名城、现代星洲城、上海未来、江南星城等商品房项目已先后建成并销售，总竣工面积超过200万平方米。

公司重点开发项目新江湾城、上海新城厢、思南路花园、松江新凯等分别肩负上海新城区开发、旧城改造、历史风貌建筑保留保护和中低价商品房建设的艰巨任务，其他在建项目有城宁花苑、金桥瑞士花园等。2005 年公司获得上海市房地产开发首批诚信承诺企业、中国房地产百强企业、第三届上海市房地产开发企业 50 强、上海市房地产开发十大著名企业、上海市房地产开发十大著名企业家、中国服务业企业500强、中国房地产企业200强、长江三角洲地区房地产开发企业80强等荣誉和称号。

北京城建投资发展股份有限公司

北京城建投资发展股份有限公司(股票代码600266)是由北京城建集团有限责任公司（以下简称“北京城建集团”）1998年独家发起，向社会公开发行A股股票募集的、以房地产为主业的大型专业品牌地产商。公司注册资本6亿元，总股本6亿股，其中，北京城建集团持有65.25%，其余为流通股。

北京城建集团是中国企业500强之一，国际225家大承包商之一，2005年被评为中国十大最具影响力企业，荣获中国十大最具影响力品牌奖。北京城建集团在国内20多个省市和也门、伊朗等10余个国家承建了工程项目，包括国家体育场、五棵松文化体育中心、奥运村、首都机场3号航站楼、中央电视台等一大批奥运工程，以及国家大剧院、银泰中心、伊朗德黑兰地铁1、2号线、也门萨那国际机场新航站楼等工程建设项目，展现了北京城建集团的雄厚实力。

阳光 100

阳光 100 是中国 TOP10 大型房地产企业集团，创建于 1992 年。2000 年在北京成功开发阳光 100 国际公寓并创立阳光 100 品牌，目前在北京、天津、重庆、成都、济南、长沙、武汉、沈阳、南宁、柳州、桂林、烟台等全国 12 大城市，实现了 18 个项目的成功开发，规划开发面积超过 1000 万平方米。阳光 100 聚焦城市新兴白领，聚焦城市新兴地带，建立全国品牌连锁的发展战略，其迅速地发展，不断地壮大，成为 21 世纪发展最快的房地产品牌之一。清晰的市场定位、一致化的产品风格、大师的设计艺术、标准化的品质平台以及良好的售后服务令阳光 100 在各个城市形成了良好的品牌效应。

2004 年以来，阳光 100 多次被评为中国房地产行业十大品牌之一。2005 年阳光 100 蝉联"中国蓝筹地产企业"称号，再次被"世界品牌实验室"评为"中国 500 最具价值品牌"，品牌价值增至 50.09 亿元。

首创置业股份有限公司

首创置业股份有限公司（简称"首创置业"），乃北京大型综合性房地产营运商，综合实力位居中国房地产业前列，并于 2003 年在香港联交所成功上市。

首创置业始终致力于投资开发中高档住宅、甲级写字楼以及高档商用物业，并有计划地将部分酒店、商场等作为投资型物业长期持有。在北京各热点区域，公司都拥有充足优质的土地储备，并凭借丰富开发经验、规模经营优势、独特营销策略及强大营销网络，不断推出精品物业，引领行业先风。

随着 2008 年北京奥运会的举办和中国加入 WTO 影响的不断深入，北京的房地产市场将持续向好，首创置业将抓住行业未来发展之宏机，采取积极稳健的扩张策略，以物业开发的国际先进水平为标准，力争成为亚洲级的地产营运商。

卓越集团

卓越集团是经过国家工商总局核准成立的跨行业、跨地区的外商投资集团公司。在

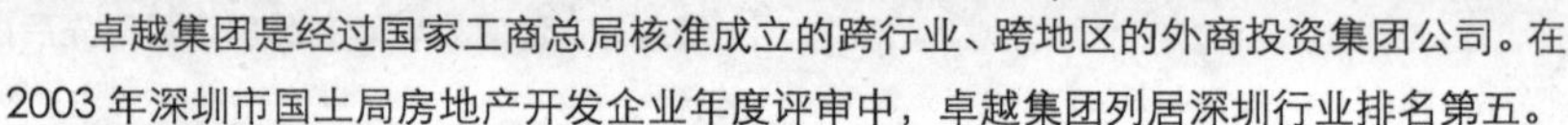

2003 年深圳市国土局房地产开发企业年度评审中，卓越集团列居深圳行业排名第五。

卓越集团及其属下控股公司自 1992 年开始，即分别在深圳、北京、上海、海南等地参与投资房地产项目，已开发房地产面积近 200 万平方米，现有总资产 40 亿港币，总投资超过 100 亿元港币。具有代表性的项目有深圳大型滨海社区蔚蓝海岸、城市中心花园和位于深圳福田中心区的卓越大厦。其中蔚蓝海岸多次荣获国际、国内奖项，曾被评为"国际花园社区"，同时也是深圳市最大的滨海社区。2004 年集团总经理李晓平被清华大学房地产研究院和搜房研究院联合评为"推动中国城市化的十大领袖人物"。

沿海绿色家园集团

沿海绿色家园集团（以下简称"沿海集团"）于 1990 年在香港成立，1997 年 10 月在香港联合交易所挂牌上市。投资中国内地房地产业 16 年，资本实力雄厚，在中国大陆设有独资、合资及合作企业 20 余家，现有员工近 2000 人。

沿海集团拥有良好的跨区域经营能力和完善的结构资本体系，成功布局了中国六大经济区域——长三角、珠三角、环渤海地区、大东北、西部开发区以及华中地区。

秉承"以人为本，创顾客价值"的经营理念，沿海集团致力于成为中国健康住宅的领跑者，率先与国家住宅中心建立了全国首家"健康住宅"战略合作伙伴关系；沿海集团是中国最早加入美国绿色建筑协会、引入美国绿色建筑 LEED-ND 体系对社区进行绿色认证并按照 LEED-ND 绿色建筑体系进行设计的开发商。其开发的项目曾先后获得国家科技部、建设部和地方政府颁发的众多奖项。

融侨集团

融侨集团由著名华人企业家林文镜先生于1989年创建，是一家以房地产开发为核心业务，集房地产开发、物业管理、温矿泉开发、商业、教育、酒店、餐饮等为一体的大型外商投资企业集团，拥有国家一级房地产开发企业资质和国家一级物业管理资质。集团注册总资本2亿美元，旗下拥有全资、控股和参股企业十余家。十多年来，融侨集团奉行“为居者着想，为后代留鉴”的经营理念，立足闽渝，面向全国，致力于推动城市发展过程中成片区域的改造和重点项目建设，截至2005年年底，房地产投资总额250多亿元人民币，开发总面积已超过400万平方米。集团荣膺“2004中国值得尊敬的房地产品牌企业”，“CCPE2005年度中国房地产行业影响力十大企业”，并被授予“中国城建与房地产科学发展之50大卓越成就企业”、“2005～2006中国十大最具品牌价值企业”等称号，进入“2006中国房地产百强企业”前30名，位列福建第一、全国第二十七。

武汉地产开发投资集团有限公司

武汉地产开发投资集团有限公司（简称地产集团）成立于2003年5月，是经武汉市委、市政府批准，由原武汉城开集团、统建集团等多家大型开发公司合并重组而成。

组建后的武汉地产集团是经武汉市国资委授权经营的国有大型企业集团，围绕搞好城市功能性、公益性项目的开发建设，增强城市的综合竞争力，实现城市的可持续发展目标，业务涉及国有资本运营、城市建设及房地产开发等诸多领域。集团拥有总资产55.56亿元，现有成员公司15家，其中三家拥有国家一级房地产开发资质。集团公司具备年投资20余亿元，年开发量100余万平方米的超强开发实力，综合实力排全国第29位，开发规模进入全国10强，位居中西部地区房地产行业前列。

栖霞建设（集团）公司

南京栖霞建设（集团）公司组建于1993年，总资产20亿人民币，成功开发了东井村小区、五塘村小区、黄家圩小区、花园路小区、东方花园、金港大厦、兴隆大厦等数十个项目，70多个单项工程被评为国家及江苏省、南京市优质样板工程。1994年集团公司荣获“江苏省房地产开发企业综合效益50强”第一名，1997年集团公司荣登“1996年度江苏省商品住宅综合质量信得过单位”榜首，是“江苏省文明标兵单位”、多年来都是多家银行的特级3A资信单位，是江苏省纳税大户。

集团公司的控股子公司南京栖霞建设股份有限公司成立于1999年12月，公司注册资本1.4亿元人民币，总资产近40亿人民币。公司主营：住宅小区综合开发建设；商品房销售、租赁、售后服务等。公司是国家一级资质房地产开发企业。

新城房产股份有限公司

江苏新城房产股份有限公司总资产16.68亿元，净资产4.06亿元，累计房产开发总面积逾200万平方米，位居常州市房地产企业综合实力十强首位，名列江苏省房地产企业综合实力50强前列。

公司成功开发了中凉新村、湾里小区、新城花苑、万博花苑、清潭花苑、人民家园、花园公寓、四季新城、金色新城等规模化居民住宅小区。金色新城项目顺利通过了全球可持续发展联盟AGS和全国住宅产业商会“亚太村”生态住宅评审，并被江苏省房地产协会、江苏省建设厅评为“江苏省明星楼盘”及“中国•江苏房地产营销成功典范”；四季新城被评为“江苏省明星楼盘”并获得“社区环境奖”；清潭花苑小区、中凉新村（六期）小区相继被评为“2002年度江苏省优秀物业管理小区”。

重庆金科实业（集团）有限公司

重庆市金科实业（集团）有限公司是一家以房地产开发为主业，涉及酒店经营、物业管理等多领域的大型企业集团，总资产 20 多亿元，具有国家一级开发资质，年开发竣工能力约 100 万平方米。

金科集团坚持“做好每个细节”的公司理念，先后成功开发了中华坊、天籁城、绿韵康城、天湖美镇、廊桥水岸等高品质楼盘。金科集团居重庆市房地产开发企业 50 强第二名，多次荣获重庆市诚信交易房地产企业 50 佳等称号。2005 年，金科集团年经营收入突破 20 亿元，年纳税总额约 1.5 亿元。2006 年 3 月，金科集团被国务院发展研究中心等三家权威机构再次评选为“中国房地产百强企业”，综合实力排名第 37 位，成长性排名第 7 位，两项排名在重庆市入选的企业中均名列首位；2006 年 7 月，金科集团同万科、华侨城等公司一起，荣膺亚洲博鳌论坛“年度行业贡献大奖”，是重庆乃至西部地区唯一获此殊荣的开发企业。

宝业集团

宝业是第一家在海外上市的纯建筑企业，并培养了一大批领袖式的人才。2003 年宝业已达每天税加利 136 万元，最近的三年中，“宝业”向国家上缴税收达 6 个多亿元，其中绍兴县内 3.5 亿元（含 2003 年所得税）。

宝业集团由最初的“产品经营”、“品牌经营”一步一步走向现在的“资本经营”、“组织经营”，实行对外竞合、对内扁平化管理。2003 年 6 月 30 日，“宝业”在香港联交所主板成功上市（股票代码 2355，现市值 25 亿港币，股价已比发行价上涨 220% 以上），直接涉足国际资本市场，利用它成熟的机制和经验，推动“宝业”在体制机制上实现更新更大的变革，股权结构有了翻天覆地的变化，英国的 JP 摩根、德国的 GAM，瑞士的 UBS、新加坡的大华、香港的惠理等已成为宝业的股东。

宁波银亿集团有限公司

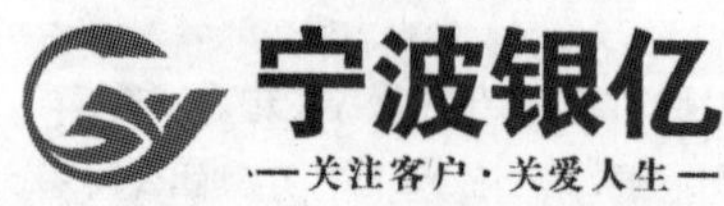

宁波银亿集团有限公司是按现代企业制度组建的新型企业。现辖企业 20 余家，是宁波地区有较高知名度和较强实力的企业集团之一，在 2005 年中国服务业 500 强企业中列 262 位。

银亿房产公司是建设部一级资质房地产开发企业，也是宁波唯一的中国房地产百强企业，成功开发了“国际经贸园区”、“生活新境”、“生活大师”、“世纪长春”、“世纪虹”、“世纪锦秋”、“世纪广场”、“世纪城”、“新居时代”、“中心农贸市场”、“时代新居”、“彩江大厦”、“开丰大厦”“外滩大厦”、“外滩花园”和“清泉花园”等 20 多个总面积达 100 多万平方米的各类楼盘。目前，公司房地产开发区域已从宁波扩展到上海、北京、南京等大中城市。

正荣集团

正荣集团是一家以房地产开发和基础设施投资建设为主业的大型民营企业集团。旗下有全资、控股和参股企业十余家。集团以“正直构筑繁荣”为企业核心价值观，奉行“构筑新都市，共享好生活”的经营理念，立足闽赣，面向全国，致力于推动城市发展过程中成片区域的改造和重点项目建设。分别在福建、江西等地投巨资开发了大批房地产和基础设施项目，累计总投资达 180 多亿元，房地产开发总面积 370 多万平方米。集团获得国家一级房地产开发资质。于 2005 年和 2006 年连续两次被评为“中国房地产百强企业”的荣誉称号。

在谋求企业经济效益、推进品牌建设和企业文化建设的同时，集团十分关注公益事业。先后为社会公益事业捐赠 2000 多万元，受到地方政府和社会的一致好评。

三盛宏业投资集团

上海三盛宏业投资集团（简称“三盛宏业”），目前共有下属房地产公司 12 家，分布于上海、浙江、广东、山东、安徽等地，在建项目总面积 200 余万平方米。其独创的“颐景园”品牌，是三盛宏业在深入研究和吸收中西传统建筑文化、认真思考当代人的生存方式和居住需求之后，熔铸而成的。经过不断探索和努力，“颐景园”品牌实践取得了良好的业绩，各开发地的“颐景园”楼盘频频获奖，在全国享有较高的知名度和美誉度。

浙江金昌集团

浙江金昌房地产集团有限公司成立于 1993 年 7 月，在浙江绍兴、柯桥、杭州、上海、江苏、广西、长沙等地区已经和即将开发建设多个房产项目，开发面积达 300 余万平方米。

金昌房地产集团自创建以来连续四年列绍兴市房地产综合实力十强之首，2004 年被中国房协评为“中国房地产成功开发经营模式典范单位”，被中国企业家协会列为“全国房地产 200 强”，获“全国建设系统信誉信用 AAA 级单位”。2002、2003、2004 年，集团董事长潘政权先生分别荣获“浙江省房地产六大杰出人物”、“浙江省房地产十大风云人物”、“中国房地产杰出风云人物”称号。公司开发的精品楼盘“湖中园别墅”、“绍兴森海豪庭住宅区”被评为“全国绿色生态示范小区”，荣获 2003 年“全国人居经典金奖 / 科技、环境双金奖”。

上海城建建设实业（集团）有限公司

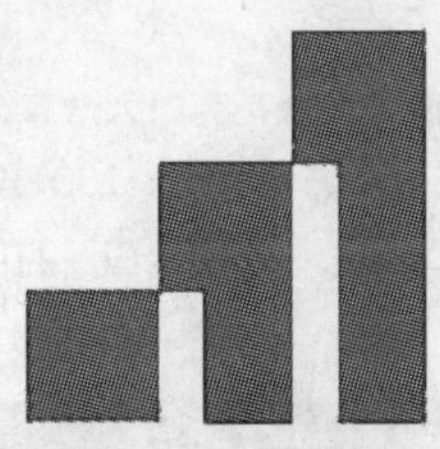

上海城建建设实业（集团）有限公司是一家按现代企业制度组建的有限责任公司，成立于 1997 年 10 月，先后承建了海泰钢管有限公司厂房、梭拉赛富玻璃厂房、福耀玻璃新建厂房等较大型工业厂房工程；佳安公寓、新梅花苑、花园城、苏家巷等高层、超高层住宅小区工程和长发大厦、徐虹路 72 号改造项目等超高层综合建筑工程等一批较有影响和知名度的工程，2004 年建筑工程施工总产值约 20 亿余元，成为上海市建筑行业成长最快，业绩最好的企业之一。

凯迪• 欣九联集团

上海凯迪• 欣九联（集团）是一家多元化投资公司组成的经济实体，主营业务涵盖房地产业、建筑业、高科技行业、制造业、服务业等多个领域，下设包括博馨房产、欣九房产、康阔通讯等近 20 家实业团体，企业资产累计达到 20 亿元。集团的核心业务为房地产，旗下的维也纳坡景森墅、龙柏四季花园、蓝色港湾、爱丁堡等项目，以优异的品质赢得了市民和同行的认可，为上海的城市发展作出了巨大贡献。集团公司先后获得“上海市房地产开发企业 50 强”、“2005 年中国房地产百强企业”等殊荣，以实力树立地产品牌。

天地源股份有限公司

TANDE

天地源股份有限公司（以下简称天地源）是在上海证券交易所上市的一家股份有限公司(股票代码 600665)，公司具有国家建设部颁发的房地产开发一级资质，是西北最大的以房地产开发为主业的上市公司。

目前，天地源初步形成以西安为中心的西部市场，以上海、苏州为中心的长三角市场以及以北京、天津为中心的环渤海市场，以深圳为中心的珠三角市场的全国战略布局。

天地源现有在建在售项目包括天地源•枫林绿洲、天地源•杰座、高新国际商务中心、天地源•曲江华府、苏州 天地源•橄榄湾。天地源始终以客户的需求为根本，以市场为导向，以客户的满意和信任为目标，以企业的社会责任为重，不断创新，以产品的更新换代，生活方式的引导，持续引领西安乃至西部地区人居环境的发展。

上海正阳投资集团

正阳集团

上海正阳投资集团有限公司 2004 年进入第二届上海市房地产开发企业 50 强，2005 年进入第三届上海市房地产开发企业 50 强以及全国房地产百强企业和长三角房地产企业 80 强，已成功开发正南花苑、上海映象、上海奥斯卡、正阳世纪星城、中科大学村（帕萨迪纳）等项目。

2002 年，上海正阳投资集团与上海市南汇区、中国科学技术大学合作在康桥地区建设上海中科大高等科技研究院。2004 年学院正式开典并启动运作。

2005 年，上海正阳投资集团与地方政府以及其他大型外资企业联合成立上海金汇游艇城建设开发有限公司，注册资金 2 亿元，致力于奉贤区金汇镇 11 平方公里的开发与建设，规划打造成“中国游艇第一城”，项目一期总投资预计 40 亿元，目前正进行前期开发及相关产业的国际化招商。

上海大众房地产开发经营公司

上海大众房地产开发经营公司成立于 1992 年 8 月，是著名上市公司大众交通(集团)股份有限公司的全资子公司。公司注册资金 8500 万元。

公司成立至今，已先后开发建成大众公寓、大众大厦、大众花苑、大众家园等 12 个热销楼盘，已开发总量 46 万平方米。在建工程量 100 万平方米。2001 年年初，成功进军江苏和黑龙江市场，为实现公司“以上海为中心，拓展全国”的目标迈出了坚实的一步。

深圳富通地产

深圳市富通房地产集团有限公司成立于 1993 年，原属商业总公司下属企业。1998 年改制后的富通地产以每半年一个楼盘的速度在宝安地产界屡创奇迹。2004 年在全市 600 多家地产企业中综合资质排名第九，2006 年最新排名第七，2005 年 1 月 10 日，经国家建设部审核批准，富通地产获得国家一级房地产企业资质。

富通以“富泽天下，通达万家”为企业理念，已逐步建立了富通房地产、富通投资和信成投资组团三大模块，形成以房地产开发为主业，工程建筑、混凝土和物业管理、地产中介协调发展的产业格局。目前，富通所开发的楼盘有富通城、东莞理想 0769 等十几个项目，总面积已达 100 万平方米，土地储备面积 150 余万平方米。富通投资业务已进入东莞、浙江、上海、北京、香港等地。

青岛伟东置业集团

青岛伟东置业集团系大型中外合作企业集团，成立于1998年，以房地产开发经营为主，并涉足矿业、酒店业及对外投资业，现拥有12家企业，总注册资本2.76亿元。伟东集团秉承“厚德文治，怀远兴迩”的企业理念，发扬“诚信、勤奋、团结、创新”的企业精神，致力于为客户创造价值，以真情回报社会。

集团在青岛开发的“新贵都”小区位于岛城政治、经济、文化中心，总占地面积420亩，总建筑面积50多万平方米，该项目2004年被评为“山东省第二届城市优秀住宅小区金奖”。在省城济南开发的“伟东新都”项目，占地780亩，规划面积103万平方米，在2004年的21世纪博鳌房地产论坛上，获得“2004年度引领中国城市风尚十大名盘”第三名殊荣。集团在青岛、济南两地现有在建和储备的地产项目8个，已建和在建项目226万平方米，储备土地约3000亩，为未来发展奠定了坚实的基础。

百步亭集团

百步亭集团是集房地产开发、社区建设、物业管理、文化产业、酒店和医药经营等为一体的跨行业、跨地区综合性大型民营企业集团，注册资金1亿元人民币，拥有武汉安居工程发展有限公司、百步亭物业管理有限公司、百步亭国际传媒有限公司等十几个下属企业。被评为湖北省房地产综合实力第一名、湖北省最佳成长型十大民营企业，成为了进入全国民营企业500强的湖北十家企业之一。

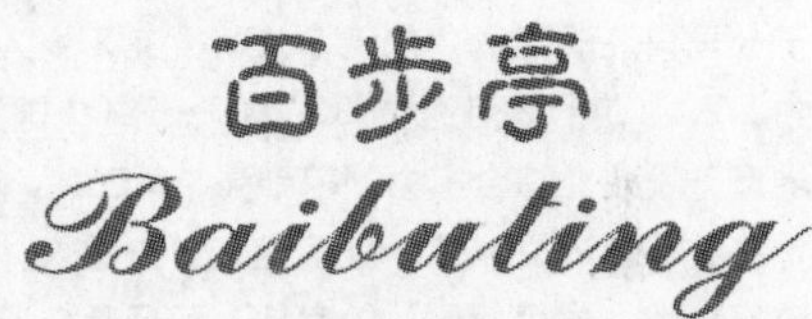

百步亭集团在房地产开发上成果丰硕。已建成住宅300万平方米，每年在建工程100万平方米，每年开盘销售的房屋2000多套，是武汉市住宅建设规模最大的重点工程之一，规划用5～10年时间建成一个占地7平方公里、入住30万人的百步亭新城，该规划已列入武汉城市总体规划的“法定图则”。

厦门建发房地产集团有限公司

厦门建发房地产集团有限公司系厦门建发集团的全资企业，注册资金3.5亿元。目前拥有十余家全资及控股企业，分布在厦门、福州、上海、长沙、漳州、香港等地，形成了以房地产开发为核心，以物业管理、销售代理等相关行业为配套的专业房地产集团。公司近年来成功开发了绿家园、海韵园、鹭腾花园、百姓人家等在厦门有较大影响力的精品商品房项目，以一流的产品质量、一流的客户服务和良好的诚信口碑在市场中树立起“钻石”品牌，先后被评为福建省著名商标、金融资信AAA级企业、厦门市最有影响力的开发企业等，并获得中国房地产百强、中国值得尊敬的房地产品牌企业、中国房地产信息化应用十强、中国房地产地方公司品牌价值TOP10等全国性殊荣。

重庆渝能产业（集团）有限公司

重庆渝能产业（集团）有限公司（简称渝能地产）前身为1992年9月成立的重庆渝能房地产开发有限公司，是重庆最早从事房地产开发的本土企业之一，经过了十余年的积累，现已发展成为一个大规模、跨地区、多项目的大型房地产开发企业，总资产逾23亿元，土地储备规模达5000余亩，已开发、正在开发和储备项目的开发规模超过600万平方米，旗下有全资、控股和参股的子公司13家，形成了以房地产开发为核心的经营思路。

十余年来，重庆渝能产业（集团）有限公司分别成立了渝能壹佰、渝能万怡、渝能晨阳、渝能置业、渝能骏阳、渝能顺驰、渝能乾德、青岛中金渝能等品牌住宅开发企业。目前，正致力于渝能国际、阳光100国际新城、阳光100城市广场、江津渝能华城以及山东渝能青岛帝王、渝能顺驰、渝能临港新城等项目的开发打造，2006年3月，渝能地产成功进入中国房地产百强行列。

宝龙集团发展有限公司

宝龙集团发展有限公司是由澳门知名爱国实业家许健康先生创办，于1990年在澳门注册成立，现已形成宝龙房地产业、宝龙酒店旅游业、宝龙信息产业、宝龙工业为一体的多元化大型企业集团，集团下属控股公司60多家，遍布香港、澳门及国内外。自创业以来，宝龙集团一直在以突破性的创造力打破传统，建立新的经营模式，并为社会创造价值。

宝龙集团发展有限公司先后在海外、闽南地区开发了多个房地产项目，均以优秀的品质和良好的信誉赢得市场的认可，集团先后投巨资在厦门、福州、江苏、河南、山东、安徽等地建设集购物、旅游、娱乐、餐饮、休闲、游乐、文化、酒店式公寓八项功能为一体的城市商业广场产业品牌——宝龙城市广场，不断打造“中国城市商旅首选”，为缔造国内创新和专业的房地产产业集团奋斗。此外，宝龙集团还在中国多个城市建造了五星级生态型酒店。

武汉福星惠誉房地产有限公司

武汉福星惠誉房地产有限公司是湖北福星科技股份有限公司在汉设立的控股子公司，注册资本3亿元，公司员工216人，具备年开发 50 万平方米住宅的能力。2001年12月通过ISO9001—2000国际质量体系认证，2004年居武汉市房地产开发企业综合实力“前十强”第二名。

公司自成立以来，就确定了“先做人，后做事”的企业经营理念，本着“为政府分忧、为民解困”的宗旨，积极参与旧城改造项目，成为武汉市旧城改造的一面旗帜。武汉福星惠誉房地产有限公司先后在老城区开发了惠誉公寓、福星科技大厦、惠誉花园、福星城市花园、金色华府、汉口春天。2005 年，福星惠誉地产公司开发位于沙湖，总用地面积为53公顷的水岸星城，该项目建成后将成为武汉城市建设中又一标志性的建筑。

百嘉信集团

廣州百嘉信集團有限公司

PARAGON GROUP (Guangzhou) LIMITED

百嘉信集团始创于1994年，由知识资本起步，多年来稳健发展成为以房地产为核心业务，高新科技产业和投资管理等综合发展的大型现代化企业集团。

在房地产领域，百嘉信拥有一支实践经验丰富的高知识型管理团队。历年来成功开发了具有良好市场口碑的历德雅舍、爱都新天地、锦骏华庭、金玉堂、金玫瑰苑、嘉鸿花园、翡翠时代等多个精品热销楼盘和商业物业,总开发量超过90万平方米。凭借“专业、创新”优势，百嘉信集团入选“中国十大诚信地产企业”、“CCPE中国房地产品牌企业”、“广东地产资信20强”，“广东房地产最具竞争力10强”、“广东房地产20年20强”、“广州地产20年杰出贡献发展商”，荣获中国主流地产“金鼎奖”等多项殊荣，被广州市政府授予“广州市民营企业100强”称号，被誉为“值得信赖的建筑专家”。

上海城开

上海城开是由政府直接投资管理的具有国家一级资质的房地产开发企业，资产总额近52亿元。累计土地开发总量约250万平方米，累计开发各类房屋及公共配套设施约250余万平方米，近期又开发了如康健星辰、宜仕怡家、欢天喜地、徐汇99等沪上品牌楼盘，受到了上海市民的热情关爱。

作为一家综合性企业集团，上海城开积极拓展多元化产业发展的空间，并运用现代化管理技术对商业资源进行整合，以现有商业企业为基础，探索现代化商业新模式。其下属家得利超市有限公司已拥有10000平方米以上大卖场多家，1000平方米以上主力直营超市数百家；21便利自2002年年初启动，如今已经遍及全市大街小巷，其发展速度之快居全市之冠。

荣盛房地产发展股份有限公司

RiseSun®荣盛®

荣盛房地产发展股份有限公司（简称荣盛发展）创立于 1996 年，总部位于环渤海中心被誉为京津走廊的河北廊坊，注册资本 1.65 亿元，具有国家房地产开发一级资质，拥有荣盛物业和荣盛设计两个控股子公司，以房地产开发为核心业务，开发商业住宅为业务主导，是一家致力于中等城市开发、跨地区、专业化经营的民营股份制企业。

荣盛发展先后成功开发了方州花园、群星小区、锦绣家园、水榭花苑、丽水花庭、锦绣花苑、廊坊·阿尔卡迪亚、霸州·阿尔卡迪亚、蚌埠·阿尔卡迪亚、南京·阿尔卡迪亚等项目。目前，公司开发总面积已经超过 100 万平米，年开发能力在 50 万平米以上。公司始终坚持质量是企业的生命，所开发的项目，工程合格率均为 100%。开发项目依次获得了“中国水景名盘”、“健康住区”、“明星楼盘”等多项殊荣。

上海三湘集团

上海三湘集团是大型民营企业集团。集团注册资本金 5 亿元人民币，集团核心公司为上海三湘（集团）有限公司。集团公司拥有控股公司 13 家、参股公司 8 家。

上海三湘(集团)有限公司 2002 年度、2003 年度连续被评为上海房地产开发企业综合排名 50 强，名列 17 位；2002 年度、2003 年度连续被评为上海市私营企业 100 强，名列第 15 位；2003 年 6 月获上海市市外在沪大企业（集团）；2004 年 3 月荣获国家工商局的全国“守合同，重信用”企业；2004 年 7 月,取得建设部“房地产开发一级资质”2004 年 8 月通过国家认证认可委质量管理体系认证、环境管理体系认证、职业健康安全管理体系认证。

深圳富春东方（集团）有限公司

深圳富春东方（集团）有限公司创立于 2001 年 4 月，是由浙江省和杭州钢铁集团公司驻香港的窗口企业——富春有限公司和深圳市中康投资有限公司共同投资 1460 万美元组建。深圳富春东方集团自成立以来，一直坚持以房地产开发为核心业务，自前房地产营业收入和利润总额均占集团公司营业总收入和利润总额的 90%以上。

在房地产领域经过 5 年的发展，深圳富春东方集团已成功开发 6 个楼盘，竣工总建筑面积 28.02 万平方米；拥有在建项目 6 个，在建面积达 102.06 万平方米；项目储备 6 个，实际土地储备达 129.83 万平方米。其中，天琴湾先后被评为中国金房奖和中国山海别墅金奖；杭州钱江湾花园分获 2003 年浙江人居经典和首届中国优秀环境设计大赛综合金奖；杭州富春• 泉水湾名列中国国际花园社区；厦门财富广场被打造成厦门第一家涉外五星级酒店——喜来登酒店。

永泰房地产（集团）有限公司

永泰房地产（集团）有限公司，隶属于中发实业集团，是集开发、建设、销售和物业管理于一体的综合地产企业。

永泰房地产（集团）有限公司由中发集团投资设立。公司于 1999 年 2 月经北京市工商行政管理局批准正式注册成立，注册资本 5000 万元人民币，房地产开发一级资质，系中国房地产业协会会员单位。

经过几年的探索和发展，永泰房地产（集团）有限公司资产规模已逾 20 亿元，开发面积逾 150 万平方米，年销售额 10 亿元，拥有全资及控股企业 6 家， 形成以房地产为主导产业，集物业管理、房地产经营、金融和酒店为一体的产业链，成为房地产行业具有较强实力和市场影响力的开发企业，是北京市及海淀区重点企业，系 2006 中国房地产百强企业。

目前，永泰已开发完成的房地产项目有郦城、郦城工作区、We。

厦门禹洲集团股份有限公司

厦门禹洲集团股份有限公司是在成立于1994年的厦门禹洲房地产开发有限公司的基础上发展起来的集团公司，经过十几年的发展，从单一的房地产开发企业，发展成为多元化经营的集团股份公司，并购纵横集团。以房地产开发为主，以电信、IT、酒店、物业管理为附属产业，拥有全资及控股企业数十家，在新加坡、香港、上海、合肥、福州等地均设有分支机构，形成多元化、集团化的国际化企业。

禹洲集团为国家二级房地产开发企业，国家级“守合同，重信用”企业，公司秉承“大禹治水、造福人类”的先贤精神及“诚信经营，永续发展”的企业精神，精铸“禹”字品牌，2004年禹洲集团的“禹洲”及“禹”字图形被评为“福建省著名商标”。

杭州宋都房地产集团有限公司

杭州宋都房地产集团有限公司，前身为江干区住宅统建办公室。1984年改名成立杭州市江干区房屋建设开发公司。1995年被国家建设部核准为一级房地产开发企业，是一家以房地产专业运营为主，集投资、控股、商贸、旅游于一体的综合性集团。1992年至今公司连续被相关金融部门评为资信AAA级企业，集团公司下属有杭州宋都房地产有限公司、南京宋都房地产开发有限公司、合肥宋都房地产开发有限公司、桐庐县兴寓房地产开发有限公司、舟山项目部等十多个子公司和项目部。在江苏省、安徽省及浙江省的杭州、桐庐、舟山、余杭等地投资项目，累计开发量已达200多万平方米，其投资贯穿房地产开发、商贸旅游等多个领域。2004年，宋都集团被评为“全国房地产企业综合实力50强”企业。

东方航洋实业集团

组建于1995年的东方航洋实业集团，是一家以房地产开发为主要项目运作对象，同时涉足酒店、购物中心、饮食、娱乐、网络等多种行业的中外合资企业。集团采取稳健发展的策略，致力于精品楼盘的开发，先后开发了航洋综合楼、航洋大厦、东方园、琅东大酒店、亚航财富中心等商住楼。大型高尚住宅区"香榭里花园"被广西权威媒体评为2002年最佳形象楼盘，此外，作为2004年南宁重点工程之一的"航洋国际城"已颇具规模，该城将成为广西标志性的建筑综合体。目前着手开发的“东盟风情园”将为南宁城市的开发增添一道亮丽。

集团近年来呈现出良好的发展势头，是广西唯一被评为2004年度“中国城市运营商50强”、2005年“中国房地产100强”“广西房地产20强”排名第一，以及“中国优秀企业”等，由权威机构评估，集团品牌价值超过2.15亿元，土地储备达8200多亩，可开发建筑面积达300万平米以上。

LVC集团（Canada LVC International Investments INC.）

LVC集团（Canada LVC International Investments INC.)在加拿大英属哥伦比亚省（Province of British Columbia, Canada）注册成立。

经过短短几年的运作，集团经济实力迅速增长，投资项目涉及金融、房地产、旅游、环保、航空、建材、传媒广告等多项领域，为提升中国的整体居住品质，LVC集团决定进军中国市场，在国内注册成立北京凯亚房地产开发有限公司，随后在中国相继成立了北京凯基房地产开发有限公司、北京凯奥地产开发有限公司、凯湖公司等多家专业房地产开发经营企业。

LVC集团一贯秉承超前的经营理念，以投资、策划、开发房地产项目见长，以建筑世界上最适宜人居的住宅而闻名。2003年，LVC集团被中华全国工商业联合会正式收录为世界知名华人工商企业。

北京泰跃房地产开发有限责任公司

TOPEAK 泰跃地产

北京泰跃房地产开发有限责任公司成立于1995年7月。成立之初，公司开发建设了海淀区“怡秀园”公寓，上市仅3个月，销售率即突破80%大关，并同时荣获“北京市优质工程”称号，认购的住户也满意地如期入住。

“怡秀园”的成功，为公司积累了宝贵的经验和对市场更直观、更深入的认识，1998年年初，公司进一步开发建设了“太月园”小区，历经两年的市场考验，全区1900套住宅已顺利销售95%以上，同时以优质的住宅配套设施、过硬的施工质量、守时的工程进度、专业的物业管理，成为京城住宅市场中备受瞩目的成功范例。

“泰跃公司”成立至今，秉持“严谨、敬业、务实、规范”的经营理念，兢兢业业致力于京城普通住宅的精品开发建设，努力配合政府对房地产业的宏观指导，为广大北京市民、外埠驻京人士提供品质优秀的住宅产品和满意到位的物业服务。

武汉宏宇实业集团

武汉宏宇实业集团有限责任公司（简称武汉宏宇实业集团）的前身是成立于1998年5月的武汉宏宇实业有限责任公司，企业性质为民营，主要从事房地产开发经营业务。2005年9月，武汉宏宇实业集团挂牌成立，注册资金1.3亿元，拥有成员公司17家，经营范围包括房地产开发、智能化工程承包、物业管理、激光成套设备研制、科技企业孵化器研究、商贸、广告传播等多个领域。

武汉宏宇实业集团注意适应市场经济建设的需要，坚持质量第一，走精品之路、创宏宇品牌。先后开发建设了武汉“玉龙岛花园”、“碧海花园”、“丽景苑”、“新世纪花园”、“银丰富苑”、“碧水晴天”、“东方帝园”、“绿色新都”、“未来海岸”、“听涛观海”以及苏州“香榭假日山庄”和成都“玉龙山庄”等项目，开发总规模超过150万平方米。

河南鑫苑置业有限公司

河南鑫苑置业有限公司成立于1997年5月，总部设在郑州市。是一家以房地产及配套服务设施的开发、销售、租赁、装饰装修和物业管理为主的具备国家二级资质的房地产开发民营企业。至2005年，公司业务类型为纯房地产，在北京、青岛、上海、武汉分别设有办事处。

9年来，公司累计完成开发面积60余万平方米，年销售收入由创业初期的400余万元增加到2005年的6.9亿元，雄居郑州住宅类市场销售第一名。1998年，鑫苑公司首度出击，精心打造建筑面积4.5万平方米的郑州首家纯欧陆建筑风格的高尚精品住宅——陇海星级花园。从2000年开始，公司倾力打造大型新都市主义人文生态复合社区——鑫苑名家。2004年年底，鑫苑公司在金水路旁打造首席纯多层大型住宅社区——鑫苑•都市领地。2005年，鑫苑置业鼎力巨献，本土品牌首家进军郑州新区开发大型品质社区——鑫苑•中央花园。

吉林亚泰房地产开发有限公司

吉林亚泰房地产开发有限公司成立于1986年，是吉林省最具实力的房地产开发商，为国家资质一级企业。公司始终秉承“让市民住上最好的房子”的宗旨，矢志于旧城区改造和现代化住宅小区的开发建设，年开发量达60万平方米以上，工程优良率始终达100%，在省内同行中率先通过了ISO9002质量体系认证，荣获“全国房地产领先企业”、“吉林企业明星”等称号。公司投巨资开发建设的“亚泰新城”，包括被评为“中国名盘”、“全国物业管理示范小区”的亚泰花园、吉盛花园两个居住区，总面积达300万平方米，是长春市第一个环境优美、设施完善、科技领先、管理一流的现代化示范生活区。同时，亚泰地产公司又相继在长春开发了亚泰国际公寓、亚泰国际俱乐部、亚泰富苑、亚泰豪苑等项目，形成高中低档小区并存的产品组合，经济效益和社会效益显著。

浙江宏润控股有限公司

浙江宏润控股有限公司自成立以来，积极介入房地产、酒店和休闲旅游等领域，在上海、浙江等地成功开发了“宏润花园”、“宏润韶光花园”等大中型高品质楼盘，投资建设了五星级标准的“象山港国际大酒店”。

目前，公司业务为实业投资，拥有宏润建设集团股份有限公司、上海润仁房地产有限公司、宁波润达投资发展有限公司、宁波象山港国际大酒店有限公司等多家控股子公司，经营范围涉及建筑施工、房产开发、酒店经营、物资贸易、园林园艺等多个领域。其中，宏润建设集团股份有限公司经过 10 多年发展，拥有市政工程和房建工程施工等多项一级资质，是全国第一家进入地铁盾构施工领域的民营建筑施工企业，2005 年主营业务收入 23 亿元，在上海、浙江、江苏、江西和广东等地参与建设了一大批标志性市政和公共设施工程项目，先后荣获了“中国建筑工程鲁班奖”、“中国市政工程金杯奖”、“上海市白玉兰奖”和“浙江省钱江杯”等 100 多个奖项和荣誉称号。

福建冠亚集团

福建冠亚集团位于海峡西岸经济区，历史文化名城、著名侨乡——泉州，系一家以房地产开发为龙头业务，范围涉及实业投资、建筑装饰、商业运营管理、高科技电子产品生产等领域的综合性企业集团，集团成立于 1997 年 6 月，集团注册总资本 10 多亿元，目前集团旗下拥有全资、控股和参股企业十余家。

几年来，集团取得良好的经济效益和社会效益，在客户和社会各界树立良好的企业形象与品牌美誉度。集团先后荣膺：2006 年中国房地产百强企业、CCPE2005 年度中国房地产品牌企业、2005 年年泛珠区域房地产优秀品牌企业、2005 年福建最具品牌价值地产企业、福建民营企业 300 强、福建省第三产业 300 大企业的前列，以及福建房地产开发经营“诚信企业”、“A 级纳税人”、省市“重合同、守信用”单位、中国建设银行总行评定的“重点优质客户”等荣誉。

旭辉集团有限公司

旭辉集团有限公司（前身为“上海永升置业有限公司”）于 1992 年成立于厦门经济特区。集团现有下属全资子公司 18 家，主要投资区域为：上海、北京、厦门、福州等地，成为一家以房地产投资、开发、经营和管理为主业的大型民营企业集团。目前，集团主营业务收入年平均增长率超过 30%，近年来，营业额和资产规模均达到人民币 10 亿元以上。

2005 年初夏，旭辉集团跨入了上海市房地产开发企业 50 强的行列。2005 年 10 月，旭辉集团继万科、建业、万通等 40 余家著名房地产开发企业之后，加入了“中国城市房地产开发商策略联盟”！2005 年 12 月，旭辉集团又在“上海房地产 18 年系列活动”中荣获了“十大民营房地产企业”和“优秀企业”殊荣。

上海中建房产（集团）有限公司

上海中建房产（集团）有限公司于 1993 年 3 月 1 日成立于上海，是一家从事纯房地产开发经营的民营集团公司。

集团以上海中心城区为主要开发区域，自成立以来，先后开发了位于真光路真新新村的嘉利坊、北京西路石门二路的嘉发大厦、华山路的玉嘉大厦、延安西路番禺路的嘉利广场、嘉阳公寓和延安嘉苑、中山西路的九九园、黄兴路控江路的东方名园、虹桥路虹井路的嘉利豪园、紧邻闸北公园的嘉利明珠城等项目，目前正在开发的有位于中华路复兴东路的嘉利浦江园、位于平型关路民和路的嘉利豐广场，以及位于昆山淀山湖畔的近 40 万平方米的嘉利玉湖山庄和位于无锡惠山新城核心区域的近 70 万平方米的嘉利华府庄园，投资项目已遍及上海 7 个中心城区，辐射至昆山、无锡等地。

“迎宾花园”国际公寓

“迎宾花园”国际公寓位于北京市平谷区迎宾环岛西南侧，占地面积116亩，总建筑面积150688平方米，其中六层建筑面积共59559（1#～24#），高层建筑面积共81995平方米（26#～30#楼分十六层～十八层），商业建筑面积共16200平方米（31#、32#、30#楼地上三层），幼儿园（25#楼两层）建筑面积为2021平方米。现已陆续开工建设，将分四期进行销售。

该项目在2005年度被中房协房地产市场专业委员会、中国精品购房指南编委会评为“最佳人居生态楼盘”；并经中国指数研究院、中国房地产指数系统、全国城市典型地产指数系统办公室的调研和综合考评，成为“2006中国北京典型住宅指数入选楼盘”。

万年花城

万年花城区域横贯三、四环，双向进出三环主路。京开和京石可打通西部、南部高速，也可通往二环主路和长安街，与内城区的形成快速路网相连。最通达的南四环，可快速进入京津塘和京沈高速，打通东部北部路网。而通过五环，可直接进入首都国际机场。区域内公交线路密集，有十多条公交线路经过，规划中的城铁9号线位于项目西侧几百米内。在交通组织上，万年花城将社区内诸条市政干线，社区主路与次级道路，系统地规划成一个城市公交网络，无论是公交、私家车，还是步行，都各行其道，安全快速有效。

万年花城的商业规划分为三级体系：打造6万平米的集中商业区，形成本区域商业中心；体现“大社区、小街区”的概念，将200万平方米分成12个街区，根据不同需求进行合理搭配，根据特点和走向，以TOD公交站点连接各个街区，对多业种便利店进行组合。

附录三：

2006年中国房地产上市公司10强研究报告

一、序言

2006年3月至5月，由国务院发展研究中心企业所、清华大学房地产研究所和中国指数研究院三家研究机构共同组建的“中国房地产TOP10研究组”，在总结过去三年对“中国房地产上市公司TOP10”和“中国房地产百强企业”研究经验的基础上，参照国际规范，结合中国房地产行业和证券市场的发展现状，本着“公正、客观、准确和全面”的原则，进一步完善了中国房地产上市公司的研究。

在评价理论和方法体系上，TOP10研究组沿用了2003～2005年中国房地产上市公司TOP10研究中反映上市公司规模实力和财富创造能力（EVA）的基本指标体系，并在此基础上新增了反映上市公司经营特征、资本市场特征和财务特征的“2006中国地产绩优股评价指标体系”，对房地产上市公司进行了更全面的综合评价。

在研究对象的选取上，不仅涵盖了中国沪深两市的89家房地产上市公司，还同时包括了16家在香港上市的中国大陆房地产公司。在数据搜集上，TOP10研究组采集了沪深两市89家房地产上市公司年报(2003～2005年)、16家在香港上市的中国房地产上市公司年报(2003～2005年)，以及沪深两市和香港证券市场股市交易行情数据。据此，TOP10研究组评价产生了2006中国房地产上市公司“综合实力10强”、“财富创造能力10强”和“地产绩优股10强”。

“2006中国房地产上市公司10强研究”报告，是TOP10研究组第五次对中国房地产上市公司的研究评价成果。通过对中国房地产上市公司的系统研究，TOP10研究组客观分析了中国房地产领先企业在行业中的地位和作用，预测了中国房地产行业的发展趋势。

二、研究方法及评价指标体系

1. 综合实力评价

TOP10研究组沿用了2003～2005年连续四次使用、客观性较强的《福布斯》500强评选标准，对中国房地产上市公司的综合实力TOP10进行评选。即以总资产、主营业务收入、利润总额和市价总值作为综合实力评价指标，对这四项指标分别进行排名，如某公司在总资产指标中排名第10位，则其总资产得分即为10分，以此类推。

在此基础上，赋予四项指标相同的权重，计算每家公司的综合得分，然后按照综合得分从小到大的顺序得出公司的综合实力排名，前 10 家公司即为中国房地产上市公司综合实力 TOP10。

2. 财富创造能力评价

TOP10 研究组沿用了 2003～2005 年连续使用的财富创造能力 EVA（Economic Value Added）评价理论和方法，第四次对房地产上市公司的经营绩效进行 EVA 评价，按 EVA 值的大小排出中国房地产上市公司财富创造能力 TOP10。财富创造能力指标体系如下：

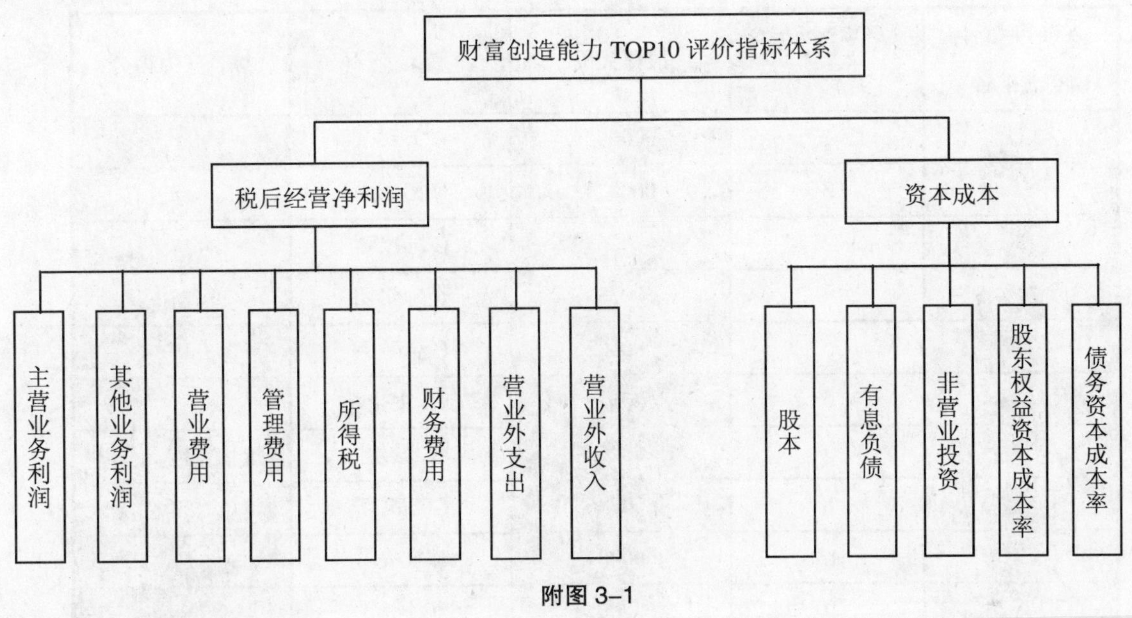

附图 3-1

3. 地产绩优股综合评价

（1）地产绩优股评价指标体系

本次研究中，TOP10 研究组从房地产上市公司的经营特征、资本市场特征和财务特征三个方面，构建了地产绩优股的评价指标体系，利用因子分析法对地产绩优股进行综合评价，根据因子综合得分的大小进行地产绩优股 TOP10 排名。

（2）因子分析法介绍：

因子分析法的基本思想是，通过对变量的相关系数矩阵内部结构的研究，找出能够控制所有变量的少数几个随机变量去描述多个变量之间的相关关系。由于这少数几个随机变量是不可观测的，通常称为因子。然后根据相关性的大小把变量分组，使得同组内的变量之间相关性较高，但不同组的变量相关性较低。设 x_1，x_2，…，x_p 是初始变量，F_1，…，F_m 表示因子变量，使用统计软件 SPSS 可以计算出每个研究对象的各个因子的得分，然后计算出因子综合得分：

$$A=(\alpha_1F_1+\cdots+\alpha_mF_m)/\sum\alpha_i, \qquad i=1,\cdots,m$$

其中α 表示各个因子变量的方差贡献率。

三、研究结果

TOP10 研究组分析了 89 家沪深房地产上市公司以及 16 家在香港上市的中国大陆房地产公司，从综合实力、财富创造能力及地产绩优股综合评价三个方面进行研究，得到了相应的 10 强排名结果。由于数据的可获得性问题，本研究略去了对香港上市房地产公司地产绩优股 TOP10 的评价。

（一）房地产上市公司综合实力 10 强排名

附表 3-1 2006 年沪深房地产上市公司综合实力 10 强

2006 年综合实力排名	2005 年综合实力排名	股票代码	股票简称	综合实力得分
1	1	000002	G 万科 A	4
2	3	000024	G 招商局	15
3	2	600663	G 陆家嘴	17
4	4	600383	金地集团	25
5	5	000402	G 金融街	27
5	5	600675	G 中企	27
7	7	600266	G 城建	44
8	8	600736	G 苏高新	53
9	13	000009	深宝安 A	57
10	10	600007	G 国贸	58

附表 3-2 2006 年在香港上市的中国大陆房地产公司综合实力 10 强

2006 年综合实力排名	2005 年综合实力排名	股票代码	股票名称	综合实力得分
1	1	00688	中国海外	5
2	2	00754	合生创展	11
3	—	02777	富力地产	18
4	—	03383	雅居乐地产	20
5	4	01168	百仕达控股	22
6	6	01109	华润置地	24
7	3	00917	新世界中国	25
8	5	02337	上海复地	32
9	7	00028	天安中国	39
9	9	00588	北辰实业	39

（二）房地产上市公司财富创造能力10强排名

附表3-3 2006年沪深房地产上市公司财富创造能力10强

2006年EVA排名	2005年EVA排名	股票代码	股票简称	EVA(万元)
1	1	000002	G万科A	80858
2	2	600663	G陆家嘴	38682
3	10	000024	G招商局	24394
4	8	900950	新城B股	17986
5	4	000402	G金融街	16232
6	3	600383	金地集团	8692
7	6	600675	G中企	7407
8	9	600748	G实发展	6188
9	13	600732	G新梅	6144
10	9	000608	G阳光	5973

附表3-4 2006年在香港上市的中国大陆房地产公司财富创造能力10强

2006年EVA排名	2005年EVA排名	股票代码	股票简称	EVA(万港元)
1	1	00688	中国海外	124831
2	—	02777	富力地产	107228
3	2	00754	合生创展	102532
4	—	03383	雅居乐地产	91984
5	4	01168	百仕达控股	81953
6	3	02337	上海复地	50700
7	6	01207	上海置业	36146
8	8	00775	上海证大	24137
9	5	02868	首创置业	12348
10	11	01109	华润置地	8599

（三）地产绩优股10强排名

附表3-5 2006年沪深地产绩优股10强

2006年地产绩优股排名	股票代码	股票简称	综合因子得分
1	000002	G万科A	2.99694
2	600663	G陆家嘴	0.907389
3	000024	G招商局	0.776449
4	600383	金地集团	0.759755
5	600266	G城建	0.641455

续表

6	600675	G 中企	0.634848
7	000402	G 金融街	0.563599
8	000069	G 华侨城	0.541465
9	600748	G 实发展	0.463661
10	900950	新城 B 股	0.432539

四、结果分析

在对 89 家沪深房地产上市公司和 16 家中国内地在香港上市的房地产公司进行深入研究后，中国房地产 TOP10 研究组发现，中国房地产上市公司具有以下几个特点：

1. 中国房地产上市公司呈现出区域性分化特征，珠三角地区表现突出

在综合实力方面，G 万科 A、G 招商局、金地集团稳居沪深房地产上市公司综合实力 10 强前列，深宝安 A 在沪深房地产上市公司综合实力排名上提升 4 位，跻身 10 强。中国海外以 3 个单项第一的绝对优势位列在香港上市的中国大陆房地产公司综合实力第一。2005 年在香港联交所上市的富力地产和雅居乐地产表现不俗，分列在香港上市的中国大陆房地产公司综合实力排名第 3、4 位。香港上市、综合排名前五位的房地产公司在珠三角地区均有房地产业务，其中 4 个公司的主要房地产业务在珠三角地区。在财富创造能力方面，G 万科 A、G 招商局、金地集团排在沪深房地产上市公司 EVA10 强之列。富力地产在香港上市的第一年就位列财富创造能力第 2，2006 年上市的雅居乐地产同样表现不俗，仅次于合生创展，排在第 4 位。在香港上市的中国大陆财富创造能力 10 强房地产公司中，排在前五位的均来自珠三角地区。

研究显示，中国房地产上市公司区域性分化特征明显。在深圳地产类上市公司中，除万科、招商局、华侨城、金地集团实行了较大规模的跨地域开发经营且业绩良好外，深圳建设控股旗下的深长城、深振业、深深房、深天地等均局限于深圳本地市场。而上海地产类上市公司中，除中华企业、世茂股份等已向全国市场拓展外，其他 10 余家公司均立足上海本地市场；陆家嘴、张江高科、外高桥等公司的业务以土地批租、基础配套设施以及房地产项目建设、租赁为主。其他地区的地产类上市公司中，天地源、银基发展等发展良好，但因地域限制，在创富能力、规模性、成长性等方面难与全国性地产公司抗衡。但随着环渤海、中西部及东北等区域的战略性发展，预计相关地域的地产上市公司将获得较好的发展机会。

此外，研究还显示，2005 年珠三角地区的业务额在很大程度上决定了上市房企的业绩优劣。事实上，珠三角和长三角历来是大的房地产开发公司的必争之地，两地房价的波动对房地产上市公司的业绩影响极为明显。类似于中海、万科这样业务遍布全国的大型房企，由于及时根据两地市场不同的风险程度调整了销售策略，在长三角房价涨速强劲时加快了该地的推盘速度，既获得了溢价收益，又规避了随后的宏观调控风险。与中海、万科相似，金地集团也有意识地控制了高风险城市的新增投资，加大了市场情况相对稳定的环渤海、珠三角和华中地区的开

发力度，这些区域的良好表现有力地促成了金地集团2005年经营目标的实现。而像江苏新城这样的区域型开发公司，虽然其开发领域集中在长三角，但它灵活利用长三角内部各地间因发展基础不同存在的差异，放缓上海区域的投资规模与开发节奏，加大了发展平稳的常州地区的投资力度和开发规模，同样有效规避了宏观调控带来的风险。

2. 中国房地产上市公司整体财富创造能力增强，股东回报提高

2005年中国房地产上市公司呈现财富创造能力整体快速增长的态势。在89家沪深房地产上市公司中，有17家真正为股东创造了价值，累计EVA值为23.99亿元，同比增长38.27%。2005年16家中国内地在香港上市的房地产公司中，有13家真正为股东创造了价值，有三家的EVA超过10亿元，龙头企业中海甚至突破12亿元。沪深上市房地产公司EVA10强合计经济增加值为21.26亿元，同比增长35.81%，其中有5家突破了亿元，整体财富创造能力明显加强。

财富创造能力的增强促进了公司现金分红能力的提高，2005年89家沪深房地产上市公司中有37家提出现金分红方案，拟分配的现金红利总额为23.17亿元，占公司总体净利润的比例达49.6%。2005年分配现金红利公司平均现金红利收益率为2.51%，同比增长37.87%，股东投资回报进一步提高。

从整体状况看，EVA10强的整体快速增长表现为税后经营净利润的快速增长。财富创造能力增强的直接原因是税后经营净利润的增加和资本成本控制能力的增强。财富创造能力10强公司净利润的增长基本上都高于主营业务收入的增长，表明房地产上市公司的业绩增长主要来自销售量及利润率的上升。2006沪深房地产上市公司EVA10强的税后经营净利润较去年增长28.95%，而资本成本的同比增长为22.84%。以表现突出的G万科A为例，其税后经营净利润增加67.28%，而其资本成本同比增长为49.80%。税后经营净利润的相对快速增长导致其EVA增长85.18%。从主营业务收入增长率和净利润增长率的对比来看，G万科A的主营业务收入相对上年增长37.71%，而净利润的增长率为53.80%。

值得注意的是，综观地产类上市公司2005年的年报信息，多数企业业绩表现良好，宏观调控对2005年财务报表的影响似乎并不明显。这种情况实际上是由我国现行的房屋预售制度和结算制度造成的：预售制度使得尚未达到交付标准的房屋即可面向市场销售，客户在交付20%～30%的首付款后向银行申请个人住房按揭贷款，开发企业在房屋交付使用前已收回房款；但期房状态下收回的房款并不能进入当年的主营业务收入，而是视同企业负债，一直要等房产完工并验收合格，开发企业与客户按现房面积办理结算后，方可将此前收到的期房款项转为收入，增加企业利润。如以平均开发周期2年计算，期房的结算期大概滞后销售期1年，也就是说，地产类企业2005年的年报主要反映的是企业2004年的期房销售业绩。因此，2004年房地产价格和销售量的高速增长，使得企业2005年的主营业务收入和利润同时呈现较高增长。而2005年的宏观调控措施对开发企业期房销售造成的影响，要到2006年的企业财务报表才能反映出来，需要引起投资者的注意。

3. 中国房地产上市公司综合实力10强表现突出，行业集中度进一步提高

2006中国房地产上市公司综合实力10强公司表现突出，完成主营业务收入合计282.21亿元，与2005年房地产上市公司10强相比增长6.81%；实现利润总额合计61.55亿元，同比增长31.44%；累计总资产达到857.10亿元，同比增长14.06%；总市值为578.42亿元，同比增长24.77%；主营业务收入、利润总额、总资产以及总市值分别占 89 家沪深房地产上市公司相应指标的 36.89%，71.10%，33.64%和 35.22%。与上年相比，综合实力 10 强公司利润总额占总体利润总额的幅度提升了 14.69%，其他各项指标占总体的比重也有不同程度的上升。2006 沪深房地产上市公司综合实力 10 强平均每股收益为 0.454 元，平均净资产收益率为 12.53%，均远高于行业平均水平。此外，2006 在香港上市的中国大陆房地产综合实力 10 强公司的平均主营业务收入、利润总额、总资产同比分别增长 95.6%，59.44%和 82.27%，综合实力 10 强公司的总市值是上年的 3 倍。从各项指标的同比数据来看，房地产行业的集中趋势明显，房地产上市公司 10 强在财富创造能力及规模性方面的聚积效应尤为突出。

随着央行加息、信贷紧缩及宏观调控政策的陆续出台，房地产公司的融资成本提高，资金压力加大，对企业融资能力要求的提高成为房地产行业资源整合的持续动力。此外，参照国际上成熟的房地产市场，80%的市场份额集中在 20%的公司手中，而位列中国房地产百强企业之首的万科，其市场占有率仅为 0.94%，可见我国的房地产行业市场集中度较低，作为行业优秀代表的地产类上市公司在并购重组方面有着较大的发展空间。

在 2005 年房地产企业间的收购、兼并、联合案例中，土地成为最常见的目标资源。如金地即抓住宏观调控使部分已交易土地回流市场的机会，通过股权收购等方式在广州增城和西安获得了两个项目，为公司的可持续发展奠定了基础。另外，在常规经营中，进一步扩大土地储备、跨区域开发也已成为房地产上市公司的明确目标。以区域性龙头企业为例，苏州高新作为开发区背景的上市公司， 2005 年除继续加强其基础设施经营方面的垄断优势外，又以“北扩西进”的战略将高新区区域面积扩大到 285 平方公里，为公司的发展预留了巨大的市场空间。陆家嘴、金融街控股作为上海、北京两地重要功能性街区的独家开发商，大力推进区域内外业务拓展，如金融街即在天津、惠州、南昌等地确立了新的投资项目，并获得了相应的土地使用权。城建立足北京，以二三线城市为跨区域开发目标，力求将土地一级开发培育成公司新的利润增长点，形成土地一级开发与商品房开发联动发展。上海区域的地产龙头中华企业在上海、苏州、重庆三个城市拥有超过 1000 万平方米的土地储备，可持续开发能力较强。在新一轮的行业重组中，类似于金地、陆家嘴、金融街、中企等业绩稳定的知名企业，将凭借其雄厚的资金实力、土地优势与行业号召力，在并购重组中扮演主导性角色，房地产上市公司将出现强者愈强的态势。

4. 2006 年沪深房地产上市公司地产绩优股 10 强凸显强大投资价值和发展潜力

2006 年沪深房地产上市公司地产绩优股 10 强表现出市盈率低、交投活跃等特点。从市场估价水平来看，经过房地产行业的调整，2005 年年底房地产行业的整体估价水平已经回落至 32.69 倍。而地产绩优股 10 强公司 2005 年年底的平均静态市盈率为 16.22，同比下降 17.8%，远低于行业平均水平，较美国（30）、日本（47）、中国香港(18)、新加坡(22)、欧洲（22）等国际成熟市场上的前五位房地产上市公司而言也处于较低水平，使得这些市盈率低且具有业绩支撑的房地产上市公司的股价具有较大上涨空间。其中，纯开发类房地产企业，如 G 万科 A、金地集团、G 中企等公司的市盈率较低，介于 8.16～14.28 之间，低于地产绩优股 10 强公司的平均水平，价值处于被低估状态。从股票年成交量来看，地产绩优股 10 强公司 2005 年的总成交量为 573.88 亿元，同比增长 19.38%，占 89 家沪深房地产上市公司成交量的 36.72%，占沪深两市总成交量的 1.78%，交投活跃，股性良好。

在经营特征方面，2006 沪深上市房地产公司地产绩优股 10 强表现出经营规模大、抗风险能力强等特点。地产绩优股 10 强公司平均资产规模和主营业务收入达到 81.91 亿元和 27.04 亿元，分别为 89 家房地产上市公司平均水平的 2.86 和 3.15 倍。与上年相比，地产绩优股 10 强公司的平均资产规模和主营业务收入分别增长 20%和 12%。地产绩优股 10 强公司的平均利润总额为 6.53 亿元，同比增长 39%，是 89 家沪深房地产上市公司平均水平的 6.71 倍。从房地产上市公司的抗风险能力来看，地产绩优股 10 强公司的β 值平均为 1.03，低于 89 家沪深上市房地产公司的 1.12 的平均水平。相对房地产上市公司的整体水平，地产绩优股 10 强公司具有更小的市场波动性。其中，大型国有企业如 G 招商局、G 华侨城、G 中企、G 实发展和 G 城建等的β 值介于 0.68～1.02 之间，低于地产绩优股 10 强的平均水平，这类企业具有较低的投资风险。

在财务特征方面，2006 年沪深上市地产绩优股 10 强公司表现出红利发放稳定，盈利增长持久的特点。地产绩优股 10 强公司 2003～2005 年连续三年的平均现金红利收益率为 2.14%，三年平均现金红利支付率为 32.35%，明显高于 89 家沪深房地产上市公司的 0.84%及 28.73%的平均水平。地产绩优股 10 强公司的三年平均净资产收益率为 12.53%，高于非 ST 沪深房地产上市公司 6.01%。其中，金地集团和新城 B 股分别在现金红利支付率和净资产收益率方面有突出表现，远高于地产绩优股 10 强的平均水平，表现出良好的盈利能力。G 金融街的现金红利收益率、现金红利支付率以及净资产收益率分别为 3.17%、40.2%和 17.59%，均高于地产绩优股 10 强的平均水平。G 金融街之所以有这样的表现，在于其跨区域发展初见成效，在重庆的投资已经取得收益。另外，美国道富银行等多家海外金融机构入驻金融街，扩大了金融街在国际金融领域的影响力。这些都提升了投资者对金融街的良好预期。

此外，2006 年沪深上市房地产公司地产绩优股 10 强凭借强大的资金优势和土地储备，具有很大的发展空间。一些全国扩张性房地产企业拥有较大的存量土地储备，土地溢价明显。如 G 万科 A、金地集团等，分别拥有 1000 和 600 万平方米以上的土地储备，未来发展较为明朗，在房地产行业的良好发展前景下，长期投资价值明显。而正向全国性公司发展的企业如 G 招商局、G 城建、G 金融街等，土地储备在 300 万～600 万平方米之间，也有很大的发展潜力。另外，一些拥有垄断资源的区域龙头企业比如 G 实发展、G 陆家嘴等，土地储备也较丰富。这类公司凭借其资源的垄断性和区域影响力可以获得良好的增长，维持未来几年的稳定收益，同样也具有较强的投资价值。

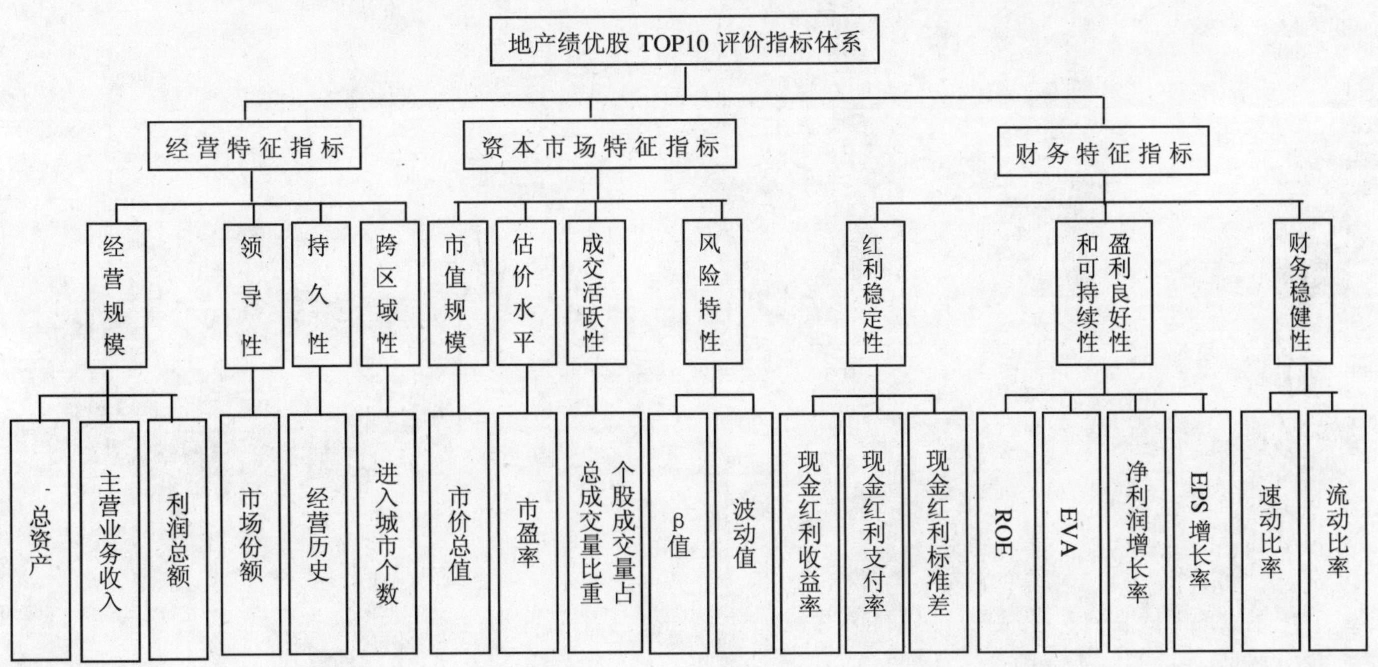

2006年中国房地产上市公司
10强企业展示

招商地产

家在·情在 招商地産
Home is where the heart is

招商地产是国资委房地产行业政策倾斜重点扶持的五家中央企业之一。招商地产于1984年在蛇口成立，是中国改革开放后第一批房地产开发商，由创立于1872年的招商局集团控股的公众公司，是集团旗下核心产业之一。2004年6月，公司正式更名为招商局地产控股股份有限公司，主营业务包括房地产开发和租赁、供水、供电以及物业管理，是一家集开发、设计、监理、物业管理有机配合、物业品种齐全的全国性房地产综合开发产业集团。初步形成以深圳为核心，以珠三角、长三角和环渤海经济带为重点经营区域的市场格局。累计开发总面积超过600万平方米。

在中国房地产上市公司综合实力排名中，招商地产连续两年跻身三甲；并因“住宅开发+物业租赁+园区供水、供电”盈利模式中的租赁、供电、供水等业务带来的丰厚经常性利润，被誉为“最具抗风险能力的开发商”之一和“结构性缺陷解决最好的综合房地产企业”。

金地集团

金地集团初创于1988年，1993年开始正式经营房地产。2001年4月，金地（集团）股份有限公司在上海证券交易所正式挂牌上市。金地集团秉承“用心做事，诚信为人”、“以人为本，创新为魂”等“金地之道”的企业精神，并逐步形成了地产开发业务的核心竞争优势。金地集团已经建立以上海、深圳、北京、西安为中心的华东、华南、华北、西北的区域扩张战略格局，并已成功进入武汉市场，下一步将开辟东北区域。金地坚持以产品为核心，不断为客户创造价值：在深圳，开发了金地海景花园、金地翠园、金海湾花园、金地海景•翠堤湾、金地香蜜山；在北京，开发了金地格林小镇、金地国际花园；在上海，开发了格林春晓、格林春岸项目。截止目前，正在运作的有格林世界（上海）、未来域（上海）、格林小城（武汉）、格林小城（东莞）等几个项目。

金融街控股股份有限公司

金融街控股股份有限公司
Financial Street Holding Co., Ltd.

金融街控股股份有限公司为一家以房地产开发为主的上市公司（股票简称“金融街”，代码“000402”），是北京金融街区域的独家开发商，致力于金融街区域的总体规划、土地开发、房地产项目开发和综合管理。

在十余年的发展中，金融街控股股份有限公司经历了由单纯土地开发转型为房地产开发并持有优质物业，由区域开发商转变为全国性的开发商过程，资产由成立之初的2000万增长到目前的73.22亿规模，始终保持着高速发展的态势，获得了“中国房地产上市公司10强”、中国上市公司“企业竞争力十强”、“中国十佳最具投资价值上市公司”等多项荣誉。2005年公司荣获中国人力资源年度奖——“十大行业百佳雇主企业奖（房地产业）”。同时公司确立了“立足北京，面向全国重点城市和地区，不断增持优质物业出租经营，实现公司可持续发展”的中长期发展思路。

中华企业公司

中华企业公司创建于1954年，是上海解放后第一家从事房地产开发经营业务的国营企业。

中华企业将构筑房地产开发、房地产经营及其相关产业经营三足鼎立的布局，围绕产品市场和资本市场，兼顾产品经营、资产经营和资本经营，实施机构设置调整、投资结构调整、组织结构调整、产品结构调整、人员结构调整和管理机制的调整，加强科学管理，努力形成规模经济，把公司建设成按照现代企业制度建立起来的，以产权联结为纽带的地产蓝筹股企业。

公司主要从事房地产经营开发，在强化主营业务的基础上，公司积极投资与主业相关的高科技开发、智能化物业管理、商品房租售经营以及建筑设计装潢等领域，形成以房地产投资为主的的有限多元化经营的业务构架，并逐步由粗放型分散型经营向集约化规模化经营发展。

北京城建投资发展股份有限公司

北京城建投资发展股份有限公司(股票代码 600266)是由北京城建集团有限责任公司（以下简称“北京城建集团”）1998 年独家发起，向社会公开发行 A 股股票募集的、以房地产为主业的大型专业品牌地产商。公司注册资本 6 亿元，总股本 6 亿股，其中，北京城建集团持有 65.25%，其余为流通股。

北京城建集团是中国企业 500 强之一，国际 225 家大承包商之一，2005 年被评为中国十大最具影响力企业，荣获中国十大最具影响力品牌奖。北京城建集团在国内 20 多个省市和也门、伊朗等 10 余个国家承建了工程项目，包括国家体育场、五棵松文化体育中心、奥运村、首都机场 3 号航站楼、中央电视台等一大批奥运工程，以及国家大剧院、银泰中心、伊朗德黑兰地铁 1、2 号线、也门萨那国际机场新航站楼等工程建设项目，展现了北京城建集团的雄厚实力。

苏州新区高新技术产业股份有限公司

苏州新区高新技术产业股份有限公司目前拥有 5 家控股企业、11 家参股企业。截至 2004 年年底，公司总资产 54.03 亿元，净资产 15.95 亿元，2004 年度实现净利润 1.298 亿元。

1996 年公司被评为江苏省高新技术企业；1998 年 7 月，公司被上海证券交易所选为上证 30 指数成份股；同年公司被《亚洲周刊》评定为中国内地 100 上市公司。下属新港建设集团被授予“江苏省 2002 年度房地产综合实力 50 强企业”。2002 年公司被上交所评定为“信息披露优秀公司”。

经过继续深化改革，夯实产业基础，不断创新努力，公司房地产业在苏州市场上确立了领先地位，品牌优势明显。2005 年，公司被国务院发展研究中心企业所、清华大学房地产研究所和中国指数研究院评选为“2005 年中国房地产上市公司综合实力 10 强”。

江苏新城房产股份有限公司

江苏新城房产股份有限公司总资产 16.68 亿元，净资产 4.06 亿元，累计房产开发总面积逾 200 万平方米，位居常州市房地产企业综合实力十强首位，名列江苏省房地产企业综合实力 50 强前列。

公司成功开发了中凉新村、湾里小区、新城花苑、万博花苑、清潭花苑、人民家园、花园公寓、四季新城、金色新城等规模化居民住宅小区。金色新城项目顺利通过了全球可持续发展联盟 AGS 和全国住宅产业商会“亚太村”生态住宅评审并被江苏省房地产协会、江苏省建设厅评为“江苏省明星楼盘”及“中国• 江苏房地产营销成功典范”四季新城被评为“江苏省明星楼盘”并获得“社区环境奖”；清潭花苑小区、中凉新村（六期）小区相继被评为“2002 年度江苏省优秀物业管理小区”。

沿海绿色家园集团

沿海绿色家园集团（以下简称“沿海集团”）于 1990 年在香港成立，1997 年 10 月在香港联合交易所挂牌上市。投资中国内地房地产业 16 年，资本实力雄厚，，在中国内地设有独资、合资及合作企业 20 余家，现有员工近 2000 人。

沿海集团拥有良好的跨区域经营能力和完善的结构资本体系,成功布局了中国六大经济区域——长三角、珠三角、环渤海地区、大东北、西部开发区以及华中地区。

秉承“以人为本，创顾客价值”的经营理念，沿海集团致力于成为中国健康住宅的领跑者，率先与国家住宅中心建立了全国首家"健康住宅"战略合作伙伴关；沿海集团是中国最早加入美国绿色建筑协会、引入美国绿色建筑 LEED-ND 体系对社区进行绿色认证并按照 LEED-ND 绿色建筑体系进行设计的开发商。其开发的项目曾先后获得国家科技部、建设部和地方政府颁发的众多奖项。

中国海外发展有限公司

中国海外发展有限公司于1979年在香港注册成立，是中国最大建筑联合企业—中国建筑工程总公司在香港的控股子公司。1992年8月，公司在香港联合交易所上市（股票代码0688.HK），首开中资企业以香港本地房地产业务直接上市之先河。

公司自成立以来，致力于专业化发展与规模化经营。公司以房地产开发和销售为核心业务，在深圳、上海、广州、北京、成都、长春、南京、西安、中山、佛山、苏州、宁波、香港、澳门等14个城市成功开发众多精品楼盘。此外，公司还涉及物业投资管理以及路桥为主的基础设施等领域。

中国海外发展有限公司将继续凭借优秀的管理模式、广泛的专业人才、良好的质量、高素质的服务，更好地服务社会和回报社会。

广州富力地产股份有限公司

广州富力地产股份有限公司（香港联合交易所上市编号：2777）成立于1994年，注册资金7.6亿元人民币，集房地产设计、开发、工程监理、销售、物业管理、房地产中介等业务为一体，拥有国家建设部颁发的一级开发资质、甲级设计资质、甲级工程监理资质、一级物业管理资质及一级房地产中介资质，是中国综合实力最强的房地产企业之一。公司于2005年7月14日在香港联交所主板上市，为首家被纳入恒生中国企业指数的内地房地产企业，并荣登市值最高公司之一。自1994年成立以来，富力人倾尽心思与心血，从细节出绩效，终于赢得了客户的认同与赞赏。实力造就金牌品质，荣誉闪耀品牌辉煌，公司于2005年12月17日荣获国家统计局公布的全国房地产综合实力第一名，成为全国房地产企业最新的标杆。

附录四：

2006年中国房地产策划代理百强企业研究报告

一、序言

中国房地产策划代理经过10多年的发展，已经成为房地产业一个重要的组成部分，对中国房地产业健康发展起到了积极的推动作用。2004年10月，中国房地产TOP10研究组正式启动2005中国房地产策划代理百强企业研究，旨在客观地反映房地产策划代理企业的整体状况和发展趋势，科学评价以策划、销售以及持续发展能力为核心的房地产策划代理企业综合实力；挖掘营销策划对房地产价值的提升作用，传播房地产营销策划经典成功案例的操作经验，全面提升房地产策划代理行业的运作水平和服务质量；树立优秀房地产策划代理企业榜样、向市场推介优秀的企业群体，促进房地产行业资源的优化组合。

由国务院发展研究中心企业所、清华大学房地产研究所和中国指数研究院三家权威研究机构组成的“中国房地产TOP10研究组”，专业致力于对中国房地产企业和市场进行客观、公正、准确、全面的研究。自2002年成立以来，已完成2003年度和2004年度中国房地产上市公司10强、中国最具投资潜力城市10强以及2004年度中国房地产企业百强、中国房地产品牌价值、中国房地产经纪百强、2005中国房地产经纪公司品牌、中国房地产策划代理百强企业等研究。中国房地产策划代理百强研究从2005年开始已经进行了两年了，它是中国房地产企业百强系列研究之一。

“2005中国房地产策划代理百强企业研究”从400家近三年平均代理物业面积10万平方米以上的策划代理企业中评价得出中国房地产策划代理百强企业，其中不乏有如金丰易居、北京伟业顾问、世联地产顾问（中国）有限公司这样的优秀企业。研究成果涉及从市场特点到品牌作用等多方面的结论，为房地产策划代理企业的理性发展提供了宝贵的理论和经验。

“2006中国房地产策划代理百强企业研究”是对继“2005中国房地产策划代理百强企业研究”的改进和深化。本次研究仍将从企业的销售能力、策划能力以及可持续发展能力三方面来评价房地产策划代理企业，运用主成分分析法和相关数学模型，定量计算房地产策划代理企业的综合实力分值。与2005年研究不同的是，本次研究增加了表现企业品牌价值及研发能力的指标。研发能力是保证策划代理企业持续发展的动力，而品牌价值则是既代表了企业过去的成就，也预示着企业未来的发展潜力。因而2006年的研究更加全面地反映了企业的可持续发展能力，也将更加适合于以研发为发展动力、以品牌为无形资产的策划代理企业研究，从而增强了策划代理百强企业研究的科学性和严密性。

本次研究得到广大房地产策划代理企业的大力支持，在此我们感谢上海房屋销售（集团）有限公司、世联地产顾问（中国）有限公司、合富辉煌集团控股有限公司、上海天地行房地产营销有限公司、北京伟业策略房地产投资顾问有限公司、上海同策房产咨询有限公司、上海策源置业顾问有限公司、上海富阳物业咨询有限公司、凌峻地产(中国)有限公司、上海普润房地产顾问有限公司、北京九鼎轩置业企划有限公司、北京亚豪房地产经纪有限公司、深圳中原房地产经纪有限公司、上海新联康投资顾问有限公司、深圳市德思勤投资咨询有限公司、新聚仁机构•上海聚泰房地产经纪有限公司、香港太平洋国际集团投资顾问有限公司、上海华燕置业策划有限公司、广州中地行房地产代理有限公司、上海开启房地产投资咨询有限公司、北京金网络房地产经纪有限公司、思源兴业房地产经纪有限公司、深圳市英联国际不动产有限公司、瑞尔特房地产顾问机构、深圳市众厦实业发展有限公司、上海百马房地产顾问有限公司、深圳市新峰地产顾问有限公司、深圳市同致行物业顾问有限公司、北京中大恒基房地产经纪有限公司、经纬物业（中国）有限公司、南京垠坤代理机构、天津市凯成房地产咨询有限公司、上海经佳房地产营销策划有限公司、北京金融街房地产经纪有限公司、北京上古房地产经纪有限公司、苏垦机构•美地置业、南宁宝资通项目咨询有限公司、上海宝名房地产咨询有限公司、第一太平洋戴维斯物业顾问有限公司、杭州汉嘉投资顾问有限公司、戴德梁行策划代理、中广信地产服务机构、北京华远房地产经纪有限公司、北京中原房地产经纪有限公司、南京市房屋销售置换实业有限公司、仲量联行策划代理、北京协成房地产经纪有限公司、世邦威理仕、北京易事达天易房地产经纪有限公司、上海荒岛房产工作室有限公司、北京成业行房地产经纪有限公司、北京锋华兴业房地产经纪公司、信立怡高房地产顾问机构、北京万利行房地产经纪有限公司、成都中成房业有限责任公司、家春秋置业投资顾问有限公司、北京达观房地产经纪有限公司、北京朝阳大地房地产经纪公司、青岛启典投资顾问有限公司、深圳市尤豪斯房地产经纪有限公司、深圳市同致业房地产顾问有限公司、深圳市华彦房地产经纪有限公司、天津中磊房地产开发有限公司、上海杰星房地产投资有限公司、汇丰行房地产投资机构、世纪皓产房地产经纪公司、北京桦达创意房地产经纪公司、深圳市合和地产顾问有限公司、天津宇轩投资咨询有限公司、北京置地前景房地产经纪有限公司、上海景瑞房地产营销代理有限公司、北京百川房地产经纪公司、胜家准则房地产营销顾问公司、北京金海利房地产经纪公司、长沙地标资讯顾问有限公司、重庆立业房地产顾问有限公司、北京万通东方策略房地产经纪、上海锦和房地产经纪有限公司、武汉大汉隆城房地产营销策划有限公司、北京经纬时代房地产经纪有限公司、上海乘星行房产经纪有限公司、天津纵横房地产投资咨询有限公司、厦门聚贤庄地产营销代理公司、成都世家机构实业有限公司、武汉观筑地产顾问有限公司、群策房地产投资顾问(武汉)、上海中邦房地产营销有限公司、重庆中房网络有限公司、贵阳采纳创意置业咨询有限公司、昆明新航房地产经纪有限公司、无锡大卫不动产顾问有限公司、北京永德房地产经纪有限公司、北京盛世翌豪房地产经纪有限公司、北京万利仁房地产经纪有限公司、天津联合房地产销售代理有限公司、深圳中城置地投资顾问有限公司、兰州顶尖房地产营销代理公司、洛阳报人房地产咨询有限公司、天津市国泰安居房地产营销中心、南京城开千居房产经纪有限公司和其他的百强企业在TOP10研究组基础资料收集工作中的大力支持，同时，也要感谢各级政府对TOP10研究组系列研究工作的长期支持。

二、研究综述

策划代理行业整体处于高速增长期，企业代理能力提高；市场竞争激烈，销售率下降

策划代理百强企业数据分析表明，2004年和2005年策划代理百强企业平均代理面积增长率分别为51.06%和108.55%，平均策划面积的增长率分别为64.90%和113.35%。策划代理百强企业业务扩展迅速，策划代理行业处于业务高速增长期。在竞争日益激烈的策划代理行业，策划代理企业清楚地看到只有不断增强自身的实力，才能在竞争中立于不败之地。当前企业纷纷努力扩大自己的代理规模，以期发挥规模优势，提升企业竞争力。数据显示，策划代理TOP10企业销售总额占百强企业销售总额的32.78%。行业中也不乏销售额在百亿元以上的策划代理企业，比如上海房屋销售集团、上海天地行、合富辉煌和世联地产。

从区域市场来看，2005年国家对房地产市场的宏观调控不仅对房地产开发企业影响巨大，而且对房地产策划代理行业也造成了不小的冲击，其中华东地区受到的影响最大。2003年到2005年，华东、华南和华北三个地区的策划代理企业的平均销售率呈现逐年下降的趋势，而2005年降幅有所扩大，其中华东企业的下降尤其明显。这与华东地区的房地产开发企业的表现是一致的，也同时说明了房地产策划代理的行业依赖性强的特点。以上海为例，商品住宅销售额2005年为1627.09亿元，同比下降7.69%；销售面积由2004年的3059.5万平方米下降为2692.39万平方米，同比下降12%。华东房地产行业整体的表现反映在策划代理行业的直接表现就是策划代理百强企业的平均销售率由2004年的84.06%大幅下降到2005年的66.06%。而华北策划代理百强企业平均销售率由2004年的79.72%下降到2005年的77.32%，华南策划代理百强企业平均销售率由2004年的84.61%下降到2005年的79.87%。

策划代理领头企业规模优势明显，涌现了一批优秀的综合服务机构

策划代理TOP10企业的研究结果表明，策划代理TOP10企业在销售额、销售面积及销售代理收入这三个方面较其他百强企业具有明显优势，百强企业2005年平均销售额、销售面积和销售代理收入分别仅为TOP10企业的30.51%、38.84%和33.14%。在领头企业中，上海房屋销售、世联地产、合富辉煌、北京伟业由于在市场研究、营销策划、销售代理、投资顾问等领域的突出表现而成为2006策划代理最佳综合服务机构，4家企业销售总额占百强企业销售总额的19%，销售面积占百强企业的销售总面积的15%。2003～2005年，4家企业总销售额占全国商品房销售总额的比率分别为3.20%、4.63%和4.53%。

策划代理行业的领军企业不仅规模优势明显，而且他们的策划能力和增长能力表现也同样突出。本次研究结果显示，2005年策划代理百强企业的平均销售代理收入占TOP10企业的33.14%，而策划收入占TOP10企业的28.11%，注册经纪人个数占TOP10企业的24.14%。从策划代理企业策划收入与销售代理收入的比例历年的变化上看，从2003～2005年策划收入占代理收入的比重在逐年提高，但策划代理TOP10企业的提高幅度更大，其中百强企业2004年和2005年策划收入占代理收入的比重分别为6.76%和11.40%，而策划代理TOP10企业2004

年和 2005 年的这一比重分别为 5.38%和 13.35%。

企业的研发能力保证企业可持续性发展。数据分析显示，2005 年策划代理百强企业的平均技术研发投入仅占策划代理 TOP10 企业的 48.42%，并且百强企业和 TOP10 企业的差距正在拉大。策划代理百强企业 2003～2005 年的平均研发投入分别为 85 万元、134 万元和 268 万元，而策划代理 TOP10 企业 2003～2005 年的平均研发投入分别为 134 万元、160 万元和 554 万元。

注册经纪人个数、已进入城市个数和研发投入是影响策划代理企业销售额的三个关键因素

策划代理百强企业和策划代理 TOP10 企业的销售额与其他相关指标关系的研究表明：销售规模较大的百强企业在注册经纪人个数、已进入城市个数和研发投入上都有良好的表现。2005 年 TOP10 企业注册经纪人个数为 231 人，平均已进入城市为 31 个、平均技术研发投入为 554 万元，而百强企业 2005 年的这三个指标值分别为 56 人、12 个和 268 万元。以合富辉煌集团控股有限公司为例，2005 年公司注册经纪人数高达 1500 人，稳居各策划代理企业之首，其已进入城市也达到了 40 个。

通过回归分析模型，我们可以得到如下方程描述销售额与各变量（标准化）之间的方程关系：

策划代理企业销售额＝0.51×注册经纪人个数+0.31×已进入城市+0.28×技术研发投入

从以上方程关系中我们可以认为，对策划代理企业销售额影响由大到小排序为：注册经纪人个数、已进入城市个数、技术研发投入。从以上结果我们可以大致归纳出以下规律供策划代理企业借鉴：注册经纪人个数、已进入城市个数和技术研发投入分别体现了策划代理企业在人才、技术以及地域影响力三个方面的特征。策划代理的行业性质决定了有没有一支专业性强的策划团队是企业能否做好的关键，因为策划代理行业为房地产提供的是智能服务，其服务内容涉及房地产金融、投资顾问、商业策划与管理、营销策划代理等诸多方面，注册经纪人的个数直接影响企业提供服务的质量。已进入城市的个数反映的是策划代理企业的区域影响力。目前大多数策划代理企业对区域扩张均有较成熟的考虑。在伟业顾问的战略规划中提到全国扩张战略，认为城市扩张战略不仅是为了争取更大的市场占有率，同时也能避免区域市场的周期性波动产生的风险，从而获得持续发展的动力。

三、2006年策划代理百强企业总体研究

销售规模不断增大，销售代理企业整体处于业务增长期

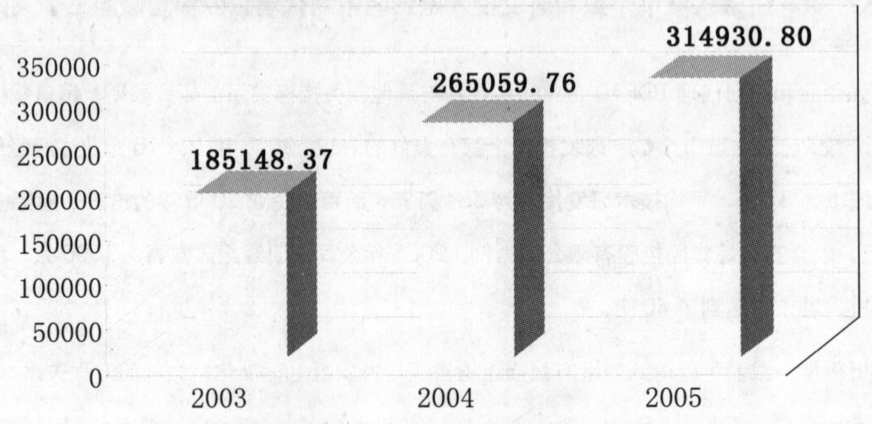

附图 4-1 2003～2005年策划代理百强企业平均销售额

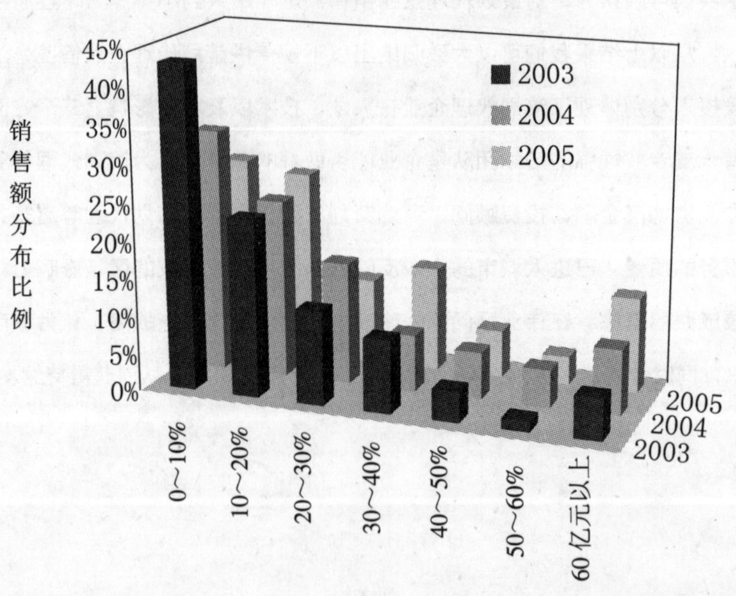

附图 4-2 2003～2005年策划代理百强企业销售额分布

百强企业销售规模不断扩大，超大规模销售额企业凸显。从附图4-2可以清楚地看到，2003～2005年间策划代理企业的销售额分布发生了明显的变化。销售额在10亿元以下的企业的比例明显下降，而销售额在60亿元以上的企业的比例有明显的升高。2003～2005年销售额在60亿元企业占百强企业的比例分别为5%、8%和12%。2005年销售额过百亿元的企业有世联地产、上海天地行、合富辉煌、上房销售。

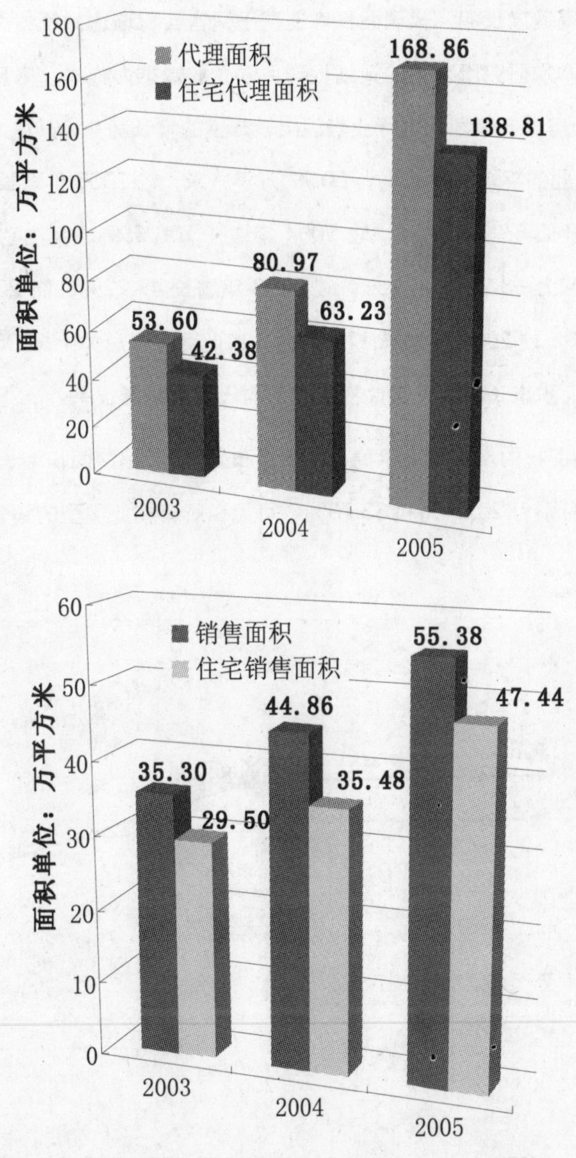

附图 4-3　2003～2005 年策划代理百强企业平均代理面积及销售面积

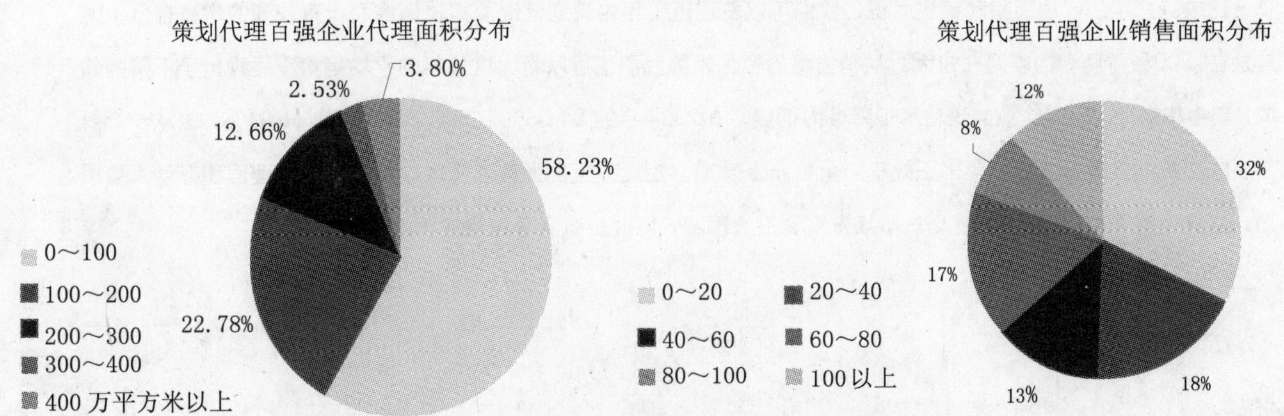

附图 4-4　2005 年策划代理百强企业平均代理面积及销售面积分布

策划代理百强企业业务处于高速增长期，代理面积增速高于销售面积增速，销售率逐年下降，代理销售面积存量增加，行业竞争激烈。若以本次研究所采用的策划代理百强企业数据为样本，来反映中国房地产策划代理企业的发展，自2005年以来，中国房地产策划代理行业表现出较旺盛的增长势头，其中尤其以代理面积的增长最为突出。2004年，策划代理百强企业的平均代理面积为80.97万平方米，较2003年增长51.06%。而2005年策划代理百强企业的平均代理面积为168.86万平方米，较2004年增长108.55%。就住宅的代理面积而言，2004年策划代理百强企业的平均代理面积为63.23万平方米，较2003年增长49.22%。而2005年策划代理百强企业的平均代理面积为138.81万平方米，较2004年增长119.52%。由此可见，总体上2005年代理面积有极高的增长率；而从结构上看，住宅的代理面积增长率高于其他物业类型的代理面积增长率。

从销售面积来看，近几年销售面积的增长较为平稳。2003年和2004年销售面积增长率分别为27.06%和23.46%，其中住宅销售面积的增长率分别为20.24%和33.73%。可见在所有物业类型的销售面积中，住宅的销售面积表现出了较快的增长速度。

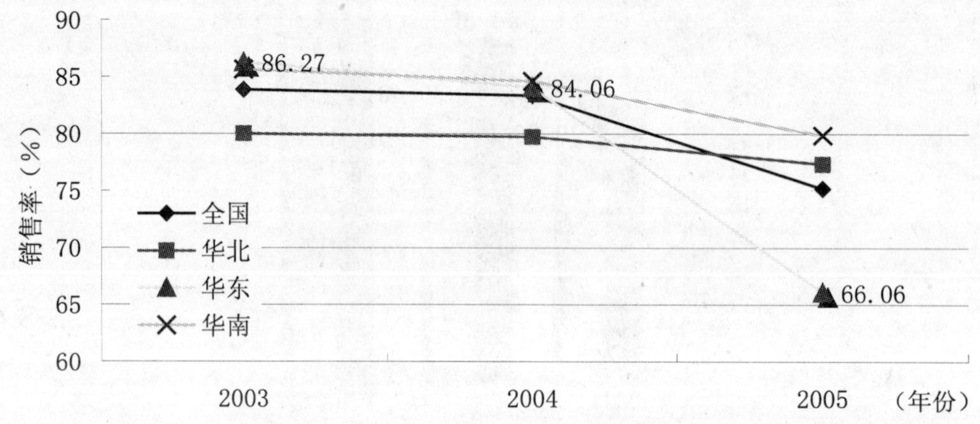

附图 4-5 2003～2005年策划代理百强企业平均销售率

比较近几年的代理面积和销售面积，我们可以发现近三年内策划代理面积较销售面积有较高的增长幅度，尤其是在 2005 年两者的差距在拉大。从销售率的变化趋势我们也可以看出这几年的平均销售率呈现出了下降的趋势，其中华东地区百强企业的销售率下降最为明显，由2004年的84.06%下降至2005年的66.06%。这从一个侧面反映出策划代理行业近些年来正处于一个扩张上升期，企业不断扩张策划代理规模，致使代理面积存量大量增加。这其中有2005年国家对房地产市场宏观调控的影响，同时也有竞争激烈的因素。

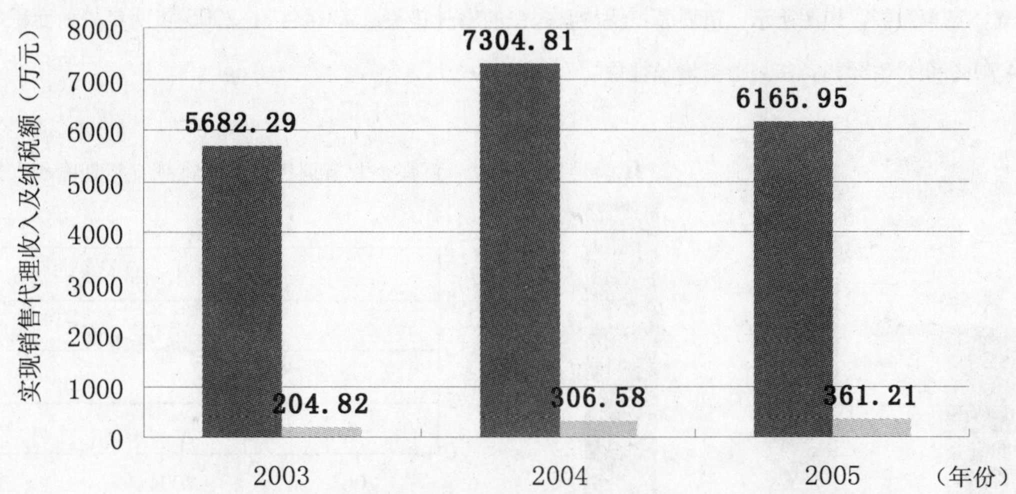

附图 4-6　2003～2005 年策划代理百强企业平均销售代理收入及纳税额

策划代理百强企业纳税额逐渐提高，社会价值逐步得到体现。从策划代理百强企业历年的平均销售代理收入来看，收入上下波动比较大，虽然历年的代理销售面积呈逐年上涨的趋势，但是销售收入并没有呈现相应的增长趋势，这可能是由于代理销售的物业类型结构所造成的，也可能是处于此阶段的竞争特点所造成的。

策划代理百强企业平均所缴纳税额在近几年中有所上升，2003～2005 年百强企业所缴纳税额分别为 204.82、306.58、361.21 万元。2003～2005 年纳税额占销售代理收入的比例分别为 3.60%、4.20%、5.86%。这表明策划代理百强企业所承担的社会责任也在逐年提高。

策划代理企业策划规模逐年提升，企业间竞争激烈

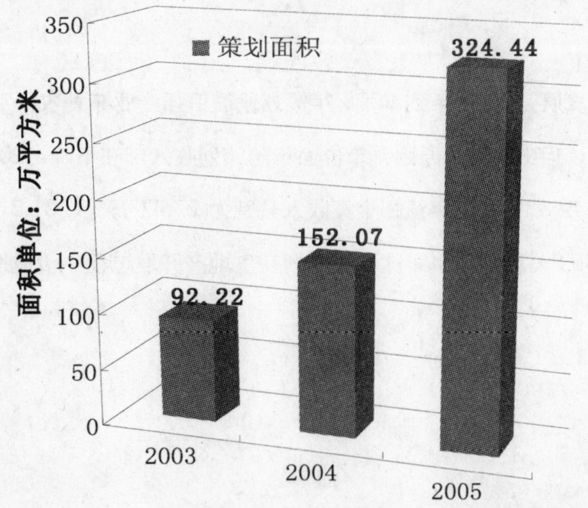

附图 4-7　2003～2005 年策划代理百强企业平均策划面积

策划代理企业策划规模逐年提高，策划个案规模逐年增大，但单位面积策划收入有所下降；策划代理企业策划能力提高，竞争激烈。如图所示，策划面积保持着较快的增长势头。2004 年和 2005 年两年策划面积的增长率分别为 64.90%和 113.35%，策划业务增长很快。

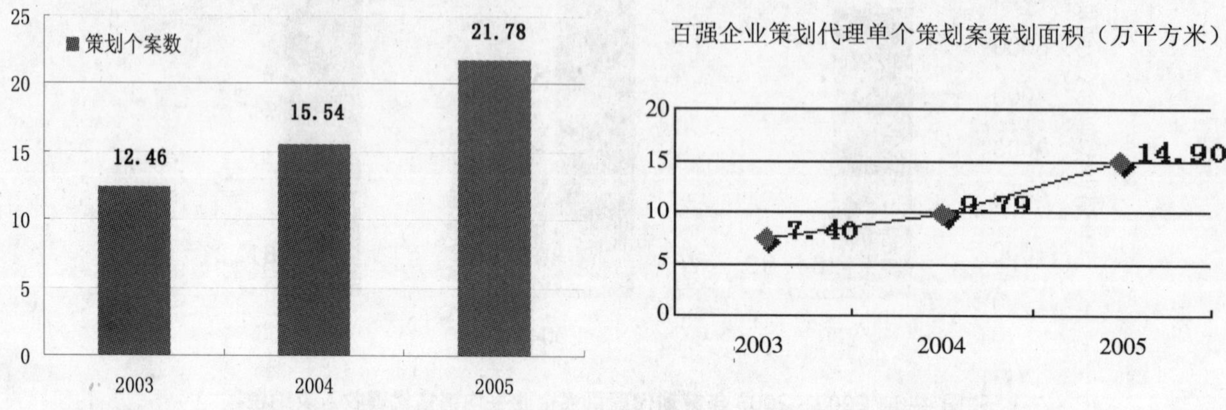

附图 4-8　2003～2005 年策划代理百强企业平均策划个案数及个案策划面积

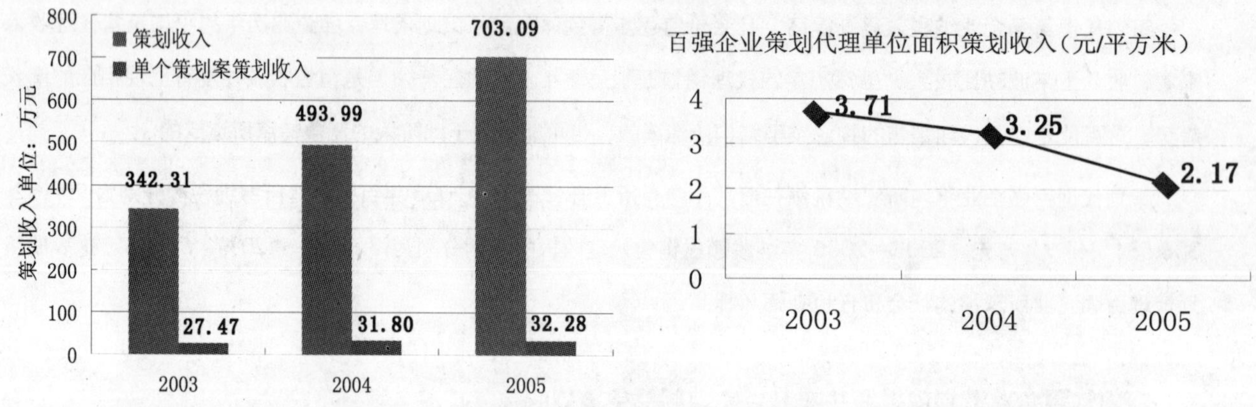

附图 4-9　2003～2005 年策划代理百强企业平均策划收入及单位面积策划收入

随着策划代理行业的不断发展，2003 年到 2005 年策划代理百强企业策划收入平稳增长，策划代理企业所承担的策划个案的规模不断扩大；但由于竞争原因，单位面积的策划收入却在下降。2004 年和 2005 年两年策划收入的增长率分别为 44.31%和 42.33%。三年策划个案收入分别为 27.47 万元、31.8 万元和 32.28 万元，2004 年和 2005 年的增长率分别为 15.77%和 1.52%。这说明策划在房地产开发过程中价值逐渐体现，策划行业在房地产产业链中的地位得到逐步认可。

百强企业加大研发投入，重视企业持续增长能力

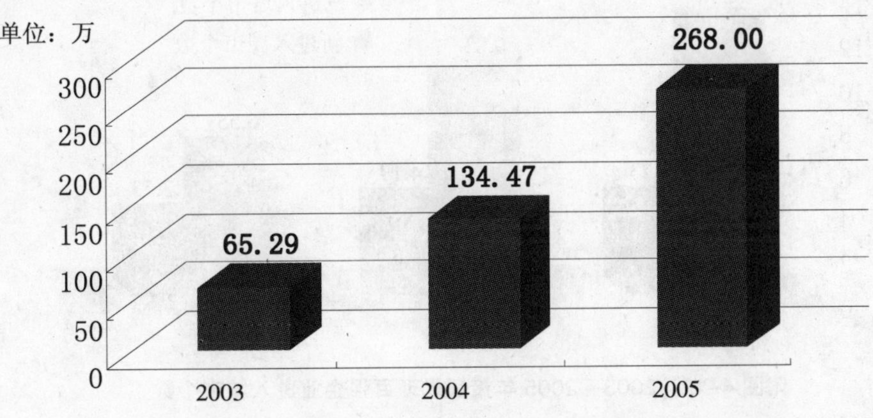

附图 4-10 2003～2005 年策划代理百强企业技术研发投入

策划代理百强企业极为重视企业研发能力的培养，近两年企业研发投入的增长率均在 100%左右；策划代理百强企业分布城市稳步增加。从 2003～2005 年策划代理百强企业的技术研发投入增长很快，2004 年和 2005 年技术研发投入的增长率分别为 105.95%和 99.30%，这从一个侧面说明企业越来越意识到技术研发对于一个策划代理企业的意义。从 2003～2005 年策划代理百强企业平均每年都新增加 2 个分公司，每年平均会进入 4 个城市。企业在区域扩展的同时也将会逐步在各城市建立起自已的企业品牌价值，从而为进一步的扩张打下基础。

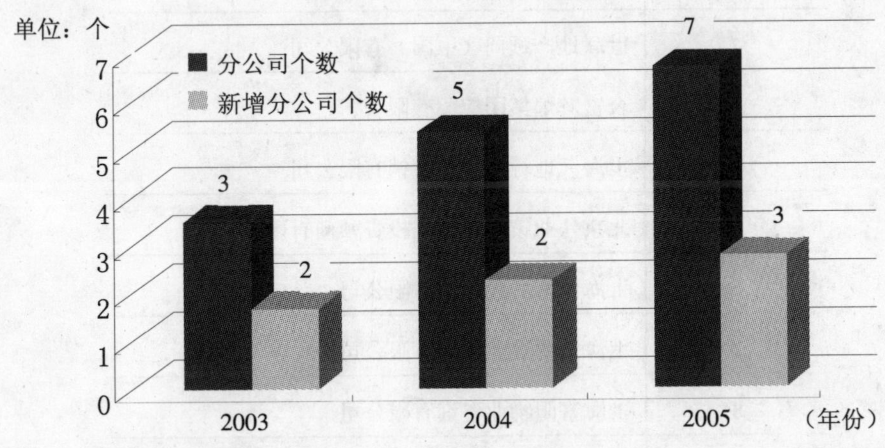

附图 4-11 2003～2005 年策划代理百强企业分公司个数

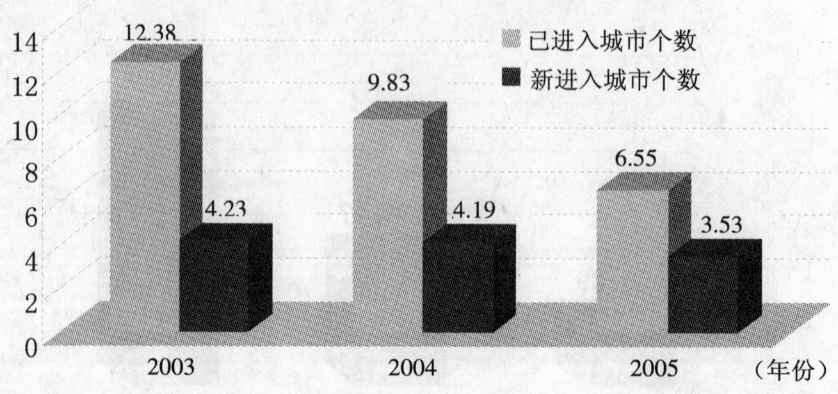

附图 4-12 2003～2005 年策划代理百强企业进入城市个数

四、2006 年策划代理百强企业 TOP10 研究

综合实力 TOP10：企业规模优势明显，策划和研发能力突出

附表 4-1 2006 年中国房地产策划代理综合实力 TOP10 企业名单

2006 年排名	公司名称
1	上海房屋销售（集团）有限公司
2	世联地产顾问（中国）有限公司
3	合富辉煌集团控股有限公司
4	上海天地行房地产营销有限公司
5	北京伟业策略房地产投资顾问有限公司
6	上海同策房产咨询有限公司
7	上海策源置业顾问有限公司
8	上海富阳物业咨询有限公司
9	凌峻地产（中国）有限公司
10	上海普润房地产顾问有限公司

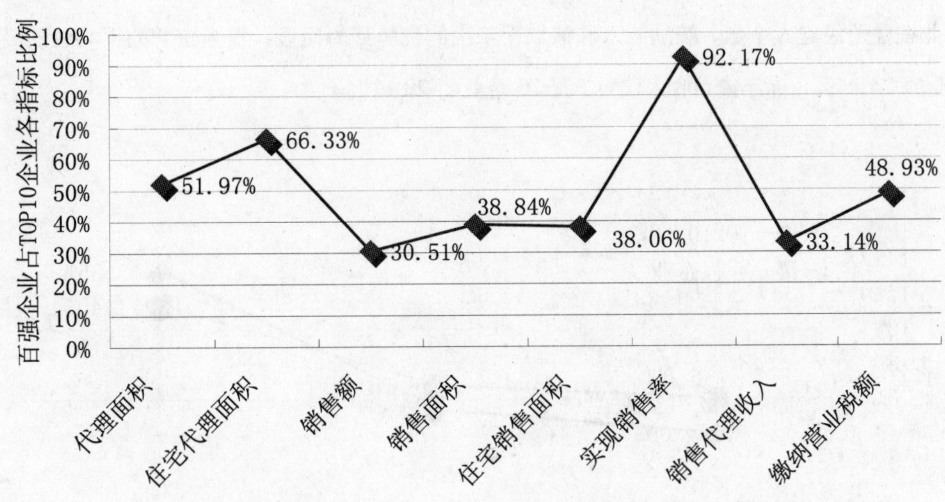

附图 4-13　策划代理综合实力 TOP10 企业与百强企业销售能力对比

策划代理 TOP10 企业的销售额、销售面积及销售代理收入三项指标较其他百强企业有明显优势，企业规模化优势明显，策划代理 TOP10 企业销售总额占百强企业销售总额的 32.78%，集中度较高。如附图 4-13 所示，百强企业的平均销售额仅占 TOP10 企业平均销售额的 30.51%，但策划代理 TOP10 企业的平均销售率却与百强企业的平均销售率接近。这从一个侧面反映出策划代理企业在获得规模效应的同时难以兼顾到销售率的提升。2005 年策划代理 TOP10 企业平均销售额为 103.27 万元，平均销售面积为 141.93 万平方米。其中世联地产、上房销售 2005 年的销售额均接近 150 万元；上房销售、世联地产和凌峻地产的销售面积均在 200 万平方米以上。

提高策划能力成为 TOP10 企业的重要目标。策划代理行业是一个智力密集型行业，策划代理公司通过专业的团队的策划咨询服务提升房地产代理项目的价值，这也是策划代理行业区别于其他行业的地方。因此企业的策划能力强弱也直接反映了企业的综合实力。

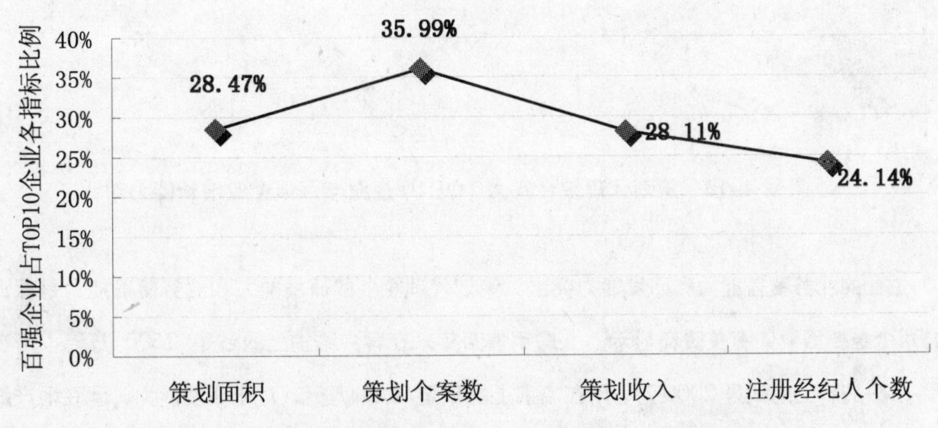

附图 4-14　策划代理综合实力 TOP10 企业与百强企业策划能力对比

上图说明策划代理 TOP10 企业在四项策划能力指标上较策划代理百强企业均有明显优势。其中策划代理 TOP10 企业在注册经纪人个数、策划收入和策划面积上的优势最为明显。百强企业的平均注册经纪人个数仅为 TOP10 企业的 24.14%，而年策划收入仅为 TOP10 企业的 28.11%。

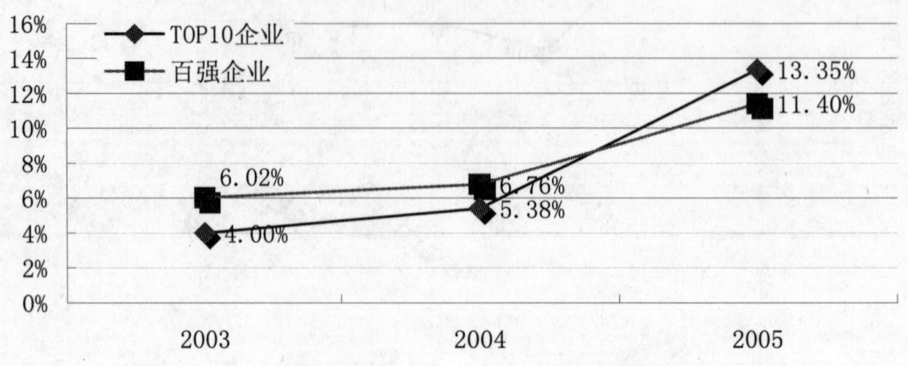

附图 4-15 策划代理百强企业策划收入与销售代理收入对比

从 2003～2005 年策划代理企业收入构成的变化来看，策划代理百强企业的策划收入与代理销售收入的比例在不断提高，2005 年该比例为 11.4%，而策划代理 TOP10 企业的提高幅度更大，2005 年该比例为 13.35%。

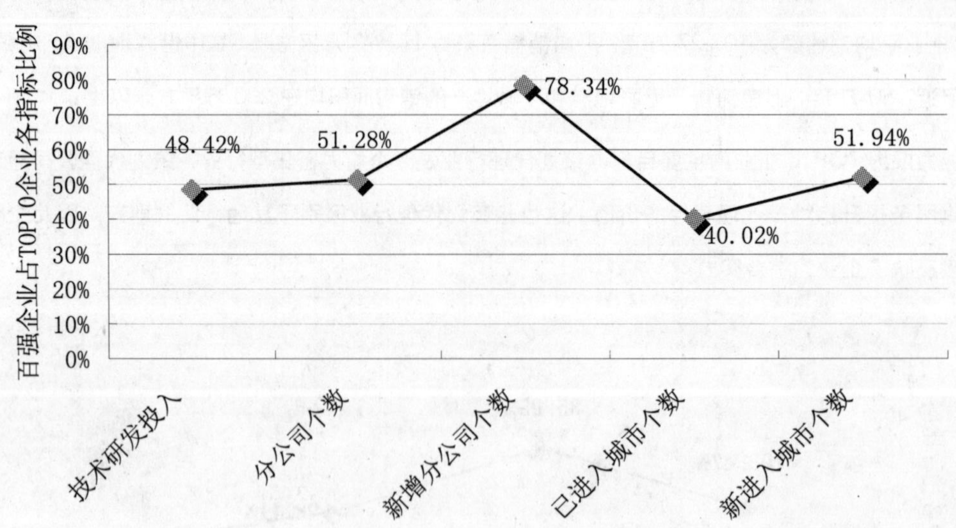

附图 4-16 策划代理综合实力 TOP10 企业与百强企业增长能力对比

TOP10 企业的业务覆盖能力和研发能力突出。策划代理企业的研发能力和业务覆盖能力是保证策划代理企业持续发展的两个重要因素。有关资料显示，上房销售四年来在客户维护上的钱是 2500 万元，用在研发上的钱是 2500 万元，用在品牌上的钱是 2000 万，用在培训上的钱是 2000 万元。对于研发能力，世联地产顾问有限公司认为："小公司与大公司的第一识别符号就是研发"。2005 年世联成立了本行业强有力的研发部门，即世联中国研究与发展中心，这也体现了策划代理 TOP10 企业对研发能力的重视。从附图 4-16 中可以看出，TOP10 企业在技术研发投入和已进入城市个数具有明显优势，2005 年百强企业与 TOP10 企业的平均技术研发投入比例为 48.42%，平均已进入城市个数比例为 40.02%。

华东 TOP10：整体呈现规模优势，但受宏观调控因素影响代理业务出现放缓趋势

附表 4-2 华东地区 TOP10 企业名单

2006 年排名	公司名称
1	上海房屋销售（集团）有限公司
2	上海天地行房地产营销有限公司
3	上海同策房产咨询有限公司
4	上海策源置业顾问有限公司
5	上海富阳物业咨询有限公司
6	上海普润房地产顾问有限公司
7	上海新联康投资顾问有限公司
8	新聚仁机构•上海聚泰房地产经纪有限公司
9	上海华燕置业策划有限公司
10	上海开启房地产投资咨询有限公司

华东地区 TOP10 企业 2005 年共完成销售额 679.6 亿元，约占百强企业销售总额的 21.57%；实现销售收入 13.37 亿元，占百强企业销售代理收入总额的 21.79%。TOP10 企业平均签约代理面积 284.58 万平方米，平均销售面积 74.10 万平方米，平均销售额 67.96 亿元，分别超出百强企业平均水平 68.54%、34.42%和 115.70%，其中上房销售和上海天地行分别以过百亿元的销售额稳坐该地区前两把交椅，遥遥领先于其他 TOP10 企业，而策源置业、上海普润、上海同策销售额均超过了 50 亿元，构成第二集团。华东 TOP10 企业 2005 年平均代理收入达 1.34 亿元，较百强企业平均水平超出 117.85%。从代理物业结构看，华东地区 TOP10 企业代理非住宅类物业比例明显高于非 TOP10 百强企业，两者代理总面积中住宅的比重分别为 58.04%和 91.76%，TOP10 企业对于写字楼、商业服务用房等物业的吸引力明显优于非 TOP10 百强企业。但 TOP10 企业中不乏专注于单类物业的企业，如上海聚泰代理物业均为住宅。

2005 年宏观调控对上海以及周边地区影响较大，以上海为例，房市不确定因素一度增加，买方持币观望普遍，在一定程度上影响了华东 TOP10 企业代理业务增长速度。百强企业数据显示，2005 年华东地区 TOP10 企业平均代理销售额仅增长 1.26%，而 2004 年增幅为 83.1%，增速呈现大幅下降；TOP10 企业平均代理收入较 2004 年减少了 27.97%，代理业务放缓趋势明显。

华北 TOP10：企业间策划代理规模相对平均，整体纳税能力强

附表 4–3 华北地区 TOP10 企业名单

2006 年排名	公司名称
1	北京伟业策略房地产投资顾问有限公司
2	北京九鼎轩置业企划有限公司
3	北京亚豪房地产经纪有限公司
4	香港太平洋国际集团投资顾问有限公司
5	北京金网络房地产经纪有限公司
6	思源兴业房地产经纪有限公司
7	北京中大恒基房地产经纪有限公司
8	天津市凯成房地产咨询有限公司
9	北京金融街房地产经纪有限公司
10	北京上古房地产经纪有限公司

从销售能力看，华北地区 TOP10 企业 2005 年平均签约代理面积 156.90 万平方米，平均销售面积 71.98 万平方米，平均销售额 48.46 亿元，北京伟业、九鼎轩、上古分列代理面积三甲，而香港太平洋则以约 150 万平方米的销售面积居销量首位，金融街则以业务增长速度而表现出了极具潜力的发展势头。华北地区 TOP10 企业间代理规模差异不大，企业间均势发展成为区域特点，九鼎轩、香港太平洋、上古、中大恒基代理规模均集中在 150～200 万平方米，TOP10 企业中有六成的代理面积集中在 100～200 万平方米。而从策划能力看，华北地区 TOP10 企业 2005 年平均策划个案 18.56 个，平均策划面积 327.48 万平方米，平均实现策划收入 572.89 万平方米，其中香港太平洋以 450 万平方米策划面积居首位，而北京伟业以 1998.23 万元策划收入翘首华北策划代理界，其余北京亚豪、中大恒基均具有较强的创收能力。但总体来看，由于华北区域尤其是北京市场激烈的竞争，华北地区 TOP10 企业策划业务平均规模偏小，尚未形成“巨无霸”型企业，市场呈现百家争鸣、百花齐放的态势。华北地区 TOP10 企业平均缴纳营业税额 514.63 万元，高出百强企业平均水平 42.47%，营业税额占销售代理收入的 7.08%，远超过百强企业 5.88%的平均水平，表现出较强的纳税贡献能力，其中北京伟业、思源兴业分别以过千亿元的营业税成为该区域纳税大户。天津凯成由于突出的销售率而成为唯一入选华北 TOP10 的天津企业。

华南 TOP10：大规模策划代理平台上的快速扩张

附表 4–4 华南地区 TOP10 企业名单

2006 年排名	公司名称
1	世联地产顾问（中国）有限公司
2	合富辉煌集团控股有限公司
3	凌峻地产（中国）有限公司
4	深圳中原房地产经纪有限公司

续表

5	深圳市德思勤投资咨询有限公司
6	广州中地行房产代理有限公司
7	深圳市英联国际不动产有限公司
8	瑞尔特房地产顾问机构
9	深圳市众厦实业发展有限公司
10	深圳市新峰地产顾问有限公司

华南地区 TOP10 企业 2005 年实现销售总额 717.8 亿元，占百强企业完成总额的 22.78%，占全国商品房销售总额的 0.54%，高于华东、华北地区。华南地区 TOP10 企业 2005 年平均签约代理面积 255.94 万平方米，平均销售面积 141.17 万平方米，平均实现销售额 71.78 亿平方米，分别较百强企业平均水平超出 51.57%、156.11%和 127.83%。其中合富辉煌和世联地产的销售额均过百亿，而深圳德思勤、凌峻地产销售额也超过了 50 亿元。华南地区 TOP10 企业平均销售率 79.87%，超过百强平均水平 4.68 个百分点，其中深圳众厦实业、英联国际、世联地产、合富辉煌五家企业的销售率达到 90%以上。从策划能力看，华南地区 TOP10 企业 2005 年平均策划个案 80.11 个，平均策划面积 633.80 万平方米，分别较百强企业平均水平超出 269.13%和 95.35%，其中世联地产、英联国际、凌峻地产、众厦实业策划个案均超过了 50 个，中地行也有 43 个策划个案。TOP10 企业平均实现策划收入 1333.34 万元，高出百强企业平均收入 91.74%，其中世联地产和凌峻地产策划收入均超过 3000 万元，居前两位。平均代理规模大、策划个案多成为华南地区 TOP10 企业的明显特征。从增长能力看，华南地区 TOP10 企业 2005 年新开分公司 3.6 个，新进城市 9.5 个，均大幅高于华东、华北区域；而与 2004 年 2.33 个新开分公司、8.25 个新进城市相比，扩张速度明显加快，华南 TOP10 企业急剧扩张之势可见一斑。这与 2005 年华南地区受调控影响较小，而华东、华北地区企业扩张放缓不无关系。

附件：2006 中国房地产策划代理百强企业研究方法体系

研究目的

客观地反映房地产策划代理企业的整体状况和发展趋势，以策划能力、销售能力及发展能力三大指标体系综合反映房地产策划代理企业综合实力；

挖掘营销策划对房地产价值的提升作用，传播房地产营销策划经典成功案例的操作经验，全面提升房地产策划代理行业的运作水平和服务质量；

树立优秀房地产策划代理企业榜样，向市场推介最优秀的企业群体，促进房地产行业资源的优化组合。

基本原则

客观、公正、准确、全面是本研究的基本原则，排除主观因素的影响，以客观数据为唯一依据。

门槛值

依据《公司法》建立、经过省级（含副省级直辖市）以上有关部门批准并登记注册的房地产代理企业作为本次的研究对象；

按照国际惯例，对进入研究的企业给予一个门槛指标，TOP10 研究组确定近三年平均代理物业面积 10 万平方米为入选门槛值；

为了引导房地产策划代理企业做强做大，TOP10 研究组鼓励以集团的名义参与。

指标体系

"2006 中国房地产策划代理百强企业研究" 以 2003～2005 年度为研究时间段，指标体系的设计遵循以下几个原则：

1. 销售能力与策划能力相结合

成功的房地产营销取决于企业的策划和销售能力，二者密不可分。策划的好与坏直接关系到项目销售的进程的顺利与否。代理规模以及代理销售速度全面体现了房地产策划代理企业的销售能力；而企业的策划能力主要表现在企业完成的策划个案和策划收入以及策划人员素质，人才是策划代理企业成功策划销售的基本保证。因此，TOP10 研究组采用代理面积来反映企业的代理规模情况；采用销售额、销售面积、销售速度来反映代理企业的销售能力；采用策划个案数、策划收入来反映策划代理企业的策划能力；采用注册经纪人个数和策划人员素质等指标反映企业的人才资源状况。

2. 企业现状与发展能力相结合

销售能力和策划能力反映了房地产策划代理企业现状，但决定企业未来的是企业的发展能力，只有将二者结合才能对房地产策划代理企业做出全面的评价。企业的发展能力取决于企业的发展速度和发展空间，因此，TOP10研究组采用代理面积增长率和策划面积增长率反映企业历史发展速度，采用技术研发投入指标来反映企业为保证未来发展所进行的研发投资，采用策划代理企业品牌价值及发展布局（已进入城市个数和分公司个数）等指标来反映企业的未来发展空间。

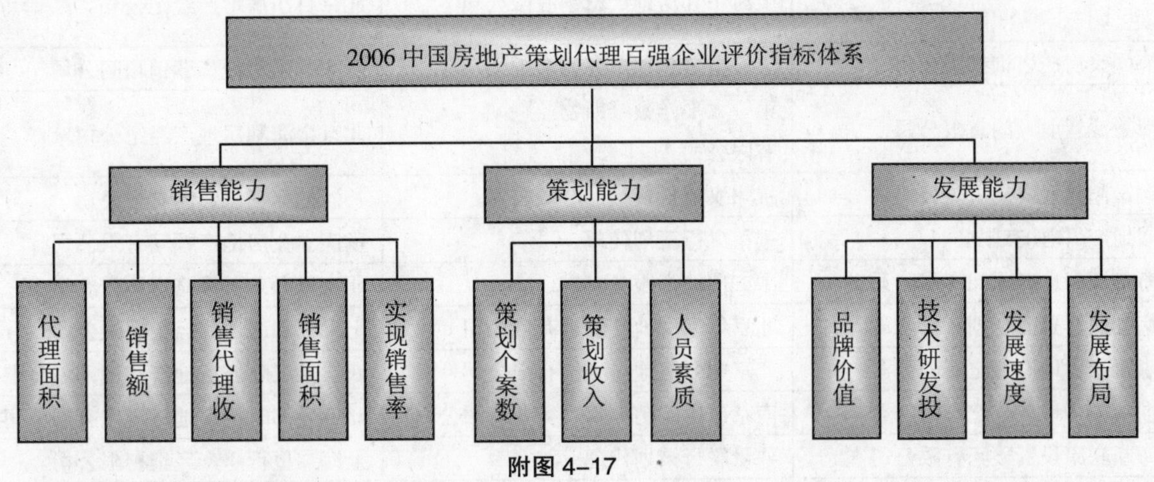

附图 4–17

数据来源

（1）由房地产策划代理企业所填报的数据，中国房地产 TOP10 研究组根据企业所提供的税票等资料对这些数据的真实性进行核实；

（2）中国房地产指数系统房地产开发项目数据库；

（3）有关政府部门的公开数据；

（4）房地产策划代理企业对外公布的信息（包括企业网站公布的信息和对外派发的宣传资料）。

计量评价方法

在研究方法上，为增加研究的严谨性，采用主成分分析方法（Principal Component Analysis）。主成分分析是一种数学变换的方法，它把给定的一组相关变量通过线性变换转换成另一组不相关的变量，这些新的变量按照方差依次递减的顺序排列。在数学变换中保持变量的总方差不变，使第一变量具有最大的方差，称为第一主成分，第二变量的方差次大，并且和第一变量不相关，称为第二主成分。依次类推，K 个变量就有 K 个主成分。通过主成分分析方法，可以根据专业知识和指标所反映的独特含义对提取的主成分因子给予新的命名，从而得到合理的解释性变量。计算中国地产百企业强综合实力时，主要是计算各构成要素的相关矩阵，通过相关矩阵得到特征值和累计特征值，及主成分的荷载。根据最初几个特征值在全部特征值的累计百分率大于或等于某百分比的原则，确定选择主成分的具体个数。最后根据这些主成分的对应的因子得分进行加权累加即构成 2006 年中国地产策划代理百强企业综合实力指数。

“2006 中国房地产策划代理百强企业”名单

附表 4-5 “2006 中国房地产策划代理百强企业”名单

上海房屋销售（集团）有限公司	北京金融街房地产经纪有限公司	深圳市合和地产顾问有限公司
世联地产顾问（中国）有限公司	北京上古房地产经纪有限公司	天津宇轩投资咨询有限公司
合富辉煌集团控股有限公司	苏垦机构•美地置业	北京置地前景房地产经纪有限公司
上海天地行房地产营销有限公司	南宁宝资通项目咨询有限公司	上海景瑞房地产营销代理有限公司
北京伟业策略房地产投资顾问有限公司	上海中邦房地产营销有限公司	北京百川房地产经纪公司
上海同策房产咨询有限公司	上海宝名房地产咨询有限公司	胜家准则房地产营销顾问公司
上海策源置业顾问有限公司	第一太平洋戴维斯物业顾问有限公司	北京金海利房地产经纪公司
上海富阳物业咨询有限公司	杭州汉嘉投资顾问有限公司	长沙地标资讯顾问有限公司
凌峻地产(中国)有限公司	戴德梁行策划代理	重庆立业房地产顾问有限公司
上海普润房地产顾问有限公司	中广信地产服务机构	北京万通东方策略房地产经纪
北京九鼎轩置业企划有限公司	北京华远房地产经纪有限公司	上海锦和房地产经纪有限公司
北京亚豪房地产经纪有限公司	北京中原房地产经纪有限公司	武汉大汉隆城房地产营销策划有限公司
深圳中原房地产经纪有限公司	南京市房屋销售置换实业有限公司	北京经纬时代房地产经纪有限公司
上海新联康投资顾问有限公司	仲量联行策划代理	上海乘星行房产经纪有限公司
深圳市德思勤投资咨询有限公司	北京协成房地产经纪有限公司	天津纵横房地产投资咨询有限公司
新聚仁机构•上海聚泰房地产经纪有限公司	世邦魏理仕	厦门聚贤庄地产营销代理公司
香港太平洋国际集团投资顾问有限公司	北京易事达天易房地产经纪有限公司	成都世家机构实业有限公司
上海华燕置业策划有限公司	北京成业行房地产经纪有限公司	武汉观筑地产顾问有限公司
广州中地行房地产代理有限公司	北京锋华兴业房地产经纪公司	群策房地产投资顾问(武汉)
上海开启房地产投资咨询有限公司	信立怡高房地产顾问机构	重庆中房网络有限公司
北京金网络房地产经纪有限公司	北京万利行房地产经纪有限公司	贵阳采纳创意置业咨询有限公司
思源兴业房地产经纪有限公司	成都中成房业有限责任公司	昆明新航房地产经纪有限公司
深圳市英联国际不动产有限公司	家春秋置业投资顾问有限公司	无锡大卫不动产顾问有限公司
瑞尔特房地产顾问机构	北京达观房地产经纪有限公司	北京永德房地产经纪有限公司
深圳市众厦实业发展有限公司	北京朝阳大地房地产经纪公司	北京盛世翌豪房地产经纪有限公司
上海百马房地产顾问有限公司	青岛启典投资顾问有限公司	北京万利仁房地产经纪有限公司
深圳市新峰地产顾问有限公司	深圳市尤豪斯房地产经纪有限公司	天津联合房地产销售代理有限公司
深圳市同致行物业顾问有限公司	深圳市同致业房地产顾问有限公司	深圳中城置地投资顾问有限公司
北京中大恒基房地产经纪有限公司	深圳市华彦房地产经纪有限公司	兰州顶尖房地产营销代理公司
上海荒岛房产工作室有限公司	天津中磊房地产开发有限公司	洛阳报人房地产咨询有限公司
经纬物业（中国）有限公司	上海杰星房地产投资有限公司	天津市国泰安居房地产营销中心
南京垠坤代理机构	汇丰行房地产投资机构	南京城开千居房产经纪有限公司
天津市凯成房地产咨询有限公司	世纪皓产房地产经纪公司	
上海经佳房地产营销策划有限公司	北京桦达创意房地产经纪公司	

资料来源：中国房地产 TOP10 研究组。

2006年中国房地产策划代理百强企业展示

上海房屋销售（集团）有限公司

上海房屋销售（集团）有限公司前身“上海房屋销售有限公司”于2000年成立于上海，被评为2004CHIAF（中国住交会）中国房地产十大营销企业，成为入选CHIAF房地产品牌企业的服务商，2005年又被评为中国房地产策划代理百强企业。

华东区域运营事业总部是上海房屋销售（集团）有限公司于2005年初整合组建，定位于以长三角地区为中心的华东板块业务的经营管理区域总部。公司秉承集团"以专业和诚信在房地产的流通中创造持续的价值、以永续的服务构筑人类寻求生存和发展空间的桥梁"的企业使命，不断提升专业能力和服务水平。坚持“用精细做规模”、“用专业做利润”、“用整合做市场”、“用资本做规模”、“用人才做企业”。

世联地产顾问（中国）

世联地产顾问（中国）于1992年在香港注册成立，1993年正式进入国内房地产咨询服务领域。世联中国集团以深圳为总部，在北京、上海、广州等城市设有12家分支机构，构建起了珠三角、长三角和环渤海三大业务区域，从本地、区域以至全国的层面，为政府、房地产企业、银行、个人业主及投资者提供综合性的房地产服务。

世联把每一次的服务视为一段长远关系的奠基石，分享客户的成功，与客户共同成长进步。依据客户需求和市场变化，世联不断创新和探索新的业务范围，目前已经建立起包括房地产营销代理、发展顾问、价值评估、经纪服务和按揭服务的综合服务体系，为客户提供从区域开发、旧城改造、土地出让到项目开发、新房销售以及二手房租售的全程服务。

上海天地行房地产营销有限公司

上海天地行房地产营销有限公司，2001年4月成立至今，是集房产策划、房产营销、房产品牌统筹集合优势的全程代理综合服务品牌公司。

其上级企业上投房产是上海国际集团旗下的全资子公司，属上海12家房地产开发骨干企业之一。注册资本达2.5亿元人民币，先后获得过“人居经典综合大奖”、“鲁班奖”、“最佳房型奖”、“住宅小区优秀设计奖”、“实施城市规划优秀奖”等奖项与殊荣。

自成立以来，通过汇龙新城、海琪园、虹桥华庭、苏堤春晓名苑、中天碧云苑、丽水华庭、大上海高尔夫别墅、天籁园别墅等几十个市中心高档公寓住宅项目及高端别墅项目的代理，已经形成了极具行业竞争力的"中• 高档楼盘营销代理"的品牌服务特色。

伟业顾问

1994年创立的伟业顾问，崇尚“专业塑造品牌，服务创造价值”的理念，经过10多年发展，逐步发展完善了房地产投资顾问、营销代理、资产管理、二手房业务和商业管理顾问五大专业服务体系，已成为北京最具规模的房地产综合服务商。

成立至今，伟业共参与了近百个项目的投资顾问、营销策划和销售代理服务，至2005年底累计总代理额逾400亿元，服务项目遍及京城各个区域以及石家庄、天津、济南、青岛、太原、大连等地，二手房业务已扩展至9个城市。

凭借多年在房地产策划代理领域的杰出表现，伟业顾问连续两年获选“中国房地产策划代理百强企业华北区第一名”，并且以3.31亿元的品牌价值名列全国顾问代理行业第三名。董事长林洁获“2005年中国房地产百强企业家”荣誉称号。

上海同策房产咨询有限公司

T●SPUR 上海同策房产咨询有限公司

T●SPUR 同策咨询

上海同策房产咨询有限公司作为一家民营背景的从事房地产开发、地产研究、项目咨询、整合营销和房产金融投资的集团公司正式成立于2004年年初，其前身为1998年成立的专业从事房地产全程营销和销售代理等业务的上海同策房产咨询有限公司。

目前公司整个核心经营团队由一批在房产投资评估、市场分析研究、项目营销策划、金融资本运作、企业战略和品牌管理方面的专家组成。经过7年的发展，公司已由单一的房产销售发展为多元的房地产全程代理营销策划服务公司，销售业绩也节节攀升。

上海策源置业顾问有限公司

上海策源置业顾问有限公司成立于1999年3月，专业从事房地产项目营销策划、销售代理、广告企划等业务。

公司自成立以来，本着“与开发商携手，营造优质楼盘，建筑生活理想。与消费者同心，成就心中愿景，实现理想生活”的企业哲学不断成长。6年来，经营规模实现了突破性飞跃，营销代理项目80余个，总销售面积逾280多万平方米，总销售金额突破171亿人民币。

自2002年起连续四年（2002年，2003年，2004年，2005年）获得上海市房地产营销代理企业二十强金桥奖，更在2005年度跻身金桥奖第二名；2002年度被评为首届上海市房地产营销代理企业二十强；2003年被评为CIHAF中国房地产中介代理品牌二十强企业；2004年年末，策源先后荣获2004年度上海市房地产关注品牌、2004年CIHAF中国房地产营销代理品牌企业十强及2004年CIHAF中国房地产营销策划品牌二十强等荣誉。

上海富阳

1997年,上海富阳由海外的专业房产研究团队在上海始创，2005年，上海富阳从国务院发展研究中心等权威机构优选的400家代理公司中胜出，跻身“中国房地产策划代理前10强”，同年，在“中国房地产策划代理品牌价值TOP10”研究报告中，品牌价值跃居全国第五。

历年来，上海富阳先后代理销售了北京橘郡、杭州广厦天都城、上海恒大华城系列、宁波塞纳丽景、苏州玄妙广场、青岛城市梦想家、马鞍山中央花园、重庆广厦城、长沙曙光大邸等项目。其中五洲云景获得了中国房地产指数系统“2005上海最具投资潜力楼盘”奖，宁波国际广场荣获“全国绿色生态住宅示范项目”称号。

目前代理的代表性项目有：雅戈尔•东湖馨园、大江苑、四季华城、剑桥风范等。

凌峻地产（中国）有限公司

凌峻地产（中国）有限公司成立于1994年，总部设在广州，下设广州凌峻房地产咨询有限公司、广东凌峻广告有限公司、沈阳凌峻商业经营管理有限公司，并在长沙、厦门、沈阳、常州、武汉等地设立分公司，现有员工400余人。公司享有“地产策划专家”的美誉，是国内最具实力的专业房地产策划代理机构之一。

作为一家业务遍布全国的公司，凌峻坚持专业敬业的工作作风，历经50个城市锤炼，逾200个开发商的400多个项目（其中商业项目80多个）实战，并成功操作了20多个中国名盘项目和一大批各地的明星楼盘，赢得全国众多知名发展商的信赖、称赞和大力支持。

同时，凌峻公司还受到了权威机构的充分认可，“2006 地产中国”最具实效销售力代理企业，2005年、2006年连续二年荣获中国房地产策划代理综合实力TOP10、CCPE2005年度中国房地产十大营销企业、CIHAF2003年、2004年中国房地产营销代理品牌企业暨房地产优秀策划代理机构20强等称号。

上海普润房地产顾问有限公司

中国房地产流通服务行业上市公司成员
（证券代码：600606）

上海普润房地产顾问有限公司成立于2003年12月，是参加建设部“百家放心中介承诺”上海地区的八家中介单位之一，在世纪之交又是建设部上海地区唯一推荐的“世纪中介单位”；在“2005中国房地产百强企业家峰会”的百强企业的评选中，公司和王德生总经理分别荣获“百强之星”和“2005年度中国百强企业家”称号，在“百强企业的发展趋势”先进案例中，被引用为制度化创新企业。2006年，普润地产更是喜讯频传，先后获得“2006中国房地产策划代理企业Top10”、“上海房屋中介市民诚信品牌”、“上海房屋中介市民放心店”等荣誉称号，并荣获2005第五届上海房地产经纪行业“金桥奖”。

香港太平洋国际集团投资顾问有限公司

香港太平洋国际集团投资顾问有限公司1989年在香港成立，集团由来自世界各地的优秀房地产投资专家、金融专家、城市规划专家、营销专家组成，业务领域遍布香港、东南亚、北美及内地，在业务方面主要从事风险基金投资、城市运营与规划、房地产策划和营销代理等业务。公司总部曾先后在香港、北美、东南亚等地操作过600多个投资、引资、风险基金投资顾问项目，并在房地产领域成功策划、代理过280多个知名地产项目，每年的代理销售金额超过200多亿元。

香港太平洋国际集团投资顾问有限公司于2002年登陆内地，2005年8月在北京设立内地总部，随着公司业务的不断拓展和延伸，逐渐形成了以北京总部为核心，覆盖华北、华东、华南的公司运营网络，主要从事为房地产开发企业提供项目战略定位、项目融资、城市拆迁、规划设计、创新营销、世界知名零售商企业招商、品牌包装、销售代理、全程策划等方面的专业服务。

上海华燕置业策划有限公司

1997年9月，上海华燕置业策划有限，公司开发的首个楼盘“凯旋公寓”，荣获了“上海市品位楼盘”、“上海市优秀房型奖”，胡书芳董事长也被《解放日报》评为房地产后起之秀风云人物。成功之后，经过反复思考，胡书芳董事长做出大胆抉择，决定把企业经营方向重新定位到房产营销代理上。就是这样一个重大决策，使华燕公司开始走上快速发展的轨道，在循环往复中实现了螺旋式上升。到2005年，华燕公司已成为“中国房地产策划代理百强企业”，胡书芳董事长也荣获了“中国房地产百强企业家”称号。

华燕公司定位于构造上海大牌风范的营销代理企业，经典佳作有凯旋公寓、龙阳花苑、大家闺秀、虹桥城市花园、晶采名人大厦、东方名园、嘉利豪园、虹桥馨苑、新华盟、城上城、黄浦国际、新时空、国际商务广场、阳光世纪城等等。

上海开启房地产投资咨询有限公司

上海开启房地产投资咨询有限公司是上海专业房地产营销策划代理公司，于1992年在上海成立。

2006年上海开启房地产投资咨询有限公司进驻昆山地区与江苏实力开发企业新城房产达成战略联盟，代理旗下翡翠湾与新城域两大楼盘，其中翡翠湾位于昆山城西森林公园板导体，规模达27万平方米，目前已经成为昆山极具品质说服力的品牌楼盘；新城域为新城房产2006年的又一力作，下半年即将开盘，项目位于昆山城面312国道与长江南路交界处，紧邻世贸蝶湖湾与南亚电子，规模达到60万平方米，未来将成为城南集居住、商业、教育为一体的大型生活城。

天津凯成房地产咨询有限公司

天津市凯成房地产咨询有限公司系天津市房地产经纪机构一级资质企业。成立于1998年，滨海新区最早的专业化房地产代理企业，八年来始终坚持“以人为本、以诚致胜”的经营理念；逐步在业内“前期研究”、“客户资源”、“销售能力”方面确立了绝对的市场优势地位。先后与建设集团、贻成集团、顶新集团、远洋房地产、德福实业、博美置业、华泰集团、津滨发展、万联房地产、滨海集团等实力企业合作，成功代理销售了翠亨高层、贻欣园、康翠园、俪景园、远洋金海湾公寓、泰达新天地、博美园、阳光家园、雅都天元、华馨园、银珠公寓、城市之光、东方名居等众多具影响力的楼盘；销售面积逾150万平方米；成功代理销售项目四十余个，咨询项目十余个。

苏垦机构. 美地置业

苏垦机构成立于1995年，是专业的房地产营销整合服务商，下属苏垦广告、美地置业等多家企业，致力于房地产的营销策划、广告推广及销售代理，同时也参与房地产的开发。经过十年的发展，目前已发展成为南京规模最大的房地产策划代理公司之一。苏垦机构现已进入南京、连云港、扬州、无锡、常州、合肥、马鞍山等城市市场，累计代理推广600万平方米建筑面积，120家楼盘。苏垦机构荣膺“中国房地产策划代理百强企业”称号，是苏垦机构成立十年来，在打造房地产策划代理公司品牌的道路追本溯源、业精于诚的结果。

上海中邦房地产营销有限公司

ZOBON中邦

上海中邦房地产营销有限公司是中邦置业集团有限公司投资控股的股份制企业。

公司成立于2002年，注册资金1500万人民币，经营范围为房地产经纪，专营房地产市场研展、营销策划、销售代理、中介代理等全程营销服务业务。

上海中邦房地产营销有限公司拥有一支专业化、高素质的策划及销售队伍，同时拥有完备的营运系统和服务系统。成功推广了联洋新社区——250万平方米大型生态文化社区，并使“联洋”荣获“上海市房地产著名商标”称号；代理的联洋花园世纪苑、天合苑、联洋年华、中邦风雅颂、中邦晶座、中邦MOHO、中邦城市，代理销售面积超过80万平方米，楼盘取得了良好的销售业绩，同时也塑造了个性鲜明的楼盘形象。

武汉大汉隆城房地产营销策划有限公司

武汉大汉隆城房地产营销策划有限公司成立于2000年6月，是一家从事房地产策划和销售代理的专业公司。公司以经纪制营销为主导模式，并率先在武汉市倡导“引导式销售”的经营理念。建立了一套“以销售为第一原则”的科学、严明的管理体系。

公司拥有专业房地产经纪队伍130余人，其中大专以上学历31人，MBA学位2人，高级职称3人，房地产挂牌经纪人32人，先后40余人参加了房地产销售人员培训，考试合格后持证上岗。这支队伍平均年龄不到30岁。他们以年轻人特有的拼搏精神，用自己的智慧和汗水，勇敢地面对挑战，不断创造出良好的业绩。

公司本着“立足武汉、放眼华中”的经营目标，一步一个脚印地向前迈进。

附录五：
中房指数十城市历年指数值

中房指数十大城市城市综合指数历年值（2000～2006）

	北京	上海	广州	深圳	天津	武汉	重庆	南京	杭州	成都
2000～12	1329	1027		1308	806		562			
2001～03	1299	997		1301	789		564			
2001～06	1308	1038		1353	805		555			
2001～09	1340	1070		1360	816		552			
2001～12	1369	1101		1374	828		580			
2002～03	1352	1111		1373	810		593			
2002～06	1353	1153		1384	812		585			
2002～09	1388	1229		1412	827		594			
2002～12	1409	1307		1434	854		626			
2003～03	1349	1356	1331	1423	833		627			
2003～06	1344	1432	1338	1429	832		619			
2003～09	1369	1514	1336	1456	868		633			
2003～12	1397	1621	1358	1466	913		663			
2004～03	1403	1676	1337	1469	934		674			
2004～06	1437	1719	1338	1482	958		724			
2004～09	1487	1814	1391	1517	999		772	1016		
2004～12	1521	1946	1432	1564	1042		801	1055		
2005～03	1569	2006	1467	1565	1083	681	851	1081		
2005～06	1565	2036	1497	1584	1094	703	882	1085		
2005～09	1575	1905	1478	1585	1101	710	866	1020	1542	991
2005～12	1590	1912	1486	1636	1137	705	896	1020	1550	965
2006～03	1604	1955	1531	1759	1213	696	917	900	1459	992
2006～06	1831	1999	1622	2363	1231	728	977	927	1514	921

中房指数十大城市住宅指数历年值　（2000～2006）

	北京	上海	广州	深圳	天津	武汉	重庆	南京	杭州	成都
2000～12	1000	849	1077	1112	760		459			
2001～03	1004	864	1066	1082	751		460			
2001～06	1000	864	1060	1093	740		448			
2001～09	998	864	1003	1077	733		447			
2001～12	993	865	994	1069	721		442			
2002～03	1023	952	979	1075	704		454			
2002～06	1030	946	955	1084	712		458			
2002～09	1044	979	949	1098	689		453			
2002～12	1018	1015	944	1115	702		472			
2003～03	1046	1080	944	1111	703		487			
2003～06	1064	1164	940	1127	719		507			
2003～09	1086	1226	951	1148	735		513			
2003～12	1116	1290	942	1137	752		518			
2004～03	1122	1351	937	1158	787		529			
2004～06	1143	1413	919	1163	811		624			
2004～09	1162	1475	944	1157	843		651	867		
2004～12	1216	1548	969	1185	873		661	898		
2005～03	1228	1558	988	1194	912	481	690	895	1299	651
2005～06	1223	1561	1077	1183	900	527	612	861	1203	706
2005～09	1237	1583	1080	1181	909	542	592	832	1229	715
2005～12	1253	1580	1084	1245	952	551	637	817	1236	685
2006～03	1277	1678	1134	1392	1022	539	604	706	1248	611
2006～06	1387	1698	1223	1858	1049	596	616	756	1257	655

中房指数十大城市写字楼指数历年值 (2000~2006)

	北京	上海	广州	深圳	天津	武汉	重庆	南京	杭州	成都
2000~12	2043	1529		1957			924			
2001~03	1986	1501		2045	1238		913			
2001~06	1991	1566		2139	1244		938			
2001~09	2009	1617		2184	1273		948			
2001~12	2071	1684		2196	1280		964			
2002~03	2023	1708		2183	1260		966			
2002~06	2035	1809		2191	1259		983			
2002~09	2103	1941		2199	1271		1003			
2002~12	2131	2077		2249	1277		1036			
2003~03	2023	2167	1927	2220	1245		1020			
2003~06	2012	2269	1939	2214	1273		1024			
2003~09	2040	2445	1936	2213	1311		1035			
2003~12	2050	2640	1973	2260	1373		1061			
2004~03	2042	2778	1954	2237	1367		1046			
2004~06	2054	2879	1969	2249	1361		1060			
2004~09	2106	3019	2008	2317	1404		1091	1503		
2004~12	2147	3201	2050	2339	1457		1130	1511		
2005~03	2212	3316	2098	2354	1452	789	1152	1571		
2005~06	2280	3434	2151	2401	1518	816	1155	1589		
2005~09	2250	3182	2138	2329	1526	770	1076	1665	2306	1441
2005~12	2267	3245	2017	2336	1549	730	1060	1873	2266	1436
2006~03	2216	3006	1991	2918	1558	722	867	1763	1947	1330
2006~06	2413	3222	1998	3317	1530	713	768	1665	2006	1035

中房指数十大城市商铺指数历年值 （2000～2006）

	北京	上海	广州	深圳	天津	武汉	重庆	南京	杭州	成都
2000～12	2642			3202	1385		2285			
2001～03	2566			3190	1359		2282			
2001～06	2575			3217	1362		2319			
2001～09	2619			3212	1359		2290			
2001～12	2690			3188	1416		2369			
2002～03	2669			3181	1424		2351			
2002～06	2667			3203	1425		2363			
2002～09	2721			3260	1502		2412			
2002～12	2764			3293	1514		2393			
2003～03	2601		3102	3233	1506		2290			
2003～06	2582		3142	3211	1506		2290			
2003～09	2633		3123	3255	1561		2315			
2003～12	2659		3182	3268	1620		2371			
2004～03	2626		3139	3255	1617		2383			
2004～06	2649		3157	3264	1665		2411			
2004～09	2698		3230	3317	1714		2468			
2004～12	2739		3296	3392	1750		2536			
2005～03	2842		3369	3460	1793		2604			
2005～06	3058		3428	3498	1847		2645			
2005～09	3093	2404	3476	3505	1902	1883	2603	1467	2739	2386
2005～12	3095	2405	3700	3514	1907	1830	2591	1258	1834	2361
2006～03	3136	2458	3822	2771	2126	1831	3343	1059	2308	3344
2006～06	4288	2423	4048	4725	2149	1740	3995	1103	2704	2743

中房指数十大城市 Hedonic 指数历年值（2004～2006）

	北京	上海	广州	深圳	天津	武汉	重庆	南京	杭州	成都
2004～01	449	780								
2004～02	456	735								
2004～03	484	722								
2004～04	422	664								
2004～05	422	806								
2004～06	472	882								
2004～07	491	958								
2004～08	505	924								
2004～09	498	880								
2004～10	502	1001								
2004～11	449	855								
2004～12	524	878								
2005～01	511	863	423	446	458	297	317	603		
2005～02	507	923	410	406	478	291	362	563		
2005～03	524	864	417	406	484	313	383	574	557	349
2005～04	535	875	419	482	480	302	428	616	568	352
2005～05	533	826	413	449	466	311	430	606	541	358
2005～06	530	813	422	448	460	310	415	589	530	341
2005～07	535	815	437	451	470	330	405	593	536	338
2005～08	537	802	453	449	485	326	400	580	533	331
2005～09	531	803	455	461	488	339	414	587	546	326
2005～10	525	789	475	470	502	351	385	595	543	321
2005～11	532	796	482	477	507	361	394	607	548	333
2005～12	531	799	488	471	514	362	398	609	542	347
2006～01	539	806	497	453	504	364	397	595	532	354
2006～02	534	799	500	468	508	354	395	591	526	350
2006～03	539	820	505	470	517	351	388	595	520	343
2006～04	549	835	511	510	519	356	390	615	535	336
2006～05	558	845	516	519	530	352	385	624	552	346
2006～06	572	841	510	532	543	356	362	645	563	354

2006年中国典型地产指数系统优秀项目展示

北京典型住宅指数样板项目

A-Z TOWN(爱这城)

A-Z TOWN(爱这城)位于北京市朝阳区东四环外朝阳路东段,属CBD副中心。此区域周围分布着东四环、东五环、京通快速路、朝阳路以及朝阳北路等城市交通路网;项目南侧与城市地铁枢纽——四惠站、四惠东站相邻,优越的地理及交通条件,给业主们提供了居住、办公的舒适出行尺度。

A-Z TOWN总建筑面积约44万平方米,由13万平方米大型主题商务商业和25万平方米高尚舒适型全精装公寓两大组团构成,属大型综合性物业。社区容积率仅为2.8,绿化率达30%以上,还保留了大量的成树,在CBD区域属优良稀缺产品。

首创·A-Z town 爱这城

在打造项目丰富性的同时,A-Z TOWN将被称为"CBD绿肺"的万坪主题景观公园——早安公园横亘在两大组团中央,将住宅部分与商业区域进行了有效的动静分隔,让每一个居住在这里的人既不远离繁华,又能时刻安享家的温情和纯净。

东恒时代Ⅱ期-TIMES

TIMES
东恒时代Ⅱ

东恒时代Ⅱ期-TIMES位于四惠桥东北畔,距四惠地铁站仅200米距离,两站直达国贸中心;同时,毗邻朝阳路、东四环路两大交通干道,畅达无限。TIMES向北200米,信步而达CBD东部的大型繁华商业中心-华堂商场。周边环绕着餐饮、服装、银行、美容美发等齐备的生活配套;项目附近更有国贸商城、华贸中心、现代城、建外SOHO等商业机构,成熟商圈的浓厚氛围一览无遗。

项目总建筑面积为40万平米, 其中A/B组团纯居住区,为CBD区域罕见的低密度国际寓所;10栋高层阳光板楼,被置于大面积的绿色园林之中。社区内部规划则特别奉献了东区独一的解压之所------超大型温泉主题会馆,汲取地下1200米深度的地热温泉SPA服务,在周边区域项目中难寻二家。

达华依云庄园

达华依云庄园扼守京承高速公路、立汤路及机场路的核心枢纽位置,是亚奥别墅第一站,新机场高速路起点,距新机场高速仅120米,10分钟即达首都机场。庄园门口即将开通的京承高速路畅达无阻直通三环,30分钟就能抵达国贸,20分钟到燕莎,10分钟即到望京,彻底告别交通拥堵时代,真正实现了作为第一居所的城市别墅的功能。

Evian Garden 達華依雲莊園

达华依云庄园的总占地面积为1000亩,规划分为三期开发,一期占地110亩,共75套独栋别墅(现房)。二期规划有20000平方米五星级会所、37000平方米的中心湖、超市等设施,三期还将开发五星级酒店及高尔夫练习场等高档配套场所。打破传统别墅90%~95%的空间使用率,达华依云庄园达到了153%~192%,赠送超大双露台与顶层大阁楼,加之内外交融空间的延续、伸展,让业主得到更多的体恤与舒适。

中海·瓦尔登湖

中海瓦尔登湖别墅位于亚奥京北别墅区的核心，上风上水的龙脉之地，西侧为北京早期代表性别墅项目碧水庄园，北侧1000米为风景优美的沙河水库以及北案建设中的沙河卫星城和大学城。

中海瓦尔登湖别墅距城区仅15公里，立汤路、京昌路顺畅连通市区，五环路、六环路也为未来来往于家与城区的业主们带来极大的方便。门前的定泗路向东可顺畅联络京承高速并至机场，地铁、轻轨等交通干线也将在项目四周组成方便的交通网。

区域内草木丰茂，空气清新，处处可见优美的自然田园风光。

中海瓦尔登湖别墅临近东侧为千亩苗圃基地，东、西、北三侧更被多年生大树茂盛围合，对本项目的推广发展起到了极大的促进作用。天气晴朗时，可以清晰地望到远处的燕山山脉，为修身养性绝佳场所。

美林香槟小镇

最具投资价值的联排别墅。美林香槟小镇位于天竺别墅核心区，距温榆河仅800米，紧临机场路和京顺路两大高速专道，20分钟直抵CBD。

天竺区——北京第一代传统别墅区，至今已成熟整十年。以拥有北京东北地区天然的丰富林木、大面积水景和高质量的空气而成为北京目前乃至全国规模最大、拥有最多别墅的区域。温榆河——因其自然的生态环境和上佳的空气质量而名。周边高尔夫球场、国际学校、赛马会、国际shopping—mall、欧式商业街一应俱全，是北京目前最为成熟的高尚生活区域之一。

美林香槟小镇总占地15万平方米，总建筑面积9万平方米。是以联排别墅为主的高尚别墅区，双拼别墅、联排别墅、叠拼别墅一应俱全。18.3%建筑密度，0.46超低容积率，20～59米楼间距。286套别墅共有13种户型。国际品质burberry风格全精装，有天、有地、有花园的流水园林。75000平方米流水园林。4200平方米运动主题会所，泳池、壁球、健身、室外网球场……

远洋山水

远洋山水项目位于长安街西延长线玉泉路路口西南侧，距天安门直线距离13.6公里，距西客站7.0公里，是中远房地产开发有限公司在长安街沿线开发的又一大型房地产项目。远洋山水地处西四环与西五环之间，周边路网发达、交通便利，北侧是长安街西延长线，为城市主干道，一线地铁贯穿东西长安街；南侧为规划新建的西便门外快速路，属在建城市主干道；东、西两侧紧邻城市主干道——待拓宽的玉泉路和规划新建的鲁谷村西路。

远洋山水项目坐落在北京市环城绿化隔离带上，总占地面积204公顷。其中开发建设用地45.84公顷；大型绿化用地114公顷，分布在石景山路南北两侧，项目绿化率达到56%。项目拟建设成总建筑面积130万平方米以上，配套完善、环境优美、适宜居住的大规模高尚社区。工程计划分四期实施，5～6年完成。

紫玉山庄

北京紫玉山庄位于亚运村之北1.5公里，完全毗邻规划中的奥运村，可迅速往返于CBD及北京国际机场。山庄内奇葩竞艳，山水环绕，8万平方米的生态湖，3万平方米的中央公园，近100种异鸟珍禽栖息其间，10多万株奇花异卉点缀其中。俱乐部、SPA、综合运动馆、超豪华5星级泰式酒店被绿色层层包裹，融入自然，成为一个集休闲、度假、商务于一体的高绿化率综合园林，并为各界人士提供符合国际标准的完善服务。

紫玉山庄第四期别墅依然运用当前世界上最流行的人居设计理念，户型采用大空间设计，业主可根据喜好自由进行多功能立体组合，大胆营造和标榜新居住环境潮流，第四期采用了多种高科技生态环保建材，外墙面采用目前国际上顶级别墅普遍采用欧洲进口陶土板，使每栋别墅都形成冬暖夏凉的生态建筑。第四期别墅同时用第三期的大底盘设计，车库均位于地下室，真正实现独栋别墅人车分流构想。

上海典型住宅指数样板项目

海洲 · 国际华园

海洲• 国际华园位于上海黄浦区国货路 313 号，占地面积 16352 平方米，地上总建筑面积为 53457 平方米，由四栋新海派风格标准化都市公寓组成。海洲•国际华园东依南浦大桥，紧邻世博会址，M4、M8（在建）交汇，距豫园 2 公里，距人民广场仅 3 公里，具有极好的区位优势；周边教育资源丰富。周边有大同中学、大境中学等；周边医疗机构完善，第九人民医院、董家渡地段医院、第二人民医院、红房子医院等市区级医疗机构分布在四周；建筑选材考究，英国棕花岗岩基座立面，沉静而富有时间质感；双层中空玻璃隔音隔热，节能环保；彩铝门窗色彩丰富，精致美观。

檀乡湾

檀乡湾位于上海宝山区水产西路与富长路的交界处，总占地 72851.1 平方米，建筑面积约 11 万平方米，容积率 1.35，由多层、小高层、叠加别墅组成。

檀乡湾力图复现该田园风格，在建筑以及景观设计风格上，紧扣小高层、多层住宅以及叠加别墅的产品特征，采用端庄严谨的欧式建筑语言，结合小区内的天然河道，营造出一个风情水岸的法式原味生活社区；交通方面，檀乡湾地处上海北翼的宝山新城腹地区域，依托地面公交、蕴川路—共和新路高架、外环线以及 R1 轨道交通所形成的立体交通网络优势，与上海中心城区相连，大大缩短了出行的时间。轨道交通 1 号线的“共富新村站”位于地块东南面约 1.7km 处，方便出行。

恒联名人世家

恒联名人世家位于青浦赵巷板块，该区域是上海政府规划的国际别墅区。项目占地面积 28.6 万方左右，只开发了 165 栋高档别墅物业，容积率仅为 0.25，建筑密度仅 17%。超低的建筑容积率、高绿化率，打造市场上稀缺的中国风格的生态别墅。恒联名人世家的规划设计真正从细节上考虑了业主居住的私密性，实现私家园林最大化，别墅户均面积达到两亩左右。

在园林植栽的配备上，恒联名人世家致力打造现代名流专属的生态宫殿。项目引进了香樟等珍贵植物，分别为观赏性植物、闻香类植物、品果类植物和养身性植物。植物配置基调是以落叶树为主，常绿树为辅。用竹类、芭蕉、藤萝和草花作点缀，通过孤植和丛植的手法，让树木不仅成为造景的素材，更是一幅体现园林极景的风景画。

绿洲千岛花园

绿洲千岛花园坐落于南汇区航头中心镇，占地3平方公里，西临延长的杨高南路，北靠鹤立西路，仅水体面积高达1万平方米，入口处的人工景观湖达到2万平方米。园区内的组团式景观设计，与高低起伏、错落有致的坡地式园景及75%的覆盖林带，共同构成了独一无二的“千岛”美景。0.156的超低容积率以及大面积私家花园，为别墅生活创造了更私密、更有层次的人性空间，整个园区被纵横交错的岛屿和人工水系自然分隔成各个半岛或独立岛。岛间水面最宽30米，平均20米。每幢别墅分别占地2～5亩，为大框架结构，并装有电梯。开发商不惜成本，投入巨资营造坡地状景观，尤其注重对天然河道的利用和营造，讲究纵横交错、水岛相融的园区规划，让水系成为每一幢私家花园都能享受到的美景。

西郊湖岸美墅

西郊湖岸美墅是绿地集团进军高档别墅市场开发的首个别墅项目。是个纯美式莱特风格的混合别墅社区，小区内既有独栋别墅，也有双拼和联排别墅。项目位于西郊赵港国际别墅区，总占地面积约11.5万平方米，建筑面积约5.7万平方米，总户数221户，绿化景观率约50%。整个社区拥有三大特点，一是交通便捷，位于延安路高架赵港口，距市中心(虹桥，古北)仅18分钟车程；二是动感水岸，其两面有天然淀浦河水域环绕，中央有约1000平方米的景观湖，此外还有网球场，高尔夫推杆场，跑步小径，休闲会馆等室内外活动场所；三是价格多元化，小区分为独栋，双拼，联排三种形态，拥有多种房型，可供选择的总价范围也较大。

佘山银湖别墅

佘山银湖别墅占地面积7000亩，前后分十期开发。首期占地420亩，共计建有别墅127套。每户配有双车库或单车库，还建有公共地下车位。配套设施有红外线报警、室内外泳池以及会所。私家花园每户500～2000平方米不等。临近佘山风景区，视觉景观好，空气质量高，规划中将建有多项配套设施，小区环境设计充分体现亲水住宅的别墅居住理念。

由于佘山银湖别墅位于佘山国家旅游度假区旁，自然生态环境较为优越。整个小区整体规划非常大，目前小区首期的420亩已有部分交房。建筑形态上，银湖别墅采用目前市场上流行的两层楼美式别墅，材料上选用厚重大气的石材以及暗色系的面砖相拼而成，部分别墅屋前屋后都有大面积的水域环绕。

华润置地·上海滩花园

华润置地·上海滩花园，南外滩高档滨江住宅先锋，总建筑面积20万平方米。项目紧邻上海滩龙脉——黄浦江，北距外滩1.8公里，西距豫园1公里，南邻世博会主场地2公里。上海滩花园在项目上突出文化底蕴，既有老上海风格的礼拜堂和石库门元素，又有2010年上海世博会的概念。项目保留了原地块上30年代的ART DECO风格礼拜堂作为小区未来会所，景观设计为国际景观大师Bill Bensley，结合石库门建筑元素设计东南亚风情度假休闲园林；室内设计为香港著名室内设计师梁志天，以现代简约的精装修设计理念营造舒适居家；物业管理则为高力国际与华润置地联袂打造，这些均成为本案值得居住的重要因素。

九城湖滨国际公寓

九城湖滨国际公寓地处松江九亭4.8平方公里房产发展区内，毗邻沪青平、沪松2条上海高速交通扼要，可直达市中心；规划轻轨9号线，5站即达上海体育馆，与徐家汇枢纽干道国际交通网络即时切换。

九城湖滨所在新九亭生活圈包含了政府规划建设的5.8平方公里高档住宅发展区，已经成为上海城中移民首选的新兴高尚聚居区。由市政府重点规划的环轻轨超大型商圈——九久广场建成后将极大改善当地商业和生活环境；沪亭北路、涞访路两大商业街对九城湖滨的配套形成有力补充；目前上海运动设施最齐全的室内运动馆——奥林匹克运动馆坐落于此。区域内拥有重点中学九亭中学及7所幼儿园、2所九年一贯制学校，幼托至高中可实现一站式。

新江湾城·雍景苑

新江湾城·雍景苑作为新江湾城的“开山之笔”，坐享新江湾城区优越的生态、人文、景观资源，以国际化的优秀品质引领了整个区域的住宅发展方向。

新江湾城·雍景苑交通便利，轨道交通、10多条公交轨道线路，保证轻松出行。在楼盘的景观设计和建材用料上开发商颇下工夫，不惜成本选用纯天然砂岩石材塑造立面，既美观又具环保、防水、隔音、隔热、防辐射等功能。

新江湾城·雍景苑一期户型设计以100～110平方米的二房和120～140平方米的三房为主，主卧270度观景台颇具特色。一梯两户设计，确保户户充足采光。雍景苑采用国际化智能配套：德国Valliant国际地采暖、韩国高级指纹锁、法国Legrand彩色可视对讲、ApBus家居智能终端调控……高科技产品的运用，将智能家居的概念完美引入，全方位地为业主营造了人性智能生活空间。

泰欣嘉园

泰欣嘉园是香港泰昇集团旗下房地产公司的又一力作，小区位于活水公园“梦清园”以西，东、南侧都紧邻苏州河及其绿化带，拥有市内稀有的生态外环境。小区建筑面积约15万平方米，有6幢高层和3排小高层，约９００余户。小区规划结合周边并充分利用已有的环境优势，沿河布置三组小高层并有机结合沿河的２０米绿化带及休闲步行街，使之融为一体；6幢高层沿西沿北布置，进一步增加了小区内的空间，再借助空间上的“错开”和建筑体型上的“旋转”，进一步增加了视觉上的有效空间及视距，使滨河景观及“梦清园”尽收眼底。近6米高的底层架空及仅约２０％的建筑覆盖率意味着“空间”才是小区的主旋律，再加上遍植大树及立体绿化景观的配合，造成移步异景的效果。

招商·依云郡

招商•依云郡坐落于上海城西九亭新镇，紧贴沪青平高速、延安路高架延伸段、轨道交通9号线，坐拥徐家汇、七宝、虹桥繁华商圈。周边学校、医院、大卖场等生活配套设施齐全。

作为九亭区域唯一纯别墅规划小区，依云郡项目占地13万平方米，容积率0.7，产品规划为联排、叠加、双拼别墅。多达20种的房型规划，面积控制在170～250平方米，部分客厅与餐厅的错层设计、入口处有挑空空间，客厅、主卧大面宽。同时，招商•依云郡为客户提供了高性价比，平均附送面积与建筑面积达1:1，包括阳光地下室、私家精装花园、景观露台、实用阁楼。这些奉送面积，在层高和采光等方面，都考虑了实际生活中的利用率，保证客户得到的都是真正可使用的面积。

南桥老街

南桥老街位于奉贤南桥镇，区域文化首席名盘。南桥老街总建筑面积约达 60 万平方米，容积率约 1.2，规划四大组团，继承了传统里弄总弄、支弄布局方式，建筑立面高贵典雅，景观营造人文底蕴深厚。

社区规划了学校、医疗等生活服务设施，韩国易买得大卖场即将进驻，社区活动中心开业在即，项目投资商更巨资营建海派风情大型商街，从容演绎优雅高尚生活。

天津典型住宅指数样板项目

首创· 宝翠花都

首创 · 宝翠花都是由首创置业集团在天津开发的首个高尚纯居住社区。项目位于丁字沽三号路延长线的瑞景居住区内，西侧为天津外环线，南侧为龙泉道，北侧为临龙舟道，东侧为辰旺路，立体交通脉络四通八达，出行极为便捷；项目周边生活配套成熟完善：家乐福超市、银行、邮局、学校等，南侧紧临规划中天津第二高教区；项目周边自然环境得天独厚，北临占地达 200 多万平方米的本市最大花木生产基地——刘园苗圃，西侧外环线内侧是宽 50 米、长达 500 米的绿化带，南面是占地 150 多万平方米的天津植物园。

首创• 宝翠花都总体占地 33 万平方米，总建筑面积约 47 万平方米，其中一期开发约 10 万平方米。建筑形式为 6 层的多层洋房及 10～11 层的板式小高层，绿化率为 46%,容积率仅为 1.42,居住尺度宽松舒适。其中多层洋房部分将于 2006 年底入住，板式小高层部分将于 2007 年年中入住。户型方面以舒适型三居和精品两居为主，人性化设计带给业主完美居住体验。

天津富力城

城中香格里拉

天津富力城是富力地产集团进入津城的首个项目，项目位于市中心文化底蕴深厚、公共设施配套齐全、商业设施完善的南开区老城厢界内，毗邻规划中的地铁一号线、二号线。项目占地面积达 215550 平方米，地上总建筑面积 724230 平方米；建筑形态以 24 层到 28 层短板纯南北向住宅为主，符合天津人的居住习惯；楼体均为单体建筑，最多两幢联体，尺度宽松、疏密有致，各楼座相互错开，结合富力南派园林风格，形成较为丰富的景观效果，再辅以特色鲜明的商业、会所，让每位业主轻松拥有天然高品质生活。

广州富力地产股份有限公司（香港联合交易所上市编号：2777）成立于 1994 年，注册资金 7.6 亿元人民币，集房地产设计、开发、工程监理、销售、物业管理、房地产中介等业务为一体，是中国综合实力最强的房地产企业之一。公司于 2005 年 7 月 14 日在香港联交所主板上市，为首家被纳入恒生中国企业指数的内地房地产企业，并荣登市值最高公司之一。

武汉典型住宅指数样板项目

新华西·美林公馆

新华西• 美林公馆由湖北长源房地产开发有限责任公司开发，是一个位于汉口城市中轴线核心位置的 30 万平方米的高层大型社区。超过 35%的绿化率、低达 20.3%的建筑密度，使得整个社区稳重而不呆板，空灵而不虚无。毗邻王家墩中央商务区的优越地理位置，使整个大汉口的繁华成为其最美的风景，而 30 万平方米的规模，让社区内的景观有了极大的空间，在城市中心的居住区，享受成熟完善的城市配套时，依然可以享受优美的景观、自然的风光。

新华西• 美林公馆——更城市、更建筑、更生活！

新華西·美林公館
C B D · 30 万 M² 中 央 生 活 区

水岸星城

水岸星城，总建筑面积达 65 万平方米，是武汉内环线内唯一临湖的大规模社区。作为城市中心的超大型生态高尚社区，水岸星城秀外慧中。集交通便利、配套完善、一江两湖景观、规模社区和公司品牌等各种先后天优势于一身，不可多得，堪称武汉滨湖高端住宅典范，专为注重生活品质的社会精英人士所打造的优越家园。

水岸星城涵盖 TOWNHOUSE、叠加别墅、花园洋房、高层住宅等多种建筑形态，并赋予不同建筑形态以鲜明的性格，注重细节，用材考究，精工锻造。

无论是湖居逸墅、风临雅墅，还是高尚 HOUSE，都有着开敞明亮、布局合理的室内空间；再通过安排形式各异的前庭后院，统一不同建筑形态的居住环境。

长春典型住宅指数样板项目

中海·水岸春城

中海·水岸春城是中海地产在长春投巨资建造的第五代住宅精品。整个项目位于政府规划中的南部新城，毗邻城市副中心，也处在政府规划的净月生活区的核心地带，现经过近两年的开发建设，同时随着市政府迁至雕塑公园，中海水岸春城必将成为东南板块的翘楚。项目具体位于卫星路与临河街交汇处南800米，紧临伊通河，东邻临河街，北邻丙十路。中海水岸春城总规划用地27万平方米，规划建筑面积约30万平方米，共分三个组团。绿化率为40%，近2万平方米的中庭绿地，各南北贯穿的两条S形生态绿带，形成以自然生态、水景、绿河为主的核心景观。楼间距极大限度尊重北方人的生活习惯，用1.97倍的日照系数，来最大限度地满足各个楼层的采光需求，从而使中海水岸春城成为名副其实的阳光社区。

绿地·长春上海城

绿地·长春上海城的缔造者绿地集团已经有13年的专业地产经验，开发足迹遍及中国17个重点城市。

2005年中国住交会吉林赛区“三名”榜单上，绿地·长春上海城入列“吉林名盘”，充分验证了绿地集团在地产界的专业实力。今天，绿地·长春上海城占地面积34公顷、建筑面积35万平方米的一期湖畔国际已经成为长春市规模最大的在建项目之一。坐依西部环城防护林，长春上海城周边的绿色环境更为丰富与真实，其环绕绿地达到百余公顷，成为长春西部绝无仅有的绿色超级大盘。

天安·第一城

天安·第一城由长春天安地产开发，雄踞长春西南未来富源地。小区从景观、建筑、配套等多方面出发，在每一个细节处精心打造社区的成品风貌。

凡尔赛园林是法国古典主义最杰出的典范，堪称西方宫廷建筑艺术代表。天安第一城借鉴法国凡尔赛园林的布局特点，恢宏展现长春顶级社区成品园林的不俗风采；在建筑上，天安同样从“精品”意识出发，吸收欧美时尚设计理念，以意大利米兰和美国纽约潮流风尚为榜样，为春城成功人士度身定制成品豪宅生活。

小区颠覆北方园林设计规划，几何式建筑形式、不同层次建筑的完美结合，辉煌呈现了欧洲凡尔赛宫园林的恢弘、优雅与浪漫。约38米音乐喷泉引领2万平方米园入口广场，演绎独具魅力的欧洲风情。步入园区，约300米长的宫廷式景观大道、超豪华的五星级俱乐部、近万平方米的景观生态湖更是全方位实现着成功人士梦想中的园林生活。

为1%成功人士打造

万科上东区

万科上东区是万科地产继城市花园之后在长春开发的又一力作。上东区社区中间为园区的主要景观带，以点式高层为主线，把园区的商业和公建布置其中，结合造型活泼、新颖、别致的公建配以景观设计，使景观和建筑浑然一体，组团内设置集中的景观空间，为组团内的业主交流提供了良好的条件，还有广场、网球场、篮球场、游泳馆、运动中心等配套设施。这些场所，把生活装扮得多彩多姿。

小区的交通线简洁快捷，在组团内形成人车分流，考虑到开车族的心理需求，把主要行车路线放在园区的中间两条主路上，使开车族在回家的路上同样也可以感受到园区良好的景观和生活的情景。上东区的规划设计力求体现社区友善、温馨、生机盎然、艺术的特点，运用现代简约的手法，提供园区的业主一种新的生活方式。使业主共享园区的景观资源的同时，也可以相互友好地交往。

长影世纪村

长影世纪村由长春科信房地产开发公司开发，项目位于长春市中心区——朝阳区，长春电影制片厂旧址，由红旗街、湖西路和两条规划路围合成的区域内，东北和东南方向分别与东煤新村和轻工业机械厂隔规划路相邻，占地 20.5 公顷。在自然环境上，该项目旧址为长影原厂区，内有许多乔木、灌木，树龄都在几十年以上，为尊重原始地貌以及从保护自然的角度出发，项目规划设计中已充分给予了适当的保留、移植；又紧邻风景秀丽的南湖公园。

在街区环境上，项目用地地处长春市城市中心区域，位于红旗街商圈腹地，有着发达的商业资源，而且周边生活着数量众多的原住人群和潜在人口——是一个都市核心的中央生活区。

富苑华城

富苑华城由长春天正房地产有限公司开发，坐落在长春市朝阳区南湖大路 28 号，东临南湖广场，各条公交线路使华城与长春市主要区域之间紧密相连；南临湖光路，湖光路菜市场、东光商贸城及小区东侧一字排开的商铺，为小区居民提供了良好的购物环境。

富苑华城周边还有与小区居民生活密不可分的公共配套服务设施，南湖大路邮电局，商业银行南湖支行，工行湖光路储蓄所等形成了统一完善的周边服务体系，同时又有南湖大路 21 号的东方大学医学院，湖光路上的吉林省第二医院，前进大街上的前卫医院为小区居民提供方便优质的健康保障，除此之外，周围还星罗棋布着几十所著名的大专院校和科研院所，另外周边还有安民小学、朝阳子弟小学、朝阳区重点中学四十五中学，及小区内设有双语幼儿园，为小区业主下一代提供良好的素质教育的同时，也形成了长春市著名的文化区，可谓“物华天宝，人杰地灵”。

四季风采

项目规划总用地面积 7.1 万平方米，规划用途为居住、公建，规划总建筑面积为 10.5555 万平方米，其中住宅建筑面积为 9.0163 万平方米，公共建筑面积 1.209 万平方米，共由 1 9 栋多层建筑构成，园区容积率为 1.44，绿化率为 38%。

项目定名为豪邦 · 四季风采，是豪邦地产继新月花园、豪邦 · 四季台北之后的宽城区又一力作。几年来豪邦地产一直致力于宽城区地产开发，2004 年四季台北项目得到了购房者和业内人士的认可和好评，开盘 5 个月便销售告罄，成为 2004 年城北区域唯一获“最佳销售先锋楼盘”奖的小区。

亚泰·鼎盛国际

亚泰·鼎盛国际，位于长春市市中心，重庆路商圈之中，本项目北临重庆路，南靠重庆胡同，西接人民大街，东近清明街，与香格里拉大酒店、卓展时代广场成三足鼎立之势，可以说享有了寸土寸金的地段。

本项目的开发企业为亚泰地产公司，作为省内实力最强的开发商之一，其优质的施工质量更是被长春百姓所认可。 本项目的 1F～6F 裙房为亚泰富苑购物中心，现已开业经营。本购物中心凭借其高标准的品牌运营，已经得到了长春市部分客群的拥护。7F 为本项目的大型会所，可以为您提供完善的商务服务、休闲服务、娱乐服务，为长春市顶级的商住楼盘。

东方之珠

东方之珠由长春东兴房地产开发有限公司开发，项目占地 41.8 万平方米，建筑面积为 60 万平方米，为了符合现代人居要求，东方之珠以中国诗画为范本，引入天然深泉，为业主营造了 10 万平方米皇家亲水园林。20 大景观组团，并首创 3 公里长环形林荫跑道，使男女老少各得其所，各得其乐。

项目主推 85～95 两室两厅和两室一厅的户型，依靠品牌影响力，进行自然销售，其相对低廉的价格，为城市的中产阶级和普通消费者提供了可供选择的楼盘。

长春明珠

万达·长春明珠由大连万达集团长春地产开发，雄踞长春市新城中心，紧邻世界雕塑公园。西起人民大街，东至亚泰大街，北接卫星路，南临高速公路出入口。项目面市 6 年多来，深受追捧，获誉连连，已为 4000 多个幸福家庭构筑理想生活。园区生态优美，宜人宜居，教育、超市、医疗等配套完善。目前，二期翡翠组团多层和小高层建筑正在热销中，面积约从 94～240 平方米，2 房 2 厅至 4 房 3 厅全囊括。应广大购房客户要求，长春明珠二期翡翠组团近期将再次加推典藏房源。长春明珠此次呈现的翡翠组团，是在原有基础上的升级品，由小高层、多层组成，充分满足了未能如愿入住明珠的市民的需要。与此同时，翡翠组团的地理位置占据了相对优势：北依园区景观带、西靠风景潭、东至亚泰大街、南临雕塑公园。视野开阔、风景众览。商业街举步可及，生活更加便利。另外，长春明珠配有双电源保障系统，让业主无需为水电担忧。也许，正是这种高品质，突出人文关怀人居的理念。

我的家园

我的家园是联华地产值得骄傲的作品，因为在过去的四年中，她创造了诸多的第一，特别是获得中国住交会“中国名盘”的奖项，在人们的心目中留下了很多原创性符号的深刻印象。以“适应永久居住的新城市社区”为设计原则，奉献“可持续生存和发展”的世代家园。地处朝阳区和南关区延伸带交汇处，与新城区接壤，是独一无二的“高尚城市社区”。 我的家园定位于高档住宅区，总占地面积 217298 平方米，总建筑面积约 23 万平方米。作为品质地产的巅峰之作，我的家园二期突破了长春地产的“半成品时代”，开创了长春地产的全成品时代。项目由四个部分组成，即住宅可观、环境可赏、配套可用、服务可享，这四个方面构成消费者购买产品价值的全部。2006 年 4 月，我的家园二期以全成品面世，社区立体化园林、全体系高品质小区内物业服务、超市、干洗店、幼儿园、家园会所、美容健身馆、网球场、棋牌室、酒吧等同期开放，实现了全成品开盘。

亚泰・东城世家

纯熟社区・格调生活

亚泰・东城世家是亚泰地产继桃花苑之后开发的又一大型项目，位于长春东部，二道区的核心地带，北起安乐路，南至岭东路，东到民丰街，西临东盛大街。杏花苑环境设计由清华大学建筑设计院深圳分院担纲，总占地面积 14.89 公顷，总建筑面积 40 万平方米，其中包括 23 栋多层住宅，9 栋小高层住宅，4 栋高层住宅，1 栋幼儿园，1 个变电所。园区规划采用人车分流的方式，每栋楼前都留有消防通道，可供消防车进入。环杏花苑小高层，建有目前省内最大的半地下车库，共计有 626 个车位。

杏花苑的景观以法兰西风情为特色，以中西合璧的内庭式园林景观为主线，在园区中间由南至北建有一条 360 米长的水道，周边点缀着风格各异的主题公园。如：音乐叠水喷泉、花都之间、卢浮宫金字塔、 枫丹白露林、 诺曼底海滩、 协和广场等。同时引进了许多珍惜树种：银杏、紫杉等。

大连典型住宅指数样板项目

碧海尚城

碧海尚城是由顺天海川企业集团寰海地产投资 5.9 亿元倾力建造的大连首个复合型国际化生活社区，是由 11 栋板式高层组成的围合式建筑组团。总面积 21.3 万平方米。

碧海尚城雄踞大连新城区 CBD(中央商务中心)、CCD(中央商业中心)、CLD(中央生活中心)三大板块的交汇炙点，独享海、陆、空立体交通网络，紧邻金州体育场南，距金州二站 50 米，距金州火车站仅 500 米，距建设中的轻轨站 300 米，交通十分快捷便利；碧海尚城周边幼儿园、小学、重点中学环绕，医院、体育健身场馆出行即至，银行金融机构遍布，各种商业配套相当成熟齐备；更率先引入商业航母——大商集团，合力打造新城市中央商业第一大道，2 万余平方米国际一流的大型购物广场“大商新玛特超市”于 2006 年 6 月隆重开业，3 万平方米的 BLOCK 商业街区也将陆续推出。届时，碧海尚城将成为大连新城市区域性商业中心。

乾豪·东城天下

乾豪·东城天下是乾豪集团开发的一个大型情境式、国际化生态社区。位于通往金石滩国家级风景旅游景区的轻轨沿线，开发区生态区和产业区的结合处。

整个项目占地 33 万平方米，建筑面积 55 万平方米，近 5000 户。共分为三期开发。一期 21 栋，1068 户，2005 年 11 月 6 日开盘当天销售 809 套，创造了房地产业的奇迹。东城天下规划设计是国际知名的澳洲汤臣·邓肯公司，景观设计是加拿大的 JBM 公司：时尚典雅的德式建筑风格，注重细节的把握。整体规划体现了“开放的社区，封闭的组团”理念。景观方面，东北三省最大的水景楼盘，南北双会所的设计，南会所为静态会所，北会所为动态会所。购物方面，除本项目兴建的大型超市外，小区也设有沿街商业，用以满足业主的购物及其他生活方面的需求。休闲方面，URD 情境式商业街，引进大量休闲业态，不仅满足业主物质方面的消费需求，更能满足精神方面的需求。

东特星中环

东特星中环，华北路新主流住宅，都市专属的千幢繁华之中，致力突出新都市感觉，从建筑风格、规划风格、户型设计、配套设计、商业配套风格和布局方面呈现的是时尚鲜明的都市风格。50～110 平方米高效户型深受市民的青睐，是华北路乃至大连西部的精品代表项目。

康派

项目整体分为 A、B、C 三栋，其中 A、C 栋为标准高尚住宅，B 栋为高品质的精装修国际公寓。

1. 价值指数：项目地处中国软件产业基地——大连软件园核心地段，升值空间无限。2. 生态指数：项目依山傍海，区域绿地覆盖率高达 60%以上，空气中负离子含量不低于 20%，生态环境极佳。3. 交通指数：项目紧靠五一路沿线，立体交通网络，生活四通八达。4. 人文指数：项目所在区域教育机构密集（从幼儿园到高等教育），人文氛围极为浓郁。5. 规划指数：项目由美国美达麦斯（METAMEX）建筑公司经典出品，兼顾艺术性及时代感。6. 产品指数：130～220 平方米舒适阳光户型，75%以上高使用率；内外庭院式双园林，同时满足开放与私密的双重要求。7. 服务指数：国际物管翘楚仲量联行（JONES LANG LASALLE）携二百余年经验提供专业顾问服务，标准全球同步。8. 配套指数：格兰切斯特主题商业街区集餐饮、时尚、娱乐于一身，国际名店，全面服务成熟生活。

亿达·林语家话

林语家话项目是大连亿达房地产公司集 20 年专业开发经验于一身，于 2005 年推出的高品质住宅项目，共 21 栋住宅建筑，以 9～10 层小高层建筑为主。建筑风格简洁、稳重；景观设计以海洋、岛屿等城市自然景观元素为原型，利用小高层的大楼间距营造立体岛状景观；户型设计以大连的气候条件、北方人的性格特征为依据，主张方正、开畅，注重通风、采光、防潮等性能，空间尺度以北方人的生理尺度和家居尺度为依据，保证了住宅产品的舒适性。

林语家话项目位于大连城市中北部传统工业区，现行售价比周边项目高出 1000～1500 元。林语家话在 2005 年国家对地产行业宏观调控时期开盘，成为大连市场的价格风向标。

万科·假日风景

项目位于大连市西部，地处素有大连市后花园之称的西部山系之中。项目南侧与西山水库隔路相望，北靠青山，东面靠近已建成的伊山芸水住宅小区，西侧靠近张前路。整个地块北高南低，背山面水，项目南侧为旅顺中路，东接都市，西接绿水青山，是大连少有的适合人居的风水宝地。西山水库项目位于西安路商圈以西约 6 公里，距离清泥洼桥约 12 公里。

大连万科西山项目规划设计充分尊重自然景观，通过社区形态的组织，力求建成一个自然、生态的高品质社区。建筑形式以多层为主，小高层为辅，并配有其他万科集团最新设计的产品。

小平岛

小平岛地处大连西南海岸，旅顺南路的发端处，紧邻大连市学府区、软件园区。这里三面临海、北面靠山、南向观海，原生植被覆盖率极高。127 万余平方米的陆地面积、绵延数里的海岸线，堪称中国屈指可数的海湾之都；海的蔚蓝、山的青翠、与中山广场面积相当的中心广场、高质的海湾浴场、高档次的海鲜餐饮设施以及中国北部地区最大的国际帆船游艇港，使得小平岛项目极具比肩世界最著名“湾区”生活的诸多元素。这里集合了居住、旅游、餐饮、休闲、度假等城市功能的高尚生活形态，对于山海资源的充分拥有，适合人居的环境与气候，高标准配置的生活配套，充分显示着一个占据景观海湾稀缺资源大盘的尊贵气质。

小平岛项目还引进了瑞典海水热泵技术，这在国内尚属首例，该技术将为小平岛的建筑采暖和制冷提供持续能源，目前小平岛海水热泵技术已经进入实质操作阶段；同时，恒温、恒湿、新风、中央吸尘等十余项新技术和新材料也将在项目中得到广泛应用……这些新技术的完美组合将使小平岛成为大连住宅产品开发中真正的“升级换代”产品，成为引领大连住宅产品环保科技应用和产品创新的典范之作。

壹品星海

项目拥有星海湾一线中央海景，紧邻亚洲第一大星海广场；

大连第一大中产居住社区，一期已入住，拥有良好的社区氛围；

项目园林景观由全球五大知名景观设计公司之一的贝尔高林设计，步移景换；

大开间，小进深的阳光户型，让生活充满阳光。

运达·嘉洲阳光

项目位于中山区核心区，西接金融商务中心人民路和港湾广场，北近大连港，东邻东海公园和滨海路。置身大连中央商务旅游休闲区里，居中不闹、繁华天成，北观沧海、南眺南那山，外加十余条交通线路经过，餐饮娱乐、休闲商服、医疗教育等生活配套一应俱全。

项目规划建设成集大型商业、写字楼、住宅于一体的高档楼盘，其中包含高档海景住宅9栋（高层）、写字楼（21层）、大型公建（半地上三层公建，地下一层车库）和地上四层的空中花园，而住宅部分为A、B、C三个组团，每个组团三栋楼。嘉洲阳光项目在细节处理上，极富时代感和海洋气息的景观规划、以人为本的户型设计等使得该项目的市场竞争力激增，其中精装修小户型备受白领的关注。此外，为响应大连市政府东港改造的需要和进度，项目在设计规划、选材工艺上均与东港规划一致，高标准的要求不但符合高档楼盘的需求，无论从建筑面还是内部功能布局都将成为大连高档住宅的典范。

青岛典型住宅指数样板项目

崂山·水岸绿洲

亲水楼盘 升值潜力无限

崂山·水岸绿洲的规划设计原则是“生态、养生、健康、环保”，把白沙河景观带的自然景观和崂山的深厚文化底蕴融入楼盘社区。全力塑造“内有自然湖、外有天然河”的全水景居住社区，创造独有的河畔健康生态生活。

位于国家 4A 崂山旅游度假区，这里将成为青岛最适于人居休闲度假社区，升值潜力无限。

配套完善 温馨舒适生活

小区市政管网双气进户，在附近楼盘中独一无二，使消费者既身居近郊崂山度假区，又尽享市区配套服务。

完美简约 尽享时尚宜居

小区引入最新健康居住理念，进行人性化创新设计，全力打造最适宜家居。主力户型为约 100 平方米的二室二厅，南北通透，错层设计，动静分区，干湿分离，通风采光佳，体现时尚居家理念。

欧美·世纪花园

欧美·世纪花园
Qea Century Garden
欧洲原版生活社区

欧美·世纪花园总建筑面积 17.5 万平方米。位于胶南经济开发区，大连路南侧、温州路东侧（新世府北面），紧邻“水城”。2008 年奥运会前后，由项目地经跨海大桥 30 分钟可到达青岛市区，经海底隧道则可 20 分钟到达。

社区配套完善，会所、商业街皆以提供“一站式服务”为宗旨。

户型设计以人为本，功能区分隔有度。大斜坡屋顶结合局部大露台，外挑阳台及阳台上的木质栅格架……独具自然、舒适、实用的欧洲风情。

独具匠心的景观设计，由台湾著名设计名家担纲规划设计，多种树木、灌木层叠递进。路网设计与地势地形巧妙配合，实现人、住宅、自然的多角度重合。37.5% 的园林绿化率，以流水、石趣、林木贯穿整个小区，可谓真正的都市园林，是一处近城不近尘的完美居所。

银泰紫荆城

紫荆城位于莱西市新城区北京路和香港路的交汇处，北依莱西市梅花山森林公园，西接莱西市新市府及世纪广场，紧邻学校、商场、车站，坐拥莱西市新的政治、经济、文化、生态中心，地理位置非常优越，交通便利，升值空间无限。紫荆城总占地 200 余亩，总建筑面积 14 万平方米，共分三个区。Ⅰ区 80 栋单体别墅，已属现房；Ⅱ区联排别墅、多层精品公寓，现已封顶；Ⅲ区规划为小高层。

紫荆城Ⅰ区由 80 栋单体别墅组成，主力户型面积为 252～288 平方米。别墅总占地面积 5 万平方米，总建筑面积 2.2 万平方米，户均占地 0.95 亩；Ⅱ区由联排别墅和多层精品公寓组成，其中，联排别墅 133 栋，主力户型面积为 253 平方米；多层精品公寓 370 户，主力户型面积为 80～137 平方米。小区有休闲景观花园，建有大型的假山、喷泉广场，园林水景，儿童游乐场，老年健身路径，夜景照明，四周是名贵的花草树木，环境非常优美，真正体现了人与自然的亲密接触，宽敞的楼间距，充分保证了间间采光，户户通风，小区除了便道以外，全部做绿化，绿化率高达 40%。

沈阳典型住宅指数样板项目

城建·东逸花园

城建•东逸花园是城建地产开发的高端产品，位于小河沿路66号。总建筑面积51万平方米，全部南北朝向，最大楼距近百米，绿化率接近40%，是一座集高品质住宅、商业网点于一体的大型高尚社区。

城建•东逸花园开创了平地造湖、南景北调、室内园林等北方地产开发的先举。在园区内建成800米的人工湖，斥资千万建造的东北首座127米长“透光花廊”，花廊内鸟语花香，上百种珍稀树种在沈阳可称得上是独一无二。

在园林景观设计中，东逸花园汲取了新加坡、西班牙、法兰西、和式等世界各地园林精华，或庄重典雅，或燃情奔放，或禅意清远。

城建·东逸花园的国际风尚，不仅吸引了3000余户精英业主，更获得了诸多殊荣：“中国国际花园社区”、“2004CIHAF 中国房地产名盘”、“国际化品质楼盘大奖”、“2005～2006年沈阳典型地产指数样板楼盘”等，都印证了城建·东逸花园的辉煌！

地王国际花园

地王国际花园位于金廊中轴显赫地带，接邻青年公园，文化路与文艺路平行分布两翼，数十条重点公交路线云集汇聚，穿梭身畔。规划总占地7.8万平方米，总建筑面积30余万平方米，由16栋10～31层小高层和高层建筑围合而成，高层低密度园林式生态人居规划，仅为21%的建筑密度，接合3.5的容积率，园区绿化率高达50%以上，内设沈城独有的三大水准主题会所，多元化的社区生活格局，均使地王国际花园成为沈阳乃至整个大东北首屈一指的大都市国际水景名宅。

年华国际大厦

“年华国际大厦”项目是辽宁年华房地产开发有限公司投资建设的商业地产项目。项目投资方是香港创新国际投资有限公司和沈阳年华房地产开发有限公司。本项目是2004年沈阳市和平区的重点建设项目，也是沈阳市政府改造开发沈阳西塔地区的首个标志性工程。

本项目于2004年8月开工，目前已完成全部主体土建工程，正进行内部装修施工，预计2006年12月达到竣工入住条件。

本项目建设地址位于辽宁省沈阳市和平区市府大路55号，南京街与市府大路交叉口西南角。东临南京街，西临现状道路，南临北九路，北临市府大路，用地性质为商业、办公。项目占地面积3535平方米，建筑面积52148平方米，节能试点面积52148平方米。建筑物地上29层，地下2层，建筑高度98.8米。本项目为公共建筑，主要功能为商务办公、商务居住及为商务工作服务的配套设施。

泉涌新镇

泉涌新镇坐落在沈阳棋盘山南麓蒲河及辉山河的交汇处，为国际观光旅游度假区。这里交通顺畅，自然环境优美，是城市北部大开发的未来都市新区核心区。已经投入使用的城市生活配套包括景观路网系统、全河流域景观整改系统、城市热网、天然气、城市上下水、通讯及有线电视等各项大配套一应俱全。地铁3号线站、四条公交路线、地区大型综合医院及60米宽的商业步行街，都是未来将要实现的基本城市设施。目前周边建设有沈阳二中、东北育才、120中分校及广播电视大学与沈阳服务学校。

作为景观低密度住宅区，泉涌新镇占据了中国人理想居住的一切必要条件与资源。作为代表新时期引领时尚的社会中坚者的居住审美取向，泉涌新镇的别墅设计采取了多平台、多露台、大面积观景天台的现代框架式结构。在开发商专为业户预做地热外挂城市热网的前提下，别墅的开窗已达至东北地区别墅之最。多种多样的户型、自由间壁的空间分割，给您装修与使用提供了更多的选择。

盛华苑

一方地产·盛华苑位于沈阳市南北景观主干道青年大街165号，青年大街与文化路交汇点，南北金廊至金节点处，五里河CBD的核心区。整个项目占地10余万平方米，共建有9栋高层与3栋豪华小高层，总体建筑面积38万平方米。

作为南北金廊目前正在兴建的高档综合化大型生活区之一，是集高档住宅、盛华苑主流文化公寓、一方购物广场（内含家乐福东北旗舰店、百利家居沈阳旗舰店等商业巨擘）、一方商业街（内含22大黄金旺铺）、高档写字楼（北方国际传媒中心）等于一体，其间更结合项目周边发达的都市捷运交通系统，以及包括陆军总院、省市电视台、工业展览馆、皇朝万豪大酒店、喜来登酒店、体育馆、国际学区等在内的至尊都市生活配套，从而使其成为不但可为城市主流人群切实提供真正珍稀、尊贵、便捷、生态、国际化都市生活的第一平台，更是绅士名流大隐于市的绝佳栖址。“新都市主义”典范力作全面融汇巅峰品质；强强联合的大师级规划一站尽释名家风范！

万恒·东方俪城

万恒鸿基地产凭借雄厚的实力与追求卓越的企业精神，本着“和谐·自然·健康”的开发理念，携手国内外业绩卓著的一流专业机构，倾力打造沈阳创品牌作品——万恒·东方俪城。

万恒·东方俪城，位于都会中心区，东北大马路、市一环线、联合路环抱四周，二十余条公交线路直抵市内各处，至中街商圈、北站商圈仅十分钟车程，生活设施一应俱全，繁华举步即达。

万恒·东方俪城，特邀国际著名景观设计公司鼎力加盟，荟萃亚洲璀璨景致，3万平方米中央园林景观带——兰溪谷在历经三年的精心打造后，现已成熟绽放。随着一期、二期业主的顺利入住，周边娱乐餐饮等社区商业的陆续营业、中央景观兰溪谷的完美绽放，东方俪城55万平方米的高品质、大社区形象愈加成熟。特别是500强企业天津家世界的成功引进，给未来的俪城生活更添精彩。

万科·金色家园

沈阳万科·金色家园项目于沈阳市首宗土地公开拍卖中竞得，项目于2002年开工，2005年年底竣工封园，共分三期开发。金色家园是一个中密度、小高层、高层混合型的高档住宅社区。项目规划占地总面积为8.33公顷，建筑面积约16万平方米，容积率为1.83，绿化覆盖率为35%。

万科·金色家园位于北站商圈、大中街、大东广场的中心地带，如果以这三个地方的中心位置为原点，在最新版的沈阳地图上连线的话，将是一个等边三角形。三角形之内的景和人，构成了沈阳的现代而动感的城市风情，缔造着城南五里河区域之后沈阳第二个高尚人士居住区。金色家园整个园区由三个分别象征着哲学、艺术、自然的组团组成，园区利用高低错落的景观庭院，同时伴随着极具现代气息的建筑小品，让中产阶层成功人士真正体会到大隐于市，华彩不绝的感觉。万科·金色家园一、二、三期产品均已基本售罄。金色家园以其成熟的园区景致、豪华的星级会所，兼有游泳馆、壁球室、健身房、沙壶球、乒乓球、美式台球等多种设施，让万科的业主尽享幸福、美好生活。

亚都名苑

亚都名苑是由上海铭源实业集团投资，由辽宁海特房屋开发有限公司开发建设的房地产项目。本项目位于于洪区白山路 46 号，怒江街与北二环的交汇处。项目占地 15 万平方米，总建筑面积 20 万平方米，共分三期开发，有多层及小高层共 31 栋，其中一期 12 栋，占地 5 万平方米，建筑面积 6 万平方米，共 514 户，面积区间在 93～144 平方米之间，容积率仅为 1.2。一期已于 2004 年 10 月份全面入住。二期共 11 栋，占地 3 万平方米，建筑面积 4 万平方米，面积区间在 99～136 平方米之间，共 338 户。二期已于 2006 年 5 月入住。

本项目是由澳大利亚著名设计师顾忠良先生规划设计的。顾大师的设计理念新颖突出，弧形楼体给人以流线的美感，超大楼间距使人在室内就可充分享受阳光，全五明户型处处可见阳光。2003 年项目获得了“全国人居经典金奖”及四个单项奖。2004 年被评为“沈阳市十大新锐楼盘”“园林式居住区”。

阳光 100 国际新城

沈阳阳光 100 国际新城紧邻和平繁华商业地带和沈阳最大居住区——滑翔大型居住区，雄踞城市稀缺自然资源母亲河浑河北岸，重现浑河标志性人文景观、盛京八景之一“浑河晚渡”的辉煌，占地面积 1500 亩，建筑面积 150 万平方米，是集住宅、商业、酒店、SOHO 办公等为一体，融汇维迪希特、约翰 · 丹顿、马坦 · 豪等国际大师先进理念的多功能复合型高尚社区。

阳光100 国际新城

中房 · 金河花园

中房 · 金河花园是中房集团辽宁置业有限公司继中房 · 基安花园、中房 · 凌云花园成功开发后，继续秉承“大社区、高品质、低价位”的经营理念，以高性价比的理念为沈城百姓打造的又一精品楼盘。中房 · 金河花园地处浑南新区核心地段，北邻 SR 新城，园区占地近 7 万平方米，总建筑面积近 10 万平方米，由 6 栋小高层和 10 栋多层组成。214、238、272、286、333、502 等多条公交线临近小区。中房 · 金河花园曾被评为“沈阳十大高尚花园社区”、“2003～2004 年度沈阳旺销楼盘”、“2004 沈阳商品房销售十强”；又被沈阳市房产局授予“百姓喜爱的销售楼盘”。

附录六：

房地产业主要统计指标解释

第一章　房　屋

一般指上有屋顶，周围有墙，能防风避雨，御寒保温，供人们在其中工作、生活、学习、娱乐和储藏物资，并具有固定基础，层高一般在 2.2 米以上的永久性场所。但根据某些地方的生活习惯，可供人们常年居住的窑洞、竹楼等也应包括在内。

【商品房】是指由房地产开发企业开发建设并出售、出租的房屋。

【经济适用住房】是指根据国家经济适用住房建设计划安排建设的住宅。由国家统一下达计划，用地一般实行行政划拨的方式，免收土地出让金，对各种经批准的收费实行减半征收，出售价格实行政府指导价，按保本微利的原则确定。

【廉租住房】是指政府和单位在住房领域实施社会保障职能，向具有城镇常住居民户口的最低收入家庭提供的租金相对低廉的普通住房。

【存量房】是指已被购买或自建并取得所有权证书的房屋。

【再上市房】是指职工按照房改政策购买的公有住房或经济适用房首次上市出售的房屋。

一、房屋分类

（一）按房屋用途分类

房屋用途应按设计所规定的用途进行划分。如果与住宅、商业经营用房有关的兼有两种以上用途的房屋，应按设计规定的用途分别计算建筑面积。如一栋住宅楼的地下室不住人，一层为商店，其余为家属住宅，则应将地下室面积计入其他用途，商店面积计入商业营业用房，其余面积计入住宅；如一座厂房带有生活间、办公室，可都计入厂房面积。

1. 住宅

【住宅】是指专供居住的房屋，包括别墅、公寓、职工家属宿舍和集体宿舍（包括职工单身宿舍和学生宿舍）等。但不包括住宅楼中作为人防用、不住人的地下室等，也不包括托儿所、病房、疗养院、旅馆等具有专门用途的房屋。

【成套住宅】是指由若干卧室、起居室、厨房、卫生间、室内走道或客厅等组成的供一户使用的房屋。

住宅按套统计。两户合用一套的住宅，按一套统计；一户用两套或两套以上的应按实际套数统计。

【非成套住宅】是指供人们生活居住的但不成套的房屋。

【集体宿舍】是指机关、学校、企事业单位的单身职工、学生居住的房屋。

2. 工业、交通、仓储用房

【工业用房】是指独立设置的各类工厂、车间、手工作坊、发电厂等从事生产活动的房屋。

【公用设施用房】是指自来水、泵站、污水处理、变电、燃气、供热、垃圾处理、环卫、公厕、殡葬、消防等市政公用设施的房屋。

【铁路用房】是指铁路系统从事铁路运输的房屋。

【民航用房】是指民航系统从事民航运输的房屋。

【航运用房】是指航运系统从事水路运输的房屋。

【公交运输用房】是指公路运输、公共交通系统从事客、货运输、装卸、搬运的房屋。

【仓储用房】是指用于储备、中转、外贸、供应等各种仓库、油库用房。

3. 商业、金融和信息用房

【商业服务用房】是指各类商店、门市部、饮食店、粮油店、菜场、理发店、照相馆、浴室、旅社、招待所等从事商业和为居民生活服务所用的房屋。

【经营用房】是指各种开发、装饰、中介公司等从事各类经营业务活动所用的房屋。

【旅游用房】是指宾馆、饭店、乐园、俱乐部、旅行社等主要从事旅游服务所用的房屋。

【金融保险用房】是指银行、储蓄所信用社、信托公司、证券公司、保险公司等从事金融服务所用的房屋。

【电信信息用房】是指各种邮电、电信部门、信息产业部门，从事电信与信息工作所用的房屋。

4. 教育、医疗卫生和科研用房

【教育用房】是指大专院校、中等专业学校、中学、小学、幼儿园、托儿所、职业学校、业余学校、干校、党校、进修院校、工读学校、电视大学等从事教育所用的房屋。

【医疗卫生用房】是指各类医院、门诊部、卫生所（站）、检（防）疫站、保健院（站）、疗养院、医学化验、药品检验等医疗卫生机构从事医疗、保健、防疫、检验所用的房屋。

【科研用房】是指各类从事自然科学、社会科学等研究设计、开发所用的房屋。

5. 文化、新闻、娱乐、园林绿化、体育用房

【文化用房】是指文化馆、图书馆、展览馆、博物馆、纪念馆等从事文化活动所用的房屋。

【新闻用房】是指广播电视台、电台、出版社、报社、杂志社、通讯社、记者站等从事新闻出版所用的房屋。

【娱乐用房】是指影剧院、游乐场、俱乐部、剧团等从事文娱演出所用的房屋。

【园林绿化用房】是指公园、动物园、植物园、陵园、苗圃、花圃、花园、风景名胜、防护林等所用的房屋。

【体育用房】是指体育场、馆、游泳池、射击场、跳伞塔等从事体育所用的房屋。

6. 机关事业办公用房

【机关事业办公用房】是指党、政机关，群众团体，行政事业单位等行政、事业单位等所用的房屋。

7. 军事用房

【军事用房】是指中国人民解放军军事机关、营房、阵地、基地、机场、码头、工厂、学校等所用的房屋。

8. 其他用房

【涉外用房】是指外国使、领馆、驻华办事处等涉外所用的房屋。

【宗教用房】是指寺庙、教堂等从事宗教活动所用的房屋。

【监狱用房】是指监狱、看守所、劳改场（所）等所用的房屋。

（二）按房屋产别分类

【国有房产】是指归国家所有的房产。包括由政府接管、国家经租、收购、新建以及由国有单位用自筹资金建设或购买的房产。国有房产分为直管产、自管产、军产三种。

【直管产】是指由政府接管、国家经租、收购、新建、扩建的房产（房屋所有权已正式划拨给单位的除外），大多数由政府房地产管理部门直接管理、出租、维修，少部分免租拨借给单位使用。

【自管产】是指国家划拨给全民所有制单位所有以及全民所有制单位自筹资金购建的房产。

【军产】是指中国人民解放军部队所有的房产。包括由国家划拨的房产、利用军费开支或军队自筹资金购建的房产。

【集体所有房产】是指城市集体所有制单位所有的房产。即集体所有制单位投资建造、购买的房产。

【私有（自有）房产】是指私人所有的房产，包括中国公民、港澳台同胞、海外侨胞、在华外国侨民、外国人所投资建造、购买的房产，以及中国公民投资的私营企业（私营独资企业、私营合伙企业和私营有限责任公司）所投资建造、购买的房屋。其中部分产权指按照房改政策，职工个人以标准价购买的住房，拥有部分产权。

【联营企业房产】是指不同的所有制性质的单位之间共同组成新的法人型经济实体所投资建造、购买的房产。

【股份制企业房产】是指股份制企业所投资建造或购买的房产。

【港、澳、台投资房产】是指我国港、澳、台地区投资者以合资、合作或独资在祖国大陆举办的企业所投资建造或购买的房产。

【涉外房产】是指中外合资经营企业、中外合作经营企业和外资企业、外国政府、社会团体、国际性机构所投资建造或购买的房产。

【其他房产】是指凡不属于以上各类别的房屋，都归在这一类，包括因所有权人不明，由政府房地产管理部门、全民所有制单位、军队代为管理的房屋以及宗教、寺庙等房屋。

（三）按房屋建筑结构分类

【钢结构】是指承重的主要构件是用钢材料建造的，包括悬索结构。

【钢、钢筋混凝土结构】是指承重的主要构件是用钢、钢筋混凝土建造的。

【钢筋混凝土结构】是指承重的主要构件是用钢筋混凝土建造的。包括薄壳结构、大模板现浇结构及使用滑模、升板等建造的钢筋混凝土结构的建筑物。

【混合结构】是指承重的主要构件是用钢筋混凝土和砖木建造的。如一幢房屋的梁是用钢筋混凝土制成，以砖墙为承重墙，或者梁是用木材建造，柱是用钢筋混凝土建造。

【砖木结构】是指承重的主要构件是用砖、木材建造的。如一幢房屋是木制房架、砖墙、木柱建造的。

【其他结构】是指凡不属于上述结构的房屋都归此类。如竹结构、砖拱结构、窑洞等。

（四）按房屋建筑楼层分类

【房屋层数】房屋层数是指房屋的自然层数，一般按室内地坪±0 以上计算；采光窗在室外地坪以上的半地下室，其室内层高在 2.20 米以上（不含 2.20 米）的，计算自然层数。房屋总层数为房屋地上层数与地下层数之和。

假层、附层（夹层）、插层、阁楼（暗楼）、装饰性塔楼，以及突出屋面的楼梯间、水箱间不计层数。

【地下室】是指房屋全部或部分在室外地坪以下的部分（包括层高在 2.2 米以下的半地下室）。

【假层】是指建房时建造的，一般比较低矮的楼层。其前后沿的高度大于 1.7 米，面积不足底层的 1/2 的部分。

附层（夹层）是房屋内部空间的局部层次。

【阁楼（暗楼）】一般是房屋建成后，因各种需要，利用房间内部空间上部搭建的楼层。

【低层住宅】指一层至三层的住宅。

【多层住宅】指四层至六层的住宅。

【中高层住宅】指七层至九层的住宅。

【高层住宅】指十层及十层以上的住宅。

（五）按房屋建筑年代分类

房屋建成年份是按房屋实际竣工年份计算，拆除翻建的，按翻建竣工的年份计算；扩建的房屋，面积超原房屋面积的，按扩建竣工年份计算，未超过的按原房屋竣工年份填写。

【1949 年以前的房屋】指 1949 年（含 1949 年）以前建成的房屋。

【五十年代的房屋】指 1950～1959 年期间建成的房屋。

【六十年代的房屋】指 1960～1969 年期间建成的房屋。

【七十年代的房屋】指 1970～1979 年期间建成的房屋。

【八十年代的房屋】指 1980～1989 年期间建成的房屋。

【九十年代的房屋】指 1990～1999 年期间建成的房屋。

（六）按房屋建筑质量分类

【完好房屋】指主体结构完好，不倒、不塌、不漏，庭院不积水，门窗设备完整，上下水道通畅，室内地面平整，能保证居住安全和正常使用的房屋，或者虽有一些漏雨和轻微破损，或缺乏油漆保养，经过小修能及时修复。

【基本完好房屋】指主体结构完好，少数部件虽有损坏，但不严重，经过维修就能修复的房屋。

【一般损坏房屋】指主体结构基本完好，屋面不平整、经常漏雨，门窗有的腐朽变形，下水道经常阻塞，内粉刷部分脱落，地板松动，墙体轻度倾斜、开裂，需要进行正常修理的房屋。

【严重损坏房屋】指年久失修，破损严重，但无倒塌危险，需进行大修或有计划翻修、改建的房屋。

【危险房屋】是指结构已严重损坏或承重构件已属危险构件，随时有可能丧失结构稳定和承载能力，不能保证居住和使用安全的房屋。

二、房屋面积

（一）建筑面积

【房屋建筑面积】是指含自有（私有）房屋在内的各类房屋建筑面积之和。指房屋外墙（柱）勒脚以上各层的外围水平投影面积，包括阳台、挑廊、地下室、室外楼梯等，且具备有上盖，结构牢固，层高 2.20 米以上（含 2.20 米）的永久性建筑。

【住宅建筑面积】是指供人居住使用的房屋建筑面积，包括企事业单位、机关、团体等的集体宿舍和家属宿舍。

【成套住宅建筑面积】是指成套住宅的建筑面积总和。

【危险房屋建筑面积】是指结构已严重损坏或承重构件已属危险构件，随时有可能丧失结构稳定和承载能力，不能保证居住和使用安全的房屋建筑面积。

【房屋减少建筑面积】指报告期由于拆除、倒塌和因各种灾害等原因实际减少的房屋建筑面积(包括私有房屋)。

（二）房屋建筑面积计算规则

1. 计算全部建筑面积的范围

a）永久性结构的单层房屋，按一层计算建筑面积；多层房屋按各层建筑面积的总和计算。

b）房屋内的夹层、插层、技术层及其楼梯间、电梯间等其高度在 2.20 米以上部位计算建筑面积。

c）穿过房屋的通道，房屋内的门厅、大厅，均按一层计算面积。门厅、大厅内的回廊部分，层高在 2.20 米以上的，按其水平投影面积计算。

d）楼梯间、电梯（观光梯）井、提物井、垃圾道、管道井等均按房屋自然层计算面积。

e）房屋天面上，属永久性建筑，层高 2.20 米以上的楼梯间、水箱间、电梯机房及斜面结构屋顶高度在 2.20 米以上的部位，按其外围水平投影面积计算。

f）挑楼、全封闭的阳台按其外围水平投影面积计算。

g）属永久性结构有上盖的室外楼梯，按各层水平投影面积计算。

h）与房屋相连的有柱走廊，两房屋间有上盖和柱的走廊，均按其柱的外围水平投影面积计算。

i）房屋间永久性的封闭的架空通廊，按外围水平投影面积计算。

j）地下室、半地下室及其相应出入口，层高在 2.20 米以上的，按其外墙（不包括采光井、防潮层及保护墙）外围水平投影面积计算。

k）有柱或有围护结构的门廊、门斗，按其柱或围护结构的外围水平投影面积计算。

l）玻璃幕墙等作为房屋外墙的，按其外围水平投影面积计算。

m）属永久性建筑有柱的车棚、货棚等按柱的外围水平投影面积计算。

n）依坡地建筑的房屋，利用吊脚做架空层，有围护结构的，按其高度在 2.20 米以上部位的外围水平面积计算。

o）有伸缩缝的房屋，若其与室内相通的，伸缩缝计算建筑面积。

2. 计算一半建筑面积的范围

a）与房屋相连有上盖无柱的走廊、檐廊，按其围护结构外围水平投影面积的一半计算。

b）独立柱、单排柱的门廊、车棚、货棚等属永久性建筑的，按其上盖水平投影面积的一半计算。

c）未封闭的阳台、挑廊，按其围护结构外围水平投影面积的一半计算。

d）无顶盖的室外楼梯按各层水平投影面积的一半计算。

e）有顶盖不封闭的永久性的架空通廊，按外围水平投影面积的一半计算。

3. 不计算建筑面积的范围

a）层高小于2.20米以下的夹层、插层、技术层和层高小于2.20米的地下和半地下室。

b）突出房屋墙面的构件、配件、装饰柱、装饰性的玻璃幕墙、垛、勒脚、台阶、无柱雨蓬等。

c）房屋之间无上盖的架空通廊。

d）房屋的天面、挑台、天面上的花园、泳池。

e）建筑物内的操作平台、上料平台及利用建筑物的空间安置箱、罐的平台。

f）骑楼、过街楼的底层用作道路街巷通行的部分。

g）利用引桥、高架路、高架桥、路面作为顶盖建造的房屋。

h）活动房屋、临时房屋、简易房屋。

i）独立烟囱，亭，塔，罐，池，地下人防干、支线。

j）与房屋室内不相通的房屋间伸缩缝。

（三）房屋使用面积

【房屋使用面积】是指房屋户内全部可供使用的空间面积，按房屋的内墙面水平投影计算。

【住宅使用面积】是指住宅中以户（套）为单位的分户（套）门内全部可供使用的空间面积。包括日常生活起居使用的卧室、起居室和客厅（堂屋）、亭子间、厨房、卫生间、室内走道、楼梯、壁橱、阳台、地下室、假层、附层（夹层）、阁楼（暗楼）等面积。住宅使用面积按住宅的内墙线计算。

第二章 房屋用地

【房屋用地】是指房屋以及按照规划要求的配套设施所占用的土地，包括房屋占用的土地和按照规划要求的配套设施占用的土地。

一、房屋用地面积

【房屋用地面积】房屋用地面积是以丘（地表上一块有界空间的地块）为单位进行测算。下列土地不计入用地面积：

（1）无明确使用权属的冷巷、巷道或间隙地；

（2）市政管辖的道路、街道、巷道等公共用地；

（3）已征用、划拨或者属于原房地产证记载范围，经规划部门核定需要作市政建设的用地；

（4）其他按规定不计入用地的面积。

二、房屋用地按用途分类

1. 住宅用地

【住宅用地】是指供居住的各类房屋用地。

2. 工业仓储用地

【工业用地】是指独立设置的工厂、车间、手工业作坊、建筑安装的生产场地、排渣（灰）场地等用地。

【仓储用地】是指国家、省（自治区、直辖市）及地方的储备、中转、外贸、供应等各种仓库、油库、材料堆场及其附属设备等用地。

3. 商业金融业用地

【商业服务业用地】是指各种商店、公司、修理服务部、生产资料供应站、饭店、旅社、对外经营的食堂、文印誊写社、报刊门市部、蔬菜购销转运站等用地。

【旅游业用地】是指主要为旅游业服务的宾馆、饭店、大厦、乐园、俱乐部、旅行社、旅游商店、友谊商店等用地。

【金融保险业用地】是指银行、储蓄所、信用社、信托公司、证券交易所、保险公司等用地。

4. 市政用地

【市政公用设施用地】是指自来水厂、泵站、污水处理厂、变电（所）站、煤气站、供热中心、环卫所、公共厕所、火葬场、消防队、邮电局（所）及各种管线工程专用地段等用地。

【绿化用地】是指公园、动植物园、陵园、风景名胜、防护林、水源保护林以及其他公共绿地等用地。

5. 公共建筑用地

【公共建筑用地】是指文化、体育、娱乐、机关、科研、设计、教育、医卫等用地。

【文、体、娱用地】是指文化馆、博物馆、图书馆、展览馆、纪念馆、体育场馆、俱乐部、影剧院、游乐场、文艺体育团体等用地。

【机关、宣传用地】是指行政及事业机关、党、政、工、青、妇、群众组织驻地、广播电台、电视台、出版社、报社、杂志社等用地。

【科研设计用地】是指科研、设计机构用地。如研究院（所）、设计院及其试验室、试验场等科研、设计用地。

【教育用地】是指大专院校、中等专业学校、职业学校、干校、党校、中小学校、幼儿园、托儿所、业余进修院（校）、工读学校等用地。

【医卫用地】是指医院、门诊部、保健院（站、所）疗养院（所）、救护站、血站、卫生院、防治所、检疫站、防疫站、医学化验、药品检验等用地。

6. 交通用地

【交通用地】是指铁路、民用机场、港口码头及其他交通用地。

【铁路用地】是指铁路及场站、地铁出入口等用地。

【民用机场用地】是指民用机场及其附属设施用地。

【港口码头用地】是指专供客、货运船停靠的场所用地。

【其他交通用地】是指车场（站）、广场、公路、街、巷、小区内的道路等用地。

7. 其他用地

包括军事设施、涉外、宗教、监狱类特殊用地、水域用地、水田、菜地、旱地、园地、类农用地和各种未利用土地、空闲地等其他用地。

三、土地管理

【土地管理】是指国家用于维护土地所有制，调整土地关系，合理组织土地利用，以及贯彻执行国家在土地开发、利用、保护、改造等方面的政策而采取的行政、经济、法律和工程技术的综合性措施。现阶段我国土地管理的实质是政府处理土地事务、协调土地关系的活动，即行使国家权力的过程。

【地籍】是指反映土地的位置（地界、地号）、数量、质量、权属和用途（地类）等基本状况的簿籍（或清册），也称土地的户籍。

【地籍管理】是指国家为取得有关地籍资料和为全面研究土地的权属、自然和经济状况而采取的以地籍调查（测量）、土地登记、土地统计和土地分等定级等为主要内容的国家措施。

【土地使用权划拨】是指县级以上人民政府依法批准，在土地使用者缴纳补偿、安置等费用后将该处土地交付其使用，或者将土地使用权无偿交付给土地使用者使用的行为。

【土地使用权出让】　是指国家将国有土地使用权在一定年限内出让给土地使用者，由土地使用者向国家支付土地使用权出让金的行为。

第三章　房屋及居住状况

一、房屋状况

【实有房屋】是指已建成并达到入住或使用条件的、含自有（私有）房屋在内的各类房屋。

【实有住宅】是指已建成并达到入住及使用条件的、含自有（私有）住宅在内的住宅。

【住宅套数】是指按照设计要求已建成并达到入住、使用条件的成套住宅的套数。

【成套住宅】是指由若干卧室、起居室、厨房、卫生间、室内走道或客厅等组成的供一户使用的住宅。

二、居住状况

【居住人口】是指与住宅统计范围一致的居住人口。以公安局的统计数据为准。

【居住户数】是指与居住人口数相应的户数。"户"以公安派出所核发的户口簿为准，一个户簿即一户。

【人均住宅建筑面积】（新增指标）是指按居住人口计算的平均每人拥有的住宅建筑面积。计算公式：

人均住宅建筑面积（平方米/人）=住宅建筑面积／居住人口

【人均住宅使用面积】是指按居住人口计算的平均每人拥有的住宅使用面积。计算公式：

人均住宅使用面积（平方米/人）=住宅使用面积／居住人口

【户均住宅套数】（新增指标）是指按居住户数计算的平均每户拥有的住宅套数。计算公式：

户均住宅套数（套/户）=住宅套数／居住户数

【住宅成套率】（新增指标）是指成套住宅建筑面积与实有住宅建筑面积的比例。计算公式：

住宅成套率（%）=成套住宅建筑面积／实有住宅建筑面积×100%

【住宅自有（私有）率】（新增指标）是指自有（私人所有）的住宅建筑面积与实有住宅建筑面积的比例。计算公式：

住宅自有率（%）=自有（私有）住宅建筑面积／实有住宅建筑面积×100%

【住房困难户数】（新增指标）是指报告期末符合当地人民政府规定的住房困难标准的户数。

第四章 房地产开发

一、房地产开发经营

【房地产开发经营】是指房地产开发企业在城市规划区内国有土地上进行基础设施建设、房屋建设，并转让房地产开发项目或者销售、出租商品房的行为。

【基础设施建设】是指给水、排水、供电、供热、供气、通信和道路等设施建设和土地的平整。

【房屋建设】是指在完成基础设施建设的土地上建设房屋等建筑物，包括住宅楼、工业厂房、商业楼宇、写字楼以及其他专用房屋。

二、基本情况指标

【单位名称】填写房地产开发企业（单位）在工商行政管理部门登记的名称，要填全称，不得使用简称，即与企业（单位）公章所使用的名称一致。

【企业（单位）代码】采用国家统一规定的企业（单位）法人代码。代码由8位无属性的数字和一位校验码组成，标识在各级技术监督部门颁发的《单位代码证书》上，并按《单位代码证书》的代码填写。暂无法人代码的，从临时码段中提取代码。

【详细地址】填写由邮政部门认可的单位所在地地址。不要填写通讯信箱号。行政区划代码指企业（单位）所在地的行政区划代码，不是邮政编码。代码为六位阿拉伯数字，按国家标准《中华人民共和国行政区划代码》（GB2260－1999）填写，其中代码的第一、二位表示省（自治区、直辖市）；第三、四位表示地区（省辖市、州、盟及直辖市所属市辖区和县）；第五、六位表示县（省辖市辖区、地辖市、省辖县级市、旗）。

【通讯号码】包括邮政编码、电话号码、电报挂号、传真号码。在填写时，从右向左填写方框，空位划“×”。“－”后方框内填写分机号码，没有分机号码的划“×”，分机超过4位时，向方框外右面扩充。电报挂号超过4位时，也向方框外右面扩充。

【隶属关系】指企业（单位）直接隶属于哪一级行政管理单位领导。按房地产企业（单位）主管上级机关确定。隶属关系分为：

【中央】指中共中央、人大常委会和国务院各部、委、局、总公司以及直属机构直接领导和管理的房地产开发企业（单位）。

【省（自治区、直辖市）】指由各省、自治区、直辖市政府及业务主管部门直接领导和管理的房地产开发企业（单位）。

【地区（州、盟、省辖市）】指地区、自治州、盟、省辖市直接领导和管理的房地产开发企业（单位）。

【县（旗、县级市）】指县、区、自治旗、县级市直接领导和管理的房地产开发企业（单位）。

【乡镇】指乡、镇政府及乡镇企业管理局直接领导和管理的房地产开发企业（单位）。

【其他】不属于以上各级政府及主管部门管理的房地产开发企业（单位）。

【资质等级】企业按建设主管部门颁发的房地产开发资质等级证书填写。

【企业营业状况】指企业的生产经营状态。

【营业】指正常开业的企业，包括部分投产的新建企业。

【停业】指由于某种原因已处于停止生产经营活动状态，待条件改变后仍需恢复生产经营的企业。“停业”不包括临时性停业、季节性停业。

【筹建】一般指企业未经工商部门登记开工，正在进行生产经营前的筹建工作。

【当年撤销】指当年关闭、撤销的企业。

【其他】指上述情况以外的其他企业。

三、房地产投资完成情况

【本年完成投资】是指从本年1月1日起至本年最后一天止完成的全部用于房屋建设工程、土地开发工程的投资额以及公益性建筑和土地购置费等的投资。其中土地购置费在实际统计工作中如难以区分，可放在“商品房建设投资额”中。

【商品房建设投资额】是指房地产开发企业（单位）开发建设的供出售、出租用的商品住宅、厂房、仓库、饭店、度假村、写字楼、办公楼等房屋工程及其配套的服务设施所完成的投资额（含拆迁、回迁还建用房）。

【商品住宅】是指房地产开发企业（单位）建设并出售、出租给使用者，仅供居住用的房屋。

【土地开发投资额】是指房地产开发企业完成的前期工程投资，即路通、水通、电通、场地平整等（也称七通一平）所完成的投资。一般指生地开发成熟地的投资。在旧城区（老区拆迁）的开发中，如果有统一的规划，如政府有关部门批准的小区建设的前期工程中，有场地平整，原有建筑物、构筑物拆除，供水供电工程等工作量也可计算。未进行开发工程、只进行单纯的土地交易活动不作为土地开发投资统计。土地开发投资额在房屋用途分组中能分摊的部分就分摊，不能分摊的全部计入其他。

【国有单位投资】包括登记注册类型中的国有（国有企业）、联营中的国有联营企业、有限责任公司中的国有独资的有限责任公司。

【集体、私营个体投资】包括登记注册类型中集体、集体联营、股份合作、私营、个体经营企业的投资。

【建筑工程】是指各种房屋、建筑物的建造工程，又称建筑工作量。这部分投资额必须兴工动料，通过施工活动才能实现。

【安装工程】是指各种设备、装置的安装工程，又称安装工作量。

【设备、工器具购置】是指工业企业生产的产品转化为固定资产的购置活动，包括建设单位或企、事业单位购置或自制的，达到固定资产标准的设备、工具、器具的价值。

【其他费用】是指在固定资产建造和购置过程中发生的，除上述几项以外的各种应分摊计入固定资产的费用，不是指经营中财务上的其他费用。包括土地出让金、大市政费、四源费（煤、热、自来水、污水）、不可预见费等。

【土地购置费】是指房地产开发企业为取得土地使用权而支付的费用。土地购置费按当期发生数计入投资，如土地购置费为分期付款的，可分期计入投资，不计入新增固定资产。土地购置费包括：①通过划拨方式取得的土地使用权所支付的土地补偿费、附着物和青苗补偿费、安置补偿费及土地征收管理费等；②通过出让方式取得土地使用权所支付的出让金。

【旧建筑物购置费】指购置已使用过的各种旧房屋及其他建筑物，即对旧房屋及其他建筑物的赔偿费。

【投资额按房屋工程用途分组】指投资额中用于各类房屋建设的投资。

【住宅】是指专供居住的房屋，包括别墅、公寓、职工家属宿舍和集体宿舍（包括职工单身宿舍和学生宿舍）等。但不包括住宅楼中作为人防用、不住人的地下室等。

【经济适用房】是指根据国家经济适用房计划安排建设的住宅。由国家统一下达计划，用地一般实行行政划拨的方式，免收土地出让金，对各种经批准的收费实行减半征收；出售价格实行政府指导价，按保本微利的原则确定。

中国房地产统计年鉴（2005～2006）

【办公楼】指企、事业单位、机关、团体、学校、医院等使用的各类办公用房（又称写字楼）。

【商业营业用房】是指商业、粮食、供销、饮食服务业等部门对外营业的用房，如度假村、饭店、商店、门市部、粮店、书店、供销店、饮食店、菜店、加油站、日杂商店等房屋。

【其他】凡不属于上述各项用途的房屋建筑物，如中小学教学用房、托儿所、幼儿园、图书馆、体育馆等。

【本年新增固定资产】是指在报告期已经完成建造和开发过程并交付使用的房屋和土地开发面积的价值。是指房地产开发公司进行开发经营活动的最终成果，即为社会提供的固定资产，而且是在报告期内新增加的。不是反映房地产开发企业本身固定资产的增加。

四、资金来源

【本年资金来源合计】是指房地产开发企业（单位）在本年内收到的可用于房地产开发和经营的各种资金来源数之和，包括上年年末结余资金、本年度内拨入、借入或以各种方式筹集的资金。

【上年年末结余资金】是指上年资金来源中没有形成投资额而结余的资金。包括尚未用到工程上去的材料价值、未开始安装的需要安装设备价值及结存的现金和银行存款等。可根据有关财务数字填报。上年年末结余资金不能出现负数，即不能把上年应付工程、材料款作为上年年末结余资金的负数来处理。

【本年资金来源小计】是指房地产开发企业（单位）实际拨入的，用于房地产开发的各种货币资金。包括国家预算内资金、国内贷款、债券、利用外资、自筹资金和其他资金。

【国家预算内资金】分为财政拨款和财政安排的贷款两部分。包括中央财政的基本建设基金（分经营性基金和非经营性基金两部分）、专项支出（如煤代油专项等）、收回再贷、贴息资金，财政安排的挖潜改造和新产品试制支出、城建支出、商业部门简易建筑支出、不发达地区发展基金等资金中用于固定资产投资的资金；地方财政中由国家统筹安排的用于房地产开发的资金。

【国内贷款】指报告期房地产开发企业（单位）向银行及非银行金融机构借入的用于房地产开发与经营的各种国内借款，包括银行利用自有资金及吸收的存款发放的贷款、上级主管部门拨入的国内贷款、国家专项贷款（包括煤代油贷款、劳改煤矿专项贷款等），地方财政专项资金安排的贷款、国内储备贷款、周转贷款等。

【银行贷款】指向各商业银行、政策性银行借入的用于房地产开发与经营的各项贷款。

【非银行金融机构贷款】是指向除上述银行之外从事金融业务的机构借入的用于房地产开发与经营的各项贷款。非银行金融机构包括城市信用社、农村信用社、保险公司、金融信托投资公司、证券公司、财务公司、金融租赁公司、融资公司（中心）等。

【债券】是房地产开发企业（公司）或金融机构通过发行各种债券，筹集用于房地产开发与经营的资金，包括由银行代理国家专业投资公司发行的重点企业债券和基本建设债券。

【利用外资】是指报告期收到的用于房地产开发与经营的境外资金（包括外国及中国港澳台地区），包括外商直接投资、对外借款（外国政府贷款、国际金融组织贷款、出口信贷、外国银行商业贷款、对外发行债券和股票）及外商其他投资（包括补偿贸易和加工装配由外商提供的设备价款、国际租赁）。不包括我国自有外汇资金（包括国家外汇、地方外汇、留成外汇、调剂外汇和中国银行自有资金发行的外汇贷款等）。

【外商直接投资】是指外国投资商在与中国企业（政府）合资、合作或独资中以外汇现金、设备（或实物）、技术、专利或其他方式投入的资金总量。

【对外借款】是指通过中国政府（包括中央、各个部门、地方政府）、银行或非银行金融机构等中介机构引进，最终用于房地产开发与经营的外国资金（含设备、技术、专利等折算款）。其中：国家统借统还的外资，是指由我国政府出面同外国政府、团体或金融组织签订贷款协议，并负责偿还本息的国外贷款。

【自筹资金】是指各地区、各部门及企事业单位筹集用于房地产开发与经营的预算外资金。

【自有资金】指凡属于房地产企业（单位）所有者权益范围内所包括的资金，是按财务制度规定归企业支配的各种自有资金。包括企业折旧资金、资本金、资本公积金、企业盈余公积金及其他自有资金，也包括通过发行股票筹集的资金。

【其他资金来源】是指在报告期收到的除以上各种资金之外其他用于房地产开发与经营的资金。包括社会集资、个人资金、无偿捐赠的资金及用征地迁移补偿费、移民费等进行房地产开发的资金。

【集资】指房地产开发企业（单位）在单位内部或向社会筹集的用于房地产开发投资的各种资金。

【定金及预收款】指房地产开发企业（单位）预收的购买者用于买房的定金及预收款。定金是为了使签订合同的甲乙双方履行经济合同，根据有关规定由购房单位在报告期交纳的押金。预收款是甲乙双方签订购销房屋合同后，由于经营活动的需要，在报告期由购房单位提前交付的购房款（包括预收购房款中的外汇）。

【本年各项应付投资款】指在房地产开发过程中应付未付的投资款。包括应付工程款、应付器材款、应付工资、应付有偿调入器材及工程款、其他应付款、应交税金、应交基建收入、应交投资包干结余、应交能源交通建设基金、应交预算调节基金及其他应交款。各项应付款填报本报告期实际增加数（或发生数），不是填报开始建设以来的累计数。

【利用外资按国家或地区分】指资金来源的利用外资中，按外资来自的国家或地区的划分。各个国家或地区的利用外资相加应等于利用外资总计。各类外资按报告期的外汇牌价（中间价）折成人民币“万元”计算。

五、土地购置和开发情况

【本年完成开发土地面积】是指报告期内对土地进行开发并已完成“七通一平”等前期开发工程，具备进行房屋建筑物施工或出让条件的土地面积。

【正在开发的土地面积】是指已开始“七通一平”等前期开发工程，但尚未完工，不具备进行房屋建筑物施工或出让条件的土地面积。

【待开发土地面积】指经有关部门批准，通过各种方式获得土地使用权，但尚未进行开发的土地面积。

【本年购置土地面积】是指在本年内通过各种方式获得土地使用权的土地面积。

六、房屋面积及价值指标

【房屋施工面积】是指报告期内施工的全部房屋建筑面积。包括本期新开工的面积和上年开工跨入本期继续施工的房屋面积，以及上期已停建在本期恢复施工的房屋面积。本期竣工和本期施工后又停建缓建的房屋面积仍包括在施工面积中，多层建筑应填各层建筑面积之和。

【房屋新开工面积】是指在报告期内新开工建设的房屋面积。不包括上期跨入报告期继续施工的房屋面积和上期停缓建而在本期恢复施工的房屋面积。房屋的开工应以房屋正式开始破土刨槽（地基处理或打永久桩）的日期为准。

【竣工房屋面积】是指报告期内房屋建筑按照设计要求已全部完工，达到入住和使用条件，经验收鉴定合格（或达到竣工验收标准），可正式移交使用的各栋房屋建筑面积的总和。

【竣工房屋价值】指在报告期内竣工房屋本身的建造价值。竣工房屋的价值一般按房屋设计和预算规定的内容计算。包括竣工房屋本身的基础、结构、屋面、装修以及水、电、卫等附属工程的建筑价值，也包括作为房屋建筑组成部分而列入房屋建筑工程预算内的设备（如电梯、通风设备等）的购置和安装费用；不包括厂房内的工艺设备、工艺管线的购置和安装，工艺设备基础的建造、办公和生活用家具的购置等费用、购置土地的费用、迁移补偿费和场地平整的费用及城市建设配套投资。竣工房屋价值一般按结算价格计算。

七、商品房屋销售与出租情况

【实际销售面积】是指报告期已竣工的房屋面积中已正式交付给购房者或已签订（正式）销售合同的商品房屋面积。不包括已签订预售合同正在建设的商品房屋面积，但包括报告期或报告期以前签订了预售合同，在报告期又竣工的商品房屋面积。

【销售给个人】是指实际销售给国内私人的商品房屋面积。不包括外销中销售给个人的部分。

【预售面积】是指报告期末仍未竣工交付使用，但已签订预售合同的正在建设的商品房屋面积。报告期预售又在报告期转正式或协议销售的商品房屋的面积应列入实际销售面积，同时统计为销售收入。

【空置面积】是指报告期末已竣工的可供销售或出租的商品房屋建筑面积中，尚未销售或出租的商品房屋建筑面积，包括以前年度竣工和本期竣工的房屋面积，但不包括报告期已竣工的拆迁还建、统建代建、公共配套建筑、房地产公司自用及周转房等不可销售或出租的房屋面积。

【出租面积】是指在报告期期末房屋开发单位出租的商品房屋的全部面积。

【出租给个人】指实际出租给国内个人的商品房屋面积，不包括外租部分。

【实际销售额】指报告期内出售房屋的总收入(即双方签署的正式买卖合同中所确定的合同总价)。该指标与实际销售面积同口径，包括正式交付的商品房屋在建设前期预收的定金、预收的款项及结算尾款和拖欠款。不包括未交付的商品房所预收的款项。收取的外汇按当时外汇调节市场价折算在其中。如果商品房是跨年完成的，应包括以前年度所收的定金及预收款。

八、开发经营情况

1. 实收资本情况

【实收资本】是指企业实际收到的所有投资人投入的资本，包括以实物形式、货币形式、发明创造或技术成果等无形资产形式投入企业的资本。该指标根据会计“资产负债表”中“实收资本”项目的期末数填列。

【国家资本】是指有权代表国家投资的政府部门或机构以国有资产投入企业形成的资本。该指标根据会计“实收资本”明细科目填列。

2. 资产负债情况

【资产】指企业拥有或控制的能以货币计量的经济资源，包括各种财产、债权和其他权利。

【资产总计】指企业拥有或控制的全部资产。包括流动资产、长期投资、固定资产、无形及递延资产、其他长期资产。该指标根据会计“资产负债表”中“资产总计”项的期末数填列。

【固定资产累计折旧】指企业在报告期末提取的各年固定资产折旧累计数。该指标按会计“资产负债表”中“累计折旧”项的期末数填列。

【本年折旧】指企业在本年度内累计提取的固定资产折旧。该指标根据会计“财务状况变动表”中“固定资产折旧”项的数值填列。

【负债总计】指企业所承担的能以货币计量，将以资产或劳务偿付的债务。其偿还形式可以用货币，也可以用资产或提供劳务的方式偿还。负债一般按其偿还期长短分为流动负债和长期负债。

【流动负债】指企业在一年或超过一年的一个营业周期内偿还的债务，其中包括短期借款、应付款项、预付货款及贷款应付未付利息、应付工资、应交税金和应交利润等。

【长期负债】指偿还期在一年以上或者超过一年的一个营业周期以上的债务，其中包括长期借款、应付债务、长期应付款项等。该指标根据会计“资产负债表”中“长期负债合计”项的期末数填列。

【所有者权益合计】指企业投资人对企业净资产的所有权。企业净资产等于企业全部资产减去全部负债后的余额，其中包括企业投资人对企业的最初投入以及资本公积金、盈余公积金和未分配利润。对股份制企业，所有者权益即为股东权益。该指标允许小于零，当数额小于零时用“－”号表示，其资料根据会计“资产负债表”中“所有者权益合计”项的期末数填列。

【损益情况】根据会计“损益表”中相对应的科目填报。

【经营收入总计】是企业对外转让、销售、结算和出租开发产品所取得的经营收入。具体包括：

【土地转让收入】是指房地产开发企业（单位）按国家规定转让经开发的土地和未经开发的土地所得到的收入。

【商品房屋销售收入】是指房地产开发企业（单位）在报告期售出商品房屋的收入，一次收清的，一次全部计入销售收入，按合同规定分期收款的，可按合同规定的时间分次计入收入。

【房屋出租收入】是指房地产开发企业（单位）在报告期内，在不改变现有财产所有权关系的条件下，将企业的全部或部分房屋出租给其他单位或个人使用所得到的租金收入。

【其他收入】是指房地产开发企业（单位）在报告期内从事除以上收入外的收入，包括配套设施销售收入、代建工程结算收入、出租产品租金收入等。

【经营成本】指企业从事主要业务活动而发生的成本。房地产开发企业成本包括：土地转让成本、商品房销售成本、配套设施销售成本、代建工程结算成本、出租产品经营成本等。

【销售费用】指企业在从事主要经营业务过程中所发生的各项销售费用，包括转让、销售、结算和出租开发产品等。

【经营税金及附加】指企业因从事生产经营活动按税法规定缴纳的应从经营收入中抵扣的税金和附加，包括营业税、城市维护建设税和教育费附加等。

【其他业务利润】指企业除主营业务外的其他业务收入扣除其他业务成本、费用、税金后的净收入。

【管理费用及财务费用】指企业行政管理部门为组织和管理房地产开发经营活动而发生的管理费用，包括工资、各种税金、劳动待业保险费等以及企业在房地产开发经营过程中为进行资金筹集等财务活动而发生的财务费用，包括利息支出(减利息收入)、汇兑损失(减汇兑收益)以及相关的手续费等。

【投资收益及营业外收入】指企业对外投资所取得的收益，包括股利、利息收入和利润及收回投资时发生的收益等，以及企业经营业务以外的收入。

【营业外支出】指企业经营业务外的支出。

【利润总额】指企业在一定时期内实现的盈亏总额，反映企业最终的财务成果。根据会计“损益表”中的“利润总额”项的本年累计数填列。

九、其他指标

【竣工房屋住宅套数】指报告期内房屋按照设计要求已全部完工，经验收合格，达到住人或使用条件的正式交给开发公司的成套住宅数量（以设计图纸为准）。

【拆迁还建房屋竣工面积】指报告期房地产开发公司竣工的用于拆迁还建的房屋面积。

【统建代建房屋竣工面积】指报告期房地产公司接受委托、定向开发建设，并收取一定的管理费所建设的房屋竣工面积。

【公益性建筑竣工面积】指报告期房地产开发公司竣工的学校、幼儿园、派出所、居委会、商店等公益设施建筑面积。

【年平均从业人员数】指报告期内每天平均拥有的从业人员数。计算方法为：

$$\text{年平均从业人员数}=\frac{\text{报告年内12个月平均人数之和}}{12}$$

或：

$$\text{年平均从业人员数}=\frac{\text{年初人数}+\text{年末人数}}{2}$$

【年末从业人员数】指报告期末最后一天的实有人数（包括在岗职工、离退休返聘人员、兼职人员、借用外单位人员和第二职业者等）。

【全年从业人员劳动报酬】指房地产开发企业在本年实际支付给本企业在岗职工的工资总额（包括计时工资、计件工资、奖金、津贴和补贴、加班加点工资、特殊情况下支付的工资）和支付给其他从业人员的劳动报酬。

第五章 房地产交易

一、房地产交易

【房地产交易】是指房地产转让、房地产抵押和房屋租赁等市场行为。

（一）房地产转让

【房地产转让】是指房地产权利人通过买卖、赠与或者其他合法方式将其房地产转移给他人的行为。

1. 新建商品房登记备案

【交易过户套数】是指报告期内已办理交易过户手续的商品房屋总套数。

【交易过户面积】是指报告期内已办理交易过户手续的商品房屋总建筑面积。

【交易过户金额】是指报告期内已办理交易过户手续的商品房屋交易总金额。

【可预售面积】是指报告期内，经批准预售仍未竣工的商品房面积连同上期结转的可预售总建筑面积之和。

【合同备案套数】是指报告期内，向市、县房地产管理部门办理预售合同登记备案的预售商品房屋总套数。

【合同备案面积】是指报告期内，向市、县房地产管理部门办理预售合同登记备案的预售商品房屋总建筑面积。

【合同金额】是指报告期内，向市、县房地产管理部门办理预售合同登记备案的预售商品房屋总交易金额。

2. 存量房买卖

【成交套数】是指报告期内，已办理交易过户手续的存量房屋总套数。

【成交面积】是指报告期内，已办理交易过户手续的存量房屋总建筑面积。

【成交金额】是指报告期内，已办理交易过户手续的存量房屋的交易总金额。

（二）房地产抵押

【房地产抵押】是指抵押人以其合法的房地产以不转移占有的方式向抵押权人提供债务履行担保的行为。债务人不履行债务时，债权人有权依法以抵押的房地产拍卖所得的价款优先受偿。

【现房抵押】是指抵押人以自有房屋以不转移占有的方式向抵押权人提供债务履行担保的行为。

【在建工程抵押】是指抵押人以其合法方式取得的土地使用权连同在建工程的投入资产以不转移占有的方式向抵押权人提供债务履行担保的行为。

【购房贷款抵押】是指购房人在支付首期规定的房价款后，由金融机构代其支付剩余的购房款，将所购商品房抵押给该金融机构作为偿还贷款履行担保的行为。

【抵押金额】是指抵押物的实际价值。

（三）房屋租赁

【房屋租赁】是指房屋所有权人作为出租人将其房屋出租给承租人使用，由承租人向出租人支付租金的行为。

【租赁面积】是指已办理租赁登记备案的各类房屋的建筑面积。

【租赁金额】是指已办理租赁登记备案的各类房屋的租金金额。

二、房地产交易税费

（一）税费类别

【契税】是指由于土地使用权出让、转让、房屋买卖、交换或赠与等发生房地产权属转移时向产权承受人征收的一种税赋。

【营业税】指对销售房地产的单位和个人，就其营业额按率计征的一种税。

【房产税】是以房屋为征税对象、按照房屋的原值或房产租金向产权所有人征收的一种税。

【营业税附加】是指对缴纳营业税的单位和个人，就其实缴的营业税为计税依据而征收的城市维护建设税与教育费附加。

【印花税】指对在经济活动中或经济交往中书立的或领受的房地产凭证征收的一种税赋。

【个人所得税】指个人将拥有合法产权的房屋转让、出租或进行其他活动并取得收入，就其所得计算征收的一种税赋。

【保证金】指按照有关规定，个人将拥有合法产权的住房转让时，就其应纳税所得，按照个人所得税税率计算的，个人所得税纳税保证金。

【房地产交易手续费】是指由政府依法设立的，由房地产主管部门设立的房地产交易机构为房屋权利人办理交易过户等手续所收取的费用。

【房屋权属登记费】是指房地产管理部门在办理产权登记时按照国家政策收取的费用。

【其他】指不属于以上类别的其他税费，如土地收益金、土地出让金等。

（二）税费征收

【应征】是指按照有关政策法规规定各单位及个人应该交纳的税费金额。

【实征】指由有关部门收取或由房地产管理部门代征实际收到的税费金额。

第六章 房地产中介

一、房地产中介服务

【房地产中介服务】是指房地产咨询、房地产价格评估、房地产经纪等活动的总称。

【房地产中介服务机构】是指按国家及地方有关法律、法规注册的具有独立法人资格的经济组织。包括：房地产评估、房地产咨询和房地产经纪等机构。

【从业人员】是指报告期末，在房地产价格评估、经纪等领域从事房地产中介服务业务的人员。

【执业资格人员】是指报告期末，取得房地产估价师和房地产经纪人执业资格的人员。

【从业资格人员】是指报告期末，取得房地产估价员和房地产经纪人协理资格的人员。

【业务量】是指报告期内，专营或兼营房地产价格评估、经纪等业务所涉及的估价额、交易额等。

二、房地产咨询

【房地产咨询】是指为房地产活动当事人提供法律法规、政策、信息、技术等方面服务的经营活动。

三、房地产价格评估

【房地产价格评估】是指对房地产进行测算，评定其经济价值和价格的经营活动。

【房地产价格评估总收入】是指房地产专业估价机构从事土地、房产价格等评估业务所得的评估费收入。

【评估标的物总价值】是指房地产专业估价机构从事土地、房产价格评估的各类标的物的价值合计。具体包括土地、居住房地产、商业房地产、工业房地产、其他用途房地产等。

【利润】是指房地产中介服务机构从事经营活动所产生的利润。

四、房地产经纪

【房地产经纪】是指为委托人提供房地产信息和居间代理业务的经营活动。

【经纪总收入】是指房地产中介机构从事经纪业务活动所得的中介服务费收入。

【新建房经纪收入】是指房地产中介服务机构为开发商所开发的房地产项目进行策划、包装、销售、招租等经纪业务，并按一定比例收取的中介服务费总计。

【存量房经纪收入】是指房地产中介服务机构从事存量房销售、招租等经纪业务，并按一定比例收取的中介服务费总计。

【代理交易总面积】是指房地产中介机构代理各类房屋交易的面积合计。

【新建房代理销售面积】是指各类新建房代理销售面积的合计，包括住宅、办公用房、商业用房、厂房仓库及其他房屋的销售面积。

【新建房代理租赁面积】是指各类新建房代理租赁面积的合计，包括住宅、办公用房、商业用房、厂房仓库及其他房屋的租赁面积。

【存量房代理销售面积】是指各类存量房代理销售面积的合计，包括住宅、办公用房、商业用房、厂房仓库及其他房屋的销售面积。

【存量房代理租赁面积】是指各类存量房代理租赁面积的合计，包括住宅、办公用房、商业用房、厂房仓库及其他房屋的租赁面积。

【其他代理交易面积】是指除以上四项代理交易面积以外的其他房地产代理交易面积，包括赠与和继承等的成交面积。

【代理销售成交合同金额】是指房地产中介机构对商品房及以外的所有房产进行代理销售并签订销售合同的成交金额。

【新建房代理销售成交合同金额】是指房地产中介服务机构为开发商所开发的房地产项目进行代理销售，并签订销售合同的商品房成交金额，包括住宅、办公用房、商业用房、厂房仓库及其他房屋的销售成交金额。

【存量房代理销售成交合同金额】是指房地产中介服务机构从事存量房市场代理销售，并签订销售合同的商品房成交金额，包括住宅、办公用房、商业用房、厂房仓库及其他房屋的销售成交金额。

五、住房置业担保

1. 单位基本情况

【成立时间】是指工商行政管理部门登记核准设立或当地编制委员会办公室批准成立住房置业担保机构的日期。

【单位人数】是指统计期末，在住房置业担保机构中工作，取得工资或其他形式的劳动报酬的全部人员。包括：在岗职工、再就业的离退休人员、在企业中工作的外方人员和港澳台方人员、兼职人员、借用的外单位人员和第二职业者。不包括离开本单位仍保留劳动关系的职工。

【单位登记注册类型代码】是指住房置业担保机构所属类型的代码，如国有企业代码为 11，代码：()填 11。

2. 注册资本金

【注册资本金总额】是指住房置业担保机构注册资本金总额，包括实物资本和货币资本。

【政府预算资助】是指住房置业担保机构注册资本金中，来源于政府财政预算资金投入的部分。

【资产划拨】是指住房置业担保机构注册资本金中，来源于政府或政府部门以实物资产投入的部分。

【企业入股】是指住房置业担保机构注册资本金中，来源于企业以资金或实物资产投入的部分。

【其他】是指住房置业担保机构注册资本金中，来源于除政府预算资助、资产划拨和企业入股以外的其他资金或实物资产投入的部分。

3. 经营情况

【本期担保户数】是指统计期内，住房置业担保机构提供担保服务的户数。

【累计担保户数】是指住房置业担保机构从成立到统计期末，提供担保服务的累计户数。

【本期担保面积】是指统计期内，由住房置业担保机构提供担保的贷款所购住房的面积总和。

【累计担保面积】是指住房置业担保机构从成立到统计期末，由住房置业担保机构提供担保的贷款所购住房的总面积。

【本期担保金额】是指统计期内，由住房置业担保机构提供担保的住房贷款金额。

【累计担保金额】是指从成立到统计期末，由住房置业担保机构提供担保的住房贷款金额的累计值。

【担保余额】是指住房置业担保机构从成立到统计期末，由住房置业担保机构提供担保的住房贷款余额。

4. 担保业务构成

【住房置业担保】是指住房置业担保公司，在借款人无法满足贷款人要求提供担保的情况下，为借款人申请个人住房贷款而与贷款人签订保证合同，提供连带责任保证担保的行为。

【公积金贷款】是指统计期末，住房置业担保机构担保余额中，为公积金贷款提供担保所占的比例。

【商业贷款】是指统计期末，住房置业担保机构担保余额中，为商业贷款提供担保所占的比例。

【组合贷款】是指统计期末，住房置业担保机构担保余额中，为组合贷款提供担保所占的比例。

5. 收费标准

【10 万元贷款担保收费标准】是指住房置业担保机构为 10 万元贷款提供不同年限担保业务时，所收取的担保服务费金额。

6. 收入状况

【本期总收入】是指统计期内，住房置业担保机构的全部收入。

【累计总收入】是指住房置业担保机构从成立到统计期末，住房置业担保机构的累计全部收入。

【本期担保收入】是指统计期内，住房置业担保机构从事担保业务的收入。

【累计担保收入】是指住房置业担保机构从成立到统计期末，住房置业担保机构从事担保业务的累计收入。

【本期其他收入】是指统计期内，住房置业担保机构从事其他中介业务的收入。

【累计其他收入】是指住房置业担保机构住房置业担保机构从成立到统计期末，从事其他中介业务所获得的累计收入。

7. 担保保证金

【担保保证金】是指住房置业担保机构按其提供担保的借款人借款余额的一定比例，从其资产中提留并存入贷款银行，作为承担连带责任的保证资金。

【提取比例】是指住房置业担保机构以担保余额为基数提取担保保证金的比例。

8. 风险基金

【风险基金】是指住房置业担保机构按其担保业务收入的一定比例提取的，用于其清算时对其所担保债务的清偿基金。

【提取比例】是指统计期内，住房置业担保机构从本期担保收入中提取风险基金的比例。

【本期使用金额】是指统计期内，住房置业担保机构从风险基金中支出的金额。

【累计使用金额】是指住房置业担保机构从成立到统计期末，累计从风险基金中支出的金额。

9. 承担连带责任情况

【承担连带责任】是指住房置业担保机构按规定或合同约定承担连带责任的行为。

【本期承担连带责任户数】是指统计期内，住房置业担保机构对其担保的住房贷款提供承担连带责任的户数。

【累计承担连带责任户数】是指住房置业担保机构从成立到统计期末，对其担保的住房贷款提供承担连带责任的累计户数。

【本期承担连带责任金额】是指统计期内，住房置业担保机构对其担保的住房贷款提供承担连带责任的金额。

【累计承担连带责任金额】是指住房置业担保机构从成立到统计期末，对其担保的住房贷款提供承担连带责任的累计金额。

第七章 房屋权属

一、房屋权属登记

【房屋权属登记】是指房地产行政主管部门代表政府对房屋所有权以及由上述权利产生的抵押权、典权等房屋他项权利进行登记，并依法确认房屋产权归属关系的行为。

【房屋权利人】是指依法享有房屋所有权和该房屋占用范围内的土地使用权、房地产他项权利的法人、其他组织和自然人

【房屋权利申请人】是指已获得了房屋并提出房屋登记申请，但尚未取得房屋所有权证书的法人、其他组织和自然人。

【房屋所有权登记发证】是指申请人按照国家规定到房屋所在地的人民政府房地产行政主管部门申请房屋权属登记，领取房屋权属证书的行为。

二、房屋权属登记分类

【总登记】是指县级以上人民政府根据需要，在一定期限内对本行政区域内的房屋进行统一的权属登记。

【初始登记】是指新建房屋（竣工）或集体土地上的房屋转为国有土地上的房屋所进行的房屋所有权登记。

【转移登记】是指因房屋买卖、交换、赠与、继承、划拨、转让、分割、合并、裁决等原因致使其权属发生转移后所进行的房屋所有权登记。

【变更登记】是指权利人名称变更和房屋现状发生下列情形之一的所进行的房屋所有权登记。

——房屋坐落的街道、门牌号或者房屋名称发生变更的；

——房屋面积增加或者减少的；

——房屋翻建的；

——法律、法规规定的其他情形。

【他项权利登记】是指设定房屋抵押权、典权等他项权利所进行的房屋所有权登记。

【注销登记】是指因房屋灭失、土地使用年限届满、他项权利终止等进行的房屋权属登记。

三、房屋权属证书

【房屋权属证书】是权利人依法拥有房屋所有权并对房屋行使占有、使用、收益和处分权利的唯一合法凭证，房屋权属证书受到国家法律保护。

房屋权属证书包括《房屋所有权证》、《房屋共有权证》、《房屋他项权证》或者《房地产权证》、《房地产共有权证》、《房地产他项权证》。

【所有权证】指由县级以上房产管理部门向房屋所有人核发的对房屋拥有合法所有权利的证书。

【共有权证】指由县级以上房产管理部门对共有的房屋向共有权人核发，每个共有权人各持一份的权利证书。

【他项权证】指在他项权利登记后，由房管部门核发、由抵押权人持有的权利证书。

四、房地产权属档案

【房地产权属档案】是指房地产行政主管部门在房地产权属登记、调查、测绘、权属转移、变更等房地产权属管理工作中直接形成的有价值的文字、图表、声像等。

【房地产权属档案管理】是指房地产行政主管部门对归档的房地产权属文件材料进行登记、整理、分类编目、划分密级、编制检索工具等的管理。

第八章　物业管理及房屋修缮

一、物业管理

（一）物业管理

【物业管理】是指物业管理企业接受业主委托，依照合同约定，对物业进行专业化维修、养护、管理，对相关区域内的环境、公共秩序等进行管理，并提供相关服务的活动。

【物业】　是指房屋及与之相配套的设备、设施和相关场地。

【业主】指物业的所有权人。

【业主会】　指由物业管理区域内全体业主组成、在物业管理活动中代表和维护全体业主合法利益的组织。

【在管物业】　指物业管理企业按委托合同进行管理服务的各类房屋。具体按用途分为住宅、办公用房、商业用房、厂房仓库、其他用房。

【在管物业建筑面积】指物业管理企业按委托合同进行管理服务的各类房屋的建筑面积（含在管物业范围内的配套建筑物的建筑面积）。

【5万平方米以上的住宅小区】是指总建筑面积超过5万平方米的，被居住区级道路或自然分界线所围合，配建有公共服务设施的居民生活聚居地。

【整治、改造后的旧住宅小区】是指经整治、改造并实施物业管理的旧住宅小区。

【物业管理房屋覆盖率】是指报告期内实施物业管理房屋的建筑面积与全部房屋建筑面积之比。计算公式：

物业管理房屋覆盖率（%）=物业管理房屋建筑面积÷全部房屋建筑面积×100%

（二）企业从业人员情况

【企业从业人员总数】是指统计期末在物业管理企业中工作，取得工资或者其他形式的劳动报酬的全部人员。包括：在岗职工、再就业的离退休人员、在企业中工作的外方人员和我国港澳台方人员、兼职人员、借用的外单位人员和第二职业者。不包括离开本单位仍保留劳动关系的职工。

【经营管理人员】是指物业管理企业中从事市场分析、项目开发、招投标策划、服务内容扩展、企业形象设计和人力资源管理、质量管理、技术管理、财务管理等活动的人员。

【管理处主任（项目经理）】是指对确定的物业项目进行全面管理运作，为项目委托人提供专业物业管理服务的项目负责人。包括管理处主任（项目经理）、管理处副主任（项目副经理）。

【房屋及设备维护人员】是指从事房屋及其配套设备维修养护、操作、监控运行等工作的人员，不包括专门从事业务管理的人员。

【保洁人员】是指物业管理企业中从事环境卫生清洁的人员。包括清洁工、清运工，不包括专门从事业务管理的人员。

【保安人员】是指物业管理企业中从事协助维护治安秩序的服务人员，不包括专门从事业务管理的人员。

【绿化人员】是指物业管理企业中从事环境绿化剪修、养护等的工作人员，不包括专门从事业务管理的人员。

【其他人员】是指物业管理企业中从事上述工作以外的服务人员。

（三）企业经营情况

企业经营情况栏有关指标，依据《物业管理企业财务管理规定》（财政部基字[1998]7 号）的规定和要求填报。

（四）项目分包工程合同金额

【项目分包工程合同金额】是指物业管理企业将专项服务业务（如电梯维护、绿化养护）分包给专业专营公司，双方正式签订合同中写明的金额总计。

二、房屋修缮

【房屋修缮】是指对已建成的房屋进行拆改、翻修和维护，以保障房屋的住用安全，保持和提高房屋的完好程度与使用功能。

【房屋完好率】是指完好房屋和基本完好房屋建筑面积与全部房屋建筑面积之比。计算公式：

房屋完好率=（完好房屋建筑面积+基本完好房屋建筑面积）÷房屋建筑总面积×100%

【危房率】是指危险房屋的建筑面积与房屋建筑总面积之比。计算公式：

危房率=危险房屋建筑面积÷总的房屋建筑面积×100%

【翻修工程】是指凡需全部拆除、另行设计、重新建造的工程。翻修后的房屋必须符合完好房屋标准的要求。

【大修工程】是指凡需牵动或拆换部分主体构件，但不需要全部拆除的工程。大修后的房屋必须符合基本完好或完好标准的要求。

【中修工程】是指凡需牵动或拆换少量主体构件，但保持原房屋的规模和结构的工程。中修后的房屋 70%以上必须符合基本完好或完好的要求。

【小修工程】是指凡以及时修复小损小坏，保持房屋原来完损等级为目的的日常养护工程。

【综合维修工程】是指凡成片多幢（大楼为单幢）大、中、小修一次性应修尽修的工程。综合维修后的房屋必须符合基本完好或完好标准的要求。

【房屋修缮投资】是指对房屋进行各项修缮的投资。

【住宅共用部位共用设施设备维修基金】是指商品住房和公有住房出售后建立的住宅共用部位、共用设施设备的维修基金（简称公共维修基金），专项用于物业保修期满后，共用部位、共用设备设施的大中修和更新改造。

【保修期】是指物业开发建设单位在物业交付使用后，对业主承担保修责任的期限。

【公共维修基金额】是指商品住房和公有住房出售后建立的住宅共用部位、共用设施设备维修基金总额。

【共用部位】是指住宅主体承重结构部位（包括基础、内外承重墙体、柱、梁、楼板、屋顶等）、户外墙面、门厅、楼梯间、走廊通道等。

【共用设施设备】是指住宅小区或单幢住宅内，建设费用已分摊进入住房销售价格的共用的上下水管道、落水管、水箱、加压水泵、电梯、天线、供电线路、照明、锅炉、暖气线路、煤气线路、消防设施、绿地、道路、路灯、沟渠、池、井、非经营性车库、公益性文体设施和共用设施设备使用的房屋等。

三、住宅共用部位共用设施设备维修基金

【住宅共用部位共用设施设备维修基金】(简称维修基金)是指按建设部《住宅共用部位共用设施设备维修基金管理办法》(建住房[1998]213 号)的规定，新建商品住宅(包括经济适用住房)和公有住房出售后建立的共用部位、共用设施设备维修基金。

【商品房维修基金】是指按建设部《住宅共用部位共用设施设备维修基金管理办法》(建住房[1998]213 号)的规定，新建商品住宅(包括经济适用住房)出售后建立的共用部位、共用设施设备维修基金。

【房改房维修基金】是指按建设部《住宅共用部位共用设施设备维修基金管理办法》(建住房[1998]213 号)的规定，公有住房出售后建立的共用部位、共用设施设备维修基金。

【上年年末累计缴存余额】是指截至上年年末住宅公共维修基金缴存总额扣除上年末累计使用额后的数额。

【本年缴存额】是指本年缴存的住宅公共维修基金的数额。

【本年使用额】是指本年使用的住宅公共维修基金的数额。

【自建立基金至上年年末累计缴存总额】是指自建立基金起至上年年末，住宅公共维修基金累计缴存的数额。

【自建立基金至上年年末累计使用总额】是指自建立基金起至上年年末，住宅公共维修基金累计使用的数额。

第九章 房屋拆迁

【拆迁人】是指取得房屋拆迁许可证的单位。

【被拆迁人】是指被拆迁房屋的所有人。

【房屋拆迁补偿】是指拆迁人对被拆除房屋的所有人，依照《城市房屋拆迁管理条例》的规定给予的补偿。拆迁补偿的方式，可以实行货币补偿，也可以实行房屋产权调换。

【拆除量】是指报告期末在批准的拆迁范围内实际拆除的各类房屋建筑面积。